中国建筑工业出版社
学术著作出版基金项目

桥梁冲击振动测试与快速评估
——理论、技术与工程应用

张　建　吴智深　著

中国建筑工业出版社

图书在版编目（CIP）数据

桥梁冲击振动测试与快速评估：理论、技术与工程应用/张建，吴智深著. —北京：中国建筑工业出版社，2018.11

ISBN 978-7-112-22614-6

Ⅰ. ①桥… Ⅱ. ①张… ②吴… Ⅲ. ①桥梁振动-测试 Ⅳ. ①U441

中国版本图书馆 CIP 数据核字（2018）第 200172 号

在我国桥梁建设取得世界瞩目成绩的同时，如何实现其有效维护管理从而保障其安全与长寿命意义重大、日益迫切。本书从资产管理、全寿命周期成本、长期性能、预防性维护等概念讲起，在具体阐述结构无损检测、健康监测等研究热点与发展趋势的同时，重点介绍了作者提出并开发的基于冲击振动的桥梁快速测试方法、装置及其系统理论。其特点在于，通过开发基于冲击振动的软硬件一体化系统进行方便快捷的桥梁测试与评估，相较于传统的环境振动，具备揭示结构模态质量、振型缩放与位移柔度等深层次参数的独特优势。该书即包含结构动力学与模态识别等基本理论，又包含作者最新的研究成果及工程应用实例，在写法上深入浅出，层层递进，理论与实践相结合，对工程人员、高校师生都具备重要参考价值。

责任编辑：赵晓菲　朱晓瑜

责任校对：焦　乐

桥梁冲击振动测试与快速评估——理论、技术与工程应用

张　建　吴智深　著

*

中国建筑工业出版社出版、发行（北京海淀三里河路 9 号）

各地新华书店、建筑书店经销

霸州市顺浩图文科技发展有限公司制版

天津翔远印刷有限公司印刷

*

开本：787×1092 毫米　1/16　印张：24¾　字数：553 千字

2018 年 10 月第一版　2018 年 10 月第一次印刷

定价：**80.00** 元

ISBN 978-7-112-22614-6

（32683）

前言 | Preface

我国正处于工业化、信息化、城镇化的快速发展时期，建筑、桥梁、隧道等各类土木基础设施的建设如火如荼。与此同时，土木工程结构在服役期间由于环境侵蚀、材料劣化、地基沉降、日常交通负荷的作用等原因导致结构性能逐渐发生退化，服役期间甚至遭受车辆（船舶）撞击、车辆超荷、危险品泄漏、台风和地震灾害等突发事件的风险。这些原因极大缩短了土木工程结构的寿命，所造成的安全事故又引起了重大生命财产损失。因此，如何维护和管理规模庞大、系统复杂的土木基础设施，在最小化结构维护管理费用的同时保障其服役安全与耐久是国内外迫切需要解决的共同课题。

目前，针对各类基础设施研发出了各种类型的自动化智能化检测设备。在隧道方面，TunConstruct、ROBINSPECT 等系统可进行自动化隧道损伤检测与修复。在道路方面，鹰眼 2000 系列、VOTER 多功能检测车、多功能路况快速检测系统（CiCS）等设备已被开发用于检测路面情况。在铁轨方面，日本新干线 Doctor Yellow 和美国 ENSCO CTIV 等均已成功应用于实际的铁轨情况检测当中。现有桥梁的检测仍主要采用传统的人工检测与荷载试验方法，费时费力。针对桥梁构件的自动化检测设备，例如拉索智能检测机器人、针对桥面板监测的探地雷达技术，针对水下桩基础检测的声呐探测等设备已初步应用到实际桥梁检测当中。但是由于桥梁结构复杂，这些设备仅针对桥梁部分构件进行检测，还无法进行桥梁整体结构的性能评估。在桥梁监测方面，国内外众多长大跨桥梁如金门大桥、Humber 人桥、苏通人桥等已安装了各类昂贵的结构健康监测系统，这些系统在应对突发事件如船撞和台风袭击等方面发挥了充分积极作用，但是传感器种类繁多、系统复杂并且难以从海量监测数据中分析得出结构损伤和性能，还无法真正实现结构的"健康"监测。特别的是，现有的健康监测系统规模庞大费用昂贵，还无法应用于广大桥梁，特别是偏远地区维护费用极其有限的中小桥梁。因此，开发桥梁快速测试方法和设备，在实现方便快捷经济的桥梁测试的同时，能够保证可靠的结构参数识别与性能评估，对保障国家公路网上为数众多桥梁的安全普查具有重要意义，这正是本书研究的核心及目的所在。

作者在与美国 F. Moon 和 A. E. Aktan 教授合作的基础上，历经近十年的持续性研究，提出并开发了基于冲击振动的桥梁快速测试方法及一体化装置。**基本思想**：一种桥梁快速检测车集成了桥梁冲击系统，传感器布置系统，一体化控制系统，全程数据分析系统，并进行桥梁全面参数的识别（包括深层次参数，柔度），从而实现桥梁的快速测试与评估。**独特优点**：环境振动测试为现有结构健康监测与检测的主要手段。然而现有环境振动测试方法主要输出频率和振型等结构基本参数，还无法直接支持桥梁维护与管理决策。基于环境振动数据的损伤识别算法在一定程度上可以发现和定位甚至定量结构损伤，融合环境振动数据和有限元分析的有限元修正技术也有潜力详细识别和预测结构性能，这些方法在科学研究方面有其重要价值，但它们都还无法广泛应用于桥梁健康诊断的实际工程。作者发现包含冲击力和结构反应的冲击振动测试数据具有独特潜质，它能够估算得出和解析解一致的结构频响函数包括其幅值，而仅包含结构反应的环境振动测试数据仅能输出结构频响函数的形状无法估算其幅值，因此冲击振动测试数据包含更加完备的结构信息，从而有望分析挖掘得出更为真实和详尽的结构特征。在此基础上，作者严格推导识别了结构的位移柔度与应变柔度。柔度是结构刚度的倒数，与结构承载能力性能具有直接对应关系。识别结构位移/应变柔度之后，可以预测结构在任意静载下的变形，能够实现结构安全性能评估。**有益效果**：作者开发的基于冲击振动的桥梁快速测试方法能够得到与解析解一致的频响函数，还能进一步识别结构深层次参数位移柔度。位移柔度在一定程度上反映了结构的刚度信息与承载能力信息。作者开发的桥梁快速测试一体化装置能够实现桥梁的"随到随测，随测随走，高频高效"，大大提高了桥梁快速检测的效率，并降低了成本，有望推广应用于公路网上广大桥梁的快速普查与评估。

本书共八章，框架如下：本书第1章围绕资产管理、全寿命周期成本、长期性能、预防性维护等概念阐述了土木基础实施维护管理领域的研究热点与发展趋势，总结了现有自动化智能化检测、结构健康监测、基础设施性能评估等技术和方法。在第2章中，详细介绍了作者提出的桥梁快速测试思路、方法与系统开发，以及整体研究思路和框架。从理论上分析了冲击振动相比环境振动带来的优势和潜力；从硬件上开发了适用于工程测试的新型桥梁冲击装置以及传感器自动化布置装置。从第3章开始进入理论介绍。较为系统地总结了基本模态理论，详细地分析了环境振动与冲击振动的本质区别。在这个基础上，第4章介绍了柔度的基本概念以及如何处理冲击振动测试数据进行结构的参数识别，具体包括3种（PolyMAX，CMIF，SSI）结构柔度识别方法。在该部分，模态缩放系数估算是识别结构柔度的关键所在，也是数据处理的核心技术所在。在第5章中，介绍了所开发的适用于实际工程快速冲击测试的分块测试方法，包括基于边界点测量的多参考点方法、基于相位角概念的单参考点方法，以及基于最小势能原理的无参考点方法。第 6 章进一步提出了基于长标距应变模态的结构柔度识别方法，并详细推导了改进的 PolyMAX、CMIF、SSI 来识别结构的应变柔度。第 7 章介绍了基于移动冲击的桥梁快速测试方法，包括非接触式位移测量设备、竖向车轮力测量、基于移动冲击的结构深层次参数识别理论和方法验证。第 8 章结合实桥的现场测试，充分验证了冲击振动快速测试方法的实效性。最后全书总结并展望了后续工作中需要进一步深入研究的具体问题。

本书内容是作者及指导的学生包括郭双林、夏琪、田永丁、李攀杰、张青青、张博、周立明、程玉瑶、赵文举、倪富陶、于珊珊等知识积累和学术成果的总结。张欣、许德旺、李林波、谈雨晴、谷相玉、谢枝　、吴佳佳、张祯楠、蔡德旭等在读博士和硕士为本书图例、文献整理、文字校对等具体工作付出了辛苦劳动，在此向他们表示诚挚的感谢。

本书经过近三年时间的编写、修改和校对，但不足之处仍很多，恳请读者与专家同仁不吝赐教、批评指正。

张　建

2018 年秋于南京

符 号 列 表

A	截面面积	$[F^{\varepsilon}]$	应变柔度矩阵
A_1	恒载系数	f_{ij}	自由度 i 对自由度 j 的位移柔度系数
A_2	活载系数	f_{ij}^{ε}	自由度 i 对自由度 j 的应变柔度系数
A_{pqr}	自由度 p 对自由度 q 的第 r 阶留数系数	$f_k(\sigma)$	白噪声激励力
a_0, a_n, b_n	傅里叶级数的系数	f_N	奈奎斯特频率
a	小波变换的尺度因子	$f_{oq}^{\theta} f_{pq}^{\theta}$	转角位移柔度系数
$[A(\omega)]$	右矩阵和左矩阵分式模型的分母矩阵多项式	f_R	以 LRFD 规范中的容许应力
$[A_r]$	第 r 阶留数矩阵	f_s	采样频率
$[a_k]$	有理分式模型中的分母系数矩阵	$[F^{s,\varepsilon}]$	对称的应变柔度矩阵
$[A_c]$	伴随矩阵	$\{f\}$	荷载向量
b	小波变换的平移因子	$\{f(t)\}$	输入力
$[B_r]$	右矩阵和左矩阵分式模型的分子系数矩阵	$GX_pX_p(\omega)$	自由度 p 处响应的自功率谱密度函数
$[B(\omega)]$	右矩阵和左矩阵分式模型的分子矩阵多项式	$GF_qF_q(\omega)$	自由度 q 处输入力的自功率谱密度函数
$[b_k]$	有理分式模型中的分子系数矩阵	$GX_pF_q(\omega)$	互功率谱密度函数
C	承载能力(LRFR)	$[GXX(\omega)]$	响应的自功率谱密度函数矩阵
$COH_{pq}(\omega)$	自由度 p 对自由度 q 的常相干函数	$[GFF(\omega)]$	输入的自功率谱密度函数矩阵
$C_{oik}(T)$	互相关函数	$[GXF(\omega)]$	输入和响应的互功率谱密度函数矩阵
C_r	第 r 阶模态阻尼	$H(t)$	函数 $h(t)$ 的希尔伯特-黄变换
C_ω	固有频率的稳定阈值	$H^d(\omega)$	单自由度结构的位移频响函数
C_ξ	阻尼比的稳定阈值	$H^d(s)$	单自由度结构的位移传递函数
C_l	模态参与系数的稳定阈值	$H_{pq}^d(\omega)$	自由度 p 对自由度 q 的位移频响函数
c	单自由度结构的阻尼	$H_R^d(\omega)$	位移频响函数实部
$c_n(t)$	第 n 阶特征模态函数	$H_I^d(\omega)$	位移频响函数虚部
$[C]$	阻尼矩阵	${}_r^R H_{mq}^{\varepsilon}(\omega)$	应变频响函数的第 r 阶实部分量
$[C_r]$	模态阻尼矩阵	${}_r^I H_{mq}^{\varepsilon}(\omega)$	应变频响函数的第 r 阶虚部分量
D	恒载系数	$h(t)$	单位脉冲响应函数
DC	结构上的附属装置产生的静载效应	h_m	中性轴高度
DW	路面及公共设施产生的静载效应	$[H^a(\omega)]$	加速度频响函数矩阵
df	频率分辨率	$|H^d(\omega)|$	位移频响函数幅值
$\{d\}$	位移向量	$[\widetilde{H}^d(\omega)]$	模态测试时获取的位移频响函数矩阵
E	弹性模量	$[H^{\varepsilon}(\omega)]$	应变频响函数矩阵
EI	截面抗弯刚度	$[\widetilde{H}^{\varepsilon}(\omega)]$	模态测试时获取的应变频响函数矩阵
$[E_o^{LS}(\theta)]$	误差函数矩阵	$[H^v(\omega)]$	速度频响函数矩阵
$eH_r(\omega)$	增强频响函数	$\{H_{:q}(\omega)\}$	频响函数矩阵 $[H(\omega)]$ 中的第 q 列
$eH_r^{\varepsilon}(\omega_i)$	应变增强频响函数	I	截面惯性矩
$F(s)$	函数 $f(t)$ 的拉普拉斯变换	IM	动力荷载容许值

6

$[F^d]$	位移柔度矩阵,刚度矩阵的逆矩阵	i	虚数符号$i^2 = -1$
$[I]$	单位矩阵	$r_n(t)$	第n阶残差
$[J]$	Jacobian 矩阵	RF^{LFR}	分级系数
k	单自由度结构的刚度系数	RF^{LRFR}	检算评定因子
k_r	第r阶模态刚度	$[S]$	奇异值矩阵
$[K]$	刚度矩阵	$s_1(\omega)$	第一奇异值
$[K^e]$	单元刚度矩阵	$t, \Delta t$	时间,采样时间间隔
$[K_r]$	模态刚度矩阵	$[U]$	左奇异矩阵
L	活载效应	$\{u_1(\omega)\}$	第一左奇异向量
l	单元长度	$ULSCC_m$	ULS 曲率差指标
Δl	正向伸缩变形量	$[V]$	右奇异矩阵
l_m	长标距长度	$\{v_1(\omega)\}$	第一右奇异向量
$l^{\varepsilon, LS}(\theta)$	应变频响函数的线性误差函数	$W_f(a, b_x, b_y)$	三维连续小波变换
$l^{LS}(\theta)$	标量的误差函数	ω	频率变量
$[L]$	模态参与系数矩阵	ω_{dr}	第r阶阻尼固有频率
$\{l_r\}$	第r阶模态参与系数向量	ω_0	单自由度结构的固有圆频率
$M(x)$	弯矩	ω_r	第r阶无阻尼固有频率
$\overline{M}_0$	虚梁边界处的弯矩	$w_o(\omega)$	误差向量的加权函数
MAC_{cdr}	两种振型$\{\varphi_c\}$和$\{\varphi_d\}$的第r阶模态保证准则	$X(\omega)$	函数$x(t)$的傅里叶变换
MSC_{mr}	第r阶振型差损伤指标	$x(t)$	动位移
$MSCC_{mr}$	第r阶振型曲率差损伤指标	$\dot{x}(t)$	速度
$MSCSC_{mr}$	第r阶振型曲率平方差指标	$\ddot{x}(t)$	加速度
m	单自由度结构的质量	x_0	初始位移
m_r	第r阶模态质量	$\dot{x}_0$	初始速度
$\overline{m}$	单位长度质量	$\ddot{x}_0$	初始加速度
$[M]$	质量矩阵	$\{X\}, [\phi]$	位移实振型矩阵
$[M^e]$	单元质量矩阵	$y(x)$	实梁的挠度分布
$[M_r]$	模态质量矩阵	y_0	实梁边界处的挠度
N, n	模态阶次	$y''(x)$	曲率
N_{avg}	为平均次数	Z	抗力检算系数
N_o	输出点数	Z_1	通过检测评定方式确定的承载能力检算系数
N_o	模态测试时的输出个数	Z_2	通过荷载试验方式确定的承载能力检算系数
N_i	输入点数	ξ_e	承载能力恶化系数
N_s	离散频率点数,又称为谱线数	ξ_s	钢筋的截面折减系数
$O(\eta_r^i)$	正交性指标函数	ξ_c	配筋混凝土结构的截面折减系数
P	除静载以为的永久荷载	ξ_q	活荷载影响系数
P_0	简谐荷载幅值	ζ	结构校验系数
p	多项式阶次	γ_{DC}	结构构件及附属装置 LRFD 荷载系数
Q_r	第r阶模态缩放系数	γ_{DW}	路面及公共实施 LRFD 荷载系数

7

$\bar{Q}_0$	虚梁边界处的剪力	γ_P	除静载以为的永久荷载 LRFD 荷载系数
$\bar{q}(x)$	虚梁上的荷载分布	γ_L	评估活载系数
$\{q(t)\}$	广义坐标向量	φ_c	状态系数
R	抗力组合效应	φ_s	系统系数
R_d	动力放大系数	φLRFD	抗力系数
R_n	名义构件抗力	$\mathcal{L}_{oi}^r$	幅值比
S	荷载组合效应	Θ_k	环境激励力的强度
S_e	实测值（应变或位移）	$\psi_{a,b}(x)$	小波基函数
S_s	理论值（应变或位移）	$\psi_{a,b_x,b_y}(x,y)$	二维连续小波变换
s	拉普拉斯变量	β	频率比 $\beta=\omega/\omega_0$
ξ	单自由度结构的阻尼比	θ_{rj}	振型向量 $\{\phi_r\}$ 和 $\{\phi_j\}$ 之间的夹角
$\delta(t)$	单位脉冲荷载	$\|\{\varphi_r\}\|$	振型向量 $\{\varphi_r\}$ 的范数
$\theta(\omega)$	位移频响函数相位	η	荷载试验校验系数
ρ	质量密度	$\varepsilon(x)$	正应变
$\{\phi_r\}$	第 r 阶位移实振型向量	θ_0	实梁边界处的转角
$[\Psi]$	复振型矩阵	$\theta(x)$	实梁的转角分布
$\{\psi_r\}$	第 r 复振型向量	ϕ_{or}^θ	节点 o 的第 r 阶转角位移振型系数
$[\Lambda]$	系统极点矩阵	ϕ_{pr}^θ	节点 p 的第 r 阶转角位移振型系数
λ_r	第 r 阶系统极点	ϕ_{qr}^v	节点 q 的第 r 阶竖向位移振型系数
ξ_r	第 r 阶阻尼比	$\{\phi_r^\varepsilon\}$	第 r 阶长标距应变振型向量
$\{\bar{\phi}_r\}$	质量归一化的位移振型	ψ_{mr}^ε	长标距应变振型系数
$\{\Psi_{p,}\}$	复振型矩阵 $[\Psi]$ 中的第 p 行	$[\Psi^\varepsilon]$	复模态的应变振型矩阵
$\{\Psi_{,q}\}$	复振型矩阵 $[\Psi]$ 中的第 q 列	$\{\varphi_r^\varepsilon\}$	第 r 阶应变振型
$\{\psi_{drv,r}\}$	驱动点处的复振型向量	$\theta_o\theta_p$	节点 o 和节点 p 的转角位移
$\Omega_r(\omega)$	基函数	$\dagger$	伪逆运算符
$\{\varepsilon_{0:}^{NLS}(\omega,\theta)\}$	非线性的误差函数向量	$*$	共轭运算符
$\{\varepsilon_{0:}^{LS}(\omega,\theta)\}$	线性的误差函数向量	T	矩阵转置运算符
$[\Delta]$	特征值矩阵	H	矩阵共轭转置运算符
Δ_r	第 r 阶特征值	F	傅里叶变换运算符
α_r^B	子结构 B 的第 r 阶位移振型的调整系数	F^{-1}	傅里叶逆变换运算符
β_r^B	子结构 B 的第 r 阶模态参与系数的调整系数	L	拉普拉斯变换运算符
μ_r^B	子结构 B 的第 r 阶位移振型的缩放系数	$\otimes$	Kronecker 乘积运算符
η_r^B	子结构 B 的第 r 阶位移振型的方向系数	$\det(\cdot)$	矩阵的行列式运算符
$\Pi_p(\eta_r^i)$	势能关于振型方向系数的函数	$tr(\cdot)$	矩阵的迹运算符

目录 │Contents

第1章

概　述

1.1　结构维护管理的必要性

1.1.1　桥梁结构维护管理压力大

桥梁结构的安全性、使用性与耐久性是土木工程领域的重要研究问题[1~3]。以结构安全为例，我国公路网上在役桥梁约 40％服役超过 20 年，技术等级为三、四类的带病桥梁达 30％，危桥数量超过 10 万座。自 2007～2012 年间，国内有 37 座桥梁垮塌，导致 180 多人丧生，平均每年超过 7.4 座"夺命桥"，即平均不到两个月就会有一起事故发生。这些垮塌桥梁中，近六成桥梁还不到 20 年桥龄。据不完全统计，美国缺陷桥梁占总桥数量的 23.78％。其中，结构缺陷桥梁占 11.16％；功能性老化桥梁占 12.62％。1907 年，位于加拿大的圣劳伦斯河上的 Quebec Bridge，由于杆件发生失稳突然倒塌。1967 年，美国银桥在短短一分钟之内彻底倒塌。1994 年，韩国首尔的圣水大桥，位于第五与第六根桥柱间的 48m 长混凝土桥面板整体塌入落水。2007 年 1-35W 密西西比河大桥突然坍塌，

(众多微小病害桥梁潜伏安全隐患)

(桥梁坍塌事故威胁生命安全)

图 1.1　基础设施当前面临的问题

1

该桥早在 1990 年被美国联邦政府评为有 "结构缺陷"（structurally deficient）桥梁。2014 年，世界杯举办城市巴西贝洛奥里藏特的一处高架桥发生坍塌。这些桥梁坍塌事故的发生严重威胁到生命和财产安全。

众多微小病症会对结构的健康构成威胁造成不同程度的损伤破坏风险（图 1.1）。以广大服役的混凝土桥梁与钢结构桥梁为例，实际工程中桥梁结构的健康问题主要表现为以下几类：①混凝土开裂。在混凝土桥梁结构中，混凝土的开裂是极为普遍难以避免的现象。但是桥梁的破坏和倒塌也都是从裂缝的扩展开始的，有害裂缝给桥梁的强度、刚度带来了不同程度的损害，缩短了结构的寿命，严重地影响了结构的正常使用和耐久性。产生混凝土开裂的原因主要有：混凝土干缩与徐变、钢筋锈蚀膨胀、基础不均匀沉降、急剧的温度变化、超重的外部荷载等。例如，1982 年建成的济南黄河大桥，顶板裂缝 1386 处、底板裂缝 11 处、腹板裂缝 52 处、隔板裂缝 1794 处；于 1988 年建成的重庆石门长江大桥，顶板裂缝 233 处、腹板裂缝 84 处、隔板裂缝 78 处。②腐蚀。钢筋、钢结构锈蚀是影响桥梁结构寿命和安全的一个重要因素。混凝土中钢筋的锈蚀一般为电化学腐蚀。混凝土的 "碳化"、大气污染以及混凝土过高的氯离子含量都会降低混凝土中的 pH 值，当钢筋表面的氧化膜破坏后，钢筋就会逐渐被腐蚀。对于以受弯为主的混凝土桥梁来说，钢筋作为受拉构件起到了主要的承载作用，而锈蚀的后果是直接造成钢筋断面面积减小，直接造成结构承载能力下降，并埋下安全隐患。钢结构桥梁暴露在自然环境中，其表面与周围介质水分、盐分等极易发生化学及电化学作用，结构表面的防腐涂层性能较差时，便会破坏涂层使钢铁产生锈蚀。南方的湿热和酸雨，北方的寒冷和冰盐，沿海的盐雾等，都是造成钢桥腐蚀的主要原因。结构腐蚀也会造成严重的安全事故。例如，北京仅使用 20 年的西直门立交桥（已重修），钢筋锈蚀破坏十分明显。1967 年美国东部快乐岬与诺加之间的一座铁桥，在使用 40 年后，塌落于俄亥俄河中，使 46 人丧生。调查表明，倒塌原因系大气腐蚀造成的应力腐蚀开裂。③冻融问题。冻融循环给桥梁带来的损伤破坏是不可逆转的，它的破坏机理为：混凝土凝硬化后遗存的游离水，和通过孔隙渗透进入的水都存留在内部的各种孔隙中。当周围气温下降时，孔隙中的水受冻结冰，体积膨胀，破坏材料的内部结构。冻融随气温反复循环时使内部结构的损伤不断积累，裂缝继续扩张延伸并相互贯通。破坏现象由表层向深层发展，引起混凝土耐久性失效，促使强度下降。西部地区受天气影响极易产生冻融现象，长期反复作用易造成结构产生裂缝。④下挠问题。混凝土桥梁的主梁下挠是较为普遍的现象，主要由混凝土的徐变和预应力的损失引起，尤其发生在大跨径梁式桥梁。梁体下挠往往伴随着梁体横向裂缝或大量的斜裂缝出现，其下挠程度可达相当大的数值。不论是斜裂缝或横向裂缝，都会导致结构的刚度降低，造成严重病害。例如，1995 年的黄石大桥运营 7 年后，主跨跨中挠度累计达 33.5cm，并出现大量主拉应力的斜裂缝与横向裂缝；1997 年的虎门大桥辅航道桥在运营 5 年后，其左幅跨中累计下挠达 22.2cm，远远超过原设计预留值 100mm，2006 年跨中下挠值又增大到 260mm。⑤疲劳开裂。疲劳破坏具有突然性，属于脆性断裂。其破坏过程一般经历三个阶段，即裂纹的萌生、裂纹的缓慢扩展和最后迅速断裂。随着钢桥的老化以及交通荷载作用下产生的累积的应力循环，钢桥中的疲劳开裂是非常普遍的，许多公路和铁路桥梁在运营荷载作用下产生了疲劳裂纹，有时因此而导致脆断。在我国大跨度悬索桥和斜拉桥使用较多的正交异性钢桥面，如果构造不良或焊接工艺不当，在使用过程中因为车辆反复经过引起局部集中应力，易于造成纵肋与面板焊缝以及纵肋与横肋交叉处的疲劳裂缝。例如，虎门大桥的正交异性钢桥面出现面板和纵肋焊接处的疲劳裂缝问题，对该桥的正常通行产生了严重的影响。⑥结构失稳。钢结构桥梁结构的失稳可分为下列几类：a. 个别构件的失稳，例如压杆的失稳和梁的侧倾；b. 部分结构或整个结构的失稳，例如桥门架或整个拱桥的失稳；c. 构件的局部失稳，例如组成压杆的板和板梁腹板的翘曲等，而局部失稳常导致整个体系的失稳。世界上曾经有过不少桥梁因失稳而丧失承载能力的事故。例如，俄罗斯的克夫达敞开式桥由于上弦杆压杆失稳而引起全桥破坏，加拿大的魁北克桥在架设过程中由于悬臂端下弦杆的腹板翘曲而引起破坏，造成严重安全事故。

1.1.2 结构维护管理费用不足

规模庞大的基础设施为人们的便利生活提供了良好的基础，但是近年来世界各国普遍出现了基础设施老龄化特征，尤其在发达国家。从美国桥梁建设时间分布图［图 1.2（a）］中可以看出：1920 年，罗斯福政府发布"新政政策（New Deal policy）"推动美国基础设施建设，同时大量新桥在 10 年内完成了建设，然而这些桥梁在服役 50 年后逐步进入老龄化状态。现如今，根据 2013 年出台的美国基础工程报告数据显示，目前全美基础设施等级评定为 D+，全美 607380 座桥梁平均年龄为 42 年，其中功能性老化桥梁总数 76366 座，占 12.62%。同时，美国公路网上维护与运营的总投入逐年增加。从日本桥梁建设时间分布图［图 1.2（a）］中可以看出，1950 年，经济全面复苏的日本迎来了桥梁工程建设大繁荣时期，这些桥梁直至 2010 年逐步进入老龄化状态。现如今，根据 2013 年出台的《日本基础设施、交通、旅游白皮书》数据显示，在日本有记录的近 70 万座桥梁中（有年代记录的有 40 万座），有 18% 已经超过了 50 年，进入老龄化状态。我国刚刚经过基础设施建设黄金期，桥梁老龄化、病害问题逐步凸显，大部分桥梁的使用年限一般在 30 年以内，病害问题却大量暴露，绝大部分桥梁因为没有重视耐久性保护措施，致使当前已有一定数量的桥梁发生老化、损伤现象，承载能力明显降低。图 1.2（a）中可以看出在 2006 年开始，危桥数量急剧增多，事故频发。我国的桥梁可能不到 30 年就要出现维修的高潮。随着时间的推移，混凝土桥梁的耐久性失效将越来越普遍，从而维修费用将逐年增加。

针对大批已进入老龄化的桥梁，国内外特别是发达国家逐渐加大力度进行桥梁维护管养，各国政府对基础设施的更新维护费用逐年增加，对公共设施总投资预算的比例逐年增高。例如：日本政府对公共设施的投资预算在 2010 年以后投资预算的总额基本不变，但基础设施的维护更新费却大幅度逐年增加，预计到 2037 年基础设施的维护管理将超过投资预算总额（图 1.2（b）），预计导致财政赤字[4]。欧洲桥梁管理（BRIME）项目的统计

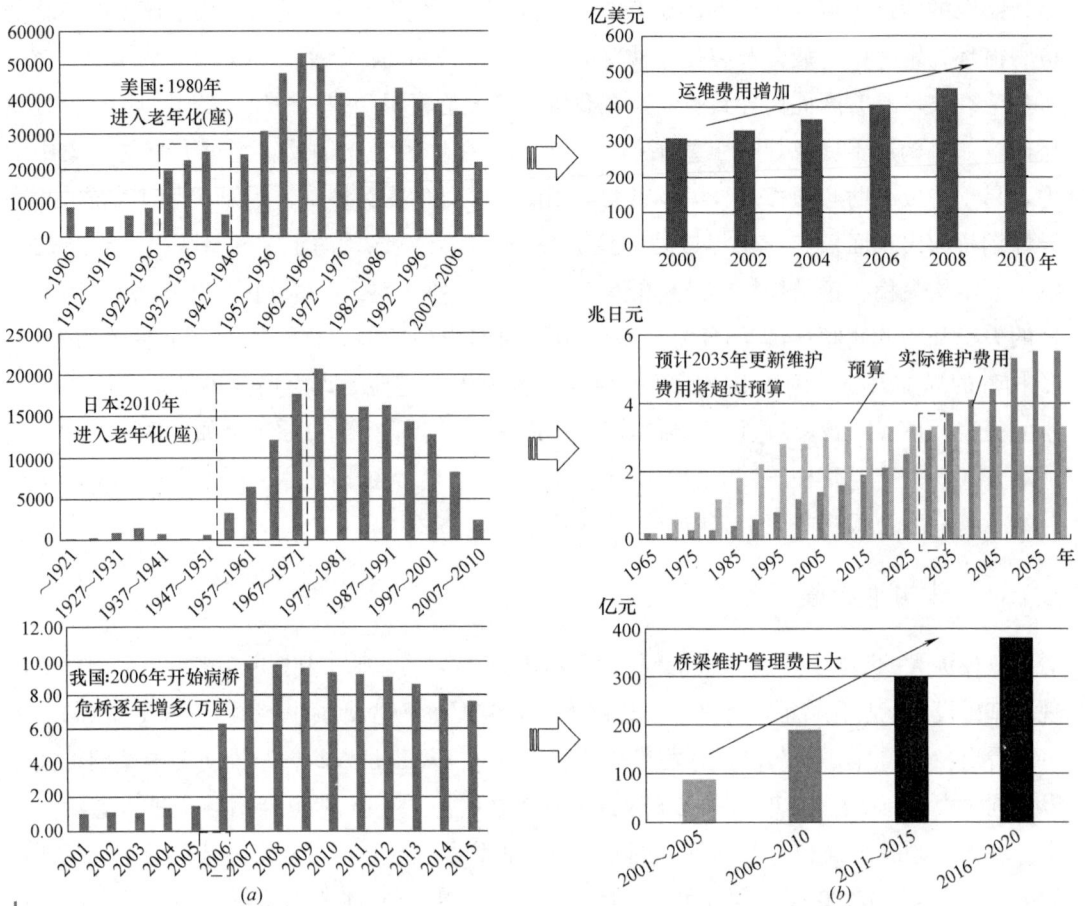

图 1.2　各国桥梁所面临的问题

表明：目前欧洲各国每年用于桥梁维护的费用占所有桥梁重建费用的 0.5%～1.0%，就美国纽约州交通局所辖桥梁而言，这个比例高达 8.5%；德国在今后的 15 年里，每年须要斥资 72 亿欧元来逐步翻新基础设施，比现有的预算要高出近 70%。根据美国联邦高速公路管理局（FHWA）统计数据表明：FHWA 估计到 2028 年，每年需要投入 205 亿美元（维护费用），然而目前每年投入的金额只有 128 亿美元。我国土建交通基础设施兴建起步较晚，但维护管理费用庞大且逐级攀升。我国"十五"期间，投入危桥资金 87.4 亿元；"十一五"期间，投入危桥资金 189.5 亿元。"十二五"期间，投入危桥资金 300 亿元。我国在"十三五"规划中，明确了公路桥梁发展要坚持"创新引领，建养并重"，预计投入危桥检测诊断的资金近 400 亿元。

我国经过 30 多年的大规模基础设施建设，当前步入维修期的桥梁数量日益增多。尽管已加大了改造力度，降低了国道、省道的危桥数量，但农村公路上的危桥仍居高不下，未能从根本上控制和解决这一问题。这些桥梁技术状况较低、承载能力明显降低，严重威胁桥梁的正常运营，给人民的生命财产安全造成了极大隐患。基础设施安全、健康和耐久问题严重，迫切需要良好的维护，但是目前世界各国着重关注的还是基础设施建设，在维

4

护管理上投入预算严重不足，迫切需要更加先进、完善的管理方法来对基础设施进行更有效的管理。面对我国服役桥梁养护管理和桥梁资产保全增效的技术需求，需要转变桥梁养护理念，发展桥梁预防性养护技术，提升桥梁机械化养护能力，构建符合我国国情的桥梁养护技术及装备体系，以促进我国桥梁技术向"建养并重"转型发展。面对服役桥梁养护科学决策的技术需求，需要进一步完善和发展桥梁技术状况评定、承载能力和减灾防灾能力鉴定方法，构建桥梁安全可靠性评估和使用寿命预测等的理论体系及技术方法，以推动我国桥梁服役可靠性的提升和使用寿命的延长。

1.2 结构维护管理的概念与手段

1.2.1 资产管理与全寿命周期成本

基础设施资产管理[5]（Infrastructure Asset Management，IAM）与传统的设施管理不同，它体现了一种全新的观念：指综合运用土木学、管理学和经济学的相关理论，系统地、科学地计划、安排和配置基础设施的投资、设计、建设、运营、更新、维护管理等活动。

美国国家联邦公路局（Federal Highway Administration，FHWA）和美国国有公路运输管理员协会（American Association of State Highway and Transportation Officials，AASHTO）首先引入公路基础设施资产的系统化管理方法，并陆续发布了资产管理初级读本（Asset Management Primer）[6]和资产管理指南（Asset Management Guide）[7]，系统阐述了相关的概念、原理和组成内容，明确了资产管理的任务并制定了体系框架。FH-WA 和 AASHTO 开创了交通设施资产管理的先河，广泛展开国际范围内的充分合作，为基础设施资产管理的发展提供了可靠依据。此后，澳大利亚、日本、加拿大[8]及欧洲各国也都纷纷意识到了基础设施资产化的重要性和必要性。日本正迎来经济衰退期，为了减少财政赤字，降低基础设施投资和成本，开始对基础设施产业进行市场改革，并制定了财政投融资和特定财源制度等一系列与基础设施建设相配套的财政措施。日本国土交通省发布《1998 年度日本运输经济报告》，强调建立高效的综合运输基础设施资产管理系统。欧洲各国也纷纷意识到基础设施资产化的重要性和必要性。欧洲发展工作小组发布"资产管理系统工程描述（1999）"。将资产管理的概念引入基础设施管理中来，有助于保证基础设施的服务水平，增强资金的可达性和利用度，做出合理化方案制定，优化决策。长期以来，对于桥梁等大型基础设施结构，人们只关注其建设的初期成本投入，在实际工程中，只考虑业主的成本投入，很少考虑结构使用过程中的维护成本，同时各国在桥梁等大型结构管理维护上投入的资金非常有限。在这样的思考下，人们反思过去模式的缺陷，提出了基于全寿命周期成本的全新桥梁设计理念，并逐步衍生出全寿命周期成本分析、全寿命周期维护管理概念、全寿命周期结构性能评估概念[9~11]。

　　全寿命周期成本（Life Cycle Cost，LCC），在产品寿命周期或其预期的有效寿命期内，产品设计、研究和研制、投资、使用、维修及产品保障中，发生或可能发生的一切直接、间接、派生或非派生的所有费用的总和。

　　该理论首先由美国军方于 20 世纪 60 年代提出，应用于军用器材采办领域，并迅速推广到民用企业。20 世纪 80 年代开始，全寿命周期成本的方法逐渐应用到交通领域，人们开始研究建设项目的全寿命成本优化问题。鉴于以往对基础设施耐久性认识不足或重视不够而引起许多经济损失的惨痛教训，以美国为首的日本、德国等发达国家率先针对道路、桥梁等基础设施项目提出寿命周期成本分析，能够基于可靠度成本最优实现桥梁群的有效管理，即包括工程建设、管养、使用、拆除等经济成本以及环境成本、社会成本等成本最小化设计理念。全寿命周期分析的本质是要求在设计施工阶段，不论是事先采取防护措施还是以后"坏了再修"，都要做出经济预算和比较，承建者要对工程的"全寿命"负责到底，这样可避免"短期行为"给后人带来的麻烦与巨大经济损失。美国曾用 4 座桥的成本维持 1 座桥的事实，显然是极其不经济合理的。以 Frangopol 为代表的美国学者[12~16]对全寿命周期成本进行了较为全面的研究，全面研究了桥梁寿命周期成本框架，包括设计成本、施工成本、检测成本、预防性或完全性维护成本、改造成本、失效成本、地震灾害作用成本等。Orshan[17]从建筑设计方案比较角度出发，探讨了在建筑方案设计中应该全面考虑项目的建设成本和运营维护成本的概念和思想。Asko[18]对工程全寿命设计进行了研究，主要设计到环境与生态、混凝土材料、结构耐久性设计，并对桥梁的成本优化、养护期成本优化、性能评价等进行了一系列研究。也有学者利用寿命周期成本的思想提出了对旧桥进行维护性加固工作，认为桥梁寿命周期成本不能只考虑建设期的成本，而是应该综合考虑围绕该桥的大量间接成本。并综述了运用寿命周期成本优化的分析方法对桥梁结构各种成本计算方法进行优化，指出寿命周期成本包括建设成本、常规检查和养护成本、由于交通中断或阻塞所导致的经济损失的成本、交通设施成本、环境保护成本等。

　　随着我国公路建设的迅速发展，桥梁数量也随之增加，但是"重建设、轻维护"和"注重眼前利益、忽视后期影响"在我国桥梁管理中一直表现得十分突出，桥梁存在的问题也比较多，直接导致在桥梁营运后期，管理部门花费巨资对其进行修复。这种因结构缺陷而引起后期维护加固成本过高的现象，给管理工作带来难以承受的经济和社会负担，也给桥梁的建设管理带来了极大的风险。根据我国可持续发展的需要，要求桥梁在设计阶段就必须考虑和处理在建设阶段和全部使用周期内可能出现的退化、腐蚀、构件更新及寿命终止时拆除方法、材料回收方案和成本问题，为满足投资决策和资产管理的需要，还必须将建设、养护、维修直到寿命终止时拆除的残余价值进行全面的成本分析。在桥梁寿命周期成本中，维护成本是其桥梁服役后最重要的一部分，因此为了使桥梁在整个寿命期内安全、可靠，又要使总成本最小，研究桥梁性能与维护策略及维护成本之间的关系非常重要。这样可以用有限的资金，使桥梁的服务性能水平达到最优。

1.2.2　长期性能与预防性维护

长期性能（Long Term Performance，LTP），2008 年美国联邦公路局发起了桥梁长期性能研究（Long-Term Bridge Performance，LTBP）计划，打算耗费 20 年时间，收集美国国家公路桥梁的科学数据，建立详细及时的桥梁健康数据库，开展桥梁结构性能理论和应用技术的研究，为桥梁设计理论的发展提供数据支持，对桥梁养护维修与加固的效率进行量化，优化桥梁养护作业以便于减少交通拥堵和事故，孕育下一代桥梁养护管理系统，为政府制定相关政策提供依据。

2008 年，为应对全美超过 59 万座桥梁在规划、运营、维护和经济等方面带来的挑战，发展新一代桥梁管理系统，由联邦公路局（FHWA）下属的基础设施研究与发展办公室与美国各州的交通部门、其他联邦机构、学术团体、企业和国际组织合作，发起了美国桥梁长期性能研究计划。该项计划的研究经费来源依据于 2005 年美国国会批准的路面交通法案《安全、责任、高效交通运输资产法案：使用者的遗产》。LTBP 计划将持续 20 年时间，整个实施过程将包括 2 个阶段，即准备阶段（2008～2013 年）和执行阶段（2014～2028 年）。准备阶段工作包括：选取了 7 座桥梁，这些桥梁分别代表了美国境内最常见上部结构截面形式和环境特点，它们分别位于加利福尼亚、福罗里达、明尼苏达、新泽西、纽约、犹他和弗吉尼亚州。确定需要采集的数据，建立一套开放的、可升级的、可扩展的数据管理和数据分析系统；制定数据采样、采集和质量保证的标准；建立从国家桥梁档案中筛选桥梁的方法，并确定初步研究所需要检（监）测和评估的桥梁类型、数量及结构位置。执行阶段的主要工作包括现场协调、初步研究计划、初步研究执行、详细研究、市场推广与技术交流等工作。LTBP 计划的总体目标为：通过检（监）测技术标准制定及设备研发，观察全美范围内具有代表性的桥梁样本，搜集高质量的公路桥梁科学数据，编写定量信息的综合数据库，采用一个全面的方法进行分析，评估影响桥梁性能的各种因素，提供更为详细、及时的桥梁信息和更有效的桥梁管理工具。该计划的实施将有助于展现一个更加详细和实时的桥梁健康全景，增强对桥梁性能的了解，最终提高美国公路运输资产的安全性、使用性、长期寿命和可靠性。与此同时，2015 年 12 月奥巴马签署了《修复美国地面交通法案》（*Fixing America's Surface Transportation Act*），为美国交通基础设施建设提供 3050 亿美元融资，法案中加大了对桥梁长期性能研究计划的支持力度。2011 年，10 余个国际著名团队应美国联邦公路局邀请参与了美国桥梁长期性能项目中新泽西州 Wayne 桥的现场测试和健康监测工作。东南大学[10]应邀参与了该桥短期测试项目，利用先进的长标距光纤传感器对 Wayne 桥进行了振动测试以及卡车静载下的测试，全面识别了该桥的基本模态参数，并反演得到了桥梁的变形，利用"斜率法"理论成果识别了支座损伤，并且该损伤识别方法是在所有团队中唯一能够识别支座损伤的方法。这无疑为研究桥梁的长期性能又提供了一种全新、有效的技术方法。

2011 年 10 月，欧盟联合英、法、瑞、德等国，启动了为期 3 年的"Mainline Project

（主线计划）"[20]。通过研究新型检测和监测技术，对欧洲运输系统进行全面的安全性和寿命周期评估，研究延长桥、隧道、轨道等老旧基础设施使用寿命或更换设施的方法，最终提升欧洲运输能力，该计划于 2014 年 9 月 30 日结束。2013 年，日本基础设施功能退化的问题逐渐引起了公众的关注，日本政府决定加大研发力度，实现相关方面的有效管理。日本科学技术与创新委员会（CSTI）启动的跨部门战略创新推行计划（SIP）新项目"基础设施维护、修缮与管理"是一个为期 5 年的计划，涵盖了涉及条件评估、非破坏性试验、监测及机器人学等核心技术的各个课题，以及长期性能预测、优质耐用型维修更换材料的开发和基于先进信息通信技术（ICT）的基础设施管理。该项目包含 60 多个由高校、研究机构和企业共同参与的研究项目，日本国土交通省（MLIT）宣布 2013 年为维护期的第一个年头。

目前，中国在桥梁长期性能评估方面的研究才刚刚起步，借助中美公路桥梁技术交流会的平台，我国在跟踪美国桥梁长期性能研究计划的基础上，多个有关部门在酝酿启动桥梁长期性能研究项目。计划根据我国实际情况，分结构形式、环境区域等因素，遴选若干座具有代表性桥梁进行长期性能观测和数据采集。根据混凝土桥梁的结构特点，初步梳理确定了混凝土桥梁的长期性能观测指标。争取在 5～20 年长期数据观测的基础上，建立我国公路桥梁长期性能数据库，并开展实际运营状态下公路桥梁承载力及寿命演变机理研究，推动公路桥梁结构时变理论的发展，为建立公路桥梁耐久性定量设计提供支撑。

长期性能的研究离不开维护管理，而基础设施建成以后就伴随着维护管理问题，目前主要有两种维护方式：①事后性维护（Breakdown Maintenance，BM）；②预防性维护（Preventive Maintenance，PM）。也有学者[21]进一步提出了预知性维护（Predictive Maintenance，PM）。这三种维护方式是从低级到高级的一个发展过程。事后性维护（Breakdown Maintenance，BM），即在结构出现问题后再对结构进行维护，事后性维护相对简单，但是若不能及时发现结构的损伤问题，随着微小损伤的不断积累，结构的性能不断降低，从而带来安全事故隐患。对于桥梁结构发生重大损伤后，其服役性能已经大大降低而无法完成其基本服役，如果要修复桥梁使其恢复原有或接近原有性能则要进行巨额投入甚至耗费巨资也于事无补。

预防性维护（Preventive Maintenance，PM），是以时间为依据的维护，土木工程结构随着时间的延长，其性能会逐步降低，若能够在结构降低到极限状态之前，定期对结构进行预防性维护，提前发现微小损伤并将其修复，可以防止结构产生重大损伤从而非常有效地延长结构的服役时间。预防性维护取决于两个决策变量：一个是检测率（频率和精度）；另一个是预防性维修水平。在现实工程中，世界各国均面临着桥梁结构维护经费短缺的问题，所以定期进行"预防性维护管理"很难实现。事实上，精准把握桥梁病害进行有效的管理才能更行之有效的在延长桥梁服役寿命的前提下降低全寿命周期内的成本投入，因而提出第三种管理方式：预知性维护管理。面对日益增多的老化基础设施，日本、美国等国已经全面开始推广应用结构的预防性和预知性维护。例如，1883 年在美国纽约建成的世界上的第一座悬索桥——布鲁克林桥（Brooklyn Bridge）迄今已使用超过130年，近年来该桥管理部门不断采用检测、监测与维护加固等手段来提高其性能使其继续服役以达到"增寿"目的。只有早期发现结构损伤，甚至是萌芽阶段的微小损伤，在结构进入严重破坏前，进行前瞻性的维修，才有可能在最小成本条件下实现结构的有效管养和安全服役及其长寿命化[22]。

1.2.3 桥梁管理系统

桥梁管理系统（Bridge Management System，BMS）是近30年来在世界范围内土木工程界出现的一个跨学科、跨领域、综合型的工程技术集成系统，它是涉及传统的工程结构分析、材料技术、系统科学、管理科学、统计科学、计算机科学等多种学科的系统工程。为了更好地进行桥梁维护管理，世界各国相继建立了自己的桥梁管理系统，在其发展历程上，主要分为两个阶段：第一阶段是桥梁数据库管理系统，主要部分是一个庞大的数据库系统，存储桥网内桥梁的各种数据，并提供查询、检索等基本服务，其功能和结构都很简单；第二阶段是在桥梁数据库管理系统的基础上增加了桥梁技术状况评价，中、长期需求预测及费用分析和优先排序，养护加固维修计划决策等功能，其结构日趋复杂，各种功能更加适合于辅助桥梁管理者做出决策。

美国的桥梁管理系统始于20世纪80年代，拥有PONTIS® 桥梁管理系统和BRIDG-IT桥梁管理系统。PONTIS系统的显著特点体现在对桥梁构件状态的统计分析上，桥梁的每一个构件都从单个的桥梁中分开，被认为是构件族的一部分，采用马尔科夫链的简单形式来模拟退化进程，采用概率论模拟各个构件状态评估的变化。PONTIS系统不单是一个计算机应用软件，它还构成了一个管理组织框架，帮助桥梁管理者从获取和处理海量原始安全监测数据的繁重工作中解放出来，将主要的工作放在研究优化桥梁网络经济效率的方法上，为养护、加固和更新等工作时机的选择决策提供客观的方法。BRIDGIT桥梁管理系统是通过对桥梁检测数据的整合，提供清晰、准确及时的报告，并预测结构恶化趋势，提供维修跟踪性能。近年来，美国AASHTO推出了新的桥梁维护管理软件——AASHTOWare™ Bridge Management software（BrM）[23]，并且该系统在2015年进行了产品升级。日本于1990年起发展基于计算机的桥梁管理系统MICHI，主要针对正在服役的存在潜在损害的混凝土桥梁。之后日本也建立了全新的桥梁管理系统，称之为J-BMS[24]。该系统不仅仅能够很好地评估桥梁当前状态下的性能状况，还能够为桥梁提供费用最低、效果最好的维修策略，并能通过实桥测试的数据来不断地完善程序。2009年，东京都提出"桥梁管理的中长计划"，至2020年20%的重要基础设施、老旧基础设施可以通过使用传感器、机器人以及非破损性检查技术进行检测、加固，并强化维修产业在基础设施商务中的竞争力。丹麦也是很早就开始重视桥梁维护与管理的国家。1987年，丹麦道路管理部门研发出DANBRO桥梁管理系统，通过定期检查和维护，使桥梁处于最佳技术状态，优先排序以经济合理地安排桥梁运营、保养和维修费用，同时对超重和超高运输做出限定。在其优化控制模块，不仅考虑桥梁的现状，还考虑了桥梁老化速度，为每座桥梁制定出了未来 25 年内可供选择的维修方案。还有许多发达国家先后推进国家级战略性安全保障计划，如英国路面维护管理计划，计划投资 150 亿英镑用于 GIS 路面管理系统构建；如澳大利亚、新西兰的资产维护管理计划，并实施立法要求政府机构使用资产管理系统，同时还出版了《资产管理指南与策略》，如英国的 NATS、挪威的 Brutus、法国的 EDOUARD 系统、瑞士的 KUB-MS 系统。

我国桥梁管理系统的开发推广始于"八五"计划期间，交通运输部于 1986 年开始着手"桥梁管理系统"（BMS）的研究，中国公路桥梁管理系统（CBMS2000）是一项从数据分类、数据采集、检测设备应用、数据录入存储处理、状态评价、提出决策意见和进行投资分配方案决策等一套综合管理技术。1995 年，CBMS 在内蒙古得到推广应用，建立了一个省级 CBMS 和 12 个盟（市）级管理系统，应用于自治区内干线公路上的 1748 座桥梁，至今取得较为显著的效果。"九五"期间，国家交通部实现了 CBMS 的进一步升级。CBMS 基于桥梁结构工程、病害机理、检测技术和数据采集技术，运用计算机技术数据处理功能、评价决策方法和管理学理论，对现有桥梁进行状况登记、评价分析、投资决策和状态预测。由此可以看出，世界各国桥梁管理系统基本都由第一代采集数据库，发展到第二代具有初步分析功能的管理系统。而桥梁管理系统是否能够良好运营，其核心问题在于：如何才能够获得有效的桥梁检测数据？桥梁技术状况评价模型是否全面、正确？桥梁技术状况预测模型是否合理？目前世界范围内，桥梁结构检测方法繁多，同时技术状况评定模型均来自于各国行业规范标准，那么现如今人们怎样去进行桥梁结构检测工作，行业规范发展如何？在 1.3 节和 1.4 节将进行详细介绍。

1.3 各国性能评估规范现状及发展趋势

1.3.1 桥梁评估规范

结构性能指结构在外部荷载的作用下，结构动静状态关于安全性、使用性和耐久性等方面的定性、定量的表现。性能评估指依据检测与监测数据及其分析结果，对结构的当前安全状态及其未来服役周期内性能进行分析评估和预测，并与其临界失效状态进行比较，评价其安全等级的过程。结构性能评估是实现桥梁有效管理和维护的重要组成部分，它可以准确把握结构的当前性能水平，以便及时进行合适的结构养护和管理，对于性能水平低下的结构需及时进行维修和加固。结构的性能评估除了考察当前的结构性能状态之外，还需综合考察结构性能下降的程度和速率，分析其性能退化规律，对结构性能的远期状态做出预测，并对结构的使用寿命做出评估。本小节主要介绍了我国规范发展过程以及桥梁检查技术体系。

目前，我国现行的桥梁技术状况评定规范主要有住房和城乡建设部的《城市桥梁养护

技术标准》CJJ 99—2017[25]、交通运输部的《公路桥涵养护规范》JTG H11—2004[26]和
《公路桥梁技术状况评定标准》JTG/T H21—2011[27]三本。其中《公路桥涵养护规范》
JTG H11—2004是在《公路养护技术规范》JTJ 073—96版本的基础上颁布执行的，在指
导我国公路养护管理工作中发挥了很大的作用，与其并行的是住房和城乡建设部的《城市
桥梁养护技术标准》，主要针对城市桥梁的养护工作。为了适应我国快速发展的公路桥梁
建设养护要求，我国交通部于2011年修订颁布了《公路桥梁技术状况评定标准》JTG/T
H21—2011和《公路桥梁承载能力检测评定规程》JTG/T J21—2011，《公路桥梁技术状
况评定标准》是由《公路桥涵养护规范》中的第三章第五节扩充编写而成的行业推荐性规
范。中国建筑科学研究院和广东省建筑科学研究院主编，会同北京市市政工程设计研究总
院、同济大学等14家单位，历时4年，编制了城镇建设行业标准《城市桥梁检测与评定
技术规范》CJJ/T 233—2015[28]，已于2016年5月1日实施。它的颁布实施将为新建、
改建、扩建以及既有城市桥梁检测与评定工作提供统一的程序、准则和方法，以保证检测
与评定工作质量。针对桥梁承载能力状况评定主要有《公路桥梁承载能力检测评定规程》
JTG/T J21—2011[29]，以及2015年12月颁布了最新的《公路桥梁荷载试验规程》JTG/
TJ 21—01—2015[30]，于2016年4月1日实施，更加详尽地解释与规范了现场桥梁荷载
试验的流程及注意事项。在《公路桥梁承载能力检测评定规程》JTG/T J21—2011未颁
布以前，中国公路桥梁承载能力评定主要依据是《公路旧桥承载能力鉴定方法（试行）》
和《大跨径桥梁的试验方法》。图1.3总结了检查、荷载试验与当前规范的关系，以及技
术状况评定与承载能力评定所对应的规范。

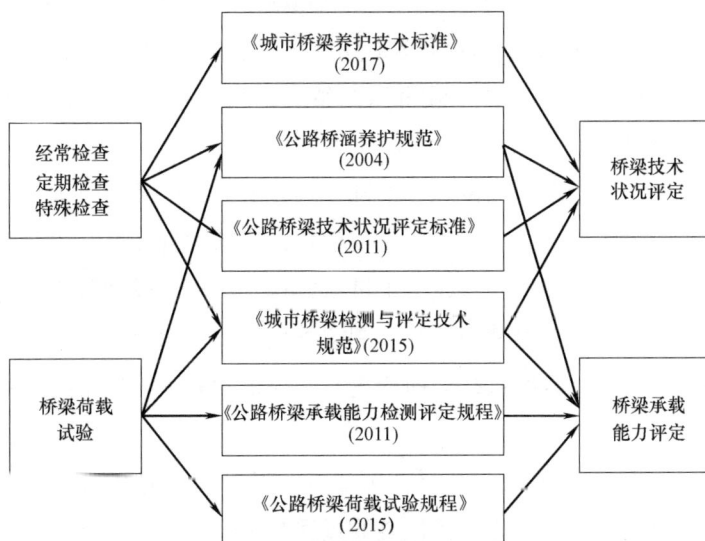

图1.3 我国交通部公路工程标准规范体系的要求

我国桥梁检查与评定技术体系可以分为两大体系（图1.4），第一体系是检查体系；
第二个体系是评定技术体系。检查体系包括：经常检查、定期检查、特殊检查。评定技术
体系包括：一般评定（技术能力评定）、适应性评定（承载能力评定）。一般评定是依据桥

梁定期检查资料，通过数量级评定方法对桥梁各部件技术状况做出综合评定，进而确定出桥梁的计算等级，提出各类桥梁的养护措施。适应性评定是对技术状况评定结果较差的（如中国规范是四、五类桥）进行承载能力评定，通过进行荷载试验来测试桥梁结构在不同荷载等级下的承载能力。技术能力评定主要针对日常状态下桥梁巡检过程中记录的状态进行等级评定，而承载能力评定主要针对桥梁服役状态以及未来服役期限预估而进行的等级评定。

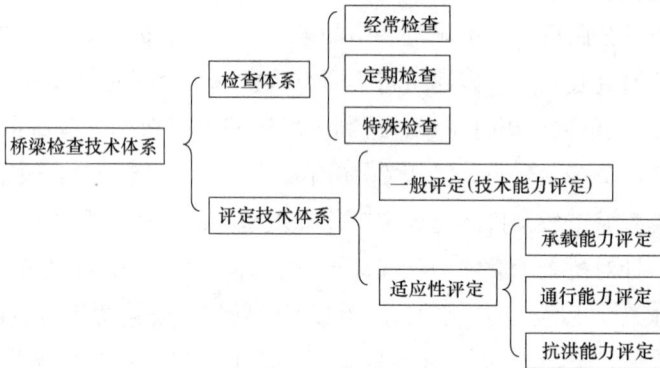

图1.4 桥梁检查技术体系构成

1.3.2 桥梁一般检查

桥梁检测是桥梁维护管理的重要手段，主要依据《公路桥涵养护规范》JTG H11—2004 和《城市桥梁检测与评定技术规范》CJJ/T 233—2015 执行。按照检查的范围、深度、方式和检查结果的用途不同，大致可以归纳为下列三类：经常检查（巡视、日常检察）、定期检查、特殊检查。

（1）经常检查：主要指对桥面设施、上部结构、下部结构及附属构造物的技术状况进行的检查。即我们常说的巡检、日常检查，仅仅对桥梁结构进行外观层面上的检查，应用最普通的方式：人工目测，辅助一些设备来进行操作，从而形成"桥梁经常检查记录表"。

（2）定期检查：为评定桥梁使用功能、制定管理养护计划提供基本数据，对桥梁主体结构及其附属构造物的技术状况进行全面检查，它为桥梁养护管理系统搜集结构技术状态的动态数据。

就需要依靠《城市桥梁养护技术规范》《公路桥涵养护规范》和《公路桥梁技术状况评定标准》来进行较为系统的检查，其检查的过程就是将桥梁结构进行构件划分，对每一个单独的构件进行打分，再通过分层综合评定结合单项指标的形式来确定桥梁结构的技术状况等级。其中最为严谨、最为完善的评价标准是《公路桥梁技术状况评定标准》，其评定流程如图1.5所示，其采用分层综合评定与单项指标控制相结合的方法。该规范将桥梁按4种桥型划分不同的评定指标和权重值，评定过程由低到高循序渐进，按照桥梁构件评定、桥梁部件评定、上部结构评定、下部结构评定、桥面系评定和全桥技术评定6个环节进行。在综合评定之外，规范给出14项单项指标（如落梁、板断裂、系杆严重锈蚀、基础严重沉降等），用于控制桥梁结构重要部位的严重损伤，一旦出现其中的任何一项，即刻判定为5类桥梁。定期检查是深入了解桥梁结构服役状况的最直接形式，但其对于真实服役状况知之甚少，所以在一定情况下需要启动特殊检查，以用来了解结构的真实性能状况。

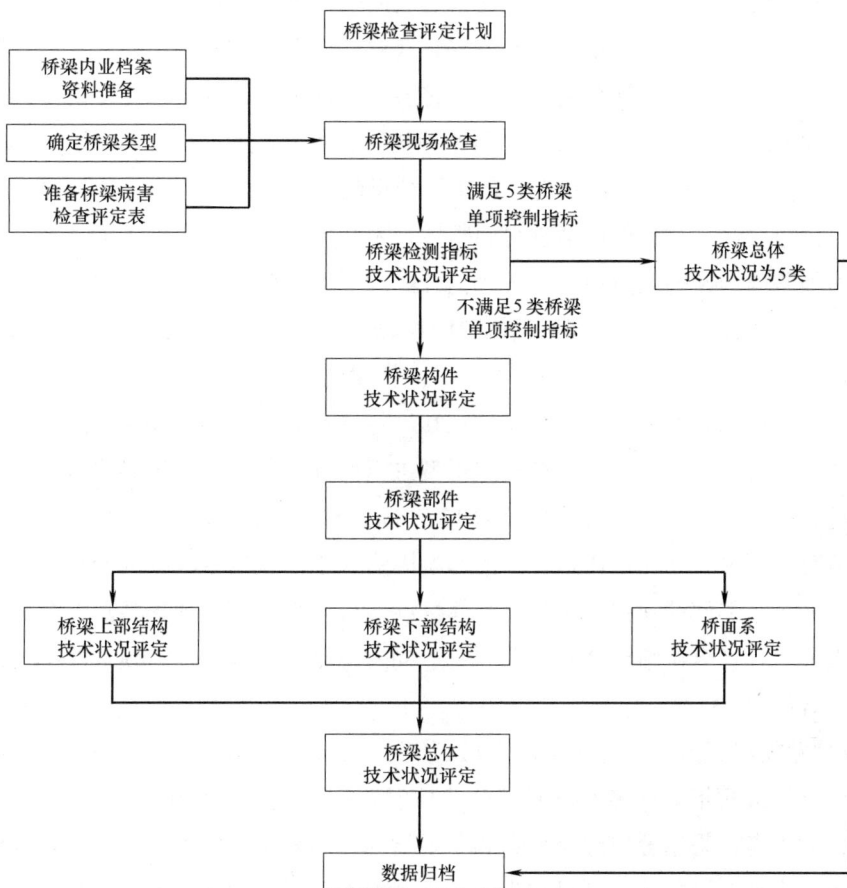

图1.5 公路桥梁技术状况评定流程

（3）特殊检查：是查清桥梁的病害原因、破损程度、承载能力、抗灾能力，确定桥梁技术状况的工作。特殊检查分为专门检查和应急检查。①专门检查，根据经常检查和定期检查的结果，对需要进一步判明损坏原因、缺损程度或使用能力的桥梁，针对病害进行专门的现场试验检查、验算与分析等鉴定工作。②应急检查，当桥梁受到灾害性损伤后，为了查明破损状况，采取应急措施，组织恢复交通，对结构进行的详细检查和鉴定工作。

1.3.3 技术状况评定

1. 中国

目前我国桥梁技术状况评定规范主要采用《城市桥梁养护技术标准》CJJ 99—

13

2017)[25]、《公路桥涵养护规范》JTG H11—2004)[26]、《公路桥梁技术状况评定标准》JTG/T H21—2011)[27] 和《城市桥梁检测与评定技术规范》CJJ/T 233—2015)[28]。这四种规范推荐的评估方法的理论依据主要是桥梁构件缺损状况指数法、常规综合评估法和层次分析法。

(1)《城市桥梁养护技术标准》CJJ 99—2017 推荐的方法也借鉴了层次分析的原理，将影响桥梁状态的各个指标分层次条理化，建立明确的分层计算模型。参与评定的桥梁各指标以百分制扣分，分数越高桥梁状态越好，底层的扣分值以各构件的实际观察病害为依托，中层部件的评定在底层评分的基础上，将各构件评分纳入预定的计算模型，进而得到桥梁的综合评分结果。在利用《城市桥梁养护技术标准》CJJ 99—2017 评定在役桥梁时，BCI 桥梁状态指数是一个重要的概念，BCI 评分反映桥梁各部件状态，分类评定各部件的病害，运用分层次加权方法循序渐进得到整体技术状况。规范预先给出了基础、下部结构和上部结构等基础构件的权重值。下层各构件的细部评分确定办法是以扣分值结合计算模型来完成的。现场技术人员根据观测结果对细部构件扣分，通过将细部评定值加权计算得出桥梁的 BCI 状态，以 BCI 最终得分找出对应桥梁的等级。

(2)《公路桥涵养护规范》JTG H11—2004 权威性强（强制性规范）、工作量小、操作简单，各部件采取固定权重，没有根据桥型进行部件细化，导致桥梁技术状况评定结果主观性和随意性大。该规范将桥梁划分为 17 个固定权重值的部件，然后现场检测桥梁部件的缺损情况、缺损在结构使用过程中的影响因素大小以及桥梁缺损的变化趋势等三个方面，通过累加每个部件的缺损得出桥梁整体标度。最后将各部件缺损状况评定标度和固定权重值代入公式计算全桥结构技术状况评定。同时遵循重要部件以缺损最严重构件的评分作为部件评分结果。

(3)《公路桥梁技术状况评定标准》JTG/T H21—2011 是专门用于桥梁技术状况评定的标准，融合了近几年来许多专家对《公路桥涵养护规范》JTG H11—2004 缺陷的修正和桥梁评估的思考，采用分层综合评定和单项指标控制相结合的方法，列举各种桥型的典型病害并做了定性定量描述，是目前为止较为完整细致的桥梁评定标准。《公路桥梁技术状况评定标准》JTG/T H21—2001 采用分层综合评定与单项指标控制相结合的方法，并将桥梁按 4 种桥型划分不同的评定指标和权重值，评定过程由低到高循序渐进，按照桥梁构件评定、桥梁部件评定、上部结构评定、下部构造评定、桥面系评定和全桥技术评定 6 个环节进行。在综合评定之外，规范给出 14 项单项指标（如落梁、板断裂、系杆严重锈蚀、基础严重沉降等），用于控制桥梁结构重要部位的严重损伤。

(4)《城市桥梁检测与评定技术规范》CJJ/T 233—2015 明确了桥梁结构构件缺损程度按完好、轻微、中等、严重和危险 5 个等级进行评定，并对结构检测的具体参数、方法和评定标准进行了细化，主要如下：①对桥梁结构几何参数、结构线形与变位、构件材料强度等的检测项目、部位、数量、方法做出了规定；②对结构裂缝检测手段、记录方式等提出了要求，并提出了裂缝缺损程度评定标准；③针对配筋混凝土桥梁结构构件蜂窝、麻面、剥落、掉角、空洞、孔洞，应力钢绞线及锚固系统缺损，圬工桥梁结构构件缺损，配筋混凝土的钢筋截面缺损，钢结构构件防腐、防火涂层、锈蚀、焊缝开裂、铆钉（螺栓）损失缺陷，拉（吊、系）索缺损等的检测与程度评定标准做出了规定；④对钢筋半电池电位、氯离子含量、混凝土电阻率的检测方法、数量等提出了要求，并就其对钢筋锈蚀的影响给出了评价标准；⑤对桥梁板式支座老化变质、龟裂、破裂、外鼓、错位、串动、脱空或剪切变形，盆式支座组件损坏、位移、转角超限，钢支座组件损坏、磨损、开裂、位移超限以及伸缩缝装置工作状态的检测做出了规定，并提出了程度评定标准；⑥针对斜拉桥拉索、拱桥系（吊）索以及悬索桥吊索与主缆索股索力检测方法及偏差分析提出了要求；⑦细化了结构自振特性的测试及评价方法；⑧结合人行天桥设计和使用的特点，有针对性地提出了人行天桥的重点检测部位和测试要点。本书对前三种规范做了详细的对比，见表 1.1。

三套规范比较 表 1.1

规范\比较项目	《公路桥涵养护规范》JTG H11—2004	《城市桥梁养护技术标准》CJJ 99—2017	《公路桥梁技术状况评定标准》JTG/T H21—2011
评定方法	加权算术平均、加权几何平均	层次分析法、算术平均法、单项指标控制	分层综合评定与单项指标控制相结合
评定层次	2 个层次：部件缺损评定、全桥综合评定	4 个层次：构件评定、部件评定、单元评定、全桥评定	4 个层次：构件评定、部件评定、单元评定、全桥评定
评分界限值	一类[88,100]二类[60,88)三类[40,60)四类、五类(0,40)	A 级[90,100]B 级[80,90)C 级[60,80)D 级[50,66)E 级(0,50)	1 类[95,100]2 类[80,95)3 类[60,80)4 类[40,66)5 类[0,40)
主观性	主观性很大	主观性较小	主观性很小
桥型划分	无桥型划分	无桥型划分，但列举典型桥梁的构件权重	桥型划分具体，梁式桥、拱式桥、悬索桥、斜拉桥分类别评定
精细程度	分部件概述病害	无病害描述	分桥型病毒描述精细
单项控制指标	无单项控制指标	列举 14 项可以评为 D 级桥的单项指标	列举 14 项可以评为 5 级桥的单项指标（条款与《城市桥梁养护技术标准》不同）
主要优点	操作简单，采用广泛	计算方法客观	计算方法客观，分析桥型评定，病毒描述具体
主要缺点	主观性大，要求工程师有丰富经验缺少单项控制指标；构件权重不完善	完全采用算术平均，淹没较差构件，在桥梁出明显危害前有安全隐患	构件评分要求检查每个构件，工程量过大

桥梁技术状况评定流程大致由信息采集、评估分析和决策评定三个部分组成，评定流程见图 1.5。从图中可以看到：桥梁评定普遍继承了层次分析的思想，桥梁评定的过程符合一个循序渐进、由低到高的过程。在评定的初级阶段，桥梁的实测数据比较容易获得，

同时这个过程也是关系到评定结果是否准确的关键一步。将采集好的数据放入预定的评定模型中，如果对结果不信任则需要采集更多的数据或更加细化评定模型。这反映了层次分析原理在技术和经济上的双重考虑。

2. 美国

对于整个美国桥梁检测工程体系，由美国国会通过的公路建设与管理法案构成美国公路交通建设与发展的纲领性文件；围绕各时期的公路建设法案，联邦公路局 FHWA 指导和资助 AASHTO 等专业协会制定公路行业的技术标准与法规，并通过设在全国 9 个地区、52 个州办公室的管理人员，协调各州公路项目的实施管理。以联邦政府的技术法规为基础，各州都可根据本州的实际情况对联邦法规的部分内容进行调整，或对未涉及的内容进行补充完善，使其成为本州的技术标准规范。而联邦政府 FHWA 对公路的管理，则借助于资助金的形式对项目进行宏观调控和管理，对于联邦政府项目，若达不到联邦级的标准规范要求，将无法得到联邦政府的资助。

目前美国国家桥梁检测规范形成了如下框架：最高准则为《国家桥梁检测标准》(NBIS)；桥梁设计参考准则为：AASHTO 出台的《荷载抗力因子桥梁设计方法》；检测工作开展参考 FHWA 出台的《桥梁检测工作者参考手册》；承载能力评估标准参考 AASHTO 出台的《桥梁性能评估手册》；标准构件性能评估参考 AASHTO 出台的《桥梁单元检测指导手册》。美国桥梁检测分为初始检查、常规检查、损害检查、深入检查、断裂危险构件检查、水下检查和特殊检查，其中常规检查一般不超过 2 年，断裂危险构件检查一般不超过 2 年，水下检查一般不超过 5 年，而深入检查一般根据桥梁状况具体制定检测频率和检测范围。桥梁的状况等级评价包括桥面、上部结构、下部结构、水道及水道保护等四个构件组，它们涵盖了桥梁结构和水道及水道保护的所有构件，状态评估等级分为 10 级（0～9），"9" 表示桥梁结构处于最佳状态。

3. 日本

《铁道构造物设计标准及解说》[31] 系列标准是日本铁路构造物设计的基本技术标准，由日本铁道综合技术研究所于 1999 年编制完成，2000 年起陆续颁布实施（平成 12 年 6 月），是最新修订的国际单位制版本。该系列标准包括《基础构造物与抗土压构造物》《混凝土构造物》《钢桥、结合梁桥》《土构造物》《抗震设计》等。其中，《混凝土构造物》中规定，在铁路交通结构的养护管理运营过程中，主要是从初期检查、整体检查、局部检查和临时检查 4 个层次来区分结构健全度的检查级别。在该设计标准中对铁道交通结构的健全度从严重到健康划分为 A、B、C、S 这 4 个等级，并制定了对应危害性和结构参数变化程度的应对措施。

日本土木工程学会于 2014 年 11 月出版了《既有混凝土构造物性能评价指南》，对既有混凝土性能评估的一般流程和评价标准做了系统性规定。在该规范中，将既有混凝土结构性能评估分成两大部分，第一步是进行概略性性能评估，第二步进行详细性能评估。在概略性性能评估中，主要通过目测、人工检测等方法将混凝土结构的部件分成 1 类、2

类、3类等三种状况。在规范中对于每个部件如何分类进行了详细的阐述。在概略性评估中，对于桥梁的性能状况进行初步评定，当性能无法满足使用需求时，再进行详细性能评估。在详细性能评估中，不仅仅对结构强度、钢筋保护层厚度、混凝土腐蚀、剥离状态等保有性能进行评估，还对冻融损伤、碳化程度、化学侵蚀等结构劣化程度进行评估，并从一定程度上推测结构性能将来发展状态。除此之外，日本土木工程学会也于2007年发布了《日本混凝土结构规范—维持管理篇》，并于2013年得到了最新的修订。其基本思路是利用目视调查、计测与试验等手段对桥梁进行检测和评定，并根据非线性有限元分析定量预测结构性能的安全状况，这也是在规范操作中首次将非线性有限元分析法纳入流程（图1.6）。由于日本是一个地震频发国家，其结构的性能评估需要考虑非线性发展部分，所以该方法所进行的结构的性能评定结果极大的依赖于所建立的非线性有限元模型及其解析方法的精度和可靠程度。它将结构在服役期间的性能评价划分为服役期间荷载的实测与评价、结构构造性能的评价、安全性的审核、使用性的评价以及环境适应性的评价等几方面。在新修改的规范中，对于检测方法强调人工目视检测与健康监测方法并行，两者相辅相成，取长补短为混凝土结构性能评估提供依据。在此可以看出，在结构性能评估领域，人们逐步关注健康监测对于评估的作用性，目标是逐步替换传统检测手段。

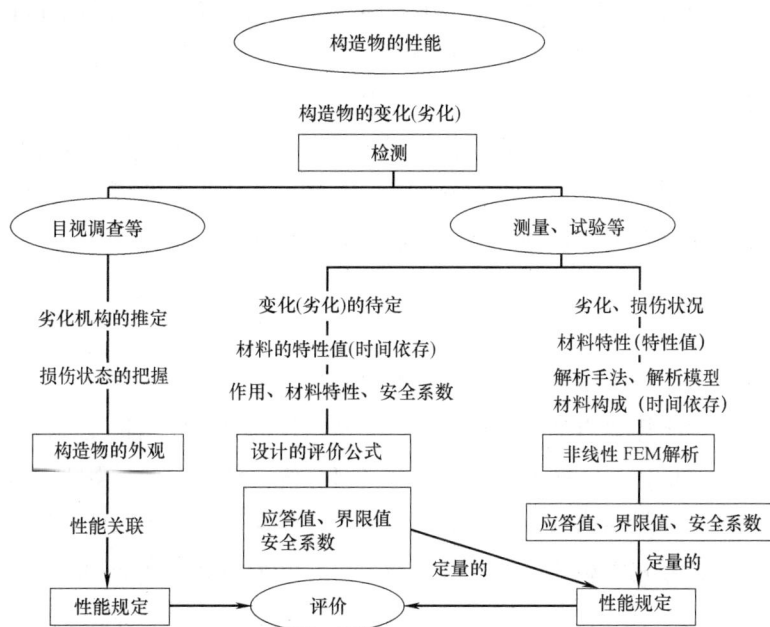

图1.6 《日本混凝土结构规范—维持管理篇》检测方法[31]

4. 其余国家和地区评定方法

德国养护、检测规范主要是德国工业标准DIN1076[32]，DIN1076桥梁检查包括一般检查和常规监测，所有桥梁结构均应在每年几乎相同时间段内进行一般检测，主要检查明显的损伤和缺陷。常规监测每年2次，主要针对严重损伤和缺陷进行监测。德国规范在结构状况等级评价方法中，结构物划分为 13 个构件组，每个构件组可再分为更细的结构构件。对每个构件组病害的评价，均有标准的病害评价等级分类，并有对病害的简单描述和对一些特征病害的再细分，每种病害均有对应的状况评价表，根据规范计算可得各种构件组的状况等级评价值。

丹麦的桥梁管理体系 DANBRO[33]，首先评价桥梁结构的 15 个标准构件的状况，状况等级分为 0-5，描述被检查桥梁构件的状况，根据这些得到的数据进行整座桥梁的状况评价，全桥的状况等级不能高于构件中最高的状况等级，也不能低于如桥台、桥墩、支座、桥面板、主梁等主要构件任一个的状况。

英国公路桥梁评定标准 BD 21/01[34]主要用于干线公路桥梁的评价，而用于评价非干线公路桥梁时，则需要参阅运输部标准—BD34、BD34、BD46、BD50 和 BA79。BD 21/01 标准可用于评价钢桥、混凝土桥以及圬工拱桥。

中国台湾地区使用最多的规范有《公路桥梁一般目视检测手册》[35]和《公路养护手册》[交技（92）字第 0920010402 号]。目前台湾地区共有 3 种检测评估方法：D. E. R 法、ABCD 法和九级评估法。

由此可以看出，目前世界各国在技术能力评定领域采用的方法大同小异，均采用分层综合法来评估一座桥梁的技术等级。如中国将桥梁结构划分为 17 个固定部件，评估形成 A～E 五个等级；美国将四大构件组分成 0～9 总共 10 个等级进行评定；日本会将桥梁构件评定为 A、B、C、S 四个等级；德国和丹麦分别将构件分为 13 个、15 个构件组，再进行更细部的评价。在各个国家，分层综合的算法各不相同，但是评定等级过程中，检测人员费力费时，并且其主观意识对结果影响很大，在日本等地震多发国，也逐渐出现了用自动化检测、监测方法替代人工检测方法的尝试，后面将具体介绍。

1.3.4　承载能力评定

定期检查是深入了解桥梁结构服役状况的最直接形式，但其对于真实服役状况知之甚少，所以在一定情况下需要启动特殊检查，以了解结构的真实性能状况。特殊检查针对桥梁技术状况评定较差的情况（四五类桥梁）或者打算提高桥梁的荷载等级，或者桥梁遭受了意外状况，需要对桥梁结构做一个全面的了解，此时需要进行承载能力评定。下面介绍目前我国和美国桥梁结构承载能力评定的一般流程，并分析其存在的问题。

1. 中国

在我国，桥梁结构性能评估，基于外观的基本调查法一般参考：《城市桥梁养护技术标准》CJJ 99—2017、《公路桥涵养护规范》JTG H11—2004、《公路桥梁技术状况评定标准》JTG/T H21—2011；基于设计规范的检算评定方法和基于荷载试验的评估方法一般参考：《城市桥梁检测与评定技术规范》CJJ/T 233—2015、《公路桥梁承载能力检测评定规程》JTG J21—2011 和《公路桥梁荷载试验规程》JTG/T J21—2015。在日常状态中，遇到以下四类情况需要进行承载能力评定：①技术状况等级为四、五类桥梁；②拟提高荷载等级的桥梁；③需要通过特殊重型车辆荷载的桥梁；④遭受重大自然灾害或者意外事件的桥梁。在进行承载能力检测评定时需要进行以下四项工作：①桥梁缺损状况检查评定；②桥梁材质状况与状态参数检测评定；③承载能力检算评定；④必要时需要进行荷载试验评定。下面我们从这四个方面结合图 1.7 简要介绍一下承载能力评定的标准流程：

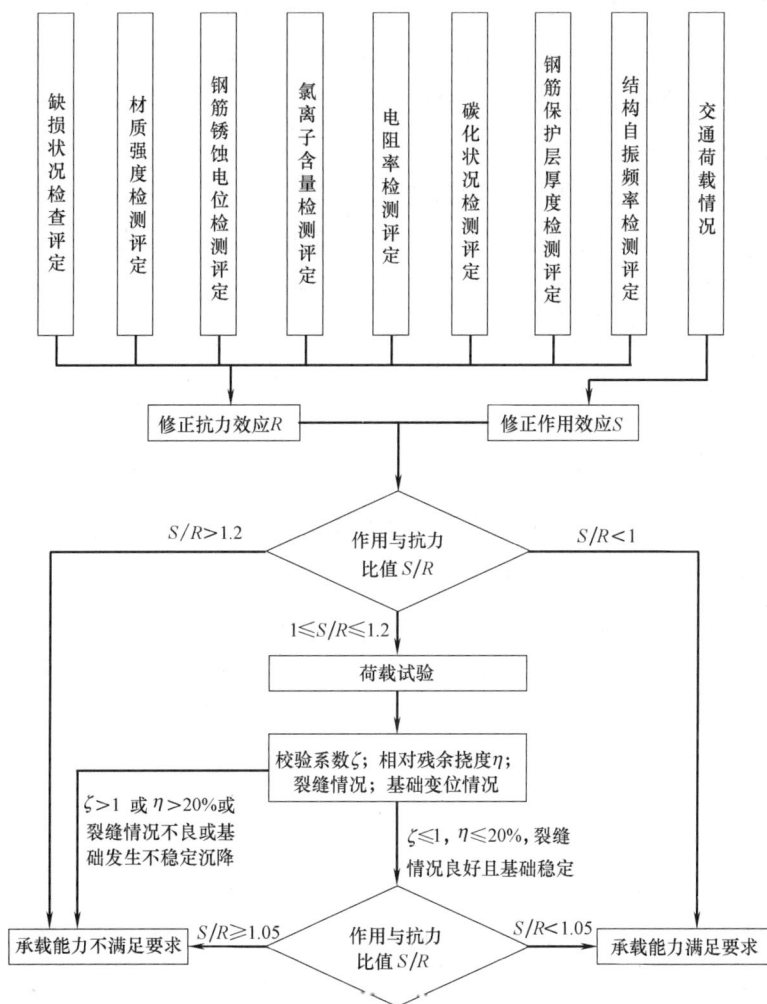

图 1.7 中国桥梁承载能力评定的标准流程

（1）桥梁缺损状况检查评定。检测评定前需要搜集有关桥梁勘察设计、施工、监理和运营、养护、试验检测以及维修加固等方面的技术资料。调查了解桥梁病害史、使用中的特殊事件、限重限速原因、交通状况、今后改扩建计划、水文、气候、环境等方面情况，有针对性地确定检测内容和工作重点。原始材料的收集有利于下一阶段更为精确地计算各分项系数。

（2）桥梁材质状况与状态参数检测评定。桥梁设计时，考虑了诸多不确定性，所以其设计值要高于实际截面荷载值，但是在实际结构中，由于施工误差、服役损伤等原因，使得结构截面实际抗力有一定的损失，所以确定桥梁材质状况与服役状况参数对于更为精确的计算结构承载能力至关重要。通过工作性能测试了解结构固有模态参数；通过定期检查了解构件表观质量状况，并对结构进行技术状况等级评定；通过质量与耐久性检测了解混凝土强度、电阻率、保护层厚度、氯离子含量、钢筋自然电位、钢筋锈蚀截面折减、材料风化、物理化学损伤等参数；通过汽车荷载调查了解交通量、大吨位车混入率、轴荷载分布特征等。通过以上参数，计算桥梁技术状况检测系数Z_1，承载力恶化系数ξ_e，截面折减系数ξ_s、ξ_c，活荷载影响系数ξ_q。该分项系数有助于修正荷载函数和抗力函数，更加贴近于实际状况。

（3）承载能力检算评定。桥梁结构承载能力的检算评定，即对比检算的作用效应函数S与抗力效应函数R，由于按规范检算时材质参数取值有一定的安全储备。当作用效应小于抗力效应时，即$S/R < 1$，我们判定桥梁结构承载能力满足要求；当作用效应大于抗力效应且超过幅度在20％以内时，即$1.0 \leq S/R \leq 1.2$，为了充分发挥在用桥梁的承载潜力，我们需要进一步进行荷载试验来判定其具体承载能力状况；但是作用效应大于抗力效应超过幅度在20％之上时，我们判定结构承载能力不足，桥梁需要进入检修维护状态。

（4）荷载试验评定。当通过检算分析尚无法评定桥梁承载能力时，通过对桥梁施加静力荷载作用，测定桥梁结构在试验荷载作用下的结构响应，来进行进一步判定。在进行荷载试验之前，需要按照控制内力、应力或变位等效原则，计算经历荷载试验效率，并控制在0.95～1.05之间，使得荷载试验能够充分反映结构受力特点。静力荷载试验应针对检算存疑的构件或者断面及结构的主要控制截面进行。为了获得结构试验荷载与变位的相关曲线以及防止结构意外损伤，一般采取静力分级加载。加载完成后，计算主要测点的静力荷载试验结构校验系数ζ，应按下式计算：

$$\zeta = \frac{S_e}{S_s} \tag{1.1}$$

式中：$S_e(S_s)$是试验荷载作用下主要测点的实测（理论计算）弹性变位或应变值；当$\zeta < 1$时，代表桥梁的实际状况要好于理论状况，此时通过查表计算检算系数Z_2，代替检算系数Z_1，重新进行承载能力检算评定。但当$\zeta > 1$或者出现主要测点相对残余变位或者相对残余应变超过20％，裂缝扩展宽度超过规范要求，或者桥梁基础发生不稳定沉降变位时，应直接判定其承载能力不满足要求。除了静载试验，还进行跳车、跑车等动载试验，计算桥梁结构动力特性参数，如频率、振型、阻尼等，来辅助修正承载能力评估各项系数。

2. 美国

美国公路和运输官员协会（ASSHTO）于1931年第一次颁布了公路桥梁检测评定规范，1970年以前，AASHTO公路桥梁设计规范是基于允许应力法（ASD法）设计的，ASD法是建立在结构的承载能力不得超过规定极限应力的基础上的，在AASHTO《*Manual for Maintenance Inspection of Bridges*》（1970）中详细介绍了ASD法。1994

年，AASHTO《*Manual for Condition Evaluation of Bridges*》（MCE）提出了新的基于荷载因子设计（LFD）法的评定方法，并取代了颁布的早前的《*Manual for Maintenance Inspection of Bridges*》。在 1994 年，AASHTO 的国家桥梁组委会投票表决通过了 AASHTOLRFD 桥梁设计规范，并在 1998 年指定 LRFD 法作为公路桥梁的主要设计方法，LRFD 推出了基于可靠性的极限状态设计理念，为每个适用的极限状态提供了更加均匀和可控的安全级别。为了扩大这一理念对现有桥梁的评估，AASHTO 颁布了 2003 版《*Guide Manual for Condition Evaluation and Load and Resistance Factor Rating（LR-FR）of Highway Bridges*》，第一次介绍了基于结构可靠性的 LRFR 评定法。目前，AASHTO 出版的《*The Manual for Bridge Evaluation*》（2011）（MBE）中的桥梁承载能力评定方法 LRF 和 LRFR 广泛用于美国各州的桥梁评定[36]。一般桥梁承载能力评定有以下几步：（1）检算评定；（2）桥梁评级；（3）荷载试验评定。

（1）检算评定主要包括 LFR 法与 LRFR 法

当对结构进行评估时，评估的重点是活载及结构抵抗活载的能力。在 AASHTO MCE LFR（1994），评定等级为：

$$RF^{\text{LFR}} = \frac{C - A_1 D}{A_2 L (1 + I)} \tag{1.2}$$

式中，RF^{LFR} 是分级系数；C 是承载能力，$C = \phi R_n$；A_1 是恒载系数；D 是恒载系数；A_2 是活载系数；L 是活载效应；I 是冲击系数。

在 AASHTOMBELRFR（2011）中，桥梁检算评定因子（RF^{LRFR}）计算公式为：

$$RF^{\text{LRFR}} = \frac{C - (\gamma_{\text{DC}})(DC) - (\gamma_{\text{DW}})(DW) \pm (\gamma_{\text{P}})(P)}{(\gamma_{\text{L}})(LL + IM)} \tag{1.3}$$

其中，承载能力极限状态下 $C = \varphi_c \varphi_s \varphi R_n$，较低继续状态下 $\varphi_c \varphi_s \geqslant 0.85$，正常使用极限状态下 $C = f_R$，在该式中，RF 为评定系数，C 为承载能力，f_R 为以 LRFD 规范中的容许应力，R_n 为名义构件抗力，DC 为结构上的附属装置产生的静载效应，DW 为路面及公共设施产生的静载效应，P 为除静载以为的永久荷载，LL 为活载效应，IM 为动力荷载容许值，γ_{DC} 为结构构件及附属装置 LRFD 荷载系数，γ_{DW} 为路面及公共实施 LRFD 荷载系数，γ_{P} 为除静载以为的永久荷载 LRFD 荷载系数，一般为 1，γ_{L} 为评估活载系数，φ_c 为状态系数，φ_s 为系统系数，φ 为 LRFD 抗力系数。

（2）LFR 法分为 2 个评定等级，LRFR 分为 3 个评定等级

根据 AASHTOMCELFR（1994），美国的公路桥梁分为 2 个评价等级，即库存评级（Inventory Rating）与运营评级（Operating Rating）。①库存评级。库存评级通常根据结构的设计应力来评定，它反映了桥梁及结构的裂化状况。基于库存评级的桥梁评估允许使用较新的结构承载能力。②运营评级。运营评级通常反映了结构可能受到的最大的允许活荷载。在这一评级系统中，允许使用桥梁所能承载的最大数量的车辆来计算，但这可能会导致桥梁使用寿命的减少。根据运营评级的评价结构可以用来决定是否做出桥梁加固及关

闭桥梁通行的相关决定。

根据 AASHTOMBELRFR（2011），美国公路桥梁分为 3 个评价等级，即设计荷载评定、法定荷载评定和允许荷载评定。①设计荷载评定。设计荷载评定是桥梁评定的第一个等级，在对桥梁的尺寸及性能状况进行核查后，使用 HL-93 规定的荷载及 LRFD 设计标准来进行相关评定，它用来评价现役桥梁在新的设计标准下的表现。根据这些检查来甄别现役桥梁在强度极限状态下荷载设计层面的可靠性或者在一个较低等级的可靠性（与运营评级相比）。它们之间的不同主要是在于 γ_L 系数的取值不同。在库存等级评定中 γ_L 系数的取值为 1.75，反映了校准后的可靠性指标为 3.5。而在运营等级评定中 γ_L 系数的取值为 1.35，反映了校准后的可靠性指标为 2.5。②法定荷载评定。第二等级评定提供了适用于 AASHTO 以及国家的法定荷载作用下的保证结构安全的荷载承载能力，国家的法定荷载是指其可适用于任何类型的公路桥梁。这一评定法的活载系数是基于在役桥梁的交通状况来选取的，评估中主要考虑结构的应力极限状态，而使用极限状态及疲劳极限状态可以选择性的应用。法定荷载评级的相关评定结果可以作为桥梁维修加固的决策依据。但是需要注意的是通过库存评级（评定系数 $RF \geqslant 1$）的桥梁，承载力满足 AASHTO 和各州规定的法定荷载的要求，仅通过运营评级（评级系数 $RF \geqslant 1$）的桥梁，承载力满足 AASHTO 规定的法定荷载的要求，但不能够满足各州规定的法定荷载要求，尤其当州的法定荷载显著大于 AASHTO 规定的法定荷载时。③允许荷载评定。允许荷载评定是在至少满足第 2 水准评定的前提下，评定桥梁通过特殊重车的安全性。在实际交通情况中，由于桥梁可能会受到高于法律规定的许可车辆类型（超重车辆）通行，对此允许荷载评级提供基于此状况下的桥梁安全性、维护性的一系列程序评估。在规定的车辆许可类型及交通状况下，经校准的荷载系数用于表示超重车辆引起的荷载效应。允许荷载评级在对车辆许可证申请进行相关检查时，提供了相关的适用性标准。允许荷载评级程序只适用于有足够能力承受法定满载作用下的桥梁。

规范规定的 LRFR 评定法采用多层次评定标准，如图 1.8，在对既有桥梁进行承载能力评估时，先采取设计荷载在库存等级下进行评定，如果算得的评级系数大于 1 时，则表明所评估桥梁的实际承载能力达到相关要求，评定结束。如果 RF 值小于 1 时，进行运营等级的荷载评定，如果评定计算的值还小于 1，则在法定荷载下进行评定，与设计荷载相比，法定荷载由于与桥梁的实际交通量有关，其值相对减小，如果所测结果仍不能满足要求，或需获得更精确的评估结果，可采取更先进的评估方法，借助更先进的技术手段如荷载试验等进行评估。

（3）荷载试验的评定

美国基于荷载试验的评定方法是在检算评定的基础上进行的，其荷载试验分为诊断试验（Diagnostic test）和验证试验（Proof test）。①诊断试验可以是静载试验或动载试验，用于了解桥梁现状，明确其受力状态，减少材料特性、边界条件等不确定性，了解加固效果、损伤的影响等。在开始诊断试验之前，承载力应先按检算公式得出其承载力理论值，

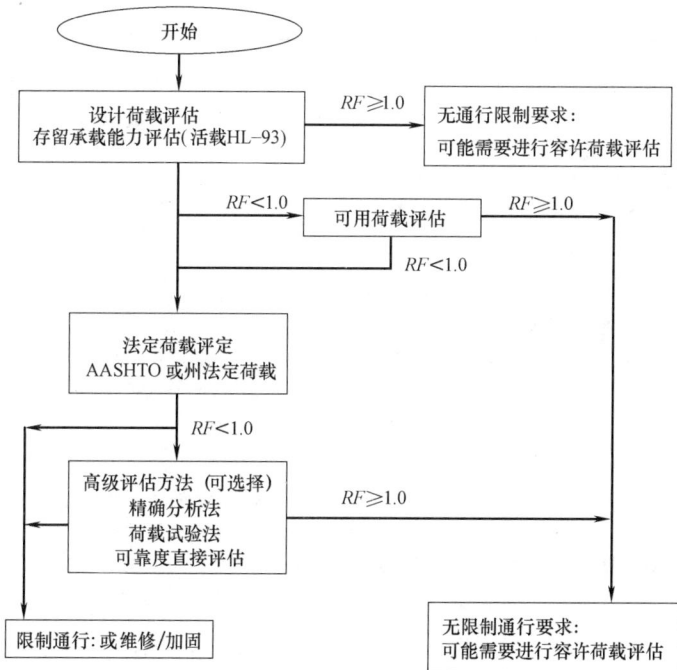

图 1.8　LRFR 评定流程图

然后根据试验测试结果比较，修改评定系数理论值。②验证试验大部分为静载试验，用于确定桥梁处于线弹性状态的最大承载能力。在试验过程中，试验荷载逐渐施加于桥梁的不同部位，同时检测桥梁的状态，直到加载到试验目标荷载或桥梁表现出非线性受力状态或有明显的破坏迹象。利用诊断试验和验证试验进行承载力评定都适用于正常使用状态承载力的评定，其不同之处在于对抗力及活载效应的取值不同。

由此可以看出，美国承载能力评定规程中的荷载试验与我国有一定的异同点，其验证试验过程与我国荷载试验基本一致，不同点在于增设诊断试验，用于修正理论计算过程中的误差值，使得结果更加接近于真实值，更多的异同点参见表 1.2。

中美桥梁承载能力评定规范对比　　　　　　　　　　　　　　　　表 1.2

国家	中国	美国	对比
规范名称	《公路桥梁承载能力检测评定规程》JTG J21—2011 《公路桥梁荷载试验规程》JTG/T J21—2015	《 The Manual for Bridge Evaluation 》AASHTO MBE-2011	在 2015 年,我国对桥梁荷载试验进行了更新
评定等级	不区分等级	检算评定分为三个水准:设计荷载评定、法定荷载评定和允许荷载评定	美国各州情况不一样,等级较为复杂
计算公式	$\gamma_0 S \leqslant R(f_d, \xi_c, \xi_s) Z_1 (1-\xi_e)$	$RF^{\mathrm{LRFR}} = \dfrac{C-(\gamma_{\mathrm{DC}})(DC)-(\gamma_{\mathrm{DW}})(DW) \pm (\gamma_{\mathrm{P}})(P)}{(\gamma_{\mathrm{L}})(LL+IM)}$	—

续表

国家	中国	美国	对比
公式说明	S—荷载组合效应 R—抗力组合效应 Z—抗力检算系数 ξ_s、ξ_c、ξ_e、ξ_q—各类折减系数	C—承载能力，DC—结构静载效应，DW—路面静载效应，P—除静载以外的永久荷载 LL—活载效应，IM—动力荷载容许值	—
公式形式	采用不等式形式，左侧为荷载效应，右侧为折减的结构抗力	采用比值形式，分子为抗力减去恒载效应，分母为活载效应。 诊断试验：理论值＋调查和荷载试验修正 验证试验：分母为设计车辆荷载等效为试验荷载，分子（抗力）直接为荷载试验得到	美国采取比值形式，直接算抗力与活载效应的倍数，更容易理解承载力冗余或者欠缺的程度
折减系数	通过外观检查得出折减系数Z_1，主观性很大	通过状态系数、系统系数和抗力系数来进行的折减，主要考虑的因素是桥梁的损伤状况对承载力的影响，通过桥梁调查确定桥梁评定等级，进而确定对应的状态系数	我国与美国计算折减系数时都存在主观因素，但是美国考虑因素更多，更准确
荷载试验	应用静载试验，计算校验系数，得到折减系数Z_2来确定是否满足承载能力评定要求	诊断试验：可以是静载或动载试验。在检算的基础上，通过荷载试验或者历史数据进行调整。其调整系数K类似于我国的检算系数，用于修正抗力。该步骤用于了解桥梁现状，验证及调整分析模型。 验证试验：大部分为静载试验，基于可靠度理论，用设计荷载等效为试验荷载，以此加载，用于确定桥梁处于线弹性的最大承载力，实质是分级加载，类似于中国规范中的静载试验	我国采用荷载试验计算出的折减系数Z_2，代替Z_1，折减抗力，进行承载能力评估，但其值仍旧是一个范围，具有主观性。美国检算的基础上，对抗力进行调整

关于桥梁承载能力评定国内外的普遍做法，是以基于概率理论的极限状态设计方法为基础，采用引入分项检验系数修正极限状态设计表达式的方法，对在用桥梁承载能力进行检测评定。在更进一步的评价中，需要通过荷载试验进一步确定检验系数。桥梁结构技术状况评定与承载能力评定在对应的桥梁管理系统中都有相应的评估模块，为桥梁养护建议提供了大量的数据支持。值得思考的是，目前无论是技术状况评定还是承载能力评定，都属于典型的事后性维护管理方法，耗时费力。对于新兴的结构健康监测技术，在桥梁结构性能评估环节，并没有得到太多的应用，如何能够将健康监测数据融入桥梁性能评估过程中，是实现桥梁结构检测及评估的自动化、智能化的关键点。

1.4　桥梁检测技术

在结构维护管理方法发展初期，由于监测技术非常有限，维护管理概念尚不健全，检测是进行土木工程结构管理的必要手段。传统的检测方法主要集中在：人工检测、无损检测、半破损检测等，但随着机械制造自动化水平越来越高，全自动化的检测机器人在桥梁检测领域得到了越来越多的应用，推动着结构检测技术的不断进步与发展。在未来桥梁结构检测评估中，自动化、智能化的检测技术，先进的监测技术会不断引进，从而成为行业的大趋势。本小节主要对一般人工目视检测、混凝土结构和钢结构的无损检测技术进行了综述。

1.4.1 目视检查与无损检测

目视检查（Visual Inspection）是人工利用简易的测量工具和仪器，如裂缝测宽仪、钢卷尺、游标卡尺、手工锤等，详细记录桥梁结构病害的位置、大小、范围和程度，分析判断病害性质、产生的原因及危害，最后手工记录打分并存档。目前人工目测检查依然是桥梁结构检测的主要手段。人工目测分为近距离检查和远距离观测。近距离检测一般借助于桥梁检测车或起吊设备，让检测人员近距离的对结构损伤区域进一步检测。在检测技术相对不发达的早期，由于工程结构具有体积大、覆盖范围广的特点，人们通常多采用远距离观察的方法以了解结构整体运营情况和损伤进程。远距离观察的主要目的是对于使用中的大型结构进行整体的初步判断，只能对明显的损伤进行主观的定性观测。以日本为例，在 2013 年国土交通省道路局报告书中显示，目前 76％为远距离观察。其内容主要根据专业检测人员主观的判断，对结构主要承力部位的损伤、变形、部件脱落情况进行调查。人工目视检查是一种主观的损伤定性的检测办法，并不能准确地对损伤位置和程度进行判断。

无损检测（Non-Destructive Testing）是指在不损害或不影响被检测对象使用性能，不伤害被检测对象内部组织的前提下，利用材料内部结构异常或缺陷存在引起的热、声、光、电、磁等反应的变化，以物理或化学方法为手段，借助现代化的技术和设备器材，对试件内部及表面的结构、性质、状态及缺陷的类型、性质、数量、形状、位置、尺寸、分布及其变化进行检查和测试的方法。桥梁无损检测技术的研发及发展应用，在评定桥梁既有结构损伤等检测工作上，越来越显示出其重要性。一般来说，桥梁无损检测技术在桥梁工程的检测工作中主要与以下几个方面有关：①桥梁主体材料及其结构特性方面；②能够准确反映桥梁整体及其局部性能的物理量，以及各物理量之间存在的函数关系；③桥梁检测过程、方式和桥梁检测仪器设备的更新。随着桥梁无损检测技术的发展和逐渐成熟，当前无损检测技术标准主要有美国的 ASTM、英国的 BSI 等颁布的标准。在规范桥梁无损检测技术的应用上，这些现有标准起着很好的推动作用，新时期下的桥梁无损检测技术正朝着智能化、自动化、系统化的方向转变。针对结构材料物理属性检测的技术有：冲击锤、超声波检测、超级弹性波检测和微孔探伤等；针对结构表观损伤的检测技术有：超声波检测、超级弹性波检测、声发射（AE）技术、X 射线技术、数字化图像处理技术等；针对结构内部损伤的检测技术有：超声波检测、超级弹性波检测、AE 技术、X 射线技术、电磁波雷达扫描、红外线扫描、光纤内窥探伤技术等。

1.4.2 桥梁无损检测技术

无损检测工作主要是为桥梁的维护、加固以及延长桥梁的使用寿命提供及时、科学、准确的数据资料。通过全面、细致、深入的现场检测，了解和掌握桥梁的使用状况、缺陷及损伤情况，并且通过一定的技术手段明确缺陷和损伤的性质、部位、严重程度及发展趋势，准确地、系统地收集桥梁使用过程中的技术数据，为加强桥梁科学管理提供必要的理论和数据支持。目前在混凝土结构以及钢结构中的主要无损检测技术介绍如表1.3所示。

无损检测技术　　　　　　　　　　　　　　表1.3

检测方法	原　　理	检测对象	性能概述
光学检测	光纤内窥管实现内部探伤	混凝土内部损伤、桁梁端部、钢筋保护层	图像解析
电位差	测量钢筋腐蚀导致的阻抗变化	钢筋腐蚀、保护层损伤	受混凝土内部含水量、环境温度、电极条件影响
着色探伤	着色渗透，探测肉眼无法识别裂纹	钢结构、锚具及锚固区混凝土、减震器拉索及护套	操作简单；不需要专门装置；仅需适宜的着色渗透探伤剂；经济
反弹强度检测	冲击锤回弹程度评价混凝土性能	抗压强度、表层均一性、磨耗特性	测定表面凹凸程度、干湿状况、构件厚度、混凝土材龄
声发射（AE）	微小损伤产生的弹性波的检测	裂缝发生监测、连续加载中劣化监测、加载次数	受噪音、接收器感度、解析精度影响
电磁探伤	交流电磁场对钢筋的电磁感生	配筋状况、保护层厚度、钢筋直径变化	非接触检测，可满足混凝土表面10cm探伤要求
冲击回波（IE）	冲击波传递速度、多重反射波解析	构件厚度、内部空隙	受冲击回弹、结构尺寸影响
超声脉冲（UT）	超声波传递时间及速度、反射波解析	结构和构件均一性、混凝土品质变化、内部空隙、裂缝深度	非接触检测，3～5cm测量深度
探地雷达（GPR）	对比反射波实现评价	内部空隙、钢筋位置、混凝土厚度	非接触检测，探知钢筋裂缝、钢材最大深度20cm
透析成像（CT）	射线透视检测	配筋状况、钢筋直径、保护层厚度、PC筋保护层、预埋构件位置	根据投影图像，识别钢筋、混凝土内部空洞
红外热像（IRT）	混凝土热导率和温度差来检测表层裂缝	表面剥离、漏水、裂缝	受周边条件、温差程度、损伤和未损处比热率差值影响

无损检测技术主要包括以下种类[37～40]：光学检测。用于对不能直接观测到的地方进行检测，比如材料内部、接缝处、预应力筋套管内等，将内窥管或光导纤维插入裂缝或钻孔等微小的地方，或在不靠近结构的前提下使用如高清摄像机、CCD相机等小型摄像设备对结构表面和内部进行远距离的检测。电化学法，是根据混凝土中钢筋锈蚀的电化学反应所引起的电化学变化来评价钢筋的锈蚀状况。红外热成像是使用红外热成像技术为结构内部的损伤识别提供比较直接的观测依据的一种手段。外界或人为的升高结构的温度，然

后拍摄其表面的温度图片，一旦检测到结构高温度的点，便能知道混凝土裂缝和漏水的情况。电磁波反射雷达检测是利用微波在混凝土等介质中传递时出现的界面反射的检测手法。因为微波在混凝土结构中传递时，只要碰到钢筋就会发生全反射，并且根据碰到的是裂缝还是空洞等结构内部的空腔情况不同对钢筋和结构内部空腔进行划分和区别。冲击弹性波强度检测是利用敲击混凝土后回弹程度，可以用来鉴定新建结构施工质量，并且也可以用于判定现在已经存在的结构的材料品质，为诊断提供可靠性的依据。声发射检测，检测原理是当桥梁结构承受过大荷载时混凝土会出现细微的损伤，结构内部材料改变导致材料应力重分布，将机械能转化成声能继而产生弹性波，用声发射仪器检测到的发射源所放出的弹性波信号，对其内部的缺陷的大小与位置所进行判断。浸透探伤检测，该方法是喷涂浸透液到检测对象表面，如果检测对象的表面有裂缝，浸透液就会渗入到裂缝中。在这之后涂抹的显影液会与浸透液在裂缝处发生变色反应，裂缝纹路就会显示出来。磁粉探伤检测，当出现裂缝时，钢结构近表面会出现不均匀磁场分布，在可能发生裂缝的地方撒上细微的探伤荧光粉末，便能知道是否有裂缝。涡流探伤检测，利用电磁感应原理来检测构件表面和近表面缺陷的方法。利用激磁线圈就可以使导电构件的内部产生涡电流，然后使用探测线圈测定涡电流的变化量，就能获得构件缺陷的有关信息。超声波检测，单一介质构件内部的缺陷可以通过超声波或射线透入钢结构构件的深处，并由一截面进入另一截面时，在界面边缘发生反射或衰减的特性来检测。当遇到缺陷与构件底面时发生反射波，在接收装置上形成脉冲波形，依此来判断缺陷位置和形状。射线探伤，将底片放置于结构中，并借助敏感底片来实现 X 射线的发射，最终能够获取清晰的空洞图片。该方法不仅可以测量板厚，还可以检测构件腐蚀后残存板厚。同时该方法满足焊缝球面气孔的检测。探地雷达，工作原理为利用一个相对较为合理的传感器，对需要检测的点面利用匀速的方式进行检测，该技术通过接收器接受工程，表明材料所产生的信号，并结合待测地面的实际情况，综合判断待测对象的实际作业情况。

1.5 自动化检测技术及发展趋势

随着结构检测市场的逐步扩大，不断有先进的新技术被引入土木工程结构检测当中。无损检测设备逐步倾向于便携化、智能化以及无人化操作，并且能够全面代替人工检测，实现全自动化检测。下面从隧道结构、路基路面结构、铁路结构和桥梁结构四个方面综述自动化检测方法发展的现状。

1.5.1 隧道自动化检测技术

隧道结构大部分由钢筋混凝土构成，所以在大多数情况下，隧道结构出现的损伤主要表现为隧道裂缝、混凝土脱落、风化和泄露。传统的隧道检测方法与传统混凝土结构检测类似，比如：目视检查、强度检测、超声波检测、电磁检测、电学检测、热成像法检测、雷达波检测、射线检测、内窥镜检测等。上述传统检测方法能够实现单一检测指标的快速化，在一定程度上提高了测试效率。如果能够将上述的多种检测技术融为一体，那么就能实现隧道的全面检查。下面详细介绍当前在隧道自动化检测领域功能完善、指标全面的两个系统：TunConstruct 系统和 ROBINSPECT 系统。

1. TunConstruct 系统

TunConstruct 系统是欧盟委员会第 6 框架系统的部分，由来自 11 个欧盟国家 41 名成员共同合作完成，它的主要作用是降低地下建筑结构检测的时间与成本。该系统主要有三大功能：①表面清洁准备；②裂缝注入式修补；③纤维复合增强材料加固。其结构布置如图 1.9 所示，TunConstruct 系统包含一个移动操纵平台，该平台由一个 7 自由度的机械手组成，可以承载 10kg 重量并最远可扩展 1m 使用空间，机械手固定在一个拥有 5m 的扩展空间的旋转平台上。操作平台中包含两个模块：材料铺装模块和视觉识别安保模块。使用过程中，操作人员只需在驾驶室，通过人机交互界面控制机械手臂，通过视觉识别系统确认距离隧道表面的距离，接触表面后通过压缩空气清除表面杂物，将干净的结构层清理出来，然后通过 1mm 和 5mm 两种不同直径的喷嘴向隧道裂缝中注入环氧树脂，进行结构裂缝的修复，最后在结构表层铺装纤维复合增强材料进行加固修补。TunConstruct 系统在使用过程中，无需进行交通封堵，也不需要搭建脚手架，大大降低了隧道结构损伤检测修补的费用。

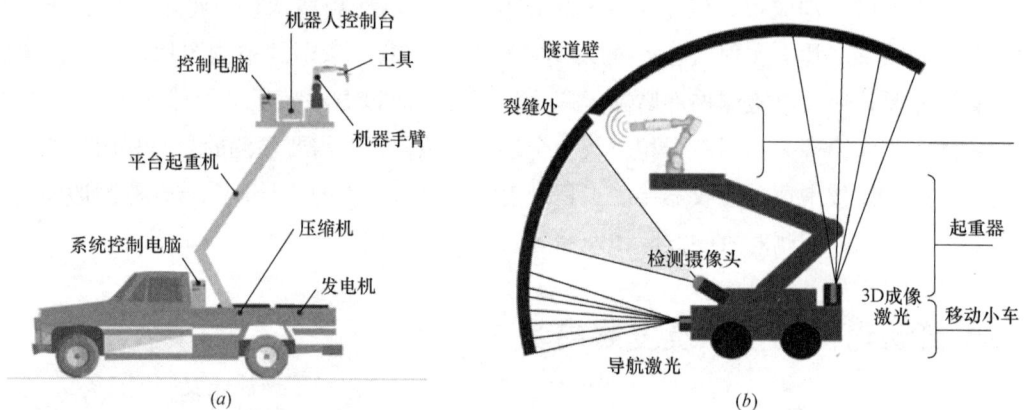

图 1.9　隧道全自动化检测设备范例

(*a*) TunConstruct 系统结构图[41]；(*b*) ROBINSPECT 系统结构图[42]

2. ROBINSPECT 系统

ROBINSPECT 系统全称是 "ROBotic System with Intelligent Vision and Control for Tunnel Structural Inspection and Evaluation"，指的是智能化、自动化隧道检测和评估系统，是欧盟委员会第 7 框架系统下面的子项目，该项目启动于 2013 年 8 月，于 2016 年结束。ROBINSPECT 系统由隧道结构检测技术驱动，并将最新的智能化机器人系统集成进去，同时该计算机的视觉识别系统具有自主学习能力，能够从广泛的隧道结构病害数据库中获取重要信息。目标是开发出一套系统，在检测车一次性通过隧道后，能够将隧道结构上混凝土结构潜在的缺陷、隧道结构径向变形量、裂缝间距及发展状况以毫米级精度检测出来，这样的话，检测车的一次通行能够在完成隧道结构检测的同时完成评估。ROBIN-SPECT 系统包括一个轮式移动平台，其上搭载一个臂展在 4～7m 之间的机械操作手臂，机械手臂上搭载各种摄像机与人工视觉算法的裂缝检测和表征裂纹超声波系统。该系统在使用过程中，当检查开始后，系统利用自己的激光导航定位系统沿着隧道行进，第一层次的检查，主要依靠系统所携带的单反相机进行拍摄，通过图像识别法来识别隧道损伤；如果系统识别到了结构损伤，便会自动记录下损伤的位置以及损伤量大小，如果损伤较大需要进一步检查，则进入第二层次检查，利用激光探查和记录损伤大小；如果采集到的损伤是一个相关损伤，则进入第三层次检查，将机器人顶端的超声波传感器与裂缝接触，用声波来测量裂缝的特性（宽度和深度等），同时立体摄像机采集周边的空间位置信息。当该处所有损伤信息均被收集后，机械手臂复原，小车继续行进，就这样通过检测车的一次行进，完成了整个隧道结构的检测与评估，并且实现了全自动化操作，操作人员只需要在控制程序后台进行操作。该系统在 TunConstruct 系统的基础上进一步降低了人员操作的工作量，并且能够更为完善地输出隧道结构损伤状况。

1.5.2 道路自动化检测技术

道路结构相较于隧道、桥梁、铁轨要简单一些，目前路面无损检测技术也非常成熟，自动化检测设备也非常繁多。对于路面结构，其衡量指标比较成熟，主要有：路面损坏（PCI）、路面平整度（RQI）、路面车辙（RDI）、抗滑性能（SRI）、结构强度（PSSI）等。于是围绕着这些成熟的参数衍生出来的无损、自动化检测设备也越来越多。下面以澳大利亚 ARRB 公司开发的鹰眼 2000 以及美国东北大学开发的 VOTER 小车作为典型案例进行详细阐述。

1. ARRB 的鹰眼 2000

鹰眼 2000 系列（Hawkeye 2000）是由澳大利亚 ARRB 集团开发的模块化路面检测评估解决方案。系统的模块化设计便于其不断的升级与扩展，对于计算机硬件的要求较低，可以安装在多种车辆上。在接受业主提出检测要求后，ARRB 集团会按照业主要求来定制专属的鹰眼 2000，通过结合鹰眼的采集和处理软件，能够很快地为业主提供详尽的检测结果。使用时，集成各种各样的鹰眼模块将安装于一个专门的路网检测车（Network Survey Vehicle）上，NSV 使用的车辆类型完全由用户决定，一般受制于项目的具体要求、终端用户和车辆内部的操作位置。可以实现：路网和项目级道路和资产检测、常规的路面监测检测、路边设施的清点和资产管理、道路几何数据和绘图检测、承包商质量控制、道路安全评估、机场跑道维护等多样化功能。鹰眼 2000 中可集成的模块有路面裂缝自动检测系统（Automatic Crack Detection），可以自动检测路面裂缝以及其他路面特征；数字激光断面仪（Digital Laser Profiler），可以与多种传感器搭配使用收集路面状况基本数据；数字成像系统（Digital Imaging System），可以实现路面裂缝识别和路面状况记录；地理信息系统（Gipsi-Trac Geometry System），可以收集路面地理信息生成连续三维地图；光检测和测距系统（Light Detecting and Ranging），可以便捷测量检测车附近的距离信息；该系统在路基路面检测领域应用非常广泛，已经在欧洲、南非、中国等地打开市场。

2. VOTER 多功能车载交通传感系统

VOTER 多功能检测车项目于 2009 年受美国国家标准与技术研究院（NIST）技术创新项目资助，由美国东北大学王明亮教授（Prof. M. L Wang）团队牵头完成[43]。该项目成功地将路面检查从定期巡检过渡到公路的连续全网络健康监测。VOTER 多功能检测车项目实现了在检测车不停止行进的状态下，用最简单且又便宜的方式检测路基路面的损伤状况。检测车集成了多样化的传感器，例如：TEASe（Tire Excited Acoustic Sensor）胎压激振声传感器、GEARS（Gigahertz Electro-magnetic Array Roaming Sensors）千兆赫兹电磁阵列漫游传感器、SLiMR（Surface Looking Millimeter-wave Radar）表面观察毫米波雷达等。将这些传感器集成成为一个多模块传感器中心，安装在专用的检测车上或者现有的公用设施车辆（如出租车、邮车、环卫车、警车等），让其在城市公路或者州际公路上运行。在行进过程中，由轮胎和高频脉冲雷达产生的声波来检测路面表面缺陷、地下结构脱落状况、腐蚀层的厚度和性质，用毫米波雷达来确定路面近表面性能（如钢筋锈蚀状况），辅以光学系统进行路面状况记录。在检测车运行的过程中，车载数据处理中心能够根据所测得数据很快地计算出路面质量评价指标，并实时的将计算结果记录到 Google road 模块，便于在线查询，同时能够为路基路面维护提供详细的损伤状况报告，指导业主更有效地对路面进行维护管理，大幅降低了维护管理费用，每年能够节省数百万美元，VOTER 多功能检测车将会成为未来路基路面维护管理发展的方向。

3. 多功能路况快速检测系统（CiCS）

根据《多功能路况快速检测设备》GB/T 26764—2011[44]的定义，多功能路况快速检测设备是指能以车流速度（非稳态速度）自动检测路面损坏、路面平整度、路面车辙、路面构造深度、道路前方图像和地理位置等路况信息的一体化智能检测系统（图 1.10）。多功能路况快速检测设备主要由距离测量装置、地理位置信息检测装置、路面损坏信息检测装置、路面纵断面信息检测装置、路面横断面信息检测装置、前方图像检测装置和相关载体组成。多功能路况快速检测系统（CiCS）由交通部公路科学研究院公路养护管理研究中心研究开发，是我国第一套具有完全自主知识产权和世界先进水平的路况快速检测装备。快速检测路面技术状况，包括路面损坏、路面平整度、路面车辙、路面构造深度、前方图像、GPS 信息等。路况快速检测系统（CiCS）与公路资产管理系统（CPMS）一同构建起科学化公路养护管理辅助决策体系。此外，武汉武大卓越科技有限责任公司开发了 ZOYON-RTM 智能道路检测车。

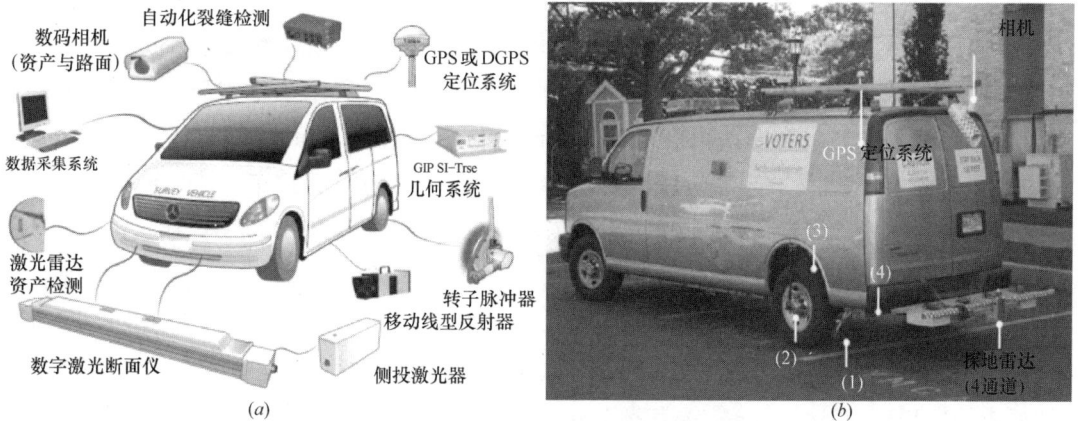

图 1.10 路面全自动化检测设备范例

(a) 鹰眼 2000 系统组装状况图[45]；(b) VOTER 多功能检测车[43]

1.5.3 铁轨自动化检测技术

1. 日本新干线的 Doctor Yellow

日本新干线 Doctor Yellow 是由 7 节车厢组成，全身涂成醒目的橘黄色，给人以安全感。它被称为黄色医生，因为这是用在东海道和山阳新干线上的铁道监测和维护车辆。它是在 700 系列新干线的基础上发展而成的，总共生产了两辆。它的任务是检查铁路质量，电缆线，通信电路和其他信号机器。车上的设备是世界上最先进的，具有这种技术的国家不是很多。第一辆 Doctor Yellow 出现在 1974 年，现在归属于日本中央铁道，停在东京第一号新干线调度场。第二辆建造于 1979 年，现在归属于西日本铁道，现在停在东海道调度场。Doctor Yellow 的最高时速是 210km。Doctor Yellow 有规律的在日本各条新干线上运行，大概每六天重复检察同一条线路，车上装有探伤设备，具备高速行驶同时监测铁路状况。每到深夜，黄色医生就开始工作了，和日本 3000 多人的新干线维护队一起保证新干线的安全畅通。

2. ENSCO 的铁轨检测相关产品

对于铁轨维护管理工作者来说，有几个指标是需要重点关注的，如：轨距、外轨超高、轨道曲率、轨间水平误差、轨道垂直断面。这些指标可以用来判定铁轨结构是否处于安全服役状态，所以世界各国铁轨检测工作者围绕着这些可量化的指标开发了许多自动化检测设备，其中最为完备的是美国 ENSCO 集团公司开发的铁轨检测系列产品。ENSCO 集团公司一直致力于用最先进的科学技术为工程应用提供解决方案，拥有 45 年的发展历史，主要活跃在国防、交通、航空和情报等领域，在铁路安全评估领域拥有较强的话语权。ENSCO 集团公司将其铁轨检测产品分为四大类：单厢检测车、专用检测车、高速铁路检测卡车和无人驾驶检测车。比如为华盛顿都会区运输局（WMATA）开发的铁轨检测车（WMATA Track Geometry Vehicle）就是典型的单厢检测车，可以方便地将其拖挂在正常行驶火车之后，并且 ENSCO 公司集团为相应的铁路公司做了外形定制，与正常列车保持一致，在该检测车上搭载多样传感系统，可以动态连续记录轨道垂直断面，也可以通过超声波、红外线等多种方法探测记录铁轨损伤。针对我国高速铁路开发的 Chinese High-speed CIT♯0 号全面铁轨检测车（Comprehensive Inspection Train）是典型的专用检测车，它由八节完备的车厢构成，其外形与我国普通高速铁路列车保持一致，外表涂装为金黄色，其中第一节为驾驶车厢兼通信车厢，第二节为会议室，第三节为接触电网检测车厢，第四节为数据储存处理中心兼控制中心，第五节为轨道几何形状检测中心，第六节为起居室，第七节为办公室兼数据展示中心，第八节与第一节保持一致方便两头调动运转，CIT♯0 型号车可以单独运行在铁轨上，对高速铁路铁轨做全方位检测。针对铁轨便捷检查的 CTIV（Comprehensive Track Inspection Vehicle）是典型的高速铁路检测卡车，可以便捷的完成铁轨重要参数的检查，并通过红外线、超声波等手段探测铁轨损伤并记录图像。ENSCO 公司集团正在研发的 V/TI（Vehicle/Track Interaction Monitor）是目前少有的全自动化无人铁轨检测车，全面依靠无线网络传输数据，操作人员远程控制，动态记录并存储铁轨损伤信息，为铁轨养护部门提供关键的养护信息以及管养建议。此外，Lanza[46] 基于非接触式超声探测和超声导波技术开发的铁轨检测设备，可以有效探测包括剥落和垂直裂缝在内的轨头内部损伤，采用的实时统计模式识别处理技术使其检测效率和探伤可靠性均优于同类型设备。

图 1.11　铁轨自动化检测典型案例
(a) Doctor Yellow 外形及内部装置图[47]；(b) The ENSCO CTIV[48]

1.5.4　桥梁自动化检测技术

1. 桥上部结构自动化检测方法（斜拉索）

随着我国交通建设的飞速发展，大跨度桥梁越来越多地出现在大江大河上，悬索桥和斜拉桥作为特大型经济桥梁，被普遍采用。悬索和拉索作为这类桥梁的主要构件，其安全性得到了普遍关注。由于长期暴露在空气中，经过风吹雨淋，拉索表面的 PE 保护层出现了不同程度的硬化和破坏现象，继而内部钢丝束受到腐蚀，严重者甚至出现断丝现象。另一方面，由于风振、雨振等原因，缆索内部的钢丝束产生摩擦，引起钢丝磨损，严重者也会发生断丝现象。根据国内外的实际经验，缆索的保护层腐蚀和内部断丝是其损坏的主要原因。我国已经拥有相当数量的斜拉桥，未来还将不断涌现。但与此同时，斜拉索的检测方法与装备研发却发展缓慢。缆索检测及维修主要由人工完成，常见的方法是，用卷扬机拉动检修人员挂笼，沿着拉索上下移动进行检测和维修。这种方法效率低、危险性高。2013 年底，由中铁大桥局武汉桥梁科学研究院新技术研究所研制的国内首款斜拉索无损检测机器人"探索者"正式亮相，填补了我国在斜拉索无损检测机器人领域的空白。机器人机身主要采用钛合金、碳纤维等强度高、重量轻的材料制造，重约 50kg。机器人的"眼睛"是高清分辨率数字式摄像头，而"心脏"则是磁通量缆索无损断丝检测系统，每台造价高达 80 万元。机器人体内还有内置视频和雷达系统，检测人员在地面就可远程遥控其爬升和返回。通过其陀螺防翻转系统，检测人员还可实时控制机器人的运行姿态、纠正其偏转角度。机器人在斜拉索上爬升的过程中，会对斜拉索的外观损伤、内部钢丝缺陷（锈蚀、断丝等情况）进行全自动无损检测。机器人匀速爬升检测完一根 200m 长度的斜拉索，只需要 25～30 分钟。探索者 HXT-I 型缆索检测机器人已经成功开展过多次桥梁现场检测服务，先后检测过武汉军山大桥、湖北郧县汉江大桥、杭州湾跨海大桥、广州珠江黄埔大桥、巴东长江大桥、厦漳大桥等大型斜拉桥。

2. 桥面自动化检测方法

（1）桥面板自动化检测

在前面介绍基础设施长期性能评估与预测时提及了美国于 2008 年发起的桥梁长期性能研究计划，旨在研究桥梁在长寿命周期性能变化的机理，该计划中有一个重要分支是探索无损检测的全自动化，在该计划下诞生了目前世界范围内最好的桥梁面板性能评估机器人 RABIT™，这一项发明极大地提升了桥梁面板结构检测的自动化水准。RABIT™桥面评估工具拥有六大核心技术，分别是：①全景摄像技术，实时 360°高品质的采集所检测桥面板周围图像；②全高清专业相机，近距离拍摄桥面板高清晰度图像，应用图像处理法发现桥面板结构表面损伤；③电阻率检测技术，用来检测混凝土内部腐蚀状况；④冲击振动回波测试和超声波测试技术，用于评价混凝土桥面板强度和探明混凝土结构内部损伤；⑤探地雷达技术，利用电磁波探明混凝土桥面板中钢筋腐蚀状况，为混凝土桥面板恶化提供定性评估；⑥全球定位系统（GPS），实时记录所检测桥梁的地理信息系统，为数据存储提供完备的存档记录。六项核心技术保障了 RABIT™桥面评估工具的实用性及有效性（图 1.12）。

（2）裂缝自动化检测

桥梁裂缝是桥梁检测工作者非常关心的指标，在传统检测方法中，主要依赖人工检测，费时费力，所以桥梁从业人员一直在思考如何能够更高效地完成桥梁裂缝的检测，于是诞生了一系列自动化、半自动化检测方法。图 1.13 给出裂缝三维识别示意图。图 1.13

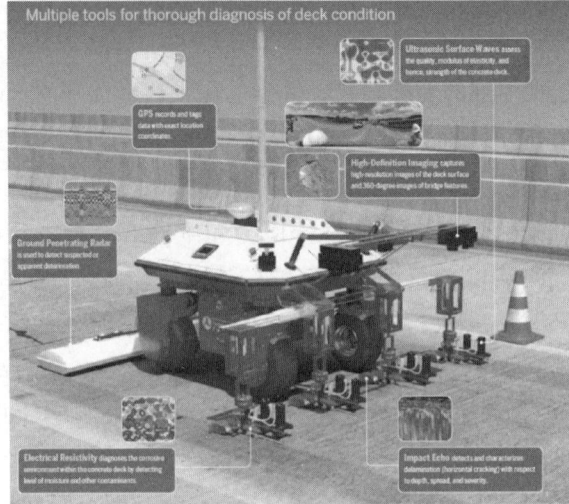

图 1.12　桥梁自动化检测设备 RABIT™[49]

（a）是一爬行机器人在桥梁顶部进行裂缝检测，图 1.13（b）是裂缝三维识别过程。目前裂缝处理技术已有很好的发展。台湾大学 Prof. Shih-Chung Kang[50]团队发明了一种利用双电缆悬挂装置的桥梁检测系统，主要针对中桥桥梁结构下部裂缝进行检测。台北科技大学 Prof. Yuan-Sen Yang 团队[51]研发了一种利用固定照相机来识别结构加载过程中裂缝变化的系统装置来进行裂缝检测。国内长安大学 Prof. Gang Li 团队利用远程照相机进行桥梁结构远距离拍摄并进行桥梁结构裂缝识别。韩国汉阳大学 Prof. Youngjin Choi[52]发明的基于机器视觉的桥梁检测机器人，通过控制伸缩悬臂将摄像机送到桥面板特定位置进行拍摄，并通过图像识别裂缝，避免了人工检测的耗时费力。

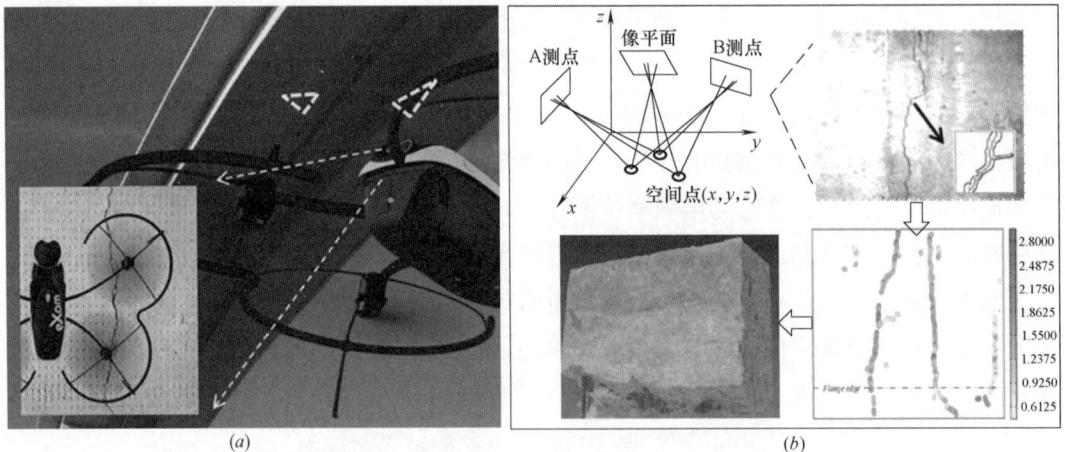

图 1.13　桥梁裂缝及深度检测自动化方法[53][54]

（a）爬行机器人裂缝检测；（b）裂缝三维重构原理示意图

（3）桥下部结构自动化检测

水下遥控机器人（Remotely Operated Vehicles，ROV）潜水有多种，通常可分为小型观察型和作业型两种。按动力范围和作业水深分类，作业型又可分为轻型、中型、大型和超深型几种。目前在 ROV 的基础上，已经成功研制出更为先进的水下多功能运动车 LBV（Little Benthic Vehicle），它是 ROV 和水下爬行器的完美结合，它具有普通 ROV 的功能外，还具有爬行器功能。如果需要仔细观察某一个平面物体，LBV 可以转换到爬行器模式，借助四个轮子在平面上自由爬行，可以仔细检查物体表面。在水下爬行时，显示器上会显示里程表。另外还具有成像声呐和水下定位系统。水下机器人检测作业的优点在于能深水检测，这是组合式水下摄像仪检测以及潜水检测无法比拟的优势；缺点是目前水下机器人的推进器动力还不足，一般水下检查作业型的抗水能力是 2～4 节。因此，检查型的水下机器人目前适合于流速较低跨海桥梁以及库区桥梁的基础检测，对于流速较大的桥梁基础尚不能完成检测任务。此外，基础冲刷作用会导致桥梁墩底掏空，可能造成坍塌事故。目前针对冲刷的监测手段主要有声呐测探仪（sonic fathometers）[55] 和时域反射计（TDR）两种[56]，前者通过测量不同材料中声波反射确定沉积物表面，后者通过测量不同材质间介电常数变化来确定冲刷深度。此外 Zarafshan（2012）[57] 利用驱动杆系统通过测量杆自振频率变化检测冲刷作用，也有学者利用探地雷达（Ground Penetrating Radar，GPR）通过发射高频电磁波确定沉积物与水接触面来监测冲刷深度。

1.6 结构健康监测技术及发展趋势

1.6.1 结构健康监测概述

结构健康监测[58～63]（Structural Health Monitoring，SHM），就是实时采集结构在运营过程中的各种参数响应，通过对测试数据的统计与深入分析以达到结构状态的监控与评估的目的。在特殊的气候、交通条件下或结构运营过程中状态异常时触发报警信号，对结构预警、维护与管理决策提供依据和指导。通过持续监测得到的海量数据，能够预测并评估服役结构状态的劣化规律、可靠性与耐久性，以及结构的长期性能。

结构健康监测技术的概念于 20 世纪 30 年代开始被提出，并被普遍认为是提高工程结构健康与安全及实现结构长寿命和可持续管理的最有效途径之一。健康监测技术在 1960 年左右首先应用于机械领域旋转机械系统的故障诊断。在 20 世纪 70 年代后期，基于振动的健康监测方法开始应用于石油行业的海洋平台。在 20 世纪 80 年代早期，随着航天飞机的发展，基于振动的健康监测方法在航空领域逐步得到应用。比如，航天飞机的核心机械系统被热防护层所覆盖，使得传统的局部无损检测设备无法靠近和应用。自 20 世纪 90 年代中期，对于航天领域复合材料的监测与损伤识别研究得到重视。从 20 世纪 70 年代后期开始，基于振动的健康监测方法开始应用于土木工程领域的大跨桥梁和建筑。结构健康监测技术发展过程与结构动力学密切相关，结构健康监测是结构动力学的延伸，结构力学分析是结构健康监测理论的基础。在 1930～1950 年的 20 年间，基于矩阵的结构分析、结构动力学、有限元分析等理论得到了充分发展。在1960年左右结构动力学理论中傅里叶变换的面世为健康监测技术的启蒙起到巨大的推动作用。通过对所监测到的结构反应进行傅里叶变化，可识别得出结构的频率等模态参数，这是结构健康监测思路的最早和最明确的例证，也是过去几十年间方兴未艾的模态分析理论的研究基础。近几十年发展起来的拉普拉斯变化、小波变换、Hilbert-Huang变化等理论具有和傅里叶变换同样的思路但具有不同的理论基础和特性，也都各自延伸出相应的数据分析方法。在傅里叶变换理论出现在结构动力学领域之后，健康监测理论得以启蒙并在实际工程需要的推动下飞速发展。结构健康监测技术的基本思想是通过测量结构的响应来推断结构特性的变化，进而探测和评价结构的损伤以及安全状况。一般来说，结构健康监测系统包括：传感系统、信号传输与存储、结构状态参数与损伤识别以及结构性能评估等几部分。

经过几十年的发展，新型智能传感技术如无线传感、光纤传感、微波雷达技术等如雨后春笋般出现并得到迅速推广，各类型传感器和数据采集系统等健康检测技术所需要的硬件基础逐步建立，基于监测信号的各类型结构识别方法、损伤识别方法、结构性能评估预测和风险分析等方法日益成熟。这些技术的发展互相促进，相得益彰，整体推动了结构健康监测技术的发展及其在工程应用中的有效性与可靠程度，在保证基础设施安全服役与最小化维护成本等方面被寄予厚望。具体来说健康监测技术具有以下四大功能：①结构全寿命周期安全与成本最优，通过健康监测实现预知性维护管理，最优化全寿命周期成本；②大型复杂结构安全保障与新型设计方法验证，作为最优化的辅助手段验证全新设计理论同时保障安全运营；③结构管理养护的自动化与智能化，实现结构检测的快速与自动化；④受灾结构的信息收集与快速评估，实时获得结构服役期间的响应并实时预警。所以结构健康监测技术既具有重要的理论意义和学术价值，又具有广阔的应用前景。

1.6.2 结构健康监测研究现状

结构健康监测当中涉及传感技术、模态分析理论、温度效应分析、结构识别等基本方面，并结合结构群的概念形成了协同监测与数据融合方法，同时利用各类物联网、云计算等技术有望大幅推动结构的维护管理工作。

1. 传感技术

传感技术是实现结构健康监测的前提条件，其性能直接决定了监测效果的优劣。传感器要求具有高度感受结构力学状态的能力，能够将应变、位移、加速度等测量参数直接转换成采集信号输出。最早开发的传感器技术是电子式传感技术。随着力学、信息、网络等学科的研究发展及实际工程应用的需求，越来越多的诸如光纤传感技术、智能化无线传感技术等新型传感技术得到了广泛的应用。

（1）加速度传感技术

在结构检测和监测项目中，加速度响应是一种常见的测量对象，技术发展已经相当成熟，目前在结构健康监测系统中常见的加速度计类型有：伺服加速仪、压电式加速计、电容式加速计、应变片式加速计、MEMS、光纤光栅加速度计、激光测振仪。伺服加速仪又称力平衡式加速度计，是一种具有零频率响应的高精度传感器，具有优异的频率特性，非线性影响低于 0.1%，被广泛应用在强震观测、低频和超低频工程振动测量领域。压电式加速度传感器是基于压电晶体的压电效应工作，最常用的如 PCB 公司生产的 ICP 加速度传感器，将传统的压电加速度传感器与电荷放大器集于一体，提高了测试精度和可靠性。光纤光栅加速度计通常是利用惯性原理，通过感知惯性力所产生的位移或者应变来测得相应的加速度，具有更高的稳定性和抗干扰能力。MEMS 加速度计主要由传感元件和包括信号增幅、调整和输出的微电路组成，采集处理速度很快，可以在短时间内进行多次测量，得到比较平稳准确的平均值，配合无线数据传输技术可以实现大型结构的多点测量。

随着结构健康监测技术在大型工程结构在线安全监测方面应用探索的深入，监测系统涉及的传感器数目、有待处理的数据量以及系统的复杂性都在不断增加。传统有线的监测系统和方法存在着引线多、信息量传输大以及维护需要巨大人力物力等问题，很大程度上制约了监测系统的处理速度、可靠性和灵活性，使健康监测技术不能真正实用化。智能无线传感网络近年来成为结构健康监测领域研究的热点，因其具有快速部署、自组织成网和分布式协调工作的能力，能够满足健康监测系统进行多点测量、高效、高性能的监测需求。例如 Lynch[64] 等人利用 PCB 3801 电容式加速度计在韩国 Geumdang 大桥上搭建了 14 个无线传感单元，测量已知重量的卡车匀速行进时结构的竖向加速度，并和基于 PCB 393C 压电式传感器传统有线监测系统结果进行对比，验证了该无线传感网络测量准确性。

（2）应变传感技术

应变作为对结构损伤最敏感的指标之一，在结构测试、性能评估中受到广泛关注与研究。传统应变计种类包括电阻应变片、振弦式应变计和 PVDF 压电传感器等，由于其通过电导线进行信号传输，在信号转换和传输工程中存在损耗率大、抗干扰力差等问题。伴随着光纤通信的快速发展，各种光纤传感技术应势而出。由于光纤传感技术具有抗电磁干扰、耐腐蚀、质量轻、体积小、传感一体化、系统集成性高及分布式测量等优点，适合土木结构的长期实时监测，因此成为应变传感技术主流，日前典型的光纤应变传感器有：光纤布拉格光栅传感（FBG）、布里渊散射光传感（BOTDR）、光强型传感和干涉式传感。

然而光纤 FBG 传感器属于典型的点式应变传感，测量信息太局部，捕捉体型巨大的土木结构上的裂纹等损伤犹如大海捞针，布里渊散射光传感可以实现分布传感但是精度及敏感度低，测速慢。针对上述问题，吴智深提出并开发了长标距应变传感器，采用光纤布拉格光栅（FBG）、布里渊散射光纤或碳纤维作为传感芯，通过长标距化使得输出能够反映被测结构一定区域或特征尺度范围内的物理量变化，实现了分布式平均应变动静态测量。为了克服传统光纤传感技术光纤易脆断、滑移、耐久性差等缺点，长标距应变传感器采用高耐久纤维复合材料进行光纤封装提高耐久性，通过光纤与树脂界面粘结变刚度设计解决光纤锚固技术难的问题。并且长标距传感器可以串联形成分布式传感网络对结构进行监测，将结构局部与整体相结合，实现了对结构关键区域的高精度、动静态监测，为进行结构全面识别和多层次分析提供基础。

此外，针对不同材料还有很多其他先进的应变传感技术，比如 Kenneth 和 Lynch 等人通过层层自组装技术（LBL）设计出一种适形的聚电解质功能化的碳纳米管传感"皮肤"进行全场应变测量，用来克服传统应变传感器只能点式测量的局限性。在复合材料中嵌入具有机电传感转导机制的聚电解质碳纳米管，利用电阻抗成像技术（EIT）通过结构边缘电压输出重建出空间导电率分布得到应变分布。

（3）位移传感技术

在结构健康监测、检测及荷载试验中桥梁挠度是评价结构安全的关键参数。传统位移传感技术有以下几种：①传统的拉线或拉杆式位移计需要固定的基点，而实际桥梁要么横跨大江大河要么横跨交通要道导致无法设置固定基点从而导致拉线或拉杆式位移计无法使用。②连通管测量常使用的连通管在测量动位移时容易受到连通管内液体黏滞阻力的影响导致其波峰受到消减影响。③GPS测量系统是一种全球导航卫星系统，可以测量土木工程结构的动静态响应，由于其采样频率最高只能 $10 \sim 20 \mathrm{Hz}$，目前只能测量长周期结构的变形，而且准确性受采样频率、多径效应、卫星可见性、观测环境等因素的影响，且花费昂贵。

目前新型位移传感技术主要包括：①激光测量系统由激光发射源和 PSD 或 CCD 探测器组成，根据激光定向直线传播原理，通过测量发射端和受信端的光程差实现位移测量，是一种非接触式测量，测量精度和分辨率都很高，但其动态测量对环境要求高，激光在传播过程中容易受环境湿度及气流影响。②数字图像相关性解析（DIC）。这是一种基于现代数字图像处理和分析技术的非接触式全场光学测试方法，其测试基本原理是分析加载变形前后被测物体表面的数字图像，通过一定的相关算法对相应数字图像的散斑特征点进行匹配跟踪，进而获取加载前后被测物体表面的位移变化信息，可实现可视化实时监测且无电磁干扰，但观测范围受设备性能影响且监测准确性受环境随机因素影响。③微波雷达设备主要包括雷达信号处理机和监控单元两大部分（图 1.14）。通过改变雷达波束照射位置获得区域内目标全程各点的径向微变形数据，基于微波雷达侧位移设备可非接触式、多点同时监测桥梁振动位移，有望成为一种新的监测技术。④遥感技术通过飞行器等不同搭载平台利用合成孔径雷达或光学成像设备获得遥感图像，比较相同区域内在不同时段内的图像差异求得位移变化，实现自动化、智能化、专用化快速获取空间信息，目前存在分辨率不够的问题。

2. 模态分析理论

（1）加速度模态识别理论

基于环境随机激励的结构健康监测技术以行车荷载、风载、地震等自然环境激励作为系统输入，经动力测试得到动力响应信息（加速度响应和应变响应）进行结构模态参数识别。基于环境振动的加速度模态识别理论发展历史悠久。早在 1977 年，Abdel-Ghaffar 和

Housner[65]等人便首次在金门大桥上进行环境振动测试分析得出结构的动力特性。在随后的 40 年里，大量的环境振动下利用加速度响应对结构参数进行识别的方法被研究，S. R. Ibrahim[66]（1977）利用 ITD 法构造自由响应采样数据的增广矩阵识别系统模态参数，美国 Langley 中心的 Juang 和 Pappa[67]等人在 1984 年利用特征系统实现算法（ERA）通过奇异值分解得到系统参数，Peeters[68]（2004）利用 PolyMAX 进行结构模态参数识别，BrownJohn[69]等人利用 NExT 、SSI 和 p-LSCF 3 种模态参数识别方法对 Humber Bridge 的频率、阻尼和振型进行了识别与比较，Catbas[70]等人基于环境振动测试数据，结合随机减量法和 CMIF 方法识别布鲁克林桥的基本模态参数（频率、阻尼和振型）等。随着监测数据以及系统复杂性的不断增加，环境振动加速度数据的采集也由传统的有线测量向无线传感网络过渡，且随着数据采集硬件不断发展，监测数据的长度和质量都得到提升，保证了采集数据的可靠性。此外，利用识别的结构模态参数（自振频率、频响函数及位移模态、模态柔度等）可以进行结构有限元模型修正，基于修正后的精确有限元模型可以进行结构的安全评估和长期性能预测。

（2）长标距应变模态理论

基于加速度测量的模态理论发展较为成熟，但是在应用过程中还存在诸多局限性，特别是对结构微小损伤的识别无法有效实现。基于点式应变测量的应变模态理论虽有一定发展但远不如基于加速度的模态分析理论发展成熟。究其原因，传统的点式应变对结构局部信息（如局部小孔、切槽）敏感，因此它不适合进行以结构宏观信息识别为目的的模态分析。长标距传感技术所输出为一定标距长度内的平均应变，因此它在反映结构局部信息的同时，具有能够反映结构宏观模态信息的特点。基于此，作者课题组[71]进行了一系列的基于长标距应变的应变模态理论分析，创新性地扩展了传统的应变模态理论。

传统位移 FRF 与长标距应变 FRF 分别表示为：

$$H_{\mathrm{lp}}^{\mathrm{d}}(\omega)=\sum_{r=1}^{N}\frac{\varphi_{\mathrm{lr}}\,\varphi_{\mathrm{pr}}}{M_r(\omega_r^2-\omega^2+2j\xi_r\omega_r\omega)} \tag{1.4}$$

$$H_{\mathrm{mp}}^{\bar{\varepsilon}}(\omega)=\sum_{r=1}^{N}\frac{\eta_{\mathrm{m}}\,(\varphi_{ir}-\varphi_{jr}\,)\,\varphi_{\mathrm{pr}}}{M_r(\omega_r^2-\omega^2+2j\,\xi_r\omega_r\omega)} \tag{1.5}$$

式中，$H_{\mathrm{lp}}^{\mathrm{d}}(\omega)$ 表示 p 点激励、l 点位移响应的频响函数，φ_{ab} 表示第 b 阶振型在 a 节点处的振型系数；M_r 为结构的第 r 阶模态质量；ω_r 为结构的 r 阶模态圆频率；ξ_r 为结构的 r 阶模态阻尼比；$H_{\mathrm{mp}}^{\bar{\varepsilon}}(\omega)$ 表示 p 点激励、m 单元长标距应变的频响函数，i 和 j 分别是 m 单元的两个节点；$\eta_{\mathrm{m}}-\dfrac{h_{\mathrm{m}}}{L_{\mathrm{m}}}$，其中 L_{m} 为应变传感器的标距，h_{m} 为传感器到中性轴的距离。由上式可以看出：①长标距应变 FRF 是个更类似位移 FRF，而不同于速度或加速度 FRF 的物理量，因此对低频响应更为敏感，更适合于高柔度结构（高层建筑、大跨桥梁和缆索）的监测和模态识别；②基于位移 FRF 和基于长标距应变 FRF 提取结构固有频率和阻尼比等价有效；③与位移 FRF 相比，长标距应变 FRF 实部、虚部的模态常量与之不同，但是相位相同。因此，结构区域分布应变模态分析理论，能够从频率、振型、阻尼、相位角等各方面全面代替传统的加速度模态体系，解决了其只反应宏观而不能精确反应局部特性的问题。

基于区域分布的长标距应变模态理论解决了传统点式应变的不足，建立了应变与转角的关系，实现了宏微观相结合，且通过改进的共轭梁法进行挠度计算可以准确反演位移模态，不存在传统点式应变模态计算位移模态时误差被放大的问题；基于区域分布的长标距应变能够反映结构的裂纹宽度和微小损伤的特性，许多基于应变模态的损伤指标被提出，如长标距应变模态振型曲率差、长标距应变模态振型平方差、长标距应变能、长标距应变柔度等，因其包含了损伤的直接信息，能够很好地识别复杂损伤，且根据模态参数构建的灵敏度方程可以进一步实现结构的损伤定量。

3. 温度效应分析

暴露在自然环境中的土木工程结构，长期经受随季节发生周期性变化的气温、日照温差以及一些人为造成的温度变化等剧烈影响，致使结构产生相当大的温差应力，给桥梁结构带来很大危害，特别是针对大跨结构的动静特性的影响[72][73]。基于温度效应的研究主要集中在两方面：一个是温度场计算方面，另一个是温度应力场计算方面。温度场计算方面。早期研究桥梁结构温度场是通过布置温度传感器来获得[74~76]。随着有限元的发展，数值模拟技术能够进行全尺度的桥梁温度场模拟分析[77,78]。温度对桥梁结构特别是大跨桥梁的影响存在较强的多维性、相关性、滞后性等特点，这是一般车辆荷载效应没有的。在温度应力场计算方面，最直接的问题就是实测应变与应力不再满足胡克定律（$\sigma=E\varepsilon$），也就是说实测应变乘以结构的弹性模量不再是结构应力。比如，江阴大桥在正常运营下，主梁应变可达 $150\mu\varepsilon$，而在做卡车静载试验时，主梁也达到了 $156\mu\varepsilon$，难道江阴大桥在正常运营期间，就已经接近于正常使用极限状态？显然温度应变并没有完全转为应力，诸如类似的问题给工程人员和业主带来了困惑。当然，也有学者[79]认为大跨悬索桥伸缩缝的自由膨胀和收缩可以释放掉温度应力，显然这没有考虑到非线性温度梯度的影响。因此，有学者提出了基于温度的桥梁性能评估方法，即通过温度荷载和温度诱导反应可以建立输入与输出的关系，类似于结构振动中的频响函数，有学者[80,81]已经通过这种关系来对桥梁进行性能评估（图1.14），并提出了基于温度的有限元校正。基于温度荷载及温度诱导反应的结构性能评估逐级发展起来。

4. 结构识别

除了上述模态分析方法外，图像处理法、时频分析法及直接反演法等方法也是进行结构参数以及损伤识别的重要手段：①直接反演法利用改进的共轭梁法。由长标距应变直接反演计算结构挠度和转角的方法，物理关系明确直接，无误差累计，且所有参数与结构受载形式及大小、截面刚度条件均无关，方便实用；②图像识别方法。Catbas[82]等人利用非接触式传感器，基于计算机图像处理技术识别出结构参数——单位桥面响应。该参数作为一种新的损伤指标，可以有效进行桥梁结构损伤识别。③希尔伯特-黄变换。HHT 变换是 1998 年由美国 NASA 黄愕[83]博士提出的一种全新数据处理方法，把结构振动信号

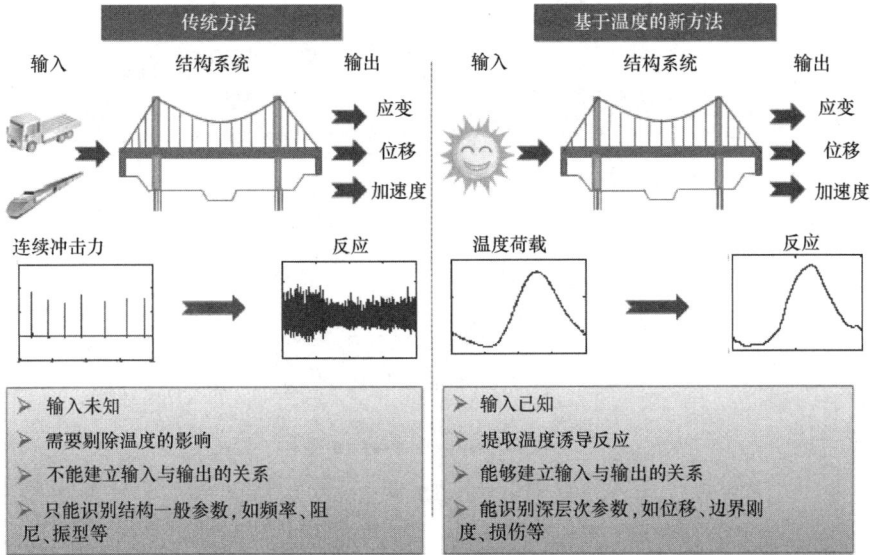

图 1.14 基于温度荷载与温度反应的结构性能评估理念

通过 EMD 分解成有限个不同特征时间尺度的 IMF 之和，利用 HT 变换构造解析信号得出时间序列任意时刻的瞬时频率和幅值，对其进行拟合获得结构模态参数。④小波变换。小波变换是近年来发展起来的一种新的数学分支，它能够同时给出信号的时/频域信息，可使多自由度系统的模态自动解耦，是目前结构模态参数识别方法研究的一个热点。⑤扩展 Kalman 滤波。Kalman 滤波理论以状态方程为其数学工具，将传统 Kalman 滤波方法中的状态向量进行增广，将系统的物理参数并入其中，从而在利用量测的动态数据对结构状态进行滤波、估计的同时，得到结构物理参数的最优估计。⑥神经网络（AA）。Rumelhart 和 Mcclelland[84]等人提出的多层前馈网络等反向传播算法，因其结构简单、状态稳定成为土木结构健康监测方面最得力的工具之一，并且被广泛地应用到结构损伤识别中。

由于车辆荷载是引起桥梁损伤、病害和可靠度降低的重要原因之一，因此近年来车辆荷载的识别引起人们的广泛关注成为研究热点。基于货车调查数据或动态称重系统（WIM）实测数据，可以得到车辆荷载的具体参数，具有较高的精确度和真实性，但是动态称重系统价格昂贵且仅能测量局部区域荷载，因此有必要开发方便快捷的移动荷载识别方法。各国学者提出了各种创新方法，主要包括以下几种：①基于图像识别车辆荷载方法。Catbas[85]等人基于计算机图像处理技术开发了一种车辆荷载识别方法，利用监测相机可以识别出桥上行车类型，根据预先确定的各种类型车辆车重分布利用监测相机数据采用一系列先进计算机图像处理算法可以确定车重，根据相机图像坐标及世界坐标间的几何关系可以确定行车位置。②基于动态广义影响线的荷载识别理论。吴智深等人基于移动荷载测试和区域分布应变得出的动态广义影响线进行车辆荷载近似行驶速度和载重识别（图

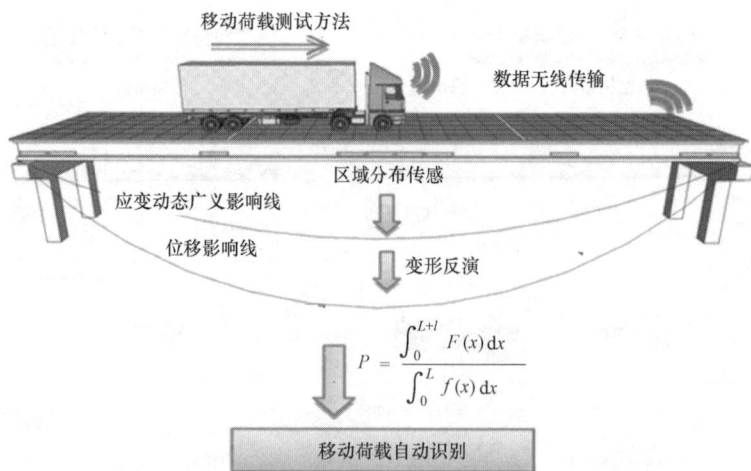

图 1.15 移动荷载测试方法

1.15）。在移动荷载作用下，只有当荷载作用在某点附近时，该点处长标距应变才会产生明显变化，而当车载作用下截面弯矩值为 0 时，车辆一定处于相邻两跨之间。因此对连续梁桥而言，将发生明显响应时的相应桥长与监测处产生明显响应时相应的持续时间的比值作为车辆的近似行驶速度。将车辆荷载影响线积分与跨中截面弯矩影响线积分的比值作为移动荷载载重。③基于视频拍摄识别车辆荷载方法。李惠[86]等人结合动态称重系统和计算机图像处理技术对长大跨桥梁上行车荷载的时空分布进行识别。对于移动荷载，在动态称重系统位置处通过相机进行图片采样，利用动态称重系统输出数据识别车流载重数据，结合模式匹配和粒子滤波技术进行移动荷载识别。该方法的准确性和有效性已在杭州湾大桥上进行验证。

5. 结构群协同监测、评估及各类型数据融合

由于长大桥梁的复杂性和重要性，其健康监测需全面关注安全性、适用性和耐久性等结构状态以及重要的环境因素，以期能利用定量化指标开展复杂的评估工作，系统庞大而且费用高昂。但对于国省干线公路上的普通桥梁而言，由于结构相对简单，造价便宜，影响其安全的主要因素较为突出，其结构监测应在简单易装、经济可行、持久可靠的基础上，关注威胁结构安全的主要因素，起到预警作用即可。目前特大型桥梁健康监测系统并不能直接应用于国省干线常规桥梁，真正实现物联网也还有不小的距离。在大量大中型桥梁推广监测技术时却又规模庞大，系统集成又比特大型桥梁监测复杂。桥梁结构健康监测物联网也还有一些瓶颈问题亟待解决，比如，如何与其他物联网及信息网络的信息交换整合问题、监测项目优选策略与传感器的选型选点原则、监测系统自身的耐久性与稳定性问题、新型传感技术的研发问题、传感器的合理布设问题、大规模设备集成问题、监测数据的分析问题等。

因此需要以长大桥梁的结构健康监测系统为蓝本，将大型结构健康监测系统小型化，以监测常规桥梁的关键参数，放弃次要参数，减小常规桥梁的系统规模，降低常规桥梁的系统成本，研发适用于常规桥梁状态监测的设备，简化大型健康监测系统的数据采集与传输模式，尽量多地利用嵌入式设备替代现有的工控机和工作外站，进一步减少设备，降低成本，同时也增加设备的稳定性，降低维护率；可以根据桥梁的重要性，在对常规桥梁的状态评估时，减少定量的评估，增加定性的评估，这样有利于减少监测系统的成本和后期数据分析的工作，采用间断式采集，以监测一段时间的数据作为分析对象，对桥梁的状态进行分析评估，避免设备长时间运行带来的加速老化和不稳定现象。图1.16是长江流域五大桥协调监测网络系统，支撑着特大桥梁群预防性安全维护管理；该系统管理着世界上规模最大的区域桥梁结构群，为揭示桥梁性能衰退规律提供重要数据基础，在事故安全报警及指导科学维护管理方面发挥着重要作用。

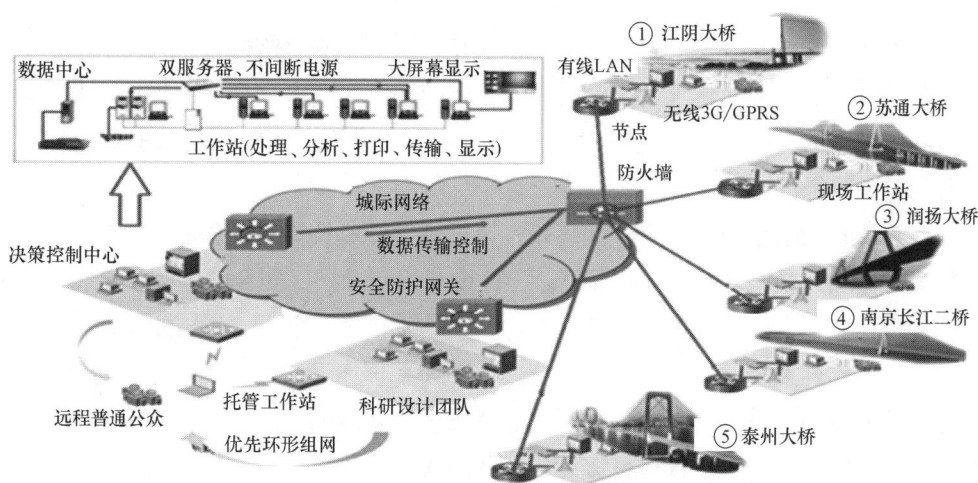

图1.16 长江流域五大桥协同监测网络系统

6. 基于信息科学的各类物联网、云计算等技术有望大幅推动结构的维护管理工作

针对广大桥梁的运维需求，采用基于云平台的物联网系统，通过小型化的在线传感系统，利用无线通信手段，在云平台的强大运算、存储和兼容能力支撑下，实现网络化、集约化管理。通过专业机构以服务的形式向主管部门提供桥梁全寿命"一站式"服务，逐步做到设计、建设、运行维护、安全性能评估全覆盖。在国家"互联网＋"战略推进的浪潮下，构建桥梁安全运维智慧服务平台系统，基于云平台和大数据技术，由专业机构为主管部门长期提供桥梁安全监管的"一站式"智慧服务，将成为"智慧城市"战略构架中，市政交通领域基础设施信息化提升的重要组成部分。

桥梁安全运维智慧服务平台系统在技术特征、服务形式和建设模式方面具备显著优势，适于面向大量桥梁，尤其是中小跨度桥梁进行区域化、网络化推广。该系统立足现代传感技术、通信技术、云平台技术和智能检测技术的前沿进展，在充分调研桥梁（尤其是广泛分布的中小型桥梁）安全运维管理具体需求的基础上开展研究工作，切实解决桥梁区域化、网络化运维管理的现存问题和疑难问题，为桥梁管养工作的智慧化提升和新业态、新经济增长方式的实现，提供技术保障和实施参考，具备良好的实践价值和应用前景。

基于云平台的物联网系统，以专业服务为工作模式，从如下几个关键点实现桥梁运维管理工作的信息化、智慧化提升：

（1）大量桥梁的区域性覆盖。聚焦与桥梁安全直接相关的关键指标，形成模块化的系统设计和性能评估体系，适合在区域内多座桥梁，尤其是中小型桥梁复制并推广应用。与以往复杂的大型健康监测系统相比，传感器系统规模显著减小，系统建造和维护成本显著降低。

（2）运维系统在空间和时间上的可达性。通过在线采集系统实现安全监管的全天候运行，通过巡检机器人、无人机等综合保证空间的可达性和人员安全。而系统实时性即成为覆盖巡检间隔的"时间可达性"。以传感器为主体的在线采集系统，可实现桥梁安全性能的全天候不间断监管。与传统定期检测相比，在线系统可实时监控在巡检间隔期间的结构安全、荷载承担、环境变化等情况。同时，对时间轴统一的多个指标实施统一监控，则可实现对结构安全的整体判定。通过对多个指标的综合分析，体察结构可能存在的内部问题，起到防微杜渐的作用。

（3）系统长期运维管理的产业化模式。通过桥梁专业机构以服务的形式向主管部门提供桥梁全寿命"一站式"服务，系统设计、建设、运行维护、安全性能评估全覆盖。在云平台的管理模式下，管理部门可方便地在计算机或手机客户端上，以电子地图的形式查看辖区内多座桥梁的安全状况。在长期运营条件下，系统亦可以及时反映出不同片区的桥梁整体运维性能特性。例如，伴随周边环境、桥梁使用功能的变化，可在地图上通过不同颜色标示安全性能等级，提供区域性多座桥梁的巡检、养护建议等。

（4）云端化

数据层采用云平台集约化管理模式，数据采集、存储、计算、安全评价等均在"云端"实现。业主和主管部门无须设立专门的监控中心，也不必设置专人进行系统维护。基于云平台的集约化系统，在设备和数据管理上具备强大的兼容性。也正是这种兼容性，使得桥梁安全运维系统成为真正意义上的"物联网"系统，实现在传统分散式养护管理和单体健康监测系统基础上的实质提升。在云平台的集约化管理下，系统以数据融合的形式，可与现行养护系统、信息管理系统等进行直接沟通，并将桥梁相关的航道、交通、水务、气象等相互独立的部门，在物联网平台上实现"虚拟统一"。采用集约化管理模式，可使用大型计算机服务器或商用云平台，进行资源的统一管理，其在数据传输、运算和存储等方面的优势，是传统分散式监测和养护系统无法达到的。

（5）产业化

专业单位可提供从系统设计、安装施工、设施运营、设备维修更换、数据存储与运算、桥梁安全性评估等环节提供"一站式"智慧服务，而业主亦可以年度服务费的形式来购买服务。由于桥梁运维物联网系统在技术构架上有利于面向大量桥梁做网络化实施，因而，其面向的监管对象灵活多样，可包含大型复杂结构桥梁，亦可包含中小型简单桥梁，近期目标则可由几座、几十座桥梁进行示范性应用，从而逐步推进实施，即"物联网"的产业模式决定了该体系可大可小，投资规模亦可大可小。

1.6.3 结构健康监测技术融入结构性能评估规范的趋势

在多地震灾害发生的日本，桥梁维护管理从业者，已经逐步摸索出了一条将结构监测数据应用在桥梁结构性能评估中的方法。2006年日本土木工程学会推出《基于监测数据的桥梁性能评价指南》[87]（图1.17），专门针对桥梁结构的性能评估进行了规定。在该规范中，强调了使用监测数据，包括：建设过程中的监测数据、建设完成后的监测数据以及运营过程中的监测数据。并且用监测数据不断校核结构性能状态从而为是否需要修复、管养桥梁提供决策意见，同时不断累积数据为桥梁结构设计提供良好的依据。同时，日本土木学会健康监测委员会提议以综合监测法、并用监测法，基于桥梁健康监测技术对桥梁结构性能进行评价。在综合监测法中，首先应用人工检测技术和监测技术对结构进行性格

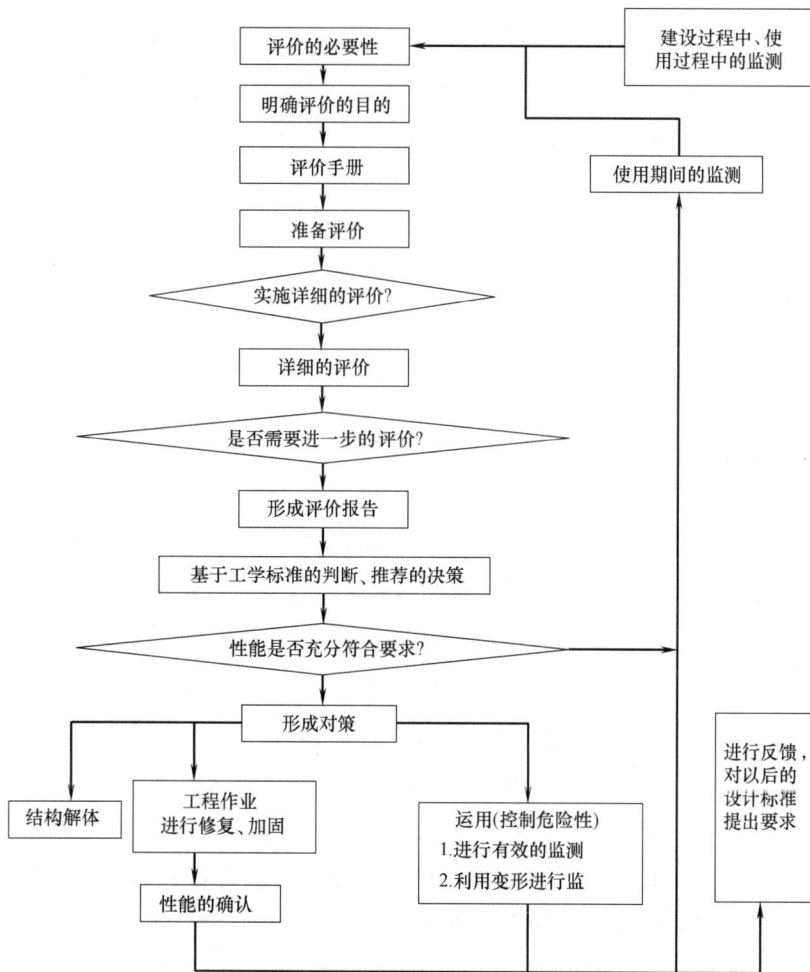

图 1.17 基于监测数据的性能评估方法流程图

评估和性能退化预测，判断是否需要进一步监测和采取应对措施。如果需要，可全面采用SHM技术对结构进行定期检测、持续检测和重点调查以进一步进行结构性能评价。在并用监测法中，在进行初步检测和监测确定需进行进一步监测后，并用SHM技术和传统的常规检测、即时检测等技术，以进行进一步的结构性能评估。简单地说，综合监测法为理想的全面利用SHM技术进行结构的进一步评价，而在并用监测法中为结合结构SHM技术和常规检测技术综合利用来对结构进行进一步性能评价。由此可见，已经逐步萌芽出现将结构健康监测技术融入桥梁结构性能评估中的方法。

可以预见结构健康监测融入性能评估规范已经是大势所趋，但目前尚处于萌芽阶段，那么在结构健康监测技术规范化发展的历程中，世界各国都出台过哪些规范？在此做一个简单的综述。2001年，由加拿大曼尼托巴大学Mufti教授[88]牵头主编了《手册2——结构健康监测指南》，对结构健康监测系统组成、静态测试、动态测试、周期性测试进行了详细规范，并补充了十个桥梁结构健康监测案例。2002年，欧洲国际结构混凝土协会（FIB）出版了《既有混凝土结构健康监测和安全性能评估最新进展报告》，并以此为基础历经十余年的修改，编著形成欧洲混凝土结构健康监测规范，其中对人工检测方法、无损检测技术、测量方法、数据采集、结构可靠度方法等做了较为系统的规定。2003年，Aktan教授向美国国家联邦公路局提交了《针对主要桥梁的模态健康监测发展指南》报告，在该报告中对结构健康监测做了详细定义，并对结构健康监测所需要的传感器、数据采集系统、网络系统、测试手段、数据管理系统进行了详细的归纳。美国土木工程学会结构识别委员会于2012年出版了结构识别最新进展报告，在全面介绍结构识别领域最新技术的基础上，详细叙述了国内外十数个建筑结构和桥梁结构健康监测的经典案例。

在我国，李宏男[89]等于2012年编辑的《结构健康监测系统设计标准》CECS 333：2012规范了结构健康监测系统的设计，旨在提高结构健康监测系统设计质量。《建筑与桥梁结构监测技术规范》GB 50982—2014，第一次详细规范了结构在施工期间监控与使用期间监控。吴智深等[90]于2014年编辑的江苏省地方标准《光纤传感式桥隧结构健康监测系统设计、施工及维护规范》规范了光纤传感技术在桥梁、隧道等交通工程结构健康监测系统中的应用，提高其使用效率及结构健康监测系统设计、施工和维护管理水平，推动桥隧等交通工程结构的施工、运营及管养的智能化与科学化。欧进萍[91]等编辑的《公路桥梁结构安全监测系统技术规程》JT/T 1037—2016行业标准，规定了公路桥梁结构安全监测系统的总体设计、监测内容与测点选择、传感器模块、数据采集、传输与管理模块、结构安全预警和评估以及系统集成与状态显示的技术要求。此外，福州大学[92]带头编制了省工程建设地方标准《福建省城市桥梁健康监测系统设计标准》。该标准共有6个特色：首次提出了完整的城市桥梁结构健康监测系统分级方法和监测系统分级预设使用寿命；提出了适用于不同条件下各常见桥型的监测项目与监测断面布设位置，较完整的传感器选型方案，以及实际中常见传感器的选型方法及常用性能指标；给出了数据监控模块的功能、内容与要求；提出了适用于城市桥梁的结构状态识别和健康评估系统的设计原则、功能要求和设计方法流程；提出了实用的桥梁结构健康监测系统验收标准与资料。该标准于2016年10月1日开始实施。

纵观结构健康监测领域规范发展历史，可以看出各国规范相对较为分散，世界各国并没有较好的统一标准来对结构健康监测系统进行规范，国际智能基础设施健康监测学会（ISHMII）在组织编写的《国际结构健康监测协会标准：总则，定义和实施手段》拟对结构健康监测系统、结构健康评估系统、结构健康等级评定系统、结构健康数据管理系统进行详细规定。

基于健康监测数据的结构性能评估在结构新型设计方法的性能验证、结构管养的自动化与智能化、受灾信息的及时收集与快速评估、大型复杂结构全寿命周期安全与维护成本最优化等方面发挥着至关重要的作用。目前，国内外众多长大跨桥梁如美国金门大桥、英国 Humber 大桥、苏通大桥等已安装了各类昂贵的结构健康监测系统，这些系统在应对突发事件如船撞和台风袭击等方面发挥了充分积极作用，但由于所使用的传感器种类繁多、系统复杂并且难以从海量监测数据中有效分析得出结构损伤和性能，业内普遍认为现有的健康监测技术还无法真正实现结构的"健康"监测。目前，无论是检测还是监测技术都存在一定的局限性与通用性等问题，如何进行桥梁的快速评估逐渐引起各国学者的重视。

1.7 桥梁测试与性能评定的智能化、自动化与信息化趋势

1.7.1 智能化、自动化与信息化趋势

当前，全球进入信息化的步伐日益加快，智能化、自动化与信息化及其应用已成为国家实现发展战略的助推器。针对广大桥梁的运维需求，以传统的人工检测为主，逐步向半自动化与自动化转变；以传统的人工监测方法，逐步向物联网监测系统化转变；以传统的单一数据分析，逐步向海量数据处理化转变；以传统的人工管理，逐步向桥梁全寿命"一站式"服务转变。那么，实现桥梁运维管理工作的智能化、自动化与信息化将会朝着以下几个方向发展：

1. 检测设备借力物联网＋

智能化检测评估必定是今后的发展方向。随着科学技术的快速发展，一些具有创造性的检测技术将会用在桥梁检测中。比如：利用互联网可以实现对桥梁检测数据的共享，对相近桥梁结构安全问题进行总结归纳；对于新建桥梁可以通过预埋网络传输信号功能的仪器设备进行监测及预警等。智能检测设备可以在最大限度节约人力的同时，提高检测精度和设备的稳定性，实现检测数据实时共享、公开、透明，让检测单位、监督管理单位、业主、监理、施工等单位能够随时获取数据，实现真正的互联网＋。

2. 机器人引发变革

在养护市场爆发式增长的背景下，智能检测机器人将缓解技术人员的不足，同时还将提高检查的精度，提高基础设施的安全性。尤其是针对桥梁隐蔽的部位，智能检测机器人无疑是未来发展的重点。长期以来，传统的桥梁检测多是利用相关专用仪器，对桥梁各个部位进行测量、记录和统计。在此过程中，维护人员需悬挂在桥梁下方，或从高架平台上着手检测。不仅耗时费力，还易忽略细节之处，为桥梁质量埋下隐患。例如，在进行桥梁和隧道的维修管理时，通常需要检测人员登上高处，通过目测确认有无裂痕，或用锤子敲击设备表面，借助声音来确认强度。如果借助智能检测机器人，这些作业将改为使用配备摄像头的小型无人机和带集音器的机器人。在进行桥梁水下基础检查时，通常需要潜水员潜入水中摸桩，并通过水下摄像头拍下画面，以便进行精密检查，确定桥梁基础是否存在安全隐患。而水下机器人检测系统则可以代替人工作业，通过实时视频对水下结构进行观测。

3. 监测数据融入基础设施评估规范

由于健康监测技术出现较晚，且监测数据指标很难统一，所以目前现行世界各国评估规范标准中，少有融入监测数据进行评估。但随着传感技术的革新，具有工程应用价值的传感器指标将会逐步产生，在线动态监测将会成为未来行业发展的大趋势，为此世界各国从业人员必定会更新、修改现有规范，将监测数据融入评估过程中，可以更为连续的监测基础设施性能变化状况。前文以提及吴智深教授在第七届国际结构健康监测大会上，牵头主编《国际结构健康监测协会标准：总则，定义和实施手段》，行业领军人物都在不断尝试，定义更加规范的健康监测标准。

4. 结构群健康监测理念将会成为主流

早期健康监测系统多为"单体"项目，业主常需要提供专门的人力物力和办公场所来设置监控中心，在后期的设备维护和安全性解释上，这种专职化的模式容易遇到资金、人力成本和技术成本上的困难。同时，大型健康监测系统初期投资巨大，性价比有限，影响业主的实施积极性，不利于推广应用。随着物联网技术的不断推广，将重大结构监测系统进行互联网化会逐步成为一种趋势。分布区域传感理念就是由关键监测区域构成关键监测段，再构成监测子群，最后形成监测结构群。同一个结构群建筑结构由同一个数据处理中心来进行维护管理，这样能够提供群体利益最大化的管理养护意见，结构群内监测数据也能够得到完备的共享和处理。

5. 新技术会不断融入结构健康监测领域

新技术会不断融入结构健康监测领域。新兴的科学技术不断被应用普适化，结构健康监测技术具有良好的学科交叉背景，能够快速吸收新的技术推进其发展。如无线传感技术的融入，可以大大降低传感器布置的工作量；云计算和物联网技术的融入，可以使得结构群健康监测成为现实。一切新技术的接入，都旨在降低健康监测系统布置以及运营的门槛，使得结构健康监测技术更为普适化，在建筑结构建立初期就完备地集成在结构中，一直到结构服役寿命结束。

6. 快速评估

工程检测的自动化、智能化在一定程度上提高了桥梁的检测效率，但是仍然无法满足数量庞大的公路桥梁，与此同时，健康监测系统无法全面普及所有的现役桥梁。那么，桥梁的快速评估方法亟待解决，它既需要保证桥梁检测的自动化，同时还能达到长期健康监测的效果；既满足短期检测效率，又实现长期监测数据的积累。最终，桥梁快速评估将公路网上的广大桥梁从时间上与空间上关联起来，构建桥梁网的时空多维监测与管养。

1.7.2 桥梁快速测试与评估

如前所述，我国正处于新型城镇化和工业化的快速发展时期，大批重大基础设施已完成或正在建设。比如苏通大桥这一座桥梁就创造了当时的最大主跨、最深基础、最高桥塔、最长拉索的四项世界之最。但与此同时，工程结构在服役期内由于环境侵蚀、日常服役荷载甚至超载的作用等原因导致结构性能逐渐发生退化，近年来国内外桥梁坍塌事故频发，这些事故造成重大经济损失和人员伤亡，产生了极其恶劣的社会影响。因此，如何维护和管理规模庞大、系统复杂的基础设施，以保障结构安全并最优化维护管理费用，是国内外迫切需要解决的共同课题。针对该现象国内外已进行了大量的科学研究与工程实践，并逐渐认识到，利用桥梁检测和健康监测技术，早期发现结构损伤、隐患，是实现桥梁结构安全养护和保障其正常使用的有效途径。基于定期检测的结构技术状况评定是现有评价桥梁当前服役性能的主要手段，但它以人工为主，费时费力。基于各类先进传感器技术的结构健康监测技术在近 30 年来得以充分发展，它们在保证桥梁结构安全与实现结构的全寿命周期管理方面被寄予了殷切厚望。基于健康监测数据的结构性能评估在结构新型设计方法的性能验证、结构管养的自动化与智能化、受灾信息的及时收集与快速评估、大型复杂结构全寿命周期安全与维护成本最优化等方面发挥着至关重要的作用。目前，国内外众多长大跨桥梁已安装了各类昂贵的结构健康监测系统，这些系统在应对突发事件如船撞和台风袭击等方面发挥了充分积极作用，但由于所使用的传感器种类繁多、系统复杂并且难以从海量监测数据中识别结构损伤和评估结构性能，业内普遍认为现有的健康监测技术还无法真正实现结构的"健康"监测。特别的是，现有的健康监测系统规模庞大费用昂贵，还无法广泛应用于维护费用极其有限的广大中小桥梁的安全评估。

那么如何实现桥梁的快速测试与诊断是亟待解决的问题。在桥梁快速测试方面，国内外已有学者进行了相关的研究。下面列举几个具有代表性的桥梁快速测试技术及方法。第一种：承载能力直接测量。具有代表性的是 BELFA 快速荷载加载车；第二种：间接测量。具有代表性的是杨永斌[93] 开发的快速测试车，向志海开发的快速扫频车[94]，以及 Aktan[95] 等人在冲击振动方面做出的有益尝试。

为了提高卡车静载的效率，不莱梅应用科技大学（Hochschule Bremen）、魏玛包豪斯大学（Bauhaus-University weimar）与 EGGERS、WEMO 公司联合开发了一种特殊的荷载加载车——BELFA[96]。图 1.18 展现了 BELFA 一般情况下的工作流程。图 1.18（a）是 BELFA 整体构造，它长 21.2m，重 73~81t。如图 1.18（b）所示，在对一座桥进行静载试验时，首先 BELFA 头部向前行驶，尾部静止不动。然后 BELFA 车上的质量块（图中浅灰色部分）被牵引车缓缓拖动，如图 1.18（c），BELFA 头部和尾部分别停留在桥的承台梁端，BELFA 车上的质量块下部伸出千斤顶（千斤顶位置是可以自由活动的），根据桥梁加载要求即可在制动位置施加所需要的荷载。若所加荷载大于 BELFA，可以在质量块上增加水箱来达到所需荷载。BELFA 实现了桥梁的快速加载的效率。但是其仍有一定的缺陷：车自身的长度限制了它无法加载更长的桥梁，而仅是适用于小桥。此外，在进行静载实验时同样需要关闭交通。

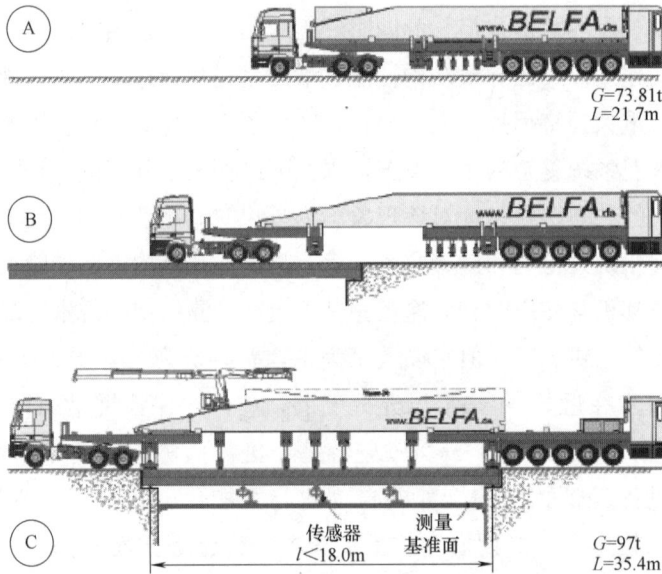

图 1.18　BELFA

杨永斌[227]等人开发了基于扫描车的桥梁频率等基本参数的快速测量技术。不同于传统的将加速度传感器直接布置在被测量的结构上，杨永斌等提出了一种间接的测量技术，他们用扫描车上的一个加速度传感器代替了传统方法中安装在桥梁上的传感器，把扫描车作为载荷又作为信号采集装置。由于相对于桥梁来说，扫描车的质量远小于桥的质量，所以车辆响应主要由桥的固有频率决定。由此即可从记录下来的车辆加速度信号中抽取出桥的固有频率。杨永斌将扫描车振动的信息分离为由包含车轮的驱动频率和桥梁自身频率两部分表达式组成，利用傅里叶变换得到频谱图，并且指出车辆的位移响应主要是由车轮的驱动频率决定，车辆的加速度响应主要是由桥梁自振频率确定，速度响应则是介于两者之间。并且，在理论上，频谱图上有低频率峰值时，可以通过位移或者速度响应的频谱图来得到车速。同时，根据车轮的动力响应，可以粗略得到简支梁的前几阶的模态振型，但是得到的振型容易受到噪声的干扰。这种测量技术，可以很方便得到桥梁的低阶频率，不需要在桥上布置传感器，也不需要进行交通管制。然而，车桥耦合扫描的方法只使用了车辆的重力作为载荷，得到的基本也都是低频部分的信号，所以最多只能提取出桥梁的基频或者二阶频率。因为损伤对高频分量的影响要大于低频分量，而且基频的变化对局部损伤很不敏感，所以如果把该方法直接用于损伤检测，会存在很多问题。

向志海[228]等开发了一种敲击扫描式桥梁损伤检测的信号采集装置及对应的检测系统，通过控制敲击力可以得到包含损伤信息的高频分量，克服了车桥耦合只能激起桥梁低频部分信号的缺点。系统包括用于待测桥梁上移动的小车，用于向待测桥梁施加敲击信号的敲击子系统，用于采集待测桥梁传递到移动小车上的响应信号以及用于接收信号采集系统采集数据并进行处理输出结果的信号处理装置。损伤会改变小车加速度信号频谱图的形状，向志海根据敲击力的时域曲线或者频域曲线来辨识出结构的损伤。该方法不但可以有效地检测出结构中的损伤，而且不需要在结构上布置传感器，也不需要事先已知结构无损时的特征信息。另外，由于间接地从结构原点阻抗中提取出损伤信息，所以这种方法还具有较强的抗环境干扰的能力，可以在不中断桥梁正常交通的情况下进行采集信号，信号采集准确，具有简便、高速、高精度的特点。

Catbas 等人[229]指出，桥梁外观检测数据不能准确地反应结构的刚度、耐久性和承载能力等性能指标，主观评估的结果也不能直观地提高人们对结构状态的认识。所以，Catbas 等人利用结构的柔度矩阵来作为判断结构是否发生损伤的指标，并结合冲击振动的理论，开发了中小桥梁的冲击振动快速检测设备。冲击振动实验是一种输入和输出都已知的实验方法，利用力锤产生冲击荷载，同时测到力和结构响应的时程数据，按照输入数据的噪声成分选择计算频响函数的方法，而频响函数中就包含了结构的柔度矩阵的信息。Aktan 等人在美国 HAM-561-0683 桥上进行了实验，实验证明柔度矩阵可以作为一种精确的状态评估和结构损伤的指标，并且结合冲击振动的理论和方法，可以准确计算结构的柔度矩阵，在较短的时间内完成中小桥梁的快速检测。

与此同时，还有学者 Chang，Malekjafarian，Kong，Li 等利用车桥耦合理论进行了桥梁快速测试的研究[230~233]。然而，上述的测试方法和数据分析技术的限制导致现阶段的桥梁快速测试方法仅停留在理论和试验阶段，并且得到的结构参数有限，还难以真正实现桥梁结构的性能评估。本书作者提出了基于冲击振动测试的中小型桥梁快速检测方法。该方法可以实现桥梁基本参数的快速识别，相比传统环境振动测试方法而言，该方法还可以精准识别与理论解一致的频响函数，从而得到结构的柔度矩阵，来实现桥梁结构在任意荷载下挠度的预测，进而为结构评估提供了基础。为了使快速测试方法更加适用于工程实际，作者开发了多种分块振动测试方法，即将整个桥面划分为多个子结构逐个进行冲击振动，提升了所得数据的信噪比，降低了传感器数目与布设难度，具有很大的灵活性，大大提升了桥梁快速测试速度，节约了检测成本。在硬件方面，作者研发了适用于中小桥梁快速检测的冲击装置，该装置能够产生幅值大、频域广和具有单幅值特征的冲击力。相应的自动化传感器安装装置也被开发出来用以自动化地安装与拆卸加速度传感器，大幅度减少测试时间。同时为实现桥梁结构的快速监测，作者进一步研发了微波干涉雷达非接触测量桥梁变形和桥梁智能诊断车，在实现桥梁方便快速测试的同时克服传统冲击振动测试方法的不足，充分发挥冲击振动的根本优势，真正实现结构参数的全面识别和性能的有效评估，从而能够广泛应用于工程实际并创造显著的经济和社会效益。

第2章

桥梁快速测试与评估总体思路

第1章全面介绍了当前我国基础设施现状，围绕资产管理、全寿命周期成本、长期性能、预防性维护等概念阐述了基础实施维护管理的发展趋势，总结了现有基础设施性能评估、自动化智能化检测、结构健康监测等技术和方法。在此基础上，提出了桥梁快速评估思路。第2章围绕桥梁快速评估整体思路与框架做了详细的介绍。

2.1 冲击振动与桥梁快速评估

我国正处于新型城镇化和工业化的快速发展时期，大批重大基础设施已完成或正在建设。与此同时，桥梁结构在服役期间由于环境侵蚀、材料劣化、地基沉降、日常交通负荷的作用等原因导致结构性能逐渐退化，甚至会遭受车辆（船舶）撞击、车辆超荷、危险品泄漏、自然和地质灾害等突发事件。这些病害极大缩短了桥梁结构的寿命，使得桥梁存在一定的安全隐患；突发事件导致桥梁坍塌事故时有发生，造成重大经济损失和人员伤亡。因此，如何维护和管理规模庞大系统发展的基础设施，如何发现结构早期损伤和隐患，如何保障结构安全最优化维护管理费用是国内外迫切需要解决的共同课题。

针对这些问题国内外已进行了大量的科学研究与工程实践。①在工程结构维护管理方面。学者们提出要将基础设施作为资产进行运营和管理，并进行结构的全寿命周期成本计算。目的在于使工程结构在整个寿命期内安全、可靠，且总成本最小。结构资产的管理离不开维护，传统的事后性维护往往是在工程结构发生重大损失后，才采取补救措施，因此结构性能已大大降低而无法完成预定服役寿命。国内外学者逐步认识到，要最优化结构全寿命周期成本则必然要对结构进行预防性维护，甚至需要达到预知性维护。但是要想实现结构的预防性/预知性维护，首先需要了解桥梁性能随时间的衰退规律，故国内外对桥梁的长期性能发起了研究，比如美国桥梁长期性能研究计划。那么进行工程结构维护管理需要先进的桥梁管理系统，各国也都相继开发了符合自己国情的桥梁管理系统，比如日本的J-BMS系统。在整个工程结构维护管理体系里，这些理念和方法还处于萌芽阶段，有些方法虽然已用于实际工程，但是效果还不显著。②在桥梁检测方面。基于定期检测的结构技术状况评定是现有评价桥梁当前服役性能的主要手段。然而定期检测方法仍以人工为主，费力费时，无法及时发现和追踪桥梁病害及发展趋势。自动化检测逐步成为工程结构检测的发展趋势，可以在最大限度节约人力的同时提高检测精度。目前，在隧道、道路、铁轨以及桥梁（拉索、桥面板和水下桩基础）等方面都相继研发出自动化检测装置，如路面检测的 VOTER，RABIT；在桥梁快速检测方面，杨永斌、向志海等开发了移动测量的检测车，能够快速识别桥梁频率和振型，但是无法进一步识别深层次参数。在桥梁承载能力快速测试方面，Bremen 等人开发了 BEFLA，它能够独立完成较小跨径桥梁静载试验，但成本太高，操作复杂，并且需要封闭交通。③桥梁健康监测方面。基于健康监测数据的结构性能评估在结构新型设计方法的性能验证、结构管养的自动化与智能化、受灾信息的及时收集与快速评估、大型复杂结构全寿命周期安全与维护成本最优化等方面发挥着至关重要的作用，健康监测数据逐步引入评估规范。目前，国内外众多长大跨桥梁如美国金门大桥、英国 Humber 大桥、苏通大桥等已安装了各类昂贵的结构健康监测系统，这些系统在应对突发事件如船撞和台风袭击等方面发挥了充分积极作用，但由于所使用的传感器种类繁多、系统复杂并且难以从海量监测数据中有效分析得出结构损伤和性能，业内普遍认为现有的健康监测技术还无法真正实现结构的"健康"监测。特别的是，现有的健康监测系统规模庞大费用昂贵，还无法广泛应用于维护费用极其有限的广大中小桥梁的安全评估。总的来说，人工检测只是阶段性检查，成本高，风险大。虽然自动化检测已有相应的发展与应用，但是还无法识别桥梁结构的深层次参数。健康监测技术在及时预警方面起到了积极的作用，但由于系统传感器种类多、系统复杂、耐久性差，还无法真正实现对桥梁结构的"健康"监测。那么，如何真正实现桥梁基本参数的快速测试，同时又能保证深层次参数识别与结构性能评估，这正是本书研究的核心及目的所在。

（1）整体思想：作者在提出了基于冲击振动的桥梁快速测试方法及装置，如图 2.1 所示，集成了桥梁冲击系统，传感器布置系统，一体化控制系统，全程数据分析系统，能够实现桥梁的快速检测与评估。桥梁快速测试流程如下：首先选定待检车桥梁，并划分测试区域。当检测车行驶至桥面上后，打开伸缩悬臂装置，自动布置加速度传感器。当传感器布置好之后，车载式冲击激励装置对桥梁进行冲击振动试验，并同时采集锤头的冲击力以及桥梁的加速度反应。数据采集完毕后，提升锤头并收起伸缩悬臂装置，检测车移动到下一区域再进行冲击振动测试，并完成数据采集。当整座桥梁检测完毕后，可现场分析数据并得到桥梁结构基本参数信息：频率、振型、阻尼以及深层次参数，如位移柔度。通过桥梁结构的位移柔度矩阵即可预测任意车辆荷载下桥梁结构的变形。桥梁结构在外部荷载下的变形，直接结构的刚度水平和承载能力水平，从而达到桥梁结构快速测试的目的。

（2）理论优势：环境振动测试为现有结构健康监测与检测的主要手段。它利用风荷载和车流等自然条件激励桥梁，相对于人工激振测试具有操作方便的优点。现有环境振动测试方法主要输出频率和振型等结构基本参数，还无法直接支持桥梁维护与管理决策。基于环境振动数据的损伤识别算法在一定程度上可以发现和定位甚至定量结构损伤，融合环境

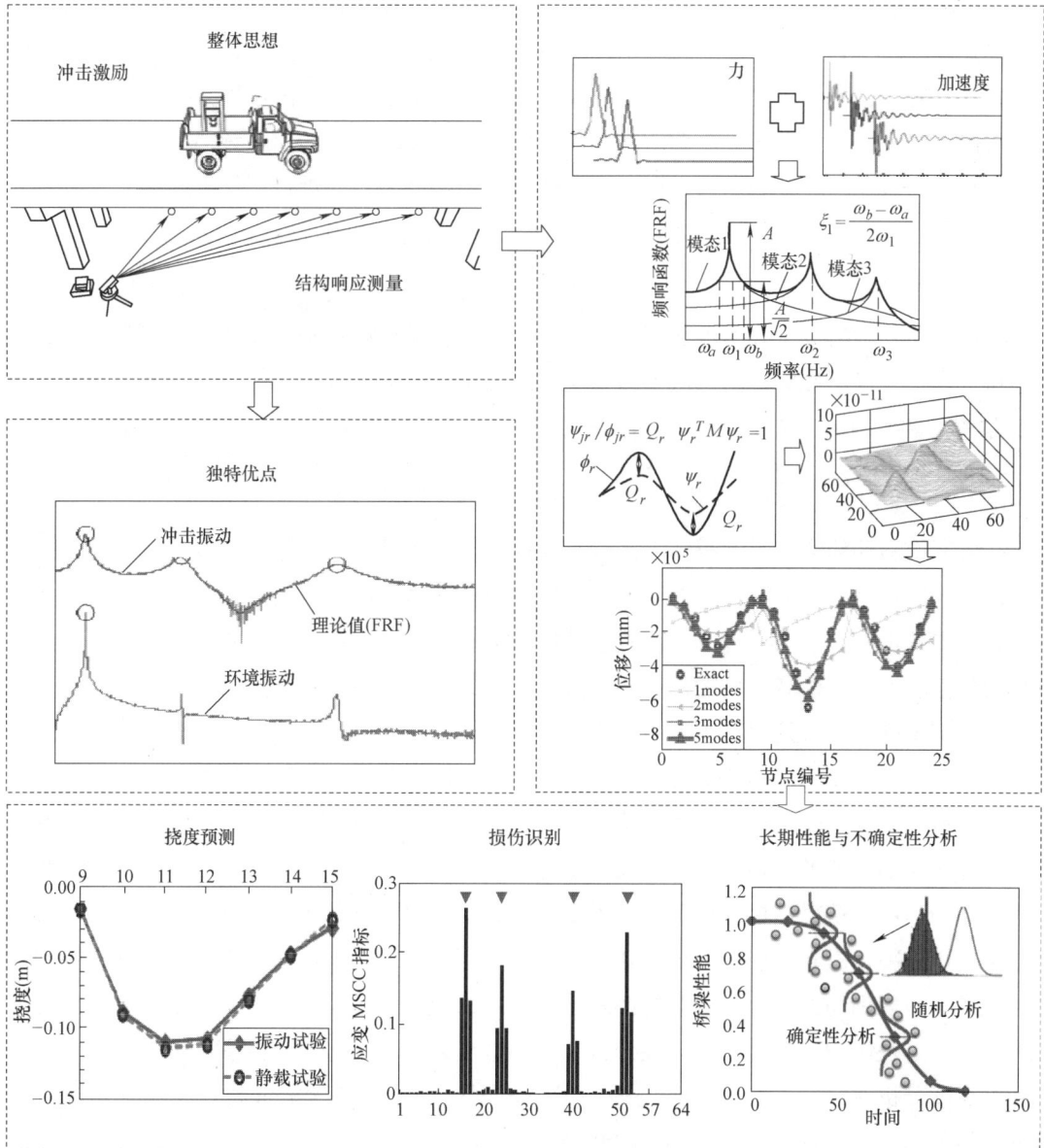

图 2.1 桥梁快速测试与性能评估的思路

振动数据和有限元分析的有限元修正技术也有潜力详细识别和预测结构性能，这些方法在科学研究方面有其重要价值，但它们都还无法广泛应用于桥梁健康诊断的实际工程。作者发现包含冲击力和结构反应的冲击振动测试数据具有独特潜质，它能够估算得出和解析解一致的结构频响函数包括其幅值，而仅包含结构反应的环境振动测试数据仅能输出结构频响函数的形状无法估算其幅值，因此冲击振动测试数据包含更加完备的结构信息，从而有望分析挖掘得出更为真实和详尽的结构特征。

（3）理论流程：解析模态分析计算频响函数为正分析，即是已知了结构质量矩阵、阻尼矩阵和刚度矩阵后计算位移频响函数。在实际应用中，更多的是从输入力和输出响应数据（加速度信号或位移时程信号）中采用频响函数估计算法直接计算结构的频响函数，此为逆分析。冲击力直接由冲击锤底部的 PCB 力传感器直接测得，桥梁振动反应直接由伸缩悬臂上的加速度计测得，故可识别桥梁真实的频响函数。估计的位移频响函数具有丰富的结构信息，从每个频响函数幅值的峰值曲线中可以知晓结构的固有频率，从同一输入点与所有输出点之间的频响函数中可以提取结构的位移振型。在进行实桥击振动测试时，为减少测试成本，输入点数 N_i 一般不超过输出点数 N_o（$N_i \leqslant N_o$），所以实测的位移频响函数 $\left[\widetilde{H}^d(\omega) \right] \in \mathbb{C}^{N_o \times N_i}$，并不是满秩的矩阵（满秩矩阵的维数应是 $\mathbb{C}^{N_o \times N_o}$）。也就是说，未进行冲击振动测试的节点和测点之间的位移频响函数就没有测量到，无法预测未激励点处的位移。但是可以通过重构的方法得出未测量到的位移频响函数部分，以识别满秩的位移柔度方阵。将识别出来的各阶位移振型、模态缩放系数和系统极点代入 $[F^d] = \sum_{r=1}^{N} \left(\dfrac{\{\phi_r\} \{\phi_r\}^T Q_r}{-\lambda_r} + \dfrac{\{\phi_r^*\} \{\phi_r^*\}^T Q_r^*}{-\lambda_r^*} \right)$ 中就能识别满秩的位移柔度方阵 $[F^d] \in \mathbb{R}^{N_o \times N_o}$。那么可利用满秩的位移柔度矩阵来预测车辆荷载在桥梁结构任意位置下挠度。

（4）有益效果：传统环境振动测试方法只能得到结构的基本信息，如频率、振型和阻尼，这些基本参数在一定程度上反映了结构的振动特性，然而它们不能够有效的支持桥梁结构的性能评估。作者开发的基于冲击振动的桥梁快速测试方法能进一步识别结构深层次参数位移柔度。在得到位移柔度矩阵之后，利用柔度矩阵与静力荷载向量相乘便可以得到结构在任意静力荷载下的变形分布，将预测值与理论值相比较便可以评估桥梁的当前安全状态；另外，相比较于传统的固有频率、位移振型等动力指纹对损伤，位移柔度和应变柔度矩阵对损伤更加敏感，因此基于柔度矩阵的损伤指标能够更好地实现结构损伤识别和定位；此外，基于桥梁结构的位移柔度可以识别结构的静刚度和等效钢筋比，进而结合结构正常使用极限状态和承载能力极限状态的控制弯矩与实际结构的预测名义配筋率之间的相关关系，实现钢筋混凝土桥梁结构实际工作状态的定量评估；最后，基于定期测试所得结果，可以实现结构参数的不确定性分析和长期性能评估，为进一步的基于概率的性能劣化和可靠度分析奠定基础。作者开发的桥梁快速测试一体化装置能够实现桥梁的"随到随测，随测随走，高频高效"，大大提高了桥梁快速监测的效率，节约了人力，并降低了成本，有望推广应用于公路网上广大桥梁的快速普查与评估。

2.2　冲击振动的理论优势

如何实现国家公路网上为数众多中小桥梁的快速诊断与安全普查，从而保证它们的健康安全是土木工程领域一项迫切需要解决的关键科学问题。结构健康监测技术在经过近30年的发展后已逐渐应用到众多土木工程结构的安全诊断与日常维护中。环境振动测试和冲击振动测试是为现有结构健康监测的主要手段。

环境振动直接利用风、车辆和行人等环境作用激励结构，不需要人为添加外部荷载和长时间封闭交通，对桥梁运行干扰小且测试易操作，因而已成为土木结构健康监测应用中最为广泛的现场实验方法[97~100]。基于环境激励的振动响应模态分析对桥梁实时监测和结构健康状态评估具有重要的实际意义，越来越引起人们的重视。例如美国土木工程学会出版的最新的结构识别和实用技术报告中收录的十个建筑结构和十个桥梁结构的健康监测经典案例中，几乎全部采用环境振动测试方法[101]。但环境振动测试下利用现有的数据处理方法只能识别固有频率、阻尼比和振型等基本模态参数，利用这些基本模态参数进行结构健康状况评价和安全评估时还存在众多困难。尽管文献提出了基于频率变化、振型变化、振型曲率变化的损伤识别方法，但大多仅限于实验室验证或有限元模拟，还很少将它们应用到实际土木工程结构的损伤识别和安全评价中[102~105]。

相比于环境振动测试，冲击振动测试需要人为施加外部激励，同时包括结构输入和输出数据，由于输入力已知，冲击振动测试不仅能够得到频率、阻尼、振型等基本模态参数，还能识别结构深层次参数如柔度。多参考点冲击振动测试为可控振动测试的一种，近年来其理论体系逐渐发展成熟并开始应用于工程实际[106~108]，它利用捶击或其他激振器冲击桥梁一个或多个参考点，同时观测冲击力和冲击作用下结构反应，它和环境振动的根本区别在于有无荷载激励的观测。由冲击振动测试数据（冲击力和结构反应）所计算的结构频响函数为真实的频响函数（其幅值和理论值保持一致），而环境振动中荷载激励未知，所估算的频响函数为缩放过的值（其幅值和理论值不同），如图2.2所示。因此，环境振动数据仅输出基本的结构模态参数（如频率、阻尼和振型）[109]；而形成鲜明对比的是，冲击振动数据除识别这些基本参数外，还有望识别结构的位移柔度矩阵，从而可以预测结

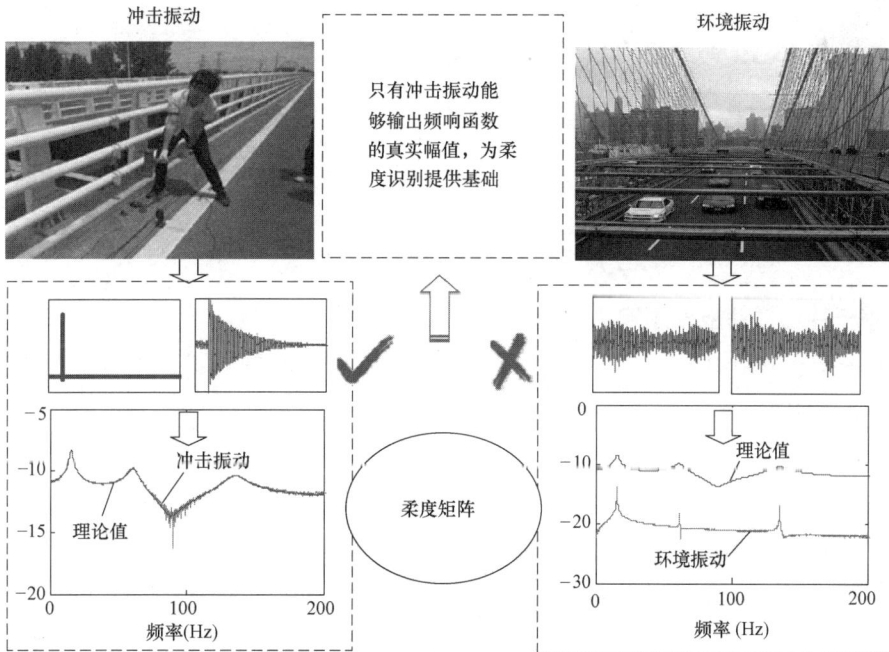

图2.2 冲击振动的理论根源优势

构在任何静力作用下的变形，达到结构静力特征（如力-挠度关系）的识别[110,111]。下面从理论上进行推导冲击振动与环境振动数据包含结构信息的本质不同，从而证明利用冲击振动进行结构识别时具有根本优势。

2.2.1 结构位移频响函数计算方法

1. 频响函数理论值

在模态坐标系下多自由度结构的振动方程为：

$$\ddot{q}_r(t) + 2\,\xi_r\omega_r\dot{q}_r(t) + \omega_r^2 q_r(t) = \frac{1}{M_r}\{\phi_r\}^T\{f(t)\} \tag{2.1}$$

式中，ω_r 为第 r 阶固有频率，ξ_r 为第 r 阶阻尼比，$\{\phi_r\}$ 为位移振型，M_r 为模态质量，$\{f(t)\}$ 为输入力。

结构仅在节点 i 处受到作用力 $f_i(t)$ 时，系统 o 点的响应 $x_{oi}(t)$ 可以用模态叠加法和 Duhamel 积分表示为：

$$x_{oi}(t) = \sum_{r=1}^{n} \phi_{or}\phi_{ir} \int_{-\infty}^{t} g_r(t-\tau) f_i(\tau)\,\mathrm{d}\tau \tag{2.2}$$

式中，$g_r(t) = \dfrac{1}{M_r\omega_{dr}}\exp(-\xi_r\omega_r t)\sin(\omega_{dr}t)$，$\omega_{dr}(=\omega_r\sqrt{1-\xi_r^2})$ 为有阻尼的固有频率，ϕ_{or} 和 ϕ_{ir} 为第 r 阶位移振型在节点 o 和 i 处的值。

当 $f_i(t)=\delta(t)$ 时，$\delta(t)$ 为 Dirac-δ 函数，它满足：

$$\delta(t) = \begin{cases} 0, t\neq 0 \\ \infty, t=0 \end{cases}, \int_{-\infty}^{+\infty}\delta(t)\,\mathrm{d}t = 1$$

代入公式（2.2）可得多自由度结构的脉冲响应函数为：

$$h_{oi}(t) = \sum_{r=1}^{n} \beth_{oi}^{r}\exp(-\xi_r\omega_r t)\sin(\omega_{dr}t) \tag{2.3}$$

式中，$\beth_{oi}^{r} = \dfrac{\phi_{or}\phi_{ir}}{M_r\omega_{dr}}$。脉冲响应函数（IRF）进行傅里叶变换得到位移频响函数：

$$H_{oi}(\omega) = \sum_{r=1}^{n} \beth_{oi}^{r}\int_{-\infty}^{+\infty}\exp(-\xi_r\omega_r t - j\omega t)\sin(\omega_{dr}t)\,\mathrm{d}t \tag{2.4}$$

2. 基于冲击振动数据频响函数估计

在冲击振动试验中，输入力和位移响应同时测量，位移频响函数（FRF）可以用第3章的 H1 算法估计：

$$H_{oi}(\omega) = \frac{GX_oF_i(\omega)}{GF_iF_i(\omega)} \tag{2.5}$$

式中，$GX_oF_i(\omega) = \sum_1^{N_{avg}} X_o(\omega) F_i^*(\omega)$ 和 $GF_iF_i(\omega) = \sum_1^{N_{avg}} F_i(\omega) F_i^*(\omega)$ 分别为互功率谱密度函数和自功率谱密度函数；N_{avg} 为平均次数，平均次数足够多时可以减少随机不确定性；$X_o(\omega)$ 和 $F_i(\omega)$ 分别为 $x_o(t)$ 和 $f_i(t)$ 的傅里叶变换；$F_i^*(\omega)$ 为 $F_i(\omega)$ 的复共轭值。

当 $N_{avg}=1$ 时，$H_{oi}(\omega)=\dfrac{X_o(\omega)F_i^*(\omega)}{F_i(\omega)F_i^*(\omega)}=\dfrac{X_o(\omega)}{F_i(\omega)}$，对 $H_{oi}(\omega)$ 进行傅里叶逆变换得到

冲击振动下的脉冲响应函数 $h_{oi}(t)$；当 $f_i(t)$ 为单位脉冲荷载 $\delta(t)$ 时，$\displaystyle\int_{-\infty}^{+\infty} f_i(t)\mathrm{d}t = 1$，

$h_{oi}(t)=x_{oi}(t)=\sum_{r=1}^{n}\beth_{oi}^r \exp(-\xi_r\omega_r t)\sin(\omega_{dr}t)$，对 $h_{oi}(t)$ 进行傅里叶变换得到冲击振

动下结构的频响函数，可以看出和理论频响是完全一致的。

3. 基于环境振动数据频响函数估计

在环境振动测试中，从仅有输出数据中计算位移频响函数有自然激励技术[112,113] 和

随机减量技术[114] 两种方法，本文采用计算效果更理想的自然激励技术。结构仅在 k 点的

力作用下，在节点 o 和 i 的位移响应分别为 $x_{ok}(t)$ 和 $x_{ik}(t)$，这两者之间的互相关函数为：

$$C_{oik}(T)=E[x_{ok}(t+T)x_{ik}(t)] \tag{2.6}$$

将任意荷载作用下的结构响应代入上式得：

$$C_{oik}(T)=\sum_{r=1}^{n}\sum_{s=1}^{n}\phi_{or}\phi_{ir}\phi_{os}\phi_{is}\int_{-\infty}^{t}\int_{-\infty}^{t+T}g_r(t+T-\sigma)\,g_s(t-\tau)E[f_k(\sigma)\,f_k(\tau)]\mathrm{d}\sigma\mathrm{d}\tau \tag{2.7}$$

在环境振动下，式中的 $f_k(\sigma)$ 为白噪声激励力，其自相关函数 $E[f_k(\sigma)f_k(\tau)]=\dfrac{\Theta_k}{2}\delta$

$(\tau-\sigma)$，$\delta(t)$ 为 Dirac-δ 函数，Θ_k 为白噪声激励力 $f_k(\sigma)$ 的强度。当多个白噪声输入力

$f_k(t)(k=1,\ 2,\ \cdots,\ m)$ 施加于结构时，互相关函数是对所有输入位置的求和[71]：

$$C_{oi}(T)=\sum_{r=1}^{n}\beth_{oi}^r\exp(-\xi_r\omega_r T)\sin(\omega_{dr}T+\theta_r) \tag{2.8}$$

式中，$\beth_{oi}^r=\dfrac{\phi_{or}}{M_r\omega_{dr}}\sum_{s=1}^{n}\sum_{k=1}^{m}\dfrac{\Theta_k}{2}\dfrac{\phi_{kr}\phi_{is}\phi_{ks}}{M_s}\left[J_{rs}^2+I_{rs}^2\right]^{-\frac{1}{2}}$，$\sim$ 表示仅与输出数据有

关，$J_{rs}=(\omega_{ds}^2-\omega_{dr}^2)+(\xi_r\omega_r+\xi_s\omega_s)^2$，$I_{rs}=2\omega_{dr}(\xi_r\omega_r+\xi_s\omega_s)$，$\theta_r=\arctan\left(\dfrac{I_{rs}}{J_{rs}}\right)$。

公式（2.8）经过傅里叶变换得到环境振动下仅用输出数据计算的位移频响函数（未

缩放频响函数）：

$$\widetilde{H}_{oi}(\omega)=\sum_{r=1}^{n}\beth_{oi}^r\int_{-\infty}^{\infty}\exp(-\xi_r\omega_r T-j\omega T)\sin(\omega_{dr}T+\theta_r)\mathrm{d}T \tag{2.9}$$

以上三种计算位移频响函数（FRF）的方法具有以下特征：

（1）公式（2.4）为理论分析得到的准确的位移频响函数；

（2）公式（2.5）为冲击振动测试中由输入力和输出动位移数据计算的位移频响函数；

它和理论频响函数完全一致；

（3）公式（2.9）通过互相关计算，得到环境振动下仅用输出动位移数据计算的位移

频响函数，它与上述两种方法计算的位移频响函数有相似的形式但幅值不同。

图 2.3 和图 2.4 分别为从冲击振动和环境振动计算得到的频响函数，可以看出两者有

相似的形状但不同的幅值（两幅图的纵坐标的数量级不一样）。在已有文献中，很少有人

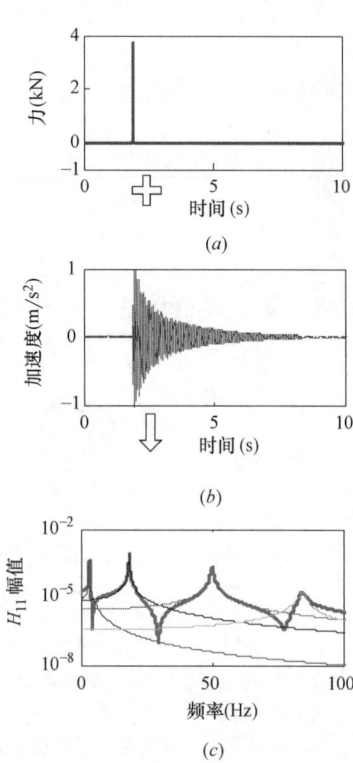

图 2.3 从冲击振动中获取的
真实的频响函数

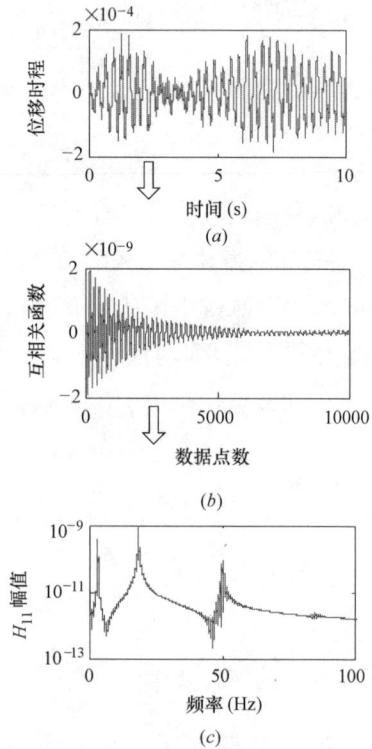

图 2.4 从环境振动中获取的
缩放的频响函数

研究式（2.2）和式（2.9）之间的幅值关系，因为基本模态参数（固有频率、阻尼比和位移振型）的识别并不需要精确的 FRF 幅值，然而，位移 FRF 的幅值在识别位移柔度时是非常重要的，涉及模态缩放系数的计算，因此下面重点研究他们的幅值关系。

2.2.2 位移频响函数幅值的缩放关系

首先研究环境振动数据计算的位移频响函数和冲击振动数据计算的位移频响函数的幅值关系。

它们之间的关系为：

$$\widetilde{H}_{0i}^r(\omega) = \pounds_{0i}^r H_{0i}^r(\omega) \tag{2.10}$$

其中幅值比 $\pounds_{0i}^r$ 为：

$$\pounds_{0i}^r = \frac{\pounds_{0i}^r}{\mathbf{b}_{0i}^r} = \frac{\sum_{s=1}^n \sum_{k=1}^m \frac{\Theta_k}{2} \frac{\phi_{kr} \cdot \phi_{is} \, \phi_{ks}}{M_s} \left[J_{rs}^2 + I_{rs}^2 \right]^{-\frac{1}{2}}}{\phi_{ir}} \tag{2.11}$$

由以上两个公式可以得到以下结论：

（1）$\widetilde{H}_{0i}^r(\omega)$ 为环境振动计算的位移频响函数的第 r 阶分量，$H_{0i}^r(\omega)$ 为冲击振动计算的位移频响函数的第 r 阶分量，式（2.10）说明他们之间存在幅值比 $\pounds_{0i}^r$；

（2）式（2.11）说明每阶模态的幅值比为常数，幅值比$\mathcal{E}_{0i}^r$是模态阶数r的函数；

（3）式（2.11）说明幅值比$\mathcal{E}_{0i}^r$和输出节点o无关，因此$\mathcal{E}_{0i}^r = \mathcal{E}_{pi}^r$，其中$o$和$p$为输出节点，$i$为输入节点。其物理意义为，由两种方法获得的位移频响函数矩阵的任意一列，同一模态阶次的元素之比为常数，即$\widetilde{H}_{ri}^r / H_{ri}^r =$常数。

图2.5给出了分别用冲击振动和环境振动数据计算的位移频响函数，研究他们的幅值比关系。图2.5（a）分别画出了从环境振动数据和冲击振动数据中识别的位移频响函数$\widetilde{H}_{11}(\omega)$（红色曲线）和$H_{11}(\omega)$（黑色曲线），先用式（2.10）计算每阶频响函数的幅值比，然后对$\widetilde{H}_{11}(\omega)$的每阶频响函数按计算的幅值比缩放到图中画圈的位置，其和$H_{11}(\omega)$在相应模态阶次处的频响函数曲线重合，由此验证了本小节的结论（1）。此外，从图2.5（a）可知，同一个位移频响函数图中，各阶模态的幅值比是不同的，验证了本小节结论（2）。图2.5（b）还画出了位移频响函数矩阵中$H_{11}(\omega)$所在同一列的$\widetilde{H}_{41}(\omega)$和$H_{41}(\omega)$，得到跟图2.5（a）相同的缩放计算结果（$\mathcal{E}_{11}^r = \mathcal{E}_{41}^r$），由此验证了本小节结论（3）。

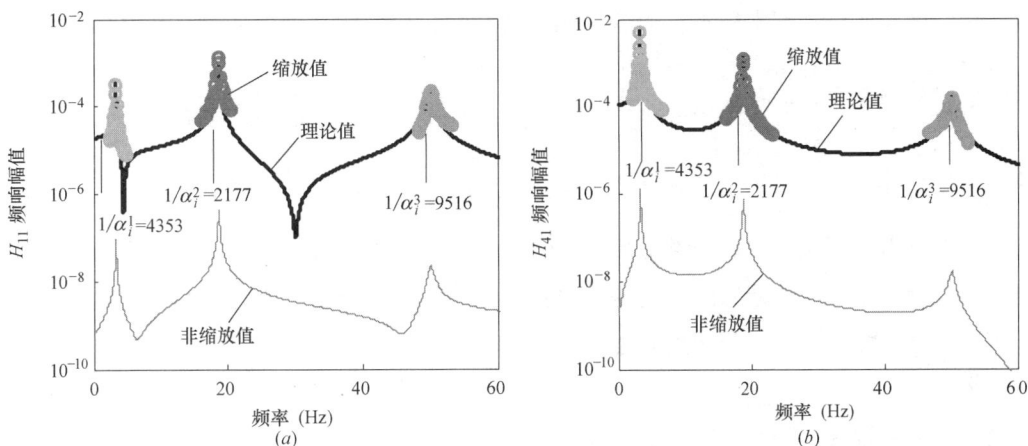

图2.5 四自由度结构的位移频响函数

（a）$H_{11}(\omega)$；（b）$H_{41}(\omega)$

应该注意的是，用式（2.10）计算的幅值比$\mathcal{E}_{0i}^r$只起说明目的，到目前为止并不能用于实际结构的参数识别，因为在实际结构中，式（2.11）所需要的结构质量m和环境激励力的强度Θ_k都是未知的。

2.3 冲击振动的理论框架

结构力学中，柔度系数是指在结构i节点施加单位力时在结构j节点引起的反应，柔度也就是刚度的倒数，而刚度是结构的一个非常重要的参数。如得到一座桥梁的柔度矩阵，那么这座桥梁的线性挠度可以通过挠度矩阵来预测。因此，柔度矩阵识别为桥梁结构性能评估提供了明确的力学概念与评估思路。

（1）冲击力与结构反应测试。一般传统的环境振动是无法估算精确的频响函数的，而冲击振动测试可估算得出真实的结构频响函数包括其幅值特征。在实验室中，一般采用力锤来激励结构，同时采集结构的振动反应，如加速度、位移。而在实桥测试中，传统力锤无法有效地激励出桥梁结构的模态信息，实际工程应用中需开发更为大冲击、高能力，能够保证单次冲击的激振装置（2.4.1 中将详细介绍）。

（2）频响函数估计。需注意的是，上述基本概念证实了从估算的频响函数当中识别得出结构柔度的潜能，但是由于测试和数据处理过程中的各种不确定性容易导致频率为零时的结构频响函数估算不准确。另一方面，由 2.2.2 节可知，环境振动测试得到的数据只有输出响应，输入力是未知的，只能估算出频响函数的形状而无法确定其精确的幅值，因此环境振动无法识别结构柔度。这也就是冲击振动理论的独特优势。

（3）柔度识别。柔度矩阵的估算需要经过严格的公式推导（第 3 章详细介绍）。一般通过测试数据实现结构模态质量和振型缩放系数的识别来重构结构频响函数，从而实现结构应变柔度的精准识别。其具体过程是首先识别得出结构的频率振型和阻尼等基本模态参数，然后推导所识别基本模态参数、结构模态质量与应变频响函数的关系计算得出结构模态质量 $\left[H^d(\omega) = \sum_{r=1}^N \left(\dfrac{\{L_r\}\{\phi_r\}^T}{j\omega - \lambda_r} + \dfrac{\{L_r^*\}\{\phi_r^*\}^T}{j\omega - \lambda_r^*}\right)\right]$，进而根据上述已经识别得出的各类型参数计算推导得出结构柔度，$[F] = \sum_{r=1}^N \left(\dfrac{\{L_r\}\{\phi_r\}^T}{-\lambda_r} + \dfrac{\{L_r^*\}\{\phi_r^*\}^T}{-\lambda_r^*}\right)$。由以上公式可以看出，频响函数和振型缩放系数存在一一对应关系且频响函数在频率为零时即为结构的柔度矩阵，因此精确的频响函数是推导柔度矩阵的重要前提，只有得到精确的频响函数才能进一步进行结构深层次参数识别。

2.4　冲击荷载产生装置开发

根据结构健康监测数据处理和冲击振动测试的需求，桥梁冲击荷载产生装置的开发主要为新型冲击荷载产生装置、移动冲击装置和基于多传感器信息融合的智能轮胎反演竖向车轮力方法。如图 2.6 所示，新型冲击荷载产生装置利用重锤式自由落体产生冲击力，电动刹车可实现重锤的自动化控制从而可避免二次冲击，相比于传统装置它能够提供大幅值宽频域冲击荷载。同时，将新型冲击荷载装置放置于拖车上，通过软件控制可实现测点移动化单次和连续冲击。当连续移动冲击车面板时，利用多传感器信息融合智能轮胎反演竖向车轮冲击力。相比于新型冲击荷载产生装置它在保证提供大幅值宽频域冲击荷载的前提下，能更方便快捷移动化的激振桥梁结构；基于多传感器信息融合的智能轮胎反演竖向车轮力的方法利用车辆本身直接激振桥梁，通过胎压、竖向位移和转速来反演竖向车轮冲击力，相比于传统点式激振装置它能实现边移动边激振，切实有效地提高桥梁监测效率。

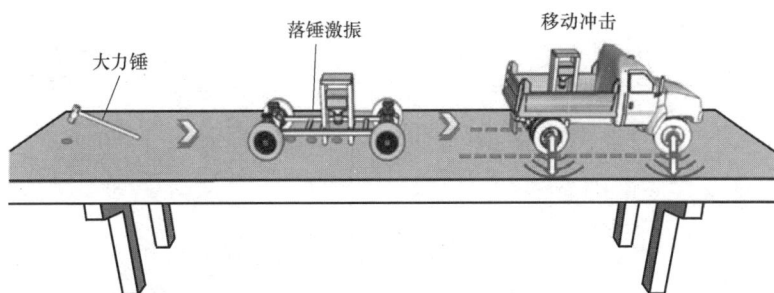

图 2.6 结构激振装置开发历程

2.4.1 落锤激振装置开发

环境振动试验仅得出桥梁模态参数如频率振型等,很难直接应用于桥梁安全诊断的实际工程中。冲击振动试验识别结构动力特性(如模态参数)的同时还能够识别结构的静力特征(如静力-挠度关系),从而进行更详细的桥梁安全状态评估,但所需的冲击加载装置至关重要。目前常用的激振设备有振动台、激振器、力锤等,但该类传统激振器在应用于实桥测试时存在诸多问题。进行桥梁的柔度矩阵识别所需要的冲击力不但要幅值大,还需要频域广,即冲击力能量要均匀分布在一个宽频域范围内(例如 0~100Hz),否则在信号分析部分将无法精确识别结构柔度矩阵;同时击振装置产生的冲击力必须满足一次冲击的要求,二次冲击或多次冲击会产生不一致、不平坦的力谱,且力谱的幅值衰减 30dB 或者更多,特别是在共振峰处,避免二次冲击能够得到精确的分析结果,而多次冲击得到的数据较差,最后的分析结果不可靠。目前可应用于桥梁测试的冲击加载装置非常有限,应用最广泛的是简单的锤击装置(大力锤),然而这种锤击装置所产生的冲击力幅值小,无法有效地激励出桥梁的多阶模态,导致识别的结构柔度矩阵不精确,无法对桥梁进行有效的安全评估。因此,如何开发一个切实有效的适用于桥梁安全诊断的冲击加载装置,来产生幅值大频域广的冲击力,且能避免二次冲击,已经成为制约中小桥梁健康诊断技术发展与应用的瓶颈问题。

针对上述问题本组开发了一种适应中小桥梁安全诊断的冲击荷载装置,图 2.7 为冲击装置的结构示意图和实物图,该设备主要用于对桥梁进行移动式冲击振动实验。冲击振动测试为中小桥梁健康诊断的主要手段之一,该方法能够在识别结构动力特性(如模态参数)的同时还能够识别结构的静力特征(如静力-挠度关系)。但是该测试方法需要具有特定要求的冲击荷载。该激励装置能够产生幅值大、频域广(即能量均匀分布在宽频内而非集中于一个窄频带)、和具有单幅值特征的冲击力,以在不损坏桥梁的前提下充分激励出桥梁的真实动力特性,这是目前其他击振装置所达不到的。

该装置主要组成部分:电磁离合器、红外传感器、气动刹车装置、电机、控制模块、力传感器、橡胶垫及重锤。

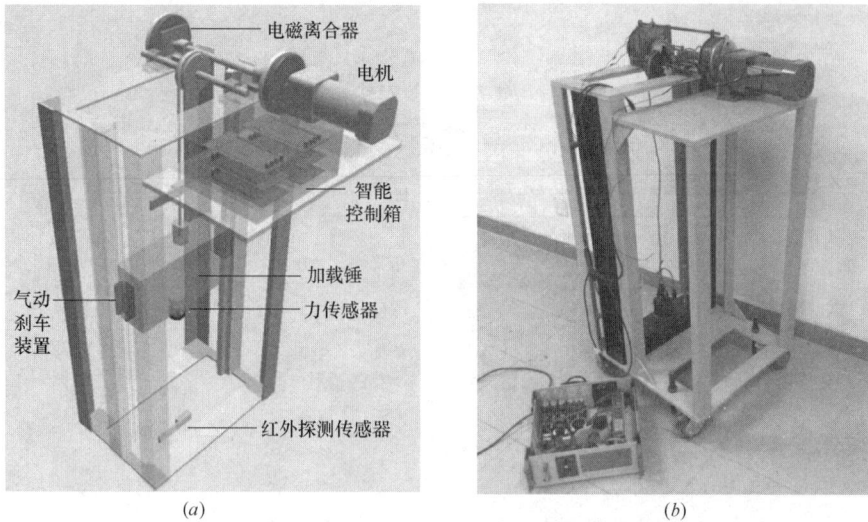

（a）　　　　　　　　　　　　（b）

图 2.7　落锤激振装置开发

（a）效果图；（b）所开发装置实物

该加载装置的工作原理为：首先电动机将加载锤提升到一定的高度（可根据桥梁类型自动判断所需要提升高度，即所需要冲击力的大小），电动机停止工作，电磁离合器闭合，将驱动轴刹住，加载锤被固定在待定的高度，通过控制按钮启动装置后，加载锤将以自由落体运动方式沿着导轨向下运动，并对地面产生一次冲击作用，加载锤撞击桥面后，在很短的时间内回弹上升，在加载锤第一次回弹时，位于冲击装置底部的红外传感器 2 将信号传递至控制器，并通过控制器控制电动机，使电动机能够瞬间提升加载锤，同时导轨两侧的刹车装置避免了二次冲击不利因素的影响，即完成一次冲击过程。利用该激振装置在结构表面做冲击试验，其冲击力幅值可达 5t～17t，对其做快速傅里叶变换，可发现其具有宽频特性。

图 2.8 比较了传统锤击与所开发装置产生冲击力对桥梁的激振效果。可以看出，落重物转置所产生的冲击力幅值约在 80kN，而传统力锤的冲击力幅值仅为 16kN。更为重要的是，由图 2.8 可以看出使用所开发装置进行测试得到的频率响应函数具有明显的互易性，代表其测试数据质量高，从而有望得出更好的柔度识别结果。而锤击振动数据得出的频响函数包含众多不确定性引起的锯齿形数据，互易性差，不易识别精确柔度矩阵。也就是说，前期工作中开发的该新型冲击荷载产生装置能够从试验的角度提高后续结构识别结果的精度与鲁棒性。

2.4.2　移动冲击装置

2.4.1 节介绍了新型冲击荷载产生装置，它虽能够产生幅值大、频域广和具有单幅值特征的冲击力。但是，由于该装置比较笨重，在实际桥梁监测中的应用比较麻烦，需要配备专门的托运交通工具，且在现场应用时需人力移动至测点操作，从而增加了监测时间和监测难度。因此，本组开发了一种移动冲击拖车，在原有新型冲击荷载产生装置的基础

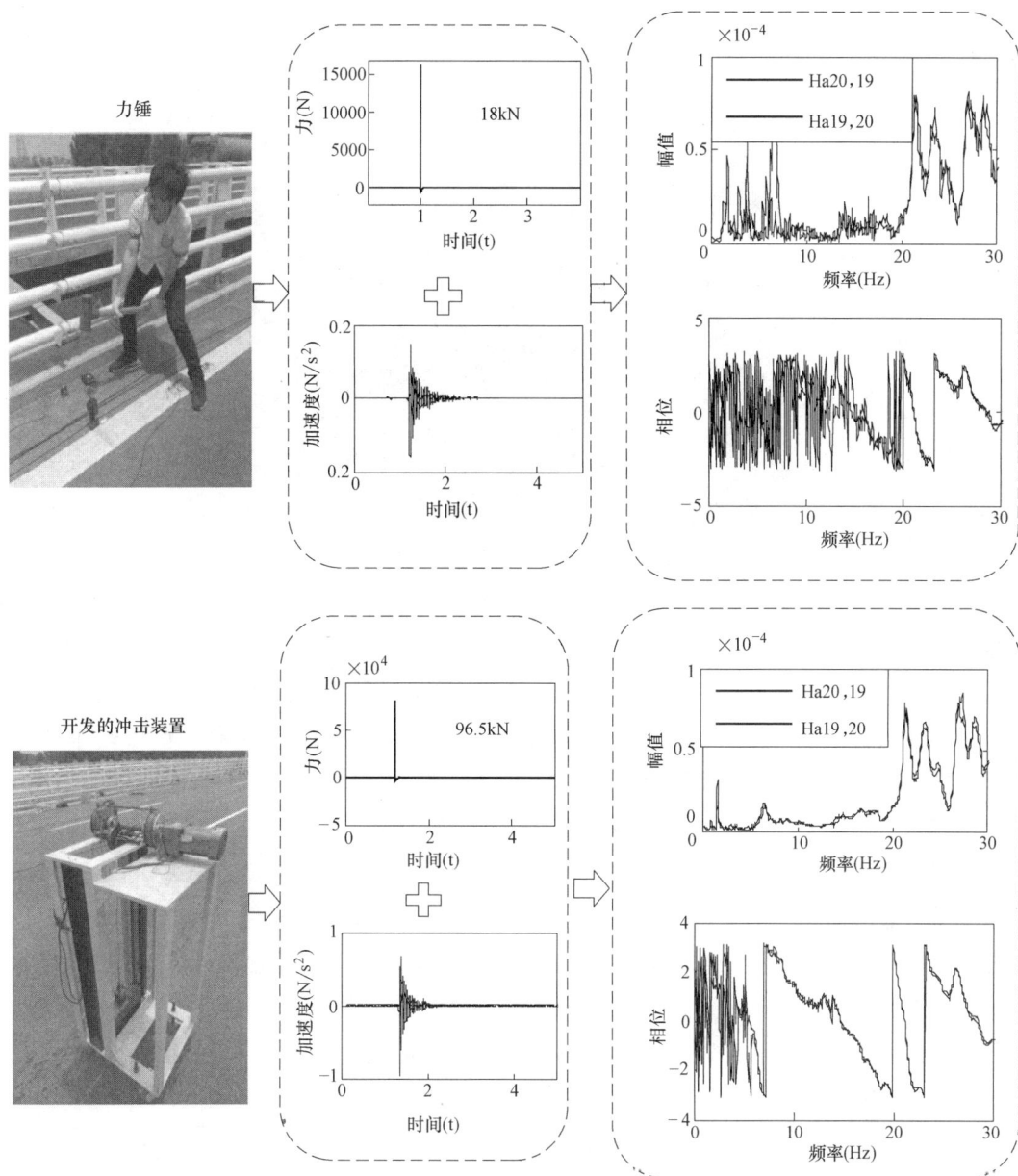

图 2.8 传统力锤和所开发冲击荷载装置的性能比较

上，将其安于定制的拖车，可方便快捷地移动至测点激振桥梁。图 2.9 为移动冲击拖车装置的实物图。需指出的是，通过对操作软件的改进，该移动冲击拖车可实现以下两种功能：①方便快捷的移动至桥梁测点单次激振，同新型冲击荷载产生装置相比，在保证原有冲击荷载产生装置功能特性的基础上，通过加大加载锤质量和提高加载锤作用高度产生的冲击力幅值约在 200kN，可充分激振桥梁；②对车面板进行循环激振，利用轮胎监测数据实现竖向车轮力的测量。该方法能够实现传统的边停激振到移动激振的改进，进而能切实有效地提高检测效率。

图 2.9 移动冲击拖车装置开发

为避免上述"停下激振"的局限性，一个理想的方式是直接利用车辆本身作为激励方式"边移动边激振"，即在正常行驶过程中对桥梁结构进行激励，从而方便快捷的进行桥梁冲击振动测试。因此，需要实时测量车桥界面的连续竖向车轮力即车桥耦合作用力。目前，存在一些测量车轮力的方法与技术，但是仍存在各种各样的缺陷。动态称重系统是检查高速公路网络中车辆超重的成熟技术，但是它只能获得狭小范围和短暂时间内的车轮力，如车辆经过桥头时刻，而不能获得车辆在经过整座桥梁时的车轮力。基于轮毂应变的车轮六分力测量系统能够获得车轮三个方向的受力信息，但是严格意义上这些六分力是针对轮毂变形而言，与真实的轮胎与地面的接触力不同，因此该技术应用于桥梁健康状态评估时必将带来误差。此外，这种系统构造过于复杂、提供的信息过多且成本高昂，故在桥梁工程领域没有得到广泛应用。因此，本组先后提出通过监测轮胎空腔的气压变化和监测轮胎空腔气压、转速以及轮胎的竖向变形来实现竖向车轮力的测量。

该方法首先通过一体化设备采集实时胎压数据，然后通过滤波方法排除轮胎旋转时的气压不均匀分布所带来的周期性干扰，使预处理后的胎压数据直接反映竖向车轮冲击力影响。进而，根据轮胎振动特征建立胎压与竖向车轮冲击力的关系模型，通过标定试验中获得的准确胎压数据和准确车轮力数据识别关系模型中的具体参数，从而在后续正式测试中仅知胎压的情况下计算出对应的车轮力。图 2.10 给出了将实验轮胎放置于简支梁上滚动的具体实例，结果显示基于监测的胎压数据反演的竖向车轮力和实测的竖向力吻合很好。该方法从理论和设备两个层次提供了一种高效、准确和适应性强的车轮力测量解决方案，满足了广大桥梁健康状况快速评估的要求，同时在道路安全诊断、汽车性能设计等领域也有巨大潜力，具体理论部分将于后续第 7 章节展开阐述。

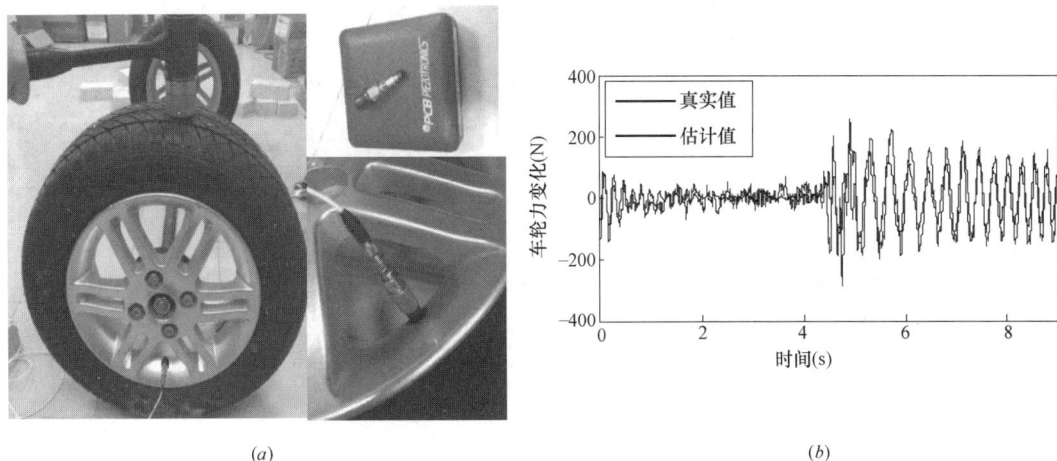

图 2.10 车轮力测量前期基础

(a) 轮胎静态试验；(b) 轮胎长波振动试验

2.5 桥梁响应监测设备开发

上面是从输入的角度进行硬件方面的创新，下面针对输出系统开发了相应的传感技术。如图 2.11 所示，针对桥梁响应监测设备的开发，作者主要考虑了以下四种，即①自动化加速度计安装装置；②光纤传感技术；③基于微波干涉技术；④光学测量技术的位移非接触测量方法。在实际桥梁响应监测中，可根据现场环境、监测需求等因素选择适用的方法进行监测。其中，自动化传感器的安装装置在车辆行驶过程中可实现传感器的自动化安装与拆卸，大幅度减少测试时间；长标距传感器指测量标距长且测量结果能够反映被测体一定特征区域内被测物理量的传感器，其标距长度指传感器能够进行有效测量部分的长度。长标距应变传感器输出的应变为长标距单元内平均应变，相比于传统的点式应变传感器，更适宜用于大型桥隧工程结构，特别是混凝土工程结构的监测；微波干涉雷达基于微波技术、相位干涉技术、自适应小波去噪和消除基点振动的信号处理技术以及结构识别等多学科交叉技术，实现非接触、全天候、远距离（2km）和高精度（0.01mm）快速便捷的桥梁多目标点微变形监测，大幅减少测试时间和降低测试成本；基于数字图像处理技术的非接触式变形测量利用计算机视觉原理对被测物体加载前后表面成像，利用两个图像间的像点匹配进而获得物面的位移场分布，继而计算应变应力等力学行为，可实现全场结构高分辨位移信息。

2.5.1 自动化加速度计安装

自动化加速度计安装可实现加速度的自动化安装和卸载，当车载式冲击激励装置随车自由移动至桥面各测试点激励桥梁时，进行桥梁冲击测试的同时亦可测得桥面加速度反

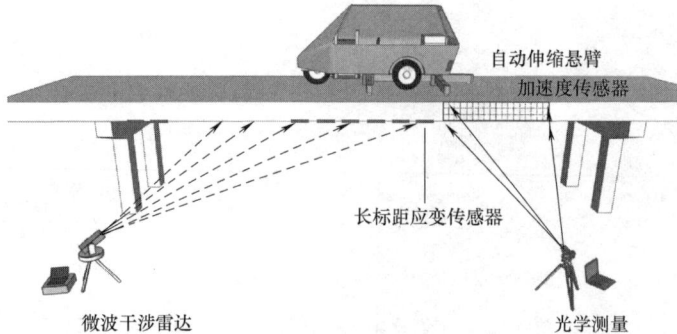

图 2.11　结构响应监测示意图

应。下面将具体介绍自动化加速度计安装的开发。

　　加速度计是一种将运动方向上的加速度转变成可用于测量、监视和控制的电信号的传感器或敏感器件。PCB 加速度计应用了石英和特种多晶陶瓷的压电效应，以产生和振动或冲击成比例的电信号。压电加速度计的工作原理是依靠石英或者陶瓷晶体的压电效应产生和施加的加速度成比例的电信号输出，压电效应在晶体上产生对抗的电荷粒子积累，积累的电荷和施加的作用力或应力成比例。施加在石英晶体格上的力改变了正离子和负离子的顺序，导致了这些充电离子在晶体对立面的积累。这些电荷集聚在最终由晶体管微电子技术调理的电极。在加速度计中，晶体上的应力是以振动体施加在晶体上的力的形式出现的，积累电荷的总量和施加的力成比例，而施加的力和加速度成比例。压电加速度计的特点在于它们能够精确地检测宽范围的动态加速度。

　　基于移动式测量车的振动测试是能够实现中小桥梁快速评估的新型健康监测方法。它通过使用少量的加速度计、随着测量车的移动在桥面上快速测量，方便快捷高效。但是，要实现方便快捷的移动式测量车的快速测试，传统的传感器布置方法不再适用。在传统方法中，需要通过人工操作将加速度计通过胶或磁座等粘贴固定于桥面，然后进行结构的动态反应测量。这就造成传感器不易拆卸和重复使用，导致人工操作多，耗费时间长，无法适用于以快速测试为目的的移动式测量车辆。为了解决上述的加速度计传统布置方法的问题，使其能够满足新型的移动式测量车的快速测试的工程需要，作者所在团队设计一种可自动伸缩和移动的悬臂系统来下压而非粘贴加速度计到桥面，并且它可随车自由移动和全自动化安装与拆卸，结构模型如图 2.12 所示，从而实现了车载式加速度计的自动化布置和有效测量，适用于新型的移动式测量车进行桥梁分块冲击振动测试的工程需要，为中小桥梁快速测试与安全评估创造了必要条件。

　　该装置主要组成部分：滑块、弹簧、加速度计传感器、上底板、信号采集盒、导向柱、下底板、悬臂、水平气缸、竖直气缸及气泵制动系统，图 2.12 为伸缩悬臂装置的结构示意图。在气泵和控制器以及控制器和气缸之间都有进出气管道相连，控制器可按照指令控制进出气管道阀门的自动打开与关闭。采集盒内安装的加速度传感器通过数据线与放置在车上的数据采集仪（没有画出）相连采集和传输数据。

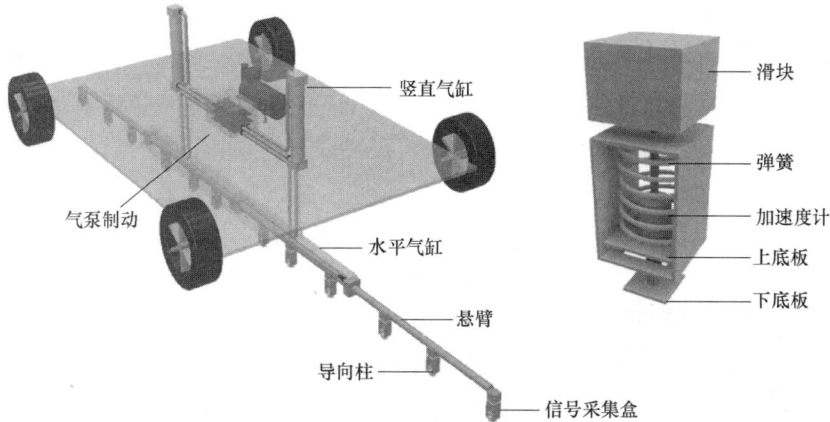

图 2.12　结构模型示意图

　　自动化传感器装置的使用方法为：①移动式测量车行驶到桥面指定测试区域停稳后，气泵产生的气体由气泵制动系统送到竖直两个气缸内，引导悬臂沿竖直方向移动至距地面高 5cm 处后保持静止，并停止对竖直气缸送气；②气泵制动系统将气体送到水平方向的两个气缸内，引导悬臂沿水平方向伸缩移动至测试点上方。在伸缩悬臂沿水平方向运动的同时，悬臂上通过滑块连接的采集盒分散开来，分布于悬臂上，此时停止对水平气缸送气；③气泵制动系统对竖直气缸送气，引导悬臂竖向移动至地面，并施加一定的压力下压采集盒，该竖向压力通过采集盒内弹簧的传递下压上底板和加速度计至地面，即可开始采集数据；④数据采集完成后，气泵制动系统控制气缸引导悬臂沿竖向和水平方向移动将传感器与悬臂回复至初始位置以供下次测试使用。

　　下面结合一个具体的实例，具体来阐述该装置的测量效果。按照具体实施方式中的步骤通过控制器控制气泵系统引导悬臂竖直和水平方向自由移动至测量位置后，下压悬臂，该竖向下压力通过滑块传递至采集盒内的弹簧，进而下压加速度计使其紧密接触桥面以保证测量结果的准确性。为研究下压力大小对测量结果的影响，分别采用不同的竖向力下压加速度计，并分别进行桥面的加速度测量。为验证移动式布置方法中所测量加速度的准确性，同时按照传统方法粘贴另外的加速度计至同一位置进行测量，所测量的精确测量值作为参考。通过比较移动式布置方法中的测量值和传统粘贴方法中的精确测量值，可以验证移动式布置方法的有效性。它们的相关系数被用来比较两条加速度时程的一致性。两个加速度时程的相关系数在 0～1 之间，如果为 1，说明它们完全一致。该相关系数越大，说明一致性越强。图 2.13 中测试结果显示，随着竖向下压力的逐渐增强，两种方法所得的加速度时程的相关性逐渐增强。当竖向下压力达到 40N 后，相关系数逼近 1，说明移动式布置方法的效果和传统的粘贴式布置方法的效果一致。为了验证测试结果的稳定性，同样的试验进行了两次，所得结果和第一次测试结果一致，表明了所揭示规律的可靠性。该实例表明，在应用该移动式布置方法时，只要竖向下压力达到 40N 以上，即可得到和传统粘贴方法一样的效果。该方法全自动操作、适用于移动式测量，其方便快捷程度远优于传统的粘贴式布置方法。

传感器自动化布置的车载伸缩悬臂装置能够全自动化布置加速度计，以满足测量车进行快速测量的工程需求。它能够实现和传统方法一样的精确测量（吻合度＞99.9%），特别是它能够实现移动式的自动化的加速度计安装与拆卸，从而大幅节省试验时间和提高工作效率。

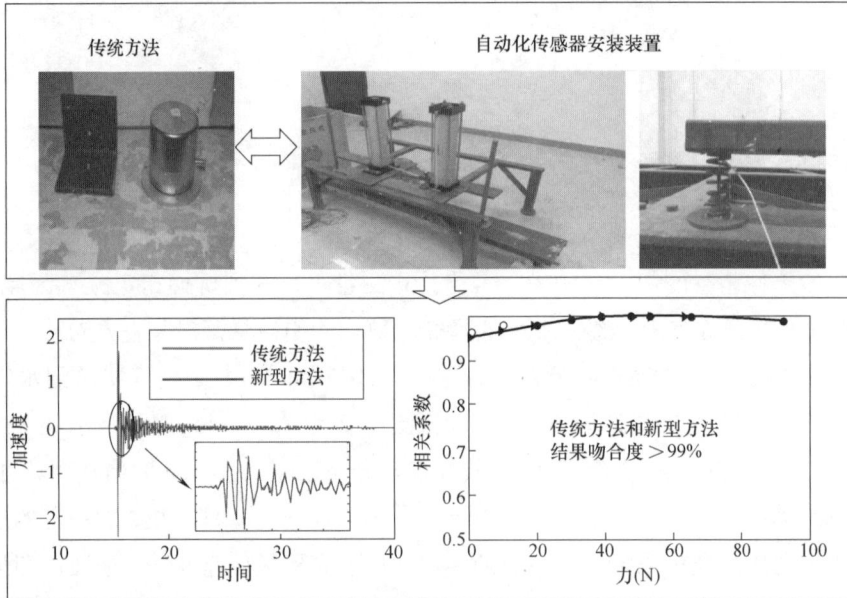

图 2.13　自动化传感器布置悬臂实例验证

2.5.2　光纤传感测应变技术

实际工程中结构受力情况一般比较复杂，且多为非均质材料构成，对于大尺度混凝土结构或构件，单个应变片很难实现该部位的准确应变测量。通常情况下解决这一难题的方法是尽可能多地在关键区域布置应变片，再对该区域的点式应变求平均值来近似得到区域的平均应变（图 2.14）。根据该思想以及根据上述的区域分布传感理念对传感技术提出的功能要求，可采取线、网格、面等类型分布传感单元来构建结构区域分布传感网络。

这里简要介绍作者所在团队针对结构区域分布传感专门提出的长标距传感（Long-Gauge Sensing）概念及基于长标距传感单元的结构区域分布传感网络构建方法。长标距传感器（Long Gauge Sensor）指测量标距长且测量结果能够反映被测体一定特征区域内被测物理量的传感器，其中的标距长度（Gauge Length）指传感器能够进行有效测量部分的长度。相对于传感标距短且测量结果只能反映被测体局部某点被测物理量的点式传感器（Point Sensor），考虑到土木工程结构的特点和需要，长标距传感器的标距长度一般设计为 10～300cm。它的输出能够反映被测结构一定区域或特征尺度范围内的物理量变化，适宜大型桥隧工程结构，特别是混凝土工程结构。长标距传感器可按照适当密度分布布设在结构的一定区域，从而达到对各类桥隧工程结构的长距离大范围区域的动静态监测。长标距传感器主要有长标距光纤布拉格光栅（FBG）传感器、长标距光纤布里渊散射传感器和长标距碳纤维传感器等类型。长标距传感器的核心思想是测量结构在一定标距内的平均应变（图2.14），而非一个点的局部应变。基于上述思想，作者所在团队通过高性能长寿命传感器的长标距化设计与可串联形成分布传感网络设计，直接反映和关联结构应变与转角等宏微观信息并实现损伤覆盖。所提出的基于长标距传感单元的结构区域分布传感方法，针对结构损伤可能发生的区域进行高精度分布式监测，所输出的区域分布应变与位移、转角、荷载等有直接关系，同时结合共轭梁法开发使其具有加速度计等同等作用，实现了单种传感技术具有加速度、应变、转角、变形、荷载、损伤等多种监测功能，即一专多能。

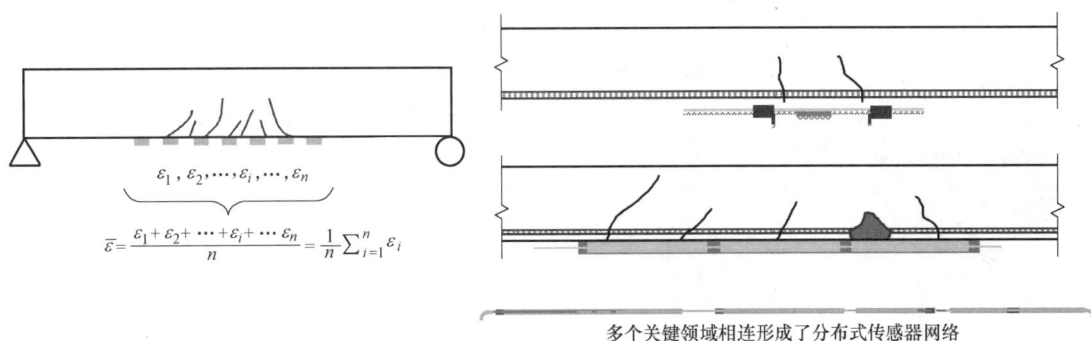

多个关键领域相连形成了分布式传感器网络

图2.14 基于传统点应变测量的区域平均应变图和结构区域分布传感理念图

2.5.3 非接触式位移测量

近年来，各种类型的新型传感器如 MEMS、光纤传感等不断涌现并各有其优势。但它们在应用于桥梁快速测试时总存在这样或那样的问题。比如说加速度计、应变计等都需要安装固定在结构上才能进行结构测试，难以实现基于移动车辆的快速测试。在前期研究工作中，作者曾专门开发了自动化安装和拆卸加速度计的伸缩悬臂系统，但还是仅能在一定程度上满足快速测试的需要。结构位移是评估桥梁性能的重要指标但其难以精确测量。在现有的位移监测技术中，拉线或拉杆式位移计精度高，但在实桥测试中缺乏固定基点难以应用。GPS 测量挠度有其优点但精度有待提高；连通管或压力变送器易受车流激振影响导致其变形信号容易被严重削峰。激光测距和视频测距方法具有非接触式测量的优点，但激光测距受激光穿透距离近的限制，而视频测距技术中图像质量受环境能见度影响较大。因此，在结构的智能化监测部分，本组自主开发了基于微波干涉雷达的大型土木工程结构非接触式动态微变形测量技术与设备，可在 2000m 距离内，实现精度达 0.01mm 的中大跨桥梁的微小动态变形测量 [图2.15（a）]。通过创新性开发和利用调频连续波技术、相位干涉测量技术和自适应小波去噪技术有效提高雷达测距性能以满足上述高要求，并具有土木工程结构多点位移同时测量的独特优势，达到国际先进水平。图2.15（b）所示为所开发技术应用于扬州北澄子河大桥环境振动测试中变形测量的情况，所测结果与经应变测量反演得出的位移时程一致，显示了所开发技术的有效性与精准性。有关该微波干涉雷达设备测桥梁微振动的原理和方法将在后续第 7 章中具体阐述。

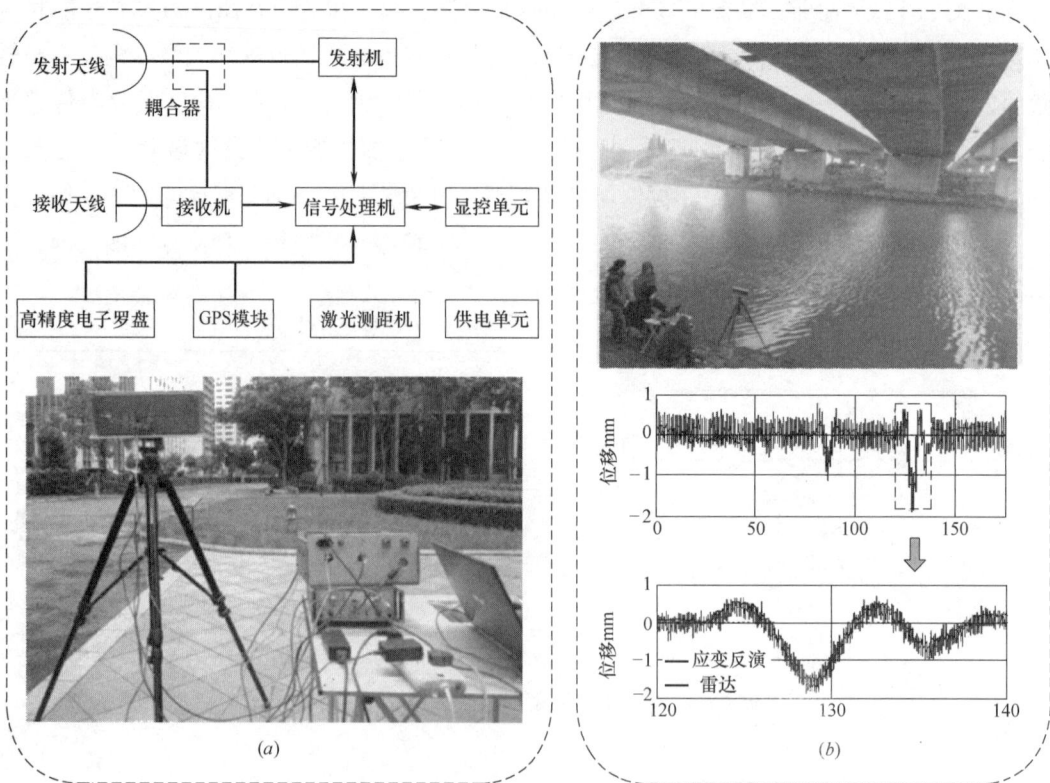

图 2.15　微波干涉雷达
(*a*) 设备原理与实物图；(*b*) 北澄子河大桥测试

考虑基于现代数字图像处理和分析技术的非接触式变形测量非接触和全场测量的优点，作者利用 CCD 相机获取结构变形前后的数字图像通过图像处理技术可获取结构的变形信息。图 2.16 为位于江苏省南通市的一座混凝土拱桥的现场测试概况及结果对比图。下面结合具体实例简要阐述该技术方法的测量效果。图 2.16 (*a*) 为现场测试图和采用的相机测量系统。在利用相机拍摄得到结构的动态图像序列之后，利用基于特征点的追踪算法 SURF-BRISK 计算桥梁结构的变形。首先通过 SURF 检测器对变形前后的图像进行特征点检测，确定特征点亚像素坐标；然后，通过描述子 BRISK 对检测到的特征点进行二进制描述，为特征点匹配做铺垫；最后，基于 Hamming 距离，对特征点描述符的相似性进行度量，Hamming 距离越近，则表示特征点之间的相似度就越高。为了减少误匹配率，采用 k 近邻算法匹配策略进行特征匹配，最后进行 RANSEC 提纯，剔除错误匹配。通过上述步骤可以得到变形前后的图像坐标，以加载前的桥梁图像作为参考，即可获得变形后的亚像素位移结果，通过预先标定的物象比，最终获得具有实际工程意义的物理位移

（单位：mm）。对于此混凝土拱桥结构，其在准静态影响线和跑车试验下的结果分别如图2.16（b）和（c）所示，从图中可以看出，利用光学测量设备得到的竖向位移和传统水准仪及倾角仪测量结果一致，验证了开发方法和设备在实际工程中应用的可靠性。

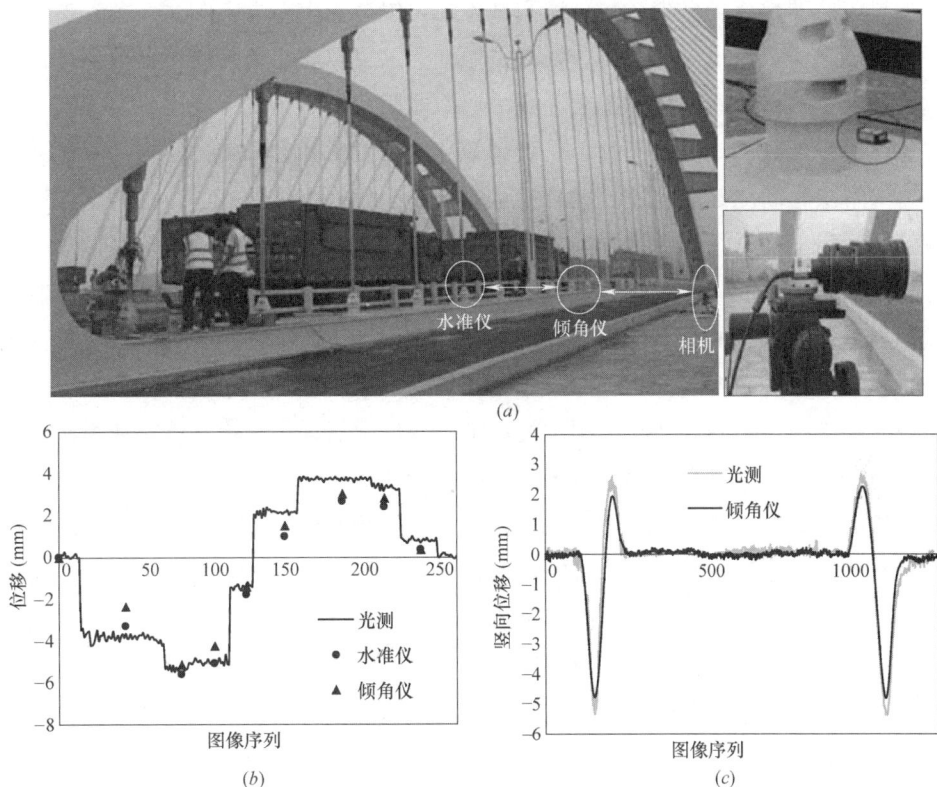

图2.16 基于非接触式光学设备的位移测量

（a）南通海安县混凝土拱桥现场测试；（b）准静态影响线测试；（c）跑车试验

2.6 桥梁快速测试系统的软硬件一体化

基于上述2.4和2.5章节有关桥梁冲击荷载产生装置和桥梁响应监测设备的开发，作者建立基于冲击振动的桥梁快速测试系统框架，它方便快捷，同时又建立在结构深层次参数识别的深厚理论基础之上，能够可靠地实现被测桥梁结构的参数识别与性能评估。基于冲击振动的桥梁快速测试方法根据采用的激振方式可以分为落锤式激励和移动冲击激励两类，根据响应采集方法可以分为加速度测量、长标距应变测量和非接触式测量（微波雷达和光学测量）三类，在实际工程应用中根据测试结构的类型和现场环境灵活选择激励方式和响应采集方法。本节根据作者前期研究工作，重点介绍常见的三种快速测试方法。

（1）基于落锤式激振装置和加速度测量的桥梁快速测试系统。基本思想是将前期开发的落锤式激励装置集成在智能诊断车上，将桥梁的整个路面划分为多个子结构，智能诊断车自由移动于桥面板结构的各个子区域，对每个进行冲击振动测试，并利用加速度传感器采集此子结构在动态冲击荷载下的响应，结合结构的输入冲击荷载和结构加速度响应便可以识别结构的位移柔度深层次参数，进而对结构的安全状态进行评估。根据相邻子结构之间设置参考传感器数目的多少，将分块测试方法可以分为多参考点测试、单参考点测试和无参考点测试三类。所提议的桥梁分块冲击振动测试可以减小所需传感器数目，但是导致的问题是各个子结构独立进行冲击振动测试，不能简单利用传统方法得到整体结构的位移振型和位移柔度参数。针对此问题，作者创新性地开发了融合分块冲击振动测试数据的系列方法，可解决移动测试造成的数据分析难题，进而实现整体结构的位移柔度识别。所开发理论的科学意义在于深刻挖掘了冲击振动测试数据内含的结构本质特征，推动了结构识别整体理论水平的发展，并为所开发快速测试系统的可靠实用赋予了理论基础。有关基于冲击振动与加速度测量的柔度识别的理论推导和应用将于后续第 4 和第 5 章节具体阐述。

（2）基于落锤式激振装置和长标距应变测量的桥梁快速测试系统。基本思想与第一种快速测试方法类似，不同之处在于利用长标距应变传感器采集结构在动态冲击荷载下的响应。长标距应变传感器具有能够同时揭示结构宏微观信息的独特潜质，作者提出的基于冲击振动和长标距应变传感的桥梁快速测试方法可以识别得到更多的结构深层次参数，如：应变柔度和位移柔度等，为结构的长期性能评估奠定基础。所提议方法建立在结构深层次参数识别的深厚理论基础之上，突破了传统方法所识别结果不够详尽从而无法深层次剖析结构真实性能的瓶颈，从而有望广泛应用于工程实际以切实有效的支撑桥梁性能评估与维护管理决策。有关基于冲击振动与长标距应变测量的应变柔度识别的理论方法将在后续第 6 章节具体阐述。

（3）基于移动冲击装置和非接触式测量的桥梁快速测试系统。基本思想与利用车辆本身直接激振桥梁并实时识别车轮和桥面界面的作用力时程，通过微波雷达或者光学测量设备非接触式测量结构移动冲击荷载下的响应，进而实现桥梁结构的振型缩放系数、柔度矩阵等深层次参数的识别。它与前面两种测试方法的区别在于，前面两种方法需要将智能诊断车停在被测子结构，然后对其进行冲击振动测试，属于"停下激振"的方法，而此方法直接将移动车辆作为激励方式实现"边移动边激振"，另外，利用非接触式测量设备测量结构的动态变形，具有更加方便快速的优点。所提议方法建立在车轮运动信息监测非接触式桥梁位移测量等先进监测技术的基础上，同时又具有车桥耦合作用力反演以及结构深层次参数识别的深厚理论，有潜力应用于广大公路桥梁的快速测试。有关基于移动冲击和微波雷达测量的柔度识别的理论和方法将在后续第 7 章节具体阐述。

集成前述的硬件开发和理论成果，通过 Matlab 和 LabView 编程的全自动化数据分析软件，最终形成一套图 2.17 所示的软硬件一体化的桥梁快速诊断系统。它能够灵活移动于桥梁进行自动冲击试验和全自动化数据分析，从而实现方便快捷可靠的桥梁健康诊断。特别的是，它建立在深厚的理论开发基础之上，从而能够切实有效的实现桥梁性能评估。具体来说，该框架主要包括四个方面的内容。

图 2.17　基于冲击振动的桥梁快速测试系统框架

（1）基于冲击振动测试的结构深层次参数识别理论。建立了基于冲击振动的结构识别理论创新以保证桥梁评估结果的可靠与实用。①首先基于结构动力学理论严格推导了冲击振动与环境振动数据包含结构信息的本质不同。②根据上述的冲击振动测试所提供的独特契机，建立了基于冲击振动测试数据的结构深层次参数识别（如柔度识别）和性能深刻剖析与评估的新理论。基于 CMIF、PolyMAX、SSI 等算法对结构进行评估，各种算法之间相互校正。所开发理论的科学意义在于深刻挖掘了冲击振动测试数据内含的结构本质特征，推动了结构识别整体理论水平的发展，并为所开发的桥梁快速测试系统的可靠与实用赋予了理论基础。

（2）桥梁快速测试系统的硬件开发。冲击振动测试对得出结构有效评估结果具有独特优势（2.4 和 2.5 节已经详细介绍），为此，开发了一种适用于桥梁冲击振动测试的新型冲击激励装置，它能够产生幅值大、频域广的冲击力，产生的冲击力更能够激振得出互易性更好的频率响应函数，从而说明它能够更好地激励出桥梁的真实动力特性。开发了基于气泵驱动的自动化加速度计布置装置，实现传感器的自动化安装与拆卸，大幅度减少测试时间。还开发了长标距光纤传感技术，创新性地提出了结构区域分布传感理念和方法，并建立了仅利用单种长标距传感技术进行结构参数全面识别和性能直接评估的理论。该部分硬件开发的科学意义在于从硬件开发的角度提高实桥测试数据的质量从而保证所开发系统的可靠与高效。

（3）桥梁快速测试系统全自动化软件开发。基于前述理论成果通过 Matlab 和 Lab-View 编程的全自动化数据分析软件。数据分析软件开发的具体内容包括以下几点：结构健康监测海量数据自动化处理总体设计；基于差分的自适应的数据异常值识别剔除技术；基于稳定子空间分析的信号降噪处理技术；基于 CMIF、PolyMAX 和 SSI 的结构柔度识别技术。解决了测试数据结果与实桥测试之间时间滞后性的问题，桥梁检测和自动化数据处理同步进行，实现方便快捷可靠的桥梁健康诊断。

（4）实验室验证及实桥验证推广。在实验室验证或有限元模拟阶段，进行了从简单结构构件到复杂桥梁模型的系列试验。进行各理论创新方法及各硬件、软件的单项测试，验证各技术细节的开发效果。在实验室中完成上述各技术细节的验证后，对实桥进行现场测试来完成所提议快速测试方法与所开发理论的整体验证。利用所提议的桥梁快速测试与理论方法，对实桥进行冲击振动测试及数据分析识别得出结构位移柔度，进而可与卡车静载作用下直接测量得出的位移柔度进行比较，可验证所识别结构柔度矩阵的正确性。

所提议桥梁快速测试系统框架的总体研究目标是：依据冲击振动测试数据能提供更完备结构信息等独特优势，建立包含结构深层次参数的结构全面识别新理论，为结构的承载能力评估和全寿命内周期安全管理奠定研究基础。具体而言，所提议的基于冲击振动的桥梁快速测试方法可以实现广大中小桥梁健康监测的基本功能，能够从冲击振动的测试数据中识别得到桥梁结构的频率、阻尼和振型等基本模态参数的识别；除了结构基本动力特性参数识别之外，基于冲击振动测试中输入动态冲击荷载可测的独特优点，能够识别得到结构的位移柔度和应变柔度等深层次参数，进而预测结构在任意静力荷载下的挠度和应变；相比较于传统的固有频率、位移振型等基本模态参数，识别的柔度矩阵对结构损伤更加敏感，能够更好地实现结构的损伤识别与损伤定位；此外，基于桥梁结构的位移柔度可以识别结构的静刚度和等效钢筋比，进而结合结构正常使用极限状态的位移、裂缝控制弯矩和承载能力极限状态的强度控制弯矩与实际结构的预测名义配筋率之间的相关关系，实现对钢筋混凝土桥梁结构实际工作状态的定量评估；作者开发的桥梁快速测试装置能够实现桥梁的高频高效的定期测试，结合定期测试数据可直接描画得出一定历史时期内不同测试时间点的结构性能劣化曲线，实现结构的长期性能劣化评估。

第3章

振动测试与结构识别基本理论

　　结构振动测试理论涉及数学、信号分析、结构动力学、模态分析等众多领域，是经多学科交叉融合发展之后所形成的理论方法。在数字及信号处理方面它包含基本的变换方法，如经典的拉普拉斯变换与傅里叶变换，并且随着时代的发展更多的数学变换方法如小波变换、Hilbert-Huang 变换等由于它们自身所具有的优点也被纳入其中，并发挥了重要的作用。同时振动测试理论基于结构动力学模型并结合模态分析方法对系统的输入与响应进行了深入的分析。在此分析基础之上，通过一定方法可以获得系统的关键信息，为结构的设计、施工、检测、维护提供重要数据。因此振动测试是现代工程测试中不可或缺的重要组成部分。本章将主要介绍与冲击振动测试理论密切相关的一些基本原理与方法，为之后冲击振动测试的应用提供理论基础。

3.1　常用的数学变换方法

3.1.1　拉普拉斯变换

　　拉普拉斯变换（Laplace Transform，LT）是工程数学中一种常用的积分变换，是法国数学家拉普拉斯于 1812 年左右提出的。拉普拉斯变换的一个主要优点是将一个实数域信号转换到复数域，采用传递函数代替微分方程来描述系统的特性，这种积分变换对于一些难以在实数域中求解的微分方程尤为有效。它先把复杂的微分方程化为容易求解的代数方程，然后在复数域中作各种运算，最后将运算结果作拉普拉斯逆变换转换回实数域得到微分方程的解，使微分方程的求解成为可能。拉普拉斯变换在许多工程技术和科学研究中有着广泛的应用，如信号处理、动力系统、自动化控制等。

　　设函数 $f(t)$ 当 $t \geqslant 0$ 时有定义，若广义积分 $\int_0^{+\infty} f(t) \, e^{-st} \mathrm{d}t$ 在复数 s 的某一区域内收敛，则此积分就确定了一个参量为 s 的函数，记作 $F(s)$，即

$$F(s) = \mathcal{L}[f(t)] = \int_0^{+\infty} f(t) \, e^{-st} \mathrm{d}t \tag{3.1}$$

式中，$\mathcal{L}$ 表示拉普拉斯变换算符，函数 $F(s)$ 称为 $f(t)$ 的拉普拉斯变换，其中拉普拉斯变量 $s=\sigma+i\omega$，σ 为实部，ω 为虚部，i 为复数符号，具有 $i^2=-1$ 特征。

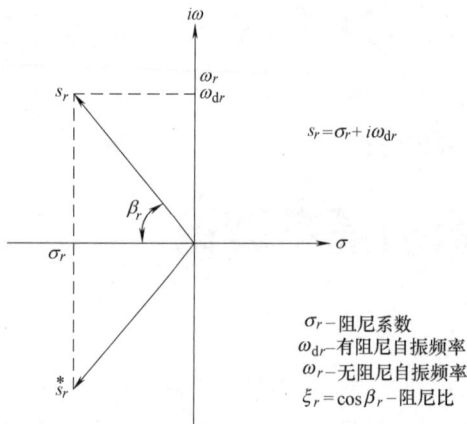

图 3.1　极点的复平面表示

由拉普拉斯变量的实部和虚部可以组成一个复平面，拉普拉斯变量 s 与复平面上的点一一对应。在后面介绍结构传递函数时可知，系统极点 s_r 由阻尼系数 σ_r（实部）和阻尼比固有频率 ω_{dr}（虚部）两部分组成，即 $s_r = \sigma_r + i\omega_{dr}$，其中 $\sigma_r = -\xi_r\omega_r$，$\omega_{dr} = \omega_r\sqrt{1-\xi_r^2}$，$\omega_r$ 为无阻尼固有频率，ξ_r 为阻尼比；$s_r^* = \sigma_r - i\omega_{dr}$ 为 s_r 的共轭极点。图 3.1 是系统极点及其共轭极点在复平面上的位置与相应参数之间的关系图。

3.1.2　傅里叶变换

周期信号可以采用傅里叶级数分解为一系列不同频率的简谐信号，用以进一步的信号处理，而复杂的非周期信号通常采用傅里叶变换法，将时域信号变换到频域，实现信号的频域变换和频域分析目的，这一变换方法就称为傅里叶变换（Fourier Transform，FT），该方法最早由法国数学家和物理学家傅里叶提出。早期的数字信号处理采用的是离散傅里叶变换法，当需要处理的信号数据量较大时，该方法处理效率低下，严重阻碍了傅里叶变换的发展和应用。第二次世界大战后随着计算机技术的飞速发展，1965 年库里和图基（Cooly-Tukey）二人提出了快速傅里叶变换算法，极大的加速了数字信号的傅里叶变换速度，开辟了数字信号处理的新纪元。现在傅里叶变换在工程技术和科学研究中有着广泛的应用，如结构动力学、密码学、统计学、概率论、物理学和电子信号处理等。本节先介绍傅里叶级数，再介绍连续信号和离散信号的傅里叶变换。

1. 傅里叶级数

傅里叶级数可以将一个周期变化的信号分解为直流分量和一系列正弦变化的信号和余弦变化的信号，对一个典型的周期为 T_0 的信号 $x(t)$，在任意时间 t，信号值 $x(t)$ 满足周期性关系，

$$x(t+nT_0)=x(t) \tag{3.2}$$

利用傅里叶级数，可将此信号展开成一系列离散频率的正弦函数和余弦函数的叠加形式：

$$x(t) = \frac{a_0}{2} + \sum_{n=1}^{\infty}\left[a_n\cos\left(\frac{2n\pi}{T_0}t\right) + b_n\sin\left(\frac{2n\pi}{T_0}t\right)\right] \tag{3.3}$$

令 $\omega_0 = \dfrac{2\pi}{T_0}$，上式变为：

$$x(t) = \frac{a_0}{2} + \sum_{n=1}^{\infty} \left[a_n \cos(\omega_0 n t) + b_n \sin(\omega_0 n t) \right] \tag{3.4}$$

各个系数按下式计算：

$$a_0 = \frac{2}{T_0} \int_{-T_0/2}^{T_0/2} x(t) \mathrm{d}t, a_n = \frac{2}{T_0} \int_{-T_0/2}^{T_0/2} x(t) \cos(\omega_0 n t) \mathrm{d}t, b_n = \frac{2}{T_0} \int_{-T_0/2}^{T_0/2} x(t) \sin(\omega_0 n t) \mathrm{d}t$$

式（3.4）中，$a_0/2$ 称为直流分量，表示信号不随时间变化的恒定部分，$\cos(\omega_0 n t)$ 和 $\sin(\omega_0 n t)$ 分别是随时间周期性变化的余弦和正弦部分，a_n 和 b_n 分别是余弦项和正弦项的系数。

利用欧拉公式，可以将简谐函数表示的傅里叶级数用复指数函数形式来表示。下式是式（3.4）中简谐项的欧拉公式：

$$\sin(\omega_0 n t) = \frac{e^{i\omega_0 n t} - e^{-i\omega_0 n t}}{2i}, \cos(\omega_0 n t) = \frac{e^{i\omega_0 n t} + e^{-i\omega_0 n t}}{2} \tag{3.5}$$

将式（3.5）代入式（3.4）中：

$$x(t) = \frac{a_0}{2} + \sum_{n=1}^{\infty} \left(\frac{a_n - i b_n}{2} e^{i\omega_0 n t} + \frac{a_n + i b_n}{2} e^{-i\omega_0 n t} \right) \tag{3.6}$$

记 $\frac{a_0}{2} = c_0$，$\frac{a_n - i b_n}{2} = c_n$，$\frac{a_n + i b_n}{2} = c_{-n}$，则式（3.6）可以表示为：

$$x(t) = c_0 + \sum_{n=1}^{\infty} (c_n e^{i\omega_0 n t} + c_{-n} e^{-i\omega_0 n t}) \tag{3.7}$$

即得复指数形式的傅里叶级数：

$$x(t) = \sum_{n=-\infty}^{\infty} c_n e^{i\omega_0 n t} \tag{3.8}$$

其中系数 c_n 为 $c_n = \frac{1}{T_0} \int_{-T_0/2}^{T_0/2} x(t) e^{-i\omega_0 n t} \mathrm{d}t (n = 0, \pm 1, \pm 2, \cdots)$。

式（3.4）和式（3.8）表示的两种形式的傅里叶级数，本质上是一样的，但复数形式比较简洁，且只用一个算式计算系数。图 3.2 是将周期信号 $x(t)$ 分解为一系列离散频率的简谐信号的示意图[115]。

2. 连续傅里叶变换

傅里叶级数要求被分解的信号是时间的周期函数，而实际生活中的很多信号是非周期的，例如地震波信号、随机振动信号、冲击振动信号等，这时应采用傅里叶变换方法将时域信号变换到频域，分析信号的频谱和相位等特性。根据信号的连续类型，傅里叶变换可以分为连续傅里叶变换

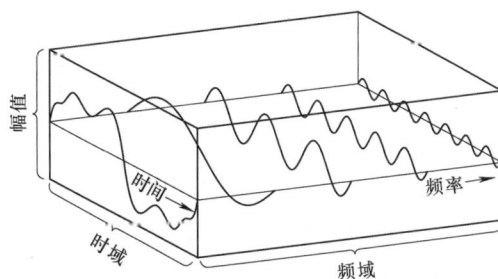

图 3.2　信号的傅里叶级数分解示意图

（Continuous Fourier Transform，CFT）和离散傅里叶变换（Discrete Fourier Transform，DFT）。设连续的时域信号 $x(t)$，其傅里叶正变换表示为 $\mathscr{F}[x(t)] = X(\omega)$，傅里叶逆变换表示为 $\mathscr{F}^{-1}[X(\omega)] = x(t)$。连续傅里叶正变换和逆变换分别定义为

正变换：

$$\mathscr{F}\left[x(t)\right] = X(\omega) = \int_{-\infty}^{+\infty} x(t)\, e^{-i\omega t}\, dt \tag{3.9}$$

逆变换：

$$\mathscr{F}^{-1}\left[X(\omega)\right] = x(t) = \frac{1}{2\pi}\int_{-\infty}^{+\infty} X(\omega)\, e^{i\omega t}\, d\omega \tag{3.10}$$

以上两式中，$\boldsymbol{F}$ 表示傅里叶正变换算符，$\boldsymbol{F}^{-1}$ 表示傅里叶逆变换算符，$\boldsymbol{\omega}$ 为角频率，傅里叶变换 $\boldsymbol{X(\omega)}$ 为关于 $\boldsymbol{\omega}$ 的复函数。

工程中常采用的工程频率 f 和角频率 ω 的关系为 $\omega = 2\pi f$，将 f 分别代入式（3.9）和式（3.10）中可得等效的傅里叶正逆变换公式。

3. 离散傅里叶变换

实际生活中的大多数信号均是连续变化的，如一天之内的温度，但是当前的信号采集技术难以实现真正的连续采集，往往是间隔一定时间采集一次，如每隔一个小时记录一次温度，将所有记录的数据集合起来就形成所采集的信号，当然记录的时间间隔越小，同时记录的时间越长，就越接近信号的真实变化过程。对离散数字信号的处理便产生了离散傅里叶算法。

设离散化的时域信号 $x(k\Delta t)$，在时间区间 $[0, T_0]$ 内将信号分割成 N 个相等的时间间隔 Δt，即 $T_0 = N\Delta t$，此时离散傅里叶变换公式为

$$X(k\Delta f) = \sum_{r=0}^{N-1} x(r\Delta t)\, e^{-i2\pi \cdot k\Delta f \cdot r\Delta t}\, \Delta t = \sum_{r=0}^{N-1} x(r\Delta t)\, e^{-i2\pi kr \cdot \Delta f\Delta t}\, \Delta t \tag{3.11}$$

采样频率 f_s 和采样时间间隔 Δt 之间互为倒数关系（$f_s = 1/\Delta t$），频率分辨率 Δf 将采样频率 f_s 等分为 N 等份（$f_s = N\Delta f$），将这两式代入式（3.11）化简得：

$$X(k\Delta f) = \sum_{r=0}^{N-1} x(r\Delta t)\, e^{-i2\pi kr/N}\, \Delta t \tag{3.12}$$

采用同样的方法可以得到离散傅里叶逆变换公式，

$$x(r\Delta t) = \sum_{k=0}^{N-1} X(k\Delta f)\, e^{i2\pi kr/N}\, \Delta f \tag{3.13}$$

4. 快速傅里叶变换

离散傅里叶变换是利用计算机对信号进行分析的理论依据，然而这种算法随着数据点数的增多运算速度会很慢，缺乏实用性，直到 1965 年库里和图基（Cooly-Tukey）二人提出了快速傅里叶变换算法（Fast Fourier Transform，FFT），才促进了傅里叶变换技术在信号处理中的广泛应用。快速傅里叶变换算法基本上可以分为两大类：按时间抽取法和按频率抽取法，且当信号长度为 2 的整数次幂时，又称为基−2 的快速傅里叶变换。在此我们不打算在理论上详细分析如何使傅里叶变换的速度加快，因为现在已经有成熟的快速傅里叶变换程序可供调用，如 Matlab 中就有专门的快速傅里叶变换函数。需要注意的是，

快速傅里叶变换和离散傅里叶变换的结果完全一致，只不过加快了运算速度而已。

5. 傅里叶变换的性质

傅里叶变换具有一些特殊性质，以两个信号$x_1(t)$和$x_2(t)$为例加以说明，设这两个信号的傅里叶变换分别为$F[x_1(t)]=X_1(\omega)$，$F[x_2(t)]=X_2(\omega)$，在结构振动信号处理中，常用到的傅里叶变换的性质主要有以下几种。

（1）叠加性质

对任意常数a_1、a_2有下式成立，

$$\mathscr{F}[a_1x_1(t)+a_2x_2(t)]=a_1X_1(\omega)+a_2X_2(\omega) \tag{3.14}$$

叠加性质在信号处理中主要用于多输入力作用下结构响应信号的处理。

（2）微分定理

$$\mathscr{F}\left[\frac{\mathrm{d}x_1(t)}{\mathrm{d}t}\right]=i\omega X_1(\omega) \tag{3.15}$$

在时域内对结构进行位移信号、速度信号和加速度信号之间关系的分析时，为避免时域内的积分误差和噪声影响，一般将时域信号进行傅里叶变换后转换到频域内运用微分定理进行代数运算。

（3）卷积定理

$x_1(t)$与$x_2(t)$的卷积定义为

$$x_3(t)=\int_{-\infty}^{+\infty}x_1(\tau)x_2(t-\tau)\mathrm{d}\tau \tag{3.16}$$

设信号$x_3(t)$的傅里叶变换为$F[x_3(t)]=X_3(\omega)$，则卷积定理表示$x_3(t)$的傅里叶变换等于$x_1(t)$和$x_2(t)$的傅里叶变换之积：

$$X_3(\omega)=X_1(\omega)X_2(\omega) \tag{3.17}$$

在结构振动方程求解中经常要运用到的杜哈曼积分即是一个卷积表达式，当作用在结构上的外荷载很复杂时，卷积式在时域内的积分将变得很复杂，积分结果也会受积分步长、不同的数值积分方法和噪声影响而变得不稳定。此时运用傅里叶变换的卷积定理，对两个信号均作傅里叶变换然后相乘就得到卷积的傅里叶变换，最后进行傅里叶逆变换即可得到杜哈曼积分的卷积运算结果。

上述的傅里叶变换性质对连续的和离散的傅里叶变换均适用，将正变换表达式作相应调整，可得到对应的傅里叶逆变换性质的表达式。

6. 采样定理

离散信号采集时，采样间隔不能太大，否则会导致采集的信号失真，采样定理对信号采集提出了一定要求，下图充分说明了采样定理的内容。离散的时域信号$x(r\Delta t)$的采样时间间隔为Δt，经过傅里叶变换后转换到频域内，采样频率（Sample Frequency）为$f_s=$

$1/\Delta t$，采样频率的一半称为奈奎斯特频率（Nyquist Frequency）（$f_N = f_s/2$）。采样定理表示的是，采样时间间隔的选取应该保证奈奎斯特频率大于所研究信号的最高阶频率 f_{max}，即 $f_N \geqslant f_{max}$。例如待研究的结构最高阶频率为 5Hz，进行数据采集时，采样频率应不低于 10Hz，即采集仪的采样时间间隔应不超过 0.1 秒。图 3.3 是信号的采样定理示意图[116]。

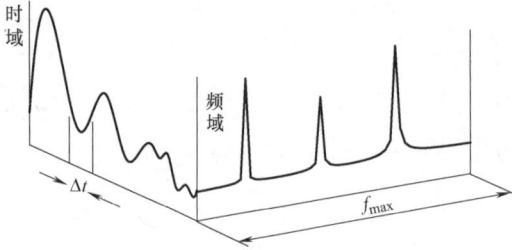

图 3.3　采样定理示意图

以信号 $x(t) = 10\sin(2\pi \times 2t) + 5\cos(2\pi \times 5t) + 8\sin(2\pi \times 8t)$（$0 \leqslant t \leqslant 5$）为例，比较采样时间长度（影响频率分辨率）和采样时间间隔（影响采样频率）对傅里叶变换的影响：（1）采样时间长度的影响，取相同的采样时间间隔 $dt = 0.01s$（采样频率 $f_s = 1/dt = 100Hz$），分别取采样时间长度 $t_1 = 4s$ 和 $t_2 = 10s$，比较两种情况下的傅里叶变换；（2）采样时间间隔的影响，取相同的采样时间长度 $t = 5s$，分别取采样时间间隔 $dt_1 = 0.01s$（$f_{s1} = 100Hz$）和 $dt_2 = 0.1s$（$f_{s2} = 10Hz$），比较两种情况下的傅里叶变换。图 3.4 和图 3.5 分别是采样时间长度和采样时间间隔的结果图。

图 3.4 中，$t_{end1} = 4s$ 的信号的频率分辨率为 $df_1 = 0.25Hz$，$t_{end2} = 10s$ 的信号的频率分辨率为 $df_2 = 0.1Hz$，从图中可知，信号的采样时间长度越长，频率分辨率越高，傅里叶变换幅值图中的主瓣越窄，峰值越明显，所以为保证傅里叶变换的结果精确，实际采集数据时应获取足够的数据长度。

图 3.5 中，$dt_1 = 0.01s$ 信号的采样频率为 100Hz，$dt_2 = 0.1s$ 信号的采样频率为 10Hz，图中显示，信号的采样时间间隔越短，采样频率就越高，傅里叶变换幅值图中的各阶峰值越明显。信号的采样频率是由采样定理决定的，实际上，原始的连续信号的最高阶频率为 8Hz，根据采样定理，采样频率不应小于 16Hz，即采样时间间隔不应大于 0.0625s。本节示例说明了在实际采集信号时，采样频率（或采样时间间隔）设置的重要性。

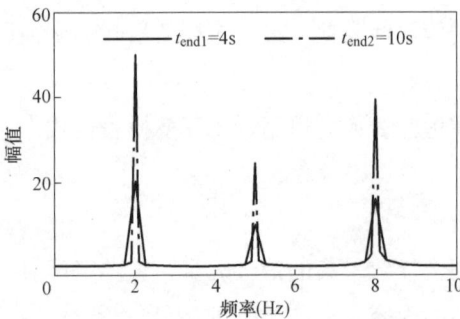

图 3.4　采样时间长度对傅里叶变换的影响

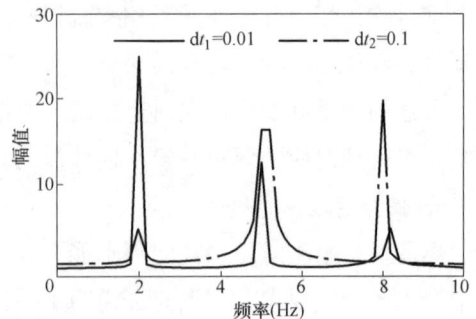

图 3.5　采样时间间隔对傅里叶变换的影响

为进一步验证傅里叶变换的微分定理，再取该信号 $x(t)$ 的一阶导数 $\dot{x}(t)=40\pi\cos(2\pi\times 2t)-50\pi\sin(2\pi\times 5t)+128\pi\cos(2\pi\times 8t)(0\leqslant t\leqslant 5)$，分别作 $x(t)$ 的傅里叶变换 $X(\omega)$ 和 $\dot{x}(t)$ 的傅里叶变换 $A(\omega)$，分别作出图 3.6 所示的 $A(\omega)$ 和 $i\omega X(\omega)$ 的幅值图，发现二者完全重合，从而用模拟的数字信号证明了傅里叶变换的微分定理。在振动信号处理中，经常需要用测量的加速度信号计算位移信号，这时可以对加速度信号做傅里叶变换，利用傅里叶变换的微分定理得到位移信号的傅里叶变换，然后做傅里叶逆变换得到位移信号的时程数据，这种方法可以减小直接用加速度二次积分法所带来的误差。

3.1.3 小波变换

小波变换（Wavelet Transform，WT）是一种新的变换分析方法，是由法国工程师 J. Morlet 在 1974 年首先提出的。它继承和发展了短时傅里叶变换局部化的思想，同时又克服了窗口大小不随频率变化等缺点，能够提供一个随频率改变的"时间-频率"窗口，是进行信号时频分析和处理的理想工具。小波分析

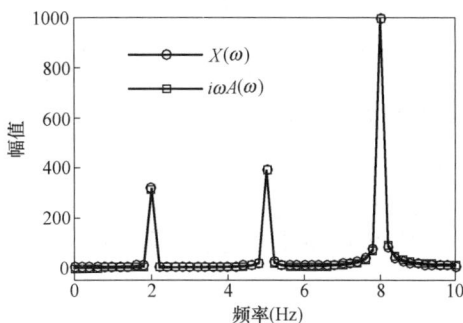

图 3.6　傅里叶变换的微分定理验证

的基本思想是预先设定一个基函数 $\psi(t)$，并在时间轴上用它与原始信号作对比，来分析非线性、非平稳信号的局部特性。首先将基函数 $\psi(t)$ 沿时间轴平移，查看原始信号在不同时间段局部信号的特征；再将 $\psi(t)$ 进行尺寸伸缩产生一个函数簇 $\{\psi_{a,b}(t)\}$，并分别与原始信号作对比来查看不同时间段的局部信息特征，这样就克服了短时傅里叶变换的时间和频率分辨率不能兼顾的弱点。因此，小波变换在许多领域都得到了成功的应用，特别是小波变换的离散数学算法已被广泛用于许多问题研究中。本小节将主要介绍连续小波变换、离散小波变换及其在土木工程领域里的应用。

1. 连续小波变换

所有小波是通过对基本小波进行尺度伸缩和平移变换得到的。基本小波 $\psi(t)$ 是具有特殊性质的实值函数，它是震荡衰减的，而且通常衰减得很快，在数学上满足积分为零的条件：

$$\int_{-\infty}^{\infty}\psi(t)\mathrm{d}t=0 \tag{3.18}$$

而且其频谱满足条件：

$$C_{\Psi}=\int_{-\infty}^{\infty}\frac{|\Psi(s)|^2}{s}\mathrm{d}s<\infty \tag{3.19}$$

即基本小波在频域也具有好的衰减性质。有些基本小波实际上在某个区间外是零，这是一类衰减最快的小波。

一组小波基函数是通过尺度因子 a 和平移因子 b 由基本小波来产生：

$$\psi_{a,b}(x) = \frac{1}{\sqrt{|a|}}\psi\left(\frac{x-b}{a}\right) \tag{3.20}$$

连续小波变换（Continuous Wavelet Transform，CWT）定义为

$$W_f(a,b) = <f,\psi_{a,b}(x)> = \int_{-\infty}^{\infty}f(x)\,\psi_{a,b}(x)\mathrm{d}x = \frac{1}{\sqrt{|a|}}\int_{-\infty}^{\infty}f(x)\psi\left(\frac{x-b}{a}\right)\mathrm{d}x \tag{3.21}$$

连续小波变换也称为积分小波变换。

连续小波逆变换为

$$f(x) = \frac{1}{C_\psi}\int_0^\infty\int_{-\infty}^\infty a^{-2}\,W_f(a,b)\,\psi_{a,b}(x)\mathrm{d}b\mathrm{d}a \tag{3.22}$$

二维连续小波变换定义为

$$\psi_{a,b_x,b_y}(x,y) = \frac{1}{|a|}\psi\left(\frac{x-b_x}{a},\frac{y-b_y}{a}\right) \tag{3.23}$$

三维连续小波变换定义为

$$W_f(a,b_x,b_y) = \int_{-\infty}^\infty\int_{-\infty}^\infty f(x,y)\,\psi_{a,b_x,b_y}(x,y)\mathrm{d}x\mathrm{d}y \tag{3.24}$$

二维连续小波逆变换定义为

$$f(x,y) = \frac{1}{C_\psi}\int_0^\infty\int_{-\infty}^\infty\int_{-\infty}^\infty a^{-3}\,W_f(a,b_x,b_y)\,\psi_{a,b_x,b_y}(x,y)\mathrm{d}b_x\mathrm{d}b_y\mathrm{d}a \tag{3.25}$$

2. 离散小波变换

连续小波变换中的尺度因子 a 和平移因子 b 都是连续变化的值，在实际应用中，信号是离散序列，因此在数值计算中，需要对小波变换的尺度因子、位移因子进行离散化，一般采用如下的离散化方式：令尺度因子 $a = a_0^m$，平移因子 $b = nb_0a_0^m$，其中 $a_0 > 1$，$b_0 \neq 0$，m，n 为整数。小波基函数为

$$h_{m,n}(x) = \frac{1}{\sqrt{a_0^m}}h\left(\frac{x-nb_0a_0^m}{a_0^m}\right) = \frac{1}{\sqrt{a_0^m}}h(a_0^{-m}x - nb_0) \tag{3.26}$$

选择适当的 h，a_0，b_0，使 $h_{m,n}(x)$ 构成规范正交基（通常取 a_0 的值为 2，称为二进小波）。当 $a_0 = 2$，$b_0 = 1$ 时，离散小波函数簇为

$$h_{m,n}(x) = \frac{1}{\sqrt{2^m}}h(2^{-m}x - n) \tag{3.27}$$

从理论上可以证明，将连续小波变换离散成离散小波变换，信号的基本信息并不会丢失。相反，由于小波基的正交性，使得小波空间中两点之间因冗余度造成的关联得以消除；同时，小波基的正交性使得计算的误差更小，变换结果所得的时频函数更能反映信号本身的性质。

3. 多分辨率分析及 Mallat 算法

1986 年 Meyer 提出了一组小波，其二进制伸缩和平移构成 $L^2(R)$ 上的标准化正交基。在此基础上，S. Mallat 于 1989 年在构造正交小波时提出了多分辨率分析（Multi-resolution Analysis，MRA）的概念，从数学分析的角度给出了正交小波的数学解释，从

空间概念上形象生动地说明了小波的多分辨率特性，将在此之前所有变换理论统一起来，并在快速傅里叶变换的基础上，给出了小波变换的快速算法——Mallat 算法[116]。

设 $\{V_j\}$ 是一给定的多分辨率分析，φ 和 ψ 分别是相应的尺度函数和小波函数，现在对一个函数（信号）f 进行分析。设 $f \in V_{J_1}$（V_{J_1} 为一确定整数）。这个假定是合理的，因为物理仪器记录下来的信号总是具有有限分辨率的。既然 $f \in V_{J_1}$，则有分解：

$$f(x) = V_{J_1} f(x) = \sum_{k \in Z} C_{J_1,k} \varphi_{J_1,k}(x) \tag{3.28}$$

注意到

$$<\varphi_{J_1,k} \varphi_{J_1+1,m}> = \overline{h}_{k-2m} \tag{3.29}$$

$$<\varphi_{J_1,k} \Psi_{J_1+1,m}> = \overline{g}_{k-2m} \tag{3.30}$$

则有

$$f(x) = A_{J_1} f(x) = A_{J_1+1} f(x) + D_{J_1+1} f(x) \tag{3.31}$$

其中

$$A_{J_1+1} f(x) = \sum_{m=-\infty}^{\infty} C_{J_1+1,m} \varphi_{J_1+1,m} \tag{3.32}$$

$$D_{J_1+1} f(x) = \sum_{m=-\infty}^{\infty} D_{J_1+1,m} \psi_{J_1+1,m} \tag{3.33}$$

而

$$C_{J_1+1,m} = \sum_{k=-\infty}^{\infty} \overline{h}_{k-2m} C_{J_1,k} \tag{3.34}$$

$$D_{J_1+1,m} = \sum_{k=-\infty}^{\infty} \overline{g}_{k-2m} C_{J_1,k} \tag{3.35}$$

引入无穷矩阵 $H = (H_{m,k})$，$G = (G_{m,k})$，其中 $H_{m,k} = \overline{h}_{k-2m}$，$G_{m,k} = \overline{g}_{k-2m}$，则式（3.34）和式（3.35）可以写成简化的形式：

$$C_{J_1+1} = H C_{J_1} \tag{3.36}$$

$$D_{J_1+1} = G C_{J_1} \tag{3.37}$$

继续分解，

$$f(x) = A_{J_2} f(x) + \sum_{J=D_{J_1+1}}^{J_2} D_J f(x) \tag{3.38}$$

其中

$$A_{J_1} f(x) = \sum_{k=-\infty}^{\infty} C_{J,k} \varphi_{J,k}(x) \tag{3.39}$$

$$D_J f(x) = \sum_{k=-\infty}^{\infty} D_{J,k} \varphi_{J,k}(x) \tag{3.40}$$

而

$$C_{j+1} = H C_j \, (j = J_1, J_1+1, \cdots, J_2-1) \tag{3.41}$$

$$D_{j+1} = G C_j \tag{3.42}$$

式（3.42）是 Mallat 的塔式分解算法。将 $A_J f$ 称作 f 在 2^J 分辨率下的连续逼近，$D_J f$ 为 f 在 2^J 分辨率下的连续细节；而称相应的数列 C_J 和 D_J 分别为在 2^J 分辨率下的离散逼近和离散细节。$A_J f$ 可以理解为函数 f 的频率不超过 2^{-J} 的成分，而 $D_J f$ 为函数 f 的频率介于

2^{-J}和2^{-J+1}之间的成分，因此，式（3.39）～式（3.42）表明，按 Mallat 分解算法，是将函数 f 分解成了不同的频率通道成分。

小波变换在工程领域有着广泛的应用，特别在信号分析、图像处理、通信理论、信息安全、数学、物理、计算机、医学、化学、石油地质勘测、机械工程等领域中的应用尤为普遍。在土木工程领域，小波变换也有广泛应用，例如可以通过分析结构物理参数和结构动力特性的变化来研究结构损伤，由于傅里叶变换是信号在时域上的统计平均值，不能反映出信号的局部特征，而小波变换具有多分辨率的特点，可将振动信号置于不同频段进行时域-频域分析检测，从而确定损伤的位置。

3.1.4 希尔伯特-黄变换

1998 年，Norden E. Huang 等人提出了经验模态分解法（Empirical Mode Decomposition，EMD），并引入了希尔伯特谱的概念和希尔伯特谱分析的方法，并将这一方法命名为希尔伯特-黄变换（Hilbert-Huang Transform，HHT）[117]。HHT 主要内容包含两部分，经验模态分解和希尔伯特谱分析（Hilbert Spectrum Analysis，HSA）。HHT 与 FFT 相比，HHT 可以处理非平稳和稳态问题；与小波变换相比，HHT 具有小波变换多分辨率的优点，但却不用考虑基函数的选择问题。一般说来，HHT 处理非平稳信号的基本步骤为：首先利用 EMD 方法将给定的信号分解为若干特征模态函数（Intrinsic Mode Function，IMF），这些 IMF 是满足一定条件的分量；然后，对每一个 IMF 进行 HHT 变换，得到相应的希尔伯特谱，即将每个 IMF 表示在联合的时频域中；最后，汇总所有 IMF 的希尔伯特谱就可以得到原始信号的希尔伯特谱。本小节主要介绍经验模态分解和希尔伯特谱分析[118]。

1. 经验模态分解

该方法认为，任何复杂的时间序列都是由一些相互不同的、简单的，并非正弦函数的特征模态函数组成，因此，可从复杂的时间序列中直接分离出从高频到低频的若干阶基本时间序列，即特征模态函数。首先，确定时间曲线 $X(t)$ 的所有峰值点；然后，用 3 次样条函数曲线顺序连接所有的极大值，得到曲线 $X(t)$ 的上包络线；采用同样的方法顺序连接所有的极小值，得到曲线 $X(t)$ 的下包络线；最后，顺序连接上、下包络线的均值可得一条均值线$m_1(t)$，于是，可从下式计算得到$h_1(t)$。

$$h_1(t) = X(t) - m_1(t) \tag{3.43}$$

如果$h_1(t)$满足特征模态函数的所需条件，则$h_1(t)$即为第一阶特征模态函数。一般地说，它并不满足所需条件，此时，可以将$h_1(t)$看成新的时间函数，重复上述方法，可得：

$$h_{11}(t) = h_1(t) - m_{11}(t) \tag{3.44}$$

式中，$m_{11}(t)$是$h_1(t)$的上下包络线的均值。按上述方法重复 k 次，直到$h_{1k}(t)$满足特征模态函数的条件为止。$h_{1k}(t)$由下式计算：

$$h_{1k}(t) = h_{1(k-1)}(t) - m_{1(k-1)}(t) \tag{3.45}$$

式中，$h_{1k}(t)$ 为第一阶特征模态函数，记作 $c_1(t)$。

$$c_1(t) = h_{1k}(t) \tag{3.46}$$

第一阶特征模态函数 $c_1(t)$ 包含着时程 $X(t)$ 的频率最高的成分，从 $X(t)$ 中减去高频成分 $c_1(t)$，得到频率较低的残差 $r_1(t)$：

$$r_1(t) = X(t) - c_1(t) \tag{3.47}$$

将 $r_1(t)$ 看成一组新数据，重复上述经验模态分解的分离过程，经过多次运算可以按下式得到所有的 $r_j(t)$

$$r_{j-1}(t) - c_j(t) = r_j(t) \quad j = 2, 3, \cdots, n \tag{3.48}$$

当满足以下两个条件之一时，整个分解过程可以终止：

(1) $c_n(t)$ 或 $r_n(t)$ 小于预定的误差；

(2) 残差 $r_n(t)$ 成为一单调函数，此时不可能再从中提取特征模态函数。

最后，时程曲线 $X(t)$ 可以按下式表示成 n 阶特征模态函数和第 n 阶残差 $r_n(t)$ 之和：

$$X(t) = \sum_{j=1}^{n} c_j(t) + r_n(t) \tag{3.49}$$

2. 希尔伯特谱分析

EMD 方法基于信号的局部特征时间尺度，将信号自适应地分解为若干个 IMF 分量之和，这样使得瞬时频率有了实际的物理意义，从而可以计算出每个 IMF 分量的瞬时频率和瞬时幅值。对给定的连续时程曲线 $X(t)$，其 HHT 变换定义为

$$Y(t) = \frac{1}{\pi} \int \frac{X(\tau)}{t - \tau} d\tau \tag{3.50}$$

设 $Y(t)$ 为 $X(t)$ 的希尔伯特变换，定义

$$Z(t) = X(t) + iY(t) \tag{3.51}$$

$Z(t)$ 可以称为 $X(t)$ 的解析信号，$Z(t)$ 可写为：

$$Z(t) = a(t)e^{i\theta(t)} \tag{3.52}$$

其中

$$a(t) = \sqrt{X(t)^2 + Y(t)^2}, \quad \theta(t) = \arctan\left[\frac{Y(t)}{X(t)}\right]$$

按式（3.52）的极坐标表达式，瞬时频率可定义为

$$\omega(t) = \frac{d\theta(t)}{dt} \tag{3.53}$$

可见，瞬时频率 $\omega(t)$ 也是时间的函数，对 $X(t)$ 的 n 阶特征模态函数 $c(t)$ 进行 HHT 变换，则 $H(t)$ 为

$$H(t) = \sum_{j=1}^{n} a_j(t) \exp\left[i \int \omega_j(t) dt\right] \tag{3.54}$$

其中，$a_j(t)$ 是第 j 阶特征模态函数 $c_j(t)$ 的解析信号的幅值。对照式（3.49）可看出，这里省略了第 n 阶残差 $r_n(t)$，这是因为 $r_n(t)$ 是单调函数或常数的缘故。

HHT 作为一种新的信号分析理论，已逐步应用到地震信号分析、结构变形监测、机械故障诊断、流体力学、医学信号处理和语音信号处理等领域。例如将 HHT 方法应用于桥梁监测信号的分析与处理中，可对时变结构的模态参数进行识别。通过极值平移法可有效地抑制端点发散效应对 EMD 的影响。可通过计算桥梁在一定加载模式下的位移和应力响应。然后，用 EMD 把响应分离成不含趋势项的振动分量和趋势项，对桥梁监测信号进行趋势分析。并可将成果应用于桥梁健康监测和状态评估的实际工程中。

3.2　单自由度结构动力分析与参数识别

研究一个实际工程结构的振动问题时，总是要对这个结构进行简化，抽象出其主要的力学本质，建立一个以若干广义坐标来描述的力学模型，称为振动结构。广义坐标的个数称为这个结构的自由度。单自由度（Single Degree of Freedom，SDOF）结构是指只有一个广义坐标就足以描述其运动状态的振动结构，例如一根无质量的弹簧支持着一个无弹性的质量块。对单自由度结构的振动分析可以揭示出振动现象的许多本质，是研究多自由度结构振动的基础。

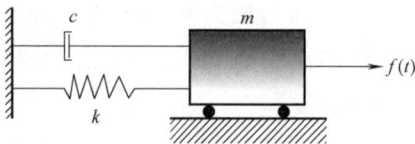

图 3.7　单自由度结构振动模型

对于一个质量为 m，弹簧刚度系数为 k，阻尼系数为 c 的单自由度振动结构，在随时间变化的外力 $f(t)$ 作用下，质量块在平衡位置附近发生振动，并在 t 时刻，质量块偏离平衡位置时的位移为 $x(t)$，则单自由度结构的振动微分方程为

$$m\ddot{x}(t) + c\dot{x}(t) + kx(t) = f(t) \tag{3.55}$$

在外力荷载作用下的单自由度结构的振动方程为二阶常系数非齐次微分方程，式中，$\ddot{x}(t)$ 为加速度，$\dot{x}(t)$ 为速度，$x(t)$ 为动位移。上式可以写成

$$\ddot{x}(t) + 2\xi\omega_0\dot{x}(t) + \omega_0^2 x(t) = \frac{f(t)}{m} \tag{3.56}$$

式中，ω_0 为固有圆频率，ξ 为阻尼比（Damping Ratio）。固有圆频率的计算公式为

$$\omega_0 = \sqrt{\frac{k}{m}} \tag{3.57}$$

阻尼比计算公式为

$$\xi = \frac{c}{2m\omega_0} \tag{3.58}$$

自由振动（Free Vibration）是指结构在受到初始扰动后不再受外界激励时所的振动。以图 3.7 为例，在 $t=0$ 时刻后，图中的质量块不再受到外力 $f(t)$ 的作用，此时结构处于自由振动状态，由式（3.56）可得自由振动方程：

$$\ddot{x}(t) + 2\xi\omega_0\dot{x}(t) + \omega_0^2 x(t) = 0 \tag{3.59}$$

采用拉普拉斯变换方法求解上述微分方程，令 $x(t) = X e^{st}$，并考虑 $t=0$ 时的位移和速度均为零的初始条件，代入上式后可得

$$s^2 + 2\xi\omega_0 s + \omega_0^2 = 0 \tag{3.60}$$

上式为单自由度振动结构的特征方程，方程的两个根分别为

$$s_{1,2} = -\xi\omega_0 \pm i\omega_0\sqrt{1-\xi^2} \tag{3.61}$$

记有阻尼自振频率为

$$\omega_d = \omega_0\sqrt{1-\xi^2} \tag{3.62}$$

式（3.59）表示的自由振动微分方程的通解为

$$x(t) = e^{-\xi\omega_0 t}\left(x_0\cos(\omega_d t) + \frac{\dot{x}_0 + \xi\omega_0 x_0}{\omega_d}\sin(\omega_d t)\right) \tag{3.63}$$

上式说明，由于阻尼比 ξ 的存在，自由振动的振幅将呈指数规律逐渐衰减，最后趋于静止。图 3.8 是某典型的单自由度结构作自由振动时的振幅衰减曲线。

强迫振动（Forced Vibration）是指结构在外荷载激励下所的振动，图 3.7 中当外荷载 $f(t)$ 不为零时结构即做强迫振动。而强迫振动中又以外荷载 $f(t)$ 为简谐荷载时结构做简谐振动最为常见。因此假设结构上作用的外荷载为幅值 P_0、频率为 ω 的简谐荷载，即 $f(t) = P_0\sin\omega t$，则单自由度结构的运动方程变为

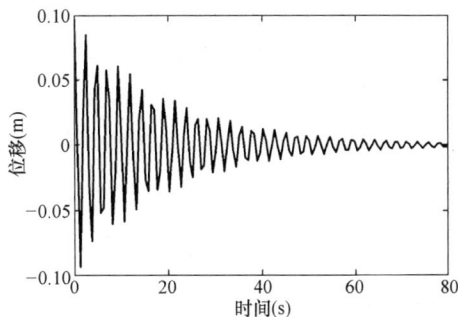

图 3.8　单自由度结构的自由振动衰减图

$$\ddot{x}(t) + 2\xi\omega_0\dot{x}(t) + \omega_0^2 x(t) = \frac{P_0\sin\omega t}{m} \tag{3.64}$$

根据微分方程理论，该方程的解包括两部分，齐次解加特解：

$$x(t) = x_c(t) + x_p(t) \tag{3.65}$$

式中，$x_c(t)$ 为该方程的齐次解，相当于自由振动解，由自由振动方程的通解式（3.63）可得：

$$x_c(t) = e^{-\xi\omega_0 t}\left[A\cos(\omega_d t) + B\sin(\omega_d t)\right]$$

特解 $x_p(t)$ 可设为如下形式：

$$x_p(t) = C\sin\omega t + D\cos\omega t \tag{3.66}$$

将上式代入式（3.64）得：

$$(\omega_0^2 - \omega^2)(C\sin\omega t + D\cos\omega t) + 2\xi\omega_0\omega(C\cos\omega t - D\sin\omega t) = \frac{P_0\sin\omega t}{m} \tag{3.67}$$

由时间的任意性，可得如下两个关于系数 C、D 的联立方程组：

$$\begin{cases} \left[1 - \left(\dfrac{\omega}{\omega_0}\right)^2\right]C - \left(2\xi\dfrac{\omega}{\omega_0}\right)D = x_{st} \\ \left(2\xi\dfrac{\omega}{\omega_0}\right)C + \left[1 - \left(\dfrac{\omega}{\omega_0}\right)^2\right]D = 0 \end{cases} \tag{3.68}$$

解之得，

$$C=x_{st}\frac{1-(\omega/\omega_0)^2}{[1-(\omega/\omega_0)^2]^2+[2\xi(\omega/\omega_0)]^2},D=x_{st}\frac{-2\xi\omega/\omega_0}{[1-(\omega/\omega_0)^2]^2+[2\xi(\omega/\omega_0)]^2}$$

其中，$x_{st}=\dfrac{P_0}{m\omega_0^2}=\dfrac{P_0}{k}$，为结构的静位移。强迫振动方程的全解为

$$x(t)=x_c(t)+x_p(t)=e^{-\xi\omega_0 t}[A\cos(\omega_d t)+B\sin(\omega_d t)]+C\sin\omega t+D\cos\omega t \quad (3.69)$$

其中，$e^{-\xi\omega_0 t}[A\cos(\omega_d t)+B\sin(\omega_d t)]$ 为瞬态反应项，随着时间的进行该项逐渐衰减为零；$C\sin\omega t+D\cos\omega t$ 为稳态反应项，在瞬态反应项衰减为零后仍结构将继续保持振动，其最大位移由下式计算：

$$x_0=\sqrt{C^2+D^2}=\frac{x_{st}}{\sqrt{[1-(\omega/\omega_0)^2]^2+[2\xi(\omega/\omega_0)]^2}} \quad (3.70)$$

定义结构的动力放大系数为

$$R_d=\frac{x_0}{x_{st}}=\frac{1}{\sqrt{[1-(\omega/\omega_0)^2]^2+[2\xi(\omega/\omega_0)]^2}} \quad (3.71)$$

动力放大系数是动力系统稳态反应的最大位移与荷载幅值大小相等的静荷载所产生的静力位移的比值。对于有阻尼结构，动力放大系数 R_d 是阻尼比 ξ 和频率比 ω/ω_0 的函数。图 3.7 是在不同阻尼比下的动力放大系数随频率比 $\beta=\omega/\omega_0$ 变化的曲线图。由该图可知，为避免结构发生共振，频率比应尽量远离 1，即外荷载的频率 ω 应尽量远离结构的固有频率 ω_0。

3.2.1 单位脉冲响应函数与杜哈曼积分

1. 单位脉冲响应函数

在单位脉冲激励下的振动响应称为单位脉冲响应函数（Impulse Response Function，IRF）。由于理想的单位脉冲荷载的频率范围是无限宽的，因此单位脉冲荷载能够有效激励起结构响应。作为单位脉冲激励下的响应，单位脉冲响应函数包含了振动结构的全部动力参数，它表征了结构在时域内的动态特性。单位脉冲荷载可用 $\delta(t)$ 函数表示：

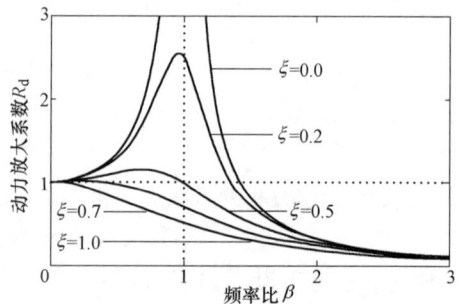

图 3.9　结构动力放大系数图

$$\delta(t)=\begin{cases}0, & (t\neq 0)\\ +\infty, & (t=0)\end{cases} \quad (3.72)$$

并在整个区间上的积分为 1：

$$\int_{-\infty}^{+\infty}\delta(t)\mathrm{d}t=1 \quad (3.73)$$

当单位脉冲荷载 $\delta(t)$ 在极短的时间区间 $[-\varepsilon, +\varepsilon]$ 内作用于结构时，运用动量定理可得：

$$m\dot{x}(\varepsilon) - m\dot{x}(-\varepsilon) = \int_{-\varepsilon}^{\varepsilon} \delta(t)\mathrm{d}t \tag{3.74}$$

由于实际生活中没有负时间的概念，所以可以认为 $\dot{x}(-\varepsilon)=0$，同时对上式取 $\varepsilon \to 0$ 的极限：

$$\lim_{\varepsilon \to 0} m\dot{x}(\varepsilon) = \lim_{\varepsilon \to 0} \int_{-\varepsilon}^{\varepsilon} \delta(t)\mathrm{d}t \tag{3.75}$$

单位脉冲函数 $\delta(t)$ 具有在整个时间区间上积分为 1 的特征，所以上式得到：

$$\dot{x}(0) = \frac{1}{m} \tag{3.76}$$

此时的结构可以看成初始位移为 0，初始速度为 $1/m$ 的自由振动：

$$\begin{cases} m\ddot{x}(t) + c\dot{x}(t) + kx(t) = 0 \\ x(0) = 0, \dot{x}(0) = \dfrac{1}{m} \end{cases} \tag{3.77}$$

解之得，

$$h(t) = \frac{1}{m\omega_{\mathrm{d}}} e^{-\xi\omega_0 t} \sin(\omega_{\mathrm{d}} t) \tag{3.78}$$

上式称为单位脉冲响应函数，其物理意义表示结构在单位脉冲力作用下的位移响应。图 3.10（a）是一个典型的单自由度结构的单位脉冲响应函数图，从该图可以看出其为一条随时间呈指数衰减的曲线，从式（3.78）中可知曲线的频率为有阻尼自振频率 ω_{d}。前面介绍了傅里叶变换的概念，对单位脉冲响应函数作傅里叶正变换得到的是结构的频率响应函数（Frequency Response Function，FRF），简称为频响函数，图 3.10（b）是图 3.10（a）的单位脉冲响应函数进行傅里叶变换得到的频响函数幅值图，从该图可知，曲线峰值处对应的频率是结构的固有频率（Natural Frequency）。当然，根据傅里叶逆变换的概念，对频响函数进行傅里叶逆变换得到的就是单位脉冲响应函数。

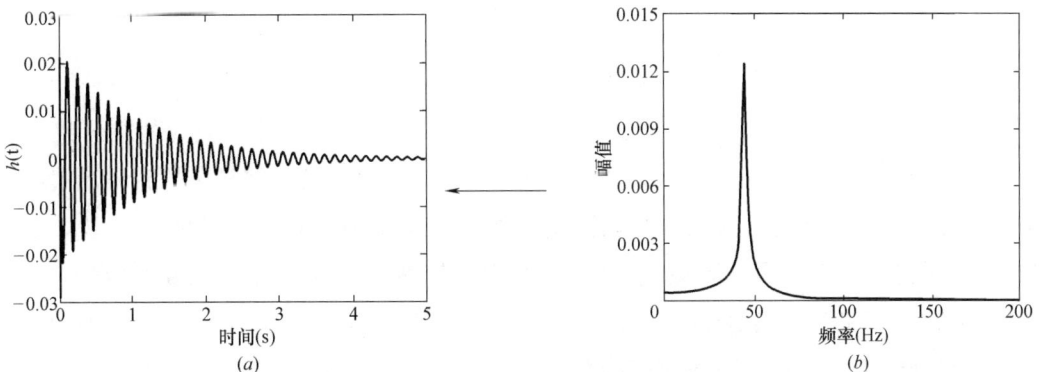

图 3.10　单自由度结构的单位脉冲响应函数和频响函数

2. 杜哈曼积分

在实际工程中，很多动力荷载既不是简谐荷载，也不是周期荷载，而是随时间任意变化的荷载。计算任意荷载作用下结构的动力反应有两种方法，一种是把任意荷载看成是一系列作用时间很短的脉冲的叠加，先求出单位脉冲响应，然后利用叠加原理，将一系列脉冲响应一个个地叠加起来（或积分形式）就得到结构的动力反应，所用的积分公式称为杜哈曼积分（Duhamel Integration）。图 3.11（a）为作用时间非常短的单位脉冲荷载图，图 3.11（b）为任意荷载的示意图。

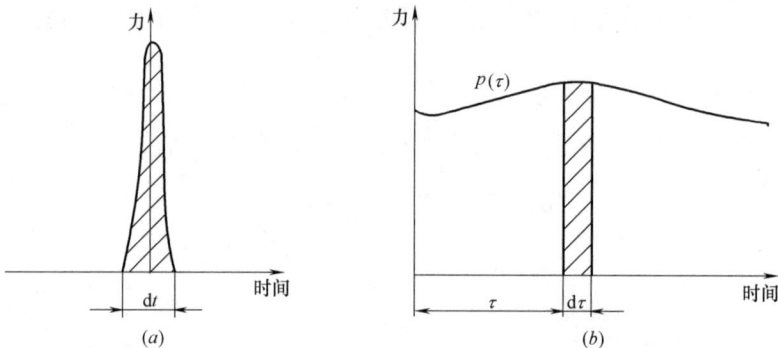

图 3.11　荷载作用形式
(a) 单位脉冲荷载；(b) 任意荷载

结构在图 3.9（a）的单位脉冲荷载作用下的响应由式（3.78）计算，而在图 3.9（b）所示的任意荷载作用下，将外荷载 $p(\tau)$ 离散为一系列脉冲，采用微元法首先计算其中任一脉冲 $p(\tau)\mathrm{d}\tau$ 的动力反应：

$$\mathrm{d}x(t) = p(\tau)\mathrm{d}\tau h(t-\tau) = \frac{p(\tau)\mathrm{d}\tau}{(m\omega_\mathrm{d})} e^{-\xi\omega_0(t-\tau)} \sin[(\omega_\mathrm{d})(t-\tau)] \, (t > \tau) \tag{3.79}$$

总反应可将荷载时程所产生的全部微分反应叠加而成，即对上式积分：

$$x(t) = \int_0^t \mathrm{d}x(t) = \int_0^t p(\tau)h(t-\tau)\mathrm{d}\tau = \frac{1}{(m\omega_\mathrm{d})}\int_0^t p(\tau)\, e^{-\xi\omega_0(t-\tau)} \sin[(\omega_\mathrm{d})(t-\tau)]\mathrm{d}\tau$$

$$\tag{3.80}$$

上式即为杜哈曼积分公式。

由傅里叶变换的卷积定理［见式（3.17）］可知，杜哈曼积分实质为荷载函数 $p(t)$ 与脉冲响应函数 $h(t)$ 的卷积运算，当荷载函数 $p(t)$ 的表达式非常复杂导致杜哈曼积分难以计算时，或荷载时程为离散数据因此不能用连续函数的积分运算时，可以对 $p(t)$ 和 $h(t)$ 做傅里叶变换得到频域量 $P(\omega)$ 和 $H(\omega)$，根据傅里叶变换的卷积定理，时程响应 $x(t)$ 的傅里叶变换 $X(\omega)$ 满足 $X(\omega) = P(\omega)\,H(\omega)$，然后再对 $X(\omega)$ 作傅里叶逆变换则得到结构在任意荷载作用下的时程响应 $x(t)$，采用该方法可以有效避免复杂的积分运算。

3.2.2　单自由度结构的传递函数和频响函数

前面介绍了对单位脉冲响应函数作傅里叶变换可得到结构的频响函数，结构的传递函数和频响函数还可以根据结构的特征参数（质量、阻尼、刚度）直接计算。

1. 传递函数

对强迫振动方程式（3.56）两边同时进行拉普拉斯变换，并考虑初始位移和初始速度均为零的初始条件得到：

$$(s^2 + 2\xi\omega_0 s + \omega_0^2)X(s) = \frac{F(s)}{m} \tag{3.81}$$

式中，$X(s)$ 和 $F(s)$ 分别是位移 $x(t)$ 和力 $f(t)$ 的拉普拉斯变换。将该式写成以下形式：

$$X(s) = H^d(s)F(s) \tag{3.82}$$

即

$$H^d(s) = \frac{X(s)}{F(s)} = \frac{1}{m(s^2 + 2\xi\omega_0 s + \omega_0^2)} \tag{3.83}$$

$H^d(s)$ 称为单自由度结构的位移传递函数（Transfer Function，TF），该函数描述了在拉普拉斯域内激励力 $F(s)$ 与结构的位移响应 $X(s)$ 之间的传递关系。传递函数还可以写为以极点和留数表示的以下形式：

$$H^d(s) = \frac{1/m}{(s-\lambda_1)(s-\lambda_1^*)} = \frac{A_1}{(s-\lambda_1)} + \frac{A_1^*}{(s-\lambda_1^*)} \tag{3.84}$$

式中，λ_1 是系统极点（System Poles），λ_1^* 为 λ_1 的共轭；A_1 是留数，A_1^* 为 A_1 的共轭。λ_1 和 A_1 的计算公式如下：

$$\lambda_1 = -\xi\omega_0 + i\omega_0\sqrt{1-\xi^2} \tag{3.85}$$

$$A_1 = \frac{1/m}{i2\omega_0\sqrt{1-\xi^2}} \tag{3.86}$$

2. 频响函数

与推导传递函数的方法类似，对式（3.56）两边同时进行傅里叶变换，并假设初始位移和初始速度均为零，可得位移频响函数的表达式：

$$H^d(\omega) = \frac{X(\omega)}{F(\omega)} = \frac{1}{m(\omega_0^2 - \omega^2 + i2\xi\omega_0\omega)} \tag{3.87}$$

$H^d(\omega)$ 称为单自由度结构的位移频响函数，所加的上标 **d** 以示跟第 6 章的应变频响函数相区别。该函数描述了振动结构在频域内的特征。上式还可以写为实部（Real Part）和虚部（Imaginary Part）的形式，

$$H^d(\omega) = \frac{\omega_0^2 - \omega^2}{m[(\omega_0^2 - \omega^2)^2 + (2\xi\omega_0\omega)^2]} + i\frac{-2\xi\omega_0\omega}{m[(\omega_0^2 - \omega^2)^2 + (2\xi\omega_0\omega)^2]} \tag{3.88}$$

其中实部和虚部分别为

$$\begin{cases} H_R^d(\omega) = \dfrac{\omega_0^2 - \omega^2}{m\left[(\omega_0^2 - \omega^2)^2 + (2\xi\omega_0\omega)^2\right]} \\[4mm] H_I^d(\omega) = \dfrac{-2\xi\omega_0\omega}{m\left[(\omega_0^2 - \omega^2)^2 + (2\xi\omega_0\omega)^2\right]} \end{cases} \tag{3.89}$$

相应地，幅值（Amplitude）和相位（Phase）分别为

$$\begin{cases} \left| H^d(\omega) \right| = \dfrac{1}{m\sqrt{(\omega_0^2 - \omega^2)^2 + (2\xi\omega_0\omega)^2}} \\[4mm] \theta(\omega) = \arctan\left(\dfrac{H_I^d(\omega)}{H_R^d(\omega)}\right) = \arctan\left(\dfrac{-2\xi\omega_0\omega}{\omega_0^2 - \omega^2}\right) \end{cases} \tag{3.90}$$

式中，$\theta(\omega)$ 为频响函数的相位。

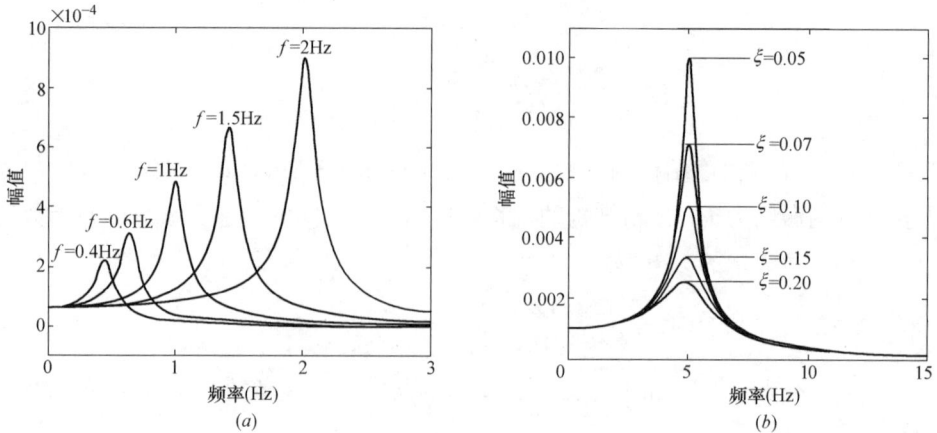

图 3.12　结构参数对频响函数的影响

(*a*) 固有频率的影响；(*b*) 阻尼比的影响

　　由式（3.87）可知，频响函数是频率变量 $\boldsymbol{\omega}$ 的函数，但同时还受质量 $\boldsymbol{m}$、固有频率 $\boldsymbol{\omega_0}$ 和阻尼比 $\boldsymbol{\xi}$ 的影响。为研究固有频率和阻尼比对频响函数的影响，在控制质量 $\boldsymbol{m}$ 不变的情况下，分别依次改变 $\boldsymbol{\omega_0}$ 和 $\boldsymbol{\xi}$ 的数值，再计算频响函数。为观察参数改变对频响函数的影响，画出图 3.12 所示的频响函数的幅值图。由图 3.12（*a*）可知，频响函数峰值曲线对应的频率正好是结构的固有频率，如果结构为多自由度，结构将有多阶固有频率，则频响函数曲线的各个峰值将依次对应结构的各阶固有频率，这是频响函数幅值曲线的一个重要特征。由图 3.12（*b*）可知，对不同阻尼比的单自由度结构，阻尼比越小，其频响函数幅值曲线越高越"尖"，这种现象称为主瓣具有大幅值窄带宽特征，如果阻尼比过大（图 3.12（*b*）中的 $\boldsymbol{\xi}=\boldsymbol{0.2}$ 曲线），在对应于固有频率处的频响函数曲线的峰值将变得不

明显。常见的土木类结构均具有小阻尼特征，这保证了后面章节介绍的利用频响函数识别结构参数方法的有效性。

3. 传递函数和频响函数的关系

对比传递函数式（3.83）和频响函数式（3.87）可知，在形式上取传递函数中的拉普拉斯变量 $s=\sigma+i\omega$ 中的实部 $\sigma=0$ 得到的即是频响函数公式。由于传递函数的拉普拉斯变量是一个复数，包括实部和虚部，因此传递函数的各种特性图（包括幅值图、相位图、实部图和虚部图）均是三维的曲面图，而频响函数对应的特性图均是二维的曲线图。所以频响函数的特性图在形式上可以看成是传递函数的三维曲面图与 $\sigma=0$ 截面形成的交线。

以一个单自由度结构为例说明传递函数和频响函数的这种关系。取结构质量 $m=$ **100kg**，阻尼 $c=$**10N/(m/s)**，刚度 $k=$**16000N/m**，分别画出该结构的传递函数的幅值图和相位图（图 3.13），再画出 $\boldsymbol{\sigma=0}$ 截面，该截面与幅值图和相位图的交线则是对应的频响函数的幅值曲线和相位曲线。频响函数的幅值和相位公式（3.90）表明他们分别为偶函数和奇函数，所以频响函数的幅值曲线中正负频率部分的图像应关于 y 轴对称，相位曲线应关于原点对称，这种对称性质在图 3.13 中均有所体现。

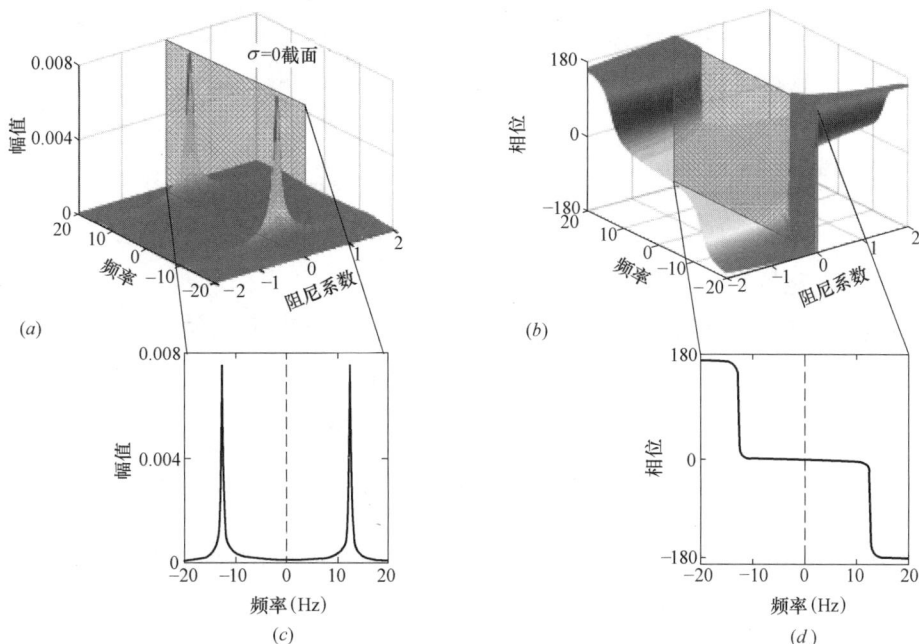

图 3.13　传递函数和频响函数的幅值图和相位图

（a）传递函数幅值图；（b）传递函数相位图；（c）频响函数幅值图；（d）频响函数相位图

传递函数和频响函数的实部图和虚部图具有和幅值图以及相位图相似的性质，即在传递函数的三维曲面图中，$\sigma=0$ 截面与曲面的交线则是频响函数的实部曲线和虚部曲线（图 3.14）。频响函数的实部和虚部曲线的对称性同样可以根据式（3.89）加以解释。

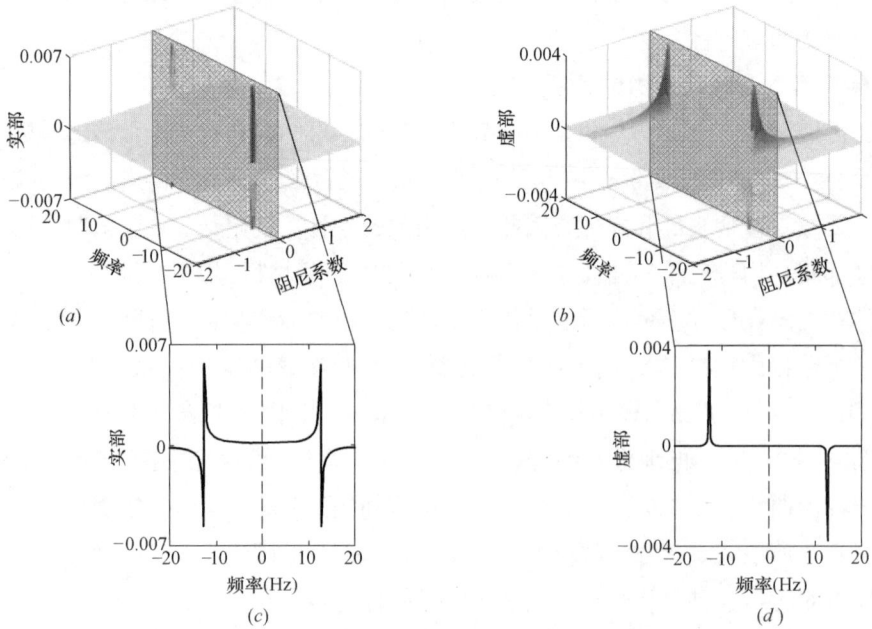

图 3.14 传递函数和频响函数的实部图和虚部图

(a) 传递函数实部图；(b) 传递函数虚部图；(c) 频响函数实部图；(d) 频响函数虚部图

3.2.3 单自由度结构参数识别基本原理

结构的振动现象包括输入力、结构参数和输出响应三部分，在结构振动信号分析中与之对应的也主要包括三类问题。

第一类：已知输入力和结构参数，求输出响应。这类问题称为结构响应分析（Structural Response Analysis，SRA），是工程中最基本的研究问题，3.2.1 节介绍的单自由度结构在不同的动力荷载作用下的动力方程求解即是这类典型问题。在进行结构设计时，需要检验所设计的结构在特定的动力荷载（如地震作用、风荷载等）作用下，结构的响应是否满足规范要求，从而为结构振动设计提供依据。

第二类：已知结构的输入力和输出响应，或者已知结构在特定荷载形式下的输出响应，求结构参数。这类问题称为结构识别（Structural Identification，St-Id），它是信息领域的系统识别（System Identification，SI）技术在土木工程中的应用。通过对结构监测数据进行逆分析来识别结构的参数，是结构健康监测领域的主要研究内容之一，例如结构模态分析理论中基于监测数据的固有频率和阻尼识别就是最简单的结构参数识别方法。由于在监测数据背后所识别出的结构参数在某种程度上能反映结构的安全状况，因此结构识别结果可被用来进行更深入的结构性能评估。

第三类：已知结构参数和输出响应，求输入力。这类问题称为荷载识别（Load Identification，LI）。桥梁结构受移动车辆荷载的反复作用及超载运输等影响，极易产生疲劳损伤，甚至破坏，严重影响其正常的使用寿命。因此，识别桥梁上的移动车辆荷载，对桥梁的健康监测和日常维护以及交通控制等都具有重要的理论意义和工程价值。

本节着重介绍单自由度结构的第二类问题，即利用频响函数的不同形式（幅值、相位、实部和虚部等）识别结构的参数（固有频率、阻尼比、质量和刚度等）。

1. 利用频响函数的实部和虚部曲线识别参数

图 3.15 所示为某一单自由度结构的频响函数的实部曲线和虚部曲线，图中对应的各个参数分别为：ω_0 是结构的固有频率，ω_a 和 ω_b 分别是实部曲线正负极值对应的频率（等于结构半功率点处的频率），$|I|_{max}$ 为虚部曲线极值的绝对值，$\frac{1}{2}|I|_{max}$ 为半功率值的绝对值，与半功率点对应。

（1）固有频率识别

令式（3.89）中的频响函数的实部等于零可求得 $\omega=\omega_0$，即实部曲线与频率轴的交点处的

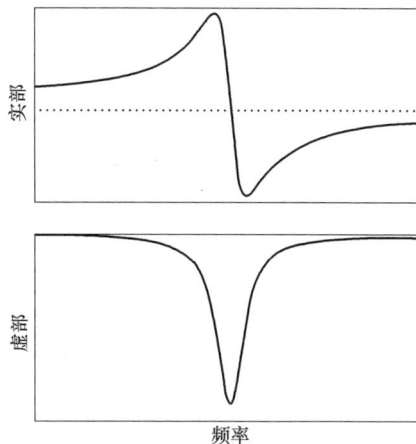

图 3.15 频响函数的实部和虚部曲线

频率为结构的固有频率；也可以对式（3.89）中的虚部求极值获得固有频率，令虚部函数对频率 ω 的导数等于零：

$$\frac{\mathrm{d}\,H_1^{\mathrm{d}}(\omega)}{\mathrm{d}\omega}=0 \tag{3.91}$$

化简得到：

$$(3\,\omega^2+\omega_0^2)(\omega^2-\omega_0^2)+4\,\xi^2\omega^2\omega_0^2=0 \tag{3.92}$$

考虑到实际工程中均为小阻尼情况（$\xi<0.05$），则上式略去含有阻尼比的 $4\,\xi^2\omega^2\omega_0^2$ 这一项，得到虚部曲线极值对应的频率为 $\omega\approx\omega_0$，即虚部曲线的极值对应的频率也为结构的固有频率。

（2）阻尼比识别

频响函数实部曲线在 $\omega=\omega_0$ 的两侧分别有一个极值，因此令实部函数对 ω 的导数为零：

$$\frac{\mathrm{d}\,H_{\mathrm{R}}^{\mathrm{d}}(\omega)}{\mathrm{d}\omega}=0 \tag{3.93}$$

求解该式得到两个极值点处的频率 ω_a、ω_b 分别为

$$\begin{cases} \omega_a=\omega_0\sqrt{1-2\xi}\approx\omega_0(1-\xi) \\ \omega_b=\omega_0\sqrt{1+2\xi}\approx\omega_0(1+\xi) \end{cases} \tag{3.94}$$

由以上两式可求出结构的阻尼比为

$$\xi=\frac{\omega_b-\omega_a}{2\,\omega_0} \tag{3.95}$$

（3）刚度识别

由频响函数实部的表达式可知，在 $\omega=0$ 处，存在

$$H_{\mathrm{R}}^{\mathrm{d}}(\omega=0)=\frac{1}{m\omega_0^2}=\frac{1}{k} \tag{3.96}$$

即结构的刚度系数为实部曲线在零频率处的值的倒数：

$$k=\frac{1}{H_{\mathrm{R}}^{\mathrm{d}}(\omega=0)} \tag{3.97}$$

上式虽是由单自由度结构的频响函数推导出的计算刚度系数的一种方法，但在随后的章节中可以知道，采用同样方法可以计算结构的柔度系数，详细内容将在后续章节介绍。刚度系数还可以采用频响函数的实部曲线的两个极值来计算，将式（3.94）代入式（3.89）得：

$$\begin{cases} R_{\mathrm{a}}=H_{\mathrm{R}}^{\mathrm{d}}(\omega_{\mathrm{a}})=\dfrac{1}{m\omega_0^2}\cdot\dfrac{1}{4\xi(1-\xi)}=\dfrac{1}{k}\cdot\dfrac{1}{4\xi(1-\xi)}\\[3mm] R_{\mathrm{b}}=H_{\mathrm{I}}^{\mathrm{d}}(\omega_{\mathrm{b}})=-\dfrac{1}{m\omega_0^2}\cdot\dfrac{1}{4\xi(1+\xi)}=-\dfrac{1}{k}\cdot\dfrac{1}{4\xi(1+\xi)} \end{cases} \tag{3.98}$$

以上两式相减求得刚度系数为

$$k=\frac{1}{2\xi(R_{\mathrm{a}}-R_{\mathrm{b}})} \tag{3.99}$$

若考虑采用虚部曲线的极值的绝对值来求刚度系数，则将 $\omega=\omega_0$ 代入式（3.99）中的虚部得：

$$|I|_{\max}\approx|H_{\mathrm{I}}^{\mathrm{d}}(\omega_0)|=\frac{1}{2\xi k} \tag{3.100}$$

所以刚度系数为

$$k=\frac{1}{2\xi|I|_{\max}} \tag{3.101}$$

（4）质量识别

根据质量和固有频率、刚度的关系，可利用已经求出的固有频率 ω_0 和刚度系数 k 得到结构的质量：

$$m=\frac{k}{\omega_0^2} \tag{3.102}$$

采用频响函数的实部和虚部曲线识别单自由度结构的固有频率、阻尼比、刚度系数和质量的步骤总结如图 3.16 所示。

2. 利用频响函数的幅值和相位曲线识别参数

频响函数的幅值和相位曲线同样可以用于识别结构的各种参数。图 3.17 为某一单自由度结构的频响函数的幅值和相位曲线，图中标注的某些参数不同于图 3.13 中的参数，如这里的 ω_{a} 和 ω_{b} 分别是幅值曲线半功率点处对应的频率，但 ω_0 仍是结构的固有频率，$|A|_{\max}$ 为幅值曲线峰值，$\dfrac{1}{\sqrt{2}}|A|_{\max}$ 为半功率值。

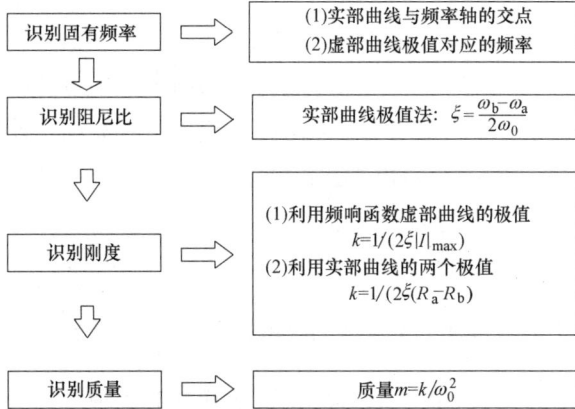

图 3.16 由实部曲线和虚部曲线识别参数流程图

（1）固有频率识别

在频响函数相位表达式中：

$$\lim_{\omega \to \omega_0} \theta(\omega) = \lim_{\omega \to \omega_0} \arctan\left(\frac{-2\xi\omega_0\omega}{\omega_0^2 - \omega^2}\right) = -90° \tag{3.103}$$

即相位曲线与−90°角度直线的交点对应的频率为结构的固有频率。此外，频响函数的幅值对频率的导数为

$$\frac{d|H^d(\omega)|}{d\omega} = 0 \tag{3.104}$$

求解上式可得：

$$\omega = \omega_0\sqrt{1-2\xi^2} \tag{3.105}$$

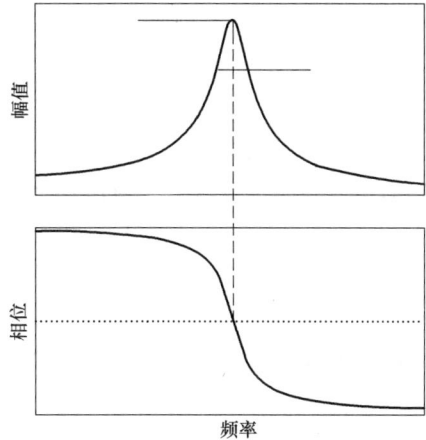

图 3.17 频响函数的幅值和相位曲线

在工程实际应用中，因阻尼比 ξ 较小，上式可直接转化为 $\omega \approx \omega_0$。即频响函数幅值曲线的峰值对应的频率也为结构的固有频率，见图中所示。

（2）阻尼比识别

频响函数的幅值在 ω_0 处的峰值为

$$|A|_{max} = |H^d(\omega_0)| = \frac{1}{m\omega_0^2} \cdot \frac{1}{2\xi} = \frac{1}{2\xi k} \tag{3.106}$$

采用半功率点法计算结构阻尼，在频响函数幅值曲线的峰值两侧，存在两个频率 ω_a 和 ω_b，使得其对应的幅值为半功率值，$|H^d(\omega_a)| = |H^d(\omega_b)| = \frac{|A|_{max}}{\sqrt{2}}$，即

$$\frac{1}{m\sqrt{(\omega_0^2-\omega^2)^2+(2\xi\omega_0\omega)^2}} = \frac{1}{2\sqrt{2}\xi k} \tag{3.107}$$

求解上式，并考虑小阻尼特性可得：

$$\begin{cases} \omega_a \approx \omega_0(1-\xi) \\ \omega_b \approx \omega_0(1+\xi) \end{cases} \tag{3.108}$$

对比上两式和式（3.94）可知，半功率点对应的两个频率与实部曲线的极大值和极小值处的频率相对应，由此可由两个半功率点的频率代入式（3.95）计算阻尼比。

将式（3.108）代入频响函数的相位公式可得，

$$\begin{cases} \theta(\omega_a) = \arctan\left(\dfrac{-2\xi\omega_0\omega_a}{\omega_0^2-\omega_a^2}\right) = \arctan\left(-2+\dfrac{2}{2-\xi}\right) \approx -45° \\ \theta(\omega_b) = \arctan\left(\dfrac{-2\xi\omega_0\omega_b}{\omega_0^2-\omega_b^2}\right) = \arctan\left(-2+\dfrac{2}{2+\xi}\right) \approx -135° \end{cases} \tag{3.109}$$

所以半功率点与相位曲线上的 $-45°$ 和 $-135°$ 相位角相对应。

（3）刚度识别

频响函数的幅值表达式可以写为以下形式：

$$|H^d(\omega)| = \frac{1}{m\omega_0^2\sqrt{\left[1-\left(\dfrac{\omega}{\omega_0}\right)^2\right]^2+\left(2\xi\dfrac{\omega}{\omega_0}\right)^2}} = \frac{1}{k\sqrt{\left[1-\left(\dfrac{\omega}{\omega_0}\right)^2\right]^2+\left(2\xi\dfrac{\omega}{\omega_0}\right)^2}} \tag{3.110}$$

若精确测得幅值曲线上任意一点的坐标 $(\omega, |H^d(\omega)|)$，可以利用该点的坐标值和已经识别出的固有频率与阻尼比计算刚度系数：

$$k = \frac{1}{|H^d(\omega)|\sqrt{\left[1-\left(\dfrac{\omega}{\omega_0}\right)^2\right]^2+\left(2\xi\dfrac{\omega}{\omega_0}\right)^2}} \tag{3.111}$$

或者根据幅值曲线的峰值表达式（3.106）计算刚度系数：

$$k = \frac{1}{2\xi|A|_{max}} \tag{3.112}$$

（4）质量识别

质量的识别同式（3.102）。利用频响函数的幅值和相位曲线识别结构参数的步骤总结如图 3.18 所示。

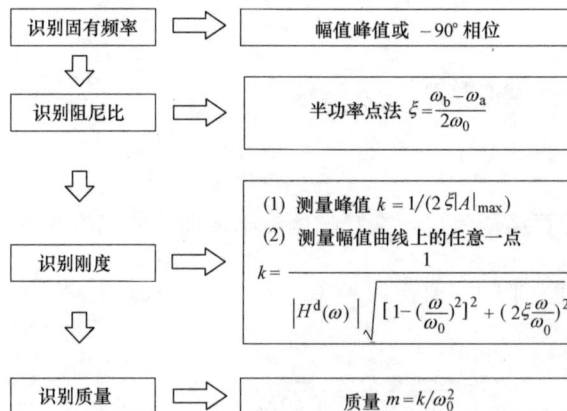

图 3.18　由幅值和相位曲线识别参数流程图

3.3 多自由度结构动力分析

在实际结构中，能简化为单自由度结构的并不多见，大多数结构均呈现多自由度的特征，因此，研究多自由度结构的动力特性更有普遍意义。单自由度结构的振动微分方程见式（3.55），其为单个方程的形式。在物理坐标系中，一个典型的 n 个自由度结构的运动微分方程应将单个方程形式的式（3.55）写为矩阵形式。

$$[M]\{\ddot{x}(t)\}+[C]\{\dot{x}(t)\}+[K]\{x(t)\}=\{f(t)\} \tag{3.113}$$

式中：$[M]$、$[C]$ 和 $[K]$ 分别为结构的质量矩阵、阻尼矩阵和刚度矩阵，他们均为 n 阶方阵；$\{f(t)\}$ 为 n 维的激振力列向量；$\{\ddot{x}(t)\}$、$\{\dot{x}(t)\}$ 和 $\{x(t)\}$ 分别为结构的位移响应向量、速度响应向量和加速度响应向量，他们均为 n 维列向量。

3.3.1 结构特性矩阵

在多自由度结构的有限元分析中，欧拉梁单元的应用最为广泛，如图 3.19 所示，梁单元具有左右两个节点，每个节点均具有轴向（DOF1、DOF4），横向（DOF2、DOF5）和转角（DOF3、DOF6）3 个自由度，欧拉梁单元总共有 6 个自由度。

欧拉梁单元的详细推导过程本书不再赘述，只给出经常使用的单元刚度矩阵和单元质量矩阵的结果，具体的理论推导过程可以参考相关文献[119]。

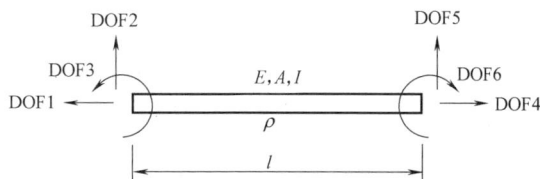

图 3.19 欧拉梁单元

1. 单元刚度矩阵

选取合适的单元形函数，采用能量原理可以推导出 6 个自由度的欧拉梁单元的单元刚度矩阵，见下式，式中矩阵上侧和右侧的数字表示对应的自由度编号。

$$[K^{\mathrm{e}}]=\begin{bmatrix} \dfrac{EA}{l}^1 & 0^2 & 0^3 & -\dfrac{EA}{l}^4 & 0^5 & 0^6 \\[2mm] 0 & \dfrac{12EI}{l^3} & \dfrac{6EI}{l^2} & 0 & -\dfrac{12EI}{l^3} & \dfrac{6EI}{l^2} \\[2mm] 0 & \dfrac{6EI}{l^2} & \dfrac{4EI}{l} & 0 & -\dfrac{6EI}{l^2} & \dfrac{2EI}{l} \\[2mm] -\dfrac{EA}{l} & 0 & 0 & \dfrac{EA}{l} & 0 & 0 \\[2mm] 0 & -\dfrac{12EI}{l^3} & -\dfrac{6EI}{l^2} & 0 & \dfrac{12EI}{l^3} & -\dfrac{6EI}{l^2} \\[2mm] 0 & \dfrac{6EI}{l^2} & \dfrac{2EI}{l} & 0 & -\dfrac{6EI}{l^2} & \dfrac{4EI}{l} \end{bmatrix} \begin{matrix} 1 \\ 2 \\ 3 \\ 4 \\ 5 \\ 6 \end{matrix}$$

式中，E 为单元的弹性模量，A 为截面面积，I 为截面惯性矩，l 为单元长度。在实际问题中，有时会忽略梁单元的轴向位移，得到下式所示的 4 个自由度的欧拉梁单元的单元刚度矩阵。

$$[K^e] = \frac{EI}{l^3} \begin{array}{cccc} 2 & 3 & 5 & 6 \\ \end{array} \begin{bmatrix} 12 & 6l & -12 & 6l \\ 6l & 4l^2 & -6l & 2l^2 \\ -12 & -6l & 12 & -6l \\ 6l & 2l^2 & -6l & 4l^2 \end{bmatrix} \begin{array}{c} 2 \\ 3 \\ 5 \\ 6 \end{array}$$

2. 单元质量矩阵

建立质量矩阵的方法有两种：一种是将全部质量换算成集中质量集中在单元节点上，形成集中质量矩阵；另一种是根据能量原理计算每一单元上的质量影响系数，形成一致质量矩阵。现将两种方法分述如下。

（1）一致质量矩阵

一致质量矩阵中的质量影响系数 m_{ij} 的物理意义是：体系处于平衡位置时，j 自由度上产生单位加速度的惯性力在 i 自由度上引起的约束反力。一致质量矩阵在推导过程中采用的形函数和推导单元刚度矩阵所用的形函数相同，所以称为一致质量矩阵。考虑轴向位移时的一致质量矩阵为

$$[M^e] = \frac{\rho Al}{420} \begin{array}{cccccc} 1 & 2 & 3 & 4 & 5 & 6 \\ \end{array} \begin{bmatrix} 140 & 0 & 0 & 70 & 0 & 0 \\ 0 & 156 & 22l & 0 & 54 & -13l \\ 0 & 22l & 4l^2 & 0 & 13l & -3l^2 \\ 70 & 0 & 0 & 140 & 0 & 0 \\ 0 & 54 & 13l & 0 & 156 & -22l \\ 0 & -13l & -3l^2 & 0 & -22l & 4l^2 \end{bmatrix} \begin{array}{c} 1 \\ 2 \\ 3 \\ 4 \\ 5 \\ 6 \end{array}$$

式中，ρ 为单元的质量密度。忽略轴向位移时的一致质量矩阵为

$$[M^e] = \frac{\rho Al}{420} \begin{array}{cccc} 2 & 3 & 5 & 6 \\ \end{array} \begin{bmatrix} 156 & 22l & 54 & -13l \\ 22l & 4l^2 & 13l & -3l^2 \\ 54 & 13l & 156 & -22l \\ -13l & -3l^2 & -22l & 4l^2 \end{bmatrix} \begin{array}{c} 2 \\ 3 \\ 5 \\ 6 \end{array}$$

（2）集中质量矩阵

单元集中质量矩阵是把单元的分布质量集中成质量块置于单元两端的节点上，假如在某个节点处有几个平动自由度，则理论上每个平动自由度均有相应的集中质量系数。另一方面，因为假定质量集中在质点上，没有转动惯量，所以任何一个与转动自由度相应的质量为零。对于质量均匀分布的等截面直梁，最简单的方法是将质量平均分配给单元的各个结点，得到下式左边的 6 个自由度的集中质量矩阵，其中自由度 2 和 5 是横向自由度，其

对应的质量系数为 1，而其他自由度对应的质量系数均为 0。若直梁进一步忽略轴向和转角位移，则集中质量矩阵缩减为右边的形式。

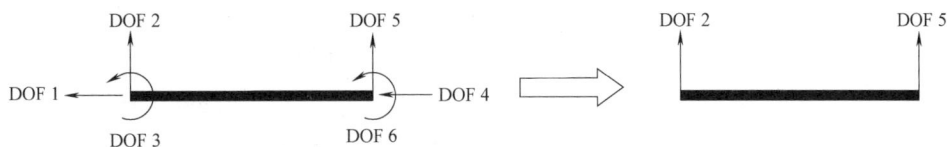

图 3.20 欧拉梁单元的自由度简化

$$[M^e] = \frac{\rho A l}{2} \begin{bmatrix} 0 & 0 & 0 & 0 & 0 & 0 \\ 0 & 1 & 0 & 0 & 0 & 0 \\ 0 & 0 & 0 & 0 & 0 & 0 \\ 0 & 0 & 0 & 0 & 0 & 0 \\ 0 & 0 & 0 & 0 & 1 & 0 \\ 0 & 0 & 0 & 0 & 0 & 0 \end{bmatrix} \begin{matrix} 1 \\ 2 \\ 3 \\ 4 \\ 5 \\ 6 \end{matrix} \Rightarrow [M^e] = \frac{\rho A l}{2} \begin{bmatrix} 1 & 0 \\ 0 & 1 \end{bmatrix}$$

集中质量矩阵是对角矩阵，而一致质量矩阵是非对角矩阵，但两者均为对称矩阵。由于集中质量法将结构的分布质量集中于一点，因此相应的转动自由度和转动惯量都等于零，而一致质量法中含有转动自由度。在结构的单元数量划分相同时，一致质量法显然比集中质量法的计算精度更高，但计算的工作量也更大。另外，对于比较复杂的结构，质量的分布特性不能用公式精确描述，有时用人工判断得到的集中质量矩阵反而更切合实际。一般来说，在计算结构固有频率时，用一致质量矩阵求出的固有频率是结构真实频率的上限，用集中质量矩阵算得的固有频率则是真实值的下限。

3. 整体刚度矩阵和质量矩阵集成

通过单元分析求得的各个单元的刚度矩阵和质量矩阵需要集成为整体结构的刚度矩阵和质量矩阵，集成原则为：按照整体结构的自由度编号，将每个单元的自由度编号扩展为整体结构的自由度编号，使得单元的自由度编号与整体结构的自由度编号对应，然后将每个单元的各个自由度的单元刚度系数和质量系数叠加到整体结构中去形成整体结构的刚度矩阵和质量矩阵。集成完之后，考虑结构的边界条件，可以采用消去与受约束自由度对应的所有刚度系数和质量系数，也可以采用乘大数法处理约束条件，具体内容读者可以参见有限元方面的书籍[119]。

4. 阻尼矩阵

Rayleigh 阻尼模型是广泛采用的一种正交阻尼模型，它具有解耦性能，阻尼矩阵 $[C]$ 正比于质量矩阵和刚度矩阵：

$$[C] = \alpha[M] + \beta[K] \tag{3.114}$$

式中，α 和 β 称为 Rayleigh 阻尼常数，可通过实验来确定。

采用图 3.21 所示的悬臂梁结构用于说明建立结构的刚度矩阵和质量矩阵的流程。材料属性分别为弹性模量 $E=10.6\mathrm{GPa}$，密度 $\rho=7.85\times10^3\mathrm{kg/m^3}$，划分为 3 个单元，计算该结构的单元刚度矩阵和单元质量矩阵，并集成为整体刚度矩阵和整体质量矩阵，其中质量矩阵分别采用集中质量法和一致质量法计算。

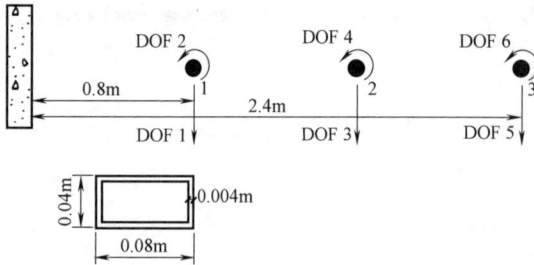

图 3.21 悬臂梁结构图

（1）质量矩阵

1）集中质量矩阵

每个单元的质量 $m_\mathrm{e}=\rho Al=5.63\mathrm{kg}$，将其分布在单元两端的节点上，与各个节点的竖向和平动位移对应的质量分别为 $m_1=5.63\mathrm{kg}$，$m_2=5.63\mathrm{kg}$，$m_3=2.81\mathrm{kg}$。悬臂梁没有轴向位移，因此与轴向位移相应的质量系数为零，又假设质量集中在质点上，各个节点没有转动惯量，则与节点的转角位移相应的质量也为零。集中质量法较简单，可以直接写出整体质量矩阵。

$$[M]=\begin{bmatrix}5.63 & & \\ & 5.63 & \\ & & 2.81\end{bmatrix}(\mathrm{kg})$$

2）一致质量矩阵

将单元的各个参数代入一致质量矩阵公式，可得不考虑轴向位移的单元一致质量矩阵：

$$[M^\mathrm{e}]=\begin{bmatrix}2.09 & 0.24 & 0.72 & -0.14 \\ 0.24 & 0.03 & 0.14 & -0.03 \\ 0.72 & 0.14 & 2.09 & -0.24 \\ -0.14 & -0.03 & -0.24 & 0.03\end{bmatrix}(\mathrm{kg})$$

将各单元的一致质量矩阵集成为整体质量矩阵，并考虑边界条件，直接消去与悬臂梁支座处的自由度对应的质量系数，则整体质量矩阵为：

$$[M]=\begin{bmatrix}4.18 & 0 & 0.72 & -0.14 & 0 & 0 \\ 0 & 0.07 & 0.14 & -0.03 & 0 & 0 \\ 0.72 & 0.14 & 4.18 & 0 & 0.72 & -0.14 \\ -0.14 & -0.03 & 0 & 0.07 & 0.14 & -0.03 \\ 0 & 0 & 0.72 & 0.14 & 2.09 & -0.24 \\ 0 & 0 & -0.14 & -0.03 & -0.24 & 0.03\end{bmatrix}(\mathrm{kg})$$

（2）刚度矩阵

将单元参数代入单元刚度矩阵公式中，不考虑轴向位移，得到单元刚度矩阵：

$$[K^{e}] = \begin{bmatrix} 5.72 & 2.29 & -5.72 & 2.29 \\ 2.29 & 1.22 & -2.29 & 0.61 \\ -5.72 & -2.29 & 5.72 & -2.29 \\ 2.29 & 0.61 & -2.29 & 1.22 \end{bmatrix} \times 10^{4}(\text{N/m})$$

将各个单元刚度矩阵进行叠加以集成为整体刚度矩阵，再代入边界条件，消去与支座处自由度对应的刚度系数，得到整体刚度矩阵为

$$[K] = \begin{bmatrix} 11.43 & 0 & -5.72 & 2.29 & 0 & 0 \\ 0 & 2.44 & -2.29 & 0.61 & 0 & 0 \\ -5.72 & -2.29 & 11.43 & 0 & -5.72 & 2.29 \\ -6.50 & -0.75 & 0 & 0.07 & 0.14 & -0.03 \\ 0 & 0 & -5.72 & -2.29 & 5.72 & -2.29 \\ 0 & 0 & 2.29 & 0.61 & -2.29 & 1.22 \end{bmatrix} \times 10^{4}(\text{N/m})$$

集中质量矩阵中的质量系数只与节点的竖向位移对应，而目前的整体刚度矩阵中的刚度系数还包含有节点的转角刚度。为与集中质量矩阵保持一致，采用静力凝聚法消去整体刚度矩阵中的转角刚度系数，得出只有竖向位移的平移刚度矩阵。静力凝聚法的具体内容参见相关文献[119,120]。

首先将竖向自由度对应的刚度系数和转角自由度对应的刚度系数分离，重新排列为以下形式：

$$[K] = \begin{bmatrix} K_{tt} & K_{t\theta} \\ K_{\theta t} & K_{\theta\theta} \end{bmatrix} = \begin{bmatrix} 11.43 & -5.72 & 0 & 0 & 2.29 & 0 \\ -5.72 & 11.43 & -5.72 & -2.29 & 0 & 2.29 \\ 0 & -5.72 & 5.72 & 0 & -2.29 & -2.29 \\ 0 & -2.29 & 0 & 2.44 & 0.61 & 0 \\ 2.29 & 0 & -2.29 & 0.61 & 2.44 & 0.61 \\ 0 & 2.29 & -2.29 & 0 & 0.61 & 1.22 \end{bmatrix} \times 10^{4}(\text{N/m})$$

凝聚刚度矩阵计算如下：

$$[K_{t}] = K_{tt} - K_{t\theta}K_{\theta\theta}^{-1}K_{\theta t} = \begin{bmatrix} 8.79 & -5.06 & 1.32 \\ -5.06 & 4.84 & -1.76 \\ 1.32 & -1.76 & 0.77 \end{bmatrix} \times 10^{4}(\text{N/m})$$

一致质量矩阵也可以采用类似的方法进行凝聚，只是质量凝聚公式比刚度凝聚公式稍微复杂，计算如下：

$$[M_{t}] = M_{tt} - K_{t\theta}K_{\theta\theta}^{-1}M_{\theta t} - M_{t\theta}K_{\theta\theta}^{-1}K_{\theta t} + K_{t\theta}K_{\theta\theta}^{-1}M_{\theta\theta}K_{\theta\theta}^{-1}K_{\theta t} = \begin{bmatrix} 4.66 & 0.56 & -0.36 \\ 0.56 & 5.20 & 0.90 \\ -0.36 & 0.90 & 1.57 \end{bmatrix}(\text{kg})$$

3.3.2 无阻尼自由振动

多自由度结构振动方程式（3.113）在不考虑阻尼情况下的自由振动方程为

$$[M]\{\ddot{x}(t)\}+[K]\{x(t)\}=\{0\} \tag{3.115}$$

根据微分方程理论，设上式的复数解为 $\{x(t)\}=\{X\}\,e^{i\omega t}$，则 $\{\ddot{x}(t)\}=-\omega^2\{X\}e^{i\omega t}$，将其代入上式得到以广义特征值形式表示的方程：

$$([K]-\omega^2[M])\{X\}=\{0\} \tag{3.116}$$

式（3.116）称为结构的特征方程，ω^2 和 $\{X\}$ 分别是结构的特征值和特征向量，从结构参数的角度来看，ω 和 $\{X\}$ 又分别是结构的固有圆频率和位移振型（Displacement Mode Shape）向量。

根据线性代数理论，要使位移振型向量有非零解，只有特征方程的系数矩阵的行列式等于零：

$$|[K]-\omega^2[M]|=0 \tag{3.117}$$

如果该结构具有 n 个自由度，则刚度矩阵 $[K]$ 和质量矩阵 $[M]$ 均为 n 阶方阵，求解上式得到该方程的 n 个解 ω_r（$r=1,2,\cdots,n$），这 n 个解即是结构的 n 阶无阻尼固有圆频率。

由于特征方程式（3.116）的系数矩阵的行列式为零，所以特征向量具有无穷多组解，这些解均是 n 个线性无关的特解的线性叠加。将求得的 ω_r 代入式（3.116）可求得任意一个特解（又称为振型向量），由结构的 n 阶位移振型向量可以组合成结构的位移振型矩阵。可以证明，位移振型向量具有如下的正交性[121]

$$\begin{cases} \{X_r\}^T[M]\{X_j\}=\begin{cases}0(r\neq j)\\ m_r(r=j)\end{cases}\\ \{X_r\}^T[K]\{X_j\}=\begin{cases}0(r\neq j)\\ k_r(r=j)\end{cases}\end{cases} \tag{3.118}$$

式中，m_r 称为第 r 阶广义质量，在模态分析中又称为模态质量（Modal Mass）；k_r 称为第 r 阶广义刚度，在模态分析中又称为模态刚度（Modal Stiffness）。上式也可以写为矩阵乘积的形式。

$$\begin{cases} [X]^T[M][X]=\begin{bmatrix}m_1 & & \\ & \ddots & \\ & & m_n\end{bmatrix}\\ [X]^T[K][X]=\begin{bmatrix}k_1 & & \\ & \ddots & \\ & & k_n\end{bmatrix}\end{cases} \tag{3.119}$$

利用结构的各阶广义质量和广义刚度可以计算相应阶次的固有频率，计算公式类似于单自由度结构的固有频率计算公式（3.57）：

$$\omega_r = \sqrt{\frac{k_r}{m_r}}(r=1,2,\cdots,n) \tag{3.120}$$

结构的位移振型向量可以进行任意的幅值缩放和方向调整，其幅值缩放特性体现在对 $\{X_r\}$ 的幅值扩大任意的 k 倍得到的 $k\{X_r\}$ 仍是结构的位移振型，其方向特性体现在对 $\{X_r\}$ 调整为负方向得到的 $-\{X_r\}$ 也仍然是结构的位移振型。振型向量的幅值和方向特性在第五章结构分块测试中将是重点研究对象，这里我们简单介绍对位移振型向量进行幅值缩放的三种常用方法。

第一种缩放方法是将任意模长的位移振型向量 $\{X_r\}$ 缩放为 $\{\overline{X}_r^{(1)}\}$，使其模长为 1。这种缩放较简单，只需将 $\{X_r\}$ 乘以缩放因子 $1/|X_r|$ 即可：

$$\{\overline{X}_r^{(1)}\} = \frac{\{X_r\}}{|X_r|}(r=1,2,\cdots,n) \tag{3.121}$$

式中，$|X_r|$ 为计算位移振型向量 $\{X_r\}$ 的模。容易验证，$|\overline{X}_r^{(1)}| = 1$。

第二种缩放方法是将振型向量 $\{X_r\}$ 中具有最大幅值的分量缩放为 1 或者 -1，其余分量作相应的缩放，得到新的振型向量 $\{\overline{X}_r^{(2)}\}$。这种缩放只需将整个振型向量除以该最大幅值分量的绝对值即可，缩放公式为

$$\{\overline{X}_r^{(2)}\} = \frac{\{X_r\}}{\max[\mathrm{abs}(\{X_r\})]}(r=1,2,\cdots,n) \tag{3.122}$$

式中，$\mathrm{abs}(X_r)$ 表示对向量 $\{X_r\}$ 中的每个分量取绝对值；$\max()$ 函数表示取括号内的向量中的最大分量。

第三种振型缩放是计算质量归一化的位移振型（Mass Normalized Mode Shape）。这是一种重要的振型缩放方法，某些有限元软件计算出来的位移振型即是质量归一化振型，在第 4 章介绍的结构位移柔度识别部分，就有利用质量归一化的位移振型识别位移柔度矩阵，该类振型缩放要求将 $\{X_r\}$ 缩放到 $\{\overline{X}_r^{(3)}\}$，使其满足由式（3.118）或式（3.119）计算的模态质量为 1。在质量归一化的位移振型计算中，先计算任意获得的振型 $\{X_r\}$ 的模态质量，然后以该模态质量的平方根的倒数作为缩放系数对原来的振型进行缩放，得到的新向量即是结构的质量归一化的位移振型，公式如下：

$$\{\overline{X}_r^{(3)}\} = \frac{\{X_r\}}{\sqrt{\{X_r\}^{\mathrm{T}}[M]\{X_r\}}}(r=1,2,\cdots,n) \tag{3.123}$$

易于验证，$\{\overline{X}_r^{(3)}\}$ 满足质量归一化条件 $\{\overline{X}_r^{(3)}\}^{\mathrm{T}}[M]\{\overline{X}_r^{(3)}\} = m_r = 1$。

在计算多自由结构动力响应的模态分解法和进行结构抗震设计中，位移振型都是一个重要参数，当结构作自由振动或强迫振动时，其任意时刻的振动形式均可以分解为各阶位移振型的线性叠加，这是模态分解法的理论基础。

现采用 3.3.1 节的实例部分计算出的集中质量矩阵和凝聚刚度矩阵，分析这个悬臂梁结构的固有频率和位移振型，并采用三种缩放方法进行振型缩放。将集中质量矩阵和凝聚刚度矩阵代入式（3.117）中，得到的固有频率信息如表 3.1 所示。

		固有频率		表 3.1
阶数	ω_r^2	ω_r(rad/s)	f_r(Hz)	
1	117	10.81	1.72	
2	3725	61.04	9.71	
3	23100	151.99	24.19	

由于位移振型向量是结构特征方程的特征向量，不具有唯一性，但同阶次的振型向量线性相关，因此这里只列出缩放后的结果。由第一种缩放方法得到的 3 阶位移振型向量分别为

$$\{\overline{X}_1^{(1)}\}=\begin{Bmatrix}0.14\\0.47\\0.87\end{Bmatrix},\{\overline{X}_2^{(1)}\}=\begin{Bmatrix}0.51\\0.50\\-0.70\end{Bmatrix},\{\overline{X}_3^{(1)}\}=\begin{Bmatrix}-0.76\\0.55\\-0.34\end{Bmatrix}$$

由第二种缩放方法得到的 3 阶位移振型向量分别为

$$\{\overline{X}_1^{(2)}\}=\begin{Bmatrix}0.16\\0.54\\1\end{Bmatrix},\{\overline{X}_2^{(2)}\}=\begin{Bmatrix}0.73\\0.71\\-1\end{Bmatrix},\{\overline{X}_3^{(2)}\}=\begin{Bmatrix}-1\\0.72\\-0.50\end{Bmatrix}$$

由第三种缩放方法得到的质量归一化的位移振型向量分别为

$$\{\overline{X}_1^{(3)}\}=\begin{Bmatrix}0.08\\0.25\\0.47\end{Bmatrix},\{\overline{X}_2^{(3)}\}=\begin{Bmatrix}0.25\\0.24\\-0.34\end{Bmatrix},\{\overline{X}_3^{(3)}\}=\begin{Bmatrix}-0.33\\0.24\\-0.15\end{Bmatrix}$$

容易验证，$\{\overline{X}_r^{(3)}\}$（$r=1$，2，3）满足各阶模态质量为 1 的条件，这三种缩放方法得到的位移振型如图 3.22 所示。

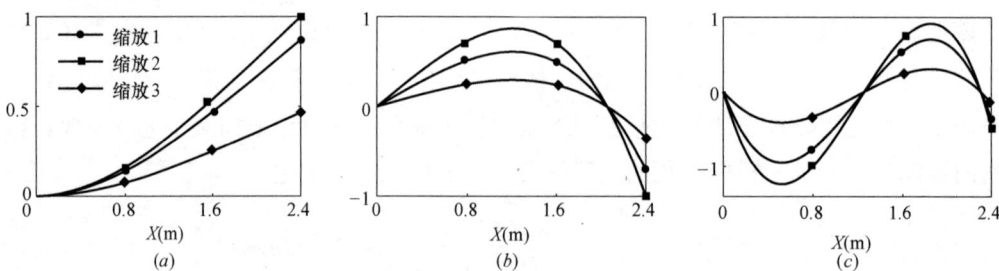

图 3.22 振型图
(a) 第 1 阶；(b) 第 2 阶；(c) 第 3 阶

3.3.3 结构动力响应计算

求解式（3.113）代表的结构在外荷载 $\{f(t)\}$ 作用下的结构响应（位移 $\{x(t)\}$、速度 $\{\dot{x}(t)\}$、加速度 $\{\ddot{x}(t)\}$）称为结构动力响应分析。从数学角度来看，振动方程式（3.113）是二阶常系数非其次线性微分方程组，在阻尼矩阵可以对角化的条件下，可以采

用模态分解法（Modal Decomposition Method）求解振动方程；当阻尼矩阵不能对角化时，通常将强迫力在时间序列上进行离散化，通过假定不同的位移、速度和加速度的变化规律，采用数值积分方法（Numerical Integration Method）来获得运动方程的解，常用的数值积分方法主要有 Newmark-β 法，Wilson-θ 法。本节仅介绍模态分解法，数值积分法请参见相关文献[121]。

下图为模态分解示意图，在阻尼矩阵可以对角化的情况下，总体响应信号可以被分解为各阶信号，这些分解的各阶信号就是结构的各阶广义自由度，而广义自由度方程的求解较原始的耦合方程简单，因此，采用模态分解法求出各阶广义自由度后，又可以叠加得到原始的响应信号，从这个角度又可以将这种方法称为模态叠加法（Modal Superposition Method）。

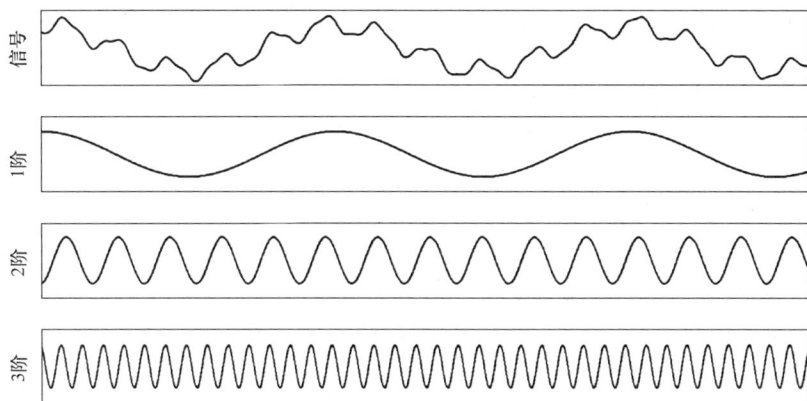

图 3.23 模态分解示意图

阻尼矩阵一般采用瑞雷比例阻尼，这种阻尼矩阵可以像刚度矩阵和质量矩阵那样满足正交性条件：

$$\{X_r\}^{\mathrm{T}}[C]\{X_j\}=\begin{cases}0(r\neq j)\\c_r(r=j)\end{cases} \tag{3.124}$$

实际结构中大多为小阻尼情形，此时的阻尼矩阵总可以看成是比例阻尼。采用位移振型矩阵 $[X]$ 对位移时程向量进行坐标变换：

$$\{x(t)\}=[X]\{q(t)\} \tag{3.125}$$

式中，$\{q(t)\}$ 称为广义坐标向量，$\{q(t)\}=\{q_1(t), q_2(t), \cdots, q_n(t)\}^{\mathrm{T}}$。

将式（3.125）代入式（3.113），并在所得的等式两边同时左乘以 $[X]^{\mathrm{T}}$ 得到：

$$[X]^{\mathrm{T}}[M][X]\{\ddot{q}(t)\}+[X]^{\mathrm{T}}[C][X]\{\dot{q}(t)\}+[X]^{\mathrm{T}}[K][X]\{q(t)\}=[X]^{\mathrm{T}}\{f(t)\} \tag{3.126}$$

分别将式（3.119）和式（3.124）表示的振型正交性条件代入上式可得到如下以每个广义坐标表示的解耦的振动微分方程：

$$\ddot{q}_r(t) + 2\xi_r\omega_r\dot{q}_r(t) + \omega_r^2 q_r(t) = \frac{g_r(t)}{m_r} \quad (r=1,2,\cdots,n) \tag{3.127}$$

式中，ξ_r 称为第 r 阶阻尼比，$\xi_r = \dfrac{c_r}{2\,m_r\omega_r}$；$g_r(t)$ 称为第 r 阶广义力，$g_r(t) = \{X_r\}^{\mathrm{T}}\{f(t)\}$。

对比单自由度结构的振动微分方程式（3.56）和式（3.127）可知，两式具有相同的数学形式，所以每个广义坐标表示的振动微分方程可以看成是每个单自由度结构的振动，一切适用于式（3.56）的求解方法都适用于式（3.127）。只要求解出每个广义坐标的振动响应 $q_r(t)$（$r=1, 2, \cdots, n$），再代回式（3.125）中即可得到结构的真实位移响应 $\{x(t)\}$。对任意形式的广义荷载 $g_r(t)$，采用杜哈曼积分求解式（3.127）（参见式（3.80））得到：

$$q_r(t) = \frac{1}{m_r\,\omega_{\mathrm{dr}}} \int_0^t g_r(\tau)\, e^{-\xi_r\omega_r(t-\tau)} \sin[\omega_{\mathrm{dr}}(t-\tau)]\mathrm{d}\tau \tag{3.128}$$

式中，ω_{dr} 是第 r 阶有阻尼固有频率，$\omega_{\mathrm{dr}} = \omega_r\sqrt{1-\xi_r^2}$。

将求解出的广义坐标代入坐标变换公式（3.125）即得到结构在实际坐标下的各个自由度的位移响应，

$$x_i(t) = \sum_{r=1}^{n} X_{ir}\, q_r(t) \quad (i=1,2,\cdots,n) \tag{3.129}$$

取图 3.24 的三个单元的悬臂梁结构，采用模态叠加法计算其在动力荷载下的结构响应，使用集中质量矩阵、凝聚刚度矩阵和瑞雷比例阻尼矩阵，其中阻尼常数分别取为 $\alpha=$

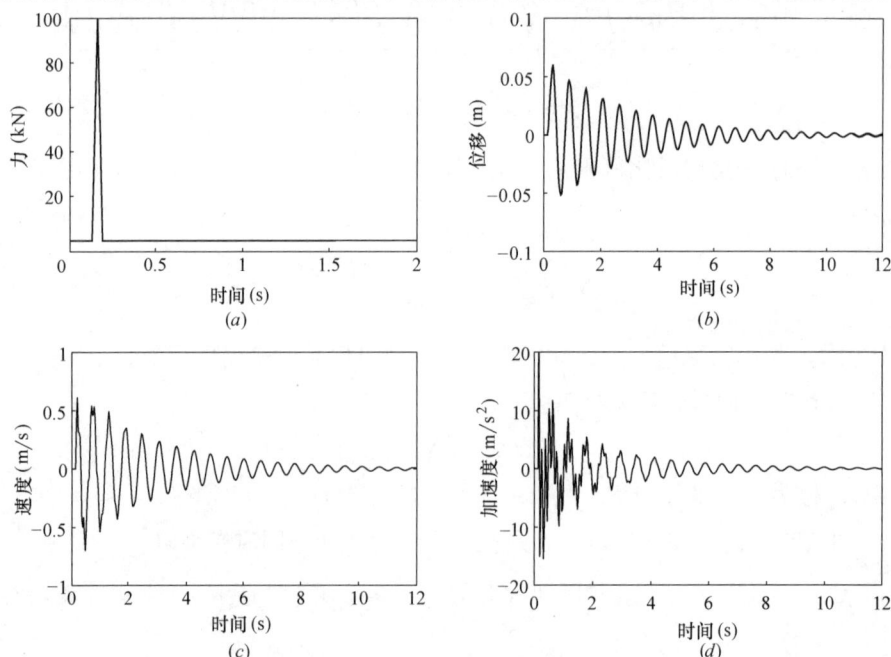

图 3.24　结构动力响应图

（a）冲击力；（b）动位移；（c）速度；（d）加速度

0.6，$\beta=0.001$，动力荷载为在节点 3 处作用脉冲幅值为 100kN 的冲击力，见图 3.24（a）所示，结构的初始位移和初始速度都为零。算法输出的节点 3 的动力响应（动位移，速度和加速度）分别见图。

从动力响应曲线可以看出，由于阻尼的存在，结构在单次冲击振动下的响应会迅速衰减，衰减曲线中包含有丰富的结构特征信息，如从衰减周期中可以提取结构的固有周期或固有频率，从衰减幅度中可以提取结构的阻尼比，各个节点的位移衰减曲线进行傅里叶变换所得的虚部曲线的各阶峰值之比为结构的各阶位移振型等，这是采用对数衰减法识别模态参数的理论依据。

3.4 多自由度结构模态分析

3.4.1 多自由度结构的位移频响函数

对多自由度结构的振动微分方程式（3.113）两边同时进行傅里叶变换，并运用傅里叶变换的微分性质可得频域内的结构振动方程：

$$(-\omega^2[M]+i\omega[C]+[K])\{X(\omega)\}=\{F(\omega)\} \qquad (3.130)$$

式中，$\{X(\omega)\}$ 和 $\{F(\omega)\}$ 分别为 $\{x(t)\}$ 和 $\{f(t)\}$ 的傅里叶变换。

结构的位移频响函数矩阵 $[H^d(\omega)]$ 定义为

$$[H^d(\omega)]=(-\omega^2[M]+i\omega[C]+[K])^{-1} \qquad (3.131)$$

由互易性[122]可知，位移频响函数矩阵为对称矩阵，即 $H^d_{pq}(\omega)=H^d_{qp}(\omega)$。位移响应的傅里叶变换 $X(\omega)$ 和输入力的傅里叶变换 $\{F(\omega)\}$ 之间的关系可以用位移频响函数矩阵表示为

$$\{X(\omega)\}=[H^d(\omega)]\{F(\omega)\} \qquad (3.132)$$

位移频响函数描述了结构在频域内的位移响应与激励力之间的映射关系。

根据傅里叶变换的微分定理，速度频响函数矩阵 $[H^v(\omega)]$ 与位移频响函数矩阵 $[H^d(\omega)]$ 之间有如下关系：

$$[H^v(\omega)]=i\omega[H^d(\omega)]=-\omega[H^d_I(\omega)]+i\omega[H^d_R(\omega)] \qquad (3.133)$$

所以速度频响函数矩阵的实部和虚部与位移频响函数矩阵的实部和虚部之间的关系分别为

$$\begin{cases} [H^v_R(\omega)]=-\omega[H^d_I(\omega)] \\ [H^v_I(\omega)]=\omega[H^d_R(\omega)] \end{cases} \qquad (3.134)$$

由此可见，速度频响函数的实部等于位移频响函数的虚部乘 ω，且符号相反；速度频响函数的虚部等于位移频响函数的实部乘 ω，符号相同，因此速度频响函数的实部曲线和虚部曲线与位移频响函数的实部曲线和虚部曲线对应关系正好相反，它们之间的相位差为 $\pi/2$。

同理，加速度频响函数矩阵 $[H^a(\omega)]$ 与位移频响函数矩阵 $[H^d(\omega)]$ 的实部、虚部

之间有如下关系：

$$[H^a(\omega)]=-\omega^2[H^d(\omega)]=-\omega^2[H_R^d(\omega)]-i\omega^2[H_I^d(\omega)] \tag{3.135}$$

所以加速度频响函数的实部和虚部分别为：

$$\begin{cases} [H_R^a(\omega)]=-\omega^2[H_R^d(\omega)] \\ [H_I^a(\omega)]=-\omega^2[H_I^d(\omega)] \end{cases} \tag{3.136}$$

加速度频响函数与位移频响函数之间的相位差为 π，因此加速度频响函数的实部曲线和虚部曲线与位移频响函数的实部曲线和虚部曲线对应关系相同，但两者的符号相反。

3.4.2 实模态系统频响函数计算

位移频响函数矩阵的定义式（3.131）包含有丰富的结构信息，如质量矩阵 $[M]$、阻尼矩阵 $[C]$ 和刚度矩阵 $[K]$，然而从该式还无法知晓结构的固有频率和振型等信息，本小节进一步推导在比例阻尼情况下的实模态分析理论以及位移频响函数计算。实模态系统为比例阻尼系统[121]，阻尼矩阵正比于质量矩阵和刚度矩阵，也可被位移振型正交对角化：

$$\begin{cases} [M_r]=[\phi]^T[M][\phi] \\ [C_r]=[\phi]^T[C][\phi] \\ [K_r]=[\phi]^T[K][\phi] \end{cases}$$

式中，$[\phi]$ 为位移振型矩阵，$[\phi]=[\{\phi_1\},\{\phi_2\},\cdots,\{\phi_N\}]$，$\{\phi_r\}$ 为第 r 阶位移振型向量，N 为总的模态阶数，$[M_r]$ 表示对角化的模态质量矩阵。

在位移振型矩阵为方阵且满秩的情况下，由上式可解出 $[M]$、$[C]$ 和 $[K]$ 分别为

$$\begin{cases} [M]=([\phi]^T)^{-1}[M_r]([\phi])^{-1} \\ [C]=([\phi]^T)^{-1}[C_r]([\phi])^{-1} \\ [K]=([\phi]^T)^{-1}[K_r]([\phi])^{-1} \end{cases} \tag{3.137}$$

将上式的 $[M]$、$[C]$ 和 $[K]$ 代入位移频响函数矩阵的定义式（3.131）得：

$$[H^d(\omega)]=[\phi][1/(-\omega^2 M_r+i\omega C_r+K_r)][\phi]^T=\sum_{r=1}^{N}\frac{\{\phi_r\}\{\phi_r\}^T}{M_r(-\omega^2+i2\xi_r\omega_r\omega+\omega_r^2)} \tag{3.138}$$

其中固有频率为 $\omega_r=\sqrt{K_r/M_r}$，阻尼比为 $\xi_r=C_r/(2M_r\omega_r)(r=1,2,\cdots,N)$。

在 q 点激励，p 点输出的位移频响函数 $H_{pq}^d(\omega)$ 可以从式（3.138）中直接抽取出：

$$H_{pq}^d(\omega)=\sum_{r=1}^{N}\frac{\phi_{pr}\phi_{qr}}{M_r(\omega_r^2-\omega^2+i2\xi_r\omega_r\omega)}(p,q=1,2,\cdots,n) \tag{3.139}$$

式中，n 为节点数，其有可能不等于总的模态阶数 N。

定义实模态的留数 A_{pqr} 为

$$A_{pqr}=\frac{\phi_{pr}\phi_{qr}}{M_r} \tag{3.140}$$

则位移频响函数可以写为留数表达的形式：

$$H_{pq}^d(\omega) = \sum_{r=1}^{N} \frac{A_{pqr}}{\omega_r^2 - \omega^2 + i2\,\xi_r\,\omega_r\omega}\,(p,q = 1,2,\cdots,n) \tag{3.141}$$

3.4.3 复模态系统频响函数计算

当阻尼矩阵不能对角化时，可采用复模态理论计算频响函数，此时需将结构振动方程式（3.113）构造为状态空间方程形式[123,124]，

$$\begin{bmatrix} [C] & [M] \\ [M] & [0] \end{bmatrix} \begin{Bmatrix} \{\dot{x}(t)\} \\ \{\ddot{x}(t)\} \end{Bmatrix} + \begin{bmatrix} [K] & [0] \\ [0] & -[M] \end{bmatrix} \begin{Bmatrix} \{x(t)\} \\ \{\dot{x}(t)\} \end{Bmatrix} = \begin{Bmatrix} \{f(t)\} \\ \{0\} \end{Bmatrix} \tag{3.142}$$

令状态向量 $\{y(t)\} = \begin{Bmatrix} \{x(t)\} \\ \{\dot{x}(t)\} \end{Bmatrix}$，矩阵 $[A] = \begin{bmatrix} [C] & [M] \\ [M] & [0] \end{bmatrix}$，$[B] = \begin{bmatrix} [K] & [0] \\ [0] & -[M] \end{bmatrix}$，

$\{f'(t)\} = \begin{Bmatrix} \{f(t)\} \\ \{0\} \end{Bmatrix}$，这样就将 N 元的二阶微分方程组转换为状态空间中描述的 $2N$ 元的一阶

微分方程组，得到如下的状态空间方程，其中 $[A]$、$[B]$ 均为 $2N \times 2N$ 阶的实对称矩阵。

$$[A]\{\dot{y}(t)\} + [B]\{y(t)\} = \{f'(t)\} \tag{3.143}$$

对于自由振动情况，令 $\{f'(t)\} = \{0\}$，得到状态空间方程的齐次方程：

$$[A]\{\dot{y}(t)\} + [B]\{y(t)\} = \{0\} \tag{3.144}$$

根据微分方程理论，设 $\{x(t)\}$ 的解为 $\{x(t)\} = \{\psi\}\,e^{\lambda t}$，则 $\{\dot{x}(t)\} = \{\psi\}\lambda\,e^{\lambda t}$。所以状

态空间向量可以写为 $\{y(t)\} = \begin{Bmatrix} \{\psi\} \\ \{\psi\}\lambda \end{Bmatrix} e^{\lambda t}$，$\{\dot{y}(t)\} = \begin{Bmatrix} \{\psi\} \\ \{\psi\}\lambda \end{Bmatrix} \lambda\,e^{\lambda t}$，将 $\{y(t)\}$，$\{\dot{y}(t)\}$

代入自由振动的状态空间方程得到：

$$([A]\lambda + [B]) \begin{Bmatrix} \{\psi\} \\ \{\psi\}\lambda \end{Bmatrix} = \{0\} \tag{3.145}$$

求解上式，可得 N 对复特征值和对应的复特征向量，分别记为

$$\lambda_1,\cdots,\lambda_N,\lambda_1^*,\cdots,\lambda_N^*$$

$$\begin{Bmatrix} \{\psi_1\} \\ \{\psi_1\}\lambda_1 \end{Bmatrix},\cdots,\begin{Bmatrix} \{\psi_N\} \\ \{\psi_N\}\lambda_N \end{Bmatrix},\begin{Bmatrix} \{\psi_1^*\} \\ \{\psi_1^*\}\lambda_1^* \end{Bmatrix},\cdots,\begin{Bmatrix} \{\psi_N^*\} \\ \{\psi_N^*\}\lambda_N^* \end{Bmatrix}$$

记解向量 $\{x(t)\}$ 的复振型矩阵为

$$[\psi] = [\{\psi_1\}\cdots\{\psi_N\}],[\psi^*] = [\{\psi_1^*\}\cdots\{\psi_N^*\}]$$

复特征值矩阵为

$$[\Lambda] = \begin{bmatrix} \lambda_1 & & \\ & \ddots & \\ & & \lambda_N \end{bmatrix},[\Lambda^*] = \begin{bmatrix} \lambda_1^* & & \\ & \ddots & \\ & & \lambda_N^* \end{bmatrix}$$

设状态空间向量 $\{y(t)\}$ 的特征向量为

$$\{\phi_r\}=\begin{Bmatrix}\{\psi_r\}\\\{\psi_r\}\lambda_r\end{Bmatrix}, \{\phi_r^*\}=\begin{Bmatrix}\{\psi_r^*\}\\\{\psi_r^*\}\lambda_r^*\end{Bmatrix}$$

则由所有阶次的特征向量构成的矩阵为

$$[\phi]=[\{\phi_1\},\cdots,\{\phi_N\},\{\phi_1^*\},\cdots,\{\phi_N^*\}]=\begin{bmatrix}[\psi]&[\psi^*]\\\[\psi][\Lambda]&[\psi^*][\Lambda^*]\end{bmatrix}$$

可以证明，状态空间方程的特征向量 $\{\phi_r\}$ 关于矩阵 $[A]$、$[B]$ 同样具有正交性：

$$\begin{cases}\{\phi_r\}^\mathrm{T}[A]\{\phi_j\}=\begin{cases}a_r(r=j)\\0(r\neq j)\end{cases}\\\{\phi_r\}^\mathrm{T}[B]\{\phi_j\}=\begin{cases}b_r(r=j)\\0(r\neq j)\end{cases}\end{cases},\begin{cases}\{\phi_r^*\}^\mathrm{T}[A]\{\phi_j^*\}=\begin{cases}a_r^*(r=j)\\0(r\neq j)\end{cases}\\\{\phi_r^*\}^\mathrm{T}[B]\{\phi_j^*\}=\begin{cases}b_r^*(r=j)\\0(r\neq j)\end{cases}\end{cases} \tag{3.146}$$

且 a_r、b_r 和特征值 λ_r 有如下关系：

$$\lambda_r=-\frac{b_r}{a_r},\lambda_r^*=-\frac{b_r^*}{a_r^*} \tag{3.147}$$

对式（3.143）两边同时作拉普拉斯变换，然后对变换后的等式两边同时左乘以 $[\phi]^\mathrm{T}$ 和右乘以 $[\phi]$，根据特征向量的正交性，可得复模态系统位移频响函数矩阵的表达式：

$$[H^\mathrm{d}(\omega)]=\sum_{r=1}^N\left(\frac{\{\psi_r\}\{\psi_r\}^\mathrm{T}Q_r}{i\omega-\lambda_r}+\frac{\{\psi_r^*\}\{\psi_r^*\}^\mathrm{T}Q_r^*}{i\omega-\lambda_r^*}\right) \tag{3.148}$$

式中，$Q_r=1/a_r$。

Q_r 称为模态缩放系数（Modal Scaling Factor），用于调节特征向量的缩放比例，如特征向量扩大为原来的 k 倍，由式（3.146）可知，模态缩放系数会缩小为原来的 $1/k^2$，以保证式（3.148）中等式右边的分子始终不变。

上式还可以写为如下的矩阵乘积形式：

$$[H^\mathrm{d}(\omega)]=[\Psi]\left[\frac{1}{i\omega-\lambda_r}\right][L]^\mathrm{T} \tag{3.149}$$

式中，$[\Psi]$ 为复振型矩阵，$[\Psi]=[\{\psi_1\},\cdots,\{\psi_N\},\{\psi_1^*\},\cdots,\{\psi_N^*\}]$；对角矩阵

$$\left[\frac{1}{i\omega-\lambda_r}\right]=\begin{bmatrix}\frac{1}{i\omega-\lambda_1}&&\\&\ddots&\\&&\frac{1}{i\omega-\lambda_{2N}}\end{bmatrix}, \text{ 其中} \lambda_{N+r}=\lambda_r^*$$

$[L]$ 为模态参与系数矩阵（Modal Participation Factor），$[L]=[\{l_1\},\cdots,\{l_N\},\{l_1^*\},\cdots,\{l_N^*\}]$，其中代表性的第 r 阶模态参与系数向量等于

$$\{l_r\}=Q_r\{\Psi_r\},\{l_r^*\}=Q_r^*\{\Psi_r^*\} \tag{3.150}$$

模态参与系数可用于表示结构上作用有输入力的位置对位移频响函数的贡献。

式（3.148）等式右边的分子项定义为留数矩阵（Residue Matrix）：

$$[A_r]=\{\psi_r\}\{\psi_r\}^\mathrm{T}Q_r,[A_r^*]=\{\Psi_r^*\}\{\Psi_r^*\}^\mathrm{T}Q_r^* \tag{3.151}$$

留数矩阵还可以用复振型和模态参与系数计算：

$$[A_r]=\{\psi_r\}\{l_r\}^{\mathrm{T}},[A_r^*]=\{\psi_r^*\}\{l_r^*\}^{\mathrm{T}} \tag{3.152}$$

留数矩阵是用于控制频响函数幅值大小的参数，由模态参与系数和模态缩放系数、振型向量的关系可知，不管振型向量如何缩放，模态参与系数能进行同等规模的缩放，以保证留数矩阵始终不变。

对于q点输入、p点输出的位移频响函数，可以从式（3.148）中直接提取得到：

$$H_{\mathrm{pq}}^{\mathrm{d}}(\omega)=\sum_{r=1}^{N}\left(\frac{\psi_{\mathrm{pr}}\psi_{\mathrm{qr}}Q_r}{i\omega-\lambda_r}+\frac{\psi_{\mathrm{pr}}^*\psi_{\mathrm{qr}}^*Q_r^*}{i\omega-\lambda_r^*}\right) \tag{3.153}$$

复特征值λ_r，λ_r^*又称为系统极点，其与固有频率ω_r、阻尼比ξ_r具有如下关系：

$$\begin{cases}\lambda_r=-\xi_r\omega_r+i\,\omega_r\sqrt{1-\xi_r^2}\\ \lambda_r^*=-\xi_r\omega_r-i\,\omega_r\sqrt{1-\xi_r^2}\end{cases} \tag{3.154}$$

利用λ_r，λ_r^*可计算固有频率ω_r和阻尼比ξ_r：

$$\begin{cases}\omega_r=\sqrt{\lambda_T\lambda_r^*}\\ \xi_r=\dfrac{\lambda_r+\lambda_r^*}{-2\,\omega_r}\end{cases} \tag{3.155}$$

可以证明，复模态理论具有如下的一些重要性质：

（1）阻尼矩阵$[C]$为比例阻尼时，复振型矩阵$[\Psi]$可归一化为实振型矩阵；

（2）阻尼矩阵$[C]$为比例阻尼时，留数矩阵$[A]$中的元素均为纯虚数；

（3）由第r阶留数矩阵$[A_r]$（或$[A_r^*]$）的任一列对某一参考点进行归一化可得第r阶实振型。

文献［115］指出，复模态理论中的模态缩放系数和实模态理论中的模态质量具有下式关系：

$$\begin{cases}Q_r=1/(i2\,\omega_rM_r)\\ Q_r^*=1/(-i2\,\omega_rM_r)\end{cases} \tag{3.156}$$

所以理论上，模态缩放系数为纯虚数，且其共轭部分和原值互为相反数。

无论是实模态理论推导的频响函数计算公式（3.138）还是复模态理论推导的频响函数计算公式（3.148），都可以看出结构的位移频响函数是各阶模态参数按一定规则参与叠加计算的结果，其中各阶模态均可以看作相应的单自由度结构的位移频响函数。图3.25是图3.20的悬臂梁结构的某个位移频响函数图（对数幅值图和相位图），图中分别画出了按式（3.153）计算的各阶模态的单条曲线和叠加后的总曲线，从对数幅值图中可以看出，叠加后的频响函数曲线的各个峰值与各阶频响函数曲线的峰值是对应的，对于非密集模态，在各阶固有频率处，单阶频响函数对总的频响函数占主要贡献，相位图中也呈现类似的模态叠加结果。

一般我们将对时间变量的分析称为时域分析，将时域数据进行傅里叶变换得到的数据

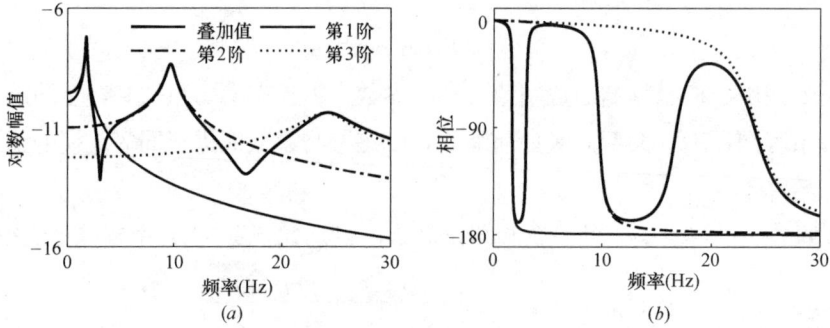

图 3.25　频响函数叠加图

(a) 幅值图；(b) 相位图

称为频域，前面介绍的结构动力时程分析中所采用的振型分解法中的各阶振型称为模态空间。在模态分解法中，是将结构的整体时程响应在模态空间上分解为各个广义坐标下的时程响应，实际上，时域、频域和模态空间具有密切联系。图 3.26 所示的 3 自由度悬臂梁结构用以说明这种联系[125]，结构具有第一列所示的 3 阶振型，在单位脉冲激励下的某个自由度的时程响应又可以分解为与各阶振型对应的广义坐标时程的线性叠加（第 2 列的衰

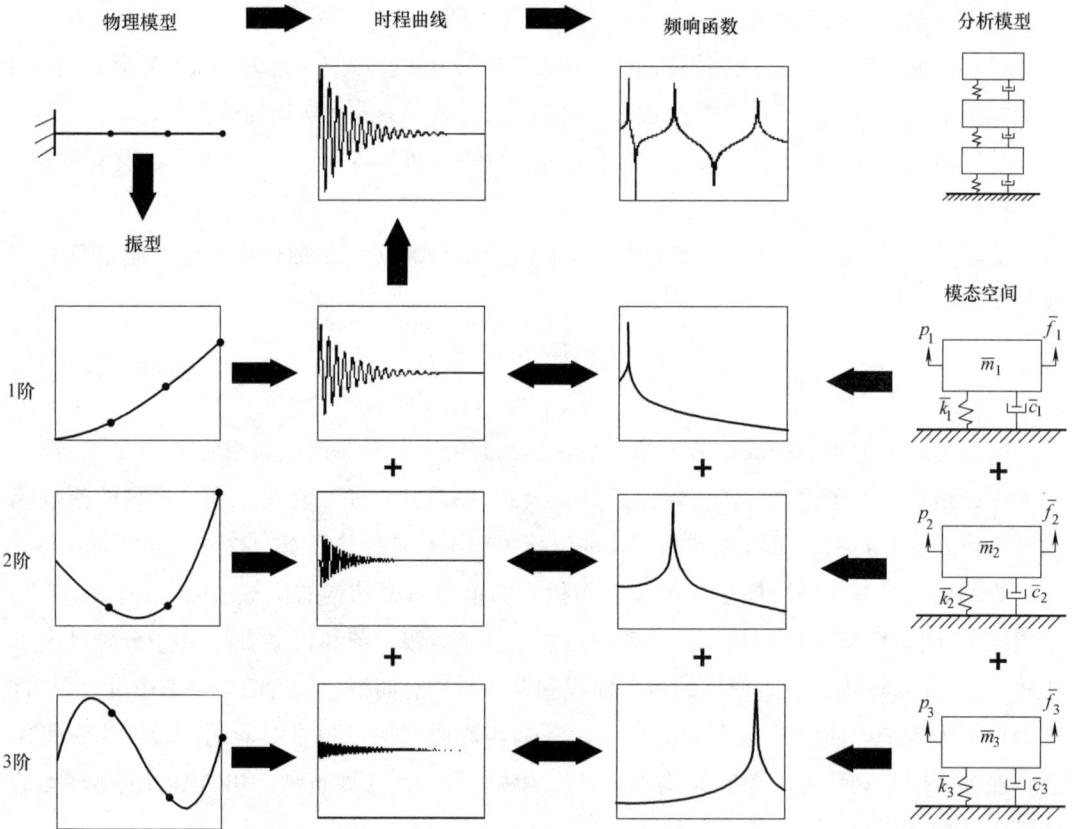

图 3.26　时域、频域、模态空间关系图

减曲线图）；将整体的时程响应曲线作傅里叶变换就得到结构的频响函数（第 3 列第 1 个图），而对第 2 列中各个广义坐标时程进行傅里叶变换就得到第 3 列中对应的 3 个单自由度的频响函数曲线；由此，我们就将模态空间（第 1 列的振型图）、时域（第 2 列的时程曲线）和频域（第三列的频响函数）三者联系起来，从而也将原始的复杂的 3 自由度结构的分析模型（第 4 列第 1 个图）解耦为 3 个单自由度形式的结构的线性叠加（第 4 列后 3 个图），实现简化计算的目的。

频响函数具有重要作用，虽然这里介绍的频响函数是通过结构的刚度矩阵、质量矩阵和阻尼矩阵计算的，属于解析模态分析理论，但是采用实验模态分析或工作模态分析估算的频响函数具有同样的性质，可以从频响函数中识别结构的固有频率、阻尼比和模态振型等重要参数，参数识别思想说明如下。

图 3.27 为在某个长大跨桥梁测试中所获得的频响函数和该桥的位移振型图（4 个小图），结构的响应信号（振动波形）在发生共振处所受到的激励力的频率接近于结构的固有频率，将响应信号的时间尺度和频响函数的频率尺度按一定比例调整一致时可以发现，共振响应处对应着频响函数的峰值，即结构的固有频率，而结构各个节点的频响函数幅值的峰值包含有振型信息，图中的频响函数具有四阶峰值，则每阶峰值分别对应着结构的每阶固有频率和位移振型。

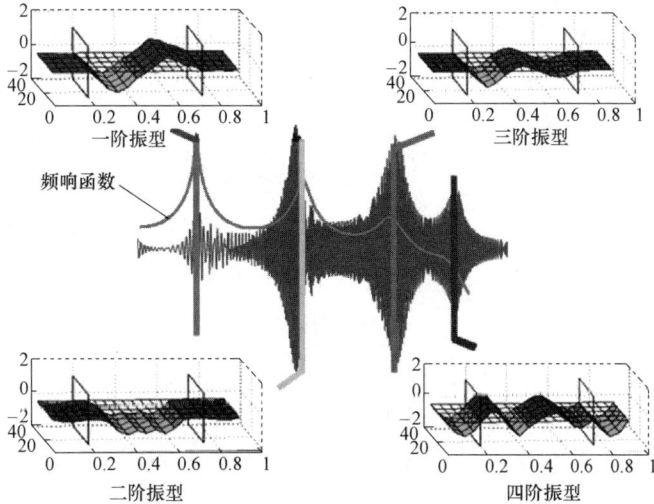

图 3.27　从频响函数中提取模态参数示意图

然而，要提取位移振型还需使用频响函数的虚部曲线，图 3.28 是位移振型提取示意图。图中所示的四个小图分别是桥上的四个节点处的位移频响函数的虚部曲线，分别提取四个虚部曲线中的第 1 阶峰值则得到这四个节点的第一阶位移振型，相应地，提取第 2 阶峰值则得到第二阶位移振型。如果虚部曲线有更多峰值，则依次提取各阶峰值就能得到这些节点的各阶振型，同时桥上布置的传感器越多，每阶振型上的节点也就越多，当节点数足够多时，就得到了图中以曲面形式表示的桥梁的第一阶和第二阶位移振型图。

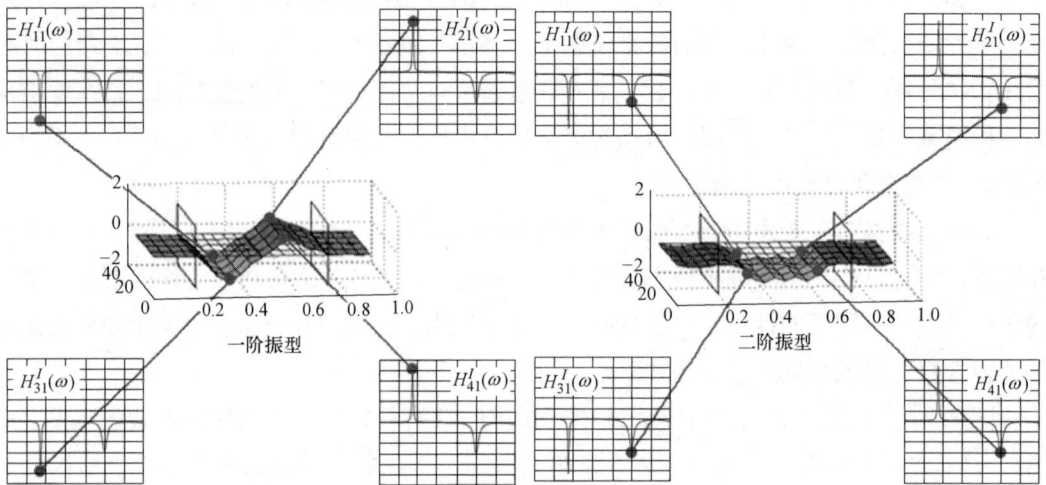

图 3.28 位移振型提取示意图

土木结构中的阻尼比通常很小（小于 5%），但是不同的阻尼比对频响函数曲线峰值的高度和带宽具有一定的影响。图 3.29 表示的是某个多自由度结构取不同阻尼比对应的频响函数幅值曲线，该图与单自由度结构的频响函数与阻尼比的关系类似，从图中可以看出，阻尼比越大，峰值越低，带宽越宽。在进行实际数据处理时，通常需要对数据加窗，选取不同的窗函数会影响到频响函数幅值峰值（称为主瓣）的高度与宽度，有时还会产生结构本身没有的虚假峰值（称为旁瓣），这对结构固有频率和阻尼比的识别会产生严重干扰，因此需要特别注意。

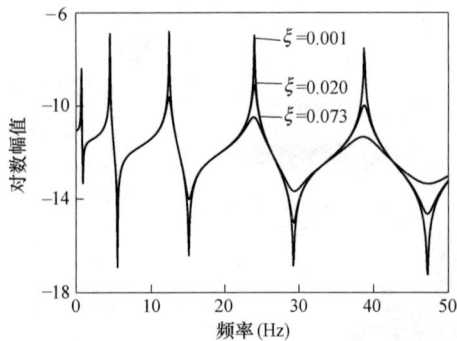

图 3.29 阻尼比对频响函数的影响

频响函数曲线具有的上述特征是各种广泛使用的模态参数频域识别算法的理论基础，本章在最后一节对各种模态参数识别算法以及适用范围做有详细总结。

3.4.4 单位脉冲响应函数和频响函数的关系

在结构上作用一个单位脉冲激励力所产生的位移响应称为单位脉冲响应函数，在单自由度结构动力分析一节中介绍了单位脉冲响应函数与频响函数互为傅里叶正变换和逆变换的关系（图 3.10），该性质对多自由度结构同样适用。式（3.153）给出了多自由度结构在 q 点激励，p 点位移响应的频响函数，对该式作傅里叶逆变换，并考虑以下的傅里叶逆变换性质：

$$\mathscr{F}^{-1}\left(\frac{1}{i\omega-\lambda_r}\right)=e^{\lambda_r t} \tag{3.157}$$

得到下列表达式：

$$h_{\mathrm{pq}}(t)=\sum_{r=1}^{N}(\psi_{\mathrm{pr}}\,\psi_{\mathrm{qr}}\,\boldsymbol{Q}_r\,e^{-\lambda_r t}+\psi_{\mathrm{pr}}^*\,\psi_{\mathrm{qr}}^*\,\boldsymbol{Q}_r^*\,e^{-\lambda_r^* t}) \tag{3.158}$$

上式是用复指数函数表示的单位脉冲响应函数[115]。对多自由度结构而言，单位脉冲响应函数和频响函数同样互为傅里叶正变换和逆变换的关系，这一重要性质是环境振动模态参数频域识别法的理论基础。在环境振动中，通常将采集的加速度信号用随机减量法（Random Decrement Technique，RDT）或自然激励技术（Natural Excitation Technique，NExT）计算得到结构的脉冲响应函数或类似的函数，然后作傅里叶正变换得到频响函数或功率谱密度函数，再采用模态参数频域识别法识别结构参数[126]。

在图 3.21 中的节点 3 处作用竖向的单位脉冲力，分别得到图 3.30（a）所示的三个节点的单位脉冲响应函数曲线，然后对每个单位脉冲响应函数作傅里叶正变换，即得到右侧对应的频响函数曲线，相应地，对右侧的每条频响函数曲线作傅里叶逆变换，则能得到左侧的单位脉冲响应函数。

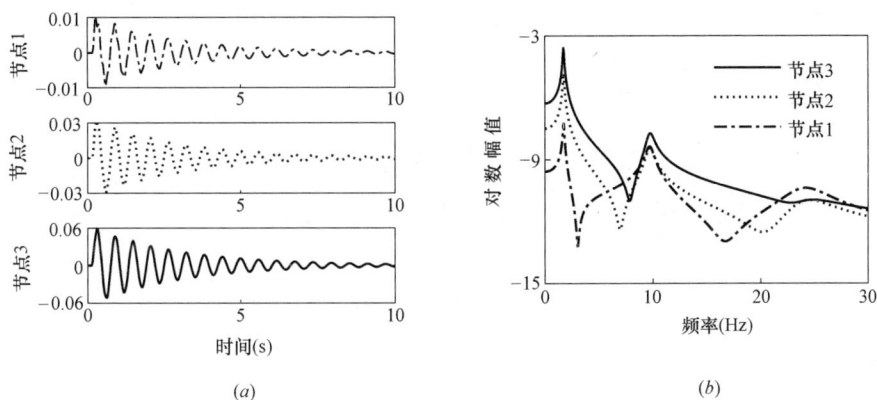

图 3.30 多自由度结构的单位脉冲响应函数和频响函数的关系

3.4.5 方法示例与验证

取图 3.21 的三个单元的悬臂梁结构，使用集中质量矩阵、凝聚刚度矩阵和瑞雷比例阻尼矩阵，其中阻尼常数分别取为 $\alpha=0.6$，$\beta=0.001$，分别采用实模态方法和复模态方法计算该结构的位移频响函数。

1. 实模态方法

实模态方法采用结构实振型计算位移频响函数，将质量矩阵和刚度矩阵代入式（3.116）可求解出结构的实振型，为计算方便，采用 3.3.2 节介绍的第二种缩放方法将节点 3 的各阶位移振型的振型系数缩放为 1，得到如下的实振型矩阵：

$$[\Phi]=[\{\phi_1\},\{\phi_2\},\{\phi_3\}]=\begin{bmatrix}0.16 & -0.73 & 2.22\\ 0.54 & -0.71 & -1.59\\ 1.00 & 1.00 & 1.00\end{bmatrix}$$

根据振型正交性，分别计算模态质量、模态阻尼和模态刚度，其均为对角矩阵：

$$[M_r]=[\Phi]^{\mathrm{T}}[M][\Phi]=\begin{bmatrix}4.60 & & \\ & 8.63 & \\ & & 44.93\end{bmatrix}$$

$$[C_r]=[\Phi]^{\mathrm{T}}[C][\Phi]=\begin{bmatrix}3.30 & & \\ & 37.35 & \\ & & 1064.80\end{bmatrix}$$

$$[K_r]=[\Phi]^{\mathrm{T}}[K][\Phi]=\begin{bmatrix}538.74 & & \\ & 32165 & \\ & & 10379\end{bmatrix}$$

固有频率和阻尼比分别为：

$$\omega_1=\sqrt{\frac{K_1}{M_1}}=10.82,\xi_1=\frac{c_1}{2M_1\omega_1}=3.31\times10^{-2}$$

$$\omega_2=\sqrt{\frac{K_2}{M_2}}=61.04,\xi_2=\frac{c_2}{2M_2\omega_2}=3.54\times10^{-2}$$

$$\omega_3=\sqrt{\frac{K_3}{M_3}}=151.99,\xi_3=\frac{c_3}{2M_3\omega_3}=7.80\times10^{-2}$$

根据实模态理论频响函数中留数的定义计算各阶留数矩阵为

$$[A_1]=\frac{\{\phi_1\}\{\phi_1\}^{\mathrm{T}}}{M_1}=\begin{bmatrix}0.57 & 1.90 & 3.51\\ 1.90 & 6.34 & 11.73\\ 3.51 & 11.73 & 21.72\end{bmatrix}\times10^{-2}$$

$$[A_2]=\frac{\{\phi_2\}\{\phi_2\}^{\mathrm{T}}}{M_2}=\begin{bmatrix}6.18 & 5.98 & -8.46\\ 5.98 & 5.79 & -8.19\\ -8.46 & -8.19 & 11.58\end{bmatrix}\times10^{-2}$$

$$[A_3]=\frac{\{\phi_3\}\{\phi_3\}^{\mathrm{T}}}{M_3}=\begin{bmatrix}11.01 & -7.88 & 4.95\\ -7.88 & 5.64 & -3.54\\ 4.95 & -3.54 & 2.23\end{bmatrix}\times10^{-2}$$

所以实模态理论的位移频响函数矩阵为

$$[H^{\mathrm{d}}(\omega)]=\sum_{r=1}^{3}\frac{[A_r]}{\omega_r^2-\omega^2+i2\xi_r\omega_r\omega}$$

$$=\frac{\begin{bmatrix}0.57 & 1.90 & 3.51\\ 1.90 & 6.34 & 11.73\\ 3.51 & 11.73 & 21.72\end{bmatrix}\times10^{-2}}{117-\omega^2+10.82i\omega}+\frac{\begin{bmatrix}6.18 & 5.98 & -8.46\\ 5.98 & 5.79 & -8.19\\ -8.46 & -8.19 & 11.58\end{bmatrix}\times10^{-2}}{3725-\omega^2+61.04i\omega}+$$

$$\frac{\begin{bmatrix} 11.01 & -7.88 & 4.95 \\ -7.88 & 5.64 & -3.54 \\ 4.95 & -3.54 & 2.23 \end{bmatrix} \times 10^{-2}}{23100 - \omega^2 + 151.99i\omega}$$

取上式计算的 $H_{11}^{\mathrm{d}}(\omega)$ 作为代表，分别画出其幅值和相位曲线，实部和虚部曲线，同时为研究各阶模态对总的频响函数的贡献，各个图中还分别画出了各阶模态的曲线，可以看到，该图和图 3.29 形式相同。

2. 复模态方法

复模态方法计算频响函数需要构造状态空间方程，由式（3.142）构造的状态空间方程的矩阵 $[A]$ 和 $[B]$ 分别为：

$$[A] = \begin{bmatrix} [C] & [M] \\ [M] & [0] \end{bmatrix} = \begin{bmatrix} 91.31 & -50.56 & 13.19 & 5.63 & 0 & 0 \\ -50.56 & 51.74 & -17.59 & 0 & 5.63 & 0 \\ 13.19 & -17.59 & 9.38 & 0 & 0 & 2.81 \\ 5.63 & 0 & 0 & 0 & 0 & 0 \\ 0 & 5.63 & 0 & 0 & 0 & 0 \\ 0 & 0 & 2.81 & 0 & 0 & 0 \end{bmatrix}$$

$$[B] = \begin{bmatrix} [K] & [0] \\ [0] & -[M] \end{bmatrix} = \begin{bmatrix} 87931 & -50560 & 13190 & 0 & 0 & 0 \\ -50560 & 48362 & -17586 & 0 & 0 & 0 \\ 13190 & -17586 & 7694 & 0 & 0 & 0 \\ 0 & 0 & 0 & -5.63 & 0 & 0 \\ 0 & 0 & 0 & 0 & -5.63 & 0 \\ 0 & 0 & 0 & 0 & 0 & -2.81 \end{bmatrix}$$

研究自由振动情况，将矩阵 $[A]$ 和 $[B]$ 代入式（3.145），求解该特征方程得到特征值和特征向量分别为

$$\begin{cases} \lambda_1 = -0.36 + 10.81i; & \lambda_1^* = -0.36 - 10.81i \\ \lambda_2 = -2.16 + 61.00i; & \lambda_2^* = -2.16 - 61.00i \\ \lambda_3 = -11.85 + 151.52i; & \lambda_3^* = -11.85 - 151.52i \end{cases}$$

$$\begin{Bmatrix} \{\psi_1\} \\ \{\psi_1\}\lambda_1 \end{Bmatrix} = \begin{Bmatrix} 0.16 \\ 0.54 \\ 1.00 \\ -0.06 + 1.75i \\ -0.19 + 5.84i \\ -0.36 + 10.81i \end{Bmatrix}; \begin{Bmatrix} \{\psi_1^*\} \\ \{\psi_1^*\}\lambda_1^* \end{Bmatrix} = \begin{Bmatrix} 0.16 \\ 0.54 \\ 1.00 \\ -0.06 - 1.75i \\ -0.19 - 5.84i \\ -0.36 - 10.81i \end{Bmatrix}$$

$$
\left\{ \begin{matrix} \{\psi_2\} \\ \{\psi_2\}\lambda_2 \end{matrix} \right\} = \left\{ \begin{matrix} -0.73 \\ -0.71 \\ 1.00 \\ 1.58-44.57i \\ 1.53-43.12i \\ -2.16+61.00i \end{matrix} \right\} ; \left\{ \begin{matrix} \{\psi_2^*\} \\ \{\psi_2^*\}\lambda_2^* \end{matrix} \right\} = \left\{ \begin{matrix} -0.73 \\ -0.71 \\ 1.00 \\ 1.58+44.57i \\ 1.53+43.12i \\ -2.16-61.00i \end{matrix} \right\}
$$

$$
\left\{ \begin{matrix} \{\psi_3\} \\ \{\psi_3\}\lambda_3 \end{matrix} \right\} = \left\{ \begin{matrix} 2.22 \\ -1.59 \\ 1.00 \\ -2.64+337.01i \\ 18.86-241.21i \\ -11.85+151.52i \end{matrix} \right\} ; \left\{ \begin{matrix} \{\psi_3^*\} \\ \{\psi_3^*\}\lambda_3^* \end{matrix} \right\} = \left\{ \begin{matrix} 2.22 \\ -1.59 \\ 1.00 \\ -2.64-337.01i \\ 18.86+241.21i \\ -11.85-151.52i \end{matrix} \right\}
$$

特征值 λ_r 和 λ_r^* $(r=1, 2, 3)$ 又称为系统极点，由于本例所用的阻尼为瑞雷比例阻尼矩阵，所以求得的特征向量中包含的复振型部分已经归一化为实振型，此时复振型 $\{\psi_r\}$ 和 $\{\psi_r^*\}$ $(r=1, 2, 3)$ 相等。将特征向量和矩阵 $[A]$ 代入式（3.146）中，并利用关系式 $Q_r=1/a_r$ 可求得模态缩放系数：

$$
\left\{ \begin{matrix} Q_1=-4.62\times10^{-2}i; Q_1^*=4.62\times10^{-2}i \\ Q_2=-8.20\times10^{-3}i; Q_2^*=8.20\times10^{-3}i \\ Q_3=-3.30\times10^{-3}i; Q_3^*=3.30\times10^{-3}i \end{matrix} \right.
$$

比例阻尼情况下的模态缩放系数为纯虚数，将复模态振型和模态缩放系数代入式（3.151）中得到留数矩阵：

$$
[A_1]=\{\psi_1\}\{\psi_1\}^{\mathrm{T}}Q_1=\begin{bmatrix} -2.63i & -8.78i & -16.0i \\ -8.78i & -29.0i & -54.0i \\ -16.0i & -54.0i & -100i \end{bmatrix}\times10^{-4}
$$

$$
[A_1^*]=\{\psi_1^*\}\{\psi_1^*\}^{\mathrm{T}}Q_1^*=\begin{bmatrix} 2.63i & 8.78i & 16.0i \\ 8.78i & 29.0i & 54.0i \\ 16.0i & 54.0i & 100i \end{bmatrix}\times10^{-4}
$$

$$
[A_2]=\{\psi_2\}\{\psi_2\}^{\mathrm{T}}Q_2=\begin{bmatrix} -5.07i & -4.90i & 6.94i \\ -4.90i & -4.74i & 6.71i \\ 6.94i & 6.71i & -9.49i \end{bmatrix}\times10^{-4}
$$

$$
[A_2^*]=\{\psi_2^*\}\{\psi_2^*\}^{\mathrm{T}}Q_2^*=\begin{bmatrix} 5.07i & 4.90i & -6.94i \\ 4.90i & 4.74i & -6.71i \\ -6.94i & -6.71i & 9.49i \end{bmatrix}\times10^{-4}
$$

$$
[A_3]=\{\psi_3\}\{\psi_3\}^{\mathrm{T}}Q_3=\begin{bmatrix} -3.63i & 2.60i & -1.63i \\ 2.60i & -1.86i & 1.17i \\ -1.63i & 1.17i & -0.73i \end{bmatrix}\times10^{-4}
$$

$$[A_3^*] = \{\psi_3^*\}\{\psi_3^*\}^{\mathrm{T}} Q_3^* = \begin{bmatrix} 3.63i & -2.60i & 1.63i \\ -2.60i & 1.86i & -1.17i \\ 1.63i & -1.17i & 0.73i \end{bmatrix} \times 10^{-4}$$

相应地，留数矩阵也为纯虚数，将各阶振型向量和模态缩放系数以及系统极点代入式（3.148）中可以计算整个位移频响函数矩阵：

$$[H^{\mathrm{d}}(\omega)] = \sum_{r=1}^{3} \left(\frac{\{\psi_r\}\{\psi_r\}^{\mathrm{T}} Q_r}{i\omega - \lambda_r} + \frac{\{\psi_r^*\}\{\psi_r^*\}^{\mathrm{T}} Q_r^*}{i\omega - \lambda_r^*} \right)$$

$$= \frac{\begin{bmatrix} -2.63i & -8.78i & -16.0i \\ -8.78i & -29.0i & -54.0i \\ -16.0i & -54.0i & -100i \end{bmatrix} \times 10^{-4}}{i\omega - (-0.36 + 10.81i)} +$$

$$\frac{\begin{bmatrix} 2.63i & 8.78i & 16.0i \\ 8.78i & 29.0i & 54.0i \\ 16.0i & 54.0i & 100i \end{bmatrix} \times 10^{-4}}{i\omega - (-0.36 - 10.81i)} + \frac{\begin{bmatrix} -5.07i & -4.90i & 6.94i \\ -4.90i & -4.74i & 6.71i \\ 6.94i & 6.71i & -9.49i \end{bmatrix} \times 10^{-4}}{i\omega - (-2.16 + 61.00i)} +$$

$$\frac{\begin{bmatrix} 5.07i & 4.90i & -6.94i \\ 4.90i & 4.74i & -6.71i \\ -6.94i & -6.71i & 9.49i \end{bmatrix} \times 10^{-4}}{i\omega - (-2.16 - 61.00i)} +$$

$$\frac{\begin{bmatrix} -3.63i & 2.60i & -1.63i \\ 2.60i & -1.86i & 1.17i \\ -1.63i & 1.17i & -0.73i \end{bmatrix} \times 10^{-4}}{i\omega - (-11.85 + 151.52i)} + \frac{\begin{bmatrix} 3.63i & -2.60i & 1.63i \\ -2.60i & 1.86i & -1.17i \\ 1.63i & -1.17i & 7.34i \end{bmatrix} \times 10^{-4}}{i\omega - (-11.85 - 151.52i)}$$

由上式可以画出复模态方法计算的频响函数的幅值和相位曲线，由于阻尼采用比例阻尼矩阵，复模态理论计算的频响函数和实模态理论计算的频响函数是等价的，所以两种方法画出的频响函数曲线完全重合，在此不再赘述。前面介绍过，位移振型的质量归一化缩放是一种重要的缩放方法，在后续章节的位移柔度识别中也有重要应用，这里进一步介绍从留数矩阵中提取出结构的质量归一化振型的方法。

已知模态缩放系数和模态质量的关系为 $Q_r = 1/(i2\omega_r M_r)(r=1,2,3)$，质量归一化的位移振型对应的 $M_r = 1(r=1,2,3)$，将系统极点代入式（3.155）第一式可以算出固有圆频率 ω_r $(r=1,2,3)$（或参见表3.1），然后可得与质量归一化的位移振型对应的模态缩放系数：

$$\overline{Q}_1 = \frac{1}{i2 \times 10.82}i = -4.62 \times 10^{-2}i, \overline{Q}_2 = \frac{1}{i2 \times 61.04} =$$

$$-0.82 \times 10^{-2}i, \overline{Q}_3 = \frac{1}{i2 \times 151.99} = -0.33 \times 10^{-2}i$$

设质量归一化的位移振型为 $\{\overline{\psi}_r\}(r=1,2,3)$，式（3.151）表示的留数矩阵计算公式对任意振型均适用，所以：

$$[A_1] = \{\bar{\psi}_1\}\{\bar{\psi}_1\}^{\mathrm{T}}\bar{Q}_1 = \begin{Bmatrix} \bar{\psi}_{11} \\ \bar{\psi}_{21} \\ \bar{\psi}_{31} \end{Bmatrix} \{\bar{\psi}_{11} \quad \bar{\psi}_{21} \quad \bar{\psi}_{31}\}\bar{Q}_1 = \begin{bmatrix} \bar{\psi}_{11}\bar{\psi}_{11} & \bar{\psi}_{11}\bar{\psi}_{21} & \bar{\psi}_{11}\bar{\psi}_{31} \\ \bar{\psi}_{21}\bar{\psi}_{11} & \bar{\psi}_{21}\bar{\psi}_{21} & \bar{\psi}_{21}\bar{\psi}_{31} \\ \bar{\psi}_{31}\bar{\psi}_{11} & \bar{\psi}_{31}\bar{\psi}_{21} & \bar{\psi}_{31}\bar{\psi}_{31} \end{bmatrix}\bar{Q}_1$$

上式只取矩阵的第一列，并和已经计算出的$[A_1]$的第一列相等可得到：

$$\begin{Bmatrix} \bar{\psi}_{11} \\ \bar{\psi}_{21} \\ \bar{\psi}_{31} \end{Bmatrix}\bar{\psi}_{11}\bar{Q}_1 = \begin{Bmatrix} -2.63i \\ -8.78i \\ -16.0i \end{Bmatrix} \times 10^{-4}$$

代入已经算出的$\bar{Q}_1$到上式就得到质量归一化的位移振型（第一阶）：

$$\{\bar{\psi}_1\} = \begin{Bmatrix} \bar{\psi}_{11} \\ \bar{\psi}_{21} \\ \bar{\psi}_{31} \end{Bmatrix} = \begin{Bmatrix} 0.08 \\ 0.25 \\ 0.47 \end{Bmatrix}$$

采用同样的方法，可以求得第二阶和第三阶的质量归一化的位移振型：

$$\{\bar{\psi}_2\} = \begin{Bmatrix} 0.25 \\ 0.24 \\ -0.34 \end{Bmatrix}, \{\bar{\psi}_3\} = \begin{Bmatrix} -0.33 \\ 0.24 \\ -0.15 \end{Bmatrix}$$

其和 3.3.2 节采用第三种缩放方法获得的结果完全一致。

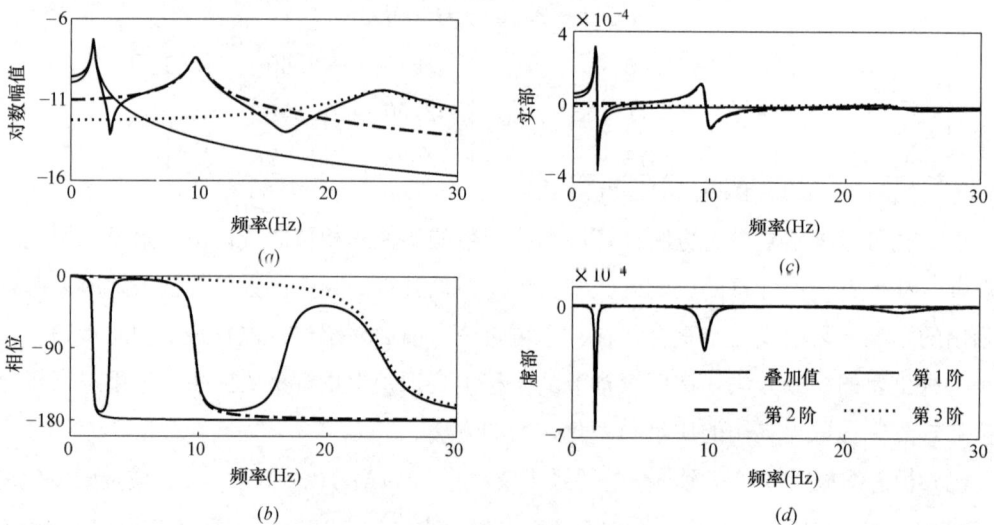

图 3.31 实模态方法计算的频响函数

（a）对数幅值图；（b）相位图；（c）实部图；（d）虚部图

3.5 无限自由度结构模态分析

前面对单自由度与多自由度体系进行了动力与模态分析，而实际结构的质量是连续分布的，属于无限自由度体系。尽管在分析过程中人们经常将结构离散化成有限自由度进行简化计算，但通过对结构按无限自由度进行分析会得到更为普遍的结果，对我们进一步了解结构的动力特性能起指导作用，甚至可以使问题较离散化时更为简单。本节介绍以梁为代表的无限自由度模态分析方法，揭示无限自由度与有限自由度模态分析的区别与联系。

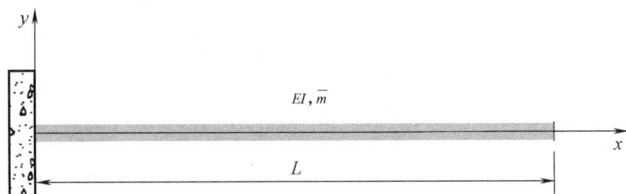

图 3.32　分布质量梁结构

如图 3.32 所示的均质材料的直梁结构，抗弯刚度 EI 和单位长度质量 $\overline{m}$ 均为常数，不考虑梁的转动惯量和剪切变形，同时忽略阻尼效应，该结构的自由振动方程[121]为：

$$\overline{m}\frac{\partial^2 u}{\partial t^2}+EI\frac{\partial^4 u}{\partial x^4}=0 \tag{3.159}$$

用 EI 除以上式，则上述方程为：

$$\frac{\overline{m}}{EI}\frac{\partial^2 u}{\partial t^2}+\frac{\partial^4 u}{\partial x^4}=0 \tag{3.160}$$

因为 $\overline{m}/EI$ 是常量，上述方程可用分离变量法求解，假定该方程的解具有以下形式：

$$u(x,t)=\phi(x)Y(t) \tag{3.161}$$

上式表明，该结构在自由振动时的幅值是时间和位置的二元函数，在时间尺度上按 $Y(t)$ 函数变化、在位置尺度上随 $\phi(x)$ 函数按指定形状运动。把式（3.161）代入方程（3.160）推导得：

$$\frac{\partial^4 \phi(x)}{\partial x^4}Y(t)+\frac{\overline{m}}{EI}\phi(x)\frac{\partial^2 Y(t)}{\partial t^2}=0 \tag{3.162}$$

用 $\phi(x)Y(t)$ 除以上式，使变量分离如下：

$$\frac{1}{\phi(x)}\frac{\partial^4 \phi(x)}{\partial x^4}+\frac{\overline{m}}{EIY(t)}\frac{\partial^2 Y(t)}{\partial t^2}=0 \tag{3.163}$$

因为此方程的第一项仅为 x 的函数，第二项仅为 t 的函数，所以只有当每一项都等于如下常数时，对于任意的 x 和 t 方程才能都满足：

$$\frac{1}{\phi(x)}\frac{\partial^4 \phi(x)}{\partial x^4}=-\frac{\overline{m}}{EIY(t)}\frac{\partial^2 Y(t)}{\partial t^2}=a^4 \tag{3.164}$$

由式（3.164）可得到两个常微分方程：

$$\frac{\partial^2 Y(t)}{\partial t^2}+\omega^2 Y(t)=0 \tag{3.165}$$

$$\frac{\partial^4 \phi(x)}{\partial x^4}-a^4\phi(x)=0 \tag{3.166}$$

式（3.165）中的 ω^2 为

$$\omega^2 = a^4 \frac{EI}{m} \tag{3.167}$$

求解式（3.165）得：

$$Y(t) = A\cos\omega t + B\sin\omega t \tag{3.168}$$

式中的系数 A 和 B 依赖于位移和速度的初始条件，即

$$Y(t) = Y(0)\cos\omega t + \frac{Y(0)}{\omega}\sin\omega t \tag{3.169}$$

按一般的方法求解式（3.166），假定解的形式为

$$\phi(x) = G\exp(sx) \tag{3.170}$$

把它代入式（3.166），导得

$$(s^4 - a^4)G\exp(sx) = 0 \tag{3.171}$$

由此得到

$$s_{1,2} = \pm ia, s_{3,4} = \pm a \tag{3.172}$$

把每一个根分别代入式（3.170），并把得到的四项相加，得完全解如下：

$$\phi(x) = G_1\exp(iax) + G_2\exp(-iax) + G_3\exp(ax) + G_4\exp(-ax) \tag{3.173}$$

式中的 G_1，G_2，G_3，G_4 必须视为复常数。将式中的指数函数采用欧拉公式等价地替换为三角函数和双曲函数，并令等式右边的虚部为零，推导出

$$\phi(x) = A_1\cos(ax) + A_2\sin(ax) + A_3\cosh(ax) + A_4\sinh(ax) \tag{3.174}$$

式中的 A_1，A_2，A_3，A_4 为实常数，他们的取值可由梁端已知的边界条件（位移、斜率、弯矩或剪力）来计算，见表 3.2 所示。

梁的边界条件   表 3.2

常见梁式结构类型	边界条件
简支梁	$\phi(0) = 0, \phi(L) = 0$ $M(0) = EI\phi''(0) = 0, M(L) = EI\phi''(L) = 0$
悬臂梁	$\phi(0) = 0, \phi'(0) = 0$ $V(L) = EI\phi'''(L) = 0, M(L) = EI\phi''(L) = 0$
两端固定梁	$\phi(0) = 0, \phi'(0) = 0$ $\phi(L) = 0, \phi'(L) = 0$

以图 3.18 的等截面悬臂梁结构为例，采用无限自由度分析法计算其前五阶固有频率和振型，截面尺寸和材料参数详见该图。根据悬臂梁在 $x = 0$ 和 $x = l$ 处的边界条件可知：

$$x = 0 \text{ 处} \begin{cases} \phi(0) = 0 \\ \phi'(0) = 0 \end{cases}, x = L \text{ 处} \begin{cases} \phi''(L) = 0 \\ \phi'''(L) = 0 \end{cases}$$

将式（3.174）及其导数代入以上边界条件得：

$$\phi(0) = A_1\cos 0 + A_2\sin 0 + A_3\cosh 0 + A_4\sinh 0 = A_1 + A_3 = 0$$

$$\phi'(0) = -A_1 a\sin 0 + A_2 a\cos 0 + A_3 a\sinh 0 + A_4 a\cosh 0 = A_2 a + A_4 a = 0$$

$$\phi''(L)=a^2(-A_1\cos aL-A_2\sin aL+A_3\cosh aL+A_4\sinh aL)=0$$

$$\phi'''(L)=a^3(A_1\sin aL-A_2\cos aL+A_3\sinh aL+A_4\cosh aL)=0$$

同时，将 $\cos0=\cosh0=1$ 和 $\sin0=\sinh0=0$ 代入前两式可得：

$$A_1=-A_3,A_2=-A_4$$

把这些关系代入后两式可得：

$$\begin{bmatrix}(\cos aL+\cosh aL)&(\sin aL+\sinh aL)\\(\sin aL-\sinh aL)&(-\cos aL-\cosh aL)\end{bmatrix}\begin{Bmatrix}A_1\\A_2\end{Bmatrix}=\begin{Bmatrix}0\\0\end{Bmatrix}$$

为使系数 A_1、A_2 不全为零，则式中系数矩阵的行列式必须为零，

$$\begin{vmatrix}(\cos aL+\cosh aL)&(\sin aL+\sinh aL)\\(\sin aL-\sinh aL)&(-\cos aL-\cosh aL)\end{vmatrix}=0$$

$$\sinh^2 aL-\sin^2 aL-\cos^2 aL-2\cosh aL\cos aL-\cosh^2 aL=0$$

进一步可得：

$$1+\cos aL\cosh aL=0$$

该方程的前三个解为 $a_1L=1.875$，$a_2L=4.964$，$a_3L=7.855$，而后面的解可表示为

$$a_nL\approx\left(n-\frac{1}{2}\right)\pi(n\geqslant4)$$

代入悬臂梁的长度 $L=2.4m$ 可解得五个参数：

$$a_1=0.781,a_2=2.068,a_3=3.273,a_4=4.582,a_5=5.891$$

由式（3.167）可解得前五阶自振频率为

$$\omega_1=a_1^2\sqrt{\frac{EI}{m}}=11.362\text{rad/s},\omega_2=a_2^2\sqrt{\frac{EI}{m}}=79.636\text{rad/s},\omega_3=a_3^2\sqrt{\frac{EI}{m}}=199.407\text{rad/s},$$

$$\omega_4=a_4^2\sqrt{\frac{EI}{m}}=390.736\text{rad/s},\omega_5=a_5^2\sqrt{\frac{EI}{m}}=645.911\text{rad/s}$$

由式（3.174）得前五阶振型为

$$\phi_1(x)=A_1\left\{\cos(a_1x)-\cosh(a_1x)-\frac{\cos(a_1L)+\cosh(a_1L)}{\sin(a_1L)+\sinh(a_1L)}[\sin(a_1x)-\sinh(a_1x)]\right\}$$

$$=A_1\{\cos(0.781x)-\cosh(0.781x)-0.734[\sin(0.781x)-\sinh(0.781x)]\}$$

$$\phi_2(x)=A_1\left\{\cos(a_2x)-\cosh(a_2x)-\frac{\cos(a_2L)+\cosh(a_2L)}{\sin(a_2L)+\sinh(a_2L)}[\sin(a_2x)-\sinh(a_2x)]\right\}$$

$$=A_1\{\cos(2.068x)-\cosh(2.068x)-1.017[\sin(2.068x)-\sinh(2.068x)]\}$$

$$\phi_3(x)=A_1\left\{\cos(a_3x)-\cosh(a_3x)-\frac{\cos(a_3L)+\cosh(a_3L)}{\sin(a_3L)+\sinh(a_3L)}[\sin(a_3x)-\sinh(a_3x)]\right\}$$

$$=A_1\{\cos(3.273x)-\cosh(3.273x)-0.999[\sin(3.273x)-\sinh(3.273x)]\}$$

$$\phi_4(x)=A_1\left\{\cos(a_4x)-\cosh(a_4x)-\frac{\cos(a_4L)+\cosh(a_4L)}{\sin(a_4L)+\sinh(a_4L)}[\sin(a_4x)-\sinh(a_4x)]\right\}$$

$$=A_1\{\cos(4.582x)-\cosh(4.582x)-1.0[\sin(4.582x)-\sinh(4.582x)]\}$$

$$\phi_5(x) = A_1\left\{\cos(a_5 x) - \cosh(a_5 x) - \frac{\cos(a_5 L) + \cosh(a_5 L)}{\sin(a_5 L) + \sinh(a_5 L)}\left[\sin(a_5 x) - \sinh(a_5 x)\right]\right\}$$

$$= A_1\left\{\cos(5.891 x) - \cosh(5.891 x) - 1.0\left[\sin(5.891 x) - \sinh(5.891 x)\right]\right\}$$

所画的前五阶振型图如下：

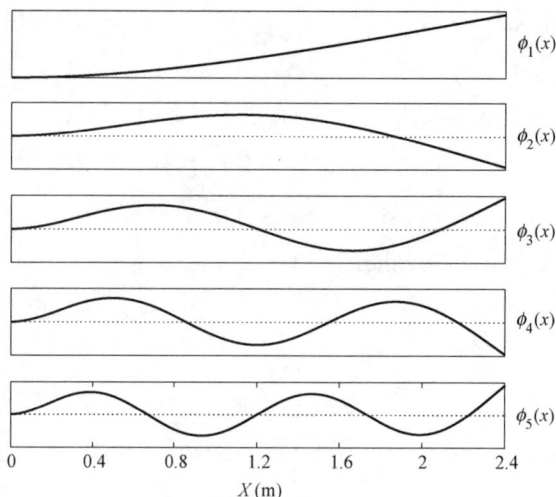

图 3.33　振型图

无限自由度的振动系统同多自由度结构一样，同样有振型的正交性和有阻尼振动情况，具体内容请参见相关文献[121]。

3.6　冲击振动下的频响函数估计

3.4 节的内容为解析模态分析，是在已知结构质量矩阵、阻尼矩阵和刚度矩阵后采用实模态或复模态理论计算位移频响函数，在产品或结构的设计阶段采用解析模态分析方法分析结构的某些参数是十分必要的，有助于减少设计成本，加快产品开发进度。而在试验、测试阶段，需要对结构进行测试，拾取输入、输出信号，通过试验模态分析或结构在工作状态下的工作模态分析识别结构参数。在这过程中，首要工作是利用采集的输入输出信号估计结构的频响函数，这涉及相关的自功率谱密度函数和互功率谱密度函数知识。

（1）自功率谱密度函数

设信号 $x(t)$ 的傅里叶变换为 $X(\omega)$，在多次重复测试中，通过对信号 $x(t)$ 进行多次平均计算得到的自功率谱密度函数（Auto Power Spectra Density Function）定义为

$$P_{xx}(\omega) = \frac{1}{N}\sum_{i=1}^{N} X_i(\omega) X_i^*(\omega) \tag{3.175}$$

式中，$X_i(\omega)$ 为第 i 次测试采集的信号的傅里叶变换，N 为采集的总次数，$P_{xx}(\omega)$ 为自功率谱密度函数。

自功率谱密度函数是实函数，它描述了结构的振动信号在各频率处功率的分布情况，从其幅值图中，能够知道结构的某些固有频率分布，便于确定结构的固有特性。

（2）互功率谱密度函数

设两个不相关的信号 $x(t)$ 和 $y(t)$ 的傅里叶变换分别为 $X(\omega)$ 和 $Y(\omega)$，则他们的互功率谱密度函数（Cross Power Spectra Density Function）定义为

$$P_{xy}(\omega) = \frac{1}{N} \sum_{i=1}^{N} X_i(\omega) Y_i^*(\omega) \tag{3.176}$$

互功率谱密度函数是复函数，同样可以用于分析结构的某些特性。

3.6.1 单点输入作用下的频响函数估计

解析模态分析计算频响函数为正分析，即是已知了结构质量矩阵、阻尼矩阵和刚度矩阵后计算位移频响函数。在实际应用中，更多的是从输入力和输出响应数据（加速度信号或位移时程信号）中采用频响函数估计算法直接计算结构的频响函数，此为逆分析。针对输入和输出的不同个数，分别有单输入单输出（Single Input Single Output，SISO）、单输入多输出（Single Input Multiple Output，SIMO）、多输入单输出（Multiple Input Single Output，MISO）和多输入多输出（Multiple Input Multiple Output，MIMO）四种情况，其中单输入单输出可以看成是单输入多输出的特例，多输入单输出可以看成是多输入多输出的特例。针对单输入和多输入这两种不同的情况，分别有对应的频响函数估计算法[115,124]。

单点激励具有操作简单，不受其他激励点影响的优点，是实际工程中运用最为广泛的一种激励形式，如本书介绍的基于冲击振动测试的桥梁快速评估理论就用到了单点激励。设图 3.30 的结构在 q 点进行了单点多次的冲击振动测试，在 p 点有一个位移传感器采集其动位移。q 点采集的输入力信号为 $f_q(t)$，p 点采集的位移响应信号为 $x_p(t)$，他们的傅里叶变换分别为 $F_q(\omega)$ 和 $X_p(\omega)$。

图 3.34 单输入单输出系统模型

$x_p(t)$ 的自功率谱密度函数为

$$GX_p X_p(\omega) = \frac{1}{N} \sum_{i=1}^{N} X_{pi}(\omega) X_{pi}^*(\omega) \tag{3.177}$$

$f_q(t)$ 的自功率谱密度函数为

$$GF_q F_q(\omega) = \frac{1}{N} \sum_{i=1}^{N} F_{qi}(\omega) F_{qi}^*(\omega) \tag{3.178}$$

$x_p(t)$ 和 $f_q(t)$ 的互功率谱密度函数为

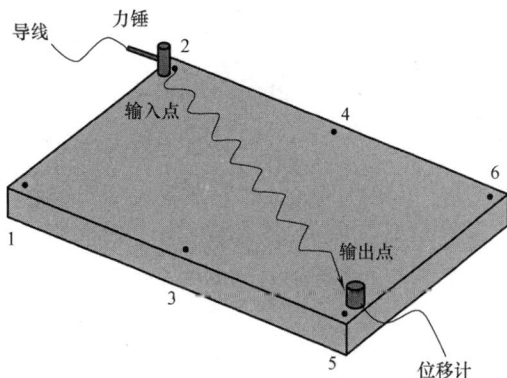

$$GX_pF_q(\omega) = \frac{1}{N}\sum_{i=1}^{N} X_{pi}(\omega) F_{qi}^*(\omega) \tag{3.179}$$

或者

$$GF_qX_p(\omega) = \frac{1}{N}\sum_{i=1}^{N} F_{qi}(\omega) X_{pi}^*(\omega) \tag{3.180}$$

式中，$F_{qi}(\omega)$ 和 $X_{pi}(\omega)$ 分别为在第 i 次测试中得到的输入力和位移响应的傅里叶变换。

单点输入力作用下估算位移频响函数常有三种方法，H1 法、H2 法和 Hv 法，这三种方法针对不同的噪声影响，H1 法适合处理输出数据（$x(t)$）有噪声影响的情况，H2 法适合处理输入数据（$f(t)$）有噪声影响的情况，Hv 法适合处理输入数据和输出数据均有噪声的情况。通常来说，H1 法估计的频响函数偏小，H2 法估计的频响函数偏大，Hv 法估计的频响函数介于 H1 法和 H2 法之间。

（1）H1 法（处理输出数据有噪声的情况）

$$H_{pq}(\omega) = \frac{GX_pF_q(\omega)}{GF_qF_q(\omega)}(p,q=1,2,\cdots,n) \tag{3.181}$$

（2）H2 法（处理输入数据有噪声的情况）

$$H_{pq}(\omega) = \frac{GX_pX_p(\omega)}{GF_qX_p(\omega)}(p,q=1,2,\cdots,n) \tag{3.182}$$

（3）Hv 法（处理输入数据和输出数据均有噪声的情况）

先利用输入输出的自功率谱密度函数和互功率谱密度函数构造功率谱密度矩阵，有两种构造方法，第一种为

$$[GFFX(\omega)] = \begin{bmatrix} GF_qF_q(\omega) & GF_qX_p(\omega) \\ GX_pF_q(\omega) & GX_pX_p(\omega) \end{bmatrix} \tag{3.183}$$

对 $[GFFX(\omega)]$ 在每个频率点 ω 处进行特征值分解：

$$[GFFX(\omega)] = [V(\omega)][\Lambda(\omega)][V(\omega)]^H \tag{3.184}$$

式中，$[\Lambda(\omega)]$ 为特征值对角矩阵，$[V(\omega)]$ 为对应的特征向量组成的矩阵，"H" 为共轭转置运算符号。由于 $[GFFX(\omega)]$ 为 2 阶方阵，取最小特征值 $\lambda_{\min}(\omega)$ 对应的特征向量 $\{V(\omega)\}_{\lambda_{\min}}$，对该特征向量作如下的归一化，可得共轭的频响函数 $H_{pq}^*(\omega)$。

$$\{V(\omega)\}_{\lambda_{\min}} = \begin{Bmatrix} H_{pq}^*(\omega) \\ -1 \end{Bmatrix}(p,q=1,2,\cdots,n) \tag{3.185}$$

对上式得到的 $H_{pq}^*(\omega)$ 取共轭即得到所求的频响函数 $H_{pq}(\omega)$。

若功率谱密度矩阵按第二种构造，

$$[GXFF(\omega)] = \begin{bmatrix} GX_pX_p(\omega) & GX_pF_q^*(\omega) \\ GF_qX_p(\omega) & GF_qF_q(\omega) \end{bmatrix} \tag{3.186}$$

同样对 $[GXFF(\omega)]$ 在每个频率点 ω 处进行特征值分解，

$$[GXFF(\omega)] = [V(\omega)][\Lambda(\omega)][V(\omega)]^H \tag{3.187}$$

取最小特征值 $\lambda_{\min}(\omega)$ 对应的特征向量 $\{V(\omega)\}_{\lambda_{\min}}$，对该特征向量作如下的归一化，得频

响函数$H_{pq}(\omega)$。

$$\{V(\omega)\}_{\lambda_{\min}} = \begin{Bmatrix} -1 \\ H_{pq}(\omega) \end{Bmatrix} (p,q=1,2,\cdots,n) \tag{3.188}$$

依次移动力锤输入点$q(q=1, 2, \cdots, n)$和位移输出点$p(p=1, 2, \cdots, n)$的位置，重复上面的振动测试和位移频响函数估计过程，直到把结构的所有点的频响函数都测量完，则可得到整个位移频响函数矩阵。

估计的位移频响函数具有丰富的结构信息，从每个频响函数幅值图的峰值曲线中可以知晓结构的固有频率，从同一输入点与所有输出点之间的频响函数中可以提取结构的位移振型，这一关系已经在图3.22和图3.23中介绍过，现在采用下图所示的三个自由度的悬臂梁结构进一步说明如何从频响函数中提取位移振型。对图中的节点3进行冲击振动测试时，可以分别得到位移频响函数$H_{13}(\omega)$、$H_{23}(\omega)$和$H_{33}(\omega)$，各点的频响函数虚部曲线依次在各点位置处以浅色细线表示，旁边分别标注有$H_{13}^I(\omega)$，$H_{23}^I(\omega)$，$H_{33}^I(\omega)$，每条虚部曲线都会有三个峰值，三条曲线的每阶峰值依次对应着结构的某阶模态，曲线的横坐标频率处对应的是结构的固有频率，依次连接三个节点在同阶峰值处的顶点就是结构的该阶位移振型。如第1阶位移振型是依次连接3条虚部曲线在第1阶模态处的峰值形成的，第2阶和第3阶位移振型有着同样的原理。所以在进行结构冲击振动测试时，理论上只要冲击一个节点，采集所有需要输出节点的位移响应就可以得到整个结构的各阶位移振型。

图3.33虽然给出的是在节点3处敲击得到的3条频响函数虚部曲线和3阶位移振型结果，但是在节点1或节点2处敲击，同样可以估算出3个频响函数$H_{11}(\omega)$、$H_{21}(\omega)$、$H_{31}(\omega)$或$H_{12}(\omega)$、$H_{22}(\omega)$、$H_{32}(\omega)$，再取这3个频响函数虚部曲线的同阶峰值同样可以提取出图3.33中的3阶位移振型。

取图3.20中的节点1的一次单点脉冲激励力和位移响应数据，施加一定的噪声，采用Hv法计算位移频响函数H_{11}，并与采用实模态理论计算的位移频响函数（图3.29）对比，见图3.34的幅值图和相位图所示。可以看出，在存在噪声干扰情况下，逆分析方法（Hv法）能得到良好的频响函数估计结果，其和正分析方法（实模态方法）得到的位移频响函数几乎重合。

3.6.2 多点输入作用下的频响函数估计

实际工程中还经常用到多点激励技术，当结构体量较大，单点激励无法充分激振起结构时，多点激励就显得尤为必要，因此研究多点输入作用下的频响函数估计具有重要意义。多输入多输出模型见下图，结构在N_i个不同节点分别同时作用有输入力$f_1(t)$，$f_2(t)$，$\cdots$，$f_{N_i}(t)$，在N_o个不同节点分别测有位移响应$x_1(t)$，$x_2(t)$，$\cdots$，$x_{N_o}(t)$，输入力和位移响应的傅里叶变换分别为$F_1(\omega)$，$F_2(\omega)$，$\cdots$，$F_{N_i}(\omega)$和$X_1(\omega)$，$X_2(\omega)$，$\cdots$，$X_{N_o}(\omega)$。需要注意的是，图中所示的输入节点和输出节点虽然是对应的，但这只是一种示意，输入节点和输出节点的数量和位置可以完全不同。

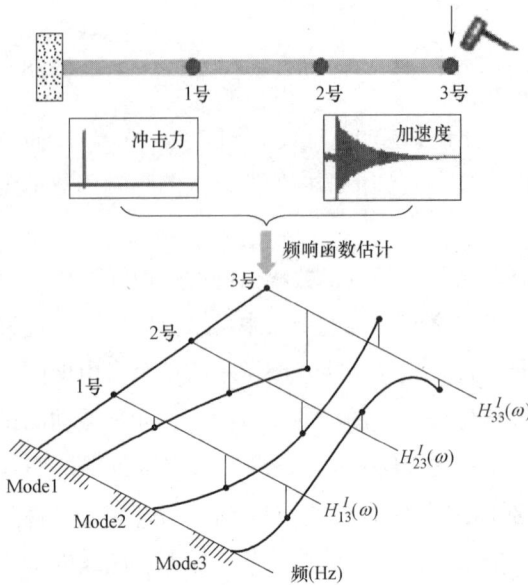

图 3.35 位移振型和频响函数的关系

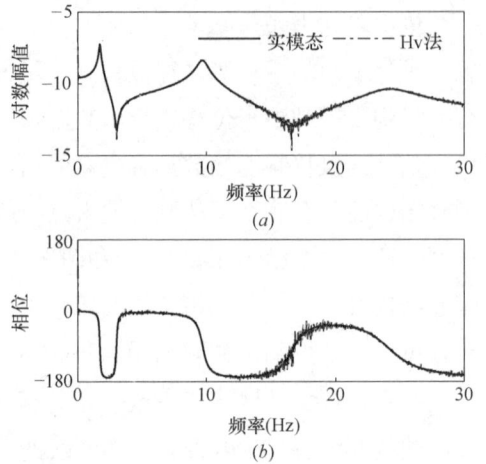

图 3.36 单输入单输出频响函数估计图

(a) 对数幅值图；(b) 相位图

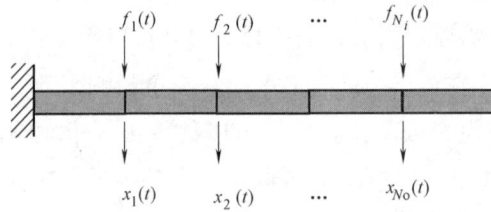

图 3.37 多输入多输出系统模型

与单点输入力下的频响函数计算类似，需要先定义输入和输出信号的自功率谱密度函数和互功率谱密度函数，由于是多点输入和多点输出，因此输入力和输出位移都构成向量，相应的自功率谱密度函数和互功率谱密度函数构成矩阵。

输入力向量的自功率谱密度函数矩阵为：

$$[GFF(\omega)] = \{F(\omega)\}\{F(\omega)\}^{\mathrm{H}} = \begin{bmatrix} GFF_{11}(\omega) & \cdots & GFF_{1N_i}(\omega) \\ \vdots & \ddots & \vdots \\ GFF_{N_i1}(\omega) & \cdots & GFF_{N_iN_i}(\omega) \end{bmatrix} \quad (3.189)$$

输出响应向量的自功率谱密度函数矩阵为：

$$[GXX(\omega)] = \{X(\omega)\}\{X(\omega)\}^{\mathrm{H}} = \begin{bmatrix} GXX_{11}(\omega) & \cdots & GXX_{1N_o}(\omega) \\ \vdots & \ddots & \vdots \\ GXX_{N_o1}(\omega) & \cdots & GXX_{N_oN_o}(\omega) \end{bmatrix} \quad (3.190)$$

与单点输入的输入输出互功率谱密度函数有两种方法一样，多点输入下的输入输出的互功率谱密度函数矩阵也有两种构造方法，第一种为：

$$[GXF(\omega)]=\{X(\omega)\}\{F(\omega)\}^{\mathrm{H}}=\begin{bmatrix} GXF_{11}(\omega) & \cdots & GXF_{1N_i}(\omega) \\ \vdots & \ddots & \vdots \\ GXF_{N_o1}(\omega) & \cdots & GXF_{N_oN_i}(\omega) \end{bmatrix} \tag{3.191}$$

第二种为：

$$[GFX(\omega)]=\{F(\omega)\}\{X(\omega)\}^{\mathrm{H}}=\begin{bmatrix} GFX_{11}(\omega) & \cdots & GFX_{1N_o}(\omega) \\ \vdots & \ddots & \vdots \\ GFX_{N_i1}(\omega) & \cdots & GFX_{N_iN_o}(\omega) \end{bmatrix} \tag{3.192}$$

与单点输入作用下的频响函数估计方法类似，多点输入下的频响函数估计也有 H1 法、H2 法和 Hv 法这三种方法，且处理的噪声类型与单点输入下的也完全一致。

（1）H1 法（处理输出数据有噪声的情况）：

$$[H(\omega)]=[GXF(\omega)][GFF(\omega)]^{-1} \tag{3.193}$$

（2）H2 法（处理输入数据有噪声的情况）：

$$[H(\omega)]=[GXX(\omega)][GFX(\omega)]^{-1} \tag{3.194}$$

（3）Hv 法（处理输入数据和输出数据均有噪声的情况）

利用功率谱密度函数构造以下矩阵：

$$[G(\omega)]=\begin{bmatrix} [GXX(\omega)] & [GXF(\omega)] \\ [GFX(\omega)] & [GFF(\omega)] \end{bmatrix} \tag{3.195}$$

式中，$[G(\omega)]\in\mathbb{C}^{(N_o+N_i)\times(N_o+N_i)}$，符号"$\mathbb{C}$"表示复数集合，"$\mathbb{C}^{(N_o+N_i)\times(N_o+N_i)}$"表示复数矩阵的维数为行数和列数均为（$N_o+N_i$）。

对矩阵 $[G(\omega)]$ 在每个频率点 ω 处进行特征值分解，

$$[G(\omega)][V(\omega)]=[V(\omega)][D(\omega)] \tag{3.196}$$

式中，$[V(\omega)]\in\mathbb{C}^{(N_o+N_i)\times N_o}$ 是特征向量矩阵，$[D(\omega)]\in\mathbb{C}^{(N_o+N_i)\times(N_o+N_i)}$ 是特征值对角矩阵。

取最小的 N_o 个特征值对应的特征向量组成矩阵 $[U(\omega)]$，将其按下式归一化，

$$[U(\omega)]=\begin{bmatrix} -[I] \\ [H(\omega)]^{\mathrm{H}} \end{bmatrix} \tag{3.197}$$

式中，上半部的单位阵 $[I]\in\mathbb{R}^{N_o\times N_o}$，其中符号"$\mathbb{R}^{N_o\times N_o}$"表示实数矩阵的维数为 N_o 行和 N_o 列；下半部为频响函数矩阵 $[H(\omega)]$ 的共轭转置。对下半部矩阵做转置运算，可以得到 Hv 法估计的频响函数。

图 3.38 是图 3.18 在三个节点均作用输入力产生的位移响应，在给输入输出数据添加一定噪声后通过多次测试作平均计算功率谱密度矩阵，然后利用多输入多输出的 Hv 法估计频响函数 H11，再和实模态理论计算的频响函数进行比较。从图中可知，频响函数的幅值估计不受噪声影响，而相位在高频处对噪声比较敏感。

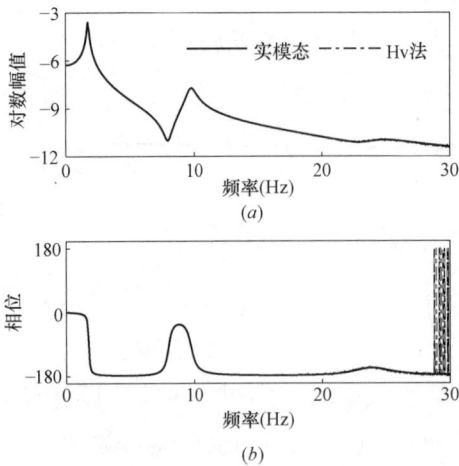

图 3.38 多输入多输出频响函数估计图

(a) 对数幅值图；(b) 相位图

3.6.3 相干函数

相干函数（Coherence Function）是两个信号在频域内相关程度的指标[115]。对一个振动系统，为了评价输入信号与输出信号的因果性，即输出信号的频率响应中有多少是由输入信号的激励所引起的，就可以用相干函数来表示。通常，在振动测试中，相干函数的值为 0～1 之间的正实数。工程上通常采用常相干函数和偏相干函数来表示振动信号的这种相干性，常相干函数通常使用的更多。常相干函数 $COH_{pq}(\omega)$ 表示在 q 点作用输入力下 p 点响应的相干性，其值越接近于 1 表示噪声影响越小，响应几乎由输入力引起，其值越接近于 0 表示噪声干扰越大。一般认为 $COH_{pq}(\omega) \geqslant 0.8$ 时，频响函数的估计结果比较准确可靠。常相干函数 $COH_{pq}(\omega)$ 定义如下：

$$COH_{pq}(\omega) = \frac{|GX_pF_q(\omega)|^2}{GF_qF_q(\omega)GX_pX_p(\omega)}(p,q=1,2,\cdots,n) \tag{3.198}$$

图 3.39 中，左边两图是在一次测试中采集的输入冲击力和加速度响应数据计算得到的相干函数和频响函数，图中显示，本次测试所得的相干函数基本等于 1，测试精度比较高，响应数据基本是由输入力引起的；右边两图是在另一次测试中获得的相干函数和频响函数，其中相干函数质量很差，特别是在 10～30Hz 的高频段，表明这次测试的噪声干扰大，测量的输出加速度不完全由输入力引起，从而可以否定该次的测试结果，或需改进测试方案以寻求更好的测试结果。

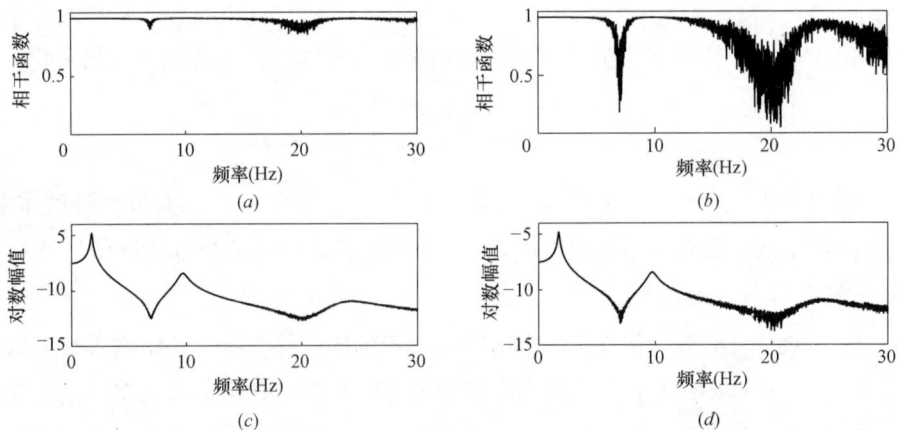

图 3.39 某两次测试获得的相干函数和频响函数

3.6.4　模态保证准则

结构的位移振型是重要的参数，在计算结构动力响应的模态分解法中需要用到位移振型，而为了研究结构各阶模态的振动形式，往往也要画出位移振型图。位移振型作为结构的一种固有特征，一般是不随外界观测条件而变化，然而采用不同的模态参数识别算法，有时得到的振型并不完全一致，如实际结构通过模态分析获得的位移振型和建立结构有限元模型计算的位移振型往往不完全匹配，这时需要采用某个指标来表示不同方法获得的位移振型的匹配程度，模态保证准则（Modal Assurance Criterion，MAC）正是这样的一个指标[115,122]。设采用两种不同方法识别的结构第 r 阶位移振型分别为 $\{\phi_{cr}\}$ 和 $\{\phi_{dr}\}$，则模态保证准则定义为：

$$MAC_{cdr} = \frac{|\{\phi_{cr}\}^{\mathrm{T}}\{\phi_{dr}\}|^2}{\{\phi_{cr}\}^{\mathrm{T}}\{\phi_{cr}\}\{\phi_{dr}\}^{\mathrm{T}}\{\phi_{dr}\}} \tag{3.199}$$

由该式可知，当 $\{\phi_{cr}\}$ 和 $\{\phi_{dr}\}$ 完全匹配时，$\{\phi_{cr}\}=\{\phi_{dr}\}$，代入上式可得 $MAC_{cdr}=1$，当 $\{\phi_{cr}\}$ 和 $\{\phi_{dr}\}$ 完全不匹配时，可认为 $\{\phi_{cr}\}$ 和 $\{\phi_{dr}\}$ 正交，式（3.199）的分子项为 0，$MAC_{cdr}=0$。所以模态保证准则是介于 0 到 1 之间的数，越接近于 1 表示两种方法得到的振型越相似，越接近于 0 表示两种方法得到的振型越不相似，甚至接近于正交的程度。

如在某次测试中识别得到了 8 阶位移振型，分别将这 8 阶位移振型和有限元计算的 8 阶对应的位移振型计算 MAC 值，其中不同阶数间的振型也可以采用上式计算，将得到维数为 8 行 8 列的 MAC 矩阵。为便于观察计算结果，画出图 3.40 表示的该矩阵的三维柱状图，可以看出，三维图中主对角线上的值基本都等于 1，表明该次测试识别的位移振型和有限元计算的位移振型非常接近，一方面说明测试精度高，另一方面也说明所建立的有限元模型和测试结构十分吻合。

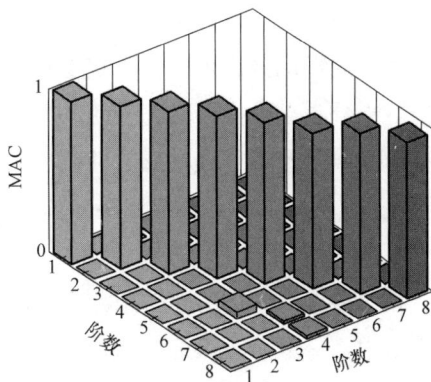

图 3.40　模态保证准则

3.7　场地频谱分析

频谱是微动信号的一个重要动力学参数，微动信号在传播过程中积累了大量与地基特性有关的地球物理信息，微动的频谱在一定程度上反映了地基土的工程特性。场地环境振动信号在早期的频域处理时采用的方法主要有傅里叶谱或功率谱分析。随着对微动信号的不断研究和深入发展，又提出了相对参考点谱比法、单点水平分量与竖向分量谱比法以及地震反应谱分析等各种场地动力特性方法。

1. 傅里叶谱法和功率谱法

利用微动信号进行场地岩土动力特性分析的常用方法是直接傅里叶谱法和功率谱法，微动的傅里叶谱法是直接对微动记录进行快速傅里叶变换，求得微动的卓越周期和频谱振幅，用于场地解释。这种方法的假设条件是：

（1）微动由垂直入射的 S 波组成；

（2）微动源的谱是白噪声。

设微动信号的时程响应为 $x(t)$，其傅里叶变换为 $X(\omega)$，自功率谱为 $GXX(\omega) = \sum X(\omega)X^*(\omega)$，分别作出 $X(\omega)$ 或 $GXX(\omega)$ 的频谱图，由频谱图的各阶峰值获得场地的卓越频率，卓越频率的倒数为卓越周期，场地卓越周期是高层建筑物抗震设计的关键参数。

在假设（1）和（2）的条件下，可以直接使用非岩性土场地上微动的傅里叶谱代表场地对基底垂直入射 S 波的影响，因为坚硬岩石场地上微动谱在很宽的频带范围内是平的，这样直接使用非岩性土场地上地微动记录的傅里叶谱代表基底垂直入射 S 波的场地传递函数进行场地动力特性分析是合理的，但是这种方法的一个主要假定是认为微动是由一组具有白噪声的振动源产生的，事实上在很多情况下，这一假定不符合实际情况，产生微动的源情况十分复杂。许多研究表明，即使在基岩上，微动也存在多个卓越周期，这说明微动具有白噪声的谱有很大的局限性，在微动的分析过程中源和传播路径的影响不能忽略，为克服这种方法的缺点，又提出了微动相对参考点谱比法。

2. 相对参考点谱比法

相对参考点谱比法是采用测点微动与参考点微动的谱比描述场地对微动的作用。在这种方法中，一般参考点选在邻近基岩场地或坚硬的非岩性土上，认为在这些场地上的微动代表非岩性土下部基岩或坚硬土层上输入的微动。相对参考点谱比法在分析地震记录时，容易确定非岩性土场地上和参考点上的同一震相，1986 年 Kagami 等人[127]将分析地震的相对参考点谱比法应用于微动研究，并取得了一定的效果。

在计算谱比时，假设参考点上记录到地微动表示非岩性土与下伏基岩界面的振动，使用测点微动谱与参考点谱比表示场地对微动谱的影响。使用该法时应注意以下几点：

（1）在研究场地上通过微动的连续观测确定微动随时间的变化规律，同时确定微动的卓越成分是属于长周期还是短周期，以消除观测点附近振动源的影响；

（2）采用与研究频带相应的测点间距，当观测微动的卓越周期小于 1s 时，测点间距不要超过 500m，以保证输入的共同性；

（3）在有条件的情况下，使用微动谱比时尽量与地震动谱比作些比较。

相对参考点谱比法虽然较直接的傅里叶谱分析法消除了源和传播路径的影响，但这种方法在应用中存在的一个基本问题是对两个测点很难区分出相同的波列（即同一震相），因此窗函数的选择是其主要问题之一。解决这一问题的方法是不考虑微动波的波形而以绝对时间为准进行分析，或取多个时域窗经傅里叶变换后，将其结果进行平均，最后求得谱比。相对参考点谱比法应用的另一个问题是对于沉积范围较宽阔的沉积盆地，很难找到作为参考点的基岩。尽管如此，微动分析中的相对参考点谱比法在适宜的情况下可以得到场地的卓越周期和放大因子的粗略估计。

3. 单点水平分量与竖向分量谱比法

为了克服直接傅里叶谱法和相对参考点谱比法的不足，日本学者 Nakamura 提出了单点微动谱比法[128,129]，即利用同一测点地脉动的水平分量（H 方向）与竖向分量（V 方向）的谱比（H/V）表示场地传递函数。该法假设：

（1）基岩上地震动或地脉动谱在各个方向上都相同；

（2）地表地脉动的竖向分量与下伏基岩面地脉动竖向分量谱比表示测点附近振动源产生的瑞利波对地脉动的影响，场地对竖向振动无放大；

（3）测点附近振动源产生的瑞利波振动对地脉动的影响，在水平分量和竖向分量相同。

在以上假设条件下，Nakamura 根据传递函数的基本定义，经过简单推导得出单点地脉动谱比法，并依据经验证明了这个谱比可以代表 S 波垂直入射时场地的传递函数。尽管 Nakamura 方法在利用微动分析场地卓越周期时，在大多数情况下，可以得到较为理想的场地卓越周期。然而利用这种方法估计的场地放大因子与常规方法相比普遍偏小，由于该方法包含了许多假设，这些假设是否成立，能不能得到充分的理论依据和实验依据，一直是争论的焦点，也是这种方法能否应用的一个关键问题。图 3.41 是该方法的示意图[130]。

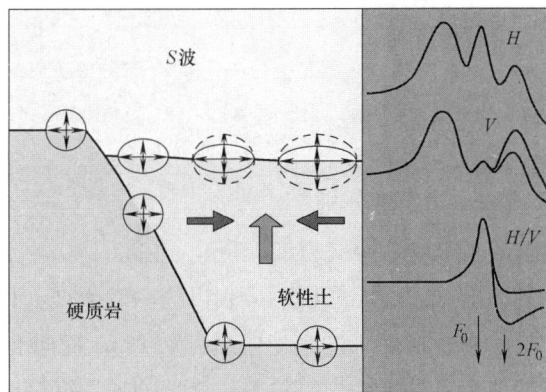

图 3.41　单点水平分量与竖向分量谱比法示意图

4. 地震反应谱法

反应谱法是地震响应分析中的常用方法，为研究地震波的频谱特性，将地震力作用于一系列自振频率均匀变化的单自由度结构，计算其加速度响应，取加速度响应的最大值，以结构的自振频率 f 为横坐标，与该结构对应的加速度响应最大值 a_{max} 为纵坐标作图，就是地震反应谱法的频谱图，如图 3.42 所示。

在采用地震反应谱法计算结构响应时，先指定结构固有频

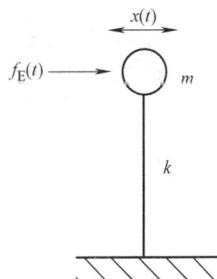

图 3.42　单自由度振动结构

率 ω ，根据固有频率和结构质量、刚度的关系反算结构刚度：

$$k = m\omega^2$$

然后建立结构振动方程：

$$m\ddot{x}(t) + kx(t) = f_E(t)$$

求解该振动方程，获得最大加速度响应 $\ddot{x}_{max}$ 。循环上述过程可以绘制出 $\omega - \ddot{x}_{max}$ 曲线，即为反应谱频谱曲线。

5. 实例研究

（1）场地描述和数据采集

图 3.43 为所研究的 A、B、C、D 四个场地的位置图[131]，分别采集这四个场地在环境振动下的三向（竖向、横向 1 和横向 2）加速度数据。

图 3.43　场地位置图

（2）场地 D 的傅里叶谱和功率谱分析

场地 D 采集的加速度数据的采样频率为 100Hz，图 3.44（a）和图 3.45（a）分别是横向 1 和横向 2 在 5 分钟内的加速度时程图，分别以这两组数据，计算其傅里叶谱和自功率谱，结果如图。图中指示出，横向 1 的卓越周期为 0.26s，横向 2 的卓越周期为 0.19s，表明该地两个水平方向的地质条件不一样，这与对该地的地质勘测结果相符。

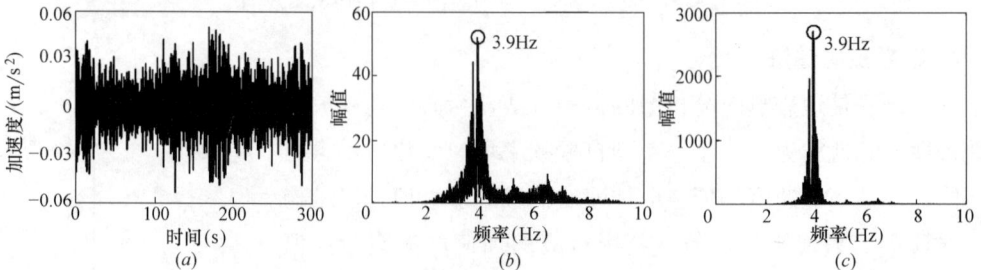

图 3.44　场地 D 横向 1 的计算结果
（a）加速度；（b）傅里叶谱；（c）自功率谱

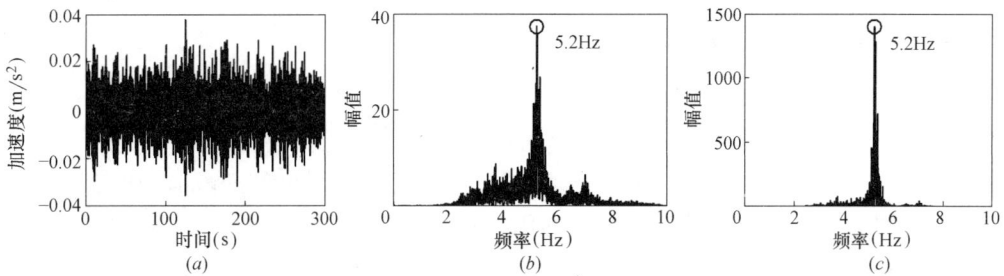

图 3.45 场地 D 横向 2 的计算结果

(a) 加速度；(b) 傅里叶谱；(c) 自功率谱

（3）场地 A 和 B 的相对参考点谱比分析

取场地 A 和 B 的竖向加速度数据，分别计算其傅里叶谱和自功率谱，以场地 B 为参考点，做 A 对 B 的相对傅里叶谱比和相对自功率谱比，图中示出场地 A 和场地 B 的卓越周期为 0.43s，据此可以反查出这两个场地所处的场地类型和通常的地质条件，在地质勘测时作为参考。

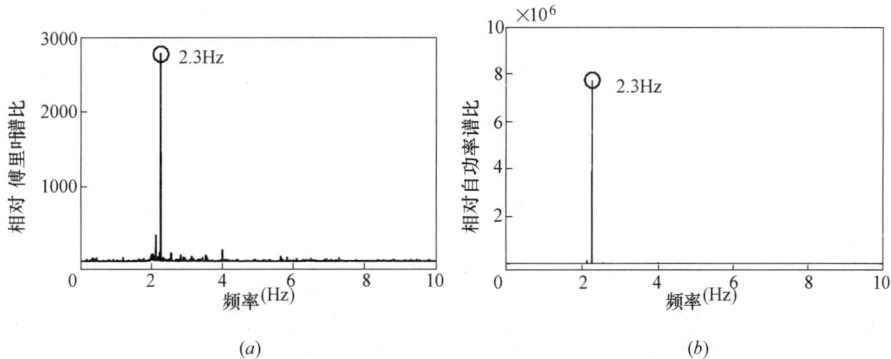

图 3.46 场地 A 和 B 的谱比

(a) 竖向相对傅里叶谱比；(b) 竖向相对自功率谱比

（4）场地 A 的地震反应谱分析

取场地 A 在环境振动下的三个方向的加速度数据，作为一定程度上的地震波产生的加速度响应，分别计算三个方向的反应谱。图 3.47 显示，场地 A 的三个方向的反应谱变化几乎一致，这可能是场地 A 的地质条件比较均匀造成的，如果进一步对该场地作地质勘查，本图结果可以作为参考。

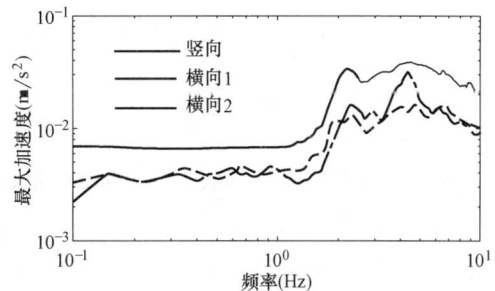

图 3.47 场地 A 的反应谱曲线

3.8 模态参数识别算法

模态分析是将线性时不变系统振动微分方程组中的物理坐标变换为模态坐标，使方程组解耦，成为一组以模态坐标及模态参数描述的独立方程，坐标变换的变换矩阵为振型矩阵，其每列即为各阶振型。模态是结构的固有振动特性，每一个模态具有特定的固有频率、阻尼比和模态振型。这些模态参数可以由计算或试验分析取得，这样一个计算或试验分析过程称为模态分析。振动模态是弹性结构固有的、整体的特性，模态分析的最终目标是识别出结构的模态参数，为结构的振动分析、振动故障诊断和预报、结构动力特性的优化设计提供依据。

模态参数识别方法按输入力是否可测可分为已知输入输出下的参数识别法和仅有输出数据的参数识别法，按数据处理的类型可分为频域识别法、时域识别法、时频域识别法和非线性系统辨识方法，每类方法均有一系列的具体算法，如图 3.48 所示。下面按所处理的数据类型对当前广泛使用的模态参数识别算法进行综述。

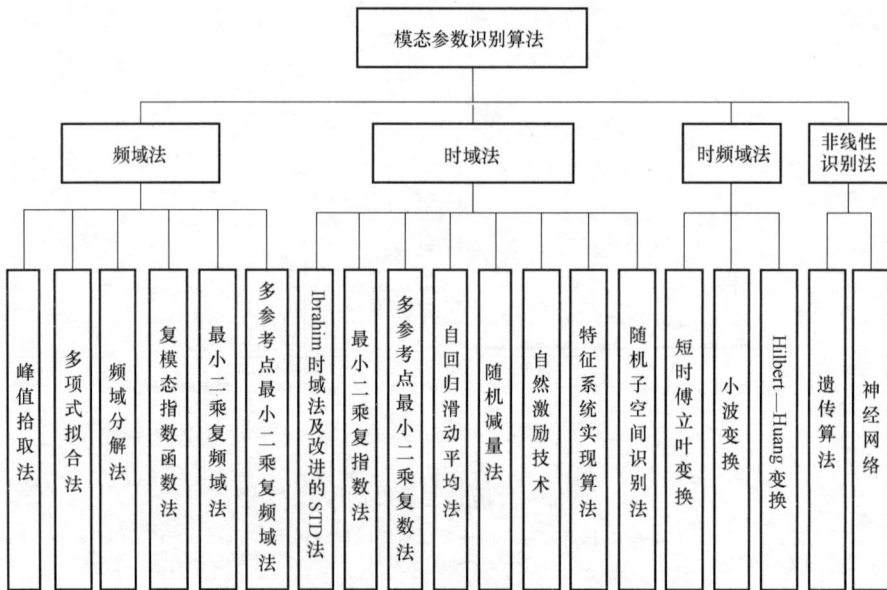

图 3.48　模态参数识别方法分类

3.8.1　频域识别法

最早人们进行模态参数识别是从频域法开始的。由于频响函数表达了结构的激励力同测量点的响应之间的关系，而这一关系又可以用模态参数来描述，每一个频响函数可通过测量得到，将其表示成随频率而变化的频响函数曲线就成为识别的依据。当结构具有弱阻尼、在低频频带上模态分布稀疏的特点时，各阶模态固有频率附近的频响函数主要由该阶模态的特征所决定，这时其余各阶模态的贡献较小，可以忽略，也就是单模态的参数识别，这时通过拟合频响函数的单阶峰值就可以得到较好的识别结果。当需要同时识别各阶模态的参数时，就产生了更多的识别方法，这些方法都是通过在实测数据与理论频响函数间建立起联系，从而识别出所要的参数。

频域识别法的最大优点是直观，从实测频响函数曲线上就可以直接观测到模态的分布以及模态参数的粗略估计值。其次是噪声影响小，由于在处理实测频响函数过程中利用频域平均技术，最大限度地抑制了噪声的影响，使模态定阶问题易于解决。实测频响函数质量的好坏直接影响用频域法识别的模态参数的精度，质量好的实测频响函数的曲线应该是比较光滑和饱满的。

频域模态参数识别法主要有峰值拾取法（Peak Picking，PP），多项式拟合法，频域分解法（Frequency Domain Decomposition，FDD），复模态指数函数法（Complex Mode Indicator Function，CMIF），最小二乘复频域法（Least Squares Complex Frequency，LSCF），多参考点最小二乘复频域法（Poly Reference Least Squares Complex Frequency，PolyLSCF）等。

峰值拾取法[132]是最简单直观的一种方法，是通过直接选取频响函数或功率谱密度函数的峰值来获取结构的固有频率，这种方法无法识别阻尼和振型，也无法识别密集模态，因此辨识精度较低。

最开始的多项式拟合法是 Levy 提出的频响函数有理分式模型拟合技术[133]，该方法采用幂多项式函数作为基函数，将频响函数写为有理分式形式进行曲线拟合，但是在多项式阶次较高时容易出现病态，难以解决数值稳定性问题。为了缓解病态问题带来的影响，Richardson 提出了基于正交多项式（Orthogonal Rational Fraction Polynomials，ORFP）的频响函数拟合方法[134]，采用 Forsythe 正交多项式来减少方程病态性并解耦系统矩阵，较大改善模态参数的识别精度，该方法属于单输入单输出方法。之后 Richardson 又提出了整体正交多项式拟合方法[135]，将模态参数识别分成两步：①用所有测量的频响函数估计频率和阻尼；②利用得到的频率和阻尼估计每一列频响函数的留数，进而识别振型，该方法较大改善了模态参数识别的精度。

频域分解方法[136]是通过对频响函数或功率谱密度函数进行奇异值分解，然后通过傅里叶逆变换得到单自由度时域衰减曲线，估计频率和阻尼时采用对数衰减法，该方法能够有效识别密集模态，但在计算频率和阻尼时返回到了时域，进而损失了精度。

复模态指示函数法[137]最初仅对频响函数矩阵作奇异值分解获取奇异值曲线用以确定模态阶数，后来用奇异向量加权获取增强频响函数，用以识别固有频率、阻尼比、振型和模态缩放系数，形成了应用广泛的复模态指示函数法，该方法在识别密集模态方面具有很高的精度。

采用正交多项式的频响函数拟合法在一定程度上改善了数值稳定性问题，但并未完全解决。比利时布鲁塞尔大学的 Guillaume 教授采用 Z 域模型代替正交多项式开发了最小二乘复频域法[138]。通过估计系统极点获取固有频率和阻尼，振型的估计由留数矩阵通过奇异值分解完成，这种方法能够产生非常清晰的稳定图。

在随后的研究中发现，最小二乘复频域法不易识别密集模态、振型。原因是 LSCF 方法采用的是标量的公分母模型，后来通过使用频响函数的右矩阵分式模型代替公分母模型，将最小二乘复频域法推广到多参考点形式，发展为多参考点最小二乘复频域法[139]，该方法能够同时估计极点与模态参与系数，在密集模态识别、振型估计等方面相对于最小二乘复频域法有了较大提高。该方法后来被 LMS 公司采用，成为 Test.Lab 测试系统中的 PolyMAX 方法[140]。

3.8.2 时域识别法

时域识别法是指在时间域内识别结构的模态参数的方法，时域识别方法的研究和应用比频域方法要晚，是近十几年来发展迅速的一类方法。时域识别法可以克服频域法的一些缺陷，如不需要经过傅里叶变换处理，因而可以避免由于信号截断而引起的泄漏、旁瓣干扰、频率分辨率低等因素对参数识别精度所造成的影响。时域识别法在大型复杂结构参数识别方面具有广泛应用，如大坝、长大跨桥梁、高层建筑物以及飞机、船舶等受到风、浪及大地脉动的作用时，它们在工作中承受的荷载很难测量，但响应信号容易测得，因此直接利用响应的时域信号进行参数识别无疑是很有意义的。

时域模态参数识别法主要有 Ibrahim 时域法（Ibrahim Time Domain，ITD）及其改进的 STD 法，最小二乘复指数法（Least Squares Complex Exponential，LSCE）和多参考点最小二乘复指数法（Poly Reference Least Squares Complex Exponential，PRLSCE），自回归滑动平均法（Auto Regressive Moving Average，ARMA），随机减量法（Random Decrement Technique，RDT），自然激励技术（Natural Excitation Technique，NExT），特征系统实现算法（Eigensystem Realization Algorithm，ERA）和随机子空间识别法等。

ITD 法是 Ibrahim 于 20 世纪 70 年代提出的一种用结构自由振动响应数据（位移、速度和加速度三者之一）进行模态参数识别的方法[141]。其基本思想是：结构各测点的自由响应数据可以通过三次不同的延时采样，构造自由响应采样数据的增广矩阵，即自由衰减响应数据矩阵，并由响应与特征值之间的复指数关系，建立特征矩阵的数学模型，求解特征值问题，得到数据模型的特征值和特征向量，再根据数据模型特征值与振动系统特征值的关系，求解出系统的模态参数，ITD 法属于整体识别法。STD 法是 ITD 法的改进[142]，通过直接构造 Hessenberg 矩阵，避免了 ITD 法中对求特征值的矩阵进行 QR 分解，因而降低了计算量，能有效节省计算时间。

最小二乘复指数法又称 Prony 多项式法[124]。其基本思想是：结构的自由振动响应或脉冲响应函数可以表示为复指数函数和的形式，以 Z 变换因子中包含待识别的复频率，构造 Prony 多项式，使其零点等于 Z 变换因子的值。这样，将求解 Z 变换因子转化为求解 Prony 多项式的系数，构造脉冲响应数据序列的自回归模型以求解这一组系数，自回归系数即 Prony 多项式的系数，求解 Prony 多项式的根，便可获得各阶固有频率和阻尼比。对各个测点的数据均进行上述操作，同时构造各测点的各阶脉冲响应幅值的线性方程组，用最小二乘法可求得模态振型。最小二乘复指数法是一种单输入多输出模态参数识别算法，后来发展出的多参考点最小二乘复指数法将其推广到多参考点形式。

自回归滑动平均模型是一种时间序列分析法，其利用参数模型对有序时间采样数据进行处理，从而识别模态参数。参数模型包括自回归模型、滑动平均模型和自回归滑动平均模型。Akaike 于 1969 年首次将自回归滑动平均模型用于白噪声激励下的模态参数识别[143]。时间序列分析法的优点是无能量泄漏，分辨率高；缺点是对噪声比较敏感，同时模型阶次的确定是参数识别的关键所在。

随机减量法和自然激励法严格意义上并不是一种独立的参数识别方法，他们都仅体现了一种参数辨识的思想，即怎样从随机振动响应数据中获取自由衰减响应数据。随机减量法的主要思想是利用平稳随机振动信号的均值为零的性质，将包含有确定性振动信号和随机信号两种成分的实测信号通过选取初始触发值经过多次平均，就将确定性信号从随机信号中分离出来，得到自由衰减振动响应信号，而后便可利用时域识别方法进行模态参数识别[143]。

自然激励技术是目前处理环境振动模态参数识别时较为常用的一种预处理方法，是由美国 SADIA 国家实验室的 James 于 1993 年提出的[144]。该方法利用白噪声激励下结构的响应信号间的互相关函数与脉冲响应函数具有相似的数学表达式这一性质，采用互相关函数代替脉冲响应函数，然后采用常用的时域参数识别算法识别结构的模态参数。

特征系统实现算法是一种多输入多输出的时域模态参数识别方法[145]，它只需很短的自由响应数据便能识别参数，且识别速度快，对低频、密频、重频有很强的识别能力，更重要的是能得到系统的最小实现，便于控制应用。该算法是 1984 年由美国 NASA 的 Langley 研究中心提出的，其实质是利用实测脉冲响应或自由响应数据，通过构造 Hankel 矩阵，利用奇异值分解技术，得到系统的最小实现，并将该实现变换为特征值规范型。特征系统实现算法最初以脉冲响应函数为输入数据在航天领域广泛使用，后来联合随机减量法或自然激励技术后，可进行自然激励卜的模态识别，被成功地应用于土木结构领域。

随机子空间法是目前应用非常普遍且效果良好的方法。随机子空间来自于控制领域，由 Bart Peeter 等人提出，该方法以离散时间状态空间模型为基础，直接处理时间序列，假设输入信号为随机白噪声，适用于环境激励条件下结构模态参数的识别[146]。随机子空间识别法常用算法可分为两类：基于协方差驱动随机子空间识别法（Cov-SSI）和基于数据驱动随机子空间识别法（Data-SSI）[147]。它们的基本原理都是以线性系统的最小实现理论为基础，利用 Hankel 矩阵与系统可观性、可控性矩阵的特殊关系求得系统矩阵 A 和输出矩阵 C，在状态空间辨识系统的模态参数。基于协方差驱动随机子空间识别法由测得的响应信号的协方差组成 Hankel 矩阵，然后通过对 Hankel 矩阵的奇异值分解达到消除噪声、确定阶次的目的，从而识别出模态参数；基于数据驱动随机子空间识别法不需要计算协方差，直接利用响应信号构造 Hankel 矩阵，通过将未来响应输出矩阵的行空间投影到过去响应输出矩阵的行空间中，对投影矩阵进行奇异值分解得到系统矩阵，进而识别出模态参数。

3.8.3 时频域识别法和非线性识别法

前面介绍的大部分时域和频域辨识方法只能处理平稳响应信号，然而实际响应信号并不总能满足平稳性要求，因此需要辨识方法具备时频域分析功能。信号的时频表示方法是针对频谱随时间变化的确定性信号和非平稳随机信号发展起来的。近年来研究较多的时频分析方法主要有短时傅里叶变换（Short-Time Fourier Transform，STFT）、小波变换和 Hilbert-Huang 变换、变分模态分解、时变自回归滑动平均模型（TAMRA）、函数系列 TARMA 等[148]。时频域方法目前还没有形成系统的工具，仍然处于研究阶段。

短时傅里叶变换是为了针对标准傅里叶变换只在频域里有局部分析能力而在时域里没有分析能力这一局限性而提出的[149]。其基本方法是：用窗函数来截取信号，假定信号在窗内是平稳的，将待分析时域信号加时间窗，假设在窗内信号是平稳的，然后将时间窗在时间轴上滑动做傅里叶变换，从而得到我们所需要的时频分布。短时傅里叶变换频谱图的概念直接，同时算法简单，但是短时傅里叶变换有两个问题难以克服：一是要分析包含两个分量以上的信号，在选取窗函数时就会感到困难，很难使一个窗同时满足几种不同的要求；二是窗函数确定后，就无法改变窗口的形状。因此，运用短时傅里叶变换时，一种窗函数实际只对应单一分辨率的分析能力。

小波变换是用信号在一簇基函数形成的空间投影来表征该信号，这一簇函数系是通过基本母子波函数的不同尺度的伸缩和平移构成的，其时宽和频宽积很小，且在时间和空间上很集中[150]。小波变换克服了短时傅里叶变换的单一分辨率分析的不足，可以研究信号的局部特征，由于小波函数可按信号特征构造，所以在时间尺度域分析、分离信号和噪声以及分频处理上，小波变换极为方便。但是小波变换是利用联合时间-尺度函数来分析非平稳信号，因此利用小波变换分析非平稳信号是在时间-尺度平面上，其结果不是一种真正意义的时频谱；而且小波变换具有自适应的特点，一旦基本小波被选定，我们就必须用它来分析所有待分析的数据。

Hilbert-Huang 变换是美国国家宇航局的 Norden E. Huang 于 1998 年提出的一种针对非平稳、非线性信号的自适应时频分析方法[151]。它的基本思想是通过对非平稳信号进行经验模态分解，将信号分解成一系列特征模态函数。这样得到的特征模态函数是近似单频的信号，即在每一个时刻信号只有一个频率，每一个特征模态函数的瞬时频谱可通过 Hilbert 变换得到，由此可以获得整个信号频谱。经验模态分解方法是 Hilbert-Huang 变换中的精髓，它允许本征模态函数幅值改变，具有灵活多变的信号分析能力，非常适合处理非线性非平稳信号。但是原始信号在分解的过程中存在着模态混叠、端点效应、包络线的拟合等问题。

变分模态分解（Varational Mode Decomposition，VMD）是 Dragomiretskiy 于 2014 年提出的一种针对非线性、非平稳信号的分解方法[234]。该方法中假设每个本征模态函数是具有不同中心频率的有限带宽，为使得每个本征模态函数的估计带宽之和最小，通过转换解决变分问题，将各本征模态函数解调到相应的基频带，最终提取各个本征模态函数。为解决变分问题，利用交替方向乘子法不断更新各本征模态函数及其中心频率并将各本征模态函数解调到相应的基频带，最终提取各个本征模态函数，在得到各阶本征模态函数之后，结合希尔伯特黄变换可以得到结构的时不变模态参数和时变模态参数。上述直接对信号进行变换和分解得到结构的时频特征的方法都是属于无模型的信号处理方法，近年来，国内外学者开发了一系列针对时变系统参数识别的有模型方法，比如基于外部输入和低阶多项式函数的时变自回归（TVARX）[235]、时变自回归滑动平均模型（TARMA）[236]、函数系列时变自回归滑动平均模型（Functional Series TARMA Models，FS-TAR-MA）[237]等，目前这些方法处于实验室研究阶段，下一步研究工作是如何将这些时变系统参数辨识方法应用于土木工程领域。

对于非线性系统，传统的辨识方法往往难以得到满意结果，随着对智能控制理论的深入研究，出现了一些新型的智能参数辨识方法，如人工神经网络（Artificial Neural Network，ANN）、遗传算法（Genetic Algorithm，GA）、深度学习（Deep Learning，DL）等[124]。深度学习技术在近年来得到了广泛关注，它是机器学习中的一类算法，这类算法采用深度模型学习数据的表征，并且更强调多层次表征组合学习[238]。因此，深度学习最大特点就是能够使用通用的学习算法来自动化地进行特征分析，极大地减少了人工进行特征挖掘的需求；深度学习的基本过程为：首先让数据在深度网络模型中进行前馈计算，再根据结果进行后向传播更新模型参数，之后不断地反复迭代使得模型的输出接近目标函数的结果，深度模型中的每一层网络的参数则建立了该层表征与上一层表征之间的联系。常见的深度模型包括深度神经网络（Deep Neural Network，DNN）、深度信念网络（Deep Belief Network，DBN）等多种模型架构，其中 DNN 属于最常见的一类模型，相比传统（浅层）神经网络，它在输入层与输入层之间包含了更多的隐藏层，能够对复杂的非线性关系进行建模，形成多层次组合模型，这种组合模型很好地符合深度学习中多层次表征组合学习的目的。目前这些识别方法仍然处于研究阶段，如何将这些智能参数辨识方法应用于土木工程领域，将是下一步的主要工作内容。

第4章

基于加速度测量的冲击振动数据处理与结构识别理论

　　环境振动测试为桥梁健康诊断的重要手段，其主要利用风荷载和车流等自然条件激励桥梁，输出频率和振型等结构基本特征。国内外众多长大跨桥梁如美国金门大桥、英国Humber大桥、国内苏通大桥等都安装了健康监测系统以监测结构的环境振动数据。这些数据对监测桥梁日常性能和识别突发事件如船撞等具有重要作用，但由于土木结构的复杂性和观测数据的不完备性等挑战性问题的存在，还无法直接支持桥梁维护与管理决策。冲击振动测试同时观测激励力和结构反应，作者在初期研究中从基本的结构动力学方程出发，严格推导了冲击振动与环境振动数据包含结构信息的本质不同，另外发现，包含冲击力和结构反应的冲击振动测试数据具有独特潜质，它能够估算得出和解析解一致的结构频响函数包括其幅值，而仅包含结构反应的环境振动测试数据仅能输出结构频响函数的形状无法估算其幅值，因此冲击振动测试数据包含更加完备的结构信息，从而有望分析挖掘得出更为真实和详尽的结构特征。

　　其中，位移是结构设计或检测中最关键的基本参数之一，它能直观反映结构的基本性能与状态，因此结构的位移一直是工程师和科研人员关注的重点。通常情况下结构的位移是由荷载直接作用产生的，但对于一些结构，尤其是一些大型结构，由于技术与成本的限制，人们很难对其直接施加静载，为此人们利用结构的位移柔度这一固有属性来预测结构在静载作用下的位移，那么如何获得结构的位移柔度就成了关键。本章将介绍基于冲击振动测试的方法，通过位移频响函数并结合 PolyMAX 法、CMIF 法与 SSI 方法来进行结构在已知质量和未知质量下的位移柔度识别，并且通过有限元模拟与试验验证位移柔度识别方法的可行性。

4.1　冲击振动快速测试思路与位移柔度概念

　　为实现桥梁的快速测试，作者在把握上述国内外最新研究状况的基础上，针对国家公路网上广大中小桥梁需要快速测试与诊断的工程需求，开发了一种基于冲击振动测试和加速度测量的桥梁快速测试方法与诊断系统。冲击振动测试（图 4.1）不同于环境振动测试，结构的输入冲击力和输出加速度可以进行精确测量，由输入输出数据估算的结构频响函数是结构的真实频响函数（而由环境振动数据估算的频响函数其幅值和理论值并不一致，具有一定的缩放关系），因而它具有识别模态质量和结构柔度等深层次结构参数的独特潜质。

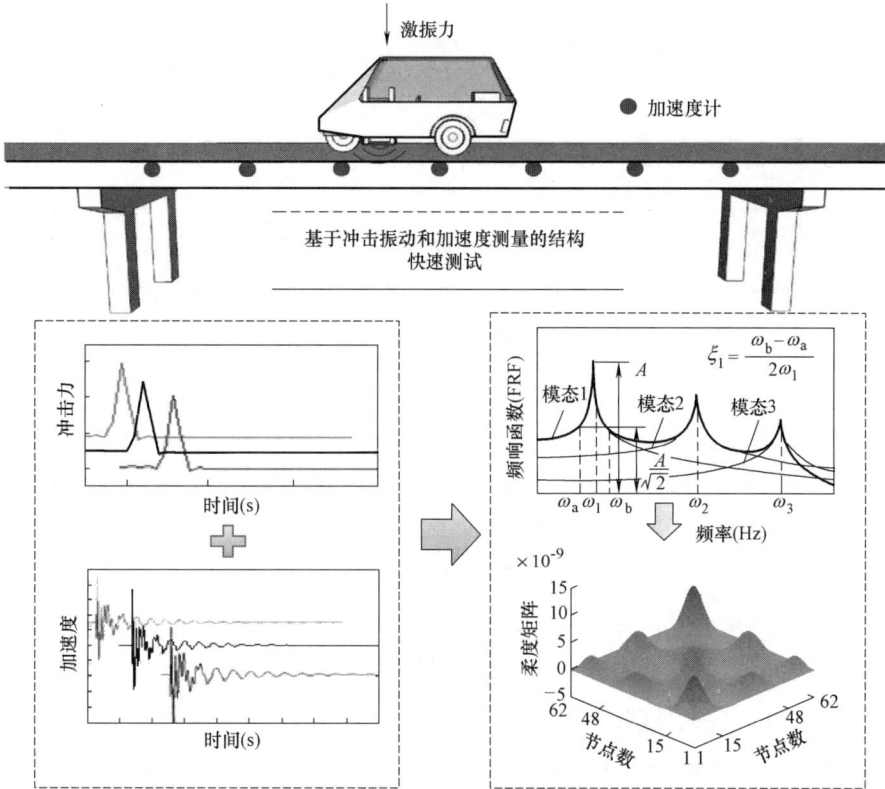

图 4.1　冲击振动快速测试思路

通过针对快速测试数据的结构识别理论创新，结合规范方法可以实现方便快捷高效的中小桥梁快速测试与性能评估，可以进一步丰富基于快速测试数据的桥梁性能评估结果，并为结构的未来服役性能预测和结构的长寿命周期研究奠定良好基础。

对于冲击振动测试来说，柔度是一个关键参数，它作为刚度矩阵的逆矩阵，对结构的损伤定位定量和性能评估具有明确意义。结构的柔度系数 f_{ij} 是指在结构 j 节点施加单位力时在结构 i 节点引起的反应，可根据它计算任意荷载作用下结构各点的反应，如图 4.2 所示。结构柔度已知，可以实现挠度预测、损伤识别和性能评估等功能，这在第 2 章已经详细介绍了，而在实际工程结构中，结构的柔度性质无法直接获得，需要采用相应的理论和试验方法，利用结构的输入（激励荷载）和输出（加速度、动位移）数据进行识别。下面将详细介绍基于冲击振动测试与加速度测量的位移柔度识别理论。

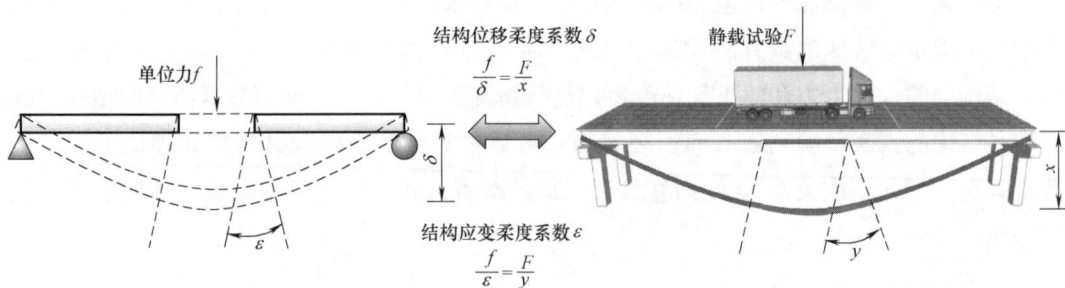

图 4.2　位移柔度概念

4.2　位移柔度和位移频响函数的关系

结构的位移柔度矩阵可以直接从位移频响函数中识别，这一思想在 3.2.3 节中已经通过单自由度结构的频响函数作了详细介绍，本节从理论上将这种思想进一步推广到多自由度结构的位移柔度识别，使得该方法具有工程实用价值。

4.2.1　位移柔度识别公式

从位移频响函数矩阵的定义式（3.131）出发，令频率变量 $\omega=0$，并考虑到结构的位移柔度矩阵 $[F^{\mathrm{d}}]$ 为刚度矩阵的逆矩阵，可得下式：

$$[F^{\mathrm{d}}]=[H^{\mathrm{d}}(\omega=0)] \tag{4.1}$$

式（4.1）是位移柔度矩阵和位移频响函数矩阵的本质关系的数学描述，即：位移频响函数矩阵在频率为零处的值是结构的位移柔度矩阵，这一重要性质是一切利用频响函数识别结构位移柔度的理论基础。

对阻尼矩阵可以满足振型正交化的结构，其位移频响函数矩阵可以写为式（3.138）的实模态形式，令其中的频率变量 $\omega=0$ 将得到以实模态参数表示的位移柔度矩阵公式，该公式和 4.3 节的采用质量归一化的位移振型的位移柔度矩阵识别公式完全一致，所以实模态理论识别位移柔度矩阵同样需要知道结构的精确的质量矩阵，降低了该方法的实用性。

另一方面，位移频响函数矩阵还可以写为式（3.148）的复模态形式，令其中的频率变量 $\omega=0$ 得到以复模态参数表示的位移柔度矩阵公式为

$$[F^{\mathrm{d}}]=\sum_{r=1}^{N}\left(\frac{\{\psi_r\}\{\psi_r\}^{\mathrm{T}}Q_r}{-\lambda_r}+\frac{\{\psi_r^*\}\{\psi_r^*\}^{\mathrm{T}}Q_r^*}{-\lambda_r^*}\right) \tag{4.2}$$

式中，$\{\psi_r\}$ 为第 r 阶复位移振型，Q_r 为第 r 阶模态缩放系数，λ_r 为第 r 阶系统极点，"*" 为复共轭运算符。

由式（4.2）可知，该式表示的位移柔度矩阵识别公式不需要知道结构的质量矩阵，也不要求位移振型矩阵必须满秩，只是将位移柔度识别转化为公式中的位移振型、模态缩

放系数和系统极点的识别，而这些参数都可以采用相应的模态参数识别算法（PolyMAX 法、CMIF 法、SSI 法等）得到，因而具有广泛的实用性。

为直观地表示位移柔度矩阵和位移频响函数的关系，可以画出某个三自由度结构的各个位移频响函数的幅值曲线图[156]，如图 4.3（b）阵列图所示。将式（4.1）对应的物理意义绘制在该图中，可知各个位移频响函数幅值曲线与直线 $\omega=0$ 的交点的纵坐标即为对应的柔度系数，如 H_{11} 的幅值曲线与直线 $\omega=0$ 的交点的纵坐标为柔度系数 f_{11}。由于频响函数是由各阶模态参数按一定规则的叠加组成，所以 H_{11} 的幅值图可以按照图 3.25（a）的形式分别表示为总的幅值曲线和各阶单自由度模态的幅值曲线（图 4.3 中的左侧放大图）。各阶幅值曲线和直线 $\omega=0$ 的交点的纵坐标分别记为 f_{11}^{1}、f_{11}^{2}、f_{11}^{3}。由式（4.2）可知，位移柔度矩阵又等于复模态的各阶模态参数按照该式叠加运算得到，此性质在图中就表示柔度系数 $f_{11}=f_{11}^{1}+f_{11}^{2}+f_{11}^{3}$，该式说明所识别的模态阶数越多，叠加计算的柔度系数就越精确。其他的位移频响函数和位移柔度系数具有和 H_{11} 图同样的特征。

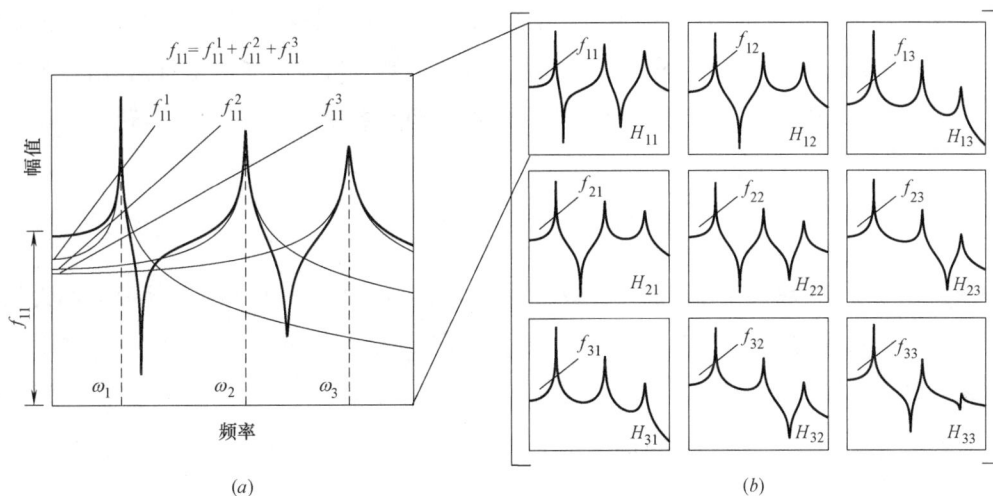

图 4.3　位移柔度系数和位移频响函数的关系图

式（4.2）表示的位移柔度矩阵计算公式除了不需要知道结构的质量矩阵这一优势外，还具有以下三条重要的性质：

1. 快速的模态收敛性

式（4.2）具有和式（4.33）的位移柔度公式同样快速的模态收敛性。事实上，式（4.2）中的位移柔度矩阵 $[F^{d}]$ 与系统极点 λ_{r} 和 λ_{r}^{*} 成反比，随着模态阶数的升高，λ_{r} 和 λ_{r}^{*} 的模会显著增大，高阶模态参数对位移柔度矩阵的贡献将显著减小，导致位移柔度矩阵将迅速收敛，所以一般结构只需要用前几阶模态参数代入式（4.2）中就能得到足够精度的位移柔度矩阵，这对复杂结构在难以获得高阶模态参数或不能保证高阶模态参数精度的情况下准确识别位移柔度矩阵具有重要作用。

2. 较小的数值精度误差

式（4.2）中的各个复模态参数（复位移振型、模态缩放系数和系统极点）均为复数，但对小阻尼的土木工程结构，各阶复位移振型均可以归一化为实振型，模态缩放系数 Q_r 和 Q_r^* 互为相反的纯虚数，加之系统极点 λ_r 和 λ_r^* 互为共轭复数，根据复变函数理论，按照式（4.2）计算得到的位移柔度矩阵在理论上保持为实数矩阵。实际应用时各个模态参数可能受测试噪声和计算机的浮点运算精度等因素的影响，计算的位移柔度系数也可能是复数，但其虚部在数量级上仍远小于实部，所以可以完全忽略掉虚部成分，只取实部得到各个位移柔度系数。该性质保证了由式（4.2）计算的位移柔度矩阵具有较高的原始数值精度。

3. 较强的鲁棒性

由式（4.1）可知，可以直接取位移频响函数矩阵在频率等于零处的值得到位移柔度矩阵，但进行实际的结构振动测试时，由于加速度计具有灵敏度高、工作频率范围宽、易于安装和操作简便等优点得到广泛应用，所以实际测试时采集的通常是结构的加速度响应信号，然后采用 3.6 节中的方法估算出加速度频响函数矩阵 $[H^a(\omega)]$，再利用傅里叶变换的微分定理将加速度频响函数矩阵转化为位移频响函数矩阵 $[H^d(\omega)]$，转化公式可由式（3.135）得到：

$$[H^d(\omega)] = -\frac{[H^a(\omega)]}{\omega^2} \tag{4.3}$$

但不能直接令上式中的 $\omega=0$ 以获得 $[H^d(\omega=0)]$ 的方法来计算位移柔度矩阵，因为频率变量 ω 处于分母位置，$\omega=0$ 时上式没有意义，从数学角度来说为一个间断点，理论上应该取上式在 $\omega \to 0$ 时的极限：

$$[F^d] = [H^d(\omega=0)] = -\lim_{\omega \to 0} \frac{[H^a(\omega)]}{\omega^2} \tag{4.4}$$

然而对于采集的离散的加速度信号，其加速度频响函数同样是离散的，离散变量并不适合求函数在间断点处的极限，由式（4.3）计算的位移频响函数在 $\omega=0$ 附近会出现剧烈波动，所以式（4.4）表示的也只是位移柔度和加速度频响函数的一个关系式，并不适合用于直接求位移柔度。但在远离 $\omega=0$ 的频率范围，采用式（4.3）计算的位移频响函数不受间断点的影响，相应的函数曲线保持光滑，此时唯有对转化来的位移频响函数进行模态参数识别，再将识别的参数代入式（4.2）中才能计算位移柔度矩阵，所以式（4.2）的位移柔度计算公式相较于式（4.4）具有良好的鲁棒性。

图 4.4 是在一次实际振动测试中获取的某结构的加速度频响函数和利用式（4.3）转化的位移频响函数的幅值曲线（右侧图），该图充分说明了位移柔度识别公式（4.2）的鲁棒性。由加速度转化的位移频响函数，其幅值曲线在频率等于零位置附近出现了明显的跳跃（左侧放大图），经计算其在频率等于零处的值为 0.84m/N，而结构的真实位移柔度系数为 $f=1.55 \times 10^{-5}$ m/N，显然转化的位移频响函数在频率为零处出现错误。采用模态参

数识别算法所计算的各阶单自由度频响函数在频率为零处的值分别为 $f^1 = 1.74 \times 10^{-5}$，$f^2 = -1.73 \times 10^{-6}$，$f^3 = -2.00 \times 10^{-7}$，这三个量之和所得的位移柔度系数正好和真实的位移柔度系数相等，从而证明该方法具有良好的鲁棒性。为方便不同数量级的曲线能在同一个图中显示出来，图中某些曲线已经过适当的缩放。

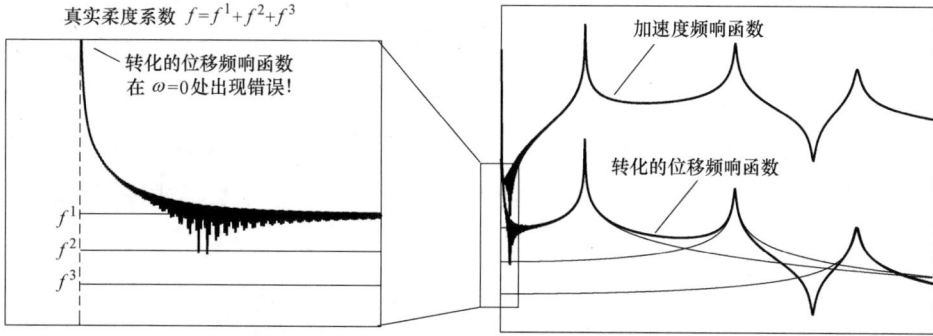

图 4.4　位移柔度识别方法的鲁棒性比较图

上面介绍的位移柔度识别公式需要首先知道各阶复振型向量 $\{\psi_r\}$、模态缩放系数 Q_r 和系统极点 λ_r（或固有圆频率 ω_r 和阻尼比 ξ_r），其中系统极点的识别算法相对成熟。现在按单参考点和多参考点频响函数的分类分别介绍如何从频响函数中获取对柔度识别有用的留数、振型和模态缩放系数信息，其中这里表述的单参考点是指在模态测试中仅在结构的一个节点作用输入力，所有测点输出结构响应，由此获得的频响函数为整个频响函数矩阵中与该参考点对应的一列频响函数；多参考点是指在模态测试中分别在多个节点依次作用输入力，或是在多个节点同时作用输入力，所有测点输出结构响应，由此获得的频响函数为整个频响函数矩阵中与所有参考点对应的多列的频响函数，这种方法通常是通过多参考点冲击振动测试（Multi-Reference Impact Testing，MRIT）实现的。虽然在试验上单参考点可以看成是多参考点的特例，但在数据处理中，则是采用不同的分析方法。如果对结构进行模态测试时，采用固定输出节点位置，移动输入节点位置的方法，则获得的频响函数将是整个频响函数矩阵中对应的一行或多行，根据位移频响函数的互易性，可视为获得了与行对称的对应列的位移频响函数，然后采用下一小节介绍的单参考点或多参考点方法识别结构的振型和留数[156]。

4.2.2　单参考点频响函数的振型和留数识别

位移振型的概念在第 3 章中已经多次提及，只是前面介绍的位移振型主要通过两种方法获取，一种是正分析法，通过对结构进行特征值分析，从特征方程中求解（见 3.3.2 节）；另一种是简单的逆分析法，通过从频响函数的虚部峰值中提取（见图 3.29，图 3.30 和图 3.37）。留数的概念在 3.4.2 节和 3.4.3 节中提出，然后在 3.4.5 节中已经有过实例计算，但该处计算的留数采用的是正分析方法，即根据特征值分析求解的位移振型计算留数。

在实际工程结构中，需要采用逆分析的方法，直接从输入输出数据计算的频响函数中识别这些模态参数。虽然留数的概念在实模态和复模态的理论中均有提及，但是复模态中的留数比实模态中的留数应用更广泛，所以本节主要以复模态的频响函数公式和留数为基础，采用严格的推导方法介绍如何从单参考点频响函数中识别留数和位移振型。

设单参考点的频响函数为位移频响函数矩阵 $[H^d(\omega)]$ 中的第 q 列 $\{H^d_{:q}(\omega)\}$，其中 $\{H^d_{:q}(\omega)\} \in \mathbb{C}^{N_o \times 1}$，下标中的 "$:q$" 表示矩阵的第 q 列，N_o 表示输出节点个数。在不引起歧义的情况下，将位移频响函数简称为频响函数，同时省去上标表示位移的符号 "d"。

任取 $\{H_{:q}(\omega)\}$ 中的第 p 个元素 $H_{pq}(\omega)(p=1,2,\cdots,N_o)$，对应的位移柔度系数为 F^d_{pq}，式（4.2）中的分子项是频响函数的留数，将 $H_{pq}(\omega)$ 以留数形式按式（3.153）展开为

$$H_{pq}(\omega) = \frac{A_{pq1}}{i\omega - \lambda_1} + \frac{A_{pq2}}{i\omega - \lambda_2} + \cdots + \frac{A_{pq,2N}}{i\omega - \lambda_{2N}} \tag{4.5}$$

式中，$A_{pqr} = \psi_{pr}\psi_{qr}Q_r$，$A_{pq(N+r)} = \psi^*_{pr}\psi^*_{qr}Q^*_r$，$\lambda_{N+r} = \lambda^*_r (r=1,2,\cdots,N)$。

在实际结构的模态参数识别中，频响函数 $H_{pq}(\omega)$ 及其对应的频率变量 ω 均是已知量，所以频响函数按已知的离散频率点 $\omega = \omega_1$，ω_2，$\cdots$，ω_{N_s} 展开为 N_s 个等式，

$$\begin{cases} H_{pq}(\omega_1) = \dfrac{A_{pq1}}{i\omega_1 - \lambda_1} + \dfrac{A_{pq2}}{i\omega_1 - \lambda_2} + \cdots + \dfrac{A_{pq,2N}}{i\omega_1 - \lambda_{2N}} \\[3mm] H_{pq}(\omega_2) = \dfrac{A_{pq1}}{i\omega_2 - \lambda_1} + \dfrac{A_{pq2}}{i\omega_2 - \lambda_2} + \cdots + \dfrac{A_{pq,2N}}{i\omega_2 - \lambda_{2N}} \\[3mm] \vdots \\[2mm] H_{pq}(\omega_{N_s}) = \dfrac{A_{pq1}}{i\omega_{N_s} - \lambda_1} + \dfrac{A_{pq2}}{i\omega_{N_s} - \lambda_2} + \cdots + \dfrac{A_{pq,2N}}{i\omega_{N_s} - \lambda_{2N}} \end{cases} \tag{4.6}$$

将上式写成矩阵形式，

$$\begin{Bmatrix} H_{pq}(\omega_1) \\ H_{pq}(\omega_2) \\ \vdots \\ H_{pq}(\omega_{N_s}) \end{Bmatrix} = \begin{bmatrix} \dfrac{1}{i\omega_1 - \lambda_1} & \dfrac{1}{i\omega_1 - \lambda_2} & \cdots & \dfrac{1}{i\omega_1 - \lambda_{2N}} \\[3mm] \dfrac{1}{i\omega_2 - \lambda_1} & \dfrac{1}{i\omega_2 - \lambda_2} & \cdots & \dfrac{1}{i\omega_2 - \lambda_{2N}} \\[2mm] \vdots & \vdots & \ddots & \vdots \\[2mm] \dfrac{1}{i\omega_{N_s} - \lambda_1} & \dfrac{1}{i\omega_{N_s} - \lambda_2} & \cdots & \dfrac{1}{i\omega_{N_s} - \lambda_{2N}} \end{bmatrix} \begin{Bmatrix} A_{pq1} \\ A_{pq2} \\ \vdots \\ A_{pq,2N} \end{Bmatrix} \tag{4.7}$$

上式中，离散频率点数 N_s 又称为谱线数，$H_{pq}(\omega_k)(k=1,2,\cdots,N_s)$ 采用 3.6 节中的频响函数估计算法获得，系统极点 λ_r（$r=1$，2，$\cdots$，$2N$）可采用通用的模态参数识别算法从已知的频响函数中识别，上式中只有等式右侧的留数组成的向量为未知量，所以式（4.7）为关于待识别的留数向量的线性方程组。当谱线数 N_s 正好等于模态阶数 $2N$ 时，方程组两边直接左乘以系数矩阵的逆矩阵可解出 $2N$ 个未知的留数系数；但通常情况下，谱线数 N_s 会远大于模态阶数 $2N$，此时式（4.7）成为超定方程组，应该使用最小二乘法求

解，只是在矩阵论中，这种特殊形式的最小二乘公式在形式上类似于求解常规的线性方程组的系数矩阵求逆法，通过在等式（4.7）两侧同时左乘以系数矩阵的伪逆矩阵求解留数向量：

$$\begin{Bmatrix} A_{pq1} \\ A_{pq2} \\ \vdots \\ A_{pq,2N} \end{Bmatrix} = \begin{bmatrix} \dfrac{1}{i\omega_1-\lambda_1} & \dfrac{1}{i\omega_1-\lambda_2} & \cdots & \dfrac{1}{i\omega_1-\lambda_{2N}} \\ \dfrac{1}{i\omega_2-\lambda_1} & \dfrac{1}{i\omega_2-\lambda_2} & \cdots & \dfrac{1}{i\omega_2-\lambda_{2N}} \\ \vdots & \vdots & \ddots & \vdots \\ \dfrac{1}{i\omega_{N_s}-\lambda_1} & \dfrac{1}{i\omega_{N_s}-\lambda_2} & \cdots & \dfrac{1}{i\omega_{N_s}-\lambda_{2N}} \end{bmatrix}^{\dagger} \begin{Bmatrix} H_{pq}(\omega_1) \\ H_{pq}(\omega_2) \\ \vdots \\ H_{pq}(\omega_{N_s}) \end{Bmatrix} \tag{4.8}$$

式中，上标符号"$\dagger$"是最小二乘法的伪逆运算符号，专门用于计算非方阵的逆矩阵。

上述过程从 $p=1,2,\cdots,N_o$ 循环操作可求出整个单参考点频响函数 $\{H_{:q}(\omega)\}$ 的各阶留数向量 $\{A_{:qr}\}(r=1,2,\cdots,2N)$，其中 $\{A_{:qr}\}=\{A_{1qr},A_{2qr},\cdots,A_{N_oqr}\}^{\mathrm{T}}$，由留数计算公式（3.152）可知，$\{A_{:qr}\}=\{\psi_r\}l_{qr}$，取 $l_{qr}=A_{qqr}$，则第 r 阶复振型向量为

$$\{\psi_r\}=\frac{\{A_{:qr}\}}{A_{qqr}}(r=1,2,\cdots,2N) \tag{4.9}$$

从上式中可知 $\psi_{qr}=1$，由模态参与系数和模态缩放系数的关系式（3.150）可知，$l_{qr}=Q_r\psi_{qr}$，所以第 r 阶模态缩放系数为

$$Q_r=A_{qqr}(r=1,2,\cdots,2N) \tag{4.10}$$

以上推导过程中未考虑高阶残余模态的影响，即在总的模态阶数 N 之后还有模态存在，此时如果仍然采用以上的方法识别参数，有可能得到并不精确的结果。解决方案主要有两种，一种是可以提高待识别的模态阶数 N，另一种是在式（4.5）中添加高阶模态残余项得到以下公式：

$$H_{pq}(\omega)=\frac{A_{pq1}}{i\omega-\lambda_1}+\frac{A_{pq2}}{i\omega-\lambda_2}+\cdots+\frac{A_{pq,2N}}{i\omega-\lambda_{2N}}-\frac{RI_{pq}}{\omega^2}+RF_{pq} \tag{4.11}$$

式中，$-\dfrac{RI_{pq}}{\omega^2}$ 和 RF_{pq} 分别是高阶残余模态的衰减部分和线性部分。留数和复振型以及模态缩放系数的识别过程与不考虑高阶残余模态的识别过程类似，在此不再赘述。

至此，单参考点法仅凭频响函数矩阵中的一列数据就识别了结构的各阶位移振型和模态缩放系数，将其和采用其他算法识别的系统极点代入式（4.2）中即可计算整个结构的位移柔度矩阵。该方法与式（4.1）中定义的采用整个位移频响函数矩阵识别位移柔度的方法相比，具有试验测试简单（只需在一个节点输入力）、数据处理量小（只处理一列频响函数数据）等优点。但单参考点法要求作为输入的节点不能为某阶模态节点，否则输入力无法激励起结构的该阶模态，由此导致这一阶模态参数无法识别；另外，仅使用频响函数的一列数据难免受噪声干扰影响参数识别精度。多参考点频响函数法是避免这些缺陷的有效方法。

4.2.3　多参考点频响函数的振型和留数识别

多参考点频响函数法是指采用多列的频响函数数据识别结构参数，该方法具有数值稳定性好、抗噪性强、对模态节点不敏感等优点，因而获得了广泛的应用。与单参考点法一样，多参考点法同样是经过相关推导，将待识别的振型组合为线性方程组的形式，然后采用这种特殊形式的最小二乘公式，求解出振型矩阵。只是由于处理的频响函数数据扩展为矩阵，建立最小二乘识别公式的过程较单参考点法稍微繁琐。

设用于参数识别的频响函数矩阵为 $[H(\omega)]\in\mathbb{C}^{N_o\times N_i}$，其中 N_o 和 N_i 分别是模态测试时的输出和输入个数，采用某种参数识别算法已识别出各阶系统极点 $\lambda_r(r=1,2,\cdots,2N)$ 和模态参与系数矩阵 $[L]\in\mathbb{C}^{N_i\times 2N}$，其中后 N 阶参数是前 N 阶参数的共轭量；待识别的复振型矩阵为 $[\Psi]\in\mathbb{C}^{N_o\times 2N}$。

为便于公式推导，将 $[H(\omega)]$ 中的第 p 行 $\{H_{p:}(\omega)\}$ 写为式（3.149）的矩阵形式：

$$\{H_{p:}(\omega)\}=\{\Psi_{p:}\}\left[\frac{1}{i\omega-\lambda_r}\right][L]^{\mathrm{T}} \tag{4.12}$$

式中，记号"$p:$"表示矩阵的第 p 行，$\{H_{p:}(\omega)\}=\{H_{p1}(\omega),H_{p2}(\omega),\cdots,H_{pN_i}(\omega)\}$，$\{\Psi_{p:}\}=\{\psi_{p1},\psi_{p2},\cdots,\psi_{p,2N}\}$，$[L]=[\{l_1\},\{l_2\},\cdots,\{l_{2N}\}]$，对角矩阵

$$\left[\frac{1}{i\omega-\lambda_r}\right]=\begin{bmatrix}\dfrac{1}{i\omega-\lambda_1}&&\\&\ddots&\\&&\dfrac{1}{i\omega-\lambda_{2N}}\end{bmatrix}。$$

为便于计算，对式（4.12）取转置得到：

$$\{H_{p:}(\omega)\}^{\mathrm{T}}=[L]\left[\frac{1}{i\omega-\lambda_r}\right]\{\Psi_{p:}\}^{\mathrm{T}} \tag{4.13}$$

上式按已知的离散频率点 $\omega=\omega_1,\omega_2,\cdots,\omega_{N_s}$ 展开为下式：

$$\begin{cases}\{H_{p:}(\omega_1)\}^{\mathrm{T}}=[L]\left[\dfrac{1}{i\omega_1-\lambda_r}\right]\{\Psi_{p:}\}^{\mathrm{T}}\\[2mm]\{H_{p:}(\omega_2)\}^{\mathrm{T}}=[L]\left[\dfrac{1}{i\omega_2-\lambda_r}\right]\{\Psi_{p:}\}^{\mathrm{T}}\\[2mm]\qquad\qquad\vdots\\[2mm]\{H_{p:}(\omega_{N_s})\}^{\mathrm{T}}=[L]\left[\dfrac{1}{i\omega_{N_s}-\lambda_r}\right]\{\Psi_{p:}\}^{\mathrm{T}}\end{cases} \tag{4.14}$$

将上式组合为一个矩阵形式：

$$\begin{bmatrix}\{H_{p:}(\omega_1)\}^{\mathrm{T}}\\\{H_{p:}(\omega_2)\}^{\mathrm{T}}\\\vdots\\\{H_{p:}(\omega_{N_s})\}^{\mathrm{T}}\end{bmatrix}=\begin{bmatrix}[L]\left[\dfrac{1}{i\omega_1-\lambda_r}\right]\\[2mm][L]\left[\dfrac{1}{i\omega_2-\lambda_r}\right]\\\vdots\\[2mm][L]\left[\dfrac{1}{i\omega_{N_s}-\lambda_r}\right]\end{bmatrix}\{\Psi_{p:}\}^{\mathrm{T}} \tag{4.15}$$

式中，$\{H_{p:}(\omega_k)\}$、$\left[\dfrac{1}{i\omega_k-\lambda_r}\right]$$(k=1,2,\cdots,N_s;r=1,2,\cdots,2N)$ 和 $[L]$ 均为已知量。通常情况下谱线数$N_s\geqslant 2N$，可以使用超定的线性方程组特殊形式的最小二乘公式求得未知的振型向量$\{\boldsymbol{\Psi}_{p:}\}^{\mathrm{T}}$为

$$\{\boldsymbol{\Psi}_{p:}\}^{\mathrm{T}}=\begin{bmatrix}[L]\left[\dfrac{1}{i\omega_1-\lambda_r}\right]\\[L]\left[\dfrac{1}{i\omega_2-\lambda_r}\right]\\\vdots\\[L]\left[\dfrac{1}{i\omega_{N_s}-\lambda_r}\right]\end{bmatrix}^{\dagger}\begin{bmatrix}\{H_{p:}(\omega_1)\}^{\mathrm{T}}\\\{H_{p:}(\omega_2)\}^{\mathrm{T}}\\\vdots\\\{H_{p:}(\omega_{N_s})\}^{\mathrm{T}}\end{bmatrix} \tag{4.16}$$

对求得的$\{\boldsymbol{\Psi}_{p:}\}^{\mathrm{T}}$取转置即得复振型矩阵 $[\boldsymbol{\Psi}]$ 中的第 p 行 $\{\boldsymbol{\Psi}_{p:}\}$。上述过程从 $p=1，2，\cdots，N_o$循环操作最后可得整个复振型矩阵：

$$[\boldsymbol{\Psi}]=\begin{bmatrix}\{\boldsymbol{\Psi}_{1:}\}\\\{\boldsymbol{\Psi}_{2:}\}\\\vdots\\\{\boldsymbol{\Psi}_{N_o:}\}\end{bmatrix} \tag{4.17}$$

上式中，$[\boldsymbol{\Psi}]$ 中的第 r 列即是第 r 阶复振型向量 $\{\psi_r\}$$(r=1,2,\cdots,2N)$。

在输出个数N_o和输入个数 N_i 不相等（通常$N_o\geqslant N_i$）的情况下，可由复振型向量 $\{\psi_r\}$ 在所有输入位置处的元素组成一个子向量 $\{\psi_{\mathrm{drv},r}\}$，其中下标"drv"表示驱动点（Driving Points），其物理意义来自于输入位置通常也是结构上作用驱动力使结构产生振动的位置。驱动点处的第 r 阶复振型向量 $\{\psi_{\mathrm{drv},r}\}$ 和模态参与系数向量 $\{l_r\}$ 满足式（3.150）的关系 $\{l_r\}=Q_r\{\psi_{\mathrm{drv},r}\}$，由于多参考点法的输入个数 $N_i>1$，所以采用最小二乘法可求得第 r 阶模态缩放系数：

$$Q_r=\{\psi_{\mathrm{drv},r}\}^{\dagger}\{l_r\} \tag{4.18}$$

式中，$\{\psi_{\mathrm{drv},r}\}\in\mathbb{C}^{N_i\times 1}$。

循环运算 $r=1，2，\cdots，2N$ 可解得各阶模态缩放系数，然后将各阶复振型 $\{\psi_r\}$ 和模态缩放系数Q_r代入式（3.151）中即得到各阶留数矩阵。若所使用的模态参数识别算法首先识别的是复振型矩阵，可采用上面所述的类似方法识别模态参与系数矩阵、模态缩放系数和留数矩阵，在此不再赘述。

4.2.4　频响函数的参数化模型

本书在 3.4 节中根据结构不同的物理属性分别推导了实模态和复模态情况的频响函数表达式，但是在众多参数识别算法中，并不是完全直接基于频响函数的这两种形式来识别参数。由于频响函数在数学意义上为复函数，可以采用复变函数理论将其写为不同的参数

化模型，特定的参数识别算法则基于这些特定的模型进行参数识别，然后拟合实测的频响函数获得模态参数。事实上，式（3.148）和式（3.153）实际是部分分式模型，除此以外还有有理分式模型[157~159]，右矩阵分式模型[160]、左矩阵分式模型[161]和状态空间模型[162]等。

在后续介绍的模态参数识别算法中，PolyMAX 法完全基于右矩阵分式模型，CMIF 法使用了有理分式模型，这两种方法主要使用最小二乘法和奇异值分解进行参数识别；SSI 法是基于状态空间模型的时域识别法。在开始具体讲述模态参数识别算法之前，本小节有必要简单介绍下频响函数的这些参数化模型。

1. 有理分式模型

单输入单输出测量的频响函数$H_{pq}(\omega)$可表示为式（3.153）的部分分式形式，其中分子项的留数是常数，对相加的各个分式通分可以得到一个分式，所得的分子和分母均为关于$i\omega$的多项式，考虑分子和分母多项式具有不同阶数的一般情况，将得到下式中频响函数的有理分式表示形式：

$$H_{pq}(\omega) = \frac{\sum_{k=0}^{n} b_k \, (i\omega)^k}{\sum_{k=0}^{m} a_k \, (i\omega)^k} \tag{4.19}$$

式中，a_k和b_k分别是分母和分子多项式的系数，通常为复数；m和n分别是分母和分子多项式的阶次。

将等式右边的分母乘到等式左边得到：

$$\sum_{k=0}^{m} a_k \, (i\omega)^k \, H_{pq}(\omega) = \sum_{k=0}^{n} b_k \, (i\omega)^k \tag{4.20}$$

上式是单输入单输出（SISO）的有理分式模型，在多输入多输出（MIMO）的情况下，频响函数$H_{pq}(\omega)$扩展为矩阵$[H(\omega)]$，相应的分母多项式系数和分子多项式系数也都是矩阵形式，对应的频响函数矩阵的有理分式模型为：

$$\sum_{k=0}^{m} [a_k] \, (i\omega)^k [H(\omega)] = \sum_{k=0}^{n} [b_k] \, (i\omega)^k \tag{4.21}$$

式中，频响函数矩阵$[H(\omega)] \in \mathbb{C}^{N_o \times N_i}$，分母系数矩阵$[a_k] \in \mathbb{C}^{N_o \times N_o}$，分子系数矩阵$[b_k] \in \mathbb{C}^{N_o \times N_i}$。

2. 右矩阵分式模型

对于一个具有N_o个输出，N_i个输入的多输入多输出系统，采用右矩阵分式模型描述的频响函数矩阵$[H(\omega)]$为：

$$[H(\omega)] = [B(\omega)][A(\omega)]^{-1} \tag{4.22}$$

式中，$[A(\omega)] \in \mathbb{C}^{N_i \times N_i}$为分母矩阵，$[B(\omega)] \in \mathbb{C}^{N_o \times N_i}$为分子矩阵，分别定义如下：

$$[A(\omega)] = \sum_{r=0}^{n} [A_r] \Omega_r(\omega) \tag{4.23}$$

$$[B(\omega)] = \sum_{r=0}^{n} [B_r] \Omega_r(\omega) \tag{4.24}$$

式中，n为系统阶次，$[A_r] \in \mathbb{C}^{N_i \times N_i}$为分母系数矩阵，$[B_r] \in \mathbb{C}^{N_o \times N_i}$为分子系数矩阵，

$\Omega_r(\omega)$ 为基函数，通常为下式定义的 z 域模型：

$$\Omega_r(\omega) = e^{i\omega \cdot \Delta t \cdot r} \tag{4.25}$$

式中，Δt 为信号采样时间间隔，r 为阶次。

3. 左矩阵分式模型

频响函数也可以采用左矩阵分式模型进行描述，定义如下：

$$[H(\omega)] = [A(\omega)]^{-1}[B(\omega)] \tag{4.26}$$

式中，分母矩阵多项式 $[A(\omega)] \in \mathbb{C}^{N_o \times N_o}$，定义为 $[A(\omega)] = \sum_{r=0}^{n}[A_r]\Omega_r(\omega)$，分母系数矩阵 $[A_r] \in \mathbb{C}^{N_o \times N_o}$；分子矩阵多项式 $[B(\omega)] \in \mathbb{C}^{N_o \times N_i}$，定义为 $[B(\omega)] = \sum_{r=0}^{n}[B_r]\Omega_r(\omega)$，分子系数矩阵 $[B_r] \in \mathbb{C}^{N_o \times N_i}$；基函数 $\Omega_r(\omega)$ 与右矩阵分式模型中的基函数相同。值得注意的是，虽然左矩阵分式模型的表达式类似于右矩阵分式模型，但是系数矩阵的维数却不同于右矩阵分式模型。

4. 状态空间模型

在时域方法中，通常将结构动力学方程结合辅助方程写成以下的状态空间方程：

$$\begin{cases} \{x_{k+1}\} = [A]\{x_k\} + [B]\{u_k\} \\ \{y_k\} = [C]\{x_k\} + [D]\{u_k\} \end{cases} \tag{4.27}$$

其中，$\{x_k\}$ 为状态向量，$\{u_k\}$ 为输入向量，$\{y_k\}$ 为输出向量，k 表示第 k 个时刻，$[A]$、$[B]$、$[C]$、$[D]$ 均为时不变的系统矩阵。

对上式进行傅里叶变换可得：

$$z\{X(\omega)\} = [A]\{X(\omega)\} + [B]\{U(\omega)\} \tag{4.28}$$

$$\{Y(\omega)\} = [C]\{X(\omega)\} + [D]\{U(\omega)\} \tag{4.29}$$

式中，$z = e^{i\omega \cdot \Delta t}$。

由式（4.28）得 $\{X(\omega)\} = (z[I]-[A])^{-1}[B]\{U(\omega)\}$，将其代入式（4.33）得到 $\{Y(\omega)\} = ([C](z[I]-[A])^{-1}[B]+[D])\{U(\omega)\}$，根据频响函数的定义，输出与输入之比即为结构的频响函数，所以频响函数矩阵 $[H(\omega)]$ 为

$$[H(\omega)] = [C](z[I]-[A])^{-1}[B]+[D] \tag{4.30}$$

该式是 SSI 法识别模态参数的基础，通过识别式中的系统矩阵 $[A]$、$[B]$、$[C]$、$[D]$ 获得模态参数。

4.3 质量已知时位移柔度识别

在有限元分析中，结构的刚度矩阵是通过先将结构划分为若干个单元，依次对各个单元进行单元分析得到单元刚度矩阵，然后集成为整体刚度矩阵得到的，引入边界条件后，取整体刚度矩阵的逆矩阵得到位移柔度矩阵（Displacement Flexibility Matrix）。而在模

态测试中,位移柔度矩阵通常可从模态参数中获取,目前最常用的方法是采用质量归一化的位移振型识别法[154]。

第 3 章 3.8 节综述了当前广泛使用的模态参数识别算法,设使用某种识别算法得到了结构的任意一个位移振型矩阵 $[\phi]$,在表示位移振型正交性的式(3.119)第二式中,当振型矩阵 $[\phi]$ 可逆时,等式两边分别左乘以 $([\phi]^{\mathrm{T}})^{-1}$ 和右乘以 $[\phi]^{-1}$,从而解出刚度矩阵:

$$[K] = ([\phi]^{\mathrm{T}})^{-1} \begin{bmatrix} k_1 & & \\ & \ddots & \\ & & k_n \end{bmatrix} [\phi]^{-1} \tag{4.31}$$

上式取逆矩阵得到位移柔度矩阵:

$$[F^{\mathrm{d}}] = [\phi] \begin{bmatrix} 1/k_1 & & \\ & \ddots & \\ & & 1/k_n \end{bmatrix} [\phi]^{\mathrm{T}} = \sum_{r=1}^{n} \frac{\{\phi_r\}\{\phi_r\}^{\mathrm{T}}}{k_r} \tag{4.32}$$

式中,上标"d"表示该参数属于位移,以便跟第 6 章中与应变相关的参数相区别。

上式是用任意的位移振型和模态刚度表示的位移柔度公式,对识别的每阶位移振型 $\{\phi_r\}$ 采用式(3.123)进行质量归一化,得到质量归一化的位移振型 $\{\bar{\phi}_r\}$,此时的模态质量 $m_r = 1$,模态刚度 $k_r = \omega_r^2$。将这些关系代入上式可得:

$$[F^{\mathrm{d}}] = \sum_{r=1}^{n} \frac{\{\bar{\phi}_r\}\{\bar{\phi}_r\}^{\mathrm{T}}}{\omega_r^2} \tag{4.33}$$

式中,n 为识别的总的模态阶数,ω_r 为第 r 阶固有圆频率。

由于上式需要用到质量归一化的位移振型,实际应用中很难直接获取,通常采用某种方法假设结构的质量矩阵,如通过建立结构的粗略的有限元模型,从有限元模型中提取出质量矩阵,代入式(3.123)中计算质量归一化的位移振型,从而得到结构的位移柔度矩阵,利用柔度矩阵可以预测结构在静载作用下的位移。设一组静力荷载组成的向量 $\{f\}$ 作用于结构,用识别的位移柔度矩阵乘以荷载向量就能预测该组荷载作用下结构产生的位移 $\{d\}$,如下式所示:

$$\{d\} = [F^{\mathrm{d}}]\{f\} \tag{4.34}$$

值得注意的是,式(4.33)表示的位移柔度识别公式是各阶模态参数的叠加形式,与固有圆频率的平方成反比,随着模态阶数的升高,结构的固有圆频率显著增大,高阶模态参数对位移柔度矩阵的贡献将显著减小,因此一般结构只需取前几阶模态参数进行位移柔度识别,就能满足精度要求,用识别的位移柔度矩阵预测的静力位移通常会快速收敛于结构真实的静力位移。

采用第 3 章中的图 3.23 的 3 个单元的悬臂梁结构,取该结构计算得到的集中质量矩阵和凝聚刚度矩阵,在节点 1 处施加冲击荷载同时输出三个节点的位移响应,模拟单输入多输出的振动测试,其中结构的动力响应(动位移、速度和加速度)采用 *Newmark-β* 法计算，然后采用 3.6.1 节的单点输入作用下的频响函数估计方法计算该结构 3 个节点的位移频响函数（H11、H21、H31），通过第 3 章中介绍的模态参数和频响函数的关系，采用最简单的峰值拾取法可以获得基本模态参数，如固有频率和位移振型。图 4.5 是该结构的频响函数 H11 的峰值提取示意图。

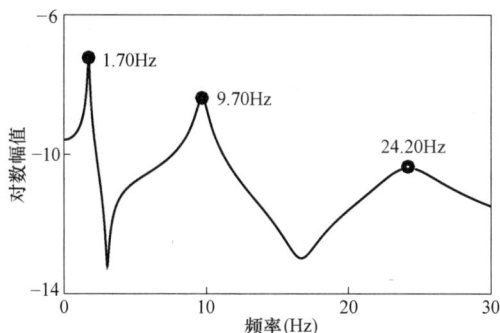

图 4.5　位移频响函数 H11 的峰值拾取

所识别的三阶固有频率分别为：

$$f_1=1.70\mathrm{Hz}, f_2=9.70\mathrm{Hz}, f_3=24.20\mathrm{Hz}$$

再依次提取三个频响函数虚部处的三阶峰值可以得到对应的三阶位移振型：

$$\{\phi_1\}=\left\{\begin{matrix}0.16\\0.54\\1.00\end{matrix}\right\}, \{\phi_2\}=\left\{\begin{matrix}-0.73\\-0.71\\1.00\end{matrix}\right\}, \{\phi_3\}=\left\{\begin{matrix}2.23\\-1.59\\1.00\end{matrix}\right\}$$

将 3.3.1 节计算的集中质量矩阵和这三阶位移振型代入式（3.123）中得到质量归一化的位移振型：

$$\{\bar{\phi}_1\}=\left\{\begin{matrix}0.08\\0.25\\0.47\end{matrix}\right\}, \{\bar{\phi}_2\}=\left\{\begin{matrix}-0.25\\-0.24\\0.34\end{matrix}\right\}, \{\bar{\phi}_3\}=\left\{\begin{matrix}0.33\\-0.24\\0.15\end{matrix}\right\}$$

这里采用对峰值拾取法获得的位移振型作质量归一化和 3.3.2 节中采用第三种缩放方法得到的质量归一化的位移振型一致。然后将质量归一化的位移振型和识别的固有频率代入式（4.33）中可以得到该结构的位移柔度矩阵。

$$[F^{\mathrm{d}}]=\begin{bmatrix}0.07 & 0.18 & 0.29\\0.18 & 0.57 & 1.00\\0.29 & 1.00 & 1.94\end{bmatrix}\times10^{-3}(\mathrm{m/N})$$

对 3.3.1 节中采用有限元分析得到的刚度矩阵（凝聚刚度矩阵）求逆可以得到理论上的位移柔度矩阵，本节识别的位移柔度矩阵和理论位移柔度矩阵满足精度要求。利用识别的位移柔度矩阵预测某种静力荷载工况下的挠度，并和有限元静力分析的挠度相对比，这是验证所识别的位移柔度矩阵是否正确的一种有效方式。

这里采用两种荷载工况，工况一是在结构所有节点作用单位力，工况二是同时在节点

1 作用－30N、在节点 3 作用 11N，两种工况的荷载向量和对应的挠曲线如图 4.6 所示。

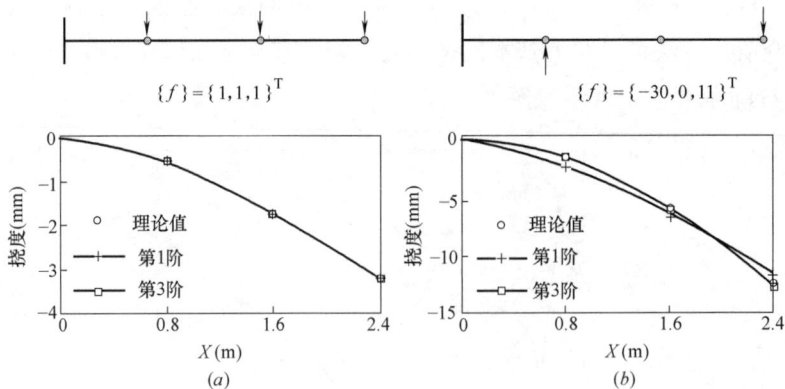

图 4.6　节点挠度对比图

(a) 工况一；(b) 工况二

　　为了讨论上面提到的模态收敛性，上图中还分别画出了使用不同模态阶数所识别的位移柔度矩阵预测的挠度。由工况一的结果可知，使用第 1 阶模态参数识别的位移柔度矩阵预测的挠度和精确挠度很吻合，而稍微复杂的工况二必须使用至少前两阶模态参数预测的挠度才和精确挠度吻合。对于复杂结构，随着识别的模态阶数增多，位移柔度矩阵会迅速收敛于精确值。需注意的是，在实际的工程实践中很难获得结构的精确的质量矩阵，也很难获得结构的高阶模态，由此所识别的位移振型矩阵并非为方阵，所以质量已知条件下的位移柔度识别理论具有很大的局限性，也限制了其在工程上的实际应用，从而带来结构质量未知时如何识别位移柔度的问题[155]。

4.4　质量未知结构的位移柔度识别——PolyMAX 方法

　　位移柔度识别依赖于结构的固有频率、阻尼比、位移振型、模态参与系数和模态缩放系数等参数的识别，虽然已有众多的模态参数识别算法，但是目前的大多数算法处理的是环境振动数据，其只能识别结构的固有频率、阻尼比和位移振型，无法获得对位移柔度识别所需要的关键参数——模态参与系数或模态缩放系数。从本节开始研究基于冲击振动测试的位移柔度识别理论，分别介绍 PolyMAX 法、CMIF 法和 SSI 法，其中 PolyMAX 法主要通过识别模态参与系数实现位移柔度识别，CMIF 法主要通过识别模态缩放系数实现位移柔度识别，而 SSI 法直接处理时域的冲击振动数据识别位移柔度，三种方法各有所长。

　　在 4.2.4 节中介绍了频响函数的四种参数化模型，其中有理分式模型在 CMIF 法中用来拟合增强频响函数，在早期的频域模态参数识别算法中，也有方法直接对多输入多输出的频响函数矩阵的有理分式模型式（4.25）进行拟合，但这些方法通常在拉普拉斯域内进行，容易出现数值解的病态问题[163,164]。虽然已有相关的算法能够在一定程度上改善数值性态（如采用正交多项式代替拉普拉斯多项式），但该问题并未完全解决。如果采用右矩阵分式模型，同时使用 z 域函数作为模型的基函数，就得到多参考点最小二乘复频域法，经过大量研究，发现 PolyLSCF 法不仅能同时估计系统极点和模态参与系数，而且能够产生非常清晰的稳定图，在密集模态识别方面相较于传统方法也有很大提高。该方法后来成为 LMS 公司的 Test.Lab 模态测试系统中的 PolyMAX 方法[161,165]，但这个系统并没有集成位移柔度识别功能，所以本书对传统的 PolyMAX 法进行扩展以实现位移柔度识别。

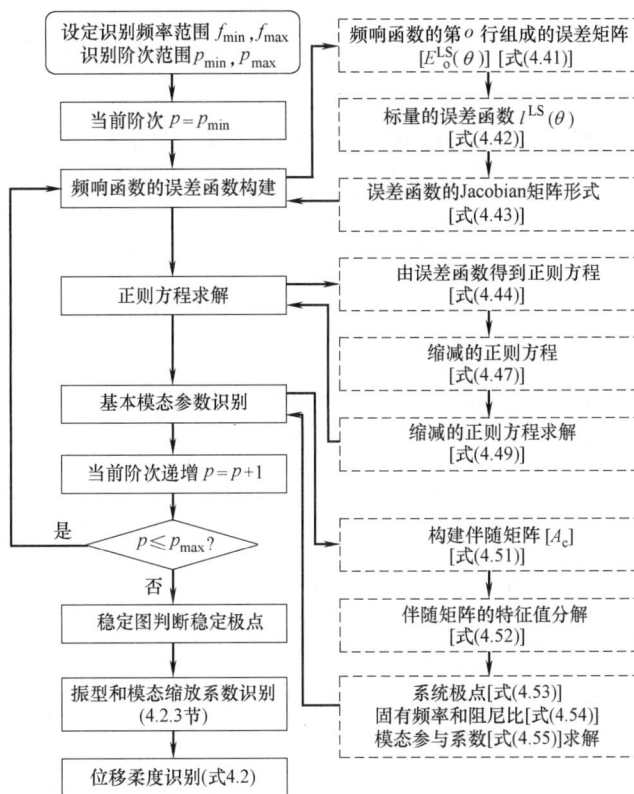

图 4.7　PolyMAX 法识别位移柔度流程图

PolyMAX 法的核心思想是在 z 域内基于右矩阵分式模型对频响函数进行拟合。由于多参考点冲击振动测试获取的位移频响函数矩阵 $[\widetilde{H^d}(\omega)] \in \mathbb{C}^{N_o \times N_i}$，每个频响函数又有 N_s 个离散值，所以参与计算的频响函数的数据量实际只有 $N_o \times N_i \times N_s$ 个，而每一个数值都会与右矩阵分式模型的频响函数有个误差，如何将所有的误差构建为一个合理的标量的误差函数将是该方法的难点和关键。一旦获得了这个误差函数，就能采用通用的最小二乘法求解误差函数中的待定系数，之后剩下的工作就是利用右矩阵分式模型进行模态参数识别。

图 4.7 详细列出了 PolyMAX 方法识别位移柔度的流程图，其中主要包括五大基本模

块（左侧的流程图）：误差函数构建，正则方程求解，基本模态参数识别，稳定图判断稳定极点，位移振型和模态缩放系数识别。右侧的流程图是服务于左侧的基本模块的细节，将在后续正文中详细推导。

4.4.1 频响函数的误差函数

多参考点测试得到的位移频响函数矩阵为 $[\widetilde{H^{d}}(\omega)] \in \mathbb{C}^{N_o \times N_i}$，在不引起歧义的情况下，去掉表示位移的符号"$d$"为 $[\widetilde{H}(\omega)]$，与 $[\widetilde{H}(\omega)]$ 对应的理论位移频响函数矩阵为 $[H(\omega)] \in \mathbb{C}^{N_o \times N_i}$，取其中的第 o 行作为代表，将理论位移频响函数表示为右矩阵分式模型：

$$\{H_{o:}(\omega)\} = \{B_{o:}(\omega)\}[A(\omega)]^{-1} (o=1,2,\cdots,N_o) \tag{4.35}$$

式中，$\{H_{o:}(\omega)\} \in \mathbb{C}^{1 \times N_i}$，分子多项式向量 $\{B_{o:}(\omega)\} \in \mathbb{C}^{1 \times N_i}$，分母多项式矩阵 $[A(\omega)] \in \mathbb{C}^{N_i \times N_i}$，其中 $\{B_{o:}(\omega)\} = \sum_{r=0}^{p} \Omega_r(\omega)\{\beta_{o:,r}\}$，$[A(\omega)] = \sum_{r=0}^{p} \Omega_r(\omega)[\alpha_r]$，分子多项式系数向量 $\{\beta_{o:,r}\} \in \mathbb{C}^{1 \times N_i}$，分母多项式系数矩阵 $[\alpha_r] \in \mathbb{C}^{N_i \times N_i}$，$p$ 为多项式阶次，基函数 $\Omega_r(\omega) = e^{i\omega \cdot \Delta t \cdot r}$，$\Delta t$ 为信号采样时间间隔，r 为阶次。

将各阶分子和分母多项式系数组合为以下的矩阵形式：

$$[\beta_o] = \begin{bmatrix} \{\beta_{o:,0}\} \\ \{\beta_{o:,1}\} \\ \vdots \\ \{\beta_{o:,p}\} \end{bmatrix} (o=1,2,\cdots,N_o), [\alpha] = \begin{bmatrix} [\alpha_0] \\ [\alpha_1] \\ \vdots \\ [\alpha_p] \end{bmatrix}, [\theta] = \begin{bmatrix} [\beta_1] \\ \vdots \\ [\beta_{N_o}] \\ [\alpha] \end{bmatrix} \tag{4.36}$$

式中，$[\beta_o] \in \mathbb{C}^{(p+1) \times N_i}$，$[\alpha] \in \mathbb{C}^{(p+1)N_i \times N_i}$，$[\theta] \in \mathbb{C}^{(N_o+N_i)(p+1) \times N_i}$。

式（4.35）表示的理论频响函数不仅是频率 ω 的函数，还是待定系数矩阵 $[\theta]$ 的函数，所以 $[H(\omega)]$ 又可表示为 $[H(\omega,\theta)]$，相应地 $\{B_{o:}(\omega)\}$ 表示为 $\{B_{o:}(\omega,\beta_o)\}$，$[A(\omega)]$ 表示为 $[A(\omega,\alpha)]$。$\{H_{o:}(\omega,\theta)\}$ 与实测的频响函数矩阵 $[\widetilde{H}(\omega)]$ 在第 o 行的误差向量为

$$\{\varepsilon_{o:}^{NLS}(\omega,\theta)\} = w_o(\omega)(\{H_{o:}(\omega,\theta)\} - \{\widetilde{H}_{o:}(\omega)\}) = w_o(\omega)(\{B_{o:}(\omega,\beta_o)\}[A(\omega,\alpha)]^{-1} - \{\widetilde{H}_{o:}(\omega)\}) \tag{4.37}$$

式中，$\{\varepsilon_{o:}^{NLS}(\omega,\theta)\} \in \mathbb{C}^{1 \times N_i}$，$w_o(\omega)$ 是考虑误差函数在不同频率处的加权函数。

上式中的误差向量 $\{\varepsilon_{o:}^{NLS}(\omega,\theta)\}$ 是未知的系数矩阵 $[\alpha]$ 的非线性函数，直接求解非常困难，通常将其转化为线性函数来处理，式（4.17）两边同时右乘以 $[A(\omega,\alpha)]$ 得到线性的误差函数：

$$\{\varepsilon_{o:}^{LS}(\omega,\theta)\} = w_o(\omega)(\{B_{o:}(\omega,\beta_o)\} - \{\widetilde{H}_{o:}(\omega)\}[A(\omega,\alpha)]) \tag{4.38}$$

式中，$\{\varepsilon_{o:}^{LS}(\omega,\theta)\} \in \mathbb{C}^{1 \times N_i}$。

将 $\{B_{o:}(\omega,\beta_o)\}$ 和 $[A(\omega,\alpha)]$ 的表达式代入上式得到：

$$\{\varepsilon_{o:}^{\mathrm{LS}}(\omega,\theta)\} = w_o(\omega)\sum_{r=0}^{p}(\Omega_r(\omega)\{\beta_{o:,r}\} - \Omega_r(\omega)\{\widetilde{H}_{o:}(\omega)\}[\alpha_r]) \tag{4.39}$$

化简上式，分离出未知的系数矩阵：

$$\{\varepsilon_{o:}^{\mathrm{LS}}(\omega,\theta)\} = \{w_o(\omega)\{\Omega_0(\omega) \quad \cdots \quad \Omega_p(\omega)\} \quad -w_o(\omega)\{\Omega_0(\omega) \quad \cdots \quad \Omega_p(\omega)\}\otimes\{\widetilde{H}_{o:}(\omega)\}\}\begin{bmatrix}[\beta_o]\\[\alpha]\end{bmatrix}$$
$$\tag{4.40}$$

式中，"$\otimes$"表示 Kronecker 乘积，其作用是将一个矩阵里的每个元素乘以另一个矩阵以获得一个更大阶数的扩展矩阵。

取上式的误差向量 $\{\varepsilon_{o:}^{\mathrm{LS}}(\omega,\theta)\}$ 在已知的离散频率点 $\omega = \omega_1$，ω_2，$\cdots$，ω_{N_s} 的值组成为误差矩阵：

$$[E_o^{\mathrm{LS}}(\theta)] = \begin{bmatrix}\{\varepsilon_{o:}^{\mathrm{LS}}(\omega_1,\theta)\}\\\vdots\\\{\varepsilon_{o:}^{\mathrm{LS}}(\omega_{N_s},\theta)\}\end{bmatrix} = [[X_o]\quad[Y_o]]\begin{bmatrix}[\beta_o]\\[\alpha]\end{bmatrix} \quad (o=1,2,\cdots,N_o) \tag{4.41}$$

式中，$[E_o^{\mathrm{LS}}(\theta)]\in\mathbb{C}^{N_s\times N_i}$，$[X_o]\in\mathbb{C}^{N_s\times(p+1)}$，$[Y_o]\in\mathbb{C}^{N_s\times N_i(p+1)}$，$[X_o]$ 和 $[Y_o]$ 分别为

$$[X_o] = \begin{bmatrix}w_o(\omega_1)\{\Omega_0(\omega_1) \quad \cdots \quad \Omega_p(\omega_1)\}\\\vdots\\w_o(\omega_{N_s})\{\Omega_0(\omega_{N_s}) \quad \cdots \quad \Omega_p(\omega_{N_s})\}\end{bmatrix}$$

$$[Y_o] = \begin{bmatrix}-w_o(\omega_1)\{\Omega_0(\omega_1) \quad \cdots \quad \Omega_p(\omega_1)\}\otimes\{\widetilde{H}_{o:}(\omega_1)\}\\\vdots\\-w_o(\omega_{N_s})\{\Omega_0(\omega_{N_s}) \quad \cdots \quad \Omega_p(\omega_{N_s})\}\otimes\{\widetilde{H}_{o:}(\omega_{N_s})\}\end{bmatrix}$$

将 N_s 个离散频率点（$\omega = \omega_1$，ω_2，$\cdots$，ω_{N_s}）和 N_o 行的误差向量组合成一个标量的误差函数 $l^{\mathrm{LS}}(\theta)$：

$$l^{\mathrm{LS}}(\theta) = \sum_{o=1}^{N_o}\sum_{k=1}^{N_s}tr(\{\varepsilon_{o:}^{\mathrm{LS}}(\omega_k,\theta)\}^{\mathrm{H}}\{\varepsilon_{o:}^{\mathrm{LS}}(\omega_k,\theta)\}) = \sum_{o=1}^{N_o}tr([E_o^{\mathrm{LS}}(\theta)]^{\mathrm{H}}[E_o^{\mathrm{LS}}(\theta)])$$
$$\tag{4.42}$$

式中，$tr(\cdot)$ 指矩阵的迹。将式（4.41）代入式（4.42）得：

$$l^{\mathrm{LS}}(\theta) = \sum_{o=1}^{N_o} tr\left(\begin{bmatrix}[\beta_o]^{\mathrm{H}} & [\alpha]^{\mathrm{H}}\end{bmatrix}\begin{bmatrix}[X_o]^{\mathrm{H}}\\[Y_o]^{\mathrm{H}}\end{bmatrix}\begin{bmatrix}[X_o] & [Y_o]\end{bmatrix}\begin{bmatrix}[\beta_o]\\[\alpha]\end{bmatrix}\right) = tr([\theta]^{\mathrm{H}}[J]^{\mathrm{H}}[J][\theta])$$

$$(4.43)$$

式中，$[J] \in \mathbb{C}^{N_o N_s \times (N_o + N_i)(p+1)}$ 称为 Jacobian 矩阵，具体形式见下式，式中未标示部分的元素为零。

$$[J] = \begin{bmatrix} [X_1] & & & [Y_1] \\ & \ddots & & \vdots \\ & & [X_{N_o}] & [Y_{N_o}] \end{bmatrix}$$

未知系数矩阵 $[\theta]$ 可以取为实数，也可以取为复数，由于实数运算方便，为保证系数求解后也为实数，取 $[J]^{\mathrm{H}}[J]$ 的实部得到误差函数 $l^{\mathrm{LS}}(\theta) = tr([\theta]^{\mathrm{T}} \mathrm{Re}([J]^{\mathrm{H}}[J])[\theta])$，$\mathrm{Re}([J]^{\mathrm{H}}[J])$ 展开后的形式如下：

$$\mathrm{Re}([J]^{\mathrm{H}}[J]) = \begin{bmatrix} [R_1] & & & [S_1] \\ & \ddots & & \vdots \\ & & [R_{N_o}] & [S_{N_o}] \\ [S_1]^{\mathrm{T}} & \cdots & [S_{N_o}]^{\mathrm{T}} & \sum_{o=1}^{N_o}[T_o] \end{bmatrix} \in \mathbb{R}^{(N_o+N_i)(p+1) \times (N_o+N_i)(p+1)}$$

$$\left.\begin{aligned} [R_o] &= \mathrm{Re}([X_o]^{\mathrm{H}}[X_o]) \in \mathbb{R}^{(p+1) \times (p+1)} \\ [S_o] &= \mathrm{Re}([X_o]^{\mathrm{H}}[Y_o]) \in \mathbb{R}^{(p+1) \times N_i(p+1)} \\ [T_o] &= \mathrm{Re}([Y_o]^{\mathrm{H}}[Y_o]) \in \mathbb{R}^{N_i(p+1) \times N_i(p+1)} \end{aligned}\right\}(o=1,2,\cdots,N_o)$$

需要注意的两点是：

(1) 实际计算过程中通常并不使用加权函数，即可认为 $w_o(\omega) = 1$，这时某个阶次 p 对应的 $[X_o]$ 和 $[R_o](o=1,2,\cdots,N_o)$ 全部相同，所以只需计算一次 $[X_o]$ 即可。

(2) 在后面所述的改变阶次 p 生成稳定图的过程中，如果计算阶次从高向低进行，当得到最高阶次对应的 $[R_o]$、$[S_o]$ 和 $[T_o]$ 之后，中间阶次的矩阵可以从最高阶对应矩阵中抽取子矩阵，无需重复计算。

4.4.2 缩减正则方程

未知的系数矩阵 $[\theta]$ 的取值应使得误差函数 $l^{\mathrm{LS}}(\theta)$ 取极小值，所以 $l^{\mathrm{LS}}(\theta)$ 对 $[\theta]$ 的偏导数应该等于零：

$$\frac{\partial l^{\mathrm{LS}}(\theta)}{\partial[\theta]} = 2\mathrm{Re}([J]^{\mathrm{H}}[J])[\theta] = [0] \tag{4.44}$$

上式称为正则方程，由于矩阵 $\mathrm{Re}([J]^{\mathrm{H}}[J])$ 的维数过于庞大，直接求解运算规模太大，且系统极点只与分母系数矩阵 $[\alpha]$ 有关，因此只需要求解 $[\alpha]$ 即可，所以可以先让

$l^{\mathrm{LS}}(\theta)$ 对各个系数矩阵的偏导数等于零：

$$\frac{\partial l^{\mathrm{LS}}(\theta)}{\partial [\beta_o]} = 2([R_o][\beta_o] + [S_o][\alpha]) = [0] (o=1,2,\cdots,N_o) \tag{4.45}$$

$$\frac{\partial l^{\mathrm{LS}}(\theta)}{\partial [\alpha]} = 2\sum_{o=1}^{N_o}([S_o]^{\mathrm{T}}[\beta_o] + [T_o][\alpha]) = [0] \tag{4.46}$$

将式 (4.45) 中的 $[\beta_o]$ 代入式 (4.46) 中得到，

$$(\sum_{o=1}^{N_o}([T_o] - [S_o]^{\mathrm{T}}[R_o]^{-1}[S_o]))[\alpha] = [M][\alpha] = [0] \tag{4.47}$$

式中，$[M] = \sum_{o=1}^{N_o}([T_o] - [S_o]^{\mathrm{T}}[R_o]^{-1}[S_o]) \in \mathbb{R}^{N_i(p+1) \times N_i(p+1)}$。

上式称为缩减的正则方程，相对于未缩减之前的矩阵维数 $\mathbb{R}^{(N_o+N_i)(p+1) \times (N_o+N_i)(p+1)}$，矩阵规模已经大为减小。分母系数矩阵 $[\alpha]$ 中最后的 N_i 阶方阵为最高阶次的系数矩阵 $[\alpha_p]$，为避免直接求解上式产生平凡解，可令最高阶次的所有分母系数都为 1，即 $[\alpha_p]$ 成为 N_i 阶的单位矩阵，将式 (4.47) 中的 $[M]$ 写为相应的分块矩阵形式：

$$\begin{bmatrix} [M_1] & [M_2] \\ [M_3] & [M_4] \end{bmatrix} \begin{bmatrix} [\alpha(1:N_ip,1:N_i)] \\ [I]_{N_i} \end{bmatrix} = [0] \tag{4.48}$$

式中，各个分块矩阵分别为 $[M_1]=[M(1:N_ip,1:N_ip)]$，$[M_2]=[M(1:N_ip,(N_ip+1):N_i(p+1))]$，$[M_3]=[M((N_ip+1):N_i(p+1),1:N_ip)]$，$[M_4]=[M((N_ip+1):N_i(p+1),(N_ip+1):N_i(p+1))]$，其中 $[M(1:N_ip,1:N_ip)]$ 表示矩阵 $[M]$ 中的 1 到 N_ip 行和 1 到 N_ip 列的分块矩阵。展开上式可得：

$$\begin{cases} [M_1][\alpha(1:N_ip,1:N_i)] + [M_2] = [0] \\ [M_3][\alpha(1:N_ip,1:N_i)] + [M_4] = [0] \end{cases} \tag{4.49}$$

由于 $[M_1]$ 为方阵，可以直接求逆，所以由上式中的第一式可以求得除了最高阶次的系数矩阵 $[\alpha_p]$ 以外的所有阶次的分母系数矩阵：

$$\begin{bmatrix} [\alpha_0] \\ [\alpha_1] \\ \vdots \\ [\alpha_{p-1}] \end{bmatrix} = [\alpha(1:N_ip,1:N_i)] = -[M_1]^{-1}[M_2] \tag{4.50}$$

其中各阶矩阵 $[\alpha_r](r=0,1,\cdots,p-1)$ 从求解出的 $[\alpha(1:N_ip,1:N_i)]$ 相应的分块中抽取。

4.4.3 基本模态参数识别

采用已求解出来的各阶分母系数矩阵构建如下的伴随矩阵 $[A_c]$ 以求解系统极点和模态参与系数：

$$[A_c] = \begin{bmatrix} [0] & [I]_{N_i} & & \\ \vdots & & \ddots & \\ [0] & & & [I]_{N_i} \\ -[\alpha_0]^{\mathrm{T}} & -[\alpha_1]^{\mathrm{T}} & \cdots & -[\alpha_{p-1}]^{\mathrm{T}} \end{bmatrix} \tag{4.51}$$

其中 $[A_c] \in \mathbb{R}^{N_i p \times N_i p}$，伴随矩阵中右上角次对角线上的 $p-1$ 个 $[I]_{N_i}$ 组成 $N_i(p-1)$ 阶的单位矩阵。对 $[A_c]$ 作特征值分解得到：

$$[A_c][V] = [V][\Delta] \tag{4.52}$$

式中，$[V] \in \mathbb{C}^{N_i p \times N_i p}$ 是特征向量矩阵，每一列对应一阶特征向量；$[\Delta] = \begin{bmatrix} \ddots & & \\ & \Delta_r & \\ & & \ddots \end{bmatrix} \in$

$\mathbb{C}^{N_i p \times N_i p}$ 为对角的特征值矩阵，$\Delta_r(r=1,2,\cdots,N_i p)$ 为特征值。

在 z 域中，系统极点 λ_r 和特征值 Δ_r 之间的关系为 $\Delta_r = e^{-\lambda_r \Delta t}$，从中可以解出系统极点：

$$\lambda_r = -\frac{\ln(\Delta_r)}{\Delta t} (r=1,2,\cdots,N_i p) \tag{4.53}$$

但这 $N_i p$ 个特征值不一定满足某两个互为共轭对的关系，因此不能直接用式 (3.156) 计算固有频率和阻尼比，但其和极点的关系仍满足式 (3.155)，从中推导出的另一个固有频率和阻尼比计算公式为

$$\begin{cases} \omega_r = |\lambda_r| = \dfrac{|\ln(\Delta_r)|}{\Delta t} \\ \xi_r = \dfrac{|\mathrm{Re}(\ln(\Delta_r))|}{|\ln(\Delta_r)|} \end{cases} (r=1,2,\cdots,N_i p) \tag{4.54}$$

模态参与系数向量 $\{l_r\}$ 位于相应阶次的特征向量中的最后 N_i 行，

$$\{l_r\} = \{V((N_i p - N_i + 1) : N_i p, r)\} (r=1,2,\cdots,N_i p) \tag{4.55}$$

至此，基本的模态参数（极点、固有频率、阻尼比和模态参与系数）均已识别出，剩下的位移振型和模态缩放系数的识别已在 4.2.3 节中做过介绍，参见式 (4.20) 和式 (4.22)。但在利用已经识别出的基本模态参数进一步识别位移振型和模态缩放系数之前，需要先剔除掉计算出的虚假模态，使用真实的物理模态参数才能代入式 (4.6) 中计算位移柔度矩阵，虚假模态的剔除通常借助于稳定图来实现。

4.4.4 稳定图

由式 (4.53) 可知，对某个阶次 p 计算出来的极点会有 $N_i p$ 个计算极点，这 $N_i p$ 个计算极点里面只有一部分是结构真正的极点（物理极点），其余的都是虚假极点，将物理极点从计算极点中分离出来是一项重要的工作。虚假极点不具有真实的物理意义，如由某些虚假极点计算的阻尼比小于零或非常大，或者固有频率超出了识别频段的范围，据此可以通过设定固有频率和阻尼比的范围将明显的虚假极点剔除掉，但仍有部分虚假极点需要采用其他方法予以剔除。

由于结构真实的阶次通常是未知的，所以本节最开始的频响函数的右矩阵分式模型式 (4.35) 中的阶次 p 是人为给定的，在采用上面的步骤进行极点识别的过程中，当所设定的阶次 p 高于某一值时系统的某些极点就可能被识别出来，因此为了避免遗漏物理模态，会人为地将阶次 p 取得足够大（称之为过估计）。在过估计中总是稳定出现的极点就是物

理极点，而随阶次 *p* 的变化无规则出现的极点就是虚假极点，所以以某个阶次 *p* 为纵坐标，该阶次下计算的各个固有频率为横坐标可以在直角坐标系中描出一个坐标点，物理极点能保证这些坐标点排成一条竖直线，而虚假极点的坐标点则无规律的散落在坐标系中，所以可以从坐标图中稳定的排列成竖直线的坐标点中提取出物理极点，进而得到固有频率、阻尼比和模态参与系数。由这些坐标点判断极点稳定性的图就称为稳定图，它是确定结构真实模态的一种简单、直观、有效的方法，不仅适用于 PolyMAX 方法，也适用于其他依赖于模型阶次的参数识别方法。

通常不同的阶次计算的物理极点之间会有微小偏差，反应在稳定图上就是这些坐标点并不是排列成严格的竖直线，但可以对这种偏差设置一个阈值，小于这个阈值就认为是稳定的。具体来说就是给相邻阶次的频率之间的相对偏差设定一个阈值，若该偏差小于所设定的阈值就认为所识别的频率是稳定的，否则就是不稳定的，对阻尼比和模态参与系数的判断可以采用同样的方法。通常所用的稳定指标见下式。

$$\begin{cases} |(\omega_{p+1}-\omega_p)/\omega_p|<C_\omega & (a) \\ |(\xi_{p+1}-\xi_p)/\xi_p|<C_\xi & (b) \\ MAC(\{l_p\},\{l_{p+1}\})>C_l & (c) \end{cases} \quad (4.56)$$

式中，C_ω、C_ξ 和 C_l 分别是预设的固有频率、阻尼比和模态参与系数的稳定阈值，MAC 是表示相邻计算阶次的模态参与系数向量相似性的模态保证准则。

极点的稳定性可以根据式（4.56）的指标在稳定图中使用不同的符号标记出来，以便显示更为详细的稳定性信息。著名的 LMS 公司的模态测试系统 Test.Lab 中的稳定图标记方法为[165]：

（1）如果不满足（a）指标，则认为该极点是虚假极点或不稳定的极点，用符号"o"标记；

（2）如果（a）、（b）、（c）三个指标同时满足，就是稳定的极点，用符号"s"标记；

（3）如果只满足（a）、（b），表示只有固有频率和阻尼比稳定，用符号"d"标记；

（4）如果只满足（a）、（c），表示只有固有频率和模态参与系数稳定，用符号"v"标记；

（5）如果只满足（a），表示只有频率稳定，用符号"f"标记。

由于最低阶次的极点没法与比其再小一阶次的极点比较，所以最低阶次的极点可以全部标记为不稳定的极点。一般来说频率是最容易达到稳定的指标，阻尼比由于本身数值小，最难达到稳定，而模态参与系数的稳定性介于二者之间，因此设定阈值时，固有频率和模态参与系数可以设的严格一点，而阻尼比的阈值可以适当放松。通常来说固有频率、阻尼比和模态参与系数的阈值可分别设置为 1%、0.95 和 5%。当然这不是一个绝对的标准，可以根据实际情况调整。图 4.8 是采用稳定图判断极点稳定性的流程图。

由于频响函数的幅值曲线在固有频率处有峰值出现，稳定的极点在固有频率处排成竖直的直线，所以可以使用频响函数的幅值曲线作为稳定图的背景曲线以辅助拾取稳定极

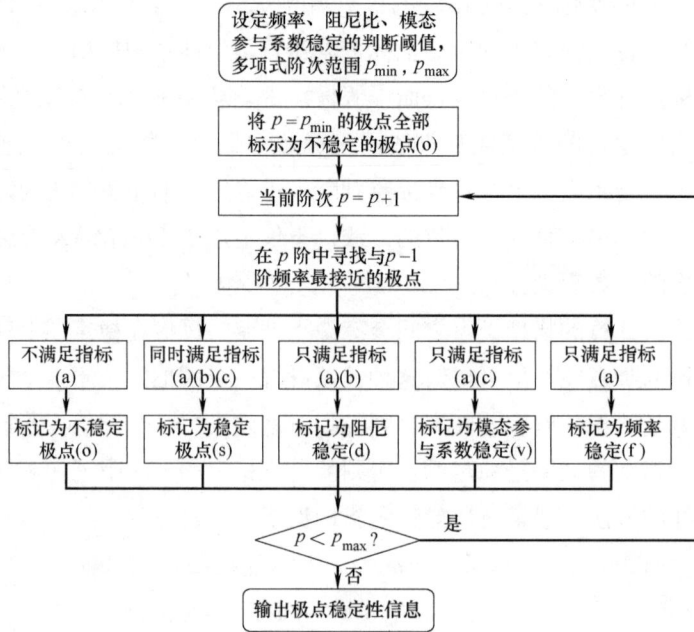

图 4.8　极点稳定性判断流程图

点。当然频响函数的奇异值曲线具有一定的抗噪性能，比直接的频响函数幅值曲线光滑，所以也可以作为背景曲线。图 4.9 是一个典型地稳定图，从中可以清楚地看出随着阶次的增加，计算极点逐渐趋于稳定。

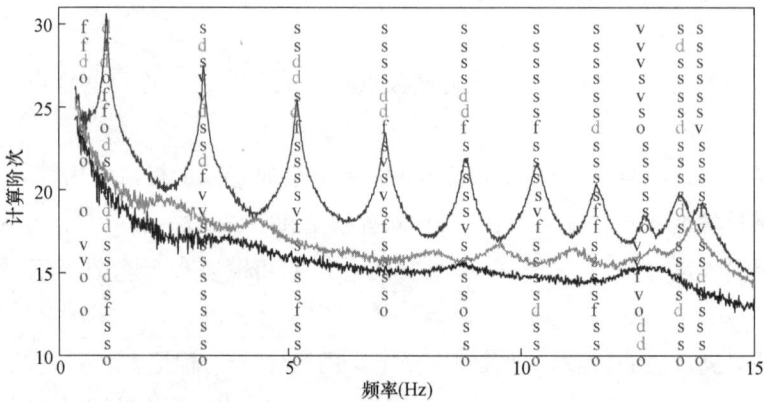

图 4.9　典型的稳定图

4.4.5　窄带内的位移柔度识别

上面的模态参数识别过程是传统的 PolyMAX 方法，使用的数据是整个频带内的 N_s 个离散频率点（$\omega=\omega_1,\omega_2,\cdots,\omega_{N_s}$）及其对应的 N_s 个实测频响函数矩阵 $\left[\widetilde{H}(\omega_k)\right]$（$k=1$，$2,\cdots,N_s$），在稳定图小节中已经说明，为了不遗漏真实模态，多项式阶次 p 通常会取得较高，导致 Jacobian 矩阵 $[J]$ 和缩减正则方程中的矩阵 $[M]$ 的维数也都很高，因此整个过程的计算量很大。除此以外，在实际的数据处理中，频响函数峰值附近的频谱线对误差函数的最小二乘求解具有重要影响，对于不同的频率范围，频响函数的峰值具有不同的水平，例如图 4.10 所示的是一个典型的频响函数图及其稳定图（图中只标记了稳定的极点和不稳定的极点），就证明高频处的峰值水平要比低频处的峰值水平小很多。

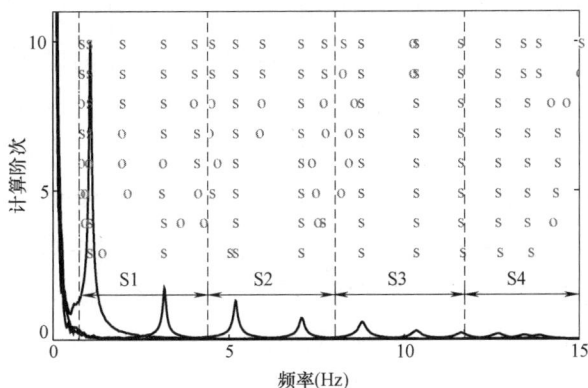

图 4.10　典型的频响函数和其稳定图

所以当用全频段范围内的传统 PolyMAX 方法进行模态参数识别时，高阶模态参数的精度并不能得到保证。为解决这个问题，传统方法就是在全频段里，对误差函数引入一个以频率为变量的加权函数 $w_o(\omega)$［见式（4.17）］，在频响函数峰值水平高的模态处取相对大的加权值，幅值水平低的模态处取相对小的加权值，然而如何定义一个合适的加权函数 $w_o(\omega)$ 仍然是一个问题，即使找到一个合适的加权函数，还是回到全频段内的大数据处理问题，不仅耗费计算时间，还很容易产生病态的数值求解问题。另外，图 4.9 所示的是试验网格结构的 CMIF 图，图中显示第 5 阶和第 6 阶、第 7 阶和第 8 阶分别是密集模态，此时加权函数并不能增强对密集模态的识别效果。以上这些原因致使实际操作中很少使用加权函数。

通过对传统 PolyMAX 法进行改进，提出一种新的 Sub-PolyMAX 方法，该方法可以在窄频段里对频响函数作最小二乘估计，实现高质量的结构位移柔度识别目的[166]。根据模态叠加理论，一个频响函数是通过各阶模态参数叠加而成的总和（式（3.148）、图 3.27），Sub-PolyMAX 法的思想就是在模态空间里，将整个频段划分为各个窄频段（见图 4.10），以每阶独立的模态或一个窄频段内的几阶模态单独采用 PolyMAX 方法作模态参数识别（固有频率、阻尼比和模态参与系数），其中多项式系数的阶数在各自的频段里单独选取，然后集成各个窄频段里识别的模态参数，再将参数代入式（3.148）得重构的位移频响函数，代入式（4.2）识别位移柔度矩阵。

改进的 Sub-PolyMAX 法相较于传统的 PolyMAX 法有以下三个优点：

（1）降低了多项式求解阶数，减少了计算工作量，能有效避免参数识别过程中出现的数值病态问题；

（2）可以产生更为清晰的稳定图；

（3）低阶模态参数和高阶模态参数在各自的频段里独立识别，能在一定程度上减轻模态耦合的影响。

在 PolyMAX 法识别位移柔度的整个过程中，都是基于实测的位移频响函数，没有涉及与结构质量有关的参数，因此该方法识别位移柔度不需要结构的质量信息，单从这一点来说，PolyMAX 法具有广泛的工程实用价值。

虽然本节详细介绍的 PolyMAX 法是基于右矩阵分式模型的识别法，但是基于左矩阵分式模型的识别法与 PolyMAX 法大致相似，其模态参数识别过程为：先写出左矩阵分式模型和实测位移频响函数之间的线性误差函数，对误差函数使用最小二乘法估计分母多项式系数矩阵；然后对由分母多项式系数矩阵构建的伴随矩阵作特征值分解得到特征值和特征向量，从特征值中提取系统极点，需要注意的是从特征向量中提取的是位移振型而不是模态参与系数，这是与右矩阵分式模型最大的不同；最后利用已识别出的系统极点和振型，采用类似于 4.2.3 节的最小二乘法估计出模态参与系数，模态缩放系数的计算公式同式（4.18），当然同样需要借助于稳定图从计算极点中提取物理极点以用于位移柔度识别。

4.4.6 方法示例与验证

为了验证 PolyMAX 方法识别位移柔度的可行性，将该方法应用在一个典型的网格结构上，该结构具有与普通的中小跨桥梁相似的动力特性，其几何尺寸和传感器布置图如下。

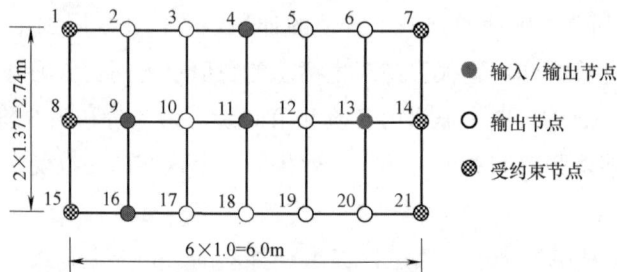

图 4.11 试验网格结构传感器布置图

1. 结构概况和冲击振动测试

试验结构由横向和纵向的钢梁组成，结构总长 6.0m，宽 2.74m，构件钢梁采用 A36 钢铸造，钢梁截面形式为 HSS3×2×3/16，结构由 3 根连续的纵向钢梁和 14 根横向的短钢梁相互交叉组成（21 个交叉节点），构件通过上下节点板和垂直螺钉组合螺栓连接，每根纵向钢梁的两端固定支撑于钢支座上（图中两端的各自 3 个节点作为受约束的边界节点）。

选取其中的 5 个节点进行多参考点冲击振动测试，其中每个节点分别施加 3 次冲击用于平均计算功率谱密度函数，总共进行了 15 次冲击振动测试，试验中使用的力锤型号为美国 PCB 公司生产的中型冲击力锤。由于两端边界的总共 6 个节点被固定住，试验中几乎不会发生振动，所以加速度计仅安装于内部的 15 个节点，用于采集结构的动力响应。采用 VXI 数据采集系统和基于 Matlab 平台的 X-Acquisition 软件共同采集冲击振动试验数据，采样频率设置为 1200Hz。

2. 模态参数识别

在进行参数识别之前，需要对初始数据作信号处理，主要包括对冲击力和加速度时程进行滤波，对未完全衰减的加速度时程施加指数窗函数。然后将时域数据进行傅里叶变换转化为频域数据，其中傅里叶变换使用 65536 个数据点，使得 1200Hz 的采样频率能获得 0.0184Hz 的频率分辨率。计算功率谱密度函数时，可以对同一个冲击点的 3 次不同的频域数据进行平均计算以减小部分噪声干扰。

使用 Sub-PolyMAX 法识别该网格结构的模态参数。取分析频段的范围为 0.9～78.1Hz，将该频段平均划分为 7 个窄频段（每个频段内有 700 条谱线），每个频段的多项式阶次取为 3～15，采用 PolyMAX 方法识别每个频段的模态参数，再用已识别出的模态参数重构频响函数，如图 4.12 所示。由该图可知，对于该网格结构，低频范围内的频响函数幅值比高频范围内的幅值要大得多，在未使用加权函数的传统 PolyMAX 法中，所有谱线处的误差函数都是均等的，使得传统方法很难准确地识别高阶模态参数。而改进的 Sub-PolyMAX 法只使用每个窄频段内的少量数据，设定较小的多项式阶次就能得到精确的识别结果，重构的和实测的频响函数在低

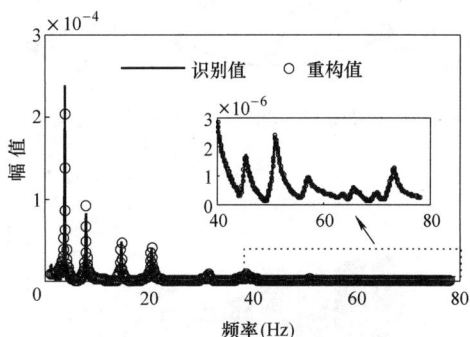

图 4.12　Sub-PolyMAX 法叠加
构造的频响函数幅值曲线

频和高频范围内都符合得很好。为了进一步比较识别的精度，采用 SAP2000 软件建立该网格结构的有限元模型并进行校正，两种方法得到的频率和位移振型见图 4.13 所示，利用识别的振型和有限元计算的精确振型可以画出图 4.14 所示的 MAC 图，从这两个图可知，Sub-PolyMAX 法识别的位移振型具有很高的精度。

3. 密集模态识别

改进的 Sub-PolyMAX 法最重要的一个优势还在于其具有很强的密集模态识别能力，这也是模态参数识别领域里一个挑战性的问题，目前公认的具有密集模态识别能力的算法是下 — 节会介绍到的 CMIF 法[167]，由于这个网格结构具有两组间隔非常近的密集模态，所以正好可以用来验证 Sub-PolyMAX 法在识别密集模态方面的能力。

首先画出该结构的多参考点频响函数的奇异值曲线图（图 4.15），由图可知，该结构的第 5 阶和第 6 阶、第 7 阶和第 8 阶分别是两阶密集模态，对应的频率分别为 30.9Hz 和 31.3Hz、38.6Hz 和 39.4Hz，在相隔如此近的频段内同时出现两组密集模态，这是传统的 PolyMAX 法难以识别的。这 4 阶频率位于前述的 7 个频段里的第 3 个窄频段（频率范

识别/计算=3.76/3.83Hz   识别/计算=7.75/8.19Hz   识别/计算=14.55/15.21Hz

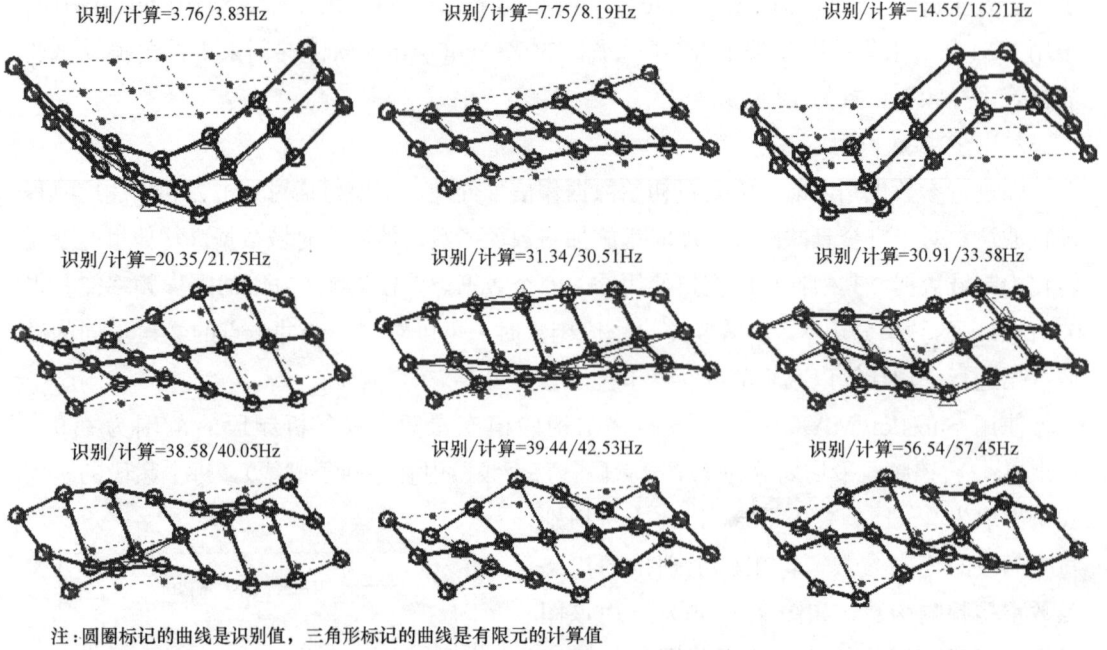

识别/计算=20.35/21.75Hz   识别/计算=31.34/30.51Hz   识别/计算=30.91/33.58Hz

识别/计算=38.58/40.05Hz   识别/计算=39.44/42.53Hz   识别/计算=56.54/57.45Hz

注:圆圈标记的曲线是识别值,三角形标记的曲线是有限元的计算值

图 4.13   频率和位移振型

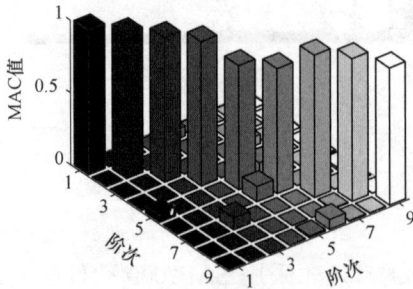

图 4.14   识别振型和精确振型的 MAC 图

围为 27.6～40.5Hz)内,使用该频段内的数据生成的稳定图见图 4.16(a),图中清晰地显示了在该频段内具有足够数量的稳定极点。为进一步验证模态参数识别精度,用在该频段内识别的模态参数重构频响函数,图 4.16(b)的结果表示频响函数重构值和实测值几乎重合。由这两个图足以证明使用低阶的多项式阶次(本例的最高阶次设定为 15 阶),Sub-PolyMAX 法具有良好的密集模态识别能力。需要注意的是,虽然密集模态处的频率非常接近,但是他们的振型却完全不同,这可以从画有位移振型的图 4.13 中看出。

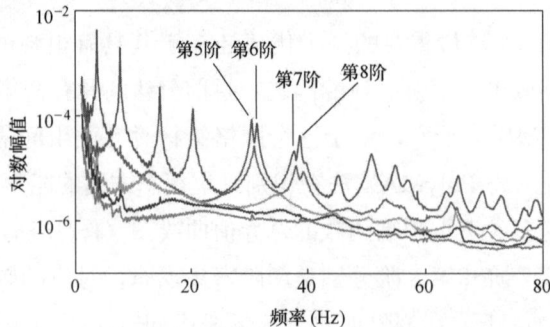

图 4.15   奇异值曲线中的密集模态

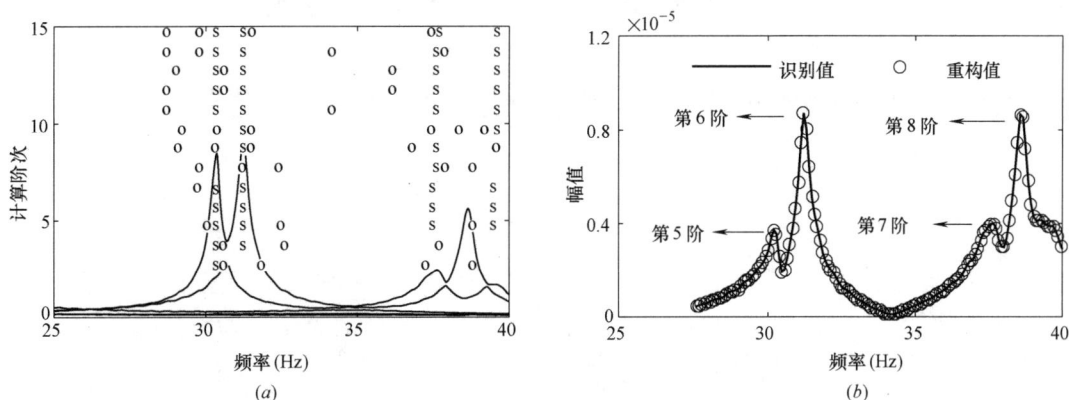

图 4.16　窄频段内的密集模态识别

(a) 稳定图；(b) 重构的频响函数

4. 位移柔度识别和位移预测

使用 Sub-PolyMAX 法从多参考点冲击振动试验数据中识别出了精确的模态参数以后，利用式（4.2）就计算得到了位移柔度矩阵（矩阵维数 $\mathbb{R}^{15}$）。本试验除了进行冲击振动测试以外，也进行了静载试验。将一个 4.45kN 的静荷载施加在网格结构的中心节点（节点 11）上，通过安装在 15 个非边界节点上的位移传感器测量节点的位移值。利用识别的位移柔度矩阵可以预测这个静荷载产生的位移，通过比较实测的位移和预测的位移也能验证所识别的位移柔度矩阵的精度，位移预测图如图 4.17 所示。需要注意的是图中画出了全部 21 个节点的位移值，其中 6 个边界节点处的位移假设为零。为了观察模态阶数对位移柔度的影响，在预测的位移曲线里分别画了只用第 1 阶模态参数识别的位移柔度预测的位移和使用全部 9 阶模态参数识别的位移柔度预测的位移。从图中可知，"1 阶"的位移曲线和"9 阶"的以及实测的位移曲线几乎重合，表明识别的位移柔度矩阵是精确的，且第 1 阶模态参数对位移柔度的贡献最大。

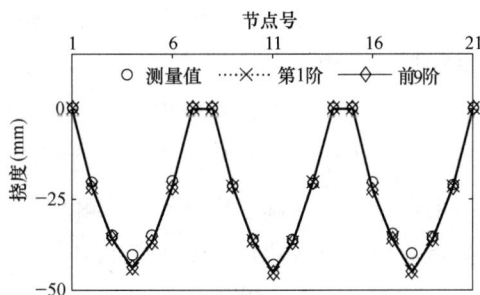

图 4.17　节点位移比较图

4.5 质量未知结构的位移柔度识别——CMIF 方法

利用冲击振动数据采用 CMIF 法识别位移柔度矩阵的详细流程如图 4.18 所示。

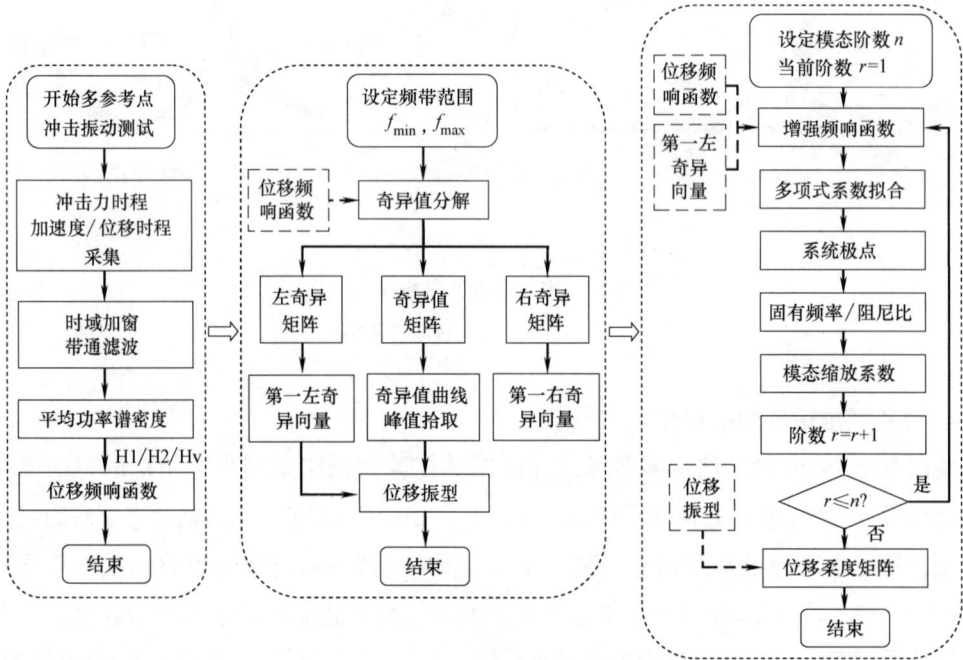

图 4.18 CMIF 法识别位移柔度流程图

CMIF 法的全称为复模态指示函数（Complex Mode Indicator Function，CMIF），同 PolyMAX 法一样，属于频域内的模态参数识别算法。CMIF 法最初被用来对采集到的频响函数矩阵作奇异值分解，通过画奇异值曲线用以确定系统的模态阶次和利用奇异值曲线的峰值确定系统的固有频率，经过多次实践证明该方法可以很好地识别结构的密集模态，进而逐渐发展成一种成熟的模态参数识别算法[167~169]。

图 4.18 是利用冲击振动数据采用 CMIF 法识别位移柔度矩阵的详细流程图，主要分为三大部分，图中左边的虚线框里的内容代表振动测试、数据处理和频响函数计算部分，该部分虽然不是 CMIF 法的作用范围，但却是参数识别的基础。中间和右边虚线框里的内容代表 CMIF 算法的具体流程，其中中间部分的内容主要是对每个离散频率点处的频响函数矩阵进行奇异值分解，借助奇异值曲线确定模态阶数和峰值频率，然后从左奇异向量中提取位移振型；右边部分的主要内容是构建增强频响函数用以识别其余模态参数（极点、固有频率和阻尼比、模态缩放系数），最后将这些参数代入式（4.2）中就能识别位移柔度。下面详细推导 CMIF 法识别位移柔度理论。

4.5.1 奇异值分解和位移振型识别

在 CMIF 法中，首先需要对获得的频响函数矩阵在每个离散频率点处进行奇异值分解，所以本小节先简单介绍下奇异值分解的概念。

1. 矩阵奇异值分解概念

特征值分解虽然是矩阵理论中一种重要的分解方法，但要求被分解的矩阵必须为方阵且满秩（行列式不能为 0），这就限制了特征值分解的应用。与特征值分解对应的是奇异值分解理论（Singular Value Decomposition，SVD），其不仅能对非方阵进行分解，所分解出的结果矩阵通常包含有系统的重要信息，是矩阵论中另一种重要的分解方法。奇异值分解理论已在信号处理、信息加密、数据压缩、金融学和统计学等领域中获得了广泛的应用。

简单来说，对任意一个复数矩阵（实数矩阵可看成特殊的复数矩阵）$[M] \in \mathbb{C}^{m \times n}$，可对其作如下的奇异值分解：

$$[M] = [U][S][V]^H \tag{4.57}$$

式中，$[S] \in \mathbb{C}^{m \times n}$ 为奇异值矩阵，其对角线上的元素均为非负实数且按降序排列，称为奇异值，非对角线上的元素均为零；$[U] \in \mathbb{C}^{m \times m}$ 和 $[V] \in \mathbb{C}^{n \times n}$ 分别是左奇异矩阵和右奇异矩阵，其每一列是与奇异值对应的奇异向量，模长均为 1。左奇异矩阵和右奇异矩阵都是酉矩阵，即满足下式关系：

$$\begin{cases} [U]^H[U] = [U][U]^H = [I] \\ [V]^H[V] = [V][V]^H = [I] \end{cases} \tag{4.58}$$

一个特定矩阵的奇异值分解是唯一的，具体的奇异值分解算法可参见相关的文献[170]。在模态分析中，CMIF 法对实测的频响函数矩阵作奇异值分解，分别得到奇异值矩阵和左、右奇异矩阵，然后从奇异值曲线中确定系统的模态阶数和固有频率，从左奇异矩阵中确定振型向量，从右奇异矩阵中确定模态参与系数向量。

2. 位移频响函数矩阵的奇异值分解

通常对结构进行冲击振动测试时，输入节点数 N_i 不超过输出节点数 N_o（$N_i \leqslant N_o$），利用输入输出数据估算位移频响函数矩阵 $[\widetilde{H}^d(\omega)]$，然后对 $[\widetilde{H}^d(\omega)]$ 作如下的奇异值分解，需要注意的是由于频响函数是频率 ω 的函数，所以分解得到的奇异值矩阵和左、右奇异矩阵也为频率 ω 的函数。

$$[\widetilde{H}^d(\omega)] = [U(\omega)][S(\omega)][V(\omega)]^H \tag{4.59}$$

式中，$[\widetilde{H}^d(\omega)] \in \mathbb{C}^{N_o \times N_i}$，$[U(\omega)] \in \mathbb{C}^{N_o \times N_o}$，$[S(\omega)] \in \mathbb{R}^{N_o \times N_i}$，$[V(\omega)] \in \mathbb{C}^{N_i \times N_i}$。在实际数据处理中，上式是对实测的频响函数矩阵在每个离散频率点处进行的。将这三个矩阵分别展开得到以下三式：

$$[S(\omega)]=\begin{bmatrix} s_1(\omega) & & & \\ & \ddots & & \\ & & s_{N_i}(\omega) & \\ \{0\} & \cdots & & \{0\} \end{bmatrix} \tag{4.60}$$

$$[U(\omega)]=[\{u_1(\omega)\},\cdots,\{u_{N_o}(\omega)\}] \tag{4.61}$$

$$[V(\omega)]=[\{v_1(\omega)\},\cdots,\{v_{N_i}(\omega)\}] \tag{4.62}$$

其中，式（4.60）中的 $\{0\}\in\mathbb{R}^{(N_o-N_i)\times 1}$。奇异值矩阵 $[S(\omega)]$ 对角线上的奇异值均为非负数且按降序排列，非对角线上的元素均为零。对任意的 ω，其中最大的奇异值 $s_1(\omega)$ 称为第一奇异值，与 $s_1(\omega)$ 对应的 $\{u_1(\omega)\}$ 和 $\{v_1(\omega)\}$ 分别称为第一左奇异向量和第一右奇异向量。$s_1(\omega)$、$\{u_1(\omega)\}$ 和 $\{v_1(\omega)\}$ 在各自的矩阵中都将远大于其他分量，所以对频响函数矩阵的奇异值分解主要获取的是第一奇异值、第一左奇异向量和第一右奇异向量。

3. 位移振型识别

位移频响函数矩阵可以写为式（3.149）的复振型矩阵、$\left[\dfrac{1}{i\omega-\lambda_r}\right]$ 矩阵和模态参与系数矩阵三者的乘积形式：

$$[H^{\mathrm{d}}(\omega)]=[\Psi]\left[\frac{1}{i\omega-\lambda_r}\right][L]^{\mathrm{T}}$$

由于多参考点频响函数 $[H^{\mathrm{d}}(\omega)]\in\mathbb{C}^{N_o\times N_i}$，所以模态参与系数矩阵 $[L]\in\mathbb{C}^{N_i\times 2N}$。上式和实测的频响函数矩阵的奇异值分解式（4.59）对比可知，等式左边的理论位移频响函数矩阵 $[H^{\mathrm{d}}(\omega)]$ 和实测的位移频响函数矩阵 $[\widetilde{H^{\mathrm{d}}}(\omega)]$ 对应，等式右边的复振型矩阵 $[\Psi]$ 和左奇异矩阵 $[U(\omega)]$、含有结构模态信息的矩阵 $\left[\dfrac{1}{i\omega-\lambda_r}\right]$ 和奇异值矩阵 $[S(\omega)]$、模态参与系数矩阵 $[L]$ 和右奇异矩阵 $[V(\omega)]$，他们三者一一对应。需注意的是所对应的两个矩阵的维数不同，且 $[\Psi]$ 和 $[L]$ 不是频率变量 ω 的函数，而 $[U(\omega)]$ 和 $[V(\omega)]$ 均是 ω 的函数，所以这种对应并非指两个矩阵完全相等，但却足以揭示他们的内在联系。

在频率变量 ω 等于结构的第 r 阶固有频率 $\omega_r(\omega=\omega_r)$ 附近，含有系统极点的对角矩阵 $\left[\dfrac{1}{i\omega-\lambda_r}\right]$ 中的元素 $\dfrac{1}{i\omega_r-\lambda_r}$ 将远大于其他元素，导致频响函数在 ω_r 附近主要由该阶模态贡献，与此同时，奇异值矩阵 $[S(\omega)]$ 中的第一奇异值 $s_1(\omega)$ 也在 $\omega=\omega_r$ 附近出现极大值，因此以频率变量 ω 为横坐标，各个奇异值 $s_i(\omega)(i=1,2,\cdots,N_i)$ 为纵坐标可画出 N_i 条奇异值曲线（定义为复模态指示函数），其中第一奇异值曲线中出现峰值的地方就对应着结构的固有频率，峰值的个数表示所显示频带内的模态数。设第 r 个峰值对应第 r 阶固有频率 ω_r，所以第一左奇异向量 $\{u_1(\omega_r)\}$ 就等于第 r 阶复振型 $\{\psi_r\}$，第一右奇异向量 $\{v_1(\omega_r)\}$ 近似于第 r 阶模态参与系数向量 $\{l_r\}$。若奇异值曲线上有 n 个峰值，则能识别出 n 阶复振型和模态参与系数，其中对小阻尼的土木类结构，复振型可以归一化为实振型：

$$\begin{cases} \{\psi_r\} = \{u_1(\omega_r)\} \\ \{l_r\} \approx \{v_1(\omega_r)\} \end{cases} (r=1,2,\cdots,n) \tag{4.63}$$

图 4.19 是图 3.23 中的悬臂梁结构分别在 3 个节点处施加冲击荷载得到的位移频响函数矩阵的奇异值曲线（为保证峰值显示明显，图中的纵坐标取为常用对数），所以图中共有三条曲线，其中最上面的曲线为第一奇异值曲线，其上的三个峰值分别对应 3 阶固有频率（表 3.1），各阶峰值处的第一左奇异向量为位移振型，所识别的振型图和图 3.24 的振型图完全一致，在此不再重复给出。

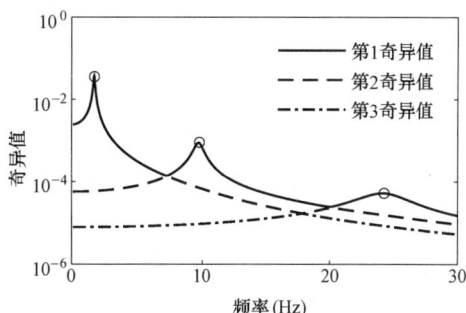

图 4.19　频响函数的奇异值曲线

4.5.2　增强频响函数

虽然奇异值曲线的峰值对应的是固有频率的近似值，但仅根据奇异值曲线无法识别系统极点和阻尼比。与 PolyMAX 法中通过特征值分解伴随矩阵获得系统极点的方法不同，CMIF 法是通过构建每阶模态的增强频响函数，对该函数采用单自由度识别算法识别系统极点，进而获取固有频率、阻尼比和模态缩放系数的。

1. 增强频响函数定义

早期的单参考点频响函数识别法仅利用一个频响函数识别固有频率和阻尼比，利用一列频响函数识别振型，但这种方法抗噪性差，算法不够稳定，特别是容易受到模态节点的影响。对应用更为广泛的多参考点频响函数而言，一方面每个频响函数均是各阶模态的耦合叠加，另一方面整个频响函数又构成 $N_o \times N_i$ 维的矩阵，不同的多参考点识别法的出发点不同，在 CMIF 法中，利用振型向量的正交性将 $N_o \times N_i$ 个频响函数（每个频响函数又是 n 阶模态的叠加）降维和解耦为单自由度单模态的频响函数，称之为增强频响函数（Enhanced Frequency Response Function，EFRF）[171]，然后采用单自由度识别算法识别固有频率和阻尼比，详细过程介绍如下。

众所周知，位移振型关于质量矩阵和刚度矩阵正交，从振动的能量分配角度来说，各阶位移振型代表着结构在该阶模态处的固有振动能量，所以不同模态阶次的振动能量之间是不能相互传递的。虽然位移振型相互之间不满足数学意义上类似于向量间的正交性，但是由各阶位移振型组成的一个向量组（称为一组基向量）却是线性无关的，当合理的测点分布能充分表示结构的振动形式时，不同阶次的位移振型之间具有下式表示的弱化的正交性条件（式中 $r \neq k$）：

$$|\{\psi_r\}^T\{\psi_k\}| \ll |\{\psi_r\}^T\{\psi_r\}| \tag{4.64}$$

多参考点振动测试时，通常输入节点数 N_i 不超过输出节点数 N_o（$N_i \leqslant N_o$），所测试的频响函数就不是满矩阵，不能直接写为式（3.148）的形式，然而施加输入力的节点作为驱动点（相关概念见 4.2.3 节），第 r 阶位移振型向量在所有驱动点处的元素组成的子向量可记为 $\{\psi_{\mathrm{drv},r}\}$，此时实测的位移频响函数矩阵应表示为下式形式：

$$\left[\widetilde{H^{\mathrm{d}}}(\omega)\right] = \sum_{r=1}^{2n} \{\psi_r\} \frac{Q_r}{i\omega - \lambda_r} \{\psi_{\mathrm{drv},r}\}^{\mathrm{T}} \tag{4.65}$$

式中，n 为识别的模态阶数，$\{\psi_{\mathrm{drv},r}\} \in \mathbb{C}^{N_i \times 1}$。

将第 r 阶固有频率 ω_r 处的第一左奇异向量 $\{u_1(\omega_r)\}$ 简记为 $\{u_r\}$，$\{u_r\}$ 在所有驱动点处的系数组成的向量相应地记为 $\{u_{\mathrm{drv},r}\}$。由于复位移振型 $\{\psi_r\}$ 是从 $\{u_r\}$ 中识别的 [见式（4.63）]，因此以 $\{u_r\}^{\mathrm{T}}$ 作为左加权向量、$\{u_{\mathrm{drv},r}\}$ 作为右加权向量对式（4.65）等式两边同时进行加权运算得到的就是第 r 阶增强频响函数的定义式，

$$eH_r(\omega) = \{u_r\}^{\mathrm{T}}\left[\widetilde{H^{\mathrm{d}}}(\omega)\right]\{u_{\mathrm{drv},r}\} = \{u_r\}^{\mathrm{T}}\left(\sum_{r=1}^{2n} \{\psi_r\} \frac{Q_r}{i\omega - \lambda_r} \{\psi_{\mathrm{drv},r}\}^{\mathrm{T}}\right)\{u_{\mathrm{drv},r}\}$$
$$\tag{4.66}$$

需要注意的是，根据矩阵的乘法运算法则，增强频响函数 $eH_r(\omega)$ 是一个关于频率 ω 的标量的函数。考虑位移振型的弱正交性条件，可知所有非第 r 阶的位移振型对 $eH_r(\omega)$ 的贡献很小，则增强频响函数的定义式展开后进一步化简为下式：

$$eH_r(\omega) \approx \{u_r\}^{\mathrm{T}}\{\psi_r\} \frac{Q_r}{i\omega - \lambda_r} \{\psi_{\mathrm{drv},r}\}^{\mathrm{T}}\{u_{\mathrm{drv},r}\} \tag{4.67}$$

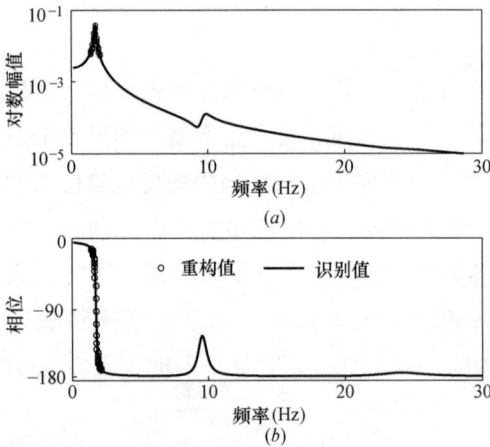

记 $\{u_r\}^{\mathrm{T}}\{\psi_r\} = C_{1r}$，$\{\psi_{\mathrm{drv},r}\}^{\mathrm{T}}\{u_{\mathrm{drv},r}\} = C_{2r}$，上述过程从阶数 $r=1$，2，$\cdots$，n 循环操作可得各阶增强频响函数，其最简表达式为

$$eH_r(\omega) = \frac{C_{1r}Q_r C_{2r}}{i\omega - \lambda_r} \quad (r=1,2,\cdots,n) \tag{4.68}$$

由上式可知，$eH_r(\omega)$ 虽然是单模态的频响函数，但却包含有结构完整的模态信息：固有频率 ω_r 和阻尼比 ξ_r（包含在系统极点 λ_r 中）和模态缩放系数 Q_r，这样就将模态耦合下的频响函数矩阵转换成了标量的各阶增强频响函数，实现降维解耦的目的，

图 4.20　增强频响函数图
(a) 对数幅值图；(b) 相位图

便于下一步识别模态参数。

图 4.20 是与图 4.19 的奇异值曲线对应的第 1 阶增强频响函数图，由图可知，第 1 阶增强频响函数只在第 1 阶模态处出现明显峰值，其余模态处的峰值都由于位移振型的正交性受到抑制，从而实现解耦的目的，便于采用单模态参数识别算法识别各阶模态参数。

2. 增强频响函数的多项式系数识别

增强频响函数 $eH_r(\omega)$ 可以表示为 4.2.4 节中的有理分式模型，因为是单模态的频响函数，分母多项式的阶次 m 应取为 2，此时的有理分式模型称为二阶有理分式模型，而分子多项式的阶次 n 对于模态参数识别结果有重要影响，在没有残余模态和噪声影响时，分子多项式取常数项 b_0 就已足够，为了考虑残余模态效应和提高算法的抗噪性，分子多项式的系数项应该多取几项，然而若取的过多，又会造成求解多项式系数的方程组出现病态。经过多次实践证明，分子多项式的阶次 n 取为 2 时能保证模态参数识别精度最好[168]，所以将式（4.24）中的 $H_{pq}(\omega)$ 换为第 r 阶增强频响函数 $eH_r(\omega)$，分母和分子多项式的阶次均取为 2 得：

$$[(i\omega)^2 a_{2r} + (i\omega)a_{1r} + a_{0r}]eH_r(\omega) = (i\omega)^2 b_{2r} + (i\omega)b_{1r} + b_{0r} \tag{4.69}$$

上式中的系数 a_{ir}、b_{ir} 均为待求的未知数，直接求解会有无穷多组解，但这些解之间存在相关性，可以先令其中某个系数为一具体数值，再求另外的 5 个系数。一般令 $a_{2r} = 1$，将其余含有未知系数的项都移到等式左边，含有 a_{2r} 系数的项移到等式右边得到：

$$(i\omega)eH_r(\omega)a_{1r} + eH_r(\omega)a_{0r} - (i\omega)^2 b_{2r} - (i\omega)b_{1r} - b_{0r} = -(i\omega)^2 eH_r(\omega) \tag{4.70}$$

求解五个未知系数 a_{1r}、a_{0r}、b_{2r}、b_{1r}、b_{0r} 至少需要知道五个不同的离散频率 ω_i 及对应的 $eH_r(\omega_i)$，为保证多项式系数识别的精度，可在第 r 阶固有频率 ω_r 附近选取 $k(k \geqslant 5)$ 组不同的 $(\omega_i, eH_r(\omega_i))$，得到如下方程组：

$$\begin{bmatrix} (i\omega_1)eH_r(\omega_1) & eH_r(\omega_1) & -(i\omega_1)^2 & -(i\omega_1) & -1 \\ (i\omega_2)eH_r(\omega_2) & eH_r(\omega_2) & -(i\omega_2)^2 & -(i\omega_2) & -1 \\ \vdots & \vdots & \vdots & \vdots & \vdots \\ (i\omega_k)eH_r(\omega_k) & eH_r(\omega_k) & -(i\omega_k)^2 & -(i\omega_k) & -1 \end{bmatrix} \begin{Bmatrix} a_{1r} \\ a_{0r} \\ b_{2r} \\ b_{1r} \\ b_{0r} \end{Bmatrix} = \begin{Bmatrix} -(i\omega_1)^2 eH_r(\omega_1) \\ -(i\omega_2)^2 eH_r(\omega_2) \\ \vdots \\ -(i\omega_k)^2 eH_r(\omega_k) \end{Bmatrix}$$

$$\tag{4.71}$$

式中，$eH_r(\omega_i)$ 已通过式（4.66）算出，所以式（4.71）中仅有分子、分母多项式系数为未知数，上述过程从阶数 $r = 1, 2, \cdots, n$ 循环操作，采用最小二乘法可求得各阶增强频响函数的多项式系数为：

$$\begin{Bmatrix} a_{1r} \\ a_{0r} \\ b_{2r} \\ b_{1r} \\ b_{0r} \end{Bmatrix} = \begin{bmatrix} (i\omega_1)eH_r(\omega_1) & eH_r(\omega_1) & -(i\omega_1)^2 & -(i\omega_1) & -1 \\ (i\omega_2)eH_r(\omega_2) & eH_r(\omega_2) & -(i\omega_2)^2 & -(i\omega_2) & -1 \\ \vdots & \vdots & \vdots & \vdots & \vdots \\ (i\omega_k)eH_r(\omega_k) & eH_r(\omega_k) & -(i\omega_k)^2 & -(i\omega_k) & -1 \end{bmatrix}^{\dagger}$$

$$\begin{Bmatrix} -(i\omega_1)^2 eH_r(\omega_1) \\ -(i\omega_2)^2 eH_r(\omega_2) \\ \vdots \\ -(i\omega_k)^2 eH_r(\omega_k) \end{Bmatrix} (r = 1, \cdots, n) \tag{4.72}$$

4.5.3 固有频率、阻尼比和模态缩放系数识别

识别增强频响函数的分母和分子多项式系数的目的是为了识别固有频率、阻尼比和模态缩放系数，由于增强频响函数又可以看成是某个单自由度结构的频响函数，所以首先介绍单自由度结构的系统状态空间方程，然后将增强频响函数类比于单自由度结构以识别固有频率和阻尼比。

1. 单自由度结构的系统状态空间方程

在 3.4.3 节推导复模态频响函数公式中，利用了多自由度结构的状态空间方程求解系统极点和特征向量，然后提取固有频率、阻尼比和位移振型，单自由度结构作为多自由度结构的特例也可以采用同样的方法求解固有频率和阻尼比，且这是从增强频响函数中求解模态参数所必需的。此时式（3.142）的多自由度形式的状态空间方程降维为单自由度形式：

$$\begin{bmatrix} c & m \\ m & 0 \end{bmatrix} \begin{Bmatrix} \dot{x}(t) \\ \ddot{x}(t) \end{Bmatrix} + \begin{bmatrix} k & 0 \\ 0 & -m \end{bmatrix} \begin{Bmatrix} x(t) \\ \dot{x}(t) \end{Bmatrix} = \begin{Bmatrix} f(t) \\ 0 \end{Bmatrix} \tag{4.73}$$

对上式作拉普拉斯变换得到：

$$\begin{bmatrix} c & m \\ m & 0 \end{bmatrix} \{\dot{X}(s)\} + \begin{bmatrix} k & 0 \\ 0 & -m \end{bmatrix} \{X(s)\} = \{F(s)\} \tag{4.74}$$

式中，$\begin{Bmatrix} \dot{x}(t) \\ \ddot{x}(t) \end{Bmatrix}$ 的拉普拉斯变换为 $\{\dot{X}(s)\}$，$\begin{Bmatrix} x(t) \\ \dot{x}(t) \end{Bmatrix}$ 的拉普拉斯变换为 $\{X(s)\}$，$\begin{Bmatrix} f(t) \\ 0 \end{Bmatrix}$ 的拉普拉斯变换为 $\{F(s)\}$。

考虑拉普拉斯变换的微分性质 $\{\dot{X}(s)\} = s\{X(s)\}$，当输入力 $\{F(s)\} = \{0\}$ 时，结构将做自由振动，此时拉普拉斯变量 s 成为系统极点 λ，式（4.74）成为结构的特征方程：

$$\lambda \begin{bmatrix} c & m \\ m & 0 \end{bmatrix} \{X\} + \begin{bmatrix} k & 0 \\ 0 & -m \end{bmatrix} \{X\} = \{0\} \tag{4.75}$$

将特征方程式（4.75）转化为广义特征值问题：

$$\begin{bmatrix} k & 0 \\ 0 & -m \end{bmatrix} \{X\} = -\lambda \begin{bmatrix} c & m \\ m & 0 \end{bmatrix} \{X\} \tag{4.76}$$

求解该广义特征值问题可得系统极点 λ 和 λ^*，其中固有频率 ω 和阻尼比 ξ 与系统极点的关系见式（3.154），根据式（3.155）即可求得固有频率和阻尼比。

2. 利用增强频响函数识别固有频率和阻尼比

第 r 阶增强频响函数 $eH_r(\omega)$ 可以看作某个单自由度结构的频响函数，采用类似于单自由度结构的状态空间方程识别固有频率和阻尼比。首先设增强频响函数所代表的单自由度结构作自由振动，对应于式（4.69）右边项为零，并将该式写为类似于式（4.75）的状

态空间方程形式：

$$\begin{bmatrix} a_{2r} & 0 \\ 0 & 1 \end{bmatrix} \begin{Bmatrix} (i\omega)^2 eH_r(\omega) \\ (i\omega)eH_r(\omega) \end{Bmatrix} + \begin{bmatrix} a_{1r} & a_{0r} \\ -1 & 0 \end{bmatrix} \begin{Bmatrix} (i\omega)eH_r(\omega) \\ eH_r(\omega) \end{Bmatrix} = \begin{Bmatrix} 0 \\ 0 \end{Bmatrix} \tag{4.77}$$

令 $\{X\} = \begin{Bmatrix} (i\omega)eH_r(\omega) \\ eH_r(\omega) \end{Bmatrix}$，则 $\begin{Bmatrix} (i\omega)^2 eH_r(\omega) \\ (i\omega)eH_r(\omega) \end{Bmatrix} = \lambda_r\{X\}$，其中 λ_r 为第 r 阶系统极点，代入已知的 $a_{2r}=1$ 得到增强频响函数的特征方程：

$$\lambda_r \begin{bmatrix} 1 & 0 \\ 0 & 1 \end{bmatrix} \{X\} + \begin{bmatrix} a_{1r} & a_{0r} \\ -1 & 0 \end{bmatrix} \{X\} = \begin{Bmatrix} 0 \\ 0 \end{Bmatrix} \tag{4.78}$$

该方程完全类似于单自由度结构的特征方程式（4.75），因此可以采用同样的方法将特征方程转化为广义特征值问题：

$$\begin{bmatrix} a_{1r} & a_{0r} \\ -1 & 0 \end{bmatrix} \{X\} = -\lambda_r \begin{bmatrix} 1 & 0 \\ 0 & 1 \end{bmatrix} \{X\} \tag{4.79}$$

式中的系数 a_{1r} 和 a_{0r} 在 4.4.2 节中已经识别出。上述过程从阶数 $r=1, 2, \cdots, n$ 循环操作得到 n 个特征方程，求解每个特征方程可得到 n 对互为共轭关系的广义特征值，然后采用式（3.155）就可识别得到 n 阶固有频率 ω_r 和阻尼比 ξ_r（$r=1, 2, \cdots, n$）。

3. 模态缩放系数识别

回到式（4.68），利用已识别出的第 r 阶系统极点 λ_r 来识别模态缩放系数 Q_r，为便于计算，将式（4.68）中的 Q_r 除到等式左边得：

$$eH_r(\omega)\frac{1}{Q_r} = \frac{C_{1r}C_{2r}}{i\omega - \lambda_r} \tag{4.80}$$

取与计算增强频响函数的多项式系数的公式（4.72）中相同的 $k(k \geqslant 5)$ 组不同的 $(\omega_i, eH_r(\omega_i))$，代入上式得到如下方程组：

$$\begin{Bmatrix} eH_r(\omega_1) \\ \vdots \\ eH_r(\omega_k) \end{Bmatrix} \frac{1}{Q_r} = C_{1r}C_{2r} \begin{Bmatrix} 1/(i\omega_1 - \lambda_r) \\ \vdots \\ 1/(i\omega_k - \lambda_r) \end{Bmatrix} \tag{4.81}$$

式中，$eH_r(\omega_i)$ 已由式（4.66）算出，C_{1r} 和 C_{2r} 也已由式（4.67）算出，λ_r 在式（4.79）中求解广义特征值得到，所以上式仅有模态缩放系数的倒数 $1/Q_r$ 未知，采用最小二乘法求得 $1/Q_r$ 为

$$\frac{1}{Q_r} = C_{1r}C_{2r} \begin{Bmatrix} eH_r(\omega_1) \\ \vdots \\ eH_r(\omega_k) \end{Bmatrix}^\dagger \begin{Bmatrix} 1/(i\omega_1 - \lambda_r) \\ \vdots \\ 1/(i\omega_k - \lambda_r) \end{Bmatrix} (r-1, 2, \cdots, n) \tag{4.82}$$

对识别出的 $1/Q_r$ 再取倒数即得到模态缩放系数 Q_r，上述过程从阶数 $r=1, 2, \cdots, n$ 循环操作就得到 n 阶模态缩放系数。

为了检验采用上述方法识别的系统极点和模态缩放系数的精度，可以将他们的各阶识别值再代入式（4.68）中重构出各阶增强频响函数，然后和采用定义式（4.66）计算的增强频响函

数比较。图4.20中以此目的展示了重构的第1阶增强频响函数在第1阶模态附近的幅值和相位曲线，从图中可知，每阶增强频响函数重构的曲线和定义式绘制的曲线都完全重合，由此充分说明了采用上述的参数识别算法所识别的系统极点和模态缩放系数是相当精确的。

4.5.4 位移柔度识别

在进行结构冲击振动测试时，为减少测试成本，输入点数 N_i 一般不超过输出点数N_o。$(N_i \leqslant N_o)$，所以实测的位移频响函数 $\left[\widetilde{H^d}(\omega)\right] \in \mathbb{C}^{N_o \times N_i}$，并不是满秩的矩阵（满秩矩阵的维数应是$\mathbb{C}^{N_o \times N_o}$），在没有进行冲击振动测试的节点和测点之间的位移频响函数就没有测量到，按照式（4.5）计算的位移柔度矩阵也不是满秩的方阵，用该矩阵预测静载作用下的位移时，静力荷载不能作用在未激励的节点上，因为未激励节点位置对应的位移柔度系数并未识别，这无法实现任意节点荷载作用下的位移预测，所以直接用输入输出节点估算的位移频响函数矩阵识别的位移柔度矩阵有很大局限性，必须重构出未测量到的位移频响函数部分，以识别满秩的位移柔度方阵。

通过模态参数识别，已经知道了位移振型 $\{\psi_r\} \in \mathbb{C}^{N_o \times 1}$，所以此时将位移振型代入式（3.148）中能重构出矩阵维数为满秩的$\mathbb{C}^{N_o \times N_o}$的频响函数来，其不仅包含了已经实测的 $\left[\widetilde{H^d}(\omega)\right]$ 中的$\mathbb{C}^{N_o \times N_i}$部分，另外$\mathbb{C}^{N_o \times (N_o - N_i)}$未测量的部分也能重构出来，这样对减少测试工作量有很大好处。

将识别出来的各阶位移振型、模态缩放系数和系统极点代入式（4.6）中就能识别满秩的位移柔度方阵 $[F^d] \in \mathbb{R}^{N_o \times N_o}$，这比直接取 $\left[\widetilde{H^d}(\omega=0)\right]$ 获得的部分位移柔度矩阵全面的多，在预测静载作用下的位移时，静力荷载也可以作用在非冲击点位置。

应用 CMIF 法识别位移柔度需要注意以下几点：

（1）在整个模态参数识别过程中，并未用到与质量有关的参数，所以该方法不需要结构的质量信息，因而具有实用价值；

（2）为保证增强频响函数的单模态效应，测点的布置应保证具有良好的位移振型正交性；

（3）处理实际数据时应保证一定的频率分辨率，因为太低的频率分辨率对低阶模态参数的识别有较大影响；

（4）可以对位移频响函数矩阵的虚部作奇异值分解，如此得到的左奇异矩阵中可以直接提取出结构的实振型；

（5）增强频响函数拟合中的离散频率点数 k 应根据实际情况选取，噪声影响比较大时可以多选取几个频率点，通常情况是在奇异值曲线的各阶峰值的左右各取 10 个频率点，总共 21 个离散频率点参与拟合。

4.5.5 方法示例与验证

对图 4.21 中的简支钢梁结构进行多参考点冲击振动测试，采集冲击力时程和加速度时程数据，采用本节的 CMIF 法验证位移柔度识别理论。

1. 试验结构概况

试验结构采用一根 6m 长的工字型截面钢梁（图 4.21（a）），钢梁两端支撑于角钢的棱上，角钢的两角支撑于钢支座上，采用 F 型钢夹将钢梁的两端和钢支座固定以限制其竖向和水平位移，但两端的转角是自由的，用以模拟图 4.21（b）所示的简支梁模型。钢梁材料为 Q235 钢，弹性模量 $E=206$GPa，密度 7854kg/m^3，泊松比为 0.3。工字型截面腹板厚度 7mm，高度 144mm，上下翼缘宽度 87mm，厚度 8mm。包括钢梁两端支座在内的 13 个节点将梁均匀划分为 12 个单元，节点编号从左到右依次为 1，2，…，13，相应的单元编号从左到右依次为 1，2，…，12。

采用美国 PCB 公司生产的单轴地震型加速度计（型号 393B04）拾取结构的动态响应，该型号的加速度计的量程为 ±5g，灵敏度 102mV/(m/s^2)，共振频率 ≥2.5kHz，频域量程 0.06～450Hz，激励电压 18～30VDC，输出电压 7～12VDC，非线性程度≤1%。11 个加速度计以 0.5m 的间隔从节点 2 到 12 均匀安装于钢梁上表面，加速度计通过专用的磁座与钢梁紧密连接，以保证加速度计和钢梁节点的响应同步同幅。采用 CELESCO 公司的 PT1DC 型号的拉线位移计测量静载作用下的位移，该型号的位移计的测量范围为 0～50inches，外部供电 24VDC，输出电源 0～10VDC，精度为 0.1mm；10 个拉线位移计从节点 2 到 11 均匀安装于钢梁下表面。使用 PCB 公司的小型力锤（型号 086D20）对钢梁施加冲击激励，其灵敏度 0.23mV/N，量程 ± 量程 3mV/N，共振频率≥12kHz，激励电压 20～30VDC，输出电压 8～14VDC，非线性程度≤1%。NI PXIe-1082 数据采集仪采集加速度计的加速度数据和力锤的冲击力数据以及位移计传感的位移并储存数据。

这里需要说明的是，本试验还在梁底面安装有长标距光纤应变传感器，使用 SM130 光纤解调仪采集光纤波长信号，进而解算梁单元的应变响应，用于第 6 章中应变柔度识别

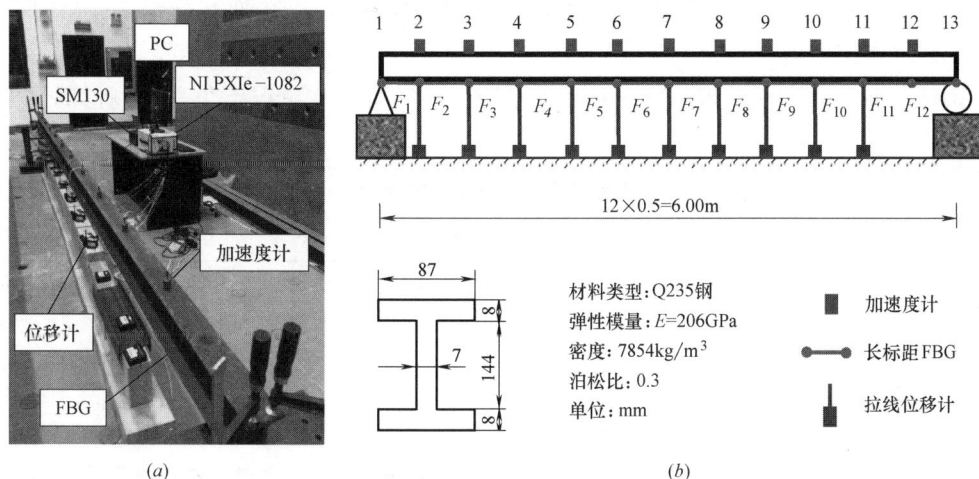

图 4.21 试验简支钢梁结构

（a）结构全景图；（b）传感器布置图

部分的数据分析,相关内容在第 6 章中介绍。

2. 动力和静力测试

本试验采用力锤进行多参考点锤击激励,通过更换不同硬度的材料的力锤帽可以得到不同频率带宽的冲击力频谱[172,173],试验中采用中等硬度的锤帽使其能够激起该钢梁结构的前 5 阶模态。在结构的每个节点依次进行锤击,安装于节点的加速度计测量钢梁的动态响应,NI 数据采集仪采集冲击力信号和加速度信号并储存数据,采样频率设置为 1000Hz。每次测试开始时,在数据采集仪开始采集数据 5s 左右后,用力锤对钢梁节点施加冲击力使结构开始振动,为保证能采集到结构完全自由衰减到静止的信号,每次的采样时间应大于 30s,便于后续的数据分析时有足够的数据点数可用,每个节点可多次锤击,在计算功率谱密度时进行多次平均计算以减少噪声干扰。试验中采用力锤对钢梁施加冲击力。

锤击过程中需要注意的事项:①锤击力度要合适,力度过小不足以激起结构振动,导致信号的信噪比低,使试验产生较大误差,力度过大会超过力锤和加速度计的量程范围,导致信号失真;②为获得质量良好的频响函数和位移柔度识别结果,力锤敲击结构时应避免二次冲击。试验中的静载测试是通过在钢梁上指定节点处施加质量块实现的,结构在静载作用下产生下挠度,使用拉线位移计测量挠度值,测试时拉线一端固定于钢梁底面,随结构一起振动,位移计底座固定于竖直拉线正下方的台座上,保证测试时底座处于静止状态。

静载测试一共施加了以下四种工况:

工况 1:单点加载,在节点 7 施加 59.7kg 质量块;

工况 2:单点加载,在节点 7 施加 105.4kg 质量块;

工况 3:单点加载,在节点 7 施加 152kg 质量块;

工况 4:多点加载,分别在节点 4 施加 60.6kg、节点 7 施加 152kg、节点 10 施加 60.6kg 质量块。

10 个拉线位移计从节点 2 依次布置到节点 11,4 种静载工况下位移计测得的各个节点的位移值见表 4-1。

简支钢梁静载工况下的位移测量值 (mm)　　　　　　　表 4.1

节点号	2	3	4	5	6	7	8	9	10	11
工况 1	0.34	0.63	0.91	1.19	1.30	1.35	1.32	1.15	0.91	0.66
工况 2	0.59	1.11	1.62	2.12	2.30	2.38	2.35	2.06	1.61	1.18
工况 3	0.84	1.63	2.32	3.02	3.32	3.55	3.41	3.04	2.32	1.70
工况 4	1.35	2.66	3.67	4.78	5.26	5.46	5.39	4.80	3.69	2.76

由表 4.1 可知,工况 1、2 和 3 是在节点 7 处的分级加载,根据这 3 种工况分别作用的荷载和对应的位移可知在整个测试阶段,钢梁始终处于线弹性阶段,这将保证试验结构在受力后能恢复到初始状态,提高参数识别的准确性。

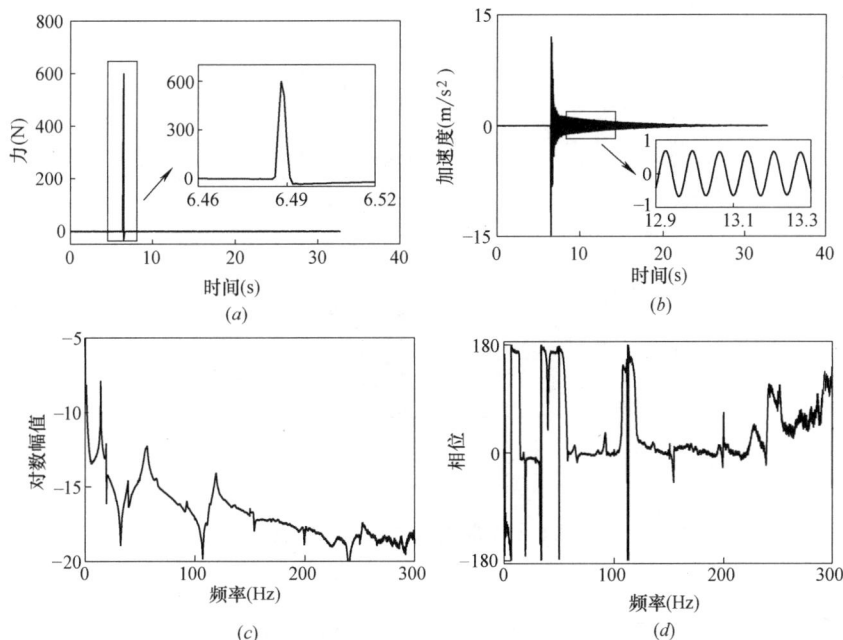

图 4.22 数据质量初步检查

(a) 冲击力时程；(b) 加速度时程；(c) 位移频响函数的对数幅值；(d) 位移频响函数相位

3. 数据预处理

采集的数据在进行后续的模态参数识别之前，需要先进行预处理以提高数据质量和参数识别精度，需要进行数据预处理的内容主要有：对有二次冲击力的力时程和加速度数据予以剔除，对存在趋势项的加速度数据消除趋势项，对噪声干扰大的加速度数据进行滤波降噪，对未完全衰减的加速度信号施加合适的窗函数、位移频响函数的互易性检查和输入输出数据的相干性检查等。

图 4.22 是一典型的数据质量的初步检查过程，图 4.22（a）是在某个节点施加的典型的冲击力时程，图中没有二次冲击；图 4.22（b）是由该冲击力激起的其他某个节点的加速度响应时程，没有趋势项存在，同时部分曲线放大后也没有毛刺，说明信噪比高，整个时程曲线最后衰减为零；由输入冲击力和输出加速度响应计算加速度频响函数，将其转化为位移频响函数，图 4.22（c）和（d）分别是由图 4.22（a）和（b）两组数据计算的位移频响函数的对数幅值和相位图，由于输入冲击力数据和输出加速度数据均是合格的，所以得到的位移频响函数的质量也较高。

完成数据的初步检查之后，应进行深层次的检查。根据位移频响函数的互易性，在位移频响函数矩阵中处于对称位置的两个函数应该相等，即 $H_{ij}(\omega)=H_{ji}(\omega)$。图 4.23 显出的是在 4 点输入、6 点输出和在 6 点输入、4 点输出得到的两个位移频响函数 $H_{64}(\omega)$ 和 $H_{46}(\omega)$ 的互易性检查，其中图 4-23（a）是对数幅值图的比较，图 4.23（b）是相位图的比较。从两图可知，这两个位移频响函数的互易性条件是基本满足的，由此也验证了这两次冲击振动测试是合格的。

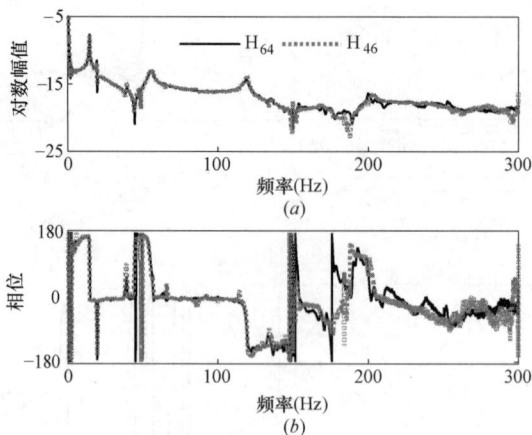

图 4.23　频响函数互易性检查

（a）对数幅值图；（b）相位图

　　另一种深层次数据质量检查方法是画出输入输出数据的相干函数，判断测量的输出响应在多大程度上是由测量的输入激励引起的，相干函数值越接近于 1，说明测量的输出响应由测量的输入激励引起的程度就越大。图 4.24 所示的是在节点 4 施加冲击荷载，同时在该节点输出加速度响应得到的相干函数 $COH_{44}(\omega)$ 和位移频响函数 $H_{44}(\omega)$ 的比较，由该图可知，相干函数曲线基本为 1，说明在该次测试中，节点 4 的加速度响应基本是由自身节点施加的冲击荷载引起的，采集的输入输出数据受到的噪声干扰小，数据是真实可信的。

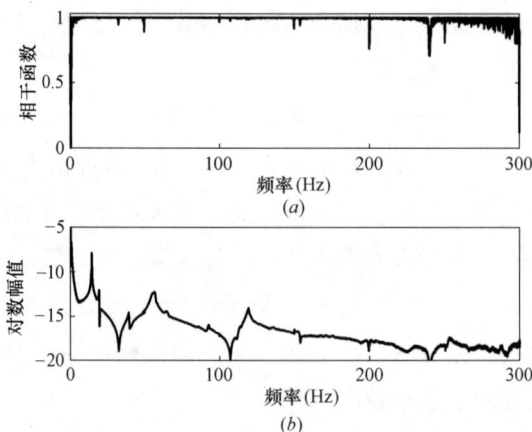

图 4.24　相干函数和频响函数

（a）相干函数 $COH_{44}(\omega)$；（b）位移频响函数 $H_{44}(\omega)$

4. 模态参数识别

输入输出数据经过预处理之后，就用于计算位移频响函数并采用本文所述的 CMIF 法识别结构的模态参数，其流程是：首先对位移频响函数矩阵进行奇异值分解，由奇异值曲线峰值拾取各阶模态，得到位移振型，然后计算增强频响函数用于识别结构的系统极点、固有频率和阻尼比，最后识别模态缩放系数。

本次模态参数识别采用的是在节点 4，6，8，10 处分别施加冲击力，采集 11 个加速度计的响应计算得到维数为 $\mathbb{C}^{11\times4}$ 的位移频响函数矩阵，对该矩阵在每个离散频率点处作奇异值分解，画出所研究的 $0\sim300\mathrm{Hz}$ 频带范围内的奇异值曲线（图 4.25）。由于是在 4 个不同节点进行冲击的，所以奇异值曲线图中有 4 条曲线，图中最高曲线的 4 个峰值分别对应于结构的 4 阶模态，拾取这 4 个峰值得到结构的 4 阶位移振型（图 4.26），图中所示的 4 阶振型与典型的简支梁结构的前 4 阶振型是相符的，证明识别的位移振型是正确的。

图 4.27 画出的是一个典型的增强位移频响函数（第 3 阶）的幅值图和相位图，图中的实线是用式（4.66）计算的，代表识别值，而用圆圈表示的部分曲线是用后续识别出的模态参数代入式（4.68）计算的，代表重构值，从该图可知，重构值和测量值在本身的第 3 阶模态处完全吻合，由此也证明识别的第 3 阶模态参数是正确的。结构的前 4 阶部分模态参数识别结果见表 4.2。

识别的部分模态参数　　　　　　　　　　　　　　　　　　　　　　　　**表 4.2**

模态阶次	固有频率(Hz)	阻尼比(%)	系统极点	模态缩放系数
1	14.34	0.17	$-0.2+90i$	$1.84\times10^{-4}+6.63\times10^{-4}i$
2	56.94	1.40	$-4.4+352i$	$9.15\times10^{-5}+9.70\times10^{-5}i$
3	119.51	0.43	$-6+748.2i$	$1.66\times10^{-5}+3.52\times10^{-5}i$
4	202.00	0.12	$-12.4+1270.2i$	$-5.00\times10^{-6}+3.80\times10^{-6}i$

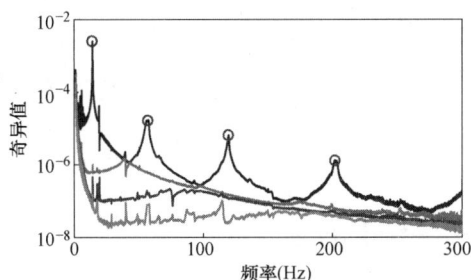

图 4.25　简支钢梁结构的奇异值曲线

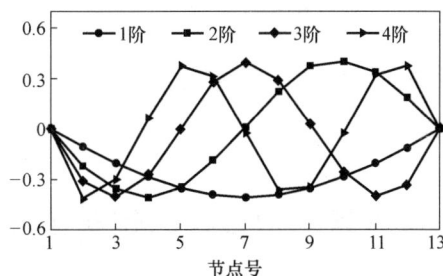

图 4.26　识别的简支钢梁的位移振型

5. 位移柔度识别和静力位移预测

将识别出的各阶系统极点、模态缩放系数和位移振型代入式（4.2）中可以识别结构满秩的位移柔度矩阵，试验时简支钢梁被划分为 13 个节点，得到的位移柔度矩阵为对称的 13 阶方阵，为便于直观的观察该矩阵的性质，画出图 4.28 所示的三维曲面图，由该图可知，实际结构的位移柔度系数的数量级很小（本结构为 10^{-6}），如果中间参数的识别结果不准确，通常会导致最终的位移柔度的识别精度。对单跨的简支梁结构，其位移柔度矩阵的三维曲面图只有一个波峰，在第 6 章的应变柔度识别中还将看到，该简支梁结构的应变柔度矩阵的三维曲面图也具有类似的特征，如果是 n 跨的连续梁，则会出现 $n\times n$ 个波峰。

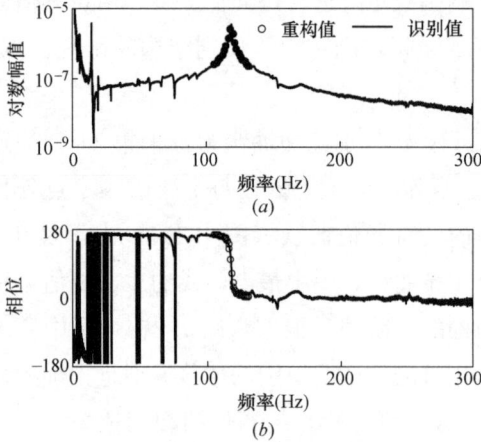

图 4.27　第 3 阶增强位移频响函数

（a）对数幅值图；（b）相位图

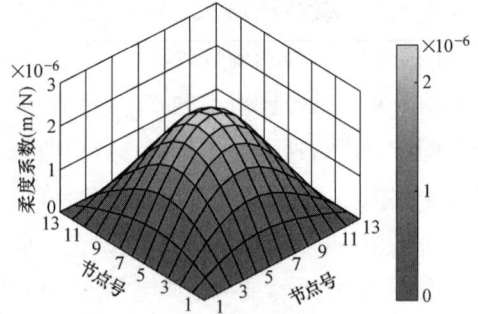

图 4.28　简支钢梁的位移柔度
矩阵的三维曲面图

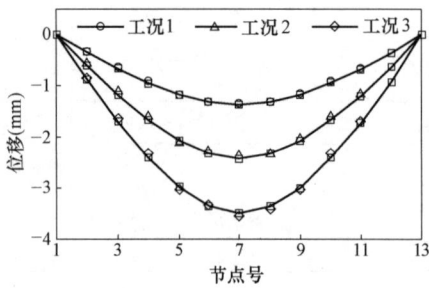

图 4.29　静力位移预测

用识别的位移柔度矩阵分别乘以静载测试时工况 1、2 和 3 的荷载可以得到预测的静力位移，通过和拉线位移计实测的位移进行比较可以验证识别的位移柔度矩阵是否正确，结果见图 4.29。在该图中，三条实线分别对应 3 种工况下的节点预测位移，每条曲线上不同的符号是实测的该工况下的静力位移值，从该图可知，每种工况下节点位移的预测值和实测值吻合得很好，说明用识别的位移柔度矩阵预测的节点位移是正确的，由此也间接证明所识别的位移柔度矩阵是精确的。

4.6　质量未知结构的位移柔度识别——SSI 方法

通常频域方法对于输入力要求很高，常常采用单峰值冲击。而在实桥或者复杂结构中，利用单峰值冲击往往无法得到足够的信息，甚至所激起的结构响应也不令人满意，常表现为衰减过快，能用于分析的有效数据过少。因此，部分学者将随机子空间方法（Stochastic Subspace Identification，SSI）引入到土木工程领域，用其进行结构模态参数识别。随机子空间方法的主要原理是在基于环境激励下，将输入力假设为白噪声，通过识别状态矩阵得到结构的基本模态参数，如固有频率、阻尼比和振型等，大体流程见图 4.30 左侧的虚线框图部分。

从前面章节的描述中可以知道，在输入力已知的情况下，不仅能够得到结构的基本模态参数，还能识别出结构的模态缩放系数乃至位移柔度矩阵。因此本节开发在输入力已知情况下采用 SSI 理论识别位移柔度的方法。相较于频域内的 PolyMAX 法和 CMIF 法，SSI 法直接处理时域数据，这是该方法的一大特色。而且由于频域方法通常要求输入力尽量是单个脉冲的冲击力，所以频域方法也有局限性，但本节开发的 SSI 方法对输入力的要求并不高，原则上输入力可以是任意的。

输入力已知情况下的子空间识别法主要有 3 步流程：首先，构建结构系统的状态空间方程，利用子空间识别技术识别结构的状态矩阵 A、B、C、D。然后利用传统的随机子空间（SSI）方法可以求得结构的模态参数；最后利用结构的模态分解性质进行解耦，计算模态缩放系数，进而识别出结构的位移柔度矩阵。整个流程见图 4.30 右侧虚线框部分。在详细介绍如何利用子空间方法识别结构的模态参数以及位移柔度之前，本书在此事先阐明，由于本节内容的公式推导过程较为繁琐，变量繁多，因此为简洁起见，本节中的矩阵变量一律不添加表示矩阵的括号，为了表述严谨，每个参数的物理意义都放在文中加以介绍，如此则不会影响读者对内容的理解。

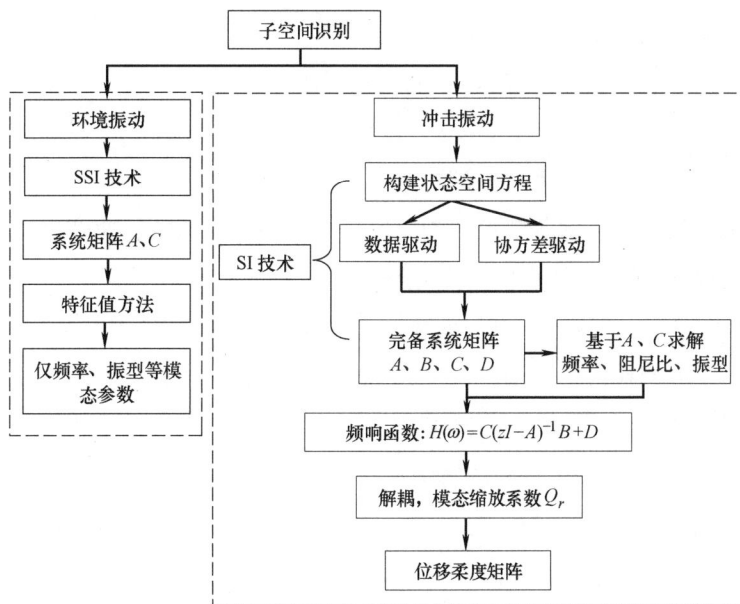

图 4.30 SSI 法识别位移柔度流程图

4.6.1 结构状态空间方程

状态空间方程来源于控制理论，其包含两类方程，第一类为包含状态空间向量的系统方程，第二类为观测向量与状态空间向量以及输入向量之间的联系方程。对于一个自由度为 r 的结构系统，输入点数为 N_i，输出点数为 N_o，在连续时域当中可以写为下式形式：

$$\begin{cases} \dot{x}(t) = A_c x(t) + B_c u(t) \\ y(t) = C_c x(t) + D_c u(t) \end{cases} \tag{4.83}$$

式中，$x(t) \in \mathbb{R}^{2r \times 1}$ 为状态空间向量，$\dot{x}(t)$ 为 $x(t)$ 中的各个元素的导数组成的向

量；$y(t) \in \mathbb{R}^{N_o \times 1}$ 为观测向量，$u(t) \in \mathbb{R}^{N_i \times 1}$ 为输入向量，$A_c \in \mathbb{R}^{2r \times 2r}$、$B_c \in \mathbb{R}^{2r \times N_i}$、$C_c \in \mathbb{R}^{N_o \times 2r}$、$D_c \in \mathbb{R}^{N_o \times N_i}$ 为系统矩阵。

由于子空间方法处理的是状态空间方程，所以首先需要将动力学方程写成状态空间方程的形式[174]，其中在连续时域中的状态空间方程用微分形式表示，在离散时域中用差分形式表示。

1. 连续的时间状态空间方程

将辅助方程 $M\dot{q}(t) - M\dot{q}(t) = 0$ 与结构动力学方程合并，可以写出下式形式的状态空间方程：

$$P\dot{x}(t) + Qx(t) = \begin{bmatrix} B_2 \\ 0 \end{bmatrix} u(t) \tag{4.84}$$

式中，$x(t) = \begin{Bmatrix} q(t) \\ \dot{q}(t) \end{Bmatrix}$，$P = \begin{bmatrix} C_2 & M \\ M & 0 \end{bmatrix}$，$Q = \begin{bmatrix} K & 0 \\ 0 & -M \end{bmatrix}$。

式（4.84）两边同时左乘以 P^{-1} 得：

$$\dot{x}(t) = A_c x(t) + B_c u(t) \tag{4.85}$$

式中，$A_c = -P^{-1}Q = \begin{bmatrix} 0 & I \\ -M^{-1}K & -M^{-1}C_2 \end{bmatrix}$，$B_c = \begin{bmatrix} 0 \\ M^{-1} \end{bmatrix} B_2$。

在振动测试中只会输出部分节点的响应信息，如果将加速度、速度、位移的值进行线性组合作为响应数据 $y(t)$，则可得下式：

$$y(t) = C_a\ddot{q}(t) + C_v\dot{q}(t) + C_d q(t) \tag{4.86}$$

将结构动力学方程代入上式消去 $\ddot{q}(t)$，则有

$$y(t) = C_c x(t) + D_c u(t) \tag{4.87}$$

式中，$C_c = [C_d - C_a M^{-1}K \quad C_v - C_a M^{-1}C_2]$，$D_c = C_a M^{-1}B_2$，下标 c 表示连续。

式（4.85）和式（4.87）组成了结构系统的连续时域状态空间方程：

$$\begin{cases} \dot{x}(t) = A_c x(t) + B_c u(t) \\ y(t) = C_c x(t) + D_c u(t) \end{cases} \tag{4.88}$$

2. 离散的时间状态空间方程

在实际测试中，得到的输入输出信号都是离散信号，因此有必要将连续状态方程离散化。假设采样时间间隔为 Δt，k 为时间序列，令 $t_{k+1} = (k+1)\Delta t$，$t_k = k\Delta t$，在这两个时间节点间积分，一阶微分方程式（4.85）的一般解可以写成：

$$x(t_{k+1}) = e^{A_c \Delta t} x(t_k) + \int_{t_k}^{t_{k+1}} e^{A_c(t_{k+1}-\tau)} B_c u(\tau) d\tau \tag{4.89}$$

令 $x_k = x(t_k)$，$u_k = u(t_k)$，$y_k = y(t_k)$，$k = 0, 1, 2, \cdots, n$，并认为 $u(\tau)$ 在 t_k 到 t_{k+1} 之间不变化，即 $u(\tau) = u_k$，则

$$x_{k+1} = Ax_k + Bu_k \tag{4.90}$$

式中，$A = \mathrm{e}^{A_c \Delta t}$，$B = \displaystyle\int_{t_k}^{t_{k+1}} \mathrm{e}^{A_c(t_{k+1}-t)} B_c \mathrm{d}t = (A-I) A_c^{-1} B_c$。

式（4.87）为一般代数方程，直接离散化后为

$$y_k = C x_k + D u_k \tag{4.91}$$

其中，$C = C_c$，$D = D_c$。

式（4.90）和式（4.91）组成了结构系统的离散时域状态空间方程：

$$\begin{cases} x_{k+1} = A x_k + B u_k \\ y_k = C x_k + D u_k \end{cases} \tag{4.92}$$

至此建立了结构的理想（无噪声）连续和离散时间状态空间方程，而考虑到实测信号的离散性，所以系统矩阵的子空间识别算法基于式（4.92）进行计算。并且，在实际测试中，输入到结构系统上的不可能全被测到，只能测到部分的输入力；而输出的响应信号的噪声也往往不能忽略[175]。为了更好地描述实际情况，需要给式（4.92）添加两个噪声项 w_k 和 v_k，得到下式：

$$\begin{cases} x_{k+1} = A x_k + B u_k + w_k \\ y_k = C x_k + D u_k + v_k \end{cases} \tag{4.93}$$

式中的 w_k 代表由测量力不完备造成的过程噪声，v_k 代表结构响应观测的噪声。这两个噪声项为相互独立的高斯白噪声，满足下式关系：

$$E\left(\begin{pmatrix} w_k \\ v_k \end{pmatrix}(w_k^{\mathrm{T}} \quad v_k^{\mathrm{T}})\right) = \begin{bmatrix} Q & S \\ S^{\mathrm{T}} & R \end{bmatrix} \delta_{pq} \tag{4.94}$$

式中的 δ_{pq} 为 Kronecker delta 函数，其定义为下式：

$$\delta_{pq} = \begin{cases} 1, & (p=q) \\ 0, & (p \neq q) \end{cases} \tag{4.95}$$

4.6.2 子空间识别技术

在进行基于子空间的结构识别时，我们知道的信息是结构的输入信号 u_k 和结构响应 y_k，所要求的是结构的系统矩阵 A、B、C 和 D。根据在方程中数据矩阵的类型，子空间识别方法主要分为数据驱动[176]和协方差驱动[177]。下面将分别简单介绍基于式（4.92）的两种子空间识别算法，对于考虑噪声项的式（4.93），读者可以参考相关文献[178]。

1. 数据驱动子空间识别技术

从 20 世纪 90 年代以来，专家学者深入的研究了基于数据驱动的子空间识别技术[179~182]。经过多人的完善，在输入力已知情况下的数据驱动的状态空间系统识别技术已经得到了广泛的应用。数据驱动子空间识别技术的基本思想是构造输入和输出数据的 Hankel 矩阵，然后对 Hankel 矩阵进行矩阵的投影运算，最后利用 SVD 分解以及最小二乘法来求解状态空间方，算法介绍如下。

（1）构建输入和输出数据的 Hankel 矩阵以及相关矩阵定义

输入和输出数据的 Hankel 矩阵定义如下：

$$
\begin{cases}
U_{0|2i-1}=\begin{bmatrix} u_0 & u_1 & \cdots & u_{j-1} \\ u_1 & u_2 & \cdots & u_j \\ \vdots & \vdots & \ddots & \vdots \\ u_{i-1} & u_i & \cdots & u_{i+j-2} \\ \hline u_i & u_{i+1} & \cdots & u_{i+j-1} \\ u_{i+1} & u_{i+2} & \cdots & u_{i+j} \\ \vdots & \vdots & \ddots & \vdots \\ u_{2i-1} & u_{2i} & \cdots & u_{2i+j-2} \end{bmatrix} = \begin{bmatrix} U_{\mathrm{p}} \\ U_{\mathrm{f}} \end{bmatrix} \\[2em]
U_{0|2i-1}=\begin{bmatrix} u_0 & u_1 & \cdots & u_{j-1} \\ u_1 & u_2 & \cdots & u_j \\ \vdots & \vdots & \ddots & \vdots \\ u_{i-1} & u_i & \cdots & u_{i+j-2} \\ u_i & u_{i+1} & \cdots & u_{i+j-1} \\ \hline u_{i+1} & u_{i+2} & \cdots & u_{i+j} \\ u_{i+2} & u_{i+3} & \cdots & u_{i+j+1} \\ \vdots & \vdots & \ddots & \vdots \\ u_{2i-1} & u_{2i} & \cdots & u_{2i+j-2} \end{bmatrix} = \begin{bmatrix} U_{\mathrm{p}}^{+} \\ U_{\mathrm{f}}^{-} \end{bmatrix}
\end{cases}
\tag{4.96}
$$

式中，$U_{0|2i-1} \in \mathbb{R}^{2iN_i \times j}$ 称为输入数据的 Hankel 矩阵，U_p，$U_\mathrm{f} \in \mathbb{R}^{iN_i \times j}$，$U_\mathrm{p}^{+} \in \mathbb{R}^{(i+1)N_i \times j}$，$U_\mathrm{f}^{-} \in \mathbb{R}^{(i-1)N_i \times j}$。

类似地，构建如下矩阵，

$$
Y_{0|2i-1}, Y_p, Y_f, Y_p^{+}, Y_f^{-} \text{以及} W_{0|i-1}=\begin{bmatrix} U_p \\ Y_P \end{bmatrix}=W_p
\tag{4.97}
$$

其中，$Y_{0|2i-1} \in \mathbb{R}^{2iN_o \times j}$ 被称为输出 Hankel 矩阵，Y_p，$Y_f \in \mathbb{R}^{iN_o \times j}$，$Y_p^{+} \in \mathbb{R}^{(i+1)N_o \times j}$，$Y_f^{-} \in \mathbb{R}^{(i-1)N_o \times j}$，$W_{0|i-1} \in \mathbb{R}^{i(N_i+N_o) \times j}$。

另外，将状态空间向量按一定的顺序进行组合可得，

$$
\begin{cases}
X_i=(x_i, x_{i+1}, \cdots, x_{i+j-2}, x_{i+j-1})=X_\mathrm{f} \\
X_0=(x_0, x_1, \cdots, x_{j-2}, x_{j-1})=X_\mathrm{p}
\end{cases}
\tag{4.98}
$$

式（4.98）称为状态时间序列。

（2）矩阵的投影运算和 SVD

根据式（4.96）与式（4.97）构成的分块矩阵以及状态空间方程式（4.92）可以得到一组新的方程形式：

$$
\begin{cases}
Y_p=\Gamma_i X_p + H_i U_\mathrm{p} \\
Y_f=\Gamma_i X_f + H_i U_\mathrm{f} \\
X_f=A^i X_p + \Delta_i U_\mathrm{p}
\end{cases}
\tag{4.99}
$$

其中，$\Gamma_i = \begin{pmatrix} C \\ CA \\ CA^2 \\ \vdots \\ CA^{i-1} \end{pmatrix}$，$\Delta_i = (\begin{matrix} A^{i-1}B & A^{i-2}B & \cdots & AB & B \end{matrix})$，$H_i =$

$$\begin{pmatrix} D & 0 & 0 & \vdots & 0 \\ CB & D & 0 & \vdots & 0 \\ CAB & CB & D & \vdots & 0 \\ \vdots & \vdots & \vdots & \ddots & \vdots \\ CA^{i-2}B & CA^{i-3}B & CA^{i-4}B & \cdots & D \end{pmatrix}。$$

令

$$O_i = Y_f / _{U_f} W_p \tag{4.100}$$

利用式（4.98）可以证明

$$O_i = \Gamma_i X_f \tag{4.101}$$

类似地

$$O_{i-1} = Y_f^- / _{U_f^-} W_p^+ = \Gamma_{i-1} X_{i+1} \tag{4.102}$$

通过对 O_i 两边进行加权再进行 SVD 得到：

$$W_1 O_i W_2 = U S V^T \tag{4.103}$$

通过系统阶次 r 取出从 U 与 S 中提取相应的矩阵 U_1 与 S_1，则：

$$\Gamma_i = W_1^{-1} U_1 S_1^{\frac{1}{2}}, \Gamma_{i-1} = \underline{\Gamma_i} \tag{4.104}$$

进一步可得：

$$X_i = \Gamma_i^\dagger O_i, X_{i+1} = \Gamma_{i-1}^\dagger O_{i-1} \tag{4.105}$$

（3）系统矩阵 A、B、C、D 求解

由线性方程组

$$\begin{pmatrix} X_{i+1} \\ Y_{i|i} \end{pmatrix} = \begin{pmatrix} A & B \\ C & D \end{pmatrix} \begin{pmatrix} X_i \\ U_{i|i} \end{pmatrix} \tag{4.106}$$

式中，$U_{i|i}$ 和 $Y_{i|i}$ 分别为仅包含一块行输入或输出的 Hankel 矩阵。

由式（4.106），采用最小二乘法可以求得系统矩阵 A、B、C 和 D。

2. 协方差驱动子空间识别技术

最近，学者开始关注协方差驱动的方法[183~185]。协方差驱动主要是通过对 Hankel 矩阵进行协方差运算来完成数据的降维。相比于数据驱动型的识别方法，协方差驱动的子空间识别技术计算量更小，处理时间更快，在数据量足够大的时候，可以得到与数据驱动同等的精度，现将该方法介绍如下。

（1）消除已知输入u_k的影响

将式（4.93）转化为随机子空间（SSI）的形式：

$$\begin{cases} x_{k+1}/U^\perp = A\,x_k/U^\perp + w_k/U^\perp \\ y_k/U^\perp = C\,x_k/U^\perp + v_k/U^\perp \end{cases} \tag{4.107}$$

式中，$U^\perp$代表U的正交投影，有$u_k U^\perp = 0$。

（2）构建协方差矩阵以及 SVD

通过（1）的处理，并认为w_k与v_k均为零均值且平稳的信号，于是输入力已知的状态空间方程即转换到仅知输出的状态空间方程。定义如下的公式：

$$U_r^+ = \begin{bmatrix} u_{r+1} \\ u_{r+2} \\ \vdots \\ u_{r+i} \end{bmatrix}, U_r^- = \begin{bmatrix} u_r \\ u_{r-1} \\ \vdots \\ u_{r-i+1} \end{bmatrix}, Y_r^+ = \begin{bmatrix} y_{r+1} \\ y_{r+2} \\ \vdots \\ y_{r+i} \end{bmatrix}, Y_r^- = \begin{bmatrix} y_r \\ y_{r+1} \\ \vdots \\ y_{r-i+1} \end{bmatrix} \tag{4.108}$$

其中，U_r^+，$U_r^+ \in \mathbb{R}^{iN_i \times 1}$，$Y_r^+$，$Y_r^- \in \mathbb{R}^{iN_o \times 1}$。

若将U_r^+（$r=i$，$i+1$，$\cdots$，$N-i$）写成矩阵，可得下式：

$$U^+ = \begin{bmatrix} u_{i+1} & u_{i+2} & \cdots & u_{N-i+1} \\ u_{i+2} & u_{i+3} & \cdots & u_{N-i+2} \\ \vdots & \vdots & \ddots & \vdots \\ u_{2i} & u_{2i+1} & \cdots & u_N \end{bmatrix} \tag{4.109}$$

同理，将U_r^-（$r=i$，$i+1$，$\cdots$，$N-i$）写成如下的矩阵形式：

$$U^- = \begin{bmatrix} u_i & u_{i+1} & \cdots & u_{N-i} \\ u_{i-1} & u_i & \cdots & u_{N-i-1} \\ \vdots & \vdots & \ddots & \vdots \\ u_1 & u_2 & \cdots & u_{N-2i+1} \end{bmatrix} \tag{4.110}$$

Y_r^+和Y_r^-可按同样的规则组成Y^+、Y^-。考虑投影的表达式：

$$y_k/U^\perp = y_k - C_0^- R^{--\dagger} U_r^- \tag{4.111}$$

式中，$C_0^- = E(Y_r^- U_r^{-\mathrm{T}}) = \dfrac{1}{j}\sum_{r=i}^{s-i} y_r U_r^{-\mathrm{T}}$，$R^{--} = E(U_r^- U_r^{-\mathrm{T}}) = \dfrac{1}{j}\sum_{r=i}^{s-i} U_r^- U_r^{-\mathrm{T}}$。

于是可得下式：

$$(Y/U^\perp)_r^+ = Y_r^+ - C_0^- R^{--\dagger} U_r^-$$

$$(Y/U^\perp)_r^- = Y_r^- - C_0^- R^{--\dagger} U_r^-$$

改造后的状态空间对应的输出 Hankel 矩阵为

$$W = \frac{1}{j}\sum_{r=i}^{s-i} (Y/U^\perp)_r^+ (Y/U^\perp)_r^{-\mathrm{T}} \tag{4.112}$$

W与传统的 SSI 方法中的 R 具有相似的性质，通过 SVD 分解可以得到系统矩阵 A 和 C[182]。

（3）系统矩阵 B、D 的求解

构建以下的协方差矩阵：

$$\begin{cases} R_g = E(y_{r+g}y_r^{\mathrm{T}}) \\ G_g = E(x_{r+g}y_r^{\mathrm{T}}) \\ L_g = E(u_{r+g}y_r^{\mathrm{T}}) \end{cases} \tag{4.113}$$

式中的下标 $g=1$，2，$\cdots$，$2i-1$。

可以证明：

$$G_j = A^{j-1}G_1 + \sum_{g=2}^{j} A^{j-g}BL_{g-1} \tag{4.114}$$

$$\begin{cases} R_1 = CG_1 + DL_1 \\ R_2 = CG_2 + DL_2 = CAG_1 + CBL_1 + DL_2 \\ \qquad\qquad\qquad \vdots \\ R_j = CG_j + DL_j = CA^{j-1}G_1 + \sum_{g=2}^{j} CA^{j-g}BL_{g-1} + DL_j \end{cases} \tag{4.115}$$

并利用 R_g 与 L_g 分别构建相应的分块 Hankel 矩阵：

$$R = \begin{bmatrix} R_1 & R_2 & \cdots & R_i \\ R_2 & R_3 & \cdots & R_{i+1} \\ \vdots & \vdots & \ddots & \vdots \\ R_{i-1} & R_i & \cdots & R_{2i-2} \\ R_i & R_{i+1} & \cdots & R_{2i} \end{bmatrix} \tag{4.116}$$

$$L = \begin{bmatrix} L_1 & L_2 & \cdots & L_i \\ L_2 & L_3 & \cdots & L_{i+1} \\ \vdots & \vdots & \ddots & \vdots \\ L_{i-1} & L_i & \cdots & L_{2i-2} \\ L_i & L_{i+1} & \cdots & L_{2i} \end{bmatrix} \tag{4.117}$$

式中，$R \in \mathbb{R}^{iN_o \times iN_o}$，$L \in \mathbb{R}^{iN_i \times iN_o}$。

进一步，引入式（4.99）中的 Γ_i 与 H_i：

$$R = \Gamma_i G + H_i L \tag{4.118}$$

其中 $G = [G_1 G_2 \cdots G_i] \in \mathbb{R}^{2r \times iN_o}$。

$$\Gamma_i^{\perp} R L^{\dagger} = \Gamma_i^{\perp} H_i \tag{4.119}$$

由上式即可估算 H_i，并得到系统矩阵 B、D。

4.6.3　模态参数识别

当利用 4.5.2 节介绍的子空间识别技术进行系统识别后，得到了结构系统的系统矩阵 A、B、C 和 D，接下来将利用系统矩阵进行结构的参数识别。传统的子空间识别技术即为随机子空间方法，由于该方法假设所有输入为白噪声项，因此只能识别出系统矩阵 A

和 C。但是在输入力已知的情况下，不仅能得到系统矩阵 A 和 C，而且还能得到 B 和 D。下面我们首先像随机子空间技术一样利用 A 和 C 识别出结构的模态参数（固有频率、阻尼比、位移振型），接着介绍如何利用系统矩阵 B 和 D 进一步识别结构的模态缩放系数和位移柔度。

1. 基本模态参数识别

对于式（4.85），当系统进行自由振动时（$u_k = 0$），系统动力学方程为 $\dot{x}(t) = A_c x(t)$，因为上式与结构动力学方程等价，所以 A_c 中包含了结构的所有模态信息，故对 A_c 进行特征值分解，可以从中识别出系统极点和振型：

$$A_c \psi_c = \psi_c \Lambda_c \tag{4.120}$$

式中，$\Lambda = \mathrm{diag}(\lambda_{cr})$ 为对角矩阵，对角线上的元素 λ_{cr} 为矩阵 A_c 的特征值；ψ_c 为对应的特征向量组成的矩阵。

通过 $A_c = -P^{-1}Q$，可以证明 A_c 的特征值分解结果与 P、$-Q$ 的广义特征值分解结果一致，且 Λ_c 对角线元素对应动力学系统的所有极点，ψ_c 对应状态空间 $x(t)$ 的特征向量。而在实际识别过程中是基于离散数据的，识别到的系统矩阵是 A，而非实际结构对应的 A_c，故对 A 进行特征值分解：

$$A\psi = \psi\Lambda \tag{4.121}$$

式中，$\Lambda = \mathrm{diag}(\lambda_r)$ 为对角矩阵，对角线上的元素 λ_r 为矩阵 A 的特征值；ψ 为对应的特征向量组成的矩阵。

根据 $A = \mathrm{e}^{A_c \Delta t}$，可以求出固有频率和阻尼比为

$$\omega_r = \sqrt{\lambda_{crR}^2 + \lambda_{crI}^2} \tag{4.122}$$

$$\xi_r = \frac{|\lambda_{crR}|}{\sqrt{\lambda_{crR}^2 + \lambda_{crI}^2}} \tag{4.123}$$

式中，ω_r 为结构的第 r 阶固有频率；ξ_r 为结构的第 r 阶阻尼比；λ_{crR}，λ_{crI} 分别是 A_c 特征值 λ_{cr} 的实部和虚部。

特征向量 ψ_c 没有实际的物理意义，结合式（4.91）识别的矩阵 C，可得结构的各阶振型为

$$\Phi^d = \begin{bmatrix} \phi_1^d & \phi_2^d & \cdots & \phi_r^d \end{bmatrix} = C\psi_c \tag{4.124}$$

其中，Φ^d 的第 r 列为第 r 阶位移振型。

2. 位移柔度识别

（1）由系统矩阵表示的频响函数

在 4.2.4 中介绍了如何通过状态空间方程得到基于输入向量 $\{u(t)\}$ 以及输出向量 $\{y(t)\}$ 的频响函数 $H(\omega)$ 的表达式，$H(\omega) = C(zI - A)^{-1}B + D$，$z = \mathrm{e}^{i\omega\Delta t}$，如果响应数据 $y(t)$ 为位移时，频响函数为位移频响函数；如果对应的响应数据 $y(t)$ 为加速度时，频响函数为加速度频响函数。

式（4.33）为频响函数的一种表达形式，为了方便对频响函数按照模态进行解耦，通过由式（4.121）得到 $A=\psi\Lambda\psi^{-1}$，将其代入式（4.92）中并重新整理得：

$$\begin{cases} x_{k+1}^{\mathrm{m}}=\Lambda x_k^{\mathrm{m}}+B^{\mathrm{m}}u_k \\ y_k=C^{\mathrm{m}}x_k^{\mathrm{m}}+Du_k \end{cases} \tag{4.125}$$

其中，$x_k^{\mathrm{m}}=\psi^{-1}x_k$，$B^{\mathrm{m}}=\psi^{-1}B$，$C^{\mathrm{m}}=C\psi$。

与上面的推导过程一致，可以将频响函数写成如下形式：

$$H(\omega)=C^{\mathrm{m}}(zI-\Lambda)^{-1}B^{\mathrm{m}}+D \tag{4.126}$$

（2）频响函数的模态解耦

前面得到，$D=D_c=C_aM^{-1}B_2$，如果响应数据为位移或者速度时，$D=0$，此时对频响函数进行分解较为容易。

$$H(\omega)=C^{\mathrm{m}}(zI-\Lambda)^{-1}B^{\mathrm{m}}=\sum_{r=1}^{n}\frac{c_r^{\mathrm{m}}b_r^{\mathrm{m}}}{z-\lambda_r}=\sum_{r=1}^{n}\frac{\phi_r b_r^{\mathrm{m}}}{z-\lambda_r} \tag{4.127}$$

其中，c_r^{m} 为 C^{m} 的第 r 列，由式（4.124）可知，c_r^{m} 即为结构的第 r 阶模态，b_r^{m} 为 B^{m} 的第 r 行。

如果测到的响应是结构的加速度，则 $D\neq0$，对 D 按照模态进行分解，由于 $D=C_aM^{-1}B_2$，则

$$D=C_aM^{-1}B_2=\begin{bmatrix} -C_aM^{-1}K & -C_aM^{-1}C_2 \end{bmatrix}\begin{bmatrix} -K^{-1}C_2 & -K^{-1}M \\ I & 0 \end{bmatrix}\begin{bmatrix} 0 \\ M^{-1} \end{bmatrix}B_2=CA_c^{-1}B_c \tag{4.128}$$

对于测到的响应为加速度响应，$C_v=C_d=0$，有 $\begin{bmatrix} -C_aM^{-1}K & -C_aM^{-1}C_2 \end{bmatrix}=C$，$\begin{bmatrix} -K^{-1}C_2 & -K^{-1}M \\ I & 0 \end{bmatrix}=A_c^{-1}$，$\begin{bmatrix} 0 \\ M^{-1} \end{bmatrix}B_2=B_c$。

又由于 $B_c=A_c(A-I)^{-1}B$，将其代入式（4.128），则有

$$D=C(A-I)^{-1}B \tag{4.129}$$

可以看出，D 与 A、B 和 C 存在上述关系，因此有

$$D-C^{\mathrm{m}}(\Lambda-I)^{-1}B^{\mathrm{m}}-\sum_{r=1}^{n}\frac{\phi_r b_r^{\mathrm{m}}}{\lambda_r-1} \tag{4.130}$$

结合式（4.126）和式（4.130），在加速度响应下的加速度频响函数解耦形式为

$$H(\omega)=C^{\mathrm{m}}\big[(zI-\Lambda)^{-1}+(\Lambda-I)^{-1}\big]B^{\mathrm{m}}=\sum_{r=1}^{n}\frac{(z-1)\phi_r b_r^{\mathrm{m}}}{(\lambda_r-1)(z-\lambda_r)} \tag{4.131}$$

式（4.127）和式（4.131）是分别在位移响应和加速度响应下的频响函数的模态解耦表达式，到这一步为止，得到了结构的模态解耦后的频响函数表达式。

（3）模态缩放系数和位移柔度计算

在3.4.3节中结构的位移频响函数的复模态形式为

$$H^{\mathrm{d}}(\omega)=\sum_{r=1}^{n/2}\left(\frac{Q_r\phi_r\phi_r^{\mathrm{T}}}{i\omega-\lambda_{cr}}+\frac{Q_r^*\phi_r^*\phi_r^{\mathrm{H}}}{i\omega-\lambda_{cr}^*}\right) \tag{4.132}$$

根据式（4.6），得到位移柔度矩阵在复模态中的表达式，

$$F^{\mathrm{d}} = H^{\mathrm{d}}(\omega = 0) = \sum_{r=1}^{n/2} \left(\frac{Q_r \phi_r \phi_r^{\mathrm{T}}}{-\lambda_{cr}} + \frac{Q_r^* \phi_r^* \phi_r^{\mathrm{H}}}{-\lambda_{cr}^*} \right) \tag{4.133}$$

如果能够求得模态缩放系数，并结合子空间识别技术得到的结构的位移振型ϕ^{d}和系统极点λ_c，就可以依据式（4.133）求得结构的柔度矩阵F^{d}。

依据 3.4.1 节中建立的位移频响函数、速度频响函数和加速度频响之间的关系为

$$H^{\mathrm{v}}(\omega) = i\omega H^{\mathrm{d}}(\omega), H^{\mathrm{a}}(\omega) = (i\omega)^2 H^{\mathrm{d}} \tag{4.134}$$

其中，$H^{\mathrm{v}}(\omega)$ 为速度频响函数，$H^{\mathrm{a}}(\omega)$ 为加速度频响函数。

对比式（4.132）和按模态解耦的频响函数式（4.127）或式（4.131），可以求出式（4.132）中的模态缩放系数Q_r。

当测试数据为位移响应时：

$$\frac{Q_r \phi_r \phi_r^{\mathrm{T}}}{i\omega - \lambda_{cr}} = \frac{\phi_r b_r^{\mathrm{m}}}{z - \lambda_r} \tag{4.135}$$

当测试数据为速度时：

$$\frac{i\omega q_r \phi_r \phi_r^{\mathrm{T}}}{i\omega - \lambda_{cr}} = \frac{\phi_r b_r^{\mathrm{m}}}{z - \lambda_r} \tag{4.136}$$

当测试数据为加速度响应时：

$$-\frac{\omega^2 q_r \phi_r \phi_r^{\mathrm{T}}}{i\omega - \lambda_{cr}} = \frac{(z-1)\phi_r b_r^{\mathrm{m}}}{(\lambda_r - 1)(z - \lambda_r)} \tag{4.137}$$

式中$\phi_r \phi_r^{\mathrm{T}}$，$\phi_r b_r^{\mathrm{m}}$的结果都是矩阵，为了能够计算模态缩放系数，将等式两端乘以相应的矩阵，将其化为数值。以式（4.137）为例，在等式两边同时左乘以ϕ_r^{T}，右乘以ϕ_r得到：

$$-\frac{\omega^2 q_r \phi_r^{\mathrm{T}} \phi_r \phi_r^{\mathrm{T}} \phi_r}{i\omega - \lambda_{cr}} = \frac{(z-1)\phi_r^{\mathrm{T}} \phi_r b_r^{\mathrm{m}} \phi_r}{(\lambda_r - 1)(z - \lambda_r)} \tag{4.138}$$

经过处理，$\phi_i^{\mathrm{T}}\phi_i \phi_i^{\mathrm{T}}\phi_i$ 与$\phi_i^{\mathrm{T}}\phi_i b_i^{\mathrm{m}}\phi_i$都为单一数值。原则上，频率 ω 取任何值时上式的左右两端都应该相等，但实际上由于等式右端为根据实测的响应数据识别频响函数解耦项，与真实的频响函数解耦项有误差，为了消除这种误差，频率 ω 取式（4.122）得到的第 r 阶频率ω_r附近 $2m+1$ 个频率值代入式（4.138）计算以减小误差，

$$\omega = \{\omega_r - m\Delta t, \cdots, \omega_r - \Delta t, \omega_r, \omega_r + \Delta t, \cdots, \omega_r + m\Delta t\} \tag{4.139}$$

求得 $2m+1$ 个模态缩放系数，取其平均值作为最终的模态缩放系数Q_r。得到结构的各阶模态缩放系数后，代入式（4.133），就可以得到结构的位移柔度矩阵F^{d}。

3. 稳定图

不论是数据驱动的子空间识别技术还是协方差驱动的子空间识别技术，系统的阶次都是一个最重要的参数，也是一个很难确定的参数。系统的阶次在数值上决定系统矩阵 A 的维数，代表的是结构系统本身的特性。确定系统的阶次有两个难点，首先，实际结构系统是无限自由度系统，但在实际测试中只能测量有限的自由度，在状态空间方程中也是用

有限自由度去模拟实际结构，系统的阶次本身就难以确定。其次，由于输入输出噪声项以及计算误差的影响，会有许多的虚假阶次的模态存在，这些虚假模态对之后的参数识别结果有很大的干扰。因此，子空间方法是一种依赖于模型系统阶次的参数识别方法，同 4.3 节的 PolyMAX 方法一样，可以采用稳定图的方法来剔除虚假模态，获得结构真实的物理模态，稳定图的概念参见 4.4.4 节。

4.6.4　简支梁桥验证

1. 桥梁静动力测试

选择一座三跨预应力混凝土 T 形简支梁桥作为研究对象，三跨简支梁间的联系力很小，可以视为三个单独的简支梁桥，选择其中某一跨进行研究，该跨的跨度为 14.6m，桥宽与跨长相等，也为 14.6m，桥长与桥宽之间呈斜交。

在对有限元软件进行建模时，利用有限元软件 SAP2000 对简支梁桥进行建模。在建模过程中，梁和桥墩使用框架单元，在梁和柱的交接处采用刚性连接来保证两者共同工作。桥面板可以选择壳单元，但是加上桥面板后，在基于已知力情况下对结构进行动力反应分析时所花费的时间会大大增加，考虑到我们的目的是验证所开发的基于子空间技术的结构柔度识别方法，为了节约有限元模型的计算时间，故省去桥面板的建模。建模过程中总共使用 1408 个框架单元，336 个刚性连接单元，建立的有限元模型如图 4.31 所示。

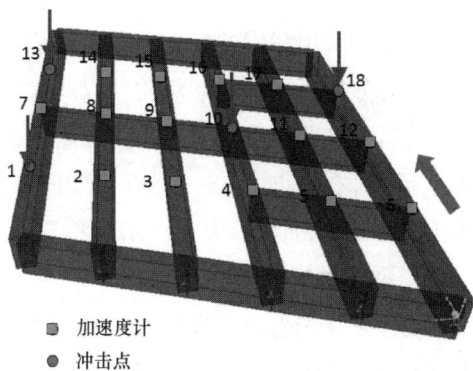

图 4.31　简支梁桥的有限元模型与传感器布置

在进行结构的动力反应分析时，选择主梁上的 18 个节点（$N_o = 18$）作为结构的响应输出点；其中标有箭头的节点 1，10，13，18 分别为输入点（$N_i = 4$），即选择这四个点依次进行结构响应力的输入并同时测量所有输出点的加速度响应时程。为了考察输入力的形式对结构柔度识别的影响，选取四种具有代表性的力模拟结构的振动测试。具体做法是将输入力依次施加在所选择的输入点，并记录 18 个输出点的加速度响应时程。为了考察输入力对柔度识别结果的影响，四种具有代表性的力如图 4.32 所示，这四种输入力工况分别为：单次冲击（工况一），二次冲击（工况二），多次冲击（工况三），随机力（工况四）。这四种力的前三种来自于实验中实际测到的力，而随机力是用 Matlab 程序产生的，随机力作为一种极端输入力的情况用于考察在 SSI 方法中，输入力对位移柔度识别的影响。另外，为了说明时域和频域方法的不同，本节还将与 4.4 节中的 CMIF 法在相同的条件下的柔度识别结果进行对比。

为了验证所识别的位移柔度矩阵是否精确，需要将识别结果与有限元模型的精确值进

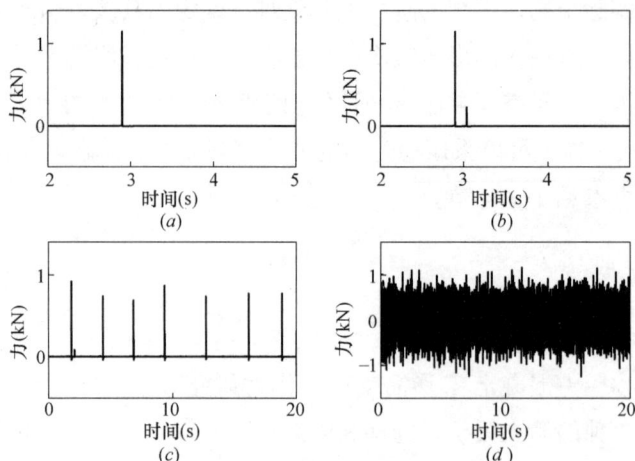

图 4.32 四种输入力

(a) 单次冲击；(b) 二次冲击；(c) 多次冲击；(d) 随机力

行对比，所以采用相同的静力荷载，用识别的位移柔度矩阵预测结构的位移，将其和有限元中的静力分析所得的位移对比，以此验证 SSI 方法识别位移柔度的有效性。静力测试分为如下的两个工况，静力工况一为在所有的 18 个节点同时施加向下的 100kN 的力，静力工况二为同时在节点 2、3、8、9 施加向下的 100kN 的力。在这两种静载工况下，分别记录节点 1 到 18 处的位移大小，用以和 SI 技术得到的位移预测值进行对比。

2. 模态参数识别

简便起见，先采用多次冲击下的输入力情况研究 SSI 方法识别位移柔度的可行性，在后续内容中会介绍 SSI 法在不同的输入力情况下的柔度识别效果。输入力和输出的加速度响应已经通过有限元模拟得到，为了模拟在实际工程中的各种噪声和不确定性的影响，给输入和输出响应加入一定程度的噪声。具体添加方法为：有限元仿真加速度数据标准偏差的 10% 作为噪声项加入原有的数据，同时为了仿真输入力测量的不确定性影响，给冲击力群时程加入 5% 的噪声，加噪方法为：对于一个长度为 n 的信号 $x(t)$ 采用下式给原始数据加入白噪声：

$$\tilde{x}(t) = x(t) + \alpha \times \text{randn}(1,n) \times \text{std}(x(t)) \tag{4.140}$$

式中，$\tilde{x}(t)$ 为加入噪声后的信号，α 为噪声率（对加速度数据取为 10%，对输入力数据取为 5%），randn() 为 Matlab 中产生白噪声的函数，std() 为计算一个数据序列的标准差的函数。

利用子空间识别方法首先识别结构的系统矩阵 A、B、C、D，采用稳定图法来消除计算过程中不确定性因素的影响，剔除虚假模态，其中稳定图的判断准则为：Error_freq $<20\%$，Error_damping $<100\%$，MAC>0.98。所分析的频率范围为 $0\sim40$Hz，计算阶次 n 从 10 取到 30（考虑共轭特征值的存在，实际计算以 2，4，6，…，60 共 30 个阶次计算）。计算得到的稳定图如图 4.33 所示，从图中可知，在 $0\sim40$Hz 范围内，稳定图上有

10个稳定轴，从中选出结构的前10阶模态，其中在35～40Hz之间存在3阶密集模态。

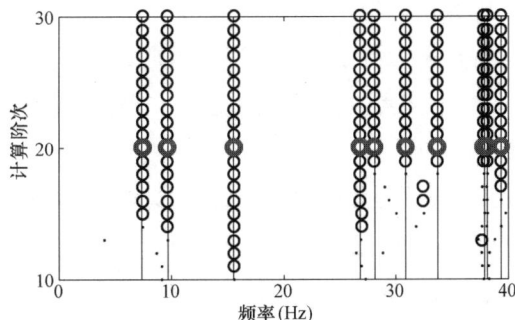

图4.33 稳定图

从稳定图中选出的前10阶模态为结构的竖向模态，将其与有限元模型中作模态分析得到的结构固有频率进行对比，结果如表4.3所示。表中的"真实频率"是从有限元软件中得到的计算值，"识别频率"是通过子空间识别技术得到的值，从表中可知，即使在10%的输出噪声和5%的输入噪声影响下，识别频率的精度仍然很高。

固有频率对比（Hz）   表4.3

模态阶次	1	2	3	4	5	6	7	8	9	10
真实频率	7.343	9.671	15.551	26.823	28.096	30.879	33.72	37.76	38.12	39.32
识别频率	7.343	9.671	15.553	26.819	28.102	30.882	33.732	37.80	38.11	39.31

结构的前10阶模态的位移振型如图4.34所示，振型上的节点由所编号的18个节点组成，图中节点位置上用圈表示的振型为有限元软件计算的振型，用三角形表示的振型为子空间识别技术所识别的振型。从振型图中可以看出，识别的振型与计算的振型非常接近。

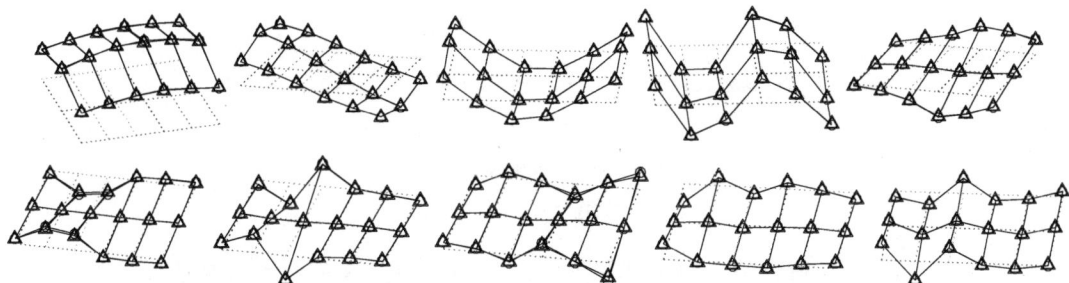

图4.34 结构的前10阶位移振型

3. 位移柔度识别结果

计算阶次 n 在计算结构柔度时为一个确定的值，在此例子中取为输出节点数的2倍。由于只在四个节点进行了冲击，识别的系统矩阵 B 和 D 并不是满秩的矩阵，依据识别的结构系统矩阵得到的频响函数，同样不是满秩的频响函数。这是由于其他点对应的输入力为 0，从频响函数的推导过程很容易看出，某点只有输出没有输入是得不到该点的频响函数的。因此，在整个频响函数矩阵中，只有冲击点 1，6，10，13 所对应的列才有频响函数的值，但这并不影响求解模态缩放系数的过程，原则上，只要有一列的频响函数，就可以得到结构的模态缩放系数，多点冲击得到了多列的频响函数，提高了结果的识别可靠度。

模态缩放系数 Q_r 的求解过程是根据复模态的位移频响函数中第 r 阶模态的贡献量与由系统矩阵 A、B、C、D 所解耦的第 r 阶模态的位移频响函数贡献量相等，从而求解出模态缩放系数的，因此，在得到结构的模态缩放系数后，联合所得的位移振型可以重构结构的位移频响函数，进一步与直接由系统矩阵 A、B、C、D 表示的位移频响函数进行对比，对比图如图 4.35 所示，该图是在节点 6 作用力节点 18 输出的位移频响函数图。图中的点划线是依据公式（4.132）重构的位移频响函数，实线是由加速度频响函数转化的位移频响函数，从图中可以看到，两条曲线在远离零频率处符合的很好，说明利用识别的模态参数重构的频响函数是正确的，从而证明所识别的模态参数是精确的。但由加速度频响函数转化的位移频响函数在零频率附近误差很大，由前面章节的分析可知，位移柔度识别正好需要用到位移频响函数在零频率处的值，因此直接由加速度频响函数转化的位移频响函数不能直接取频率为零处的值作为结构的位移柔度。由于由子空间的系统矩阵表示的频响函数可以解耦，所以可以将结构的位移柔度矩阵识别问题转化为各阶模态参数的叠加运算，这样能提高识别精度。

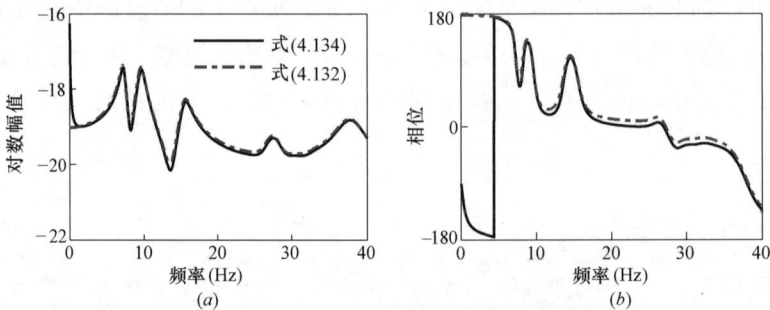

图 4.35　位移频响函数对比图

（a）对数幅值图；（b）相位图

利用式（4.133）得到的位移柔度矩阵的维数为 18 行 18 列，为直观地观测该矩阵，画出图 4.36 所示的三维曲面图，由于 18 个测点在横向大体沿着 3 根梁布置，所以位移柔度矩阵的三维曲面图中就有 9 阶明显的峰值，这个结果与该结构的物理意义正好是对应的。

所识别的位移柔度矩阵可以用于静载预测，以静力工况一为例，将预测的位移和有限元作静力分析输出的理论位移进行对比，如图 4.37 所示，图中的横坐标为节点号，纵坐标为预测的位移值，从图中可以看出，预测值和有限元软件计算的理论值基本吻合，这再次证明所识别的位移柔度矩阵是十分精确的。

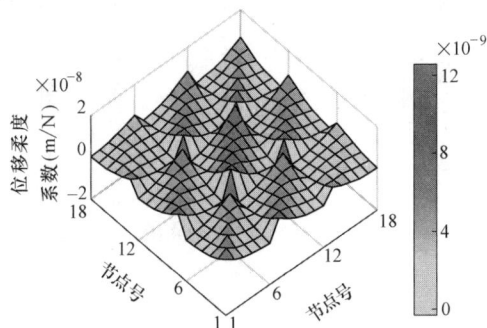

图 4.36　位移柔度矩阵的三维曲面图

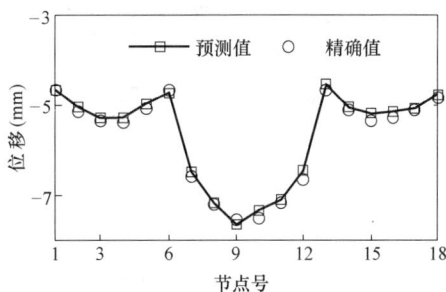

图 4.37　位移对比（静力工况一）

在用识别的位移柔度矩阵进行位移预测时会存在模态截断问题，理想的情况下当然是完整的模态阶数所识别的位移柔度矩阵精度最高，但在实际结构中很难获取高阶模态参数，虽然本例中识别出了结构的前 10 阶模态参数，但并非所有阶次的参数对位移柔度的贡献都一样，通常来说，高阶模态对位移柔度的影响小，所以往往只需用所识别的前几阶模态参数来计算位移柔度就可以满足工程精度要求。本例中采用静力工况二研究位移柔度识别和位移预测的模态截断效应，分别使用第 1 阶、前 3 阶、前 6 阶和前 10 阶模态参数所识别的位移柔度矩阵来预测位移，结果如图 4.38 所示，从该图可知，用前 3 阶模态参数预测的位移与有限元计算的理论值就已经足够精确了，所以对位移柔度识别而言，通常只需用低阶的模态参数就能获得满足工程精度要求的结果。

4. 输入力的适应性

使用频域内的方法进行结构柔度识别时，对输入力和响应数据都有一定的要求，否则精度会大大降低，所以用存在连续冲击的输入力进行模态分析时往往得到较差的参数识别结果，但是多次冲击有利于充分激励起结构响应，提高测量数据的质量。为了研究输入力的形式对 SSI 方法识别位移柔度的影响，本小节分别采用图 4.39 所示的单次冲击、二次冲击

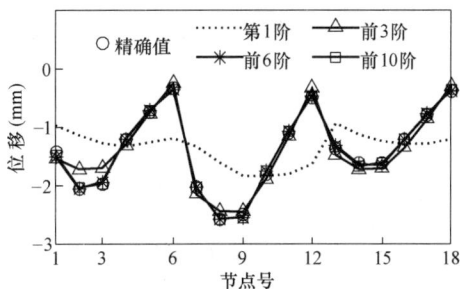

图 4.38　模态截断效应对位移
预测的影响（静力工况二）

和随机激励力及其对应的加速度数据进行柔度识别，特别需要注意的是，在频域法中，结构在冲击荷载下的响应信号通常需要采集到结构衰减完全为止，否则需要施加指数窗使其满足傅里叶变换的基本要求，而在时域法中，即使输入力是多次冲击或者随机激励的情况，响应信号也可以在结构还未衰减完全时就停止采集，下面将证明基于 SSI 的时域法对输入输出信号的形式并没有太严格的要求。

由于多次冲击的结果已经在上文中给出，下面将只给出在单次冲击、存在二次冲击和随机激励力下的 SSI 法位移柔度识别结果。图 4.39 是三种输入力分别对应的稳定图，由

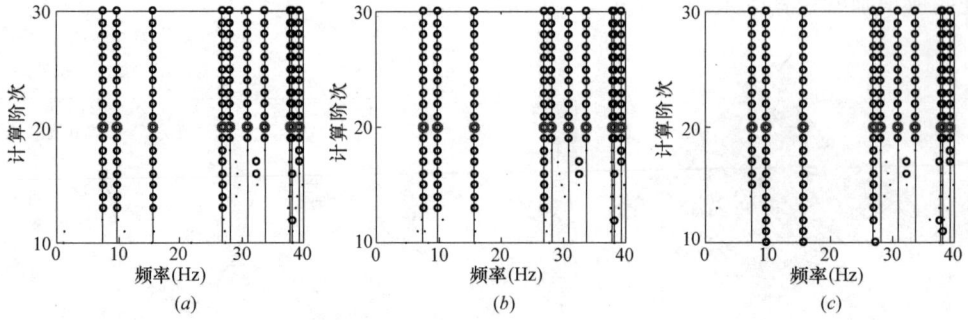

图 4.39 不同输入力对应的稳定图

(a) 单次冲击；(b) 二次冲击；(c) 随机力

图可知，不管力的形式如何，SSI 法总能产生清晰的稳定图，这将有利于识别精确的模态参数。进一步探讨输入力的形式对位移预测的影响，图 4.40 中分别给出了这三种输入力下的位移预测结果（采用静力工况一），图中表明不管输入力的形式如何，预测的位移都是十分精确的，所以本节开发的位移柔度的时域识别法对输入力具有广泛的适应性。

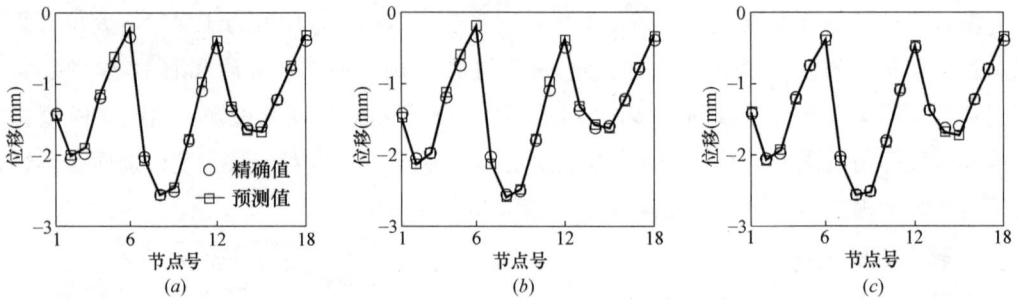

图 4.40 不同输入力对应的位移预测图

(a) 单次冲击；(b) 二次冲击；(c) 随机力

而同时，用这三种情况的输入力计算的输出数据也可以采用频域法进行位移预测，以 CMIF 法为例，表 4.4 中给出了针对这四种形式的输入力，SSI 法和 CMIF 法各自所预测的位移（静力工况一）的最大的误差，从表中可以看出，在四种不同形式的力作用下，SSI 方法识别的柔度都能够得到理想的挠度预测结果，但是 CMIF 方法仅在单次冲击下表现良好，由此进一步证明基于时域的 SSI 方法对输入力没有太严格的要求，但是基于频域的 CMIF 法通常只对单次冲击的输入力有效。

第5章

基于分块冲击振动的位移柔度识别理论

第 4 章介绍了结构在质量信息未知条件下识别位移柔度的三种方法，为工程应用奠定了理论基础，但该方法基于全结构的冲击振动测试，要求加速度计安装于整个结构的所有测点上，然后采集所有测点的响应数据，所以传统测试方法需要布置大量的传感器，测试成本高昂、桥梁封闭时间长，无法满足快速测试的要求。为解决上述问题，本章提出了桥梁分块冲击振动测试的思想，通过将桥面划分为各个子结构，对每个子结构进行独立测试，然后将各个子结构的振动测试数据集成为全结构的参数，用于识别整体结构的位移柔度矩阵。

5.1 分块冲击振动的工程意义

第 2 章介绍了桥梁快速测试的研究背景及思路，了解到冲击振动测试方法具有独特优势，能估算得出和理论解一致的位移频响函数，进而识别出结构的深层次参数如柔度矩阵。冲击振动测试综合了环境振动测试和卡车静载试验的优点，能够在识别结构动力特性（如模态参数）的同时，还能够识别结构的静力特征（如静力—挠度关系），因而发展成为目前最理想的现场测试方法，因此开发基于冲击振动的桥梁快速测试系统成为桥梁结构健康监测的热点问题。

第 3 章介绍了结构模态分析理论，从结构正反两个方面分析总结了位移频响函数的计算方法，包括定义、实模态理论和复模态理论，脉冲响应函数和位移频响函数的关系，结构参数识别的基本概念。介绍了针对不同噪声情况的单输入和多输入作用下频响函数的计算方法，检验数据质量好坏的相干函数，判断振型识别精度的模态保证准则等。

第 4 章介绍了基于冲击振动的位移柔度识别理论，从理论上推导了冲击振动下位移柔度矩阵的各种计算方法，详细介绍了质量已知和未知情况下位移柔度的计算公式，并讨论了二者的联系与区别，发现识别模态缩放系数是识别结构位移柔度的关键，因此进一步采用 PolyMAX 法、CMIF 法和 SSI 法来识别结构的位移柔度矩阵。

位移柔度矩阵作为刚度矩阵的逆矩阵，是结构的重要参数，与结构损伤识别和承载能力评估有着密切联系。充分的理论基础证实了基于冲击振动的桥梁测试方法的可行性，但是传统的冲击振动测试都是基于全结构的，要求传感器布置于整个结构上，一次测得桥面所有测点的响应，因此该方法需要布置大量的传感器，测试成本高昂，桥梁封闭时间长，无法满足快速测试的要求。另一方面，传统测试方法对冲击装置要求比较高，要求在不损坏桥梁构件的前提下充分激励出桥梁的真实动力特性，虽然第 2 章中所开发的新型冲击装置能部分地解决冲击所需的能量问题，但对尺度稍微大一点的桥梁结构，远离激振点处的测点的加速度响应仍然比较微小，因此这些测点的信号的信噪比仍有待提高。

针对传统冲击测试方法的局限性，本章提出了基于分块冲击振动的桥梁测试方法并进行相关理论创新。首先将桥梁的整个桥面划分为多个子结构，桥梁智能诊断车行驶至桥面，采用新型冲击装置分别对每个子结构施加冲击力并采集相应子结构的加速度响应，可利用第 2 章发明的自动化传感器安装装置完成加速度传感器的自动化安装与拆卸，大幅度减少测试时间；且由于测点集中在激振点附近，测点能够获得足够大的响应，所采集的数据的信噪比也较大，从而能保证后续的数据分析的精度。因此，本书所开发的桥梁快速诊断测试系统是对整座桥梁进行分块冲击振动测试，每次仅观察子结构内所有测点的响应，其优点是可显著减少所需传感器数目，同时获得高信噪比的响应信号，实现桥梁的快速冲击振动测试。

但是，利用上述的分块冲击振动测试方法得到的各个子结构的测试数据无法直接用于计算整体结构的位移频响函数矩阵，需要在基于传统的冲击振动测试的位移柔度识别方法（对全结构进行多参考点输入、所有节点全部输出，一次性识别全结构的位移柔度矩阵）的基础上进行扩展，将各个子结构识别的模态参数和位移柔度矩阵最终融合到全结构上，达到和传统的冲击振动测试方法一样的目的，但由此导致的问题是如何融合各个子结构的振动观测数据以识别整个桥梁的特性如全结构的柔度矩阵。

针对该问题，本章根据不同的适用范围，分别提出了子结构多参考点法[186]（5.3节）、单参考点法[187]（5.4 节）和无参考点法（5.5 节）来融合各个子结构的观测数据，其中多参考点法基于相邻子结构在公共边界节点的位移振型的连续性实现整体位移振型的融合，单参考点法基于参考点频响函数的相位曲线来实现整体位移振型的融合，无参考点法基于全结构的最小势能原理来实现整体位移振型的融合。一旦获得了全结构的位移振型，就能套用第 4 章中的位移柔度识别公式（4.6），得到全结构的位移柔度矩阵。当然为了验证所开发方法的可行性，本章在每节的最后都给出了相应的实例。图 5.1 为桥梁分块冲击振动测试的研究思路。

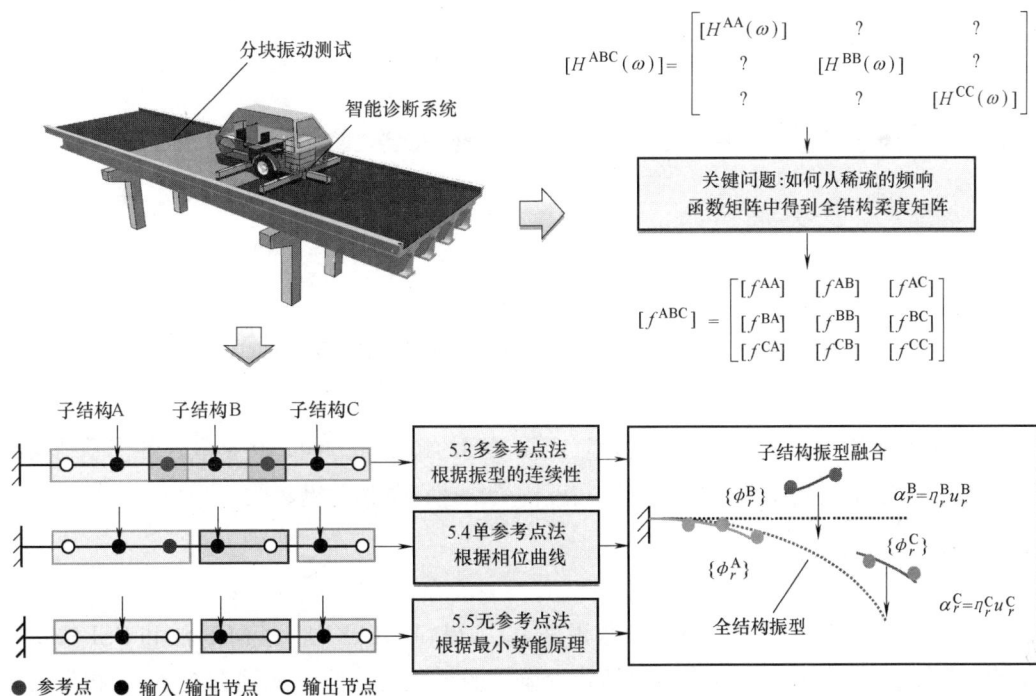

图 5.1　桥梁分块振动测试研究思路

5.2　分块冲击振动测试的子结构融合理论和实施流程

由 5.1 节可知，如何融合各个子结构的模态参数以识别整座桥梁的特性如全结构的柔度矩阵是实现桥梁快速测试的关键。由于系统极点跟固有频率和阻尼比有关，这两个参数是结构的整体特征，因此各个子结构识别的系统极点应该差别不大。在子结构模态参数融合中遇到的主要问题在于：结构的位移振型只表示结构在各阶固有频率处的振动形态，并不表示结构真实的振动幅度，所以各个子结构识别的各阶位移振型可以任意缩放，振型方向并不固定，这就造成了各个子结构识别的各阶位移振型的幅度不同和振型方向错误的问题。如图 5.2 所示的划分为三个子结构的悬臂梁结构的第一阶位移振型图，图 5.2（a）表示三个子结构振型的幅度和方向都一致，这是正确的振型图；图 5.2（b）表示右侧的两个子结构的振型方向与左侧子结构的振型方向虽然一致，但是幅度不在同一水平，右侧的两个子结构的振型幅度应该调整到虚线位置；图 5.2（c）表示右侧两个子结构的振型幅度与左侧子结构的振型幅度虽然是一致的，但是振型方向相反，右侧的两个子结构的振型应该翻转到下面的虚线位置。图 5.2（b）和（c）中描述的两种情况是将分块冲击振动测试获得的各个子结构的位移振型集成为全结构的位移振型时所遇到的主要问题，当然在实际问题中，更复杂的情况是图 5.2（b）和（c）的混合，即各个子结构的振型幅度不在同一水平的同时，振型方向也可能是相反的。

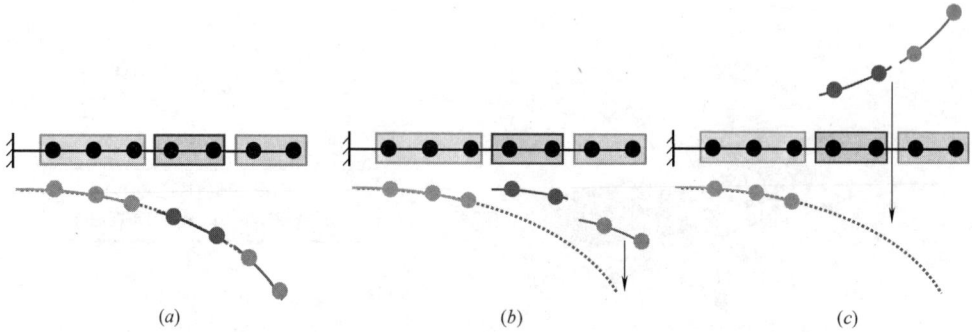

图 5.2　子结构模态参数融合中的位移振型的缩放和方向问题

(*a*) 正确振型；(*b*) 错误振型：幅度不一致；(*c*) 错误振型：方向不一致

因此如何调整各个子结构之间的各阶位移振型的幅度和方向，将是融合各个子结构的模态参数以识别全结构位移柔度矩阵和实现桥梁快速评估的关键。

5.2.1　子结构融合理论

回顾第 4 章所介绍的三种模态参数识别算法（PolyMAX 法、CMIF 法和 SSI 法）可知，各个子结构所识别的模态参数包括各阶模态的系统极点 λ_r（或固有频率 ω_r 和阻尼比 ξ_r），位移振型$\{\phi_r\}$，模态参与系数$\{l_r\}$ 和模态缩放系数 Q_r。由于系统极点包含有结构的固有频率和阻尼比信息，他们为结构的整体特征参数，各个子结构识别出来的系统极点相差不大，所以不同子结构独立识别出来的系统极点原则上不需要调整。

对不同子结构位移振型的调整问题，由第 3 章的留数计算公式（3.151）或式（3.152）可知，某个子结构的某阶留数 $A_{pqr}=\psi_{pr}\psi_{qr}Q_r=\psi_{pr}l_r$，留数系数 A_{pqr} 为一个常数，所以当这个子结构的第 r 阶位移振型的幅度发生变化时，模态缩放系数必然会产生相应的变化以适应这个子结构的该阶留数系数保持不变，这个性质对位移振型和模态参与系数的关系也是如此。如果各个子结构的位移振型调整到图 5.2（*a*）所示的正确位置时，由各个子结构的振动数据所识别的模态缩放系数也应该完全一样。所以受结构的留数矩阵固定不变和控制各个子结构的模态缩放系数相等的原理的启发，可以找到融合各个子结构的模态参数进而识别全结构的位移柔度矩阵的方法。

以图 5.3 所示的三个子结构为例，推导用子结构的位移振型融合为全结构的位移振型，乃至识别全结构位移柔度矩阵的理论。设由三个子结构独立识别得到的模态参数分别为 $(\lambda_r^{\mathrm{A}},\ Q_r^{\mathrm{A}},\ \{\phi_r^{\mathrm{A}}\},\ \{l_r^{\mathrm{A}}\})$、$(\lambda_r^{\mathrm{B}},\ Q_r^{\mathrm{B}},\ \{\phi_r^{\mathrm{B}}\},\ \{l_r^{\mathrm{B}}\})$ 和 $(\lambda_r^{\mathrm{C}},\ Q_r^{\mathrm{C}},\ \{\phi_r^{\mathrm{C}}\},\ \{l_r^{\mathrm{C}}\})$，其中子结构 A，B，C 的某阶位移振型图对应于图 5.3 中的步骤 4。

以子结构 A 作为目标子结构，将子结构 B 和子结构 C 的位移振型的幅度和模态参与系数的幅度都调整到跟子结构 A 的一致。设子结构 B 的位移振型 $\{\phi_r^{\mathrm{B}}\}$ 调整到 $\{\widetilde{\phi}_r^{\mathrm{B}}\}$（调整系数为 α_r^{B}），模态参与系数 $\{l_r^{\mathrm{B}}\}$ 调整到 $\{\widetilde{l}_r^{\mathrm{B}}\}$（调整系数为 β_r^{B}），同时模态缩放系数 Q_r^{B} 调整到 $\widetilde{Q}_r^{\mathrm{B}}$，使得子结构 B 的模态缩放系数和子结构 A 的模态缩放系数相等，即：

$$\{\widetilde{\phi}_r^{\mathrm{B}}\} = \alpha_r^{\mathrm{B}}\{\phi_r^{\mathrm{B}}\} \tag{5.1}$$

$$\{\widetilde{l}_r^{\mathrm{B}}\} = \beta_r^{\mathrm{B}}\{l_r^{\mathrm{B}}\} \tag{5.2}$$

$$\widetilde{Q}_r^{\mathrm{B}} = Q_r^{\mathrm{A}} \tag{5.3}$$

由 4.2.3 节可知，冲击力作用点被称为驱动点，本例中子结构 A，B，C 的驱动点分别是节点 2，4，6。由于模态参与系数等于位移振型在所有驱动点处的系数组成的向量与模态缩放系数的乘积，所以子结构 A 和 B 在调整前的模态参与系数与位移振型的关系为（以第 r 阶模态为例）：

$$\{l_r^{\mathrm{A}}\} = Q_r^{\mathrm{A}}\{\phi_{r,\mathrm{drv}}^{\mathrm{A}}\} \tag{5.4}$$

$$\{l_r^{\mathrm{B}}\} = Q_r^{\mathrm{B}}\{\phi_{r,\mathrm{drv}}^{\mathrm{B}}\} \tag{5.5}$$

式中，$\{\phi_{r,\mathrm{drv}}^{\mathrm{A}}\}$ 是子结构 A 的位移振型 $\{\phi_r^{\mathrm{A}}\}$ 在其所有驱动点处的系数组成的列向量，$\{\phi_{r,\mathrm{drv}}^{\mathrm{B}}\}$ 是子结构 B 的位移振型 $\{\phi_r^{\mathrm{B}}\}$ 在其所有驱动点处的系数组成的列向量。

而子结构 B 在调整后的模态参与系数 $\{\widetilde{l}_r^{\mathrm{B}}\}$ 仍然等于调整后的位移振型 $\{\widetilde{\phi}_r^{\mathrm{B}}\}$ 在其所有驱动点处的系数组成的列向量 $\{\widetilde{\phi}_{r,\mathrm{drv}}^{\mathrm{B}}\}$ 和调整后的模态缩放系数 $\widetilde{Q}_r^{\mathrm{B}}$ 的乘积：

$$\{\widetilde{l}_r^{\mathrm{B}}\} = \widetilde{Q}_r^{\mathrm{B}}\{\widetilde{\phi}_{r,\mathrm{drv}}^{\mathrm{B}}\} \tag{5.6}$$

将式 (5.1) 和式 (5.2) 代入式 (5.6) 得：

$$\beta_r^{\mathrm{B}}\{l_r^{\mathrm{B}}\} = \alpha_r^{\mathrm{B}}\widetilde{Q}_r^{\mathrm{B}}\{\phi_{r,\mathrm{drv}}^{\mathrm{B}}\} \tag{5.7}$$

将式 (5.5) 代入式 (5.7) 得：

$$\beta_r^{\mathrm{B}}Q_r^{\mathrm{B}}\{\phi_{r,\mathrm{drv}}^{\mathrm{B}}\} = \alpha_r^{\mathrm{B}}\widetilde{Q}_r^{\mathrm{B}}\{\phi_{r,\mathrm{drv}}^{\mathrm{B}}\} \tag{5.8}$$

式 (5.8) 等式两边消去非零向量 $\{\phi_{r,\mathrm{drv}}^{\mathrm{B}}\}$ 得：

$$\beta_r^{\mathrm{B}}Q_r^{\mathrm{B}} = \alpha_r^{\mathrm{B}}\widetilde{Q}_r^{\mathrm{B}} \tag{5.9}$$

子结构 B 的位移振型和模态参与系数在调整前后，其第 r 阶留数矩阵保持不变，而留数矩阵为位移振型向量和模态参与系数向量转置的乘积：

$$\{\phi_r^{\mathrm{B}}\}\{l_r^{\mathrm{B}}\}^{\mathrm{T}} = \{\widetilde{\phi}_r^{\mathrm{B}}\}\{\widetilde{l}_r^{\mathrm{B}}\}^{\mathrm{T}} \tag{5.10}$$

将式 (5.1) 和式 (5.2) 代入式 (5.10) 得：

$$\{\phi_r^{\mathrm{B}}\}\{l_r^{\mathrm{B}}\}^{\mathrm{T}} = \alpha_r^{\mathrm{B}}\beta_r^{\mathrm{B}}\{\phi_r^{\mathrm{B}}\}\{l_r^{\mathrm{B}}\}^{\mathrm{T}} \tag{5.11}$$

等式两边消去非零矩阵 $\{\phi_r^{\mathrm{B}}\}\{l_r^{\mathrm{B}}\}^{\mathrm{T}}$ 得：

$$\alpha_r^{\mathrm{B}}\beta_r^{\mathrm{B}} = 1 \tag{5.12}$$

位移振型的调整系数 α_r^{B} 和模态参与系数的调整系数 β_r^{B} 这两个未知数需要两个独立方程才能求解，联立式 (5.9) 和式 (5.12)，并将 $\widetilde{Q}_r^{\mathrm{B}}$ 用式 (5.3) 的 Q_r^{A} 表示，可得到：

$$(\alpha_r^{\mathrm{B}})^2 = \frac{Q_r^{\mathrm{B}}}{Q_r^{\mathrm{A}}} \tag{5.13}$$

$$\beta_r^{\mathrm{B}} = \frac{1}{\alpha_r^{\mathrm{B}}} \tag{5.14}$$

在对式 (5.13) 开平方得 α_r^{B} 时，需要确定平方根的正负号，设 α_r^{B} 的符号为 η_r^{B}，绝对值为 μ_r^{B}，则 α_r^{B} 和 β_r^{B} 分别等于：

$$\alpha_r^{\mathrm{B}} = \eta_r^{\mathrm{B}} \mu_r^{\mathrm{B}} \tag{5.15}$$

$$\beta_r^{\mathrm{B}} = \frac{\eta_r^{\mathrm{B}}}{\mu_r^{\mathrm{B}}} \tag{5.16}$$

其中 μ_r^{B} 的物理意义是子结构 B 的位移振型的缩放系数，表示将子结构 B 的位移振型的幅度调整到与子结构 A 的位移振型的幅度一致时，所需的缩放比例：

$$\mu_r^{\mathrm{B}} = \sqrt{\frac{Q_r^{\mathrm{B}}}{Q_r^{\mathrm{A}}}} \tag{5.17}$$

而符号系数 $\eta_r^{\mathrm{B}} = \pm 1$，其物理意义就是确定子结构 B 的位移振型在缩放后的方向，以避免出现图 5.2 (c) 中的方向错误。对图 5.3 的悬臂梁的第 1 阶振型（见步骤 4）来说，很明显子结构 B 的方向是相反的，对应于符号系数就是 $\eta_r^{\mathrm{B}} = -1$，而子结构 C 的方向是正确的，也就是 $\eta_r^{\mathrm{C}} = 1$。

从式 (5.15) 可知，子结构的位移振型在集成为全结构的位移振型时，使用 η_r^{B} 和 μ_r^{B} 这两个参数来控制位移振型的方向和缩放比例。在使用子结构的位移振型缩放公式时，应该注意以下两点：

（1）缩放系数 μ_r^{B} 只与子结构 A 和 B 的第 r 阶模态缩放系数 Q_r^{A} 和 Q_r^{B} 有关，与其他子结构的其他阶参数没有直接关系，这正是模态缩放系数的物理意义所在，也再次说明了模态缩放系数在识别结构位移柔度方面的重要性。

（2）第 3 章中已经说明，对土木类的小阻尼结构，模态缩放系数理论上为纯虚数，所以由式 (5.17) 所计算的缩放系数理论上为实数；应用于实际工程结构时，各个子结构的模态缩放系数并不是绝对的纯虚数，但他们的比值能保证按式 (5.17) 所计算的缩放系数近似于实数，实际计算时可以取其实部作为缩放系数。

到目前为止，只剩下子结构 B 在振型调整过程中的符号系数还未确定，当整体结构划分为多个子结构进行测试，且所识别的模态阶次足够高时，各个子结构的振型方向并不能简单通过像确定图 5.3 中的悬臂梁的第 1 阶振型那样，凭直觉和经验去判断某个子结构的某阶振型的方向，所以子结构的振型方向的确定需要从结构的基本力学性质着手处理。为此，本章分别提出了子结构间拥有共同边界的多参考点判断法（5.3 节）、各个子结构仅共用一个参考点的单参考点判断法（5.4 节）和子结构间完全独立的无参考点判断法（5.5 节），采用这三种策略来解决子结构的位移振型在调整过程中的方向判断问题。

在多参考点法中，各个子结构有相同的边界参考点，利用振型的连续性来实现子结构的振型方向判断；在子结构单参考点法中，各个子结构仅共用一个参考点，利用单参考点和各个子结构内的驱动点之间的频响函数的相位曲线来实现子结构的振型方向判断；在子结构无参考点法中，各个子结构无需任何参考点，划分方案更彻底，相应地提出了两种方案，方案一是对照事先建立的被测试结构的有限元模型来确定子结构振型方向，方案二是联合最小势能原理和振型的正交性确定子结构振型方向。总而言之，这三种方法都能实现子结构振型方向判别，各方法之间相互关联又层层深入，无参考点法相比于多参考点法和单参考点法，省去参考点位置处的传感器，能最大程度的提高测试效率，但数据处理方法更复杂。这三种方法将在本章的 5.3～5.5 节详细介绍。

先暂时忽略掉子结构的振型方向确定问题，下面继续推导全结构的位移振型集成和位移柔度识别。重复上述过程，可得子结构 C 的位移振型和模态参与系数的调整系数 α_r^C 和 β_r^C 分别为

$$\alpha_r^C = \eta_r^C \mu_r^C \tag{5.18}$$

$$\beta_r^C = \frac{\eta_r^C}{\mu_r^C} \tag{5.19}$$

式中，η_r^C 和 μ_r^C 分别是子结构 C 的位移振型的方向系数和缩放系数。μ_r^C 的计算可对式 (5.17) 进行轮换得到下式：

$$\mu_r^C = \sqrt{\frac{Q_r^C}{Q_r^A}} \tag{5.20}$$

在子结构的位移振型调整完成之后，就可以集成为全结构的位移振型 $\{\phi_r\}$：

$$\{\phi_r\} = \begin{Bmatrix} \{\phi_r^A\} \\ \{\widetilde{\phi}_r^B\} \\ \{\widetilde{\phi}_r^C\} \end{Bmatrix} = \begin{Bmatrix} \{\phi_r^A\} \\ \eta_r^B \mu_r^B \{\phi_r^B\} \\ \eta_r^C \mu_r^C \{\phi_r^C\} \end{Bmatrix} (r=1,2,\cdots,m) \tag{5.21}$$

式中的 m 是总的模态阶数。

至此，就将子结构的模态参数融合为全结构的模态参数 $(\lambda_r,\ Q_r,\ \{\phi_r\},\ \{l_r\})$，之后就能将这些参数代入式 (4.6) 中计算全结构的位移柔度矩阵。

回顾上述推导过程，我们可以给出下面的三点讨论。

1. 目标子结构的选取原则

本文虽然以子结构 A 作为目标子结构，将其他子结构的模态缩放系数、位移振型和模态参与系数都调整到与子结构 A 的一致，但是同样可以采用其他子结构作为目标子结构，其调整系数的计算公式只需作简单轮换。理论上来说任何子结构都可以作为目标子结构，但是应用于实桥时，应选择模态参数最稳定的子结构作为目标子结构，其通常也是划分方案最合理的子结构，比如内部测点最多，驱动点最合理。

2. 全结构的系统极点选取

全结构的位移柔度计算需要用到全结构的系统极点、模态缩放系数和位移振型，其中位移振型采用上述方法从子结构中集成得到，模态缩放系数实际上采用的是目标子结构的值，而系统极点的选取这里有两种方法，一种是沿用目标子结构的系统极点，另一种是根据各个子结构的系统极点相差不大的原理，取所有子结构的系统极点的平均值。

3. 子结构中的模态丢失问题处理

当子结构数目划分较多，每个子结构所识别的模态阶数也很多时，某个子结构的某阶

模态有可能无法识别出来，由此就会影响整个结构的位移振型集成，如果丢失的模态发生在低阶，那么根据位移柔度关于模态阶数的收敛性可知，这会严重影响集成的整体结构的位移柔度的精度。这个问题可以在 CMIF 方法框架下部分地得以解决，在对每个子结构所得到的频响函数进行参数识别之前，可以令没有测量到的非对角线上的频响函数元素为零，对整个频响函数矩阵实施奇异值分解，从奇异值曲线中同样能获得结构的模态阶次和固有频率的初步信息，每个子结构都将这些初步信息导入第 4 章的标准 CMIF 法中，就能识别每个子结构各自的模态参数，但不会出现某个子结构丢失某阶模态的问题。前面之所以说采用这种方法只能部分地解决模态丢失问题，是因为当某个子结构所有节点的某一阶位移振型始终为零时，将导致这个子结构的这阶增强频响函数也为零，由此利用增强频响函数计算的这个子结构的这阶模态缩放系数也就变得奇异，即使算出来了这么一个模态缩放系数，用其再进一步计算的子结构的振型调整系数也是奇异的，此时获得的调整后的子结构的位移振型可信度不高。当然避免子结构出现模态丢失问题的根本方法是事先合理的划分子结构，使得不会出现某个子结构的某阶位移振型全为零的情况。

下面详细介绍基于分块的冲击振动测试识别全结构位移柔度的具体实施流程。

5.2.2 实施流程

以图 5.3 所示的 7 个自由度的悬臂梁为例，整个流程被划分为 6 大步骤，其中的第 4 步和第 5 步为子结构模态参数融合模块，分别代表振型幅度的缩放和方向判别两个方面的问题，这两个模块是识别全结构位移柔度矩阵的关键，现根据图中所示顺序依次对各个步骤进行阐述。

步骤 1：各个子结构的冲击振动测试

将图 5.3 所示的 7 个自由度的悬臂梁结构划分为三个子结构 A、B、C，其中子结构 A 包含节点 1、2、3，子结构 B 包含节点 4、5，子结构 C 包含节点 6、7。在这种划分模式中，各个子结构之间没有公共节点，称为无参考点的子结构划分模式，这种模式具有一般性，是多参考点和单参考点的子结构划分模式的基础，他们均是在图 5.3 所示的无参考点的子结构上添加不同的参考点数和设置参考点的位置来确定各个子结构识别的位移振型方向的。

先对子结构 A 进行冲击振动测试：对节点 2 施加冲击激励并采集冲击力信号，在节点 1、2、3 处安装加速度传感器采集其加速度响应信号；然后将激振系统、传感器和数据采集系统移到子结构 B 对其进行冲击振动测试：对节点 4 进行冲击激励并采集冲击力信号，在节点 4、5 处安装加速度传感器采集其加速度响应信号；最后将激振系统、传感器和数据采集系统移到子结构 C 对其进行冲击振动测试：对节点 6 进行冲击激励并采集冲击力信号，在节点 6、7 处安装加速度传感器采集其加速度响应信号。

步骤 2：子结构频响函数估计

分别对子结构 A、B、C 采集的输入力和加速度输出信号进行预处理（加窗和滤波

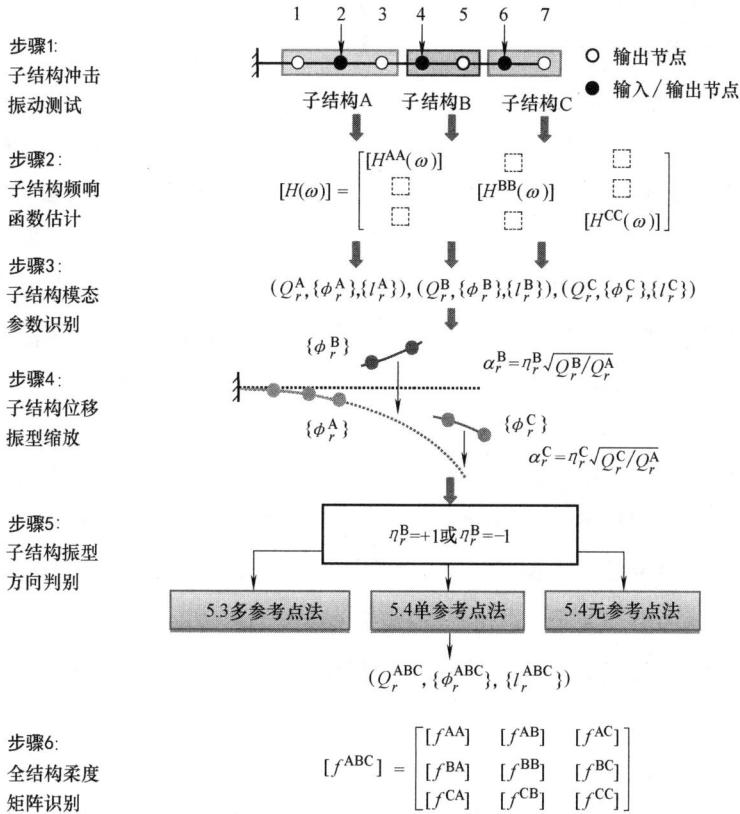

图5.3 子结构模态参数融合识别全结构位移柔度矩阵流程图

等)，再采用频响函数估计算法（H1、H2 或 Hv 法）估计各个子结构的加速度频响函数，利用傅里叶变换的微分定理，将加速度频响函数转化为位移频响函数，得到下式的子结构 A、B 和 C 的稀疏的位移频响函数矩阵 $[H(\omega)]$：

$$[H(\omega)]=\begin{bmatrix} [H^{AA}(\omega)] & & \\ & [H^{BB}(\omega)] & \\ & & [H^{CC}(\omega)] \end{bmatrix} \qquad (5.22)$$

其中，$[H^{AA}(\omega)]$ 为3行1列的矩阵，共有3个元素，而子结构 A 的满秩的频响函数矩阵应为3行3列，共有9个元素，可见测得的 $[H^{AA}(\omega)]$ 只占该部分满秩矩阵的三分之一元素；$[H^{BB}(\omega)]$ 为2行1列的矩阵，共有2个元素，而子结构 B 的满秩频响函数矩阵应为2行2列，共有4个元素，可见测得的 $[H^{BB}(\omega)]$ 只占该部分满矩阵元素的一半；$[H^{CC}(\omega)]$ 为2行1列的矩阵，共有2个元素，而子结构 C 的满秩的频响函数矩阵应为2行2列，共有4个元素，所以测得的 $[H^{CC}(\omega)]$ 只占该部分满矩阵元素的一半。

再来比较 $[H(\omega)]$ 和全结构的位移频响函数矩阵，$[H(\omega)]$ 中只有 $3+2+2=7$ 个元素，而全结构的频响函数矩阵为7行7列，共有49个元素，可见测得的 $[H(\omega)]$ 只占全结构频响函数矩阵元素的 13.3%，所以不管是从每个子结构单独比较，还是从全结构整体比较，测得的频响函数都是一个十分稀疏的矩阵。若实现从稀疏的子结构频响函数矩阵中识别出全结构的位移柔度矩阵，将极大地提高位移柔度识别的效率。

步骤 3：子结构模态参数识别

分别对子结构 A、B、C 估算的频响函数 $[H^{AA}(\omega)]$、$[H^{BB}(\omega)]$ 和 $[H^{CC}(\omega)]$ 采用任意一种模态参数识别算法（PolyMAX 法、CMIF 法或 SSI 法）作模态参数识别，获得各个子结构的模态参数，其中子结构 A 获得的参数有系统极点 λ_r^A、模态缩放系数 Q_r^A、位移振型 $\{\phi_r^A\}$ 和模态参与系数 $\{l_r^A\}$，子结构 B 和 C 所识别的参数遵照同样的命名规则。三个子结构所识别的模态参数见图 5.3 中的步骤 3。若要避免某个子结构没有识别到必要的模态阶次，可以采用前面介绍的专门处理模态丢失的方法。

步骤 4：子结构振型缩放

见图 5.3 中的步骤 4 所示，以子结构 A 作为目标子结构，将子结构 B 和子结构 C 的所有模态参数都调整到与子结构 A 的一致。其中系统极点为结构的整体特征参数，三个子结构识别出来的系统极点应相差不大（可认为 $\lambda_r^C = \lambda_r^B = \lambda_r^A$），所以子结构 B 和子结构 C 的系统极点不需要调整，只将子结构 B 的位移振型 $\{\phi^B\}$ 以缩放系数 μ_r^B 进行缩放，将子结构 C 的位移振型以缩放系数 μ_r^C 进行缩放，以保证子结构 B 和子结构 C 的位移振型的幅度保持在同一水平。

步骤 5：子结构振型方向判别

针对不同的情况，可以分别采用 5.3 节的子结构多参考点法，利用相邻子结构在共同边界节点处的位移振型的连续性来判别子结构的振型方向；或者采用 5.4 节的子结构单参考点法，利用单参考点和各个子结构内的驱动点之间的频响函数的相位曲线来实现子结构的振型方向判断；或者采用 5.5 节的方法，采用无参考点的子结构划分方案，根据最小势能原理和位移振型的正交性判断子结构的振型方向。最后将经过幅度缩放、方向修正后的子结构的位移振型集成为全结构的位移振型。

步骤 6：全结构位移柔度矩阵识别

将融合的全结构的各阶模态参数代入公式（4.6）中可以计算全结构的位移柔度矩阵 $[F^{ABC}] = \sum_{r=1}^m \left(\frac{\{\phi_r\}\{\phi_r\}^T Q_r}{-\lambda_r} + \frac{\{\phi_r^*\}\{\phi_r^*\}^T Q_r^*}{-\lambda_r^*} \right)$，其为 7 行 7 列的满矩阵。至此，就从第 2 步仅占全结构的位移频响函数的 14.3% 元素的信息中，经过扩展最终实现了全结构位移柔度矩阵 100% 元素的识别。

全结构位移柔度矩阵的子结构识别理论将能使中小桥梁的振动测试更加科学合理，减少传统测试方法的成本，提高测试效率，实现快速诊断测试的目的。本节以一个简单的 7 个自由度的悬臂梁结构为例，阐述了实现结构分块振动测试的思想和实施过程，从最初的子结构冲击振动测试到最后的全结构的位移柔度集成，其关键是如何融合各个子结构的模态参数以识别整个桥梁的特性如全结构的柔度矩阵，这一问题被细化为子结构振型缩放比例不一致和方向不确定两个方面的问题。本节所介绍的推导过程和方法虽然以 7 个自由度的悬臂梁结构为例，但其原理完全可以推广到实际的结构工程中，从下节开始详细介绍如何确定各个子结构的位移振型在调整过程中的方向。

5.3 基于边界点测量的多参考点分块测试方法

首先介绍多参考点分块振动测试的概念，以图 5.4 中的 7 个自由度的悬臂梁结构为例，将该结构划分为 3 个子结构：子结构 A 包含节点 1，2，3，子结构 B 包含节点 3，4，5，子结构 C 包含节点 5，6，7。在该子结构划分模式中，子结构 A 和 B 在边界处拥有公共节点 3，子结构 B 和 C 在边界处拥有公共节点 5，其中节点 3 和 5 称为参考点。这种用多个参考点的子结构识别全结构位移柔度矩阵的方法，就称为子结构多参考点识别法。当然相邻两个子结构在边界处也可以拥有多个参考点，如可将子结构 A 划分为节点 1，2，3，4，子结构 B 划分为节点 3，4，5，这样子结构 A 和 B 在边界处就有两个参考点 3 和 4。多参考点分块测试方法的主要特征在于相邻子结构在边界处存在公共节点，能够保证相邻子结构在边界处的位移振型连续，这是该方法判断子结构的振型方向的核心思想。

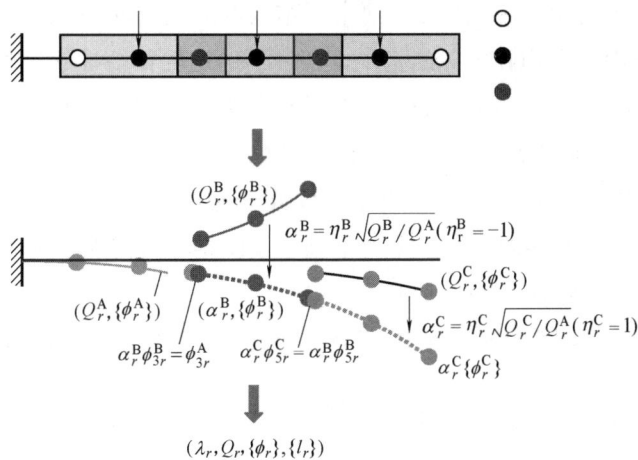

图 5.4 子结构多参考点法集成全结构位移振型示意图

5.3.1 基于参考点振型的连续性判别振型方向

由 5.2.1 节可知，式（5.15）和式（5.18）中分别给出了子结构 B 和 C 的位移振型的调整系数（以子结构 A 作为目标子结构），其中的振型方向系数 η_r^B 和 η_r^C 还未确定。将连续介质变形理论应用于本问题，可知对于图 5.4 中的子结构多参考点划分方案，相邻子结构在相邻边界处的位移振型应是相等的，这个规律可以用来确定各个子结构的位移振型的方向。

不失一般性，考虑子结构 A 和 B 有多个参考节点的情况，将子结构 A 在参考点处的位移振型系数组成的向量记为 $\{\phi_{A,\mathrm{ref}}\}$，将子结构 B 经过调整后的位移振型在参考点处的系数组成的向量记为 $\{\widetilde{\phi}^{\mathrm{B}}_{r,\mathrm{ref}}\}$，所以子结构 B 调整后的参考点处的位移振型应该和子结构 A 在参考点处的位移振型相等：

$$\{\phi^{\mathrm{A}}_{r,\mathrm{ref}}\} = \{\widetilde{\phi}^{\mathrm{B}}_{r,\mathrm{ref}}\} \tag{5.23}$$

将 $\{\widetilde{\phi}^{\mathrm{B}}_{r}\} = \alpha^{\mathrm{B}}_{r}\{\phi^{\mathrm{B}}_{r}\}$ 代入上式得：

$$\{\phi^{\mathrm{A}}_{r,\mathrm{ref}}\} = \alpha^{\mathrm{B}}_{r}\{\phi^{\mathrm{B}}_{r,\mathrm{ref}}\} \tag{5.24}$$

用上式可以直接解出调整系数 α^{B}_{r} 为

$$\alpha^{\mathrm{B}}_{r} = \{\phi^{\mathrm{B}}_{r,\mathrm{ref}}\}^{\dagger}\{\phi^{\mathrm{A}}_{r,\mathrm{ref}}\} \tag{5.25}$$

由式（5.25）可知，对于拥有公共边界点的子结构划分模式，可以直接从两个子结构在公共参考点处的振型系数中得到调整系数，但为了突出振型方向的重要性，继续推导方向系数 η^{B}_{r} 的计算公式。将 $\alpha^{\mathrm{B}}_{r} = \eta^{\mathrm{B}}_{r}\sqrt{Q^{\mathrm{B}}_{r}/Q^{\mathrm{A}}_{r}}$ 代入上式可求得子结构 B 的振型方向系数 η^{B}_{r} 为

$$\eta^{\mathrm{B}}_{r} = \{\phi^{\mathrm{B}}_{r,\mathrm{ref}}\}^{\dagger}\{\phi^{\mathrm{A}}_{r,\mathrm{ref}}\}\sqrt{\frac{Q^{\mathrm{A}}_{r}}{Q^{\mathrm{B}}_{r}}} \tag{5.26}$$

由上式计算的 η^{B}_{r} 理论上要么取 1（两个子结构的振型方向一致），要么取 -1（两个子结构的振型方向相反），但在实际结构中，各种不确定性往往导致用上式计算的方向系数并不完全等于 1 或 -1，这时抛开数值结果，抓住方向系数的物理意义，可以根据上式计算出的结果是正数还是负数去确定方向系数 η^{B}_{r} 的值。

子结构 C 的位移振型的调整系数和方向系数可用同样的方法得到，只是需要注意，子结构 C 和子结构 B 拥有共同边界，需要借助于子结构 B 调整后的位移振型来计算。对于图 5.4 所示的 3 个子结构的悬臂梁例子，由于子结构 A 和 B 以及子结构 B 和 C 之间都只有一个参考点，所以上述推导过程中用到的各种向量运算都简化为了标量运算。具体来说，子结构 B 的振型方向系数为 $\eta^{\mathrm{B}}_{r} = \dfrac{\phi^{\mathrm{A}}_{3r}}{\phi^{\mathrm{B}}_{3r}}\sqrt{\dfrac{Q^{\mathrm{A}}_{r}}{Q^{\mathrm{B}}_{r}}}$，子结构 C 的振型方向系数为 $\eta^{\mathrm{C}}_{r} = \eta^{\mathrm{B}}_{r}\dfrac{\phi^{\mathrm{B}}_{5r}}{\phi^{\mathrm{C}}_{5r}}$

$\sqrt{\dfrac{Q^{\mathrm{B}}_{r}}{Q^{\mathrm{C}}_{r}}}$。由子结构振型调整后集成的整体结构的位移振型为

$$\{\phi_{r}\} = \begin{Bmatrix} \phi^{\mathrm{A}}_{1r} \\[4pt] \phi^{\mathrm{A}}_{2r} \\[4pt] \phi^{\mathrm{A}}_{3r} = \alpha^{\mathrm{B}}_{r}\phi^{\mathrm{B}}_{3r} \\[4pt] \alpha^{\mathrm{B}}_{r}\phi^{\mathrm{B}}_{4r} \\[4pt] \alpha^{\mathrm{B}}_{r}\phi^{\mathrm{B}}_{5r} = \alpha^{\mathrm{C}}_{r}\phi^{\mathrm{C}}_{5r} \\[4pt] \alpha^{\mathrm{C}}_{r}\phi^{\mathrm{C}}_{6r} \\[4pt] \alpha^{\mathrm{C}}_{r}\phi^{\mathrm{C}}_{7r} \end{Bmatrix} (r=1,2,\cdots,m)$$

用集成的全结构的位移振型，加上目标子结构的系统极点和模态缩放系数就能识别全结构的位移柔度矩阵。

5.3.2 方法示例与验证

采用 4.4.6 节的网格钢梁结构验证本节提出的子结构多参考点法识别全结构的位移柔度矩阵，结构概况和试验细节参见这一节的具体描述。这里采用三种分块测试方案验证本节的方法。

1. 分块测试方案 I

将网格状结构划分为图 5.5 所示的两个子结构 A 和 B。其中子结构 A 和 B 各有 12 个输出节点，两个子结构有 3 个参考点，分别是节点 4，11，18。首先，对子结构 A 进行冲击振动测试：在子结构 A 上的 12 个输出节点全部安装加速度传感器，分别在节点 2，11，18 施加冲击力，采集输入输出数据。然后，对子结构 B 进行冲击振动测试：将安装在子结构 A 上的 12 个加速度传感器全部拆下后安装在子结构 B 的 12 个输出节点上，选取节点 11，18，20 作为输入节点，对其施加冲击力，采集输入输出数据。为了和传统的整体结构的冲击振动测试方法进行对比，对该结构还执行了整体结构的冲击振动测试，即在结构的全部 21 个节点上均安装加速度传感器，然后分别在节点 2，11，18，20 施加冲击力，采集输入输出数据。

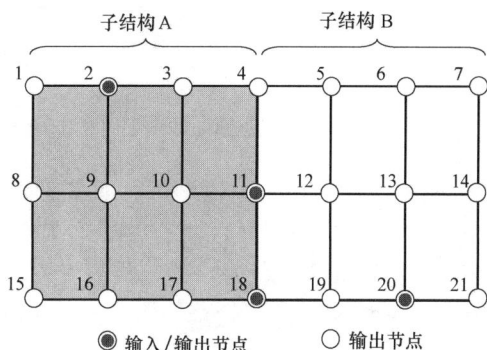

图 5.5 分块测试方案 I 布置图

试验中采集的典型的冲击力时程曲线，加速度时程曲线和计算的位移频响函数曲线如图 5.6 所示。

对采集的数据首先进行信号预处理（加窗和滤波）以消除一些噪声干扰和频谱泄漏，然后估计结构的加速度频响函数再转化为位移频响函数，所获得的子结构 A 和 B 的位移频响函数矩阵维数是：$[\widetilde{H}_A(\omega)]\in\mathbb{C}^{12\times3}$ 和 $[\widetilde{H}_B(\omega)]\in\mathbb{C}^{12\times3}$，传统的冲击振动测试获得的位移频响函数矩阵维数是 $[\widetilde{H}(\omega)]\in\mathbb{C}^{21\times4}$。

在 4.4.6 节中采用的是 PolyMAX 方法识别结构的模态参数，在这里我们采用 CMIF 法对每个子结构的位移频响函数矩阵作模态参数识别。子结构 A 和 B 以及整体结构的奇异值曲线如图 5.7 所示，由该图可知，每个结构的第一奇异值曲线上均有 8 个峰值，且子结构 A 和 B 的各阶峰值位置与整体结构的相应阶次的峰值位置非常接近，说明三个结构均能用 CMIF 法识别得到对应的 8 阶模态参数。

设子结构 A 和 B 以及整体结构识别的 8 阶模态参数分别为 $(\lambda_r^A, Q_r^A, \{\phi_r^A\}, \{l_r^A\})$，

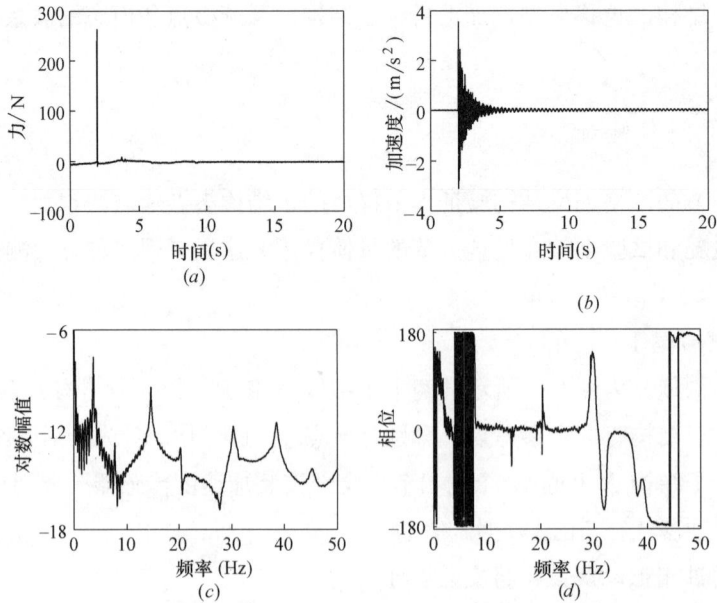

图 5.6 典型的冲击力时程、加速度时程、位移频响函数幅值和相位图

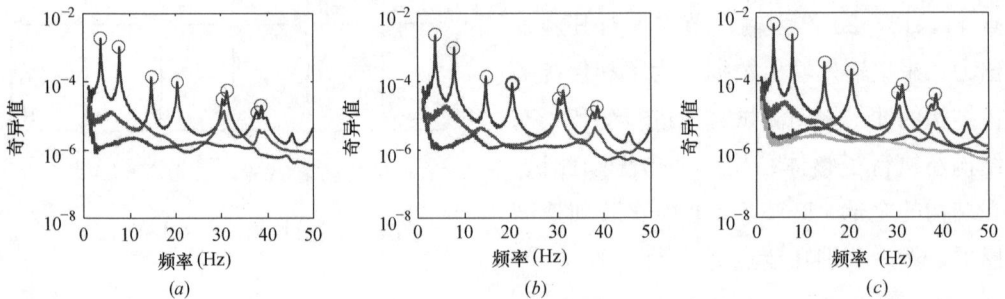

图 5.7 奇异值曲线图

(*a*) 子结构 A；(*b*) 子结构 B；(*c*) 整体结构

$(\lambda_r^B, Q_r^B, \{\phi_r^B\}, \{l_r^B\})$，$(\lambda_r, Q_r, \{\phi_r\}, \{l_r\})$，其中两个子结构识别的 8 阶位移振型向量组成的矩阵的维数是：$[\Phi^A] \in \mathbb{R}^{12 \times 8}$ 和 $[\Phi^B] \in \mathbb{R}^{12 \times 8}$，传统的整体结构的冲击振动测试识别的位移振型矩阵的维数是 $[\Phi] \in \mathbb{R}^{21 \times 8}$。以子结构 A 作为目标子结构，对参考点 4，11，18 采用式 (5.26) 计算位移振型方向系数，然后由式 (5.17) 计算位移振型缩放系数，最后由式 (5.21) 集成为整体结构的位移振型。

计算结果表明，由三个结构的振动数据得到的固有频率和阻尼比都很接近，所以前面描述的各个子结构的系统极点几乎相等的事实是成立的，由于 4.4.6 节中已经给过该结构的固有频率值，这里不再重复给出。

为了评价由子结构集成得到的整体结构的位移振型的精度，可以将其和传统的整体结构测试法获得的各阶位移振型画在同一图中比较，也可以采用模态保证准则进行定量的评价。在图 4.12 中已经画过该结构的各阶位移振型，这里不再重复画出，只给出他们的模态保证准则 MAC 图，如图 5.8 所示。

将集成的和直接识别的整体结构的各阶模态
参数代入公式（4.6）中可以得到两种情况的位移
柔度矩阵，这两个矩阵均可以用来预测结构在某
个节点的静力荷载作用下的位移。当在节点 11 处
施加 4.448kN 的静力荷载时，两种方法预测的各
个节点的挠度和直接的静载试验测量的挠度对比
见图 5.9 (*a*)；对另一荷载工况，4.448kN 的静
力荷载施加在节点 17 处的挠度对比见图 5.9 (*b*)
所示。图中，"静力测试"是静力荷载试验的测量
值，"方法 I"是子结构集成的整体结构位移柔度矩
阵的预测值，"方法 II"是传统测试方法直接识别

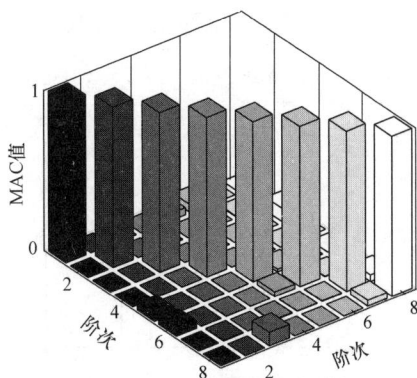

图 5.8　子结构集成的位移振型和整体
结构识别的位移振型的 MAC 图

的整体结构位移柔度矩阵的预测值。从该图可知，"集成法"几乎产生了和"传统法"以及
"静载测量"几乎一致的结果，说明本节所述的"集成法"能获得和传统的冲击振动测试方
法一样的柔度识别结果，但"集成法"更高效，所需传感器数量更少，测试方案更灵活。

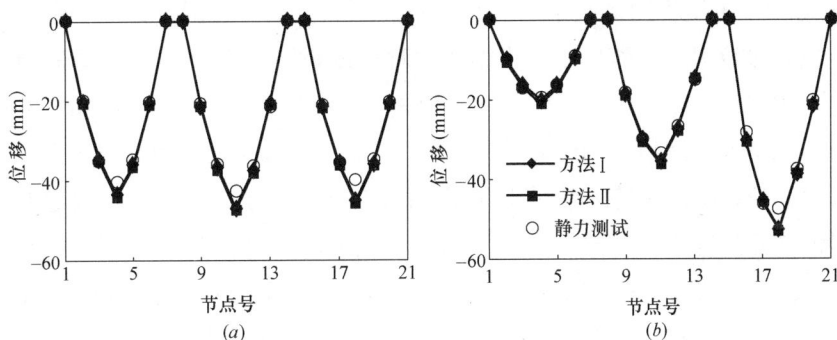

图 5.9　分块测试方案 I 挠度对比图
(*a*) 静力荷载作用于节点 11；(*b*) 静力荷载作用于节点 17

2. 分块测试方案 II

本节所述的子结构多参考点识别法，子结构的划分方式非常灵活，可以是任意形式
的，因此，不同于分块测试方案 I，分块测试方案 II 将整个结构划分为图 5.9 所示的 3 个
子结构 A、B、C，其中子结构 A 和 B 是非矩形状的，这种非矩形状的子结构可以模拟实
桥中常见的一些不规则桥面板。如图 5.10 所示，对子结构 A 的节点 2，16，18 分别进行
冲击振动测试，子结构 B 的冲击节点选取为节点 2，4，11，18，子结构 C 的冲击节点选
取为节点 13 和 20。执行各个子结构的模态参数识别过程，然后将参数集成为整体结构的
模态参数进而计算整体位移柔度矩阵。为评价分块测试方案 II 集成的整体位移柔度矩阵的
精度，与分块测试方案 I 中的方法一样，在节点 10 处施加 4.448kN 的静力荷载，将"集
成法"预测的节点挠度和"传统法"预测的挠度以及直接的静载试验测量结果画于图

5.11 中进行对比，图中显示三条挠曲线是高度重合的，由此证明子结构划分为不规则形状时，不影响整体位移柔度的识别结果。

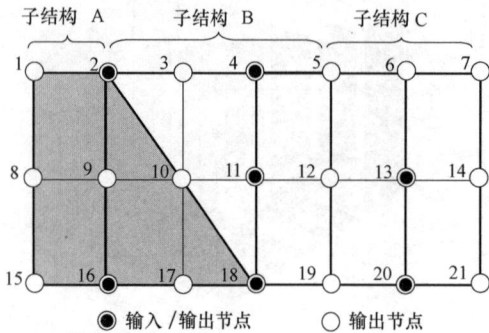

图 5.10　分块测试方案Ⅱ布置图

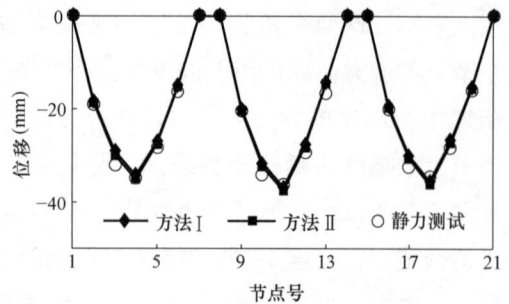

图 5.11　分块测试方案Ⅱ挠度对比图

3. 分块测试方案Ⅲ

分块测试方案Ⅰ和Ⅱ中划分的子结构都是一个接一个紧挨着的，相邻两个子结构在边界处都具有多个参考点，前面说过，本方法可以对子结构进行任意形式的划分，只要相邻子结构在边界处至少有一个参考点即可。在分块测试方案Ⅲ里，将试验网格结构划分为图 5.12 所示的有四个子结构的复杂子结构系统 A、B、C、D。分别对每个子结构进行冲击振动测试和模态参数识别，然后集成为整体位移柔度矩阵。将 4.448kN 的静力荷载施加在节点 4 处，用集成的整体位移柔度矩阵预测该工况产生的节点挠度。为进一步研究模态截断效应对节点挠度预测精度的影响，分别用第 1 阶，前 2 阶和全部识别的前 8 阶模态参数叠加计算整体位移柔度矩阵，然后用其预测挠度（图 5.13），图中还同时绘制了静载试验直接测量的节点挠度作为对比。由该图可知，只使用第 1 阶模态参数计算的位移柔度矩阵不能代表该结构的真实力学性质，而使用前 2 阶模态参数识别的结果却和全部前 8 阶的识别结果非常接近，也接近于直接的静载试验测量结果，这意味着从第 3 阶到第 8 阶的模态参数对计算整体位移柔度的贡献并不大。

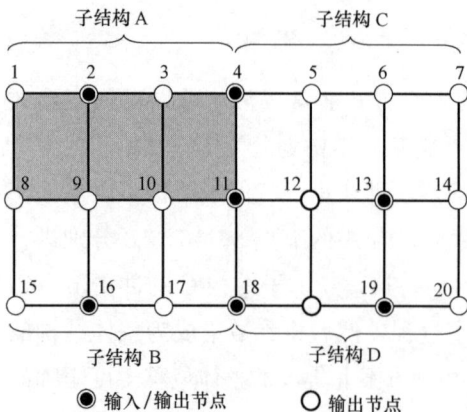

图 5.12　分块测试方案Ⅲ布置图

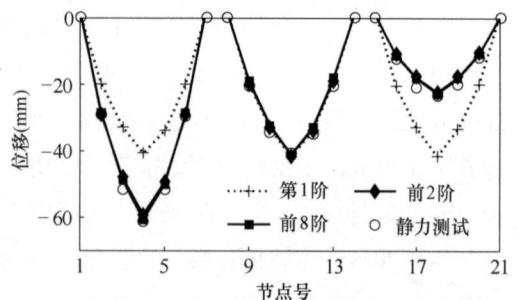

图 5.13　分块测试方案Ⅲ挠度对比图

5.4　基于相位角概念的单参考点分块测试方法

单参考点顾名思义就是只有一个参考点，仍以 7 个自由度的悬臂梁结构为例来介绍该方法的基本思想，如图 5.15（a）所示，该测试方法仍采用 3 个子结构的划分模式：子结构 A 包含节点 1，2，3，子结构 B 包含节点 3，4，5，子结构 C 包含节点 3，6，7。在这种划分模式中，子结构 A、B、C 仅拥有一个公共节点 3，该节点就称为单参考点。单参考点的选择是任意的，但通常将包含有单参考点的子结构选为目标子结构（本例中为子结构 A）。单参考点分块测试方法的核心思想是利用单参考点和各个子结构内的驱动点间的频响函数的相位曲线判断子结构位移振型的方向，相比于子结构多参考点法，单参考点法中的两个子结构不需要重合的边界节点，能进一步提高测试效率。

5.4.1　基于单参考点和驱动点间的频响函数的相位曲线判别振型方向

在子结构单参考点判别法中，需要用到各个子结构内的驱动点和单参考点间的位移频响函数的相位曲线，以图 5.15（a）中的子结构 A 和 B 为例说明单参考点法的基本原理。设输入力作用于子结构 B 上的某个驱动点（Driving Point），输出位于目标子结构 A 上的单参考点（Reference Point），他们之间实测的位移频响函数记为 $\widetilde{H}_{B;drv}^{A;ref}(\omega)$，利用子结构 A 和 B 所识别的模态参数可以重构这个频响函数，其第 r 阶模态分量的重构公式为

$$H_{B,drv}^{A,ref}(\eta_r^B, \omega) = \eta_r^B \mu_r^B \left(\frac{\phi_{r,ref}^A \phi_{r,drv}^B Q_r}{i\omega - \lambda_r} + \frac{\phi_{r,ref}^{A*} \phi_{r,drv}^{B*} Q_r^*}{i\omega - \lambda_r^*} \right) \tag{5.27}$$

式中，$\phi_{r,ref}^A$ 是目标子结构 A 的第 r 阶位移振型在单参考点处的分量，$\phi_{r,drv}^B$ 是子结构 B 的第 r 阶位移振型在其驱动点处的分量。由于重构频响函数时，子结构 B 的振型方向系数还未确定，所以上式重构的频响函数除了是频率变量 ω 的函数外，还是方向系数 η_r^B 的函数。

从式（5.27）可知，取振型方向系数 $\eta_r^B = 1$ 得到的 $H_{B,drv}^{A,ref}(\eta_r^B = 1, \omega)$ 和取 $\eta_r^B = -1$ 得到的 $H_{B,drv}^{A,ref}(\eta_r^B = -1, \omega)$ 互为相反数，所以这两种情况重构的频响函数的幅值是相等的：

$$|H_{B,drv}^{A,ref}(\eta_r^B = 1, \omega)| = |H_{B,drv}^{A,ref}(\eta_r^B = -1, \omega)| \tag{5.28}$$

因此，从重构的频响函数的幅值中无法知晓子结构 B 的振型方向信息。但考虑到频响函数是个复数，这两种重构的频响函数的实部和虚部也分别互为相反数。设 $H_{B,drv}^{A,ref}(\eta_r^B = 1, \omega)$ 在复平面上用实部和虚部表示的坐标为 $(R_1(\omega), I_1(\omega))$，其相位为 $\theta_1(\omega)$；$H_{B,drv}^{A,ref}(\eta_r^B = -1, \omega)$ 在复平面上用实部和虚部表示的坐标为 $(R_2(\omega), I_2(\omega))$，其相位为 $\theta_2(\omega)$。所以不管他们的实部和虚部具体值为多少，两种频响函数的关系反映在复平面上就是他们总是位于对立的两个象限内，如图 5.14 所示。

从图中可知，两种频响函数的相位总是相差 π 角度：

$$|\theta_2(\omega) - \theta_1(\omega)| = \pi \tag{5.29}$$

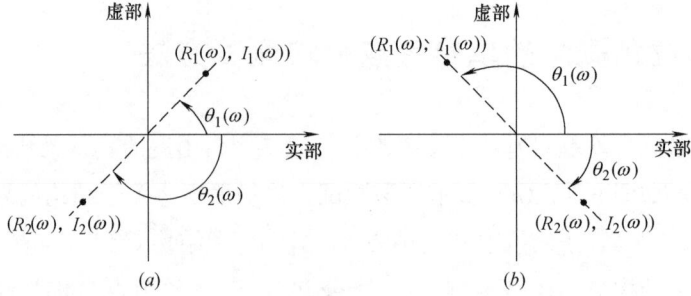

图 5.14　重构的频响函数在复平面内的坐标表示

(a) 位于一、三象限的情况；(b) 位于二、四象限的情况

由于两种重构的频响函数必有一个是正确的，所以 $\theta_1(\omega)$ 和 $\theta_2(\omega)$ 中就必有一个和实测的频响函数 $\widetilde{H}_{B,\mathrm{drv}}^{A,\mathrm{ref}}(\omega)$ 的相位 $\widetilde{\theta}(\omega)$ 在第 r 阶处近似相等。由此就得到了借助于单参考点的信息判断子结构位移振型方向的方法：将用式（5.27）重构的两个频响函数的相位曲线和实测的频响函数的相位曲线进行对比，判断其中一个在第 r 阶处能和实测频响函数的相位曲线重合，则其对应的振型方向系数就是正确值。

以图 5.15 中划分为 3 个子结构的悬臂梁为例，说明用子结构单参考点法集成为全结构的位移振型的具体步骤。

首先对子结构 A、B 和 C 分别进行冲击振动测试，驱动点分别选取为节点 2、4、6。值得注意的是，本例中的每个子结构虽然只有一个驱动点，但实际应用中，每个子结构可以根据具体情况选取多个驱动点。节点 3 被选为本例中的单参考点，其既是子结构 A 的内部节点，也是子结构 B 和 C 的参考点，即在分别对子结构 B 和 C 进行冲击振动测试时，节点 3 处也安装有加速度传感器测量其响应，用来计算驱动点和单参考点间的位移频响函数 $\widetilde{H}_{34}(\omega)$ 和 $\widetilde{H}_{36}(\omega)$。

采用前述的模态参数识别算法分别识别三个子结构的各阶模态参数，记为 $(\lambda_r^{A}$，Q_r^{A}，$\{\phi_r^{A}\}$，$\{l_r^{A}\})$，$(\lambda_r^{B}$，Q_r^{B}，$\{\phi_r^{B}\}$，$\{l_r^{B}\})$，$(\lambda_r^{C}$，Q_r^{C}，$\{\phi_r^{C}\}$，$\{l_r^{C}\})$。以子结构 A 作为目标子结构，利用公式（5.17）将子结构 B 的各阶位移振型缩放到与子结构 A 相同的比例，但方向不作任何调整，得到图 5.15 (b) 所示的调整前的前 3 阶位移振型图。

在不依靠经验的前提下，先假设子结构 B 的这三阶位移振型处在正确的方向，即先假设三阶振型方向系数 $\eta_r^{B}=1$（$r=1$，2，3），将识别的各阶模态参数、子结构 B 的位移振型的缩放系数 μ_r^{B} 和方向系数 η_r^{B} 代入公式（5.27）中重构各阶次的位移频响函数，然后叠加得到重构的位移频响函数 $H_{34}(\omega)$，并和实测的 $\widetilde{H}_{34}(\omega)$ 进行比较，画出图 5.15 (c1) 所示的调整前的相位图。

由该图可知，重构的相位曲线和测量的相位曲线在第 1 阶和第 3 阶模态处几乎重合，说明开始假设的子结构 B 的第 1 阶和第 3 阶位移振型的方向系数 $\eta_r^{B}=1(r=1$，3) 是正确的；而在第 2 阶模态处，两条曲线不重合，说明开始假设的子结构 B 的第 2 阶位移振型方

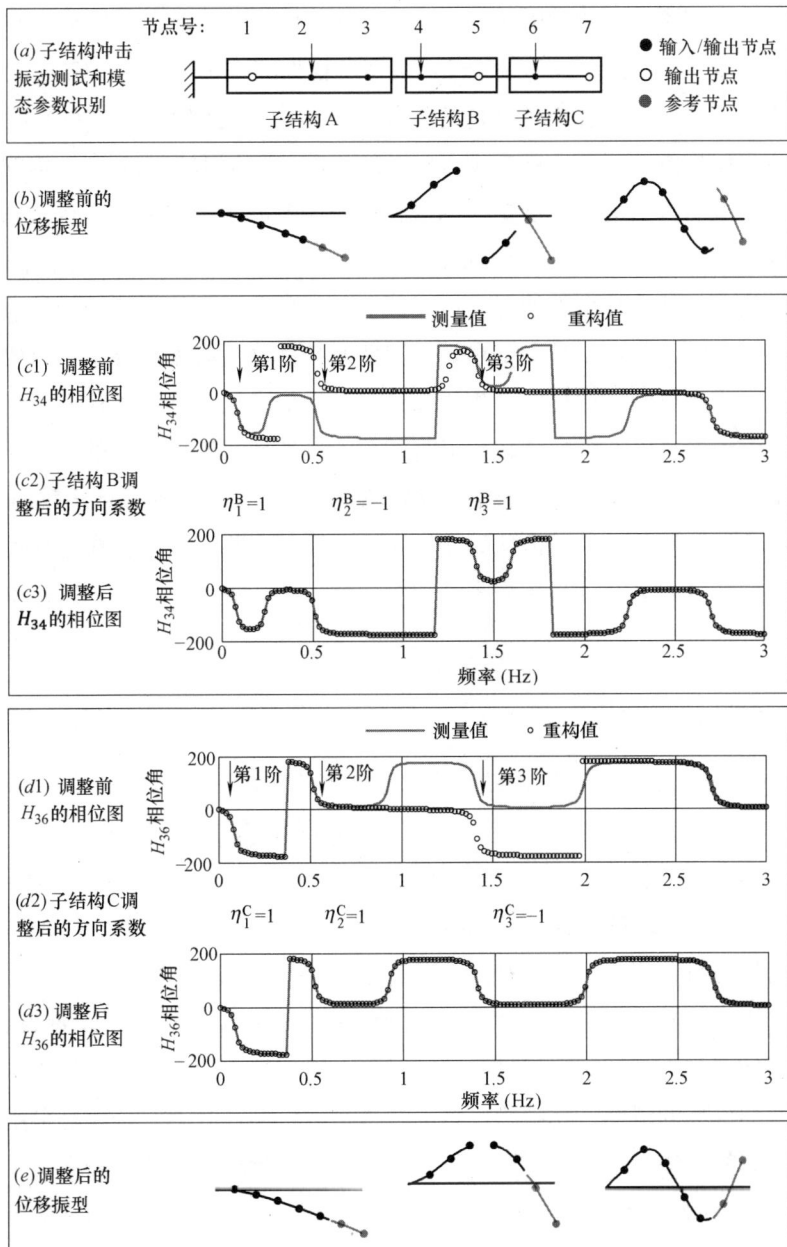

图 5.15　子结构单参考点法集成全结构位移振型示意图

向是错误的（图 5.15（b）），则 $\eta_2^B = -1$。为了进一步验证采用上述方法确定的子结构 B 的位移振型的方向系数是否正确，可以再用调整后的方向系数重新计算重构的位移频响函数，并和实测的频响函数的相位对比，如图 5.15（c3）所示，图中显示调整后的重构相位曲线和实测相位曲线完全重合，由此证明子结构 B 的各阶位移振型方向系数的调整是正确的。

重复上述过程，先将子结构 C 的各阶位移振型缩放到与子结构 A 处于同一水平，然后借助于单参考点和驱动点的频响函数$\widetilde{H}_{36}(\omega)$可以判断出子结构 C 的前三阶位移振型的方向系数分别为$\eta_1^C=1$，$\eta_2^C=1$，$\eta_3^C=-1$，调整过程见图 5.15（d1）、（d2）、（d3）所示。

利用公式（5.21）集成各个子结构的位移振型，最后得到图 5.15（e）所示的调整后的全结构的位移振型图。至此，就实现了将子结构的位移振型集成为全结构的位移振型的目的，剩下计算全结构的位移柔度矩阵的过程与 5.3 节的子结构多参考点法完全一样。

图 5.15 所举的例子虽然是一个简单的悬臂梁结构，但是该方法对复杂结构同样适用，特别是在子结构数量划分较多的情况。由于所测量的单参考点的位移频响函数只是用其相位曲线来判断方向的，并不用其识别参数，因此对精度并没有太高要求，只要相位曲线在各阶模态处的变化趋势明显即可。当然为保证一定的信噪比，不至于让噪声淹没了参考点的真实响应，单参考点应选为响应较为显著的节点，然而这不是必需的。

和 5.3 节的子结构多参考点法相比，本节所述的子结构单参考点法仅需要一个参考点，在实桥中进行分块移动式冲击振动测试时，不需要对相邻子结构在边界处的多个参考点重复采集响应信号，其测试效率较子结构多参考点法能进一步提高，这是单参考点法的优势所在。

5.4.2 方法示例与验证

采用图 5.16 所示的悬臂梁试验结构来验证本节提出的子结构单参考点集成法。

图中的悬臂钢梁为箱形截面，长 1.6m，宽 80mm，高 30mm，壁厚 2.5mm，结构的一端采用 C 形夹固定于钢支座上，用以约束平动和转角位移。本实验采用传统的全结构冲击振动测试方法和分块的子结构单参考点测试方法，在传统测试方法里，8 个 PCB 的加速度传感器均匀布置于整根梁上（图 5.16（a）），用来拾取结构在力锤敲击下的加速度响应。用 NI PXIe-1082 采集系统采集输入力和加速度数据，采样频率设置为 1000Hz。

本试验还做了静力测试，得到静载下的梁节点的位移，用以检验所集成的全结构位移柔度矩阵预测的位移的精度，其中静位移不是直接用位移计测得的，而是采用共轭梁法由长标距应变计算的，该方法将在第 6 章中详细介绍。试验时在梁的上表面安装有 8 个标距长度为 20cm 的长标距光纤传感器（图 5.16（a）），用 SM130 光纤解调仪采集光波长再转化为标距长度内的平均应变。

在子结构单参考点测试阶段，整个结构被划分为 3 个子结构 A、B、C，冲击振动测试在每个子结构上依次进行，每个子结构选取 2 个驱动点，见图 5.16（b）中标记为箭头的节点，节点 8 被选为本例的单参考点。例如，在测试子结构 A 时，力锤分别敲击节点 6 和 7，同时测量力锤的冲击力和节点 6，7，8 的加速度响应；在测试子结构 B 时，力锤分别敲击节点 3 和 4，同时测量冲击和节点 3，4，5，8 的加速度响应；在测试子结构 C 时，力锤分别敲击节点 1 和 2，同时测量冲击和节点 1，2，8 的加速度响应。

采用 CMIF 法来处理每个子结构所测量的位移频响函数，进行子结构的模态参数识

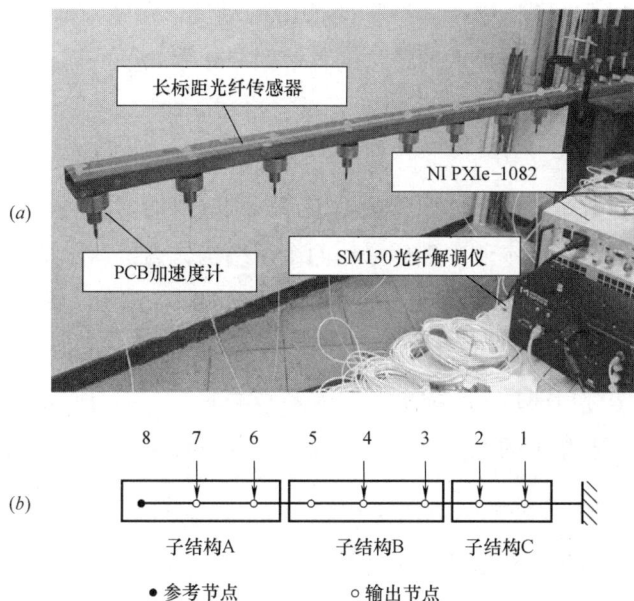

图 5.16 悬臂梁试验结构

(a) 结构布置图；(b) 子结构划分

别。图 5.17 (a)，(b)，(c) 依次画出了 3 个子结构的奇异值曲线，图中的第一奇异值曲线在 3 个峰值处的圈表明了该结构的 3 阶模态。

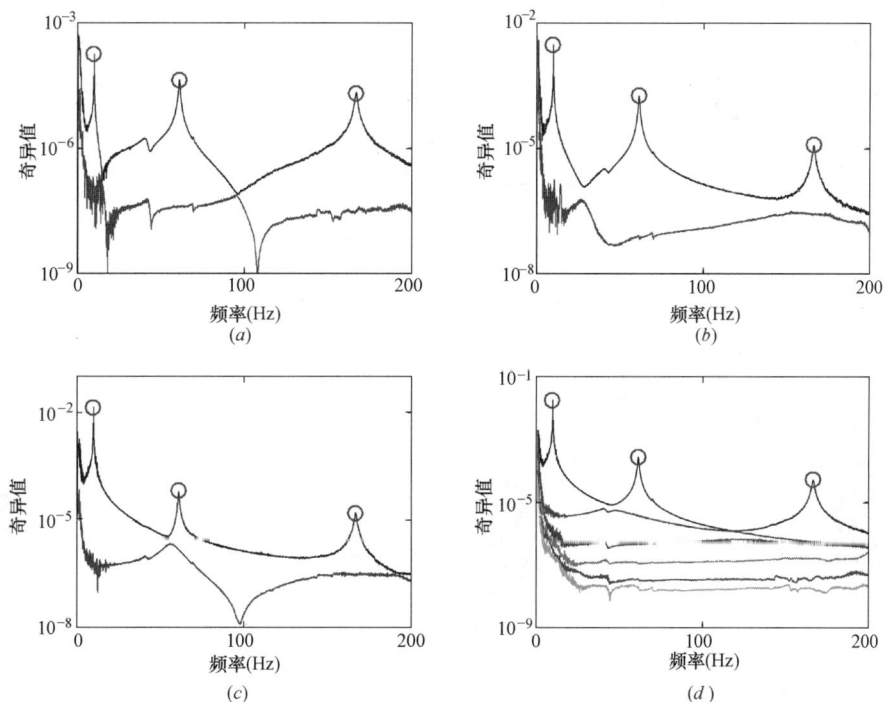

图 5.17 奇异值曲线

(a) 子结构 A；(b) 子结构 B；(c) 子结构 C；(d) 全结构

图 5.17（d）也画出了利用整体结构的冲击振动测试数据获取的奇异值曲线作为对比，从这 4 个图可知，由他们提取的结构的各阶固有频率几乎一样。进一步采用 CMIF 法识别 3 个子结构的各阶模态参数，分别表示为：（λ_r^A，Q_r^A，$\{\phi_r^A\}$，$\{l_r^A\}$），（λ_r^B，Q_r^B，$\{\phi_r^B\}$，$\{l_r^B\}$）和（λ_r^C，Q_r^C，$\{\phi_r^C\}$，$\{l_r^C\}$）（$r=1$，2，3）。为了将各个子结构的模态参数集成为全结构的模态参数，实现整体位移柔度矩阵识别的目的，需要首先将各个子结构的位移振型缩放到相同的比例。本例中先后采用两个子结构作为目标子结构，即先以子结构 B 作为目标子结构，集成子结构 A 和 B 为 AB，再以子结构 C 为目标子结构，集成子结构 AB 和 C 为最终的全结构 ABC。

在集成子结构 A 和 B 时，子结构 A 的第 r（$r=1$，2，3）阶位移振型 $\{\phi_r^A\}$ 缩放到 $\mu_r^A\{\phi_r^A\}$，以保持子结构 A 的振型的幅度和子结构 B 的相同，子结构 A 的振型的方向系数 η_r^A 根据实测的参考点位移频响函数 $\tilde{H}_{83}(\omega)$ 的相位来判断。假设当前获得的子结构 A 的各阶模态的振型方向系数都为正，即 $\eta_r^A=1$（$r=1$，2，3），用公式（5.27）重构位移频响函数 $H_{83}(\omega)$，画出其相位曲线（图 5.18（a）），并标记为"重构值"，同时画出测量的位移频响函数 $\tilde{H}_{83}(\omega)$ 的相位曲线作为比较，将其标记为"测量值"。由图可知，两条相位曲线在第 1 阶和第 2 阶模态处吻合得很好，但是在第 3 阶模态处不吻合，由此可以判断，子结构 A 的前 3 阶振型的方向系数分别为：$\eta_1^A=1$，$\eta_2^A=1$，$\eta_3^A=-1$。为了验证所得的振型方向系数的正确性，用调整后的振型方向系数再次重构参考点位移频响函数 $H_{83}(\omega)$，并画出相位曲线，和测量的 $\tilde{H}_{83}(\omega)$ 的相位曲线对比于图 5.18（b）中，该图表明两条相位曲线在各阶模态处一致吻合，证明所得的子结构 A 的振型方向系数是正确的。图 5.18 中还画出了方向系数调整前后的位移频响函数的幅值，对比幅值图和相位图可知相位曲线对振型的方向系数很灵敏，而幅值曲线不灵敏，这也验证了式（5.28）和式（5.29）的结论。

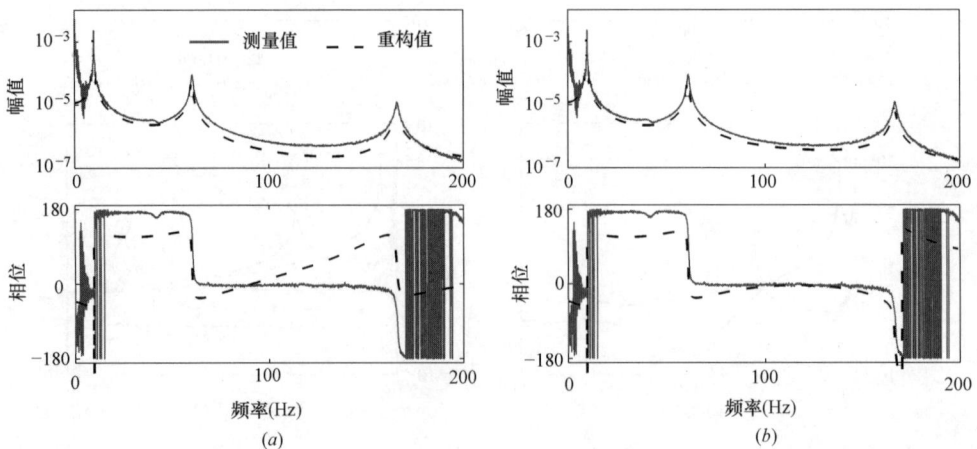

图 5.18　子结构 A 的位移振型的方向系数确定

（a）方向系数调整前的频响函数；（b）方向系数调整后的频响函数

设由子结构 A 和 B 的模态参数融合成的子结构 AB 的模态参数为 $(\lambda_r^{AB}$，Q_r^{AB}，

$\{\phi_r^{AB}\}$，$\{l_r^{AB}\})$ $(r=1，2，3)$，其中 $\{\phi_r^{AB}\}=\begin{Bmatrix} \alpha_r^A\{\phi_r^A\} \\ \{\phi_r^B\} \end{Bmatrix}$，然后以子结构 C 作为目标子结

构，将 $\{\phi_r^{AB}\}$ 缩放到和子结构 C 的位移振型 $\{\phi_r^C\}$ 相同的比例，$\{\phi_r^{AB}\}$ 的振型方向系数

η_r^{AB} 根据测量的参考点频响函数 $\widetilde{H}_{81}(\omega)$ 的相位来判断。先假设当前的 $\{\phi_r^{AB}\}$ 的振型方向

系数都为正（$\eta_r^{AB}=1(r=1，2，3)$），重构参考点位移频响函数 $H_{81}(\omega)$，画出图 5.19

(a) 所示的 $\widetilde{H}_{81}(\omega)$ 和 $H_{81}(\omega)$ 的相位曲线进行对比，可得 $\{\phi_r^{AB}\}$ 真实的振型方向系数

为：$\eta_1^{AB}=1$，$\eta_2^{AB}=-1$，$\eta_3^{AB}=1$。用方向调整后的子结构 AB 的位移振型再次重构参考点

位移频响函数 $H_{81}(\omega)$，画出其相位曲线并和测量的 $\widetilde{H}_{81}(\omega)$ 的相位曲线比较（图 5.19

(b)），两条曲线的一致吻合证明了所确定的子结构 AB 的振型方向系数是正确的。

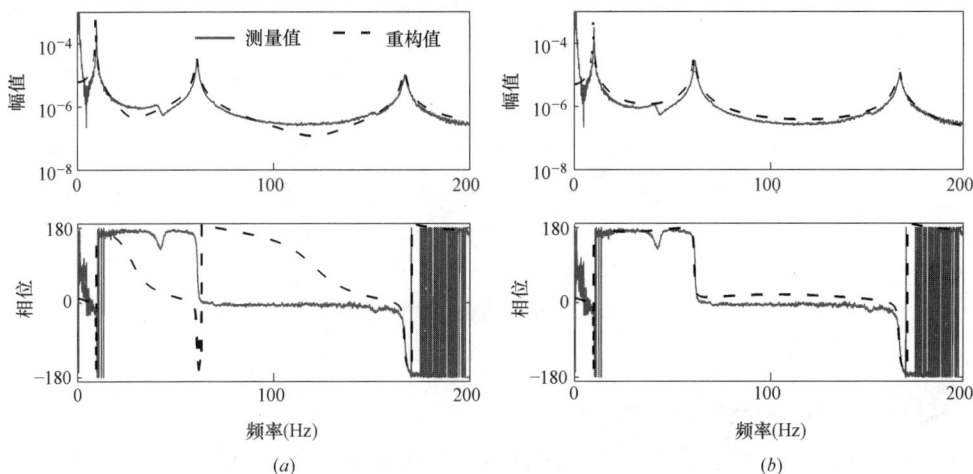

图 5.19　确定子结构 AB 的位移振型的方向系数

(a) 方向系数调整前的频响函数；(b) 方向系数调整后的频响函数

各个子结构的振型方向系数确定后，依据式（5.21）可以集成为全结构的位移振型，

设获得的全结构的模态参数为 $(\lambda_r，Q_r，\{\phi_r\}，\{l_r\})$ $(r=1，2，3)$，图 5.20 说明了该悬

臂梁结构的前 3 阶位移振型的集成过程。例如，子结构 A 的第 1 阶位移振型 $\{\phi_1^A\}$（图中

用三角形标记的曲线）首先缩放 $\mu_1^A=2.17$ 倍达到和子结构 B 的位移振型处于相同水平

（图 5.20（a）），由于借助于参考点位移频响函数的相位曲线已经判断出子结构 A 的第 1

阶振型方向系数 $\eta_1^A=1$，所以其振型方向不需要调整，得到子结构 AB 的第 1 阶位移振型

$\{\phi_1^{AB}\}$（图中用矩形标记的曲线）；然后 $\{\phi_1^{AB}\}$ 再缩放 $\mu_1^{AB}=4.99$ 倍以达到和子结构 C 的

位移振型处于相同水平，用参考点频响函数的相位曲线判断出的子结构 AB 的第 1 阶振型

方向系数 $\eta_1^{AB}=1$，所以其振型方向也不需要调整，最后得到全结构的第 1 阶位移振型

（图中用菱形标记的曲线）。

采用同样的方法可以集成全结构的第 2 阶和第 3 位移振型，如图 5.20（b）和（c）所示。

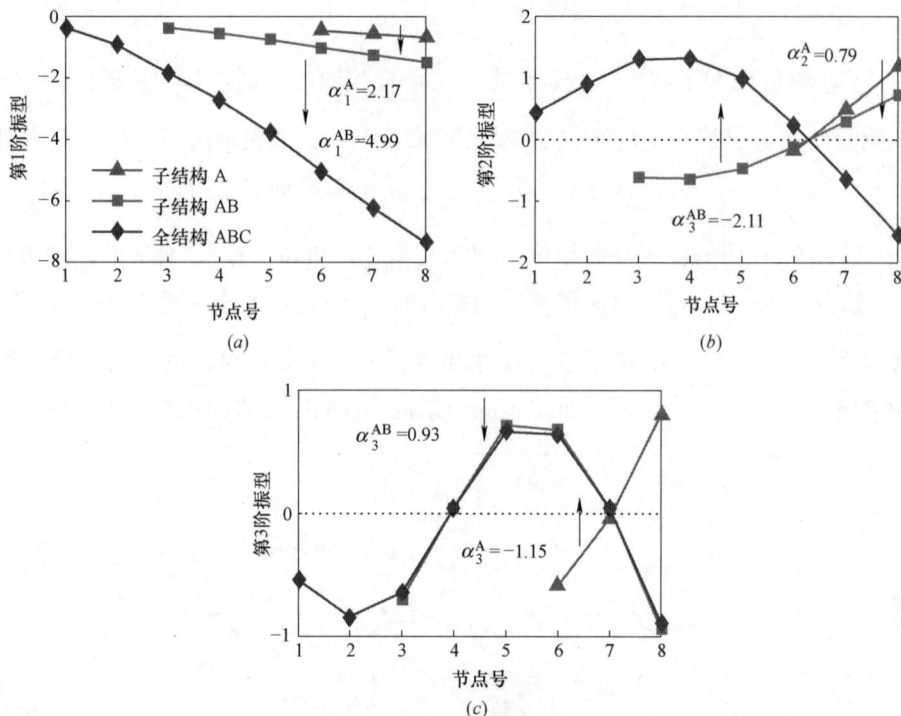

图 5.20　全结构位移振型集成

（a）第 1 阶；（b）第 2 阶；（c）第 3 阶

将融合得到的全结构模态参数（λ_r，Q_r，$\{\phi_r\}$，$\{l_r\}$）（r＝1，2，3），代入式（4.6）中可以计算结构的整体位移柔度矩阵，进而可以预测结构在任意节点作用静力荷载下的挠度，同时对钢梁施加相同的静力荷载，可以直接测量结构的静力挠度，用以验证预测的挠度是否正确，从而验证识别的整体位移柔度矩阵是否正确，其中本实验的静位移用前面描述的共轭梁法计算得到。将 220.5N 的静力荷载施加在节点 6 上，用识别的位移柔度矩阵预测的节点挠度和直接测量的节点挠度如图 5.21 所示，预测的挠度和直接静力测试获得的挠度几乎重合，由此证明所集成的全结构的位移柔度矩阵是正确的。

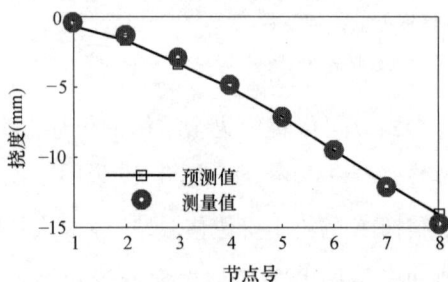

图 5.21　悬臂梁结构的挠度图

5.4.3　IBS 桥验证

1. 桥梁概况和有限元建模

美国联邦公路局（FHWA）桥梁长期性能研究组（LTBP）发起了一个国际桥梁研究

项目（IBS），选取位于美国新泽西州北部的一座双向两幅四跨的钢-混凝土组合梁桥作为Benchmark 结构，用于研究相关的无损检测和健康监测技术在实际结构中的应用。该桥建于1984 年，具有不同跨度的单项正交、单项斜交、双向正交和双向斜交等各种形式，每跨内的纵向钢梁通过弧形支座和摇轴支座简支支承于桥墩上，纵梁间包括斜向抗风联结系、桁架形式的隔板通过4 个螺栓和节点板与纵梁连接；混凝土桥面板支承于钢梁上，桥面板用现浇形式铸造而成。目前该桥出现了非常典型的病害，包括支座沉降倾斜、疲劳裂缝、桥面振动幅度较大等，是用于研究各种新兴技术的基准结构。

本书作者曾对该桥的部分桥跨（图5.22（a））进行过相关测试工作，所测试桥跨的整个桥面板呈梯形结构，沿纵向等间距排列着8 根长度均匀变化的钢梁，其中最长的梁长度为129.25ft，最短的梁长度为104.75ft，8 根钢梁均为工字形截面，截面高度均为5.3ft，腹板厚度均为0.04ft，上下翼缘厚度均为0.11ft，但8 根钢梁的翼缘宽度不完全一致，从长度最短的梁到最长的梁，翼缘宽度从1.84ft 到1.34ft 间均匀变化。8 根钢梁之上的梯形混凝土桥面板，相互平行的长边和短边长度分别为131ft 和103ft，垂直边长度为64ft。

现在建立测试桥跨部分的有限元模型用以验证本节提出的单参考点位移柔度识别理论，有限元模型采用SAP2000 软件建立，模型尺寸与实桥尺寸相同，每根工字型钢梁划

(a)

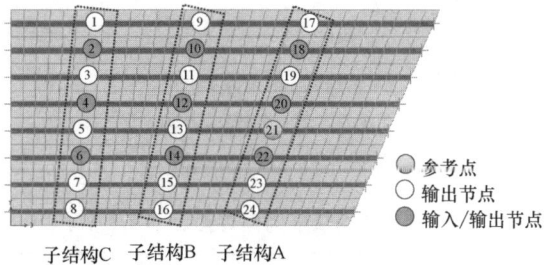

子结构C　子结构B　子结构A

● 参考点
○ 输出节点
● 输入/输出节点

(b)

图5.22　IBS桥

(a) 实桥照片；(b) 单跨有限元模型

分为 32 个等长的框架单元；混凝土桥面板采用厚度为 0.79ft 的壳单元，混凝土材料的弹性模量为 2.1×10^4 MPa，密度为 2400kg/m³；每根钢梁在两端节点处设置简支形式的支座。此有限元模型共包括 516 个节点，256 个框架单元，512 个壳单元。该桥的有限元模型如图 5.22 (b) 所示。

2. 分块冲击振动测试及参数识别

桥梁有限元模型的移动式分块冲击振动测试方案如图 5.22 (b) 所示，总共执行了全结构冲击振动测试和单参考点分块冲击振动测试两种工况。在传统的冲击振动试验方案下，桥梁的全跨上总共布置 24 个加速度传感器，驱动点依次为 2，4，6，10，12，14，18，20，22，分别依次采集驱动点的冲击力及对应的所有节点的加速度输出响应。在执行单参考点分块冲击振动测试时，将全结构分解成 3 个子结构，其中子结构 C 包括节点 1～8，子结构 B 包括节点 9～16，子结构 A 包括节点 17～24，所有子结构含有一个共同的节点即单参考点 21。在子结构 C 的试验中，子结构 C 总共布置 9 个加速度传感器，分别锤击节点 2、4、6，测量节点 1～8 和节点 21 的响应，子结构 C 的试验完成后，按照相同的操作流程分别进行子结构 B 和 A 的冲击振动测试。

用采集的冲击力和加速度数据计算加速度频响函数，再根据式（4.7）转化为位移频响函数，采用 CMIF 法作模态参数识别，其中子结构 A 的奇异值曲线如图 5.23 (a) 所示，所识别的子结构 A 的前 8 阶固有频率分别为 3.93Hz、4.72Hz、5.48Hz、7.43Hz、11.05Hz、12.79Hz、14.04Hz 和 15.21Hz。作为对比，图 5.23 (b) 给出了由传统的全结构冲击振动测试数据得到的奇异值曲线，可以看出两者识别的前 8 阶固有频率非常接近。三个子结构和全结构分别识别的固有频率见表 5.1。

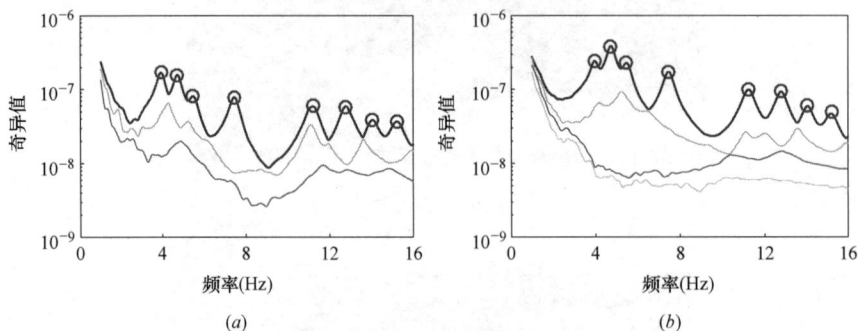

图 5.23 奇异值曲线

(a) 子结构 A；(b) 全结构

各个结构识别的固有频率（Hz）　　　　　　　　表 5.1

阶次	子结构 A	子结构 B	子结构 C	全结构
1 阶	3.93	3.95	3.95	3.94
2 阶	4.72	4.74	4.73	4.74
3 阶	5.48	5.49	5.49	5.49

续表

阶次	子结构 A	子结构 B	子结构 C	全结构
4 阶	7.43	7.45	7.45	7.46
5 阶	11.05	11.24	11.22	11.24
6 阶	12.79	12.97	12.80	12.79
7 阶	14.04	14.20	14.05	14.06
8 阶	15.21	15.38	15.23	15.21

各个结构采用 CMIF 法识别出的其余 8 阶模态参数分别表示为：$(\lambda_r^A, Q_r^A, \{\phi_r^A\},$ $\{l_r^A\})$，$(\lambda_r^B, Q_r^B, \{\phi_r^B\}, \{l_r^B\})$，$(\lambda_r^C, Q_r^C, \{\phi_r^C\}, \{l_r^C\})$，$(\lambda_r, Q_r, \{\phi_r\}, \{l_r\})$ $(r=1\sim8)$。子结构位移振型调整时，先以子结构 B 为目标子结构，集成子结构 A 和 B 为 AB，再以子结构 C 为目标子结构，集成子结构 AB 和 C 为最终的全结构 ABC。

首先将子结构 A 的位移振型 $\{\phi_r^A\}$ 缩放到与子结构 B 相同的比例，缩放系数采用式 (5.17) 计算，结果见表 5.2。采用单参考点 21 和驱动点 10 间的位移频响函数 $\widetilde{H}_{21,10}(\omega)$ 的相位确定位移振型的方向系数，先假定当前获得的子结构 A 的各阶位移振型的方向都是正确的，即 $\eta_r^A=1(r=1\sim8)$，用公式 (5.27) 重构位移频响函数 $H_{21,10}(\omega)$，画出其相位曲线（如图 5.24 (a) 所示，图中只画出了前 5 阶模态所在频段的相位曲线），并标记为"重构值"，同时画出测量的位移频响函数 $\widetilde{H}_{21,10}(\omega)$ 的相位曲线作为对比，将其标记为"测量值"。从图中可以看出，两条曲线在第 3 阶和第 5 阶模态处不重合，这可能是由前面假设的这两阶振型的方向系数不正确造成的，因此，将这两阶振型的方向系数都调整为 −1，再用调整后的方向系数重构这个频响函数并和测量的频响函数的相位曲线进行对比，如图 5.24 (b) 所示，从图中可以看出两条曲线在各阶模态处几乎重合，所以调整后的子结构 A 的振型的方向系数是正确的。

采用同样的方法，将子结构 AB 调整到与子结构 C 相同的缩放比例，并确定振型的方向系数，结果见表 5.2 所示。

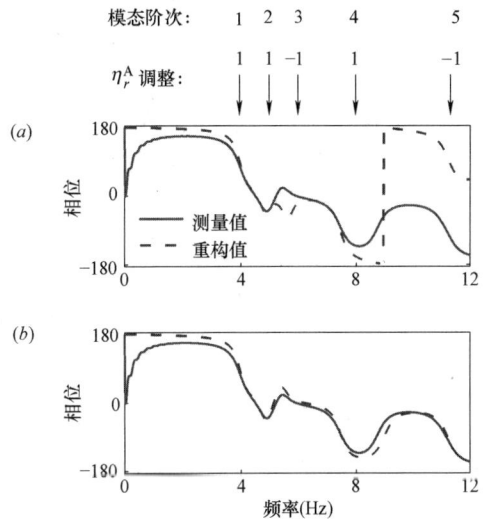

图 5.24 子结构 A 的位移振型的方向系数确定
(a) 方向系数调整前的频响函数相位曲线；
(b) 方向系数调整后的频响函数相位曲线

子结构振型的缩放系数和方向系数 表 5.2

阶次	子结构 A		子结构 AB	
	方向系数	缩放系数	方向系数	缩放系数
1 阶	1	0.81	1	1.94
2 阶	1	0.80	1	1.92

阶次	子结构 A		子结构 AB	
	方向系数	缩放系数	方向系数	缩放系数
3 阶	−1	0.79	1	1.92
4 阶	1	0.81	1	1.89
5 阶	−1	0.92	−1	1.08
6 阶	−1	3.70	1	0.26
7 阶	−1	3.70	1	0.26
8 阶	1	5.26	1	0.18

图 5.25 进一步说明了由三个子结构的位移振型逐步集成为整体结构的位移振型的过程。以图 5.25（a）的第 1 阶位移振型为例，首先将子结构 A 的第 1 阶位移振型（图中用三角形标记的曲线）缩放 $\mu_1^A = 0.81$ 倍，由于其方向系数 $\eta_r^A = 1$，因此子结构 A 缩放后的振型不需要调整方向；将子结构 A 缩放后的振型和子结构 B 的振型组成子结构 AB 的位移振型（图中用矩形标记的曲线），再将他们一起缩放 $\mu_1^{AB} = 1.94$ 倍，由于其方向系数 $\eta_1^{AB} = 1$，因此子结构 AB 缩放后的振型不需要调整方向；最后将子结构 AB 缩放后的位移振型和子结构 C 的位移振型组成全结构 ABC 的振型（图中用菱形标记的曲线）。至此就将三个子结构的第 1 阶位移振型集成为了全结构的第 1 阶位移振型。

采用同样的方法可以集成全结构的第 3 阶位移振型，如图 5.25（b）所示。

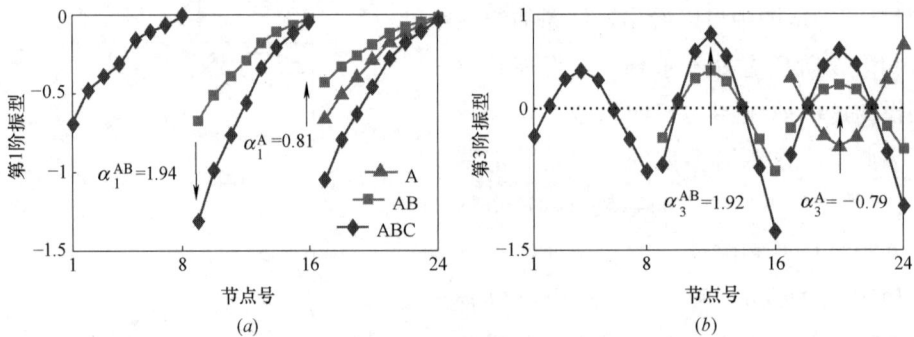

图 5.25　全结构位移振型集成

（a）第 1 阶；（b）第 3 阶

图 5.26 中画出了全结构的前 8 阶位移振型的三维图，从中可以看出由子结构集成法得到的位移振型和由传统的整体测试法识别的位移振型几乎一致，所以两种曲线几乎重合，导致在图中难以分辨出来，由此也证明了本节提出的子结构无参考点法是可行的。

3. 全结构位移柔度识别和变形预测

用集成的全结构的位移振型和其他模态参数可以计算该桥梁在所有测点处的位移柔度系数，计算公式采用式（4.6）。通过在节点 9 施加 4.48kN 的静力荷载，利用识别的位移柔度矩阵可以预测各个节点的挠度，如图 5.27 所示，图中还给出了在有限元模型中使用静力分析所得的 24 个节点的静位移以及第 4 章中的整体测试法预测的静位移，用以和本

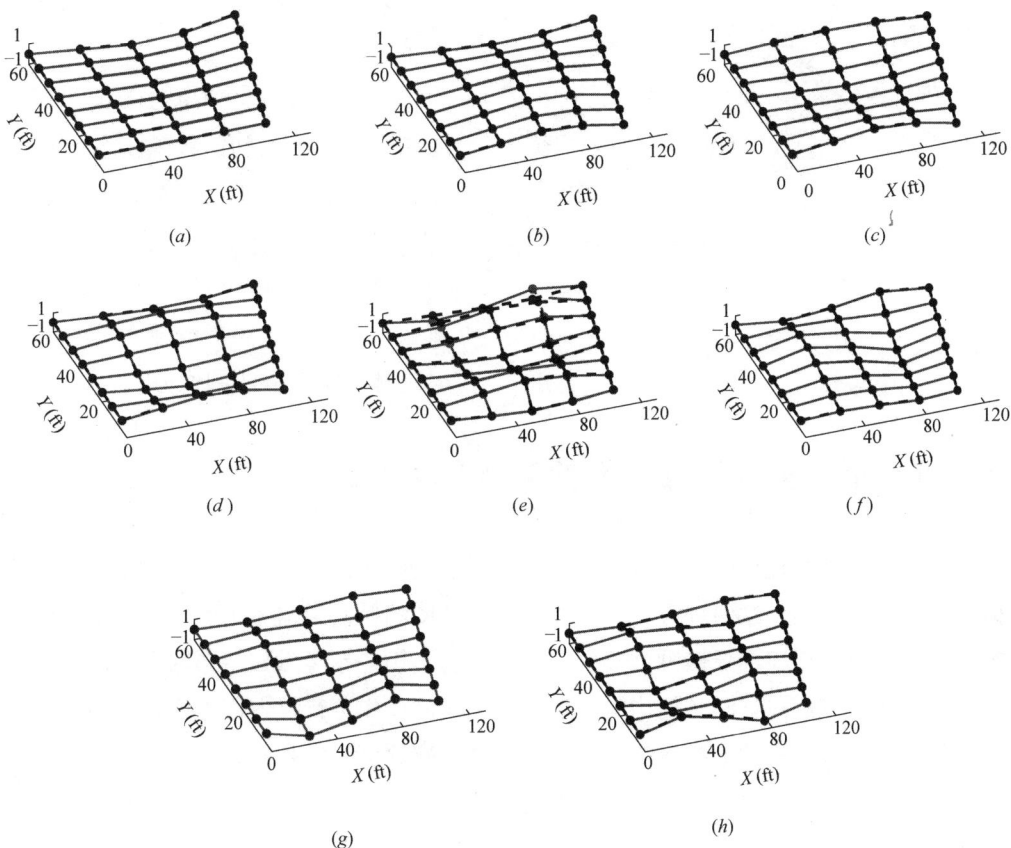

图 5.26 所识别位移振型

(a) 第1阶；(b) 第2阶；(c) 第3阶；(d) 第5阶；(e) 第6阶；(f) 第7阶；(g) 第8阶；(h) 第9阶

节的分块单参考点法进行对比。图中的测量值来自于有限元模型的静力分析，方法Ⅰ的静位移来自于第4章的整体测试法，方法Ⅱ来自于本节的单参考点法。从图中可知，三种方法所得的节点位移几乎一致，进一步验证了本节的单参考点分块测试方法的有效性，其良好的位移预测结果保证了使用该方法进行桥梁快速测试甚至性能评估的可靠性。

前面的计算过程识别出了该结构的 8 阶模态参数，所识别到的模态阶次足够高，这么多模态阶数可以用来研究模态截断效应，评价高阶模态参数对位移柔度识别和变形预测会产生什么样的影响，因此在节点 13 处向下施加 4.48kN 的静力荷载，分别采用第 1 阶模态参数，前 2 阶模态参数，前 3 阶模态参数和前 8 阶模态参数计算的位移柔度矩阵去预测 24 个节点的位移，结果如图 5.28 所示。从图中可知，利用前 8 阶模态参数能够精确地识别该结构的位移柔度矩阵，即使并未识别到第 8 阶以后的高

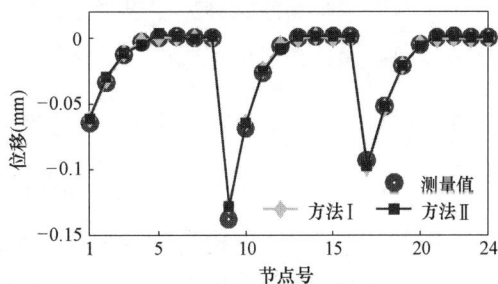

图 5.27 位移预测

233

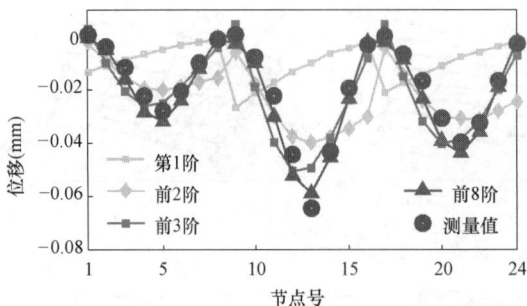

图 5.28　模态截断效应对位移预测的影响

阶模态参数，但其对结构的位移柔度矩阵的贡献并不大。

由于本节提出的单参考点法利用单参考点和驱动点间的频响函数的相位曲线判断子结构的振型方向，因此只需要知道某阶频率处的相位的变化趋势即可，并不需要这个频响函数有多么精确，这在测量噪声影响较大的情况下尤其能体现出该方法的优势。

5.5　基于最小势能原理的无参考点分块测试方法

本章前面部分所提出的多参考点法和单参考点法虽然都成功地解决了子结构的位移振型方向判定问题，但是这两种方法在应用于中型跨度的桥梁结构时仍然存在以下问题：

（1）参考点的存在会降低测试效率，对不同的结构，参考点如何选取有待研究。

（2）当参考点远离被测子结构时，从工程现场的操作可行性方面来说，连接参考点传感器与数据采集仪之间的电缆线势必过长，由此会导致信号保真问题。

（3）即使目前已有较为成熟的无线加速度传感器可以使用，但是如果不同型号的传感器无法实现同步采集，或者需要专门的数据采集仪，就会增加数据采集成本。

（4）最根本的问题在于，当参考点远离被测试子结构时，参考点处的响应并不完全由驱动点处的激励力所引起，参考点处的响应会被噪声所淹没，导致响应数据失去使用价值。

所以基于参考点的方法并不是一个完美的解决方案，为了实现桥梁的快速测试与评估，仍然需要在现有技术的框架内探索不需要参考点的方法。由于结构的有限元模型能在一定程度上近似代表结构的物理属性，而且所建立的有限元模型经过修正之后，从中导出的各阶位移振型跟实际位移振型很接近，那么可以利用修正后的有限元模型的整体位移振型作为方向参照，用以确定实测的子结构位移振型的方向系数。

5.5.1　最小势能原理和振型正交性联合判别法

考虑到最小势能原理，当结构发生变形时，总是趋向于使结构拥有最小势能的方向去发展，用方向正确的子结构的位移振型所集成的全结构位移振型，再用其计算的位移柔度矩阵也是正确的，在所有模态参数的精度都能得到保证的前提下，用这个正确的位移柔度矩阵所预测的位移也是精确的，而精确的位移势必会导致结构的势能处于最小状态。反过来，只要存在某个子结构的任意一阶位移振型方向出现错误，就会导致所预测的位移不但是错误的，而且用其计算的势能还不是最小状态。由此受最小势能原理启发，就找到了在无参考点分块方案中，确定子结构的位移振型方向这一问题的突破口[188]。

1. 势能与子结构振型方向系数的关系

处于稳定平衡状态的弹性体，在发生变形时，真实的变形模式将使弹性体的总势能取最小值，这就是最小势能原理。最小势能原理是固体力学领域里的一个重要原理，在材料力学和弹性力学里面有广泛的应用，本小节研究如何利用最小势能原理来判别子结构位移振型的方向。

对任意一组振型方向系数的取值，采用式（4.6）就能计算对应的位移柔度矩阵，由于只有正确的振型方向系数计算的才是正确的位移柔度矩阵，所以全结构的位移柔度矩阵可以看作是子结构 B 和 C 的各阶振型方向系数的函数，对图 5.3 中的悬臂梁例子，在省去代表全结构的上标 ABC 后，位移柔度矩阵可以记作 $[f(\eta_r^B, \eta_r^C)]$，用这个矩阵可以预测结构在任意节点荷载向量 $\{f\}$ 作用下的位移向量，而这个位移向量同样是子结构 B 和 C 的振型方向系数的函数，

$$\{u(\eta_r^B, \eta_r^C)\} = [f(\eta_r^B, \eta_r^C)]\{f\} \qquad (5.30)$$

式中，$\{u(\eta_r^B, \eta_r^C)\} \in \mathbb{R}^{N_o \times 1}$ 是预测的位移向量。

由此，不同的子结构振型方向系数的组合在同一个荷载向量 $\{f\}$ 作用下也将得到不同的位移向量 $\{u(\eta_r^B, \eta_r^C)\}$，但最小势能原理指出，发生在结构上的真实位移将使结构的势能取最小值，所以正确的振型组合对应的变形在理论上能保证结构在任意荷载工况下所产生的位移，用其计算的势能取得最小值。反过来也就是说，可以计算在某种荷载工况下，所有振型方向系数对应的势能，这些势能中最小值所对应的振型方向系数就是正确的取值。由于位移向量是振型方向系数的函数，所以用位移向量计算的势能也是方向系数的函数，对离散的弹性体，势能按下式计算[189]：

$$\prod_p (\eta_r^B, \eta_r^C) = \frac{1}{2}\{u(\eta_r^B, \eta_r^C)\}^T[K]\{u(\eta_r^B, \eta_r^C)\} - \{u(\eta_r^B, \eta_r^C)\}^T\{f\} \qquad (5.31)$$

式中，$\prod_p (\eta_r^B, \eta_r^C)$ 为势能，$[K]$ 为整体结构的刚度矩阵，其维数与整体结构的位移柔度矩阵相同。

对实际结构来说刚度矩阵是个未知量，所以出上式还无法直接计算势能，将式（5.30）代入上式，并考虑位移柔度矩阵是对称矩阵，且是刚度矩阵的逆矩阵，可以得到：

$$\prod_p (\eta_r^B, \eta_r^C) = -\frac{1}{2}\{f\}^T[f(\eta_r^B, \eta_r^C)]\{f\} = -\frac{1}{2}\{f\}^T\{u(\eta_r^B, \eta_r^C)\} \qquad (5.32)$$

上式表明，离散结构的势能计算只与作用于结构上的荷载和位移柔度矩阵有关，将位移柔度矩阵的计算公式（4.6）代入上式可得：

$$\prod_p (\eta_r^B, \eta_r^C) = \frac{1}{2}\{f\}^T\left[\sum_{r=1}^m \left(\frac{\{\phi_r\}\{\phi_r\}^T Q_r}{\lambda_r} + \frac{\{\phi_r^*\}\{\phi_r^*\}^T Q_r^*}{\lambda_r^*}\right)\right]\{f\} \qquad (5.33)$$

由于土木工程结构大多为小阻尼结构，识别的振型通常为实振型，所以 $\{\phi_r\} = \{\phi_r^*\}$，上式可以化简为：

$$\prod_p(\eta_r^{\mathrm{B}},\eta_r^{\mathrm{C}})=\frac{1}{2}\sum\nolimits_{r=1}^m\left[\{f\}^{\mathrm{T}}\{\phi_r\}\{\phi_r\}^{\mathrm{T}}\{f\}\left(\frac{Q_r}{\lambda_r}+\frac{Q_r^*}{\lambda_r^*}\right)\right] \tag{5.34}$$

上式中，$\{f\}^{\mathrm{T}}\{\phi_r\}$ 和 $\{\phi_r\}^{\mathrm{T}}\{f\}$ 均为一个数且二者相等，所以上式继续化简为

$$\prod_p(\eta_r^{\mathrm{B}},\eta_r^{\mathrm{C}})=\frac{1}{2}\sum\nolimits_{r=1}^m\left[(\{f\}^{\mathrm{T}}\{\phi_r\})^2\left(\frac{Q_r}{\lambda_r}+\frac{Q_r^*}{\lambda_r^*}\right)\right] \tag{5.35}$$

上式中的荷载 $\{f\}$ 为作用在整个结构上的各个节点的荷载所组成的列向量（如果某些节点未作用荷载，该向量在这些节点处的值可取为 0），荷载向量 $\{f\}$ 按相同的子结构分块形式可以写为下式：

$$\{f\}=\begin{bmatrix}\{f^{\mathrm{A}}\}\\\{f^{\mathrm{B}}\}\\\{f^{\mathrm{C}}\}\end{bmatrix} \tag{5.36}$$

式中，$\{f^{\mathrm{A}}\}$、$\{f^{\mathrm{B}}\}$、$\{f^{\mathrm{C}}\}$ 分别是作用在子结构 A、B、C 上的荷载列向量。将式（5.15）、式（5.18）和式（5.36）代入式（5.35）中并化简得：

$$\prod_p(\eta_r^{\mathrm{B}},\eta_r^{\mathrm{C}})=\frac{1}{2}\sum\nolimits_{r=1}^m\left\{\left[\{f^{\mathrm{A}}\}^{\mathrm{T}}\{\phi_r^{\mathrm{A}}\}+\{f^{\mathrm{B}}\}^{\mathrm{T}}\{\phi_r^{\mathrm{B}}\}\sqrt{\frac{Q_r^{\mathrm{B}}}{Q_r^{\mathrm{A}}}}\eta_r^{\mathrm{B}}+\{f^{\mathrm{C}}\}^{\mathrm{T}}\{\phi_r^{\mathrm{C}}\}\sqrt{\frac{Q_r^{\mathrm{C}}}{Q_r^{\mathrm{A}}}}\eta_r^{\mathrm{C}}\right]^2\left(\frac{Q_r}{\lambda_r}+\frac{Q_r^*}{\lambda_r^*}\right)\right\} \tag{5.37}$$

上式是整体结构的势能关于子结构 B 和子结构 C 的各阶振型方向系数的函数关系式，函数的自变量 η_r^{B} 和 η_r^{C} 的取值均为 1 或 -1，式中的其他参数都是各个子结构已识别出的模态参数，均为已知量，到目前为止只有方向系数未知。根据最小势能原理，在子结构上作用荷载向量（$\{f^{\mathrm{A}}\}$，$\{f^{\mathrm{B}}\}$，$\{f^{\mathrm{C}}\}$），发生在结构上的真实位移将使结构的势能取最小值，所以就将确定各个子结构的振型方向问题，转化为确定各阶方向系数 η_r^{B} 和 η_r^{C} 的取值，使得由式（5.37）计算的势能为最小。

式（5.37）虽然是针对图 5.3 的三个子结构划分方案推导出的，但该方法可以很容易得推广到划分为 n 个子结构的情况，选取其中的子结构 1 作为目标子结构，将其余子结构的振型都对子结构 1 进行缩放，此时只需要将公式（5.37）简单扩展为下式即可：

$$\prod_p(\eta_r^i)=\frac{1}{2}\sum\nolimits_{r=1}^m\left\{\left[\{f^1\}^{\mathrm{T}}\{\phi_r^1\}+\{f^2\}^{\mathrm{T}}\{\phi_r^2\}\sqrt{\frac{Q_r^2}{Q_r^1}}\eta_r^2+\cdots+\{f^n\}^{\mathrm{T}}\{\phi_r^n\}\sqrt{\frac{Q_r^n}{Q_r^1}}\eta_r^n\right]^2\left(\frac{Q_r}{\lambda_r}+\frac{Q_r^*}{\lambda_r^*}\right)\right\} \tag{5.38}$$

式中，$\eta_r^i(i=2,3,\cdots,n;r=1,2,\cdots,m)$ 为子结构 i 的第 m 阶振型的方向系数，其只能取 1 或 -1，其他各个参数的物理意义可以对照式（5.37）获得。

从上式可知，结构被划分为 n 个子结构，每个子结构均识别出相互对应的 m 阶位移振型，则总共有 $m(n-1)$ 个振型方向系数，每个系数取值有 1 或 -1 两种情况，所以也就总共存在 $2^{m(n-1)}$ 种振型组合方案，在某种荷载工况下相应的可以计算出 $2^{m(n-1)}$ 个势能值，根据最小势能原理可知，势能最小者所对应的所有子结构的所有阶位移振型的方向系数即为正确值。当然为保证式（5.38）中的每个方向系数都能有效参与运算，作用在每个

子结构处的力最好非零，否则方向系数取任何值对势能计算都不会产生影响。

2. 弱化的振型正交性条件

判断子结构位移振型的方向除了利用最小势能原理以外，还能利用位移振型的正交性，因为如果由子结构所集成的整体位移振型是正确的，那么振型向量必然满足关于质量矩阵的正交性条件，见下式所示。

$$\{\phi_r\}^{\mathrm{T}}[M]\{\phi_j\}\begin{cases}\neq0 & r=j\\=0 & r\neq j\end{cases}$$

当测点的布置能合理的保证所代表的质量矩阵为集中质量矩阵，且各个测点的质量集度完全相等时，集中质量矩阵 $[M]$ 则正比于相同维数的单位矩阵 $[I]$：

$$[M]=m[I] \tag{5.39}$$

此时式（5.39）简化为：

$$\{\phi_r\}^{\mathrm{T}}\{\phi_j\}\begin{cases}\neq0 & r=j\\=0 & r\neq j\end{cases} \tag{5.40}$$

由该式可知，当结构上测点的合理布置使得各个测点所集中的质量非常均匀时，振型向量关于质量矩阵的正交性条件就等价为数学意义上的两个向量的正交性条件，但在实际测试中，测点的布置很难保证式（5.40）所述的严格数学意义上的正交性。为了能利用振型的正交性条件，将所集成的各阶振型组成向量空间中的一个向量组，则可以定义任意两个振型向量 $\{\phi_r\}$ 和 $\{\phi_j\}$ 之间的夹角为 θ_{rj}，其夹角余弦为：

$$\cos(\theta_{rj})=\frac{|\{\phi_r\}^{\mathrm{T}}\{\phi_j\}|}{\|\{\phi_r\}\|\|\{\phi_j\}\|} \tag{5.41}$$

式中，$\|\{\phi_r\}\|$ 为位移振型 $\{\phi_r\}$ 所代表的向量的范数。由上式可知，夹角余弦的计算公式类似于模态保证准则的计算公式，但是二者代表不同的物理意义，模态保证准则中参与计算的两个位移振型向量分别来自于不同的分析方法，所得到的结果是用来评价两种方法计算的振型的相似性；而夹角余弦中参与计算的两个位移振型向量都来自于子结构集成，但属于两个不同的阶次，夹角余弦值用以评价各阶振型之间的正交性。

当测点的布置能保证各个测点的质量集度近似相等时，物理意义上的振型正交性即等效于任意两阶振型向量之间的夹角 θ_{rj} 近似于垂直，所以对正确的振型组合，就会出现不同阶次的振型向量之间的夹角余弦接近于 0，反之，错误的振型组合无法保证任意两阶振型向量之间的夹角余弦接近于零的条件。由于夹角余弦 $\cos(\theta_{rj})\in[0，1]$，为扩大正交的振型向量和非正交的振型向量之间的区分度，用任意两阶振型的夹角余弦的平方构成一个表示振型正交性的矩阵，由于这个矩阵是方向系数的函数，所以该矩阵可以表示为下式的 $[C(\eta_r^i)]$：

$$[C(\eta_r^i)]=\begin{bmatrix}\cos^2(\theta_{11}) & \cdots & \cos^2(\theta_{1n})\\\vdots & \ddots & \vdots\\\cos^2(\theta_{n1}) & \cdots & \cos^2(\theta_{nn})\end{bmatrix} \tag{5.42}$$

对正确的子结构振型方向系数所计算的矩阵 $[C(\eta_r^i)]$，应该具有对角线上完全等于

1，非对角线上的元素几乎为零的特征；如果某阶振型方向系数是错误的，则 $[C(\eta_r^i)]$ 在非对角线上的元素不会趋于零。在本书中，将这种夹角余弦的平方趋于零但是并不完全等于零的性质称为振型向量的弱正交性条件。

在数学上，这种弱正交性条件又可以进一步提炼，由于正确的振型组合导致矩阵 $[C(\eta_r^i)]$ 应该近似为一个对角矩阵，而对角矩阵的行列式等于其对角线上的元素的乘积，因此可以用矩阵 $[C(\eta_r^i)]$ 的行列式与其对角线上的元素的乘积之差的绝对值作为判定正交性的指标，对正确的振型方向系数，应该具有最好的正交性条件，表现在正交性指标函数上就是其值最小。由于矩阵 $[C(\eta_r^i)]$ 对角线上的元素全为 1，所以正交性指标函数定义为：

$$O(\eta_r^i) = |\det([C(\eta_r^i)]) - 1| \tag{5.43}$$

式中，$O(\eta_r^i)$ 为正交性指标关于方向系数的函数，$O(\eta_r^i)$ 越接近于零则正交性越强，det() 为计算矩阵的行列式的函数。

由于总的振型方向系数存在 $2^{m(n-1)}$ 种组合情况，所以按上式计算得到的正交性指标 $O(\eta_r^i)$ 也有 $2^{m(n-1)}$ 个，值得注意的是，这 $2^{m(n-1)}$ 个正交性指标会被分成 2^m 类，每类里面存在 2^{n-1} 个重复数据。事实上，将计算夹角余弦的公式中的分子项展开可以得到下式（以子结构 1 作为目标子结构）：

$$\{\phi_r\}^{\mathrm{T}}\{\phi_j\} = \{\phi_r^1\}^{\mathrm{T}}\{\phi_j^1\} + \sum_{i=2}^{n}(\eta_r^i\eta_j^i)(\mu_r^i\mu_j^i\{\phi_r^i\}^{\mathrm{T}}\{\phi_j^i\}) \tag{5.44}$$

式中，$\{\phi_r^i\}$ 为子结构 i 的第 r 阶位移振型。

从上式可知，子结构的振型和缩放系数都是已知量，所以 $\{\phi_r\}^{\mathrm{T}}\{\phi_j\}$ 为关于 $n-1$ 个 $\eta_r^i\eta_j^i$ 的函数，对于同一个 $\eta_r^i\eta_j^i$ 的值会存在两种不同的方向系数的取值，比如某种正确情况下的 $\eta_r^i=1$，$\eta_j^i=-1$，会得到 $\eta_r^i\eta_j^i=-1$ 的结果，但是对错误的 $\eta_r^i=-1$，$\eta_j^i=+1$，也会得到 $\eta_r^i\eta_j^i=-1$ 的结果，因此 $n-1$ 个 $\eta_r^i\eta_j^i$ 会产生出 2^{n-1} 个完全不同的振型，由他们所计算的 $\{\phi_r\}^{\mathrm{T}}\{\phi_j\}$ 却是相等的，从而也就导致有 2^{n-1} 个正交性指标是重复的，进一步可知重复的数据被分成了 2^m 类，因此需要从重复的 2^{n-1} 个最小的正交性指标中分离出正确的振型组合。

为解决这一问题，本书采用振型正交性和最小势能原理组成一个两阶段的联合判别法：先枚举出所有 $2^{m(n-1)}$ 种情况的正交性指标，对其排序得到 2^{n-1} 个相同的最小值；然后借助于最小势能原理，计算这 2^{n-1} 种振型组合情况各自的势能，其中最小的势能对应的振型方向系数就是正确值。

该方法是解决在无参考点分块模式下，子结构位移振型的方向判定问题最理想的解决方案。但使用该方法需要注意以下三点：

（1）考虑到实际情况的复杂性，最小势能和最优正交性这两个优化目标通常无法同时满足，即由正确的方向系数所计算的正交性指标为最优的情况下，势能有可能不一定最小；反之，在势能为最小的情况下，正交性指标也有可能不一定为最优，所以对不同的结构，可以根据实际情况合理的进行调整，因此上面提出的两阶段联合判别法的顺序可以颠倒，即可以先枚举出所有情况的势能值，但并不直接把势能最小的情况确定为正确的情况，而是在一个合理的范围内再去观察他们的正交性指标，从中找出正交性指标最优的情况，取这种情况的振型方向系数为正确值。

（2）正交性指标的有效性依赖于测点的合理布置，当传感器布置不够合理，或者测点位置无法保证较好的弱正交性时，则不能使用正交性指标作为优化目标，但最小势能原理仍然有效，这种现象将在第七章的实桥应用中介绍。

（3）当划分的子结构数 n 较多，且每个子结构所识别的模态阶数 m 也较多时，总的情况数 $2^{m(n-1)}$ 就会呈指数倍增长，这时候枚举出每种情况的正交性指标是不可能的，对这种大规模问题的解决方案是采用如遗传算法、模拟退火算法、粒子群算法等这类智能搜索算法，在可行域中搜索出一个次优解作为最优解的替代，这部分内容不在本书的框架以内，读者请自行参阅相关文献[190]。

5.5.2 钢桁架模型验证

本节继续采用一个钢桁架结构的有限元模型验证无参考点分块下的位移柔度集成法，该结构的不规则形式在实际的中小桥梁中非常普遍。

模型结构在纵向有三根长度均匀变化的主梁，其长度依次为 7.11m、6.10m 和 5.08m，主梁截面均为 10.16cm×10.16cm 的中空箱形截面，壁厚 6.35mm；在横向，3 根主梁每间隔 1.02m 就与次梁通过连接板相连，次梁的截面尺寸和主梁的截面尺寸相同，所有次梁的长度均为 1.37m。有限元模型采用有限元软件 SAP2000 建模，所有单元均为框架单元，所有单元的材料均为软件材料库中提供的 A992Fy50 钢材，这种钢材的密度为 7697kg/m³，弹性模量为 200GPa。单元划分时，按纵向的主梁和横向的次梁交叉所分隔出的每根杆件单独划分为一个框架单元，所以三根主梁上的框架单元数分别为 7，6，5，所有节点均为刚性连接。支座条件为约束每根主梁两端节点的三个平动自由度，但转角自由度不作约束，用以模拟简支的支座形式。节点编号见图 5.29 所示，总共有 21 个节点。

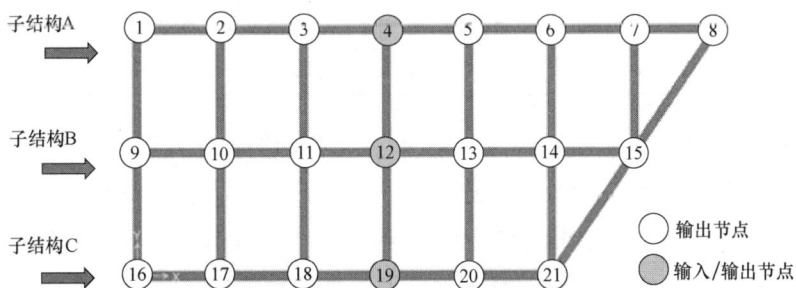

图 5.29　钢桁架结构的有限元模型和分块冲击振动测试方案

模拟分块冲击振动测试时，将整体结构划分为 3 个子结构，每个子结构由单独的一根主梁组成，子结构 A，B，C 上的驱动点分别选为节点 4，12，19，每个驱动点分别进行 3

次冲击振动测试用以平均计算功率谱密度函数。为了评价本方法的抗噪性，在用于计算的冲击力和节点加速度数据中分别人为地加入10％的白噪声，然后采用H1方法计算各个加速度频响函数再转化为位移频响函数。

采用CMIF法识别各个子结构的模态参数，为避免叙述冗余，省略参数识别的中间过程，这里直接给出三个子结构识别的前4阶固有频率和阻尼比，如表5.3所示，其与有限元分析的结果几乎一致。

识别的固有频率和阻尼比 　　　　　　　　　　　　　　　　　　　　表5.3

阶次	子结构 A		子结构 B		子结构 C	
	固有频率(Hz)	阻尼比(%)	固有频率(Hz)	阻尼比(%)	固有频率(Hz)	阻尼比(%)
1	5.97	5.00	5.97	5.00	5.91	5.16
2	15.67	5.68	15.64	5.71	15.43	5.03
3	22.92	5.00	24.97	17.22	23.45	10.61
4	38.52	11.52	37.75	5.14	37.22	7.42

然后以子结构 A 为目标子结构，计算子结构 B 和子结构 C 的位移振型的缩放系数，计算公式分别为 $\mu_r^B = \sqrt{Q_r^B / Q_r^A}$ 和 $\mu_r^C = \sqrt{Q_r^C / Q_r^A}$ （$r=1$，2，3，4），结果如表5.5所示。接着采用本节提出的最小势能和振型正交性的两阶段联合判别法判定子结构 B 和 C 的位移振型的方向系数。对于子结构数 $n=3$，振型阶数 $m=4$ 的情况，总共有 $2^{4(3-1)}=256$ 种方向系数组合，计算每种组合的正交性指标，对结果按从小到大进行排序，可得 64 类（每类 4 组）相同的正交性指标，本书为了简洁起见，只列出前 64 个正交性指标值，如表5.4所示。

前 64 个振型正交性指标 　　　　　　　　　　　　　　　　　　　　表5.4

排序	1～4	5～8	9～12	13～16	17～20	21～24	25～28	29～32
正交性指标	1.30×10^{-3}	0.010	0.012	0.015	0.015	0.016	0.016	0.017
排序	33～36	37～40	41～44	45～48	49～52	53～56	57～60	61～64
正交性指标	0.017	0.022	0.024	0.024	0.025	0.026	0.031	0.032

由于最小的正交性指标（1.30×10^{-3}）有 4 个相同的值，分别排在第 1 位到第 4 位，正确的振型方向系数的组合必然位于这 4 个之中的某一个，只用正交性指标无法判断出具体是哪一个对应的方向系数是正确的，因此需要采用势能指标作为第二阶段判别法，从这 4 个中找出正确的振型方向系数。为此在 21 个节点处施加均布荷载，其中每个节点所加的荷载值均为 1kN，计算该荷载工况下的前 4 组振型系数取值方案的势能值，分别为 -128.16J、-18.29J、-64.87J、-14.74J，由于第 1 组的势能最小，根据最小势能原理，与第 1 组对应的振型方向系数为正确值，具体结果如表5.5所示。

子结构 B 和 C 的位移振型的缩放系数和方向系数 表 5.5

阶次	子结构 B		子结构 C	
	缩放系数	方向系数	缩放系数	方向系数
1	0.66	1	0.39	1
2	0.55	−1	1.35	−1
3	0.36	1	0.56	−1
4	0.88	1	1.10	1

为直观的观察前 4 组位移振型中的错误振型（第 2 组～第 4 组）和正确振型（第 1 组）的区别，分别画出他们的前 4 阶整体位移振型图，如图 5.30～图 5.33 所示，图中还

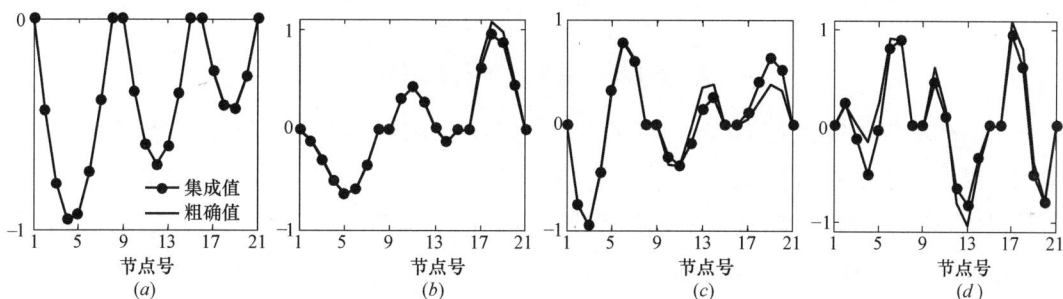

图 5.30 正交性指标最小值对应的整体位移振型（第 1 组）

（a）第 1 阶；（b）第 2 阶；（c）第 3 阶；（d）第 4 阶

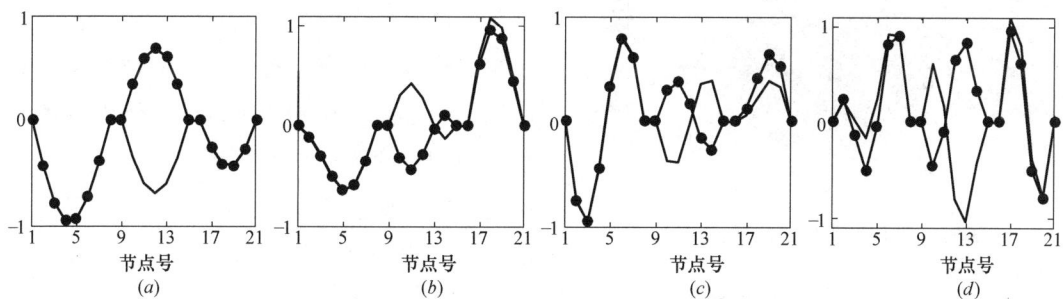

图 5.31 正交性指标最小值对应的整体位移振型（第 2 组）

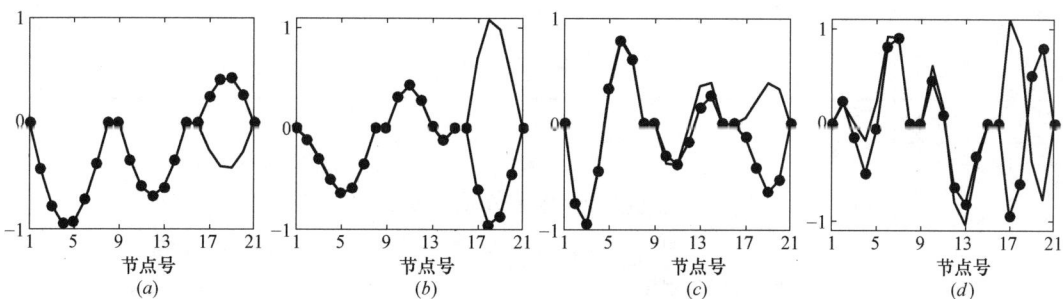

图 5.32 正交性指标最小值对应的整体位移振型（第 3 组）

给出了有限元法计算的整体位移振型作为对比，从第 1 组振型图中可知，所集成的前 4 阶位移振型和有限元直接计算的精确振型吻合得很好，而第 2 组、第 3 组和第 4 组正交性指标的振型由于是错误的，所以他们和有限元计算的精确振型无法有效的重合。

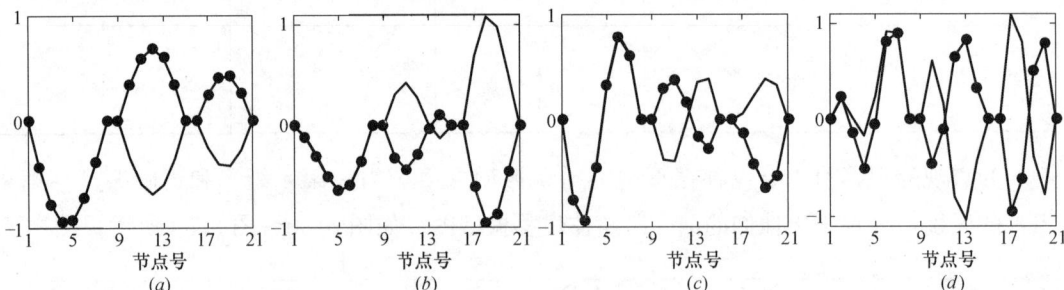

图 5.33　正交性指标最小值对应的整体位移振型（第 4 组）

全结构的位移振型集成之后，就可以将子结构 A 的模态缩放系数和系统极点作为全结构的模态缩放系数和系统极点，以及集成的位移振型用于计算全结构的位移柔度矩阵，其结果的三维曲面如图 5.34 所示，从图中可知，由于该结构有三根主梁，所以柔度矩阵的三维曲面图中就出现了 $3 \times 3 = 9$ 个波峰。

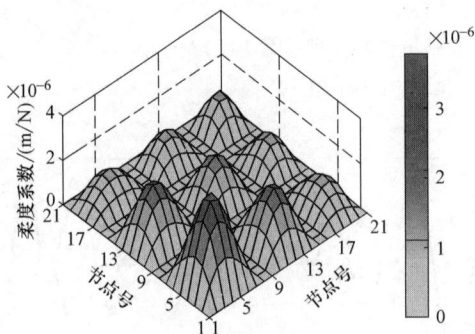

图 5.34　位移柔度矩阵的三维曲面图

用识别的位移柔度矩阵预测静力荷载作用下的挠度，将预测值和有限元计算的精确值作对比从而验证柔度识别精度，为了避免结果的偶然性设置了表 5.6 所示的四种静载工况。将四组正交性指标最小的位移柔度矩阵同时用于挠度预测，可以研究错误的整体位移振型所预测的挠曲线形式。四种荷载工况的挠曲线见图 5.35，从图中可知，只有正确的第 1 组位移柔度矩阵预测的挠度才和精

确的挠度吻合，其余三种错误的位移柔度矩阵所预测的挠度与精确值差别巨大。图中显示，错误的挠曲线是没有意义的，由此导致用其计算的势能与正确情况的最小势能相差很大。

静载工况　　　　　　　　　　　　　　　　　　　　　　　表 5.6

工况编号	描　　述
工况一	在节点 4 上施加 5000N 的静力荷载，方向向下
工况二	在节点 12 上施加 3600N 的静力荷载，方向向下
工况三	在节点 4,12,19 上分别施加 5000N,3600N,6125N 的静力荷载，方向都向下
工况四	在节点 5,12,18 上分别施加 7316N,3600N,6438N 的静力荷载，节点 12 方向向下，其余向上

理论上基于最小势能原理的判别法可以直接确定子结构的振型方向系数，但在实际工

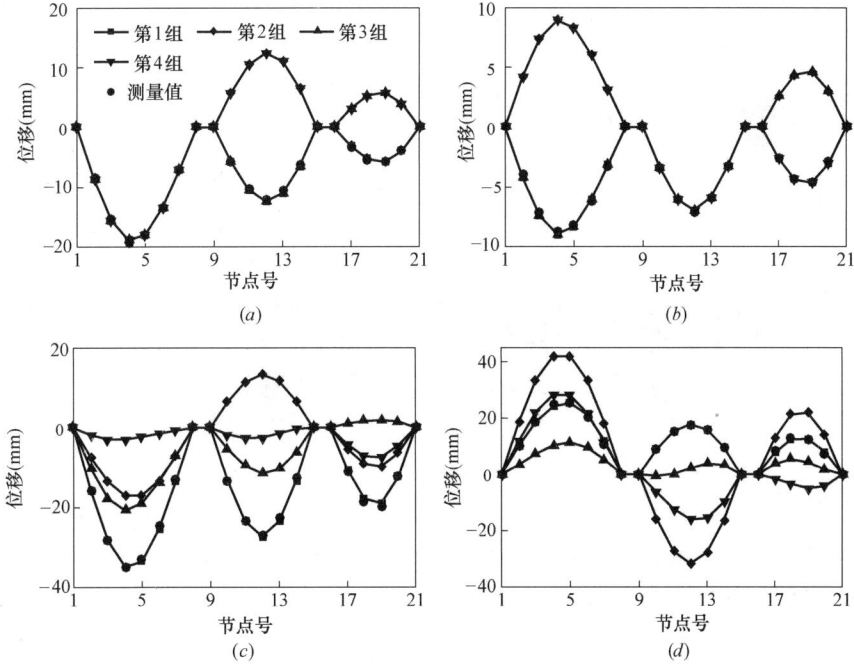

图 5.35　挠度对比图

（a）工况一；（b）工况二；（c）工况三；（d）工况四

程中由于结构复杂，噪声干扰大，最小势能法通常只能保证低阶振型方向系数的正确性，相关案例将在第 7 章的实桥应用中详细介绍。联合最小势能和振型正交性的两阶段判别法克服了这个难题，能保证所集成的高阶位移振型也是正确的，在应用该方法时，先用振型正交性指标进行第一层次判别，从中得到正交性指标最小的 2^{n-1} 个振型方向系数组合，然后借助于最小势能原理进行第二层次判别，计算这剩下的 2^{n-1} 个正交性指标中势能最小的情况，从而提取出正确的振型方向系数。

　　本章所提出的桥梁分块冲击振动测试方法弥补了传统的整体结构冲击振动测试方法的不足，能减少测试成本，提高测试效率，有望实现中小桥梁的快速诊断测试。

第6章

基于结构区域分布应变测量的冲击振动数据处理与结构识别理论

交通运输部颁布的规范《公路旧桥承载能力鉴定方法》中指出，对桥梁进行卡车静载试验时，应同时测量结构关键部位的位移和应变，然后联合荷载试验校验系数 η 进一步评价桥梁的性能[191]，所以结构位移和应变的有效测量始终是桥梁结构健康监测中的关键和难题。本书前面章节所述的位移柔度识别理论可以用于卡车静载试验下的桥梁挠度预测，延续位移柔度识别思想，本章开发基于冲击振动与动应变测量的应变柔度识别方法。

6.1 基于冲击振动和区域分布传感的桥梁测试方法

众所周知，结构的应变柔度系数 f_{ij}^{ε} 是指在结构 j 节点施加单位力时在 i 节点引起的应变值，如果已知一个桥梁结构的应变柔度矩阵，就能根据它计算卡车静载作用下结构各节点的应变，从而实现《公路旧桥承载能力鉴定方法》中的应变测量目的；另一方面，众多文献[192~195]已经指出，应变参数相比于位移参数对损伤更为敏感，因此精确的应变计算对于结构损伤识别具有重要意义。与成熟的位移模态理论和位移柔度识别理论形成鲜明对比的是，当前能适用于土木工程结构的应变模态理论和应变柔度识别理论的发展并不完善，为了克服这一难题，本书首先提出了结构区域分布传感概念[196]。

6.1.1 结构区域分布传感概念与技术

土木工程结构健康监测挑战性问题之一是缺乏合适的传感器技术，主要问题集中在以下两点：①整体传感技术宏观指标无法反映真实损伤状况；②局部传感计算微观指标离散性太大。如何选择合适的传感技术对于健康监测技术发展至关重要。

（1）整体传感技术的局限性。常见的整体传感器包括加速度计、位移计、倾角仪等，利用这些传感器可以实现对结构加速度、位移和转角等宏观指标的监测。从理论上讲，结构发生损伤后结构的固有频率会降低，因此利用加速度测试数据分析出来的结构固有频率可以反推结构损伤位置和大小，但是频率变化对结构损伤并不敏感，由于噪声存在等问题在实际工程应用中该方法很难有效工作。Farrar 等人对某一钢结构桥梁通过人工切割的方式产生裂缝损伤，通过加速度传感分析得到的频率在小损伤阶段竟然不降反升，在结构严重损伤时，频率变化也仅有 6.9%[197]。Liu 和 DeWolf 对一实际桥梁的固有频率进行一年的测试，发现结构的固有频率受到温度影响等原因离散性很大，以至于超过了损伤对结构频率变化的影响。在奥地利高速公路高架桥破坏试验中发现，基于加速度测量的试验结果表明，在主预应力筋切除 18% 的情况下，在高频范围内，频率变化亦不明显。从以上三个试验结果我们可以看出整体传感在损伤识别方面具有的局限性[198]。

（2）局部传感技术的局限性。常见的局部传感器包括应变计（也包括点式的光纤传感器）、裂缝计、腐蚀仪等，利用这些传感器可以实现对结构细节部位的监测。比如应变测量被认为是对结构损伤敏感的物理参量，但是，现有的各类应变计包括最先进的 FBG 传感器都属于点式传感器，它们相对于规模庞大的土木工程结构来说过于局部，很难有效地捕捉损伤，除非当应变传感器正好粘贴在结构的损伤部位（如裂缝处）的时候，才能显示出异常的应变值；当应变传感器粘贴在结构损伤部位附近的时候，损伤出现后由于局部应力释放其应变还可能减小，因此难以有效捕捉损伤。在卡车静载试验中，我们发现应变片的测量结果离散太大，跨中部分点的应变高达 400 个微应变，而同时在该点附近应变甚至出现负值，由于结构内部内力分布复杂，根据点式应变片的应变测量方式离散过大难以指征结构的损伤变化规律[199~201]。

针对传感技术在土木工程结构应用中存在的问题，我们提出结构区域分布传感理念[196]。工程结构健康监测可以类比人体健康监测，遍布全身的神经元就是广泛布置的传感器，体检过程中优先检测重要器官（如：心脏、大脑、胃、肺等）对应于工程结构检测中就是优先监测关键保养区域。然而在实际工程中，传感器不可能像神经元一样遍布整个结构，所以如何利用有限的传感器得到关键监测信息，从而有效的评估结构性能是结构健康监测的关键所在。我们以钢筋混凝土简支梁为例，根据经典结构力学和有限元理论，在日常荷载与环境侵蚀下，典型的损伤模式主要有以下几类：梁跨中底部弯曲破坏、梁跨中上部受压破坏、梁端的支座破坏、梁支座处剪切破坏。这些容易发生结构损伤又对结构性能起到重要作用的区域称为关键区域。对于桥梁结构来说，关键区域就是：跨中的挠度过大区域、柱脚的开裂破坏区域、梁塔结合部位的疲劳开裂区域，以及拉索断丝区域等。对于服役中的结构，我们无法预测损伤发生的具体位置，但是我们知道在关键区域中发生损伤的概率远高于非关键区域。因此，采用线、网格、面等类型分布传感单元进行串联形成区域覆盖损伤可能发生的位置和影响范围，然后进行高精度、动静态、宏微观监测与多层次分析发现结构早期损伤与隐患，从而能够实现结构状态参数、损伤状况与荷载的全面识别与结构性能的直接评估与预测。

要实现上述的分布区域传感，需要开发新型的传感技术。一方面，区域传感理念需要匹配的传感技术具有高精特征。人体神经网络仅能感觉到身体各部位的疼痒等症状，要精准发现和得出人体的疑难病症（如肿瘤）等，还是要靠周期性多层次体检中的高精仪器检查；类似的，要实现工程结构异常变化特别是早期微小损伤的及时发现，需要高性能多层次的先进传感技术。另一方面，为实现上面叙述的针对关键区域的结构"区域传感"，需要相应的传感技术能够分布式或准分布式的测量一定区域。传统的点式传感器无法实现分布或准分布测量，无法适用于高性能高精度的结构区域分布传感。而且实际工程中结构受力情况一般比较复杂，且多为非均质材料构成，对于大尺度混凝土结构或构件，单个应变片很难实现结构该部位的准确应变测量。通常情况下应对这一难题的方法是尽可能多地在关键区域布置应变片，再对该区域的点式应变求平均值来近似得到区域的平均应变。于是我们提出应用长标距传感器代替传统点式传感器，长标距传感器指测量标距长且测量结果能够反映被测体一定特征区域内被测物理量的传感器，其中的标距长度指传感器能够进行有效测量部分的长度。长标距应变（Long-gauge Strain）传感器输出的应变为长标距单元内的平均应变，不同于传统应变片输出的点式应变，它是一种宏观应变。长标距传感器的标距长度一般设计为 10～300cm，它的输出能够反映被测结构一定区域或特征尺度范围内的物理量变化，对比于只能测量局部某点物理量的点式传感器，长标距传感更适宜大型桥隧工程结构，特别是混凝土工程结构。同时长标距传感器可按照适当密度分布布设在结构的一定区域，从而达到对各类桥隧工程结构的长距离大范围区域的动静态监测。下面我们简要介绍一下，常用的长标距传感技术，主要包括长标距 FBG 传感技术和长标距碳纤维传感技术。

1. 长标距 FBG 传感技术

光纤布拉格光栅传感技术（Fiber Bragg Grating，FBG）具有体积小、精度高、耐腐蚀、抗电磁干扰等诸多优点，该技术已经在土木工程领域得到了广泛的使用。常用的 FBG 的传感栅区一般为数毫米到数厘米之间，与常用的钢筋电阻应变片的尺寸相仿。在实验室内通常将 FBG 传感器直接粘贴在结构表面，与应变片一样它只监测了结构某个点的应变，属于典型的点式传感方法，对于想全局了解结构应变分布或者动态变化，点式应变传感先天不足。于是对 FBG 传感器进行长标距化，其核心思想是，使 FBG 传感器的测量标距由点延长到一定长度，从而可以反映被测体一定区域内被测量的物理特性[202,203]。光纤传感器具有长标距特征，它让 FBG 与被测结构之间采用"两点"粘结，这样处在两点之间（即标距长度内）的 FBG 测量值就代表该标段结构的平均应变或温度，再将长标距化的 FBG 进行串联，从而实现区域化的分布式测量，如图 6.1 所示。

长标距光纤应变传感器能够测量结构的局部和整体信息，使得大型土木工程结构的损伤识别成为可能，在工程应用中，传感器的标距长度可以灵活制造（通常 0.1～3m），以满足实际工程的不同需要。当预算花费有限时，可在结构的关键部位布置这种传感器（如桥梁的跨中和支座位置处），达到关键区域重点监测的目的，各个传感器还可以串联起来实现由线到面的区域监测传感方案，从而实现区域化的分布式测量。为了实现长标距 FBG 高性能化的目的，长标距 FBG 传感器的设计封装技术涉及柔性复合材料封装、端部

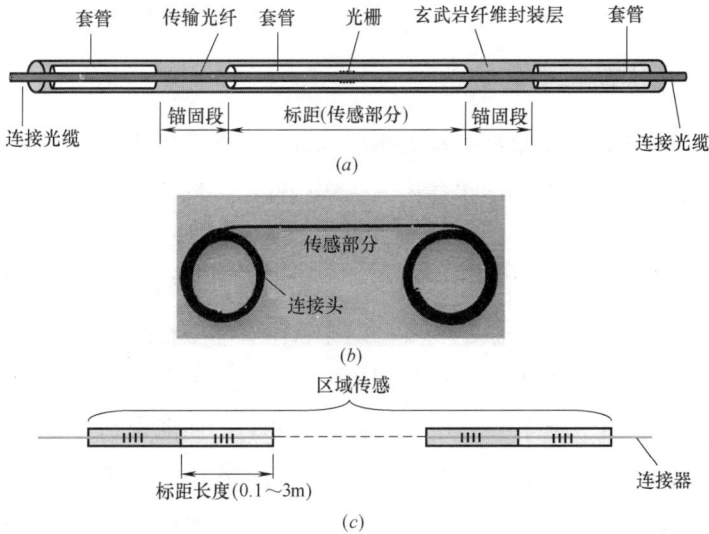

图 6.1　长标距光纤应变传感器

(a) 封装方案图；(b) 实际的传感器；(c) 传感器连接示意图

刚度设计、传感标距设计等多项内容；采用高耐久纤维增强、温度自补偿增敏、低负荷长寿命光纤锚固和直接刻栅技术这四种主要的光纤传感器技术用以显著提高该传感器的工程适用性。

2. 长标距碳纤维传感技术

碳纤维是一种含碳量在 95% 以上的高强度、高模量纤维的新型纤维材料，碳纤维复合材料沿纤维方向的轴向变形会导致电阻变化，奠定了碳纤维传感器可以用于敏锐感知小应变技术的基础。作为结构材料，CFRP 复合材料通过碳纤维和环氧树脂含浸后，由环氧树脂保证材料内碳纱协同受力；但作为电阻式敏感元件时，CFRP 复合材料的电阻是其内部电阻的总和。在受力张拉的过程中，其纤维方向阻值呈线性关系变大，同时在纤维方向的横向，其内部不呈平行排列的细小碳纱将不规则变化，导致碳纤维的总电阻呈不规则变化，从而在小应变范围内信号输出的不稳定噪声容易过大。因此我们将碳纤维传感器的敏感元件长标距化，通过加大碳纤维传感器的标距长度，让原有不均匀的横向电阻趋于近似稳定，达到碳纤维传感器满足小应变测量的目的。通过实验室测量，我们明显可以发现随着标距长度的增加（标距长度达到 50cm 时），碳纤维传感器的性能曲线逐渐趋近于线性。

碳纤维作为一种新型传感材料，不但比常用的通过光刻、腐蚀等工艺制成的金属箔式应变敏感元件更具有长期的耐久性，而且碳纤维材料受力而引起的电阻变化主要来自于电阻率变化而不是传感器的尺寸变化，因此与箔式应变敏感元件相比碳纤维具有灵敏度高的特点。但由于碳纤维自身电阻变化微小，其测量离散大，测量误差在 $100\mu\varepsilon$ 左右，不足以满足实际小应变的测量。因此对基于连续碳纤维丝制作的长标距传感器需要进一步的改良，首先采用双臂电桥实现温度补偿；其次通过在碳纤维应变传感芯线上切口，创造应力集中区域，实现传感器增敏设计；最后通过线性化处理和测量方法的改进，实现碳纤维传感器动态测量的目的。

6.1.2 基于区域分布应变测量的冲击振动测试

长标距应变传感器具有高精度、对损伤敏感且耐久性强等优点，那么如何将长标距传感技术集成到桥梁快速测试系统中将是该方法实用性的关键。针对该问题建立如图 6.2 所示的基于冲击振动测试与长标距传感的桥梁测试方法。

测试过程如下：在桥梁关键部位（如主梁底面）布置长标距应变传感器并串联形成区域分布式传感网络，车载式冲击激励装置可随车自由移动至桥面各测试点，在开启开关后产生大幅值宽频域的冲击荷载激励桥梁，同时完成冲击力和结构长标距应变反应的测量。该测试方法具有以下两个明显特点：①冲击荷载可测，因而能识别更多的结构参数，包括结构的固有频率、应变和位移振型以及应变和位移柔度矩阵，利用这些深层次的结构参数可以进一步对结构作性能评估；②所测长标距应变具有同时揭示结构宏微观信息的独特潜能，可建立结构区域分布应变与位移、速度和加速度频率响应函数之间的映射关系。这些特点为本书后面章节的应变模态理论创新研究提供了独特的契机，在本章后续小节部分会详细介绍基于冲击振动与长标距应变传感的模态参数识别理论。

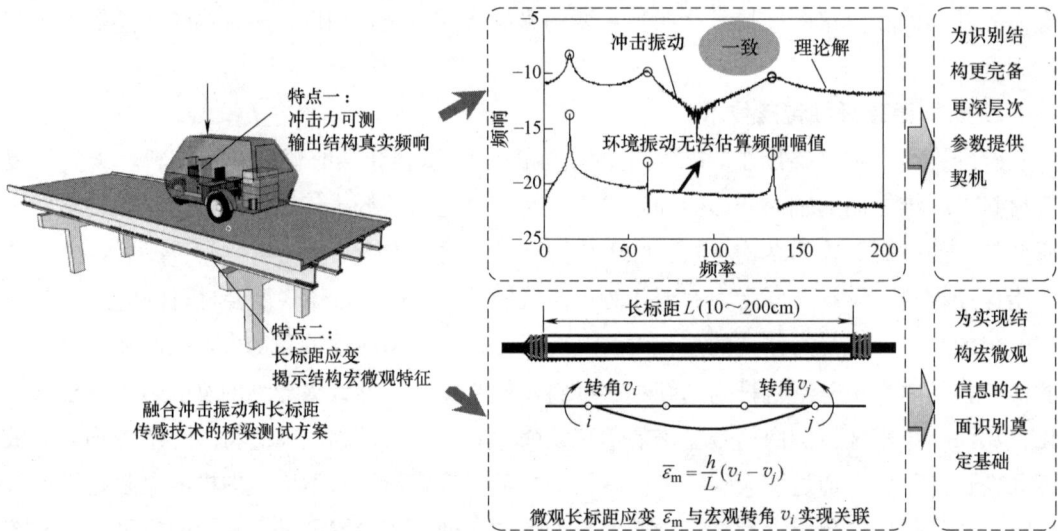

图 6.2　基于冲击振动与长标距传感的桥梁测试方法

6.2　应变模态理论

应变模态和位移模态相对应，是结构在某种能量平衡状态下的两种不同表现形式，振动结构在某个特定的位移模式下，必然存在着对应的应变模式，其应变场也可以采用模态叠加法分解为各阶应变模态的线性叠加。然而，基于应变测量的应变模态理论发展远远滞后于位移模态理论，其原因是传统的点式应变测量只对结构的局部信息（如小孔，切槽）

敏感，需要点式应变片刚好粘贴到结构有损伤的部位才能识别损伤信息，因此限制了应变模态理论的发展。长标距应变传感器不同于传统的点式应变片，其可以输出标距长度内的平均应变，能同时反映结构的局部和宏观信息，这给应变模态理论的发展提供了良好的契机。本节先简要介绍传统的点式应变模态理论[206]，随后详细推导长标距应变模态理论。

6.2.1　点式应变模态理论

由于难以获得以动应变表示的结构振动方程，因此应变频响函数（Strain Frequency Response Function，SFRF）的理论公式不能像位移频响函数那样直接从结构振动方程中推导。在早期的应变模态理论发展过程中，主要采用两种方法[207,208]推导应变频响函数的表达式，一种方法是对位移模态作微分运算，另一种方法是借助有限元形式，通过应变和位移的关系推导应变频响函数，但这种方法不具有实用性，因此本书介绍第一种方法。

对欧拉梁结构，在竖向力 $\{f(t)\}$ 的作用下结构会产生竖向位移 $\{y(t)\}$ 和截面正应变 $\{\varepsilon(t)\}$ 的响应，由第 3 章内容可知，竖向位移的傅里叶变换可以由位移频响函数和输入力的傅里叶变换计算：

$$\{Y(\omega)\} = [H^{\mathrm{d}}(\omega)]\{F(\omega)\} = \Big[\sum\nolimits_{r}^{N} = 1 \frac{\{\phi_r\}\{\phi_r\}^{\mathrm{T}}}{M_r(\omega_r^2 - \omega^2 + i2\xi_r\omega_r\omega)}\Big]\{F(\omega)\}$$

式中，$\{F(\omega)\}$ 是 $\{f(t)\}$ 的傅里叶变换，$\{Y(\omega)\}$ 是 $\{y(t)\}$ 的傅里叶变换，$\{\phi_r\}$ 是第 r 阶位移振型。距中性轴距离为 h_m 处的点的正应变可通过公式（6.1）得到：

$$\{\varepsilon(\omega)\} = \frac{\partial^2\{Y(\omega)\}}{\partial x^2}h_m = \frac{\partial^2\Big\{\sum\nolimits_{r=1}^{N} \frac{\{\phi_r\}\{\phi_r\}^{\mathrm{T}}}{M_r(\omega_r^2 - \omega^2 + i2\xi_r\omega_r\omega)}\{F(\omega)\}\Big\}}{\partial x^2}h_m \quad (6.1)$$

其中，$\{\phi_r\}^{\mathrm{T}}\{F(\omega)\}$ 代表的是结构从外界获得的能量，求导时应作常量看待[207,208]，所以上式变为

$$\{\varepsilon(\omega)\} = \sum\nolimits_{r=1}^{N} \frac{\frac{\partial^2\{\phi_r\}}{\partial x^2}h_m}{M_r(\omega_r^2 - \omega^2 + i2\xi_r\omega_r\omega)}\{\phi_r\}^{\mathrm{T}}\{F(\omega)\} \quad (6.2)$$

对比式（6.1）可知，$\frac{\partial^2\{\phi_r\}}{\partial x^2}h_m$ 应为第 r 阶正应变振型，记为 $\{\phi_r^{\varepsilon}\} = \frac{\partial^2\{\phi_r\}}{\partial x^2}h_m$，则上式最终变为

$$\{\varepsilon(\omega)\} = \Big[\sum\nolimits_{r=1}^{N} \frac{\{\phi_r^{\varepsilon}\}\{\phi_r\}^{\mathrm{T}}}{M_r(\omega_r^2 - \omega^2 + i2\xi_r\omega_r\omega)}\Big]\{F(\omega)\} \quad (6.3)$$

根据应变频响函数的物理意义可得应变频响函数矩阵为

$$[H^{\varepsilon}(\omega)] = \sum\nolimits_{r=1}^{N} \frac{\{\phi_r^{\varepsilon}\}\{\phi_r\}^{\mathrm{T}}}{M_r(\omega_r^2 - \omega^2 + i2\xi_r\omega_r\omega)} \quad (6.4)$$

式中，$[H^{\varepsilon}(\omega)]$ 是应变频响函数矩阵，上标符号"ε"在本书中均表示该符号所在的参数属于应变。

对比应变频响函数矩阵和位移频响函数矩阵的表达式可知，应变频响函数矩阵表达式

中的第一个振型是应变振型，第二个振型为竖向位移振型，这是与位移频响函数矩阵表达式最大的区别，其余模态参数的物理意义，包括模态质量M_r、固有频率ω_r和阻尼比ξ_r均同于位移频响函数。

早期的应变模态理论虽然推导出了式（6.4）所示的应变频响函数的表达式，但是相应的应变模态参数识别方法并不完善，通常只能识别简单结构的固有频率和应变振型，且由于点式应变传感器测量范围太过局部，难以在大型结构上广泛应用，所以本章后续内容介绍的都是更有实用价值的长标距应变模态理论及其应变模态参数识别方法，所提到的应变若无特殊说明就专指长标距应变。

6.2.2 长标距应变模态理论

与位移模态理论类似，长标距应变模态也可以分为实模态和复模态，分别对应于结构的阻尼矩阵对位移振型是否具有正交性的情况，当然这两种情况都需要借助于位移模态理论的对应情况来推导。对图 6.3 所示的长标距应变传感器测量示意图，当在节点 q 处作用输入力 $f_q(t)$，采用应变传感器测量结构响应，此处的传感器记为单元 m，其两端分别是节点 o 和节点 p。

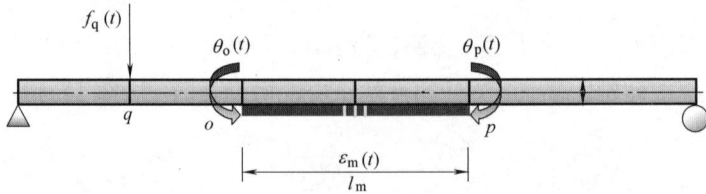

图 6.3 长标距应变传感器测量示意图

1. 实模态的长标距应变频响函数

从信号分析的角度来看，应变频响函数等于应变的傅里叶变换除以作用力的傅里叶变换，由于长标距应变和标距两端转角之间的关系，长标距应变频响函数可以表示为

$$H_{mq}^{\varepsilon}(\omega) = \frac{\varepsilon_m(\omega)}{f_q(\omega)} = \frac{h_m}{l_m} \frac{\theta_o(\omega) - \theta_p(\omega)}{f_q(\omega)} = \frac{h_m}{l_m} \left[H_{oq}^{\theta}(\omega) - H_{pq}^{\theta}(\omega) \right] \tag{6.5}$$

式中，$H_{oq}^{\theta}(\omega)$ 和 $H_{pq}^{\theta}(\omega)$ 分别是在结构 q 点作用竖向力，节点 o 和节点 p 的转角位移频响函数。将 $H_{oq}^{\theta}(\omega)$ 和 $H_{pq}^{\theta}(\omega)$ 的实模态表达式代入上式得到：

$$H_{mq}^{\varepsilon}(\omega) = \sum_{r=1}^{N} \frac{\frac{h_m}{l_m}(\phi_{or}^{\theta} - \phi_{pr}^{\theta})\phi_{qr}^{v}}{M_r(\omega_r^2 - \omega^2 + i2\xi_r\omega_r\omega)} \tag{6.6}$$

式中，ϕ_{or}^{θ} 和 ϕ_{pr}^{θ} 分别是节点 o 和节点 p 的第 r 阶转角位移振型系数，ϕ_{qr}^{v} 是节点 q 的第 r 阶竖向位移振型系数。由式（6.6）可知，$\frac{h_m}{l_m}(\phi_{or}^{\theta} - \phi_{pr}^{\theta})$ 应为单元 m 的第 r 阶长标距应变振型，记为

$$\phi_{mr}^{\varepsilon} = \frac{h_m}{l_m}(\phi_{or}^{\theta} - \phi_{pr}^{\theta}) \tag{6.7}$$

所以长标距应变频响函数简化为

$$H_{mq}^{\varepsilon}(\omega) = \sum_{r=1}^{N} \frac{\phi_{mr}^{\varepsilon}\phi_{qr}^{v}}{M_r(\omega_r^2 - \omega^2 + i2\xi_r\omega_r\omega)} \tag{6.8}$$

上式是结构 q 点对单元 m 的长标距应变频响函数，对每一阶模态可以写为实部加虚部的形式，

$$H_{mq}^{\varepsilon}(\omega) = \sum_{r=1}^{N} \left[{}_r^R H_{mq}^{\varepsilon}(\omega) + i \cdot {}_r^I H_{mq}^{\varepsilon}(\omega) \right] \tag{6.9}$$

式中，${}_r^R H_{mq}^{\varepsilon}(\omega)$ 是应变频响函数的第 r 阶实部分量，${}_r^I H_{mq}^{\varepsilon}(\omega)$ 是应变频响函数的第 r 阶虚部分量，其中的实部和虚部分别为

$$ {}_r^R H_{mq}^{\varepsilon}(\omega) = \frac{\phi_{mr}^{\varepsilon}\phi_{qr}^{v}}{M_r} \frac{\omega_r^2 - \omega^2}{(\omega_r^2 - \omega^2)^2 + (2\xi_r\omega_r\omega)^2} \tag{6.10}$$

$$ {}_r^I H_{mq}^{\varepsilon}(\omega) = \frac{\phi_{mr}^{\varepsilon}\phi_{qr}^{v}}{M_r} \frac{-2\xi_r\omega_r\omega}{(\omega_r^2 - \omega^2)^2 + (2\xi_r\omega_r\omega)^2} \tag{6.11}$$

幅值和相位分别为

$$\left| {}_r H_{mq}^{\varepsilon}(\omega) \right| = \sqrt{\left[{}_r^R H_{mq}^{\varepsilon}(\omega) \right]^2 + \left[{}_r^I H_{mq}^{\varepsilon}(\omega) \right]^2} = \frac{\left| \phi_{mr}^{\varepsilon}\phi_{qr}^{v}/M_r \right|}{\sqrt{(\omega_r^2 - \omega^2)^2 + (2\xi_r\omega_r\omega)^2}} \tag{6.12}$$

$$ {}_r\theta_{mq}^{\varepsilon}(\omega) = \arctan\left(\frac{{}_r^R H_{mq}^{\varepsilon}(\omega)}{{}_r^I H_{mq}^{\varepsilon}(\omega)} \right) = \arctan\left(\frac{-2\xi_r\omega_r\omega}{\omega_r^2 - \omega^2} \right) \tag{6.13}$$

由以上四式可知，与实模态的位移频响函数相比，实模态的应变频响函数的实部、虚部和幅值分别与位移频响函数的对应量呈线性比例关系，需要注意的是位移频响函数表达式中的振型均为位移振型，而应变频响函数表达式中的前一个振型为应变振型，后一个振型为竖向位移振型；应变频响函数和位移频响函数具有相同的相位。与点式应变频响函数相比，两者的表达式虽然相同，但长标距应变频响函数表达式中的应变振型为长标距应变振型，由于长标距应变兼具测量结构的局部和宏观信息，因此比点式应变模态理论更有实用价值。

如果结构上总共有 N_i 个输入力节点，N_o 个输出长标距单元，可以写出对应的长标距应变频响函数矩阵的表达式：

$$[H^{\varepsilon}(\omega)] = \sum_{r=1}^{N} \frac{\{\phi_r^{\varepsilon}\}\{\phi_r^{v}\}^T}{M_r(\omega_r^2 - \omega^2 + i2\xi_r\omega_r\omega)} \tag{6.14}$$

式中，$[H^{\varepsilon}(\omega)] \in \mathbb{C}^{N_o \times N_i}$，$\{\phi_r^{\varepsilon}\}$ 为第 r 阶长标距应变振型向量。

上面的推导过程中虽然使用的是单点激励，但是对多点激励情况也同样适用，在多点激励下，输出单元的应变响应是各个单点激励下应变响应的叠加，实际测量中得到的应变，是结构单元的总应变响应，与上面论述一致。

2. 复模态的长标距应变频响函数

当结构的阻尼矩阵为非比例阻尼时，需要考虑复模态的长标距应变频响函数，且当前多数的频域模态参数识别法均是基于复模态理论的，所以有必要推导复模态的应变频响函

数表达式，当然其出发点还是长标距应变和标距两端转角的关系式（6.7）。在式（6.5）中，代入 $H_{\mathrm{oq}}^{\theta}(\omega)$ 和 $H_{\mathrm{pq}}^{\theta}(\omega)$ 的复模态表达式得到：

$$H_{\mathrm{mq}}^{\varepsilon}(\omega) = \sum_{r=1}^{N}\Big[\frac{\frac{h_{\mathrm{m}}}{l_{\mathrm{m}}}(\psi_{\mathrm{or}}^{\theta}-\psi_{\mathrm{pr}}^{\theta})\psi_{\mathrm{qr}}^{\mathrm{v}}Q_r}{i\omega-\lambda_r}+\frac{\frac{h_{\mathrm{m}}}{l_{\mathrm{m}}}(\psi_{\mathrm{or}}^{\theta^*}-\psi_{\mathrm{pr}}^{\theta^*})\psi_{\mathrm{qr}}^{\mathrm{v}^*}Q_r^*}{i\omega-\lambda_r^*}\Big] \tag{6.15}$$

式中，$\psi_{\mathrm{or}}^{\theta}$ 和 $\psi_{\mathrm{pr}}^{\theta}$ 分别是节点 o 和节点 p 的第 r 阶复模态的转角位移振型系数，$\psi_{\mathrm{qr}}^{\mathrm{v}}$ 是节点 q 的第 r 阶复模态的竖向位移振型系数。由式（6.7）可知，$\frac{h_{\mathrm{m}}}{l_{\mathrm{m}}}(\psi_{\mathrm{or}}^{\theta}-\psi_{\mathrm{pr}}^{\theta})$ 就是单元 m 的第 r 阶复模态的长标距应变振型系数，记为 $\psi_{\mathrm{mr}}^{\varepsilon}=\frac{h_{\mathrm{m}}}{l_{\mathrm{m}}}(\psi_{\mathrm{or}}^{\theta}-\psi_{\mathrm{pr}}^{\theta})$。下式就是复模态的长标距应变频响函数表达式：

$$H_{\mathrm{mq}}^{\varepsilon}(\omega) = \sum_{r=1}^{N}\Big(\frac{\psi_{\mathrm{mr}}^{\varepsilon}\psi_{\mathrm{qr}}^{\mathrm{v}}Q_r}{i\omega-\lambda_r}+\frac{\psi_{\mathrm{mr}}^{\varepsilon^*}\psi_{\mathrm{qr}}^{\mathrm{v}^*}Q_r^*}{i\omega-\lambda_r^*}\Big) \tag{6.16}$$

由该式可知，复模态的长标距应变频响函数具有与复模态的位移频响函数相同的模态缩放系数和系统极点，此外还同时兼有应变振型系数和位移振型系数，因此从应变频响函数中将能识别出比位移频响函数更多的模态信息。若结构上有 N_i 个输入力节点，N_o 个输出长标距单元，可由式（6.16）得到复模态的长标距应变频响函数矩阵：

$$[H^{\varepsilon}(\omega)] = \sum_{r=1}^{N}\Big(\frac{\{\psi_r^{\varepsilon}\}\{\psi_r^{\mathrm{v}}\}^{\mathrm{T}}Q_r}{i\omega-\lambda_r}+\frac{\{\psi_r^{\varepsilon^*}\}\{\psi_r^{\mathrm{v}^*}\}^{\mathrm{T}}Q_r^*}{i\omega-\lambda_r^*}\Big) \tag{6.17}$$

式中，$[H^{\varepsilon}(\omega)]\in\mathbb{C}^{N_o\times N_i}$，$\{\psi_r^{\varepsilon}\}$ 为第 r 阶复模态的长标距应变振型向量。上式可以凝聚为矩阵乘积形式：

$$[H^{\varepsilon}(\omega)] = [\Psi^{\varepsilon}]\Big[\frac{1}{i\omega-\lambda_r}\Big][L^{\mathrm{v}}]^{\mathrm{T}} \tag{6.18}$$

式中，$[\Psi^{\varepsilon}]\in\mathbb{C}^{N_o\times 2N}$ 为复模态的长标距应变振型矩阵，$[L^{\mathrm{v}}]\in\mathbb{C}^{N_i\times 2N}$ 为竖向位移的模态参与系数矩阵，$\Big[\frac{1}{i\omega-\lambda_r}\Big]\in\mathbb{C}^{2N\times 2N}$ 为对角矩阵，其意义同复模态的位移频响函数。

上述的实模态和复模态的长标距应变频响函数表达式揭示了应变频响函数和结构模态参数的关系，是利用应变频响函数识别结构参数的理论基础，当然在实际的模态测试中，并不需要通过测量转角频响函数来转换成应变频响函数，而是直接通过测量长标距应变和激励力进行应变频响函数估计（参见 3.6 节），进而识别包括应变振型在内的结构参数。

6.2.3 应变频响函数的特征

位移频响函数矩阵具有对称性，这是在实测数据处理中检验位移频响函数互易性的理论依据，而应变频响函数矩阵不具有对称性。事实上，由公式 $H_{\mathrm{mq}}^{\varepsilon}(\omega) = \sum_{r=1}^{N} \frac{\phi_{\mathrm{mr}}^{\varepsilon}\phi_{\mathrm{qr}}^{\mathrm{v}}}{M_r(\omega_r^2-\omega^2+i2\xi_r\omega_r\omega)}$ 可知，由于应变振型和位移振型的乘积不一定满足对称性，即 $\phi_{\mathrm{mr}}^{\varepsilon}\phi_{\mathrm{qr}}^{\mathrm{v}}\neq\phi_{\mathrm{qr}}^{\varepsilon}\phi_{\mathrm{mr}}^{\mathrm{v}}$，所以应变频响函数矩阵也不具有对称性[209]，即 $H_{\mathrm{mq}}^{\varepsilon}(\omega)\neq H_{\mathrm{qm}}^{\varepsilon}(\omega)$。

另一方面，为表达简便，令 $C_r(\omega) = M_r(\omega_r^2 - \omega^2 + i2\xi_r\omega_r\omega)$，将应变频响函数矩阵扩展为下式：

$$[H^\varepsilon(\omega)] = \begin{bmatrix} \sum_{r=1}^{N} \phi_{1r}^\varepsilon \dfrac{1}{C_r(\omega)} \phi_{1r}^v & \cdots & \sum_{r=1}^{N} \phi_{1r}^\varepsilon \dfrac{1}{C_r(\omega)} \phi_{qr}^v & \cdots & \sum_{r=1}^{N} \phi_{1r}^\varepsilon \dfrac{1}{C_r(\omega)} \phi_{N_ir}^v \\ \vdots & & \vdots & & \vdots \\ \sum_{r=1}^{N} \phi_{mr}^\varepsilon \dfrac{1}{C_r(\omega)} \phi_{1r}^v & \cdots & \sum_{r=1}^{N} \phi_{mr}^\varepsilon \dfrac{1}{C_r(\omega)} \phi_{qr}^v & \cdots & \sum_{r=1}^{N} \phi_{mr}^\varepsilon \dfrac{1}{C_r(\omega)} \phi_{N_ir}^v \\ \vdots & & \vdots & & \vdots \\ \sum_{r=1}^{N} \phi_{N_or}^\varepsilon \dfrac{1}{C_r(\omega)} \phi_{1r}^v & \cdots & \sum_{r=1}^{N} \phi_{N_or}^\varepsilon \dfrac{1}{C_r(\omega)} \phi_{qr}^v & \cdots & \sum_{r=1}^{N} \phi_{N_or}^\varepsilon \dfrac{1}{C_r(\omega)} \phi_{N_ir}^v \end{bmatrix}_{N_o \times N_i}$$

(6.19)

由上式可知，应变频响函数矩阵中的第 q 列的第 r 阶分量（矩形框内）在第 r 阶固有频率 ω_r 处的取值组成向量 $\{_rH_{:q}^\varepsilon(\omega_r)\} = \{\phi_r^\varepsilon\} \dfrac{1}{i2\xi_r M_r\omega_r^2}\phi_{qr}^v$，系数 $\dfrac{1}{i2\xi_r M_r\omega_r^2}\phi_{qr}^v$ 是一个与应变振型无关的常数，所以 $\{_rH_{:q}^\varepsilon(\omega_r)\}$ 与第 r 阶应变振型向量 $\{\phi_r^\varepsilon\}$ 成正比。根据模态叠加理论，应变频响函数矩阵中的第 q 列在固有频率 ω_r 处的取值近似于第 q 列的第 r 阶分量在 ω_r 处的取值，即 $\{H_{:q}^\varepsilon(\omega_r)\} \approx \{_rH_{:q}^\varepsilon(\omega_r)\}$，由于 q 为任意选取的，所以应变频响函数矩阵的任一列均具有该特征。基于此，可用实际测量中获得的应变频响函数矩阵的任一列，画出其频响函数幅值图，在图 6.4 中有峰值的位置表明了结构模态的存在，其对应的横坐标频率就是结构的固有频率，可以采用半功率点法计算阻尼比，依次提取这一列的每个频响函数幅值图的各阶峰值组成的向量就得到结构的各阶应变振型（各个单元的振型方向可用频响函数的相位图或虚部图来判断）。

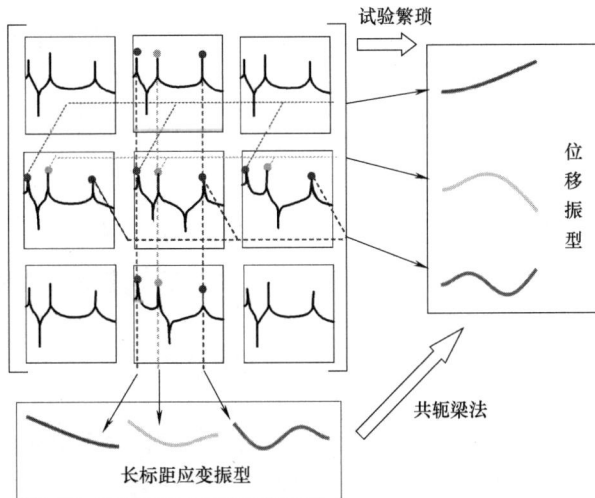

图 6.4 应变频响函数矩阵的特征示意图

类似的，依次提取应变频响函数矩阵的任一行（式中以矩形框内的第 m 行作为代表）的每个频响函数幅值图的各阶峰值组成的向量就是结构的各阶位移振型（各个节点的振型方向可用频响函数的相位图或虚部图来判断）。但这种方法要求应变频响函数矩阵至少有一个完整的已知行，这就要求冲击振动测试时需要依次对结构的各个节点施加冲击力，这势必会增加测试和数据分析的工作量以及测试成本，而前面介绍过的共轭梁法，可用已经识别出的长标距应变振型计算位移振型，采用此法，不仅可大幅减少测试次数和数据分析的工作量，也降低了测试成本，所以在后续的应变模态分析过程中，都是先识别出各阶应变振型，再采用共轭梁法计算相应阶次的位移振型，如此最少只需测试应变频响函数矩阵的一列数据就可以识别出一定阶数内的应变振型和位移振型。应变频响函数矩阵所具有的上述特征可用图 6.4 描述。

6.2.4 应变频响函数和应变柔度矩阵的关系

第 4 章已经介绍过位移频响函数在频率等于零处的值为位移柔度，与此类似，应变频响函数在频率等于零处的值也为应变柔度，这里以实模态表示的长标距应变频响函数推导这个关系。由式（6.5）可知，当频率 $\omega=0$ 时的转角位移频响函数 $H_{\mathrm{oq}}^{\theta}(\omega=0)$ 和 $H_{\mathrm{pq}}^{\theta}(\omega=0)$ 分别是转角位移柔度系数 f_{oq}^{θ} 和 f_{pq}^{θ}：

$$H_{\mathrm{mq}}^{\varepsilon}(\omega=0)=\frac{h_{\mathrm{m}}}{l_{\mathrm{m}}}(f_{\mathrm{oq}}^{\theta}-f_{\mathrm{pq}}^{\theta}) \tag{6.20}$$

另一方面，在静力荷载 F_{q} 作用下，长标距单元 m 的应变为 $\varepsilon_{\mathrm{m}}=\dfrac{h_{\mathrm{m}}}{l_{\mathrm{m}}}(\theta_{\mathrm{o}}-\theta_{\mathrm{p}})$，而转角位移 θ_{o} 和 θ_{p} 分别可以由各自的转角位移柔度系数计算：$\theta_{\mathrm{o}}=f_{\mathrm{oq}}^{\theta}F_{\mathrm{q}}$，$\theta_{\mathrm{p}}=f_{\mathrm{pq}}^{\theta}F_{\mathrm{q}}$，所以：

$$\varepsilon_{\mathrm{m}}=\frac{h_{\mathrm{m}}}{l_{\mathrm{m}}}(f_{\mathrm{oq}}^{\theta}-f_{\mathrm{pq}}^{\theta})F_{\mathrm{q}} \tag{6.21}$$

当荷载 $F_{\mathrm{q}}=1$ 时，所得的 ε_{m} 就是单元 m 在单位荷载下产生的长标距应变，对应的物理意义就是长标距应变柔度系数：

$$f_{\mathrm{mq}}^{\varepsilon}=\frac{h_{\mathrm{m}}}{l_{\mathrm{m}}}(f_{\mathrm{oq}}^{\theta}-f_{\mathrm{pq}}^{\theta}) \tag{6.22}$$

对比式（6.20）和式（6.22）可知，应变频响函数在频率等于零处的值就是对应的应变柔度系数，由整个应变频响函数矩阵在频率等于零处的值组成的就是整个应变柔度矩阵（Strain Flexibility Matrix）：

$$[F^{\varepsilon}]=[H^{\varepsilon}(\omega=0)] \tag{6.23}$$

上式是应变频响函数和应变柔度之间的关系式，其与位移频响函数和位移柔度的关系式是一样的，所以对实模态形式的长标距应变频响函数矩阵，令其频率等于零就得到对应的应变柔度矩阵公式：

$$[F^{\varepsilon}] = \sum_{r=1}^{N} \frac{\phi_{mr}^{\varepsilon} \phi_{qr}^{v}}{M_r \omega_r^2} \tag{6.24}$$

式中，M_r 是用位移振型计算的第 r 阶模态质量。

上面的推导过程虽然使用的是实模态的应变频响函数，但其结论对复模态同样适用，所以可以直接令复模态形式的长标距应变频响函数矩阵的频率等于零也能得到复模态形式的应变柔度矩阵公式：

$$[F^{\varepsilon}] = \sum_{r=1}^{N} \left(\frac{\{\psi_r^{\varepsilon}\}\{\psi_r^{v}\}Q_r}{-\lambda_r} + \frac{\{\psi_r^{\varepsilon *}\}\{\psi_r^{v *}\}Q_r^{*}}{-\lambda_r^{*}} \right) \tag{6.25}$$

式中，Q_r 是和复模态的位移振型相关的模态缩放系数。

对比式（6.24）和式（6.25）可知，实模态的应变柔度计算公式需要已知模态质量，在无法获取结构精确的质量矩阵的条件下很难用于计算应变柔度，而复模态的应变柔度公式需要已知模态缩放系数，这可以对现有的模态参数识别方法进行改进予以实现，因而复模态的应变柔度矩阵公式具有实用性。

6.3　质量已知结构的应变柔度识别

在 6.2.4 节中已经介绍过应变频响函数在频率等于零处的值为应变柔度系数，在进行结构测试时，一般只冲击结构上的某几个节点以测量应变响应，由此获得频响函数矩阵中冲击点所在的某几列，如果只用该矩阵取频率等于零这一点的信息来计算应变柔度矩阵，其并不是完备的，没有施加冲击力的节点所在的列则没有识别到对应的应变柔度系数，而且频响函数在频率为零处容易受到噪声干扰，鲁棒性不强，所以有必要采用类似于位移柔度识别那样的方法，将估算的应变频响函数通过模态参数识别方法分解出各阶模态，然后集成各阶模态参数得到应变柔度系数。

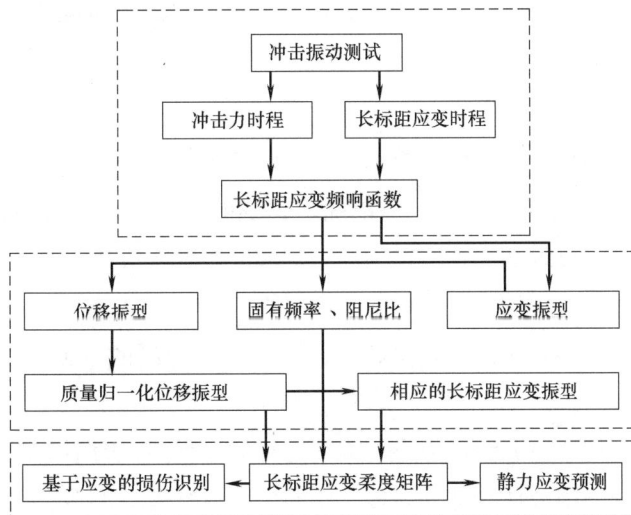

图 6.5　使用质量归一化振型识别应变柔度矩阵流程图

6.3.1　位移振型和应变振型的质量归一化

前述内容分别推导了实模态参数计算应变柔度和复模态参数计算应变柔度的公式，其中在实模态公式中需要用质量矩阵来计算模态质量，对实际结构可以建立其有限元模型，从有限元模型中导出近似的质量矩阵，用以计算模态质量，再用模态质量计算质量归一化的位移振型和应变振型，进而计算应变柔度矩阵。

根据上述的应变频响函数的特征可知，可对估算的应变频响函数的任意一列，采用峰值拾取法获得结构的固有频率和应变振型，然后使用共轭梁法计算得到对应的位移振型。设直接的峰值提取法得到的第 r 阶固有频率为 ω_r，应变振型为 $\{\phi_r^{\varepsilon}\}$，采用共轭梁法计算的位移振型为 $\{\phi_r^{\mathrm{d}}\}$，从有限元模型中提取的质量矩阵为 $[M]$。

由位移振型计算模态质量 $M_r = \{\phi_r^{\mathrm{d}}\}^{\mathrm{T}}[M]\{\phi_r^{\mathrm{d}}\}$，从而第 r 阶质量归一化的位移振型为 $\{\bar{\phi}_r^{\mathrm{d}}\} = \{\phi_r^{\mathrm{d}}\}/\sqrt{M_r}$，由于由应变振型计算位移振型的共轭梁公式是一个显示线性公式，所以在位移振型缩放了 $\sqrt{M_r}$ 倍后得到的质量归一化的位移振型，相应的应变振型 $\{\phi_r^{\varepsilon}\}$ 也应该缩放 $\sqrt{M_r}$ 倍：

$$\{\bar{\phi}_r^{\varepsilon}\} = \frac{\{\phi_r^{\varepsilon}\}}{\sqrt{M_r}} \tag{6.26}$$

同时实模态的位移柔度计算公式（6.24）中的模态质量 $M_r = 1$，所以该式化简为

$$[F^{\varepsilon}] = \sum_{r=1}^{N} \frac{\{\bar{\phi}_r^{\varepsilon}\}\{\bar{\phi}_r^{\mathrm{d}}\}^{\mathrm{T}}}{\omega_r^2} \tag{6.27}$$

上式就是用质量归一化的位移振型和相应的应变振型计算应变柔度矩阵的公式。识别的应变柔度矩阵具有广泛的实用价值，如基于应变柔度矩阵的损伤识别和预测结构在静力荷载作用下的应变等，以静力应变预测作为代表，当一组静力荷载向量 $\{f\}$ 作用于结构上时，单元的应变响应为

$$\varepsilon = [F^{\varepsilon}]\{f\} \tag{6.28}$$

与位移柔度矩阵的模态截断效应类似，式（6.27）是各阶模态参数的叠加形式，且应变柔度与固有频率 ω_r 的平方成反比，所以随着识别的模态阶数的增加，高阶模态参数对应变柔度矩阵的贡献将显著减小，所识别的应变柔度矩阵将快速收敛于结构的真实值，这个性质也称为应变柔度的模态截断效应。对一般的结构只需取前几阶模态参数代入式（6.27）就能获得足够精度的应变柔度矩阵，用该矩阵预测的单元应变也是满足精度要求的。

图 6.5 表示的是使用该方法识别应变柔度矩阵的流程图，图中上部的虚线框表示振动测试、数据采集和频响函数估计部分内容，中间的虚线框表示识别应变模态参数部分的内容，下部的虚线框表示利用识别的应变柔度矩阵可以进行损伤识别和静力应变预测。

6.3.2　方法示例与验证

在 4.4.5 节所做的验证 CMIF 法识别位移柔度理论的简支钢梁试验中，还在梁底面安装有 12 个长标距光纤应变传感器（图 4.20），使用 SM130 光纤解调仪采集光波长信号，然后解算为长标距单元的动应变响应，该结构的详细介绍参见 4.4.5 节的相关内容。

按照图 6.5 的步骤，首先使用力锤作为激励源进行冲击振动测试，采集冲击力和应变数据，其中冲击点和位移柔度识别中所用的冲击点相同（依次在节点 4，6，8，10 施加单点冲击力），采集动应变数据并进行信号处理（时域加窗、带通滤波），在一定程度上消除噪声影响，随后计算功率谱密度函数和应变频响函数（采用 H1 估计法），所得到的频响函数矩阵的维数为 12 行 4 列。

根据 6.2.3 节描述的应变频响函数的特征，可用频响函数矩阵的任意一列提取各阶峰值得到固有频率和应变振型，图 6.6 是在节点 10 冲击，单元 3 的输出应变计算的应变频响函数 H（3，10）的幅值图，图中用圈标记的三个峰值分别对应结构的前三阶模态，其相应的横坐标就是各阶固有频率，图中显示前三阶固有频率分别是 14.4Hz、56.7Hz 和 119.9Hz，其基本满

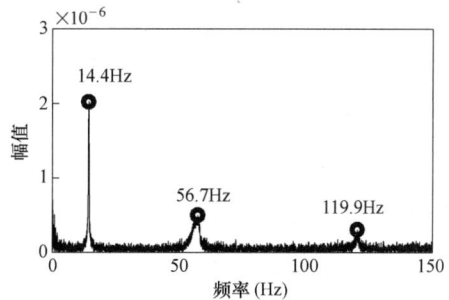

图 6.6　长标距应变频响函数

足简支梁理论模型的平方阶次的倍数关系，也与 4.4.5 节采用 CMIF 法识别的固有频率非常接近。

对该简支梁结构，易知节点 10 不是前三阶的模态节点，所以使用在节点 10 冲击得到的这列频响函数识别振型，取每个单元的频响函数虚部图中的前三阶峰值则得到应变振型（图 6.7（a）），之后用共轭梁法可得到位移振型（图 6.7（b））。

这两类振型图的形状与简支梁理论模型是完全符合的，由共轭梁法计算的三阶位移振型和 4.4.5 节采用 CMIF 法直接识别的位移振型也是一致的。从应变振型图中可知，应变振型与位移振型类似，也具有正弦函数曲线的特征，如第 1 阶应变振型呈半个周期的正弦

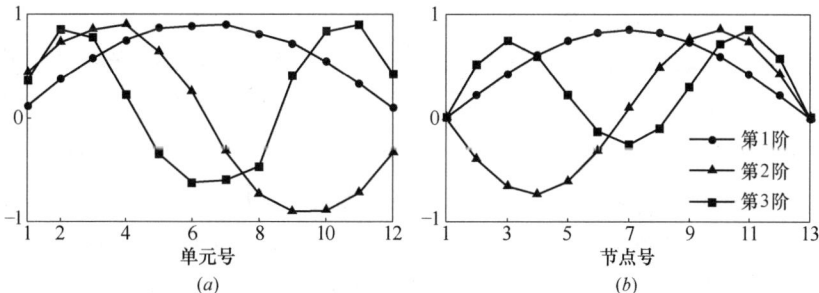

图 6.7　峰值拾取法获得的振型图

（a）应变振型；（b）位移振型

曲线，第 2 阶应变振型呈一个周期的正弦曲线，第 3 阶应变振型呈一个半周期的正弦曲线，但需注意的是，在两端边界处的单元的应变振型系数并不为零。

该简支梁结构的物理属性和几何参数在图 4.20 中已经详细给出，可用于建立有限元模型，然后导出节点质量。本书采用 SAP2000 有限元软件建模，从中导出的 13 个节点的集中质量分别为：节点 1 和节点 13 均为 4.78kg，节点 2 到节点 12 的每个节点均为 9.56kg，由此得到该结构的集中质量矩阵，然后使用上一小节的方法计算质量归一化的应变振型和位移振型，最后采用式（6.27）计算应变柔度矩阵（其维数为 12 行 13 列）。图 6.8 是该简支梁结构识别出的应变柔度矩阵的三维曲面图，与位移柔度类似，简支梁结构的应变柔度矩阵也具有一个波峰。

为验证所识别的应变柔度矩阵是否精确，可以使用识别出的应变柔度矩阵预测结构在某一静力荷载工况下的应变，并与实测应变比较。采用 4.4.5 节中的工况 4（分别在节点 4 施加 60.6kg、节点 7 施加 152kg、节点 10 施加 60.6kg 质量块），用该工况预测的单元应变值如图 6.9 中的"预测值"曲线所示，安装在梁底面的长标距应变传感器能直接测量该工况的静力应变，见图中的"测量值"数据点，其和预测值是相当接近的，由此证明所识别的应变柔度矩阵是精确的。

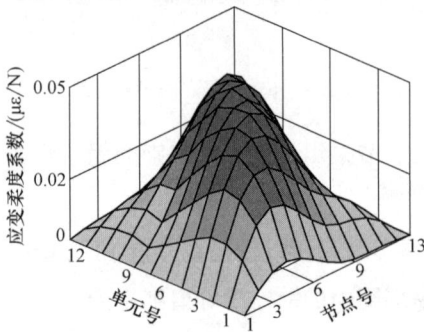

图 6.8　应变柔度矩阵的三维曲面图

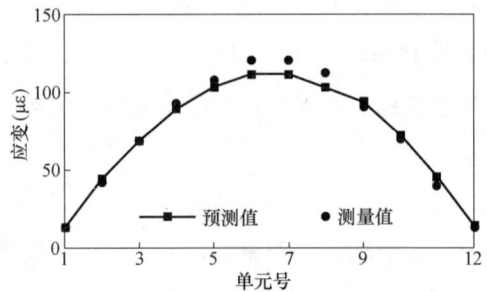

图 6.9　静力应变预测

6.4　基于改进的 PolyMAX 法的应变柔度识别

使用质量归一化的位移振型和应变振型计算应变柔度需要已知结构的质量矩阵，当结构较复杂时，从有限元模型中提取的质量矩阵并不是精确的，在第 4 章的位移柔度识别中也存在同样的问题。与采用基于实模态的应变柔度公式不同，复模态的应变柔度公式（6.25）需要知道结构的位移模态缩放系数，这与复模态的位移柔度公式一样，可以采用适当的模态参数识别算法识别。在第 4 章的位移柔度识别中主要介绍了 PolyMAX 法、CMIF 法和 SSI 法，这些算法都是基于加速度或位移的，需要经过适当的修改才能用于应变模态参数和应变柔度矩阵的识别，与采用这些算法识别位移柔度不需要知道结构质量等物理信息一样，本章所描述的应变柔度识别算法在实际工程中具有实用性。

第四章中所介绍的三种位移柔度识别算法均有详细的推导过程，本章在对这些算法进行改进用以识别应变柔度时，仅介绍改动部分，重复的内容读者请自行参见第 4 章的相关部分。本节介绍 PolyMAX 法的改进，6.5 节和 6.6 节将分别介绍 CMIF 法和 SSI 法的改进。

6.4.1 系统极点、位移模态参与系数和应变振型识别

与 PolyMAX 方法识别位移柔度一样，改进的 PolyMAX 方法用于应变柔度识别时同样是从频响函数的误差函数开始的。设结构振动测试所得的应变频响函数矩阵为 $[\widetilde{\boldsymbol{H}}^{\varepsilon}(\boldsymbol{\omega})]$ $\in \mathbb{C}^{N_o \times N_i}$，其对应的理论应变频响函数矩阵 $[\boldsymbol{H}^{\varepsilon}(\boldsymbol{\omega})]$ 中的第 $\boldsymbol{m}$ 行按 4.2.4 节的右矩阵分式模型可以展开得，

$$\{H^{\varepsilon}_{m:}(\omega)\} = \{B_{m:}(\omega)\}[A(\omega)]^{-1} (m=1,2,\cdots,N_o) \tag{6.29}$$

式中，$\{B_{m:}(\omega)\} = \sum_{r=0}^{p} \Omega_r(\omega)\{\beta_{m:,r}\} \in \mathbb{C}^{1 \times N_i}$ 是分子多项式向量，$[A(\omega)] = \sum_{r=0}^{p}$ $\Omega_r(\omega)[\alpha_r] \in \mathbb{C}^{N_i \times N_i}$ 是分母多项式矩阵。

用实测的频响函数和右矩阵分式模型表示的理论频响函数按第 m 行构造如下所示的线性误差函数：

$$\{\varepsilon^{LS}_{m:}(\omega,\theta)\} = w_m(\omega) \sum_{r=0}^{p} (\Omega_r(\omega)\{\beta_{m:,r}\} - \Omega_r(\omega)\{\widetilde{H}^{\varepsilon}_{m:}(\omega)\}[\alpha_r]) \tag{6.30}$$

集总所有输出单元在所有离散频率点处的误差函数得到：

$$l^{\varepsilon,LS}(\theta) = \sum_{m=1}^{N_o} \sum_{k=1}^{N_s} tr(\{\varepsilon^{LS}_{m:}(\omega_k,\theta)\}^{H}\{\varepsilon^{LS}_{m:}(\omega_k,\theta)\}) = tr([\theta]^{H}[J]^{H}[J][\theta]) \tag{6.31}$$

式中，$l^{\varepsilon,LS}(\theta)$ 为应变频响函数的线性误差函数，$[\theta] \in \mathbb{C}^{(N_o+N_i)(p+1) \times N_i}$ 由分子分母系数矩阵组成，$[J] \in \mathbb{C}^{N_o N_s \times (N_o+N_i)(p+1)}$ 为 Jacobian 矩阵，$[\theta]$ 和 $[J]$ 的具体形式参见 4.3 节。

未知的系数矩阵 $[\theta]$ 使得集总的误差函数 $l^{\varepsilon,LS}(\theta)$ 取极小值，所以令 $l^{\varepsilon,LS}(\theta)$ 对 $[\theta]$ 的偏导数等于零，

$$\frac{\partial l^{\varepsilon,LS}(\theta)}{\partial[\theta]} = [0] \tag{6.32}$$

将其化为缩减的正则方程以降低问题的求解规模，求解该方程则能得到各阶分母系数矩阵 $[\alpha_r]$（$r=0,1,\cdots,p-1$），利用求解出来的分母系数矩阵构建伴随矩阵 $[A^{\varepsilon}_c]$：

$$[A^{\varepsilon}_c] = \begin{bmatrix} [0] & [I]_{N_i} & & \\ \vdots & & \ddots & \\ [0] & & & [I]_{N_i} \\ -[\alpha_0]^{T} & -[\alpha_1]^{T} & \cdots & -[\alpha_{p-1}]^{T} \end{bmatrix} \tag{6.33}$$

式中，$[A^{\varepsilon}_c] \in \mathbb{R}^{N_i p \times N_i p}$。对 $[A^{\varepsilon}_c]$ 作特征值分解得到特征值和特征向量：

$$[A_c^\varepsilon][V]=[V][\Delta] \tag{6.34}$$

系统极点 λ_r 从其和特征值的关系式 $\Delta_r=e^{-\lambda_r\Delta t}$ 中求出，然后用于计算固有频率 ω_r 和阻尼比 ξ_r。需要注意的是从特征向量矩阵 $[V]$ 的最后 N_i 行中提取的是位移模态参与系数矩阵 $[L^d]$，其中的第 r 列就是第 r 阶位移模态参与系数向量 $\{l_r^d\}$。由于直接特征值分析出来的系统极点和位移模态参与系数中有很多虚假模态，需要采用 4.3.4 节的稳定图予以剔除。与位移柔度中的位移振型识别不同，复模态的应变频响函数公式（6.18）右侧的第一个矩阵为应变振型矩阵（第 r 阶应变振型设为 $\{\psi_r^\varepsilon\}$），使用 4.2.3 节中的方法计算得到的振型应该是复模态的应变振型而不是位移振型[210]。

6.4.2 模态缩放系数和应变柔度识别

直接利用所识别的应变振型和位移模态参与系数计算的应变柔度矩阵是不完备的，在没有施加冲击力的节点所对应的列中也就没有得到相应的应变柔度系数，要想获得完整的应变柔度矩阵只能使用复模态的应变柔度矩阵公式（6.25），其需要模态缩放系数 Q_r，该参数的物理意义是与位移模态一致的，可以用位移振型和位移模态参与系数计算。

由第 r 阶应变振型 $\{\psi_r^\varepsilon\}$ 采用共轭梁法可以得到第 r 阶位移振型 $\{\psi_r^d\}$，与之相对应的位移模态参与系数为 $\{l_r^d\}$。由位移模态参与系数、位移振型和模态缩放系数三者的关系式 $\{l_r^d\}=Q_r\{\psi_{drv,r}^d\}$ 可以求得：

$$Q_r=\{\psi_{drv,r}^d\}^\dagger\{l_r^d\} \tag{6.35}$$

到目前为止，就识别出了计算应变柔度所需的所有参数，将这些参数代入复模态的应变柔度公式（6.25）可以计算完备的应变柔度矩阵。当结构存在密集模态，或者分析的整个频带太宽时，可以采用 4.3.5 节的窄频带内的参数识别方法，将整个频带划分为多个窄频带用于应变柔度识别，以此提高参数识别的精度。

6.4.3 方法示例与验证

本节使用一个三跨的钢筋混凝土简支梁桥的有限元模型验证改进的 PolyMAX 法识别应变柔度矩阵，建模软件采用 SAP2000。该桥梁模型分为三跨，跨度依次为 4.5m、6.4m、3.6m，每跨内桥面两侧各自有主梁（用钢材）简支型支承于桥墩上，两侧主梁间由桥面板（混凝土板）相连；主梁截面为工字形，高 0.5m，翼缘宽度 0.3m，翼缘厚度 0.08m，腹板厚度 0.06m，混凝土板厚度 0.25m。建模时主梁均采用梁单元，单元长度 0.5m，混凝土板采用壳单元，各个主梁简支于桥墩上，即约束主梁两端节点处的三个平动自由度，释放三个转角自由度，相邻两根主梁在桥墩处的节点并不重合，中间留出 10cm 的间隙作为伸缩缝。模拟的传感器布置方案采用标距长度为 0.5m 的长标距应变传感器安装在三跨两侧的主梁单元上，其中每跨的传感器数量分别有 18 个、24 个和 14 个，总共有 56 个。对桥梁采用多参考点冲击振动测试，分别在第一跨的单元 3，7，11，14 的中点施加冲击力，第二跨选取单元 3，5，8，18 的中点施加冲击力，第三跨选取单元 2，

5，8 的中点施加冲击力。结构的有限元模型和冲击振动测试方案如图 6.10 所示，对模型进行动力时程分析，输出冲击力和主梁的应变响应数据。

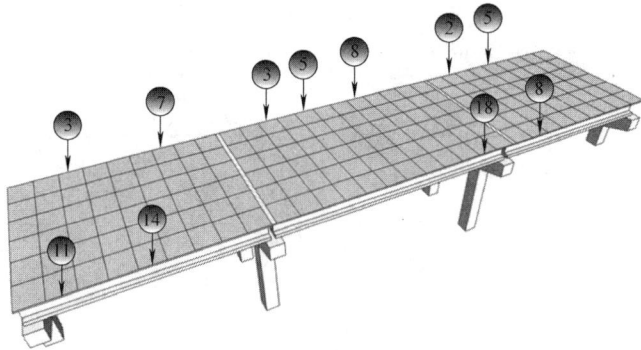

图 6.10　三跨简支梁桥有限元模型图

为模拟实际问题中存在的观测噪声，将信噪比为 10% 的白噪声加入冲击力数据和应变响应数据中，加噪方法见式（4.140），开始数据分析后使用滤波、加窗等信号处理方法提高数据质量，然后分别估算每跨的应变频响函数，如图 6.11 所示。

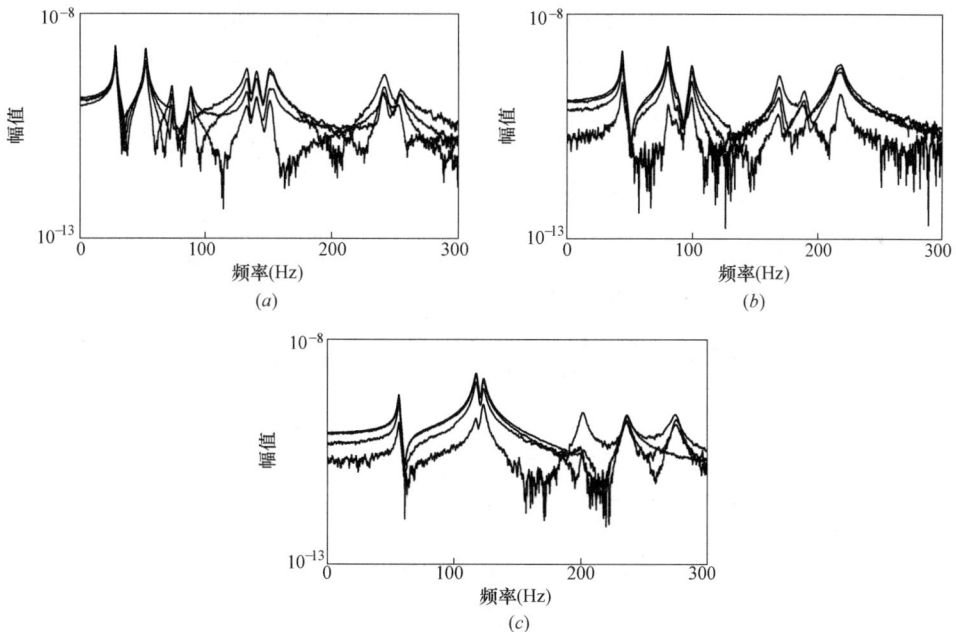

图 6.11　应变频响函数

（a）第一跨；（b）第二跨；（c）第三跨

进一步使用估算的应变频响函数和右矩阵分式模型的理论频响函数构建集总误差函数，利用误差函数取极小值的特性，令其对各个多项式系数的偏导数等于零可以求解出分母多项式系数矩阵，然后构造伴随矩阵求解特征值问题得到结构的基本模态参数（系统极点、固有频率、阻尼比和位移模态参与系数），当然求解过程中需要采用稳定图来确定多项式的合理阶数，如图 6.12 所示。

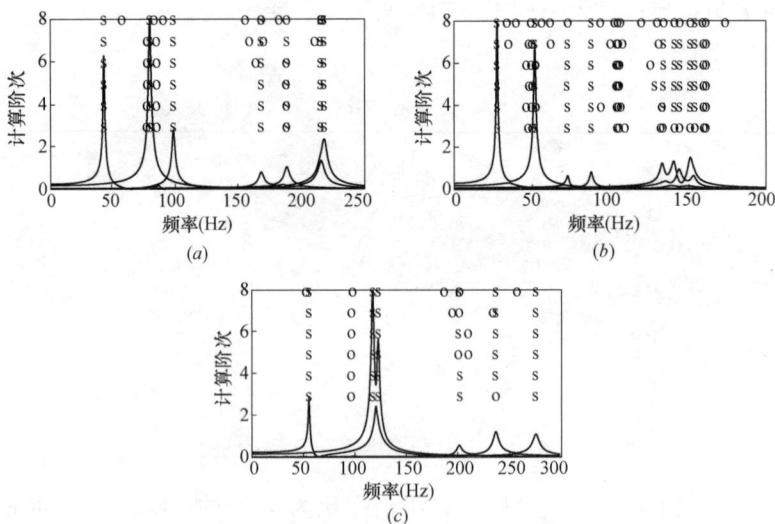

图 6.12　应变频响函数的稳定图

（a）第一跨；（b）第二跨；（c）第三跨

图中以符号"s"表示稳定点，以符号"o"表示不稳定点，选取图中的稳定点作为结构的固有模态。从图中可知，稳定点和应变频响函数的峰值十分吻合。

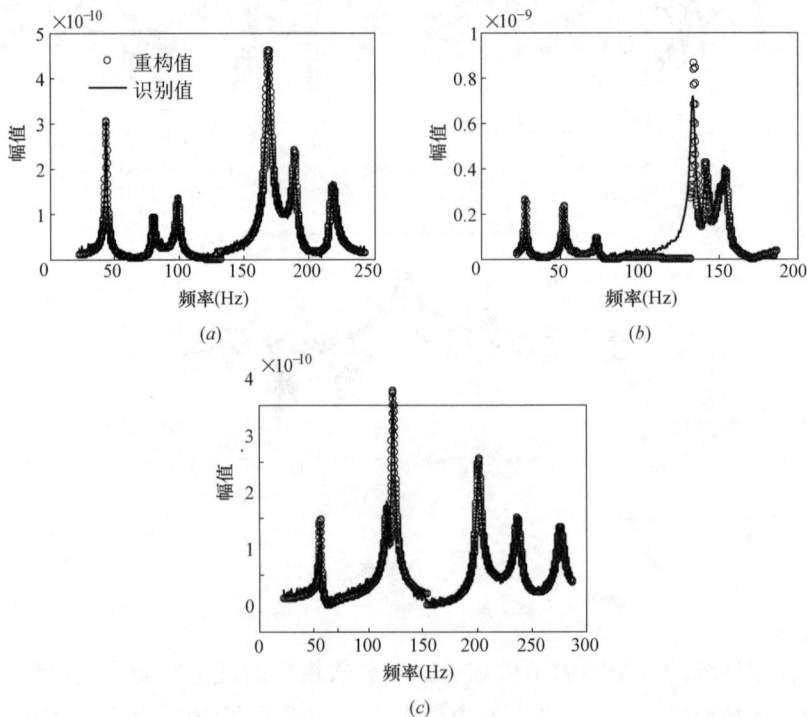

图 6.13　应变频响函数重构

（a）第一跨；（b）第二跨；（c）第三跨

应变振型需要用已经识别出来的系统极点、位移模态参与系数和已知的应变频响函数采用最小二乘法计算得到，详细计算方法参见 4.2.3 节，然后用共轭梁法得到竖向位移振型，进而由竖向位移振型和位移模态参与系数计算模态缩放系数［式（6.35）］。到目前为止，计算应变柔度矩阵所需的所有模态参数均已识别出，可以将这些参数代回复模态的应变频响函数公式（6.17）中重构应变频响函数矩阵，并和由输入输出数据直接估算的应变频响函数进行比较，如图 6.13 所示。为了提高模态参数和频响函数的重构精度，在采用 PolyMAX 法识别模态参数时将整个频带划分为两个频带分别处理，从图中可知，采用这种方法重构的频响函数曲线和直接估算的频响函数（图中"识别值"曲线）符合得很好。

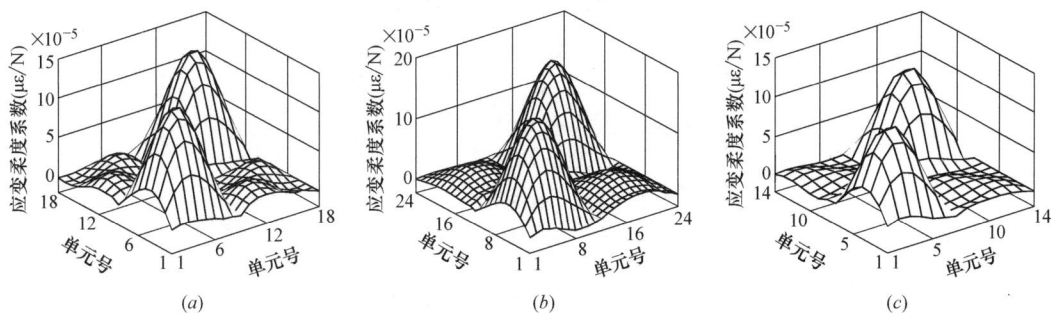

图 6.14　应变柔度矩阵的三维曲面图

(a) 第一跨；(b) 第二跨；(c) 第三跨

将识别的所有模态参数代入复模态的应变柔度公式（6.25）中可得到整个应变柔度矩阵，因为该桥梁模型是三跨的简支梁桥，各跨相互独立，所以识别的应变柔度矩阵也是三个独立的矩阵，这三个矩阵的维数分别是 18×18、24×24 和 14×14。矩阵中的系数 f_{mq}^{ε} 表示在单元 q 的中点作用单位力，单元 m 产生的静力应变值。

使用识别的应变柔度矩阵预测结构在静力荷载下的应变值，并和有限元直接做静力分析得到的应变值比较，进一步验证识别结果的精确性。例如，当桥梁三跨的两侧全部 6 根主梁的单元中点均作用 10kN 力（荷载工况一）时可以预测各个长标距单元的应变值，结果如图 6.15 所示，为了研究模态截断效应，图中每跨分别画出了不同模态阶数叠加计算的应变柔度矩阵预测的应变曲线，同时用有限元计算的精确应变值（图中标记为"测量值"）也画在同一图中作为比较。如第一跨的应变预测图中画有第 1 阶和前 5 阶模态参数的应变预测曲线，第二跨的应变预测图中画有第 1 阶和前 4 阶模态参数的应变预测曲线，第二跨的应变预测结果图中画有前 2 阶和前 5 阶模态参数的应变预测曲线，对比第二跨和第一跨、第三跨的结果图可知，不同跨的模态截断效应是不同的，第二跨的结果图中，仅使用第 1 阶模态参数计算的应变柔度矩阵的精度比第一跨使用第 1 阶、第三跨使用前 2 阶的精度高很多，但最后这三跨分别用前 4 阶或前 5 阶模态参数计算的应变柔度矩阵仍然收敛于精确值。总之，用足够阶次的模态参数计算的应变柔度矩阵预测的静力应变和有限元计算的精确的应变值一致吻合，证明每跨的应变柔度矩阵识别的结果都是足够精确的。

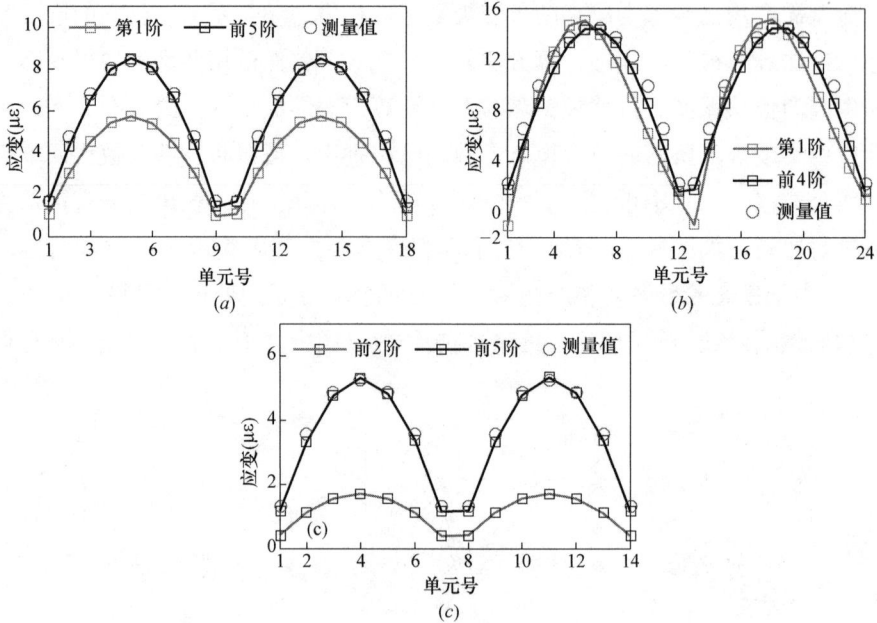

图 6.15　荷载工况一的静力应变预测图

（a）第一跨；（b）第二跨；（c）第三跨

本节所使用的桥梁有限元模型，每跨两侧的主梁通过中间的桥面板连接，当荷载只作用于其中一侧的主梁时，本侧主梁上的单元将会产生明显的变形，引起较大的应变反应，这已是很常见的现象，然而另一侧的主梁上是否也会产生变形引起单元应变，或者产生应变的程度有多大，是与中间起连接作用的桥面板密切相关的。通常来说，中间的桥面板作为交通通行之用，其上的荷载直接传递到两侧的主梁上，桥面板的横向刚度不会使得一侧梁上的荷载产生的变形传递到另一侧梁上。所以施加作用于第二跨左侧梁所有单元中点的静力荷载20kN（荷载工况二），预测第二跨上两侧主梁单元的静力应变值，并和有限元计算的应变值比较，结果见图 6.16，由该图可知，左侧主梁上的长标距单元（单元 1～12）的应变反应很明显，而右侧主梁的长标距单元（单元 13～24）的应变反应很小，几乎为零，说明本模型的桥面板的横向刚度较弱，作用于一侧的荷载产生的变形不会传递到另一侧。

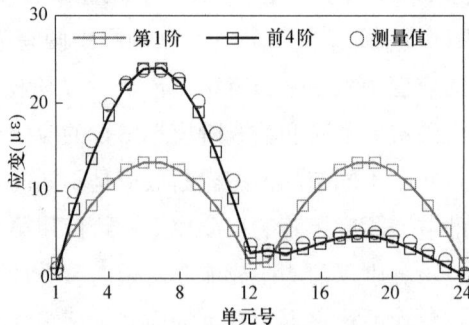

图 6.16　荷载工况二的静力应变预测图

6.5　基于改进的 CMIF 法的应变柔度识别

第 4 章中介绍的位移柔度识别的 CMIF 法并不能直接用于应变柔度识别，在对应变频响函数矩阵作奇异值分解时，所得的左、右奇异矩阵和奇异值矩阵的物理意义需要进一步探索；同样的，如何构建增强频响函数用于识别系统极点和模态缩放系数仍将是该方法的关键。本节对位移柔度识别的 CMIF 法进行改进使其能用于识别结构的应变柔度[211]。

6.5.1　应变频响函数的奇异值分解和应变振型识别

与 CMIF 法识别位移柔度的过程类似，首先对估计的应变频响函数矩阵 $[\widetilde{H}^{\varepsilon}(\omega)]$ 在每个离散频率点处进行奇异值分解，将得到左奇异矩阵，奇异值矩阵和右奇异矩阵：

$$[\widetilde{H}^{\varepsilon}(\omega)]=[U(\omega)][S(\omega)][V(\omega)]^{H} \tag{6.36}$$

式中，$[\widetilde{H}^{\varepsilon}(\omega)]\in\mathbb{C}^{N_o\times N_i}$，$[U(\omega)]\in\mathbb{C}^{N_o\times N_o}$ 为左奇异矩阵，$[S(\omega)]\in\mathbb{R}^{N_o\times N_i}$ 为奇异值矩阵，$[V(\omega)]\in\mathbb{C}^{N_i\times N_i}$ 为右奇异矩阵，这三个矩阵的具体展开形式见 4.4.1 节。

应变频响函数在理论上还可以写为式（6.18）表示的复模态的矩阵乘积形式：

$$[H^{\varepsilon}(\omega)]=[\Psi^{\varepsilon}]\left[\frac{1}{i\omega-\lambda_r}\right][L^{d}]^{T}$$

式中，$[\Psi^{\varepsilon}]\in\mathbb{C}^{N_o\times 2N}$ 为复模态的应变振型矩阵，$\left[\dfrac{1}{i\omega-\lambda_r}\right]\in\mathbb{C}^{2N\times 2N}$，$[L^{d}]\in\mathbb{C}^{N_i\times 2N}$ 为位移模态参与系数矩阵。

由上两式可知，与位移频响函数矩阵的奇异值分解意义相同，对应变频响函数矩阵作奇异值分解时，左奇异矩阵 $[U(\omega)]$ 对应应变振型矩阵 $[\Psi^{\varepsilon}]$，右奇异矩阵 $[V(\omega)]$ 对应位移模态参与系数矩阵 $[L^{d}]$，而奇异值对角矩阵 $[S(\omega)]$ 则对应着含有结构系统极点信息的矩阵 $\left[\dfrac{1}{i\omega-\lambda_r}\right]$，当然这种对应并不是指两个矩阵完全相等，而是指他们具有某种相似的属性。

按照位移柔度识别中介绍的奇异值分解方法可以画出 N_i 条奇异值曲线，拾取第一奇异值曲线的第 r 个峰值就能获得第 r 阶固有频率 ω_r 的近似值，与该阶峰值对应的第一左奇异向量 $\{u_1(\omega_r)\}$ 和第一右奇异向量 $\{v_1(\omega_r)\}$ 分别是第 r 阶复模态的应变振型向量 $\{\psi_r^{\varepsilon}\}$ 和位移模态参与系数向量 $\{l_r^{d}\}$ 的近似值。

$$\{\psi_r^{\varepsilon}\}\approx\{u_1(\omega_r)\} \tag{6.37}$$

$$\{l_r^{d}\}\approx\{v_1(\omega_r)\} \tag{6.38}$$

值得注意的是，如果输入点数 N_i 足够丰富，就能对位移模态参与系数向量归一化得到位移振型向量，但这势必会增加测试工作量，所以在输入点数远小于输出点数的情况下（实际测试中通常如此），可以从识别出的应变振型中采用共轭梁法计算位移振型 $\{\psi_r^{d}\}$。

6.5.2 增强频响函数计算和基本模态参数识别

与位移柔度识别的 CMIF 法类似，使用第一左奇异向量和第一右奇异向量作为加权向量来计算增强频响函数，从而解耦模态得到单自由度的频响函数，便于应变模态参数识别。对于第 r 阶模态，应变频响函数矩阵左乘以 $\{u_1(\omega_r)\}^T$，右乘以 $\{v_1(\omega_r)\}$ 得到增强频响函数：

$$eH_r^\varepsilon(\omega) = \{u_1(\omega_r)\}^T [\widetilde{H^\varepsilon}(\omega)] \{v_1(\omega_r)\} \tag{6.39}$$

将复模态形式的应变频响函数矩阵表达式（6.17）代入上式并利用振型正交性可以得到：

$$eH_r^\varepsilon(\omega) = \frac{C_{1r} Q_r C_{2r}}{i\omega - \lambda_r} \tag{6.40}$$

式中，$C_{1r} = \{u_1(\omega_r)\}^T \{\psi_r^\varepsilon\}$，$C_{2r} = \{\psi_{\mathrm{drv},r}\}^T \{v_1(\omega_r)\}$。

剩下的工作就是系统极点、固有频率、阻尼比和模态缩放系数的识别。将增强频响函数写为二阶有理分式模型，在第一奇异值曲线的第 r 阶峰值附近选取 $k(k \geqslant 5)$ 个离散频率点（ω_1，ω_2，…，ω_k）和对应的增强频响函数 $eH_r^\varepsilon(\omega_i)$，采用最小二乘法计算二阶有理分式模型的分子分母多项式系数，然后用这些系数构造增强频响函数的特征方程，求解特征值得到系统极点 λ_r，进而计算固有频率 ω_r 和阻尼比 ξ_r。将所识别的模态参数代入式（6.40）中，选取同样的 $k(k \geqslant 5)$ 组（ω_i，$eH_r^\varepsilon(\omega_i)$）对，采用最小二乘法可以计算模态缩放系数 Q_r。具体细节参见 4.4.3 节的内容。

6.5.3 应变柔度和位移柔度的同时识别

经过上述过程已经识别出了计算应变柔度所需的所有参数，可以直接代入式（6.25）中计算应变柔度矩阵，但是比较以下两式的位移柔度公式和应变柔度公式可知，应变柔度公式中包含了位移柔度公式中的所有参数，因此可以直接利用改进的 CMIF 法和 Poly-MAX 法所识别的参数进一步识别位移柔度矩阵。在实际应用中，该方法能在一定程度上省去加速度传感器的安装、数据采集和分析过程，这是利用长标距应变传感器的一大优势。

$$[F^\mathrm{d}] = \sum_{r=1}^N \left(\frac{\{\psi_r^\mathrm{d}\} \{\psi_r^\mathrm{d}\}^T Q_r}{-\lambda_r} + \frac{\{\psi_r^{\mathrm{d}*}\} \{\psi_r^{\mathrm{d}*}\}^T Q_r^*}{-\lambda_r^*} \right)$$

$$[F^\varepsilon] = \sum_{r=1}^N \left(\frac{\{\psi_r^\varepsilon\} \{\psi_r^\mathrm{d}\}^T Q_r}{-\lambda_r} + \frac{\{\psi_r^{\varepsilon*}\} \{\psi_r^{\mathrm{d}*}\}^T Q_r^*}{-\lambda_r^*} \right)$$

式中，$[F^\mathrm{d}]$ 是位移柔度矩阵，$[F^\varepsilon]$ 是应变柔度矩阵。

在以上的整个推导过程中，都没有涉及结构的质量信息，因此改进的 CMIF 法可以识别质量未知条件下的应变柔度矩阵，这一特点保证了该方法的工程实用价值。另外值得注意的一点是，应变柔度具有模态截断效应，在实际应用中通常只需要结构的低阶模态就能得到足够精确的应变柔度矩阵，因此具有快速的模态收敛性。若直接取估算的应变频响函数矩阵在频率等于零 $[H^\varepsilon(\omega=0)]$ 处的结果，虽然在理论上得到的同样是应变柔度矩阵，但在处理实际问题时会受到测量噪声的严重干扰以至产生不稳定的结果，相关讨论会在后续的实例验证中具体研究，其结论是复模态的应变柔度公式具有较强的鲁棒性。

改进的 CMIF 法识别应变柔度相较于位移柔度识别的 CMIF 法主要有以下几点不同：

（1）应变柔度识别的 CMIF 法从第一左奇异向量中分解出来的是应变振型，而位移柔度识别的 CMIF 法从第一左奇异向量中分解出来的是位移振型；

（2）应变柔度识别中所需的位移振型是由应变振型用共轭梁法计算的，不是从第一右奇异向量中得到的；

（3）在构造增强频响函数时，改进法使用的左右加权向量分别是第一左奇异向量和第一右奇异向量，而位移柔度识别的 CMIF 法只使用了第一左奇异向量；

（4）在将增强频响函数化简为单模态形式时，改进法用到了应变振型的近似正交性，而位移柔度识别的 CMIF 法用到的是位移振型的近似正交性；

（5）改进法可以同时识别应变柔度矩阵和位移柔度矩阵，传统的 CMIF 法只能识别位移柔度矩阵。

图 6.17 是改进的 CMIF 法联合识别应变柔度和位移柔度的流程图，主要包括以下步骤：（1）长标距应变传感器布置、结构冲击振动测试和数据采集；（2）信号处理和应变频响函数估计；（3）改进的 CMIF 法识别模态参数（包括系统极点、固有频率和阻尼比、模态缩放系数、应变振型和位移振型）；（4）应变柔度矩阵和位移柔度矩阵计算。在下图中，左侧框内代表的是步骤（1）和（2）的内容，右侧框内代表的是步骤（3）和（4）的内容。

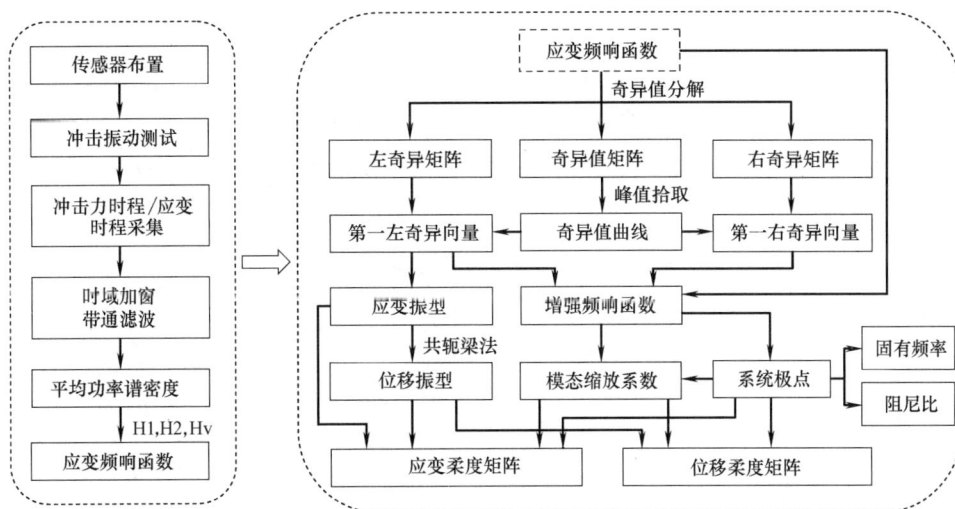

图 6.17　改进的 CMIF 法联合识别应变柔度和位移柔度流程图

6.5.4 兴隆大桥验证

1. 桥梁概况

本节用一个复杂的有限元模型验证改进的 CMIF 法识别应变柔度理论，本模型模拟的是位于江苏省南通市省道 S222 线上的兴隆大桥，该桥于 2000 年开工建造，2002 年竣工。兴隆大桥宽 11.0m，全桥长 130m，分为三跨，每跨中心线之间的距离分别为 38m、54m 和 38m，结构体系为预应力混凝土变高度连续箱梁桥，桥梁的最小截面高度位于跨中和两端，为 1.70m 高，最大截面高度位于两个桥墩处，为 2.75m 高，主梁采用单箱单室断面，腹板为直腹板，桥梁立面图如图 6.18（b）所示。有限元模型采用 SAP2000 建立，如图 6.18（a）所示，主梁用 130 个欧拉梁单元模拟，从左到右依次编号为单元 1，2，…，130，将这 130 个梁单元根据对称性和梁截面的高度变化规律离散化为 7 个对应截面高度的梁单元，这 7 个截面的参数如表 6.1 所示。

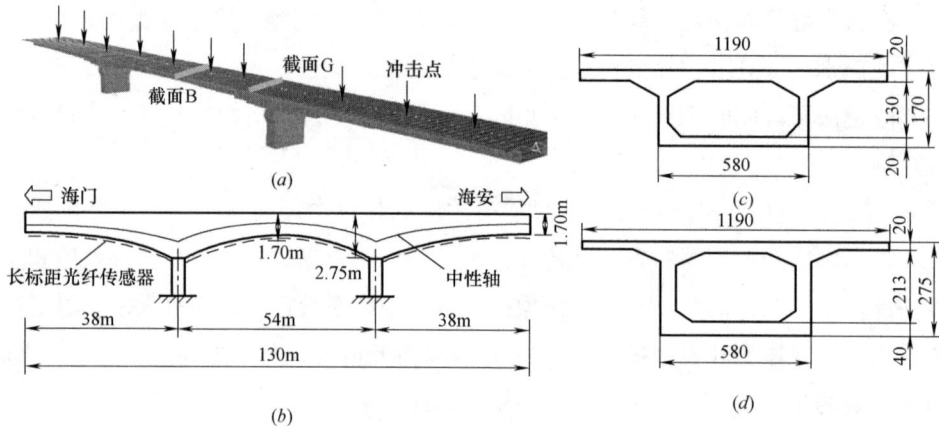

图 6.18 兴隆大桥

（a）有限元模型图；（b）桥梁正立面图；（c）截面 B 剖面图；（d）截面 G 剖面图

其中图 6.18（c）和（d）分别是图 6.18（a）中的截面 B 和 G 的剖面图，每个单元长度均为 1m，两个桥墩各自用 4 个长度为 1m 的欧拉梁单元模拟，主梁和桥墩在连接处刚接，在桥墩单元底部节点和主梁单元两端节点处施加固定约束条件，所有单元的材料模型选用 C30 混凝土。

单元截面几何信息   表 6.1

截面编号	截面高度（m）	中性轴高度（m）	使用单元
A	1.70	0.71	1~3，128~130
B	1.70	0.59	4~14，63~68，117~127
C	1.74	0.61	15~19，58~62，69~73，112~116
D	1.86	0.65	20~24，53~57，74~78，107~111
E	1.95	0.75	25~29，48~52，79~83，102~106
F	2.33	0.98	30~34，43~47，84~88，97~101
G	2.75	1.14	35~42，89~96

2. 数据处理和模态参数识别

以连续的两个单元作为一个长标距单元，所以在全桥底面沿桥纵向连续布置有 65 个长标距应变传感器，每个传感器的标距长度为 2m。均匀选取主梁上的 10 个节点分别施加冲击荷载并输出长标距单元的动应变。为模拟环境噪声干扰，给输入冲击力数据和输出应变数据分别加入 10% 的白噪声，典型的冲击力时程曲线和动应变时程曲线分别见图 6.19（a）和（b）。然后采用 H1 法估算长标距应变频响函数，典型的应变频响函数幅值图和相位图分别如图 6.19（c）和（d）所示。由于分别在 10 个节点处施加冲击力，采集 65 个长标距单元的应变数据，所以计算的应变频响函数矩阵的维数是 65 行 10 列的。

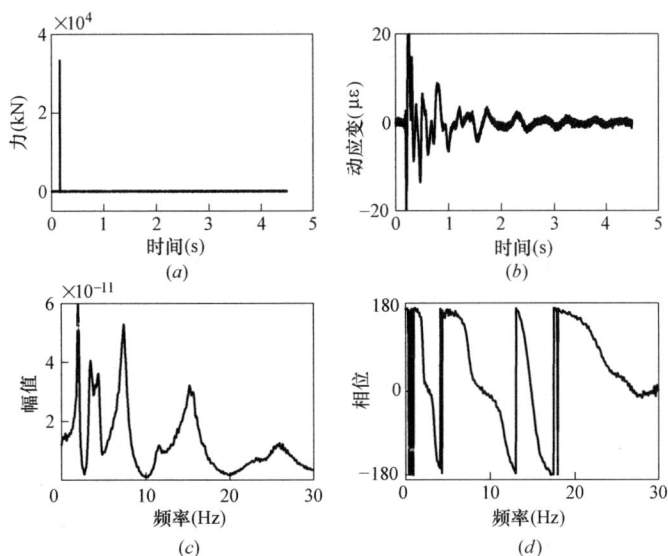

图 6.19　应变数据处理

（a）冲击力时程曲线；（b）应变时程曲线；（c）应变频响函数幅值图；
（d）应变频响函数相位图

对应变频响函数矩阵进行奇异值分解，并画出图 6.20 所示的奇异值曲线图，由于总共有 10 个输入冲击力，所以图中也有 10 条曲线，其中最高的曲线代表第一奇异值曲线，从图中可知，在所研究的 0~30Hz 频带内，第一奇异值曲线总共有 8 个峰值，分别对应于结构的前 8 阶模态，各个峰值处的横坐标频率也近似为结构的固有频率。

利用与第　奇异值曲线各个峰值处对应的第一左奇异向量和第一右奇异向量作为应变频响函数的加权向量可以计算增强频响函数［详见式（6.39）］，用增强频响函数进一步识别基本模态参数（系统极点、固有频率和阻尼比）以及模态缩放系数，识别结果如表 6.2 所示，表中的"固有频率"一栏括号内的数字是采用 SAP2000 软件执行模态分析计算的固有频率，从该表可知，识别的固有频率和有限元法计算的精确值是相当接近的。

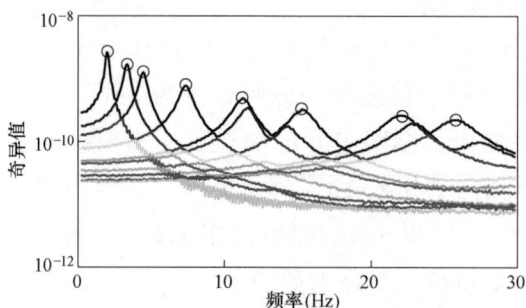

图 6.20　应变频响函数的奇异值曲线

识别的基本模态参数　　　　　　　　　　　　　　　　　　　表 6.2

模态阶次	固有频率(Hz)	阻尼比(%)	系统极点	模态缩放系数
1 阶	2.01(2.01)	5.11	$-0.64+12.59i$	$5.0 \times 10^{-13} \sim 1.35 \times 10^{-11}i$
2 阶	3.37(3.36)	5.06	$-1.07+21.12i$	$8.0 \times 10^{-13} \sim 2.41 \times 10^{-11}i$
3 阶	4.47(4.46)	5.09	$-1.43+28.04i$	$6.0 \times 10^{-13} \sim 3.08 \times 10^{-11}i$
4 阶	7.42(7.43)	5.02	$-2.34+46.54i$	$2.3 \times 10^{-12} \sim 5.19 \times 10^{-11}i$
5 阶	11.29(11.27)	5.09	$-3.61+70.81i$	$2.0 \times 10^{-13} \sim 8.01 \times 10^{-11}i$
6 阶	15.36(15.36)	4.97	$-4.79+96.41i$	$1.6 \times 10^{-12} \sim 1.05 \times 10^{-10}i$
7 阶	22.10(22.06)	5.02	$-6.97+138.71i$	$1.0 \times 10^{-13} \sim 1.54 \times 10^{-10}i$
8 阶	25.78(25.79)	4.93	$-7.98+161.78i$	$6.8 \times 10^{-12} \sim 1.70 \times 10^{-10}i$

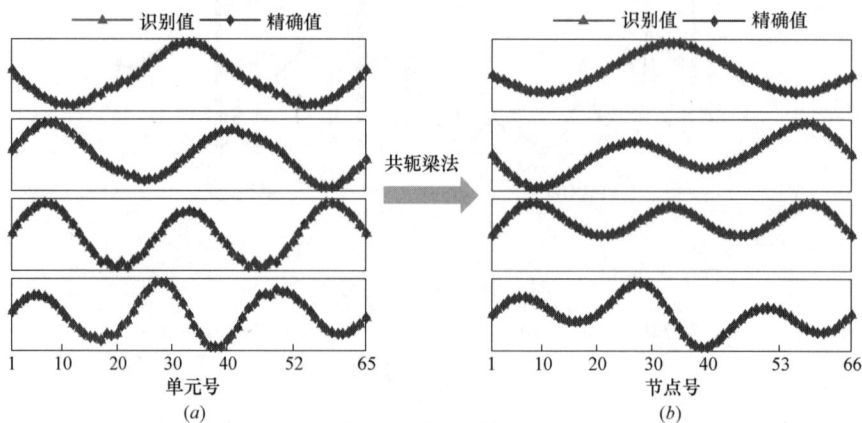

图 6.21　振型图（第 1 阶到第 4 阶）

(a) 应变振型；(b) 位移振型

　　相应于第一奇异值曲线各个峰值的第一左奇异向量为各阶应变振型，采用共轭梁法可以计算得到位移振型，但在计算过程中需要注意兴隆大桥有限元模型的截面是变高度的，所以各个长标距单元的中性轴高度需要根据表 6.1 中的具体数值选取，图 6.18（b）的立面图中标识出了梁的中性轴变化示意图。为了检验识别的应变和位移振型的精度，同时输出 SAP2000 软件计算的应变和位移振型，以便和识别值相互比较，图 6.21 和图 6.22 分别是第 1 阶到第 4 阶和第 5 阶到第 8 阶的振型图，从图中可知，识别的振型和有限元计算的振型（图中"精确值"曲线）这两条曲线高度重合，证明所识别的 8 阶应变振型和位移

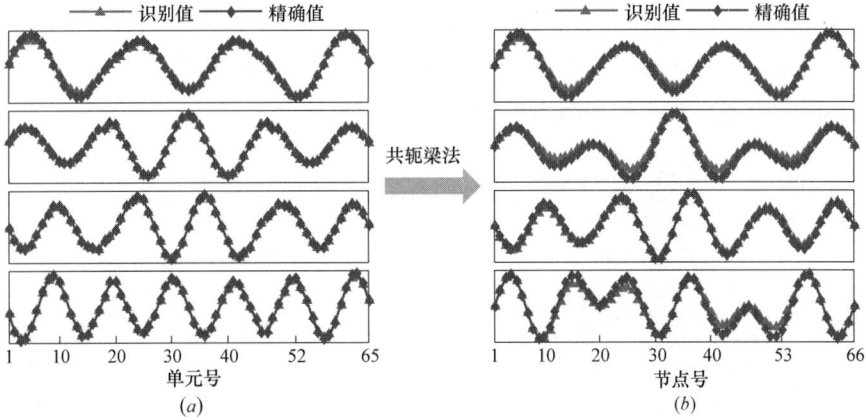

图 6.22　振型图（第 5 阶到第 8 阶）

（a）应变振型；（b）位移振型

振型都是精确的。

　　比较不同方法得到的振型的匹配程度还可以采用图 6.23 所示的 MAC 图，图中的 MAC 值越接近于 1 表示两种方法得到的振型的匹配程度越高，越接近于 0 表示两种方法得到的振型越不匹配，因此画出识别的和有限元计算的应变振型的 MAC 图，见图 6.23，从这两个图再次证明所识别的应变振型和位移振型是相当精确的。

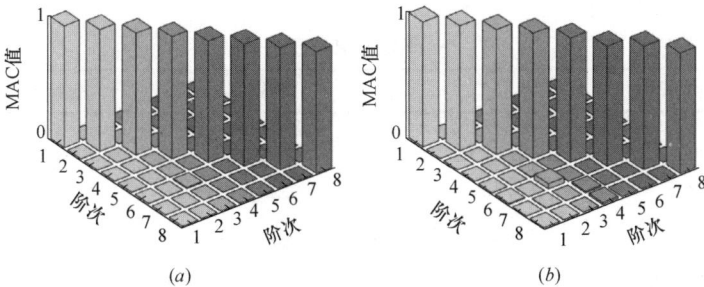

图 6.23　应变振型和位移振型的 MAC 图

（a）应变振型；（b）位移振型

3. 应变柔度和位移柔度识别

　　使用以上所识别的模态参数可以联合计算应变柔度矩阵和位移柔度矩阵，将表 6.2 中的系统极点和模态缩放系数、图 6.2 和 6.23 中的应变振型和位移振型分别代入复模态的应变柔度公式［式（6.25）］和复模态的位移柔度公式［式（4.6）］计算该桥的应变柔度矩阵和位移柔度矩阵。由于全桥划分为 65 个长标距单元（66 个节点），所以得到的应变柔度矩阵的维数是 65 行 66 列，位移柔度矩阵的维数是 66 行 66 列，其中应变柔度矩阵中的某个元素 f_{ij}^{ε}，表示在节点 j 施加单位力，长标距单元 i 产生的应变值。

　　分别画出图 6.24 所示的应变柔度矩阵和位移柔度矩阵的三维曲面图，由于该桥为三

271

跨连续梁桥，应变和位移的三维曲面图中最多会有 $3 \times 3 = 9$ 个波峰，图中显示两种类型的曲面图中都只有 3 个明显的主波峰，这表明静力荷载作用于桥的某一跨时，只有本跨内的单元会产生较大应变，本跨的荷载对其他跨的影响较小。

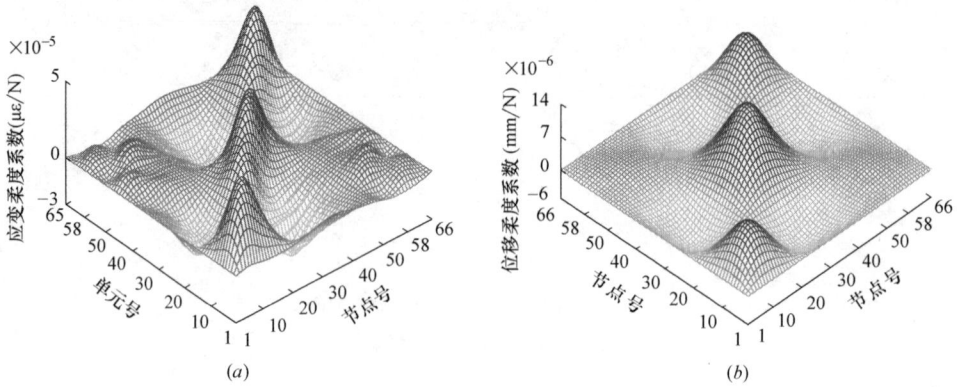

图 6.24　柔度矩阵的三维曲面图

(a) 应变柔度矩阵；(b) 位移柔度矩阵

所识别的应变柔度矩阵和位移柔度矩阵具有多种用途，如可以用于静载下的位移和应变预测，承载能力评估以及损伤识别等，为便于后续研究应变柔度矩阵的不同性质，这里先列出所用到的四种工况的详细信息，如表 6.3 所示，每种工况均对应于所研究的某种性质。

荷载工况信息　　　　　　　　　　　　　　　　　　　　　　表 6.3

工况编号	加载节点	加载值	长标距传感器布置方式
工况一	节点 29,35,41	每点加载 55kN	65 个长标距单元全部布置
工况二	节点 32	70kN	65 个长标距单元全部布置
工况三	节点 10	300kN	34 个长标距单元稀疏布置
工况四	节点 10	300kN	23 个长标距单元稀疏布置

4. 模态截断效应分析

采用表 6.3 中的工况一，即分别在节点 29，35，41 施加静力荷载 55kN，预测结构的静力应变和静力位移，如图 6.25 所示，图中的"精确值"是有限元软件的计算值。为了研究应变柔度矩阵和位移柔度矩阵的模态截断效应，分别使用第 1 阶模态参数、前 3 阶模态参数和前 8 阶模态参数计算应变柔度矩阵和位移柔度矩阵，图中分别画出了不同阶数的应变和位移的预测曲线，由图可见，仅使用第 1 阶模态参数识别应变柔度矩阵是不够精确的，对兴隆大桥这种复杂桥梁，最少应该取到前 3 阶模态参数才能在一定程度上保证识别的精度，由于 3 阶就完全收敛了，后面的 5 阶模态参数对结果的贡献并不大，所以用 3 阶参数预测的应变和位移曲线与精确的应变和位移曲线吻合的很好。从表 6.2 中识别的固有频率也可以看出，前 3 阶固有频率属于密集模态，他们相差都不大，而从第 4 阶到第 8 阶的固有频率间的差别显著增大，所以从第 3 阶模态参数之后，识别的应变柔度矩阵和位移柔度矩阵迅速收敛。

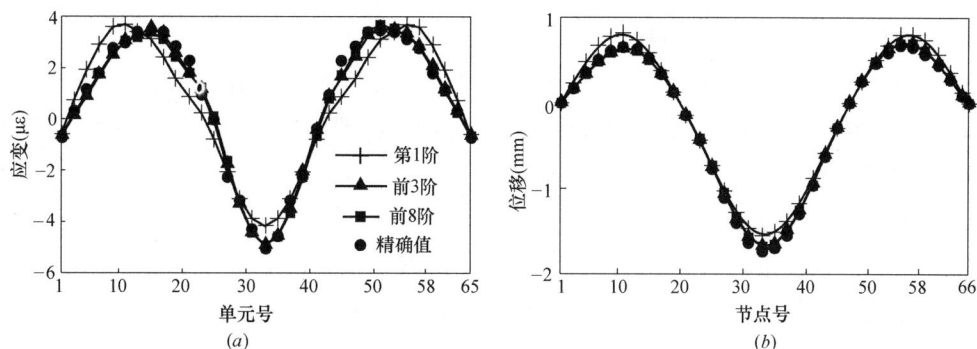

图 6.25 工况一应变和位移预测

(a) 静力应变预测；(b) 静力位移预测

5. 鲁棒性分析

根据应变柔度矩阵和应变频响函数的关系可知，应变柔度矩阵在理论上还可以直接取计算的应变频响函数在频率为零处的值得到，采用工况二研究改进的 CMIF 法识别应变柔度矩阵的鲁棒性，首先画出该工况下的静力应变预测结果（图 6.6 中带矩形的曲线）和有限元计算的精确应变值（图中用实心圆标记的数据点）。需要注意的是，由于荷载工况二的加载节点 32 恰好也是冲击振动测试的激励节点，所以估计的应变频响函数矩阵（维数为 65 行 10 列）中有与加载节点 32 对应的列存在，可以用这一列的频响函数在频率为零处的值组成的向量乘上节点 32 的荷载值得到 65 个长标距单元的预测应变，见图中以"$[H(\omega=0)]$"标记的曲线。从该图可知，"$[H(\omega=0)]$"法所预测的应变曲线与精确值相差较远，具体原因在于："$[H(\omega=0)]$"法仅仅采用应变频响函数在频率为零处的单点信息计算应变柔度，会受到低频噪声的干扰，严重时结果甚至会失真；而复模态的应变柔度公式是全频带内的参数拟合，是利用识别的全部模态参数计算应变柔度矩阵的方法，只要结构的低阶模态参数识别精确（大多情况都是如此），得到的应变柔度矩阵也是足够精确的。事实上，在基于加速度的位移柔度识别理论中也存在这种情况，这一点已经在位移柔度识别一章中专门讨论过。总之，改进的 CMIF 法识别应变柔度矩阵具有较强的鲁棒性。

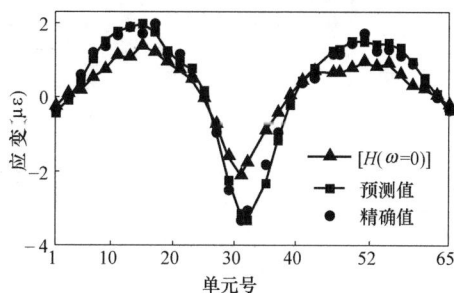

另外，"$[H(\omega=0)]$"法的另一缺陷在于，通常不可能对每个节点进行冲击振动测试，所以估计的应变频响函数矩阵是稀疏的，当有一组静力荷载作用于非冲击节点时，应变频响函数矩阵中没有与之对应的列存在，就不能用该方法预测结构的应变响应，也就是说，

图 6.26 工况二应变预测

"$[H(\omega=0)]$"法在理论上只局限于预测静载施加在冲击节点上的应变，改进的 CMIF 法在所有的模态参数都识别出来之后重构应变频响函数为满秩矩阵，使得能够预测任意节点作用静力荷载下的应变响应，因而所得的应变柔度矩阵是完备的。

到目前为止，所呈现的工况一和工况二的应变预测图都是在输入冲击力数据和输出应变数据中分别加入 10%的白噪声下的结果，结论均证明改进的 CMIF 法联合识别应变柔度矩阵和位移柔度矩阵还具有较强的抗噪性。

6. 传感器稀疏布置分析

联合识别法计算位移柔度矩阵中所用的位移振型是用共轭梁法由应变振型转换来的，如果应变振型在不完整的情况下就不能直接采用共轭梁法计算位移振型，因此位移振型的精度受应变振型的精度限制。前面讨论的工况一和工况二模拟的都是长标距应变传感器全部布置于整根梁上的情况（65 个传感器），而在实际问题中，当桥跨较长时不可能每个单元都布置传感器，这时需要考虑传感器的稀疏布置方案，本节采用工况三和工况四对该方案进行验证。

考虑传感器稀疏布置时，可以先均匀间隔一定数量的长标距单元布置传感器，然后采集数据进行模态参数识别，将识别出的应变振型进行插值计算出未布置传感器单元处的应变振型值，得到全桥的应变振型，再用共轭梁法计算得到全桥的位移振型，最后将识别的系统极点，模态缩放系数，插值的应变振型和位移振型代入复模态的应变柔度公式和复模态的位移柔度公式计算应变柔度矩阵和位移柔度矩阵，进而可以用于预测静载下的应变和位移响应，作为研究传感器在稀疏布置下的识别效果。

采用表 6.3 中的工况三和工况四研究传感器的稀疏布置性质，即在节点 10 施加单点荷载 300kN，但工况三是用 34 个传感器的稀疏布置方案（每间隔 1 个单元布置一个传感器），工况四是用 23 个传感器的稀疏布置方案（每间隔 2 个单元布置一个传感器）。对所识别的应变振型采用插值法计算得到全桥连续的长标距单元的应变振型，然后采用共轭梁计算全桥连续节点的位移振型，进而计算应变柔度矩阵和位移柔度矩阵。图 6.27 是用稀疏布置方案识别的应变柔度矩阵和位移柔度矩阵预测的静力应变和静力位移图，从这两个

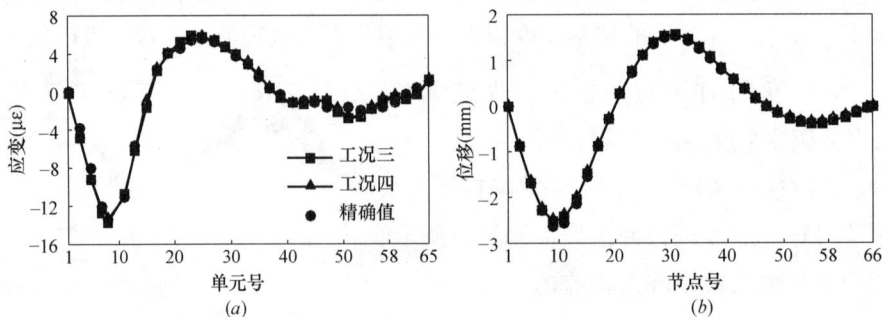

图 6.27 传感器稀疏布置方案研究

（a）静力应变预测；（b）静力位移预测

图可知，两种稀疏布置方案下的应变预测曲线和位移预测曲线均与精确值吻合得很好，证明传感器的稀疏布置对应变柔度矩阵和位移柔度矩阵的影响并不大，这一发现在实际工程中相当有用，可以实现采用少量的传感器就能识别全桥的应变柔度和位移柔度的目的。

6.6　基于改进的 SSI 法的应变柔度识别

与改进的 PolyMAX 法和 CMIF 法识别应变柔度一样，位移柔度识别的 SSI 法也需要作出相应的改进才能用于识别应变柔度，由于动力测试时仅观测值由加速度改为长标距应变，因此需要对观测方程做相应的修改[212]。

6.6.1　子空间方法基本方程改进

1. 连续时域状态空间方程

首先，由于结构本身的动力学方程未发生改变，因此该模型对应的系统方程同式（4.85）一致。该结构自由度为 r，输入点数为 N_i，输出点数为 N_o，输出单元数为 N_o-1。

$$\{\dot{x}(t)\}=[A_c]\{x(t)\}+[B_c]\{u(t)\}$$

式中，$\{x(t)\}\in\mathbb{R}^{2r\times1}$，$\{u(t)\}\in\mathbb{R}^{N_i\times1}$ 为输入向量，$[A_c]\in\mathbb{R}^{2r\times2r}$、$[B_c]\in\mathbb{R}^{2r\times N_i}$。

其次，由于观测向量采用长标距应变，而不再为第 4 章中的加速度响应，因此需要对观测方程进行相应的改进。考虑到式（6.6）中长标距应变与单元两端转角的关系，以及转角与竖向位移的关系，我们先建立转角位移的线性组合表达式，如下所示：

$$\{\theta(t)\}=[R_a]\{\ddot{\theta}(t)\}+[R_v]\{\dot{\theta}(t)\}+[R_d]\{\theta(t)\} \tag{6.41}$$

式中，$\{\theta(t)\}\in\mathbb{R}^{2r\times1}$，$[R_a]$，$[R_v]$，$[R_d]\in\mathbb{R}^{2r\times2r}$。

利用欧拉梁中的节点力与节点外力的关系可以得到：

$$\begin{bmatrix}[K_{OO}] & [K_{OR}] \\ [K_{RO}] & [K_{RR}]\end{bmatrix}\begin{Bmatrix}\{\delta_O\} \\ \{\delta_R\}\end{Bmatrix}=\begin{Bmatrix}\{R_O\} \\ \{R_R\}\end{Bmatrix} \tag{6.42}$$

式中，O 为竖向自由度，R 为转角自由度，$\{\delta_O\}$ 为竖向位移，$\{\delta_R\}$ 为转角位移，$\{R_O\}$ 为节点竖向外力，$\{R_R\}$ 为节点外弯矩，$[K_{RO}]$ 表示作用点位于 O，观测点位于 R 的刚度矩阵，其余类同。

由于 $\{R_R\}=0$，所以通过上式可以得到 $\{\delta_R\}=-[K_{RR}]^{-1}[K_{RO}]\{\delta_O\}$。令 $\{\delta_O\}=\{q(t)\}$，$\{\delta_R\}=\{\theta(t)\}$，则可得：

$$\{\theta(t)\}=-[K_{RR}]^{-1}[K_{RO}]\{q(t)\} \tag{6.43}$$

将式（6.43）代入式（6.41）得到：

$$\{\theta(t)\}=[C_a]\{\ddot{q}(t)\}+[C_v]\{\dot{q}(t)\}+[C_d]\{q(t)\} \tag{6.44}$$

式中，$[C_a]=-[R_a][K_{RR}]^{-1}[K_{RO}]$，$[C_v]=-[R_v][K_{RR}]^{-1}[K_{RO}]$，$[C_d]=-[R_d][K_{RR}]^{-1}[K_{RO}]$。

令 $\{\underline{\theta}(t)\}=[T_1]\{\theta(t)\}$（即 $\{\underline{\theta}(t)\}$ 为 $\{\theta(t)\}$ 去掉尾行），$\{\bar{\theta}(t)\}=[T_2]\{\theta(t)\}$（即$\{\bar{\theta}(t)\}$为$\{\theta(t)\}$去掉首行），其中，$T_1=[[I]_{N_o-1}\quad\{0\}_{N_o-1,1}]$，$T_2=[\{0\}_{N_o-1,1}\quad[I]_{N_o-1}]$，$[I]_{N_o-1}$为$N_o-1$阶的单位矩阵。

令 $\{y(t)\}$ 为长标距应变向量，则$\{y(t)\}=\dfrac{h_m}{l_m}(\{\bar{\theta}(t)\}-\{\underline{\theta}(t)\})=\dfrac{h_m}{l_m}([T_2]-[T_1])$ $\{\theta(t)\}$。将式（6.44）代入上式可得：

$$\{y(t)\}=[S_a]\{\ddot{q}(t)\}+[S_v]\{q(t)\}+[S_d]\{q(t)\}\tag{6.45}$$

式中，$[S_a]=\dfrac{h_m}{l_m}([T_2]-[T_1])[C_a]$，$[S_v]=\dfrac{h_m}{l_m}([T_2]-[T_1])[C_v]$，$[S_d]=\dfrac{h_m}{l_m}([T_2]-[T_1])[C_d]$。

结合结构动力学方程，上式消去 $\{\ddot{q}(t)\}$ 得到：

$$\{y(t)\}=[C_c]\{x(t)\}+[D_c]\{u(t)\}\tag{6.46}$$

式中，$[C_c]=[[S_d]-[S_a][M]^{-1}[K]\quad[S_v]-[S_a][M]^{-1}[C]]$，$[D_c]=[[S_a][M]^{-1}[B_2]]$，其中 $[C_c]\in\mathbb{R}^{(N_o-1)\times 2r}$，$[D_c]\in\mathbb{R}^{(N_o-1)\times N_i}$。

式（6.46）就是连续时域长标距应变的观测方程，对比式（4.87）可知，其和基于加速度的连续时域观测方程具有相同的形式。

2. 离散时域状态空间方程

利用与4.5.1节相同的离散化方法，并同样地引入实际过程中可能出现的噪声项，得到改进的离散时域状态空间方程：

$$\begin{cases}\{x_{k+1}\}=[A]\{x_k\}+[B]\{u_k\}+\{w_k\}\\\{y_k\}=[C]\{x_k\}+[D]\{u_k\}+\{v_k\}\end{cases}\tag{6.47}$$

式中，$[A]=e^{[A_c]\Delta}\in\mathbb{R}^{2r\times 2r}$，$[B]=\int_{t_k}^{t_{k+1}}e^{[A_c](t_{k+1}-t)}[B_c]dt=([A]-[I])[A_c]^{-1}[B_c]\in\mathbb{R}^{2r\times N_i}$，$[C]=[C_c]\in\mathbb{R}^{(N_o-1)\times 2r}$，$[D]=[D_c]\in\mathbb{R}^{(N_o-1)\times N_i}$，$\{w_k\}$ 代表由测量力不完备造成的过程噪声，$\{v_k\}$ 代表结构响应观测的噪声。

6.6.2 模态参数识别及应变柔度识别

1. 模态参数识别

由于基本的结构模态参数（固有频率、阻尼比、振型）仅来源于系统矩阵 $[A_c]$ 和 $[C_c]$，识别过程与4.5.3节的方法一致，区别在于识别的振型现在是长标距应变振型 $\{\psi_\varepsilon\}$。进一步，利用改进的共轭梁法可以将长标距应变振型 $\{\psi_\varepsilon\}$ 转换到位移振型 $\{\psi_d\}$。

2. 长标距应变柔度识别

类似于4.5.3中所展示的方法，对式（4.85）和式（6.46）进行傅里叶变换之后，根据频响函数的定义，可得基于系统矩阵表示的长标距应变频响函数为

$$[H^\varepsilon(\omega)]=[C](z[I]-[A])^{-1}[B]+[D]\tag{6.48}$$

式中，$z = e^{i\omega\Delta t}$。

特别地，此时 $[D] = [D_c] = [S_a][M]^{-1}[B_2] = -\dfrac{h_m}{l_m}([T_2] - [T_1])[R_a][K_{RR}]^{-1}[K_{RO}][M]^{-1}[B_2]$，由于 $[R_a] = 0$，所以 $[D] = 0$。按照与位移频响函数一样的方式可以对长标距应变频响函数进行模态解耦[213]，

$$[H^\varepsilon(\omega)] = \sum_{r=1}^{n} \frac{\{c_r^m\}\{b_r^m\}}{z - \lambda_r} = \sum_{r=1}^{n} \frac{\{\psi_r^\varepsilon\}\{b_r^m\}}{z - \lambda_r} \tag{6.49}$$

考虑到复模态形式的长标距应变频响函数公式中含有共轭项，所以该公式中总的模态阶次可以写为 $n/2$，则复模态形式的长标距应变频响函数为

$$[H^\varepsilon(\omega)] = \sum_{r=1}^{n/2} \left(\frac{\{\psi_r^\varepsilon\}\{\psi_r^d\}^T Q_r}{i\omega - \lambda_r} + \frac{\{\psi_r^{\varepsilon*}\}\{\psi_r^{d*}\}^T Q_r^*}{i\omega - \lambda_r^*} \right)$$

结合上式与式（6.49）可得，

$$\frac{\{\psi_r^\varepsilon\}\{\psi_r^d\}^T Q_r}{i\omega - \lambda_r} = \frac{\{\psi_r^\varepsilon\}\{b_r^m\}}{z - \lambda_r} \tag{6.50}$$

从上式可知，在第 r 阶固有频率附近作最小二乘估计可得模态缩放系数 Q_r，然后将识别出的应变振型、位移振型、系统极点和模态缩放系数代入式（6.25）中即可计算结构的应变柔度矩阵，当然这些参数同样也是计算位移柔度矩阵所必需的。

3. 稳定图

与 SSI 法识别位移柔度矩阵过程类似，该方法用于识别应变柔度矩阵时仍然需要借助于稳定图剔除虚假模态，稳定图的具体内容请参见 4.3.4 节。

6.6.3　三跨连续梁桥验证

有限元模型基于扬州北澄子河大桥。该桥主体结构为 53m＋85m＋53m 的三跨预应力混凝土变截面单箱单室连续箱梁桥，箱梁高度从距跨中 1m 处由 2.6m 至距墩中心 1.5m 处按二次抛物线规律变化为 4.85m。主桥主墩墩身采用圆头矩形实心墩，长 7.25m，宽 2.5m；主墩承台为矩形，厚 3.0m，平面尺寸为 12.75m×7.6m，基础采用 6 根 ϕ1.8m 的钻孔灌注桩。主桥和引桥之间的过渡墩采用圆柱式墩，横向为双柱式，直径 1.7m，承台为哑铃形，厚 2.5m，基础采用 4 根 ϕ1.5m 的钻孔灌注桩。

采用有限元软件 SAP2000 建立该桥的有限元模型，如 所示。全桥总共划分 192 个节点，191 个单元。在两个边跨主梁分别设置 27 个长标距应变传感器（除了跨中用 1m 标距外，其余均用 2m 标距）。在中跨主梁设置 43 个长标距应变传感器（跨中用 1m 标距，其余均用 2m 标距），共计 97 个单元模拟长标距应变传感器。在后文中所提到的单元编号均指此处的长标距应变所在单元的编号，对节点的编号也是如此。

由于子空间识别方法对输入力的形式要求低，且该桥的刚度较大，为保证全桥大部分的应变输出通道中有足够的有效数据，故采用在两个节点处（分别选取边跨的节点 11 和中跨的节点 41）做多峰值冲击。设定模态阻尼比为 0.05，通过 SAP2000 的时程分析，可

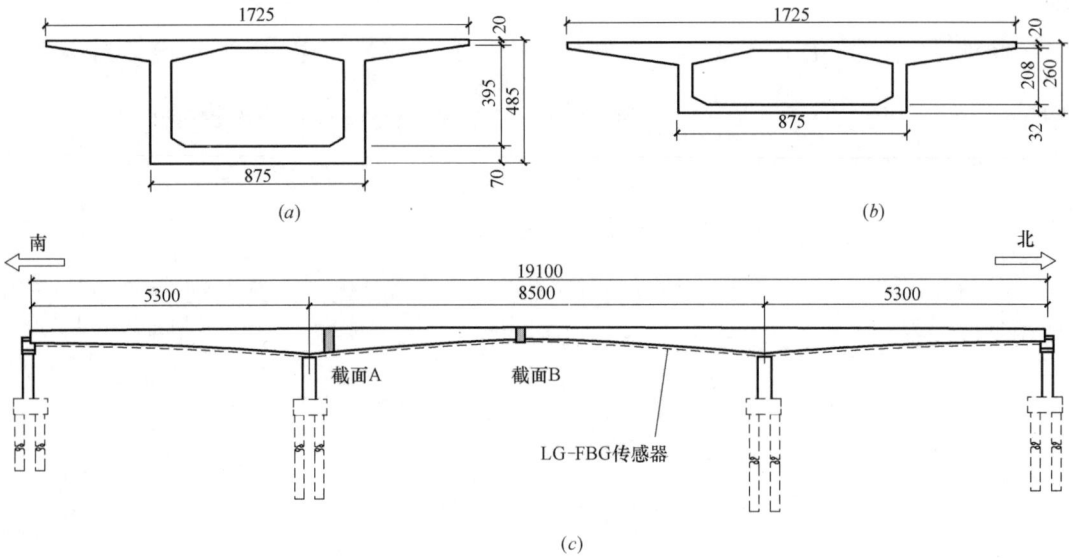

图 6.28　北澄子河大桥概况图（单位：cm）

（a）截面 A 尺寸图；（b）截面 B 尺寸图；（c）正立面图

得到相应的各个单元的长标距应变响应。考虑到 FBG 传感器的精度为一个微应变，因此在有限元软件输出的长标距应变时程中加入最大幅值为 1 个微应变的随机白噪声，用以模拟实际测试中的噪声干扰。图 6.29 是节点 11 和节点 41 分别施加的输入力时程曲线和典型的应变响应时程曲线图。

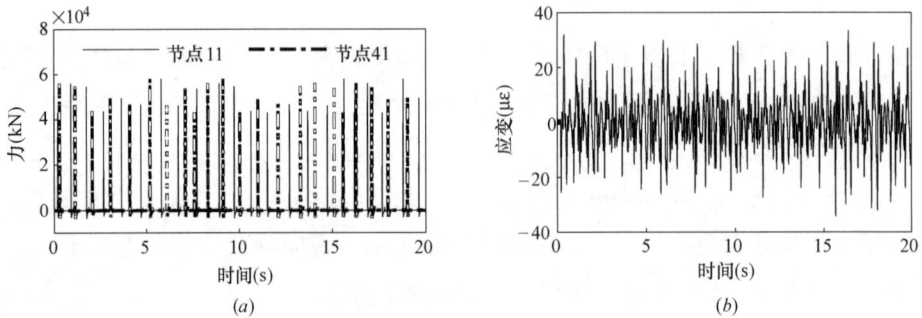

图 6.29　输入力和应变的时程曲线

（a）输入力时程曲线；（b）应变时程曲线

利用采集到的输入与输出时程数据进行结构模态参数识别，然后进一步计算应变柔度矩阵和位移柔度矩阵。首先，设定两个计算参数，分别是最大的计算阶次 n 以及 Hankel 矩阵的块行数 $2i$。最大阶次 n 若设得过大，会导致计算时间急剧加大；Hankel 矩阵的两个最为重要的参数为块行数 $2i$ 和矩阵列数 j，根据系统矩阵计算理论，当 $j \to +\infty$ 时，计算得到的系统矩阵与实际系统矩阵越接近，因此在满足块行数 $2i$ 的基本要求后，应使 $2i$

尽可能小，j 尽可能大。综合以上两点考虑，此次识别中设定最大阶次 $n=60$，块行数 $2i=40$。完成基本参数设定后，根据4.5.2节中介绍的子空间识别技术以阶次 2，4，6…，60 依次计算每一阶次下的系统矩阵，并根据4.5.3节中的式（4.122）~式（4.124）和 6.6.2节中的式（6.50）计算相应的结构模态参数（固有频率、阻尼比、应变振型、模态缩放系数）。特别地，利用改进的共轭梁法可以将长标距应变振型转换成位移振型。

接着，设定稳定图中四个参数的误差限条件，包括：①前后两阶计算阶次的频率相对误差限；②前后两阶计算阶次的阻尼比相对误差限值；③前后两阶计算阶次的应变振型 MAC 限值。对于最初的计算阶次 $n=2$ 的情况，所计算的全部参数都认为是新的固有频率点，标记为符号"o"。之后的每一阶参数根据满足的情况建立相应的稳定点。当三个条件均满足时，标记为符号"s"；仅满足条件①②时，标记为符号"d"；仅满足条件①③时，标记为符号"v"；仅满足条件①时，标记为符号"f"；当所有条件均不满足，则认为是新出现的固有频率点，同样标记为符号"o"。通过以上的绘图法则，绘制模态参数随计算阶次变化的稳定图，如图6.30所示。

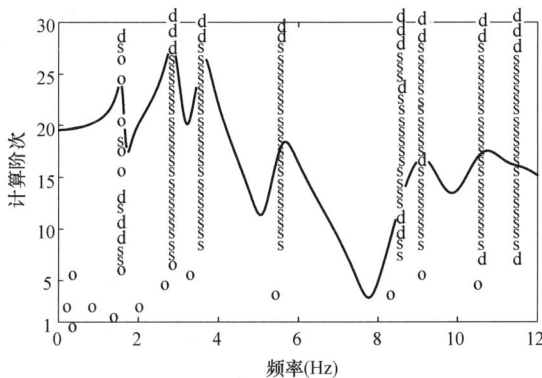

图 6.30　稳定图

通过选取稳定的极点，算法将自动计算结构在每一阶固有频率附近稳定点"s"处的平均频率、阻尼比、长标距应变振型、位移振型和模态缩放系数。表6.4为识别的前8阶固有频率、阻尼比和有限元的计算结果对比，图6.31为识别的前三阶长标距应变振型及对应的位移振型图。

	固有频率和阻尼比			表 6.4
阶　次	固有频率识别结果（Hz）	固有频率有限元结果（Hz）	阻尼比识别结果（%）	阻尼比有限元结果（%）
1	1.59	1.59	4.74	5.00
2	2.87	2.87	5.05	5.00
3	3.63	3.63	5.02	5.00
4	5.61	5.61	5.00	5.00
5	8.60	8.47	6.46	5.00
6	9.13	9.12	5.01	5.00
7	10.64	10.64	4.98	5.00
8	11.53	11.52	5.01	5.00

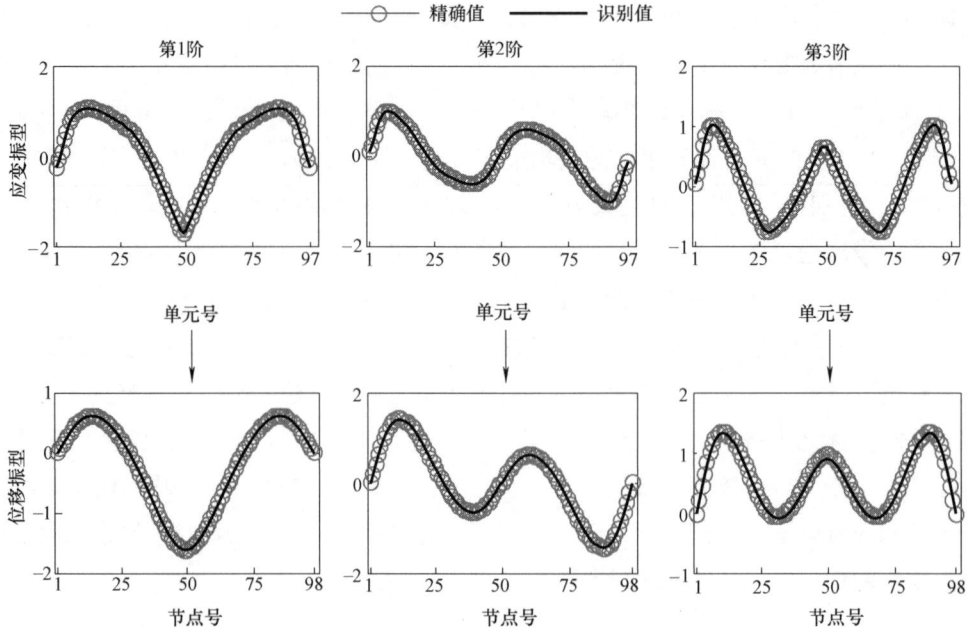

图 6.31　前三阶振型图

为了比较参数识别的精度和重构的频响函数的质量，采用在节点 11 输入、单元 3 输出的频响函数 H（3，11）作为基本的比较数据，分别使用输入力和输出应变响应采用 H1 法计算频响函数，将识别的模态参数代入复模态的应变频响函数公式（6.17）重构频响函数，将识别的系统矩阵 A，B，C，D 代入式（6.48）重构频响函数（取系统阶次 $n=$ 50），如图 6.32 所示。图中显示，由于输入力不为脉冲激励，H1 法估计的频响函数有很多毛刺，质量很差；而采用复模态频响函数公式重构的频响函数和用系统矩阵 A，B，C，D 重构的频响函数，他们的曲线都很光滑，因此对这种典型的非脉冲激励的情况，模态参数识别算法采用时域的 SSI 方法更好；从这个频响函数的高频部分（15～30Hz）又可以看出，复模态公式重构的频响函数与 H1 法计算的频响函数的整体趋势吻合度更高，而用系统矩阵重构的频响函数在高频部分与整体趋势逐渐偏离，这是由于在本次计算中仅取系统阶次 $n=50$ 这一次识别的系统矩阵计算频响函数，在这种情况下得到的系统矩阵没有识别出高阶模态参数，从而导致用其重构的频响函数在高频部分与整体趋势产生偏离。

最后将识别的系统极点、应变振型、位移振型和模态缩放系数分别代入式（6.25）和式（4.6）中计算应变柔度矩阵和位移柔度矩阵。利用识别的应变柔度矩阵和位移柔度矩阵预测静力载荷作用下的结构变形，从而检验识别结果的准确性。这里采用两种静力荷载工况：工况一为在所有节点施加竖直

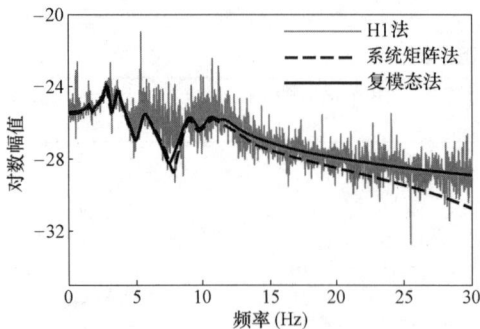

图 6.32　频响函数对比

向下的均布荷载 1kN；工况二为分别在节点 5，11，21 处施加竖直向下的荷载 10kN。所预测的应变和位移响应分别见图 6.33 和图 6.34，从这两个图可知，预测的应变响应和有限元计算的精确值一致吻合，表明所识别的应变柔度矩阵和位移柔度矩阵是相当精确的。

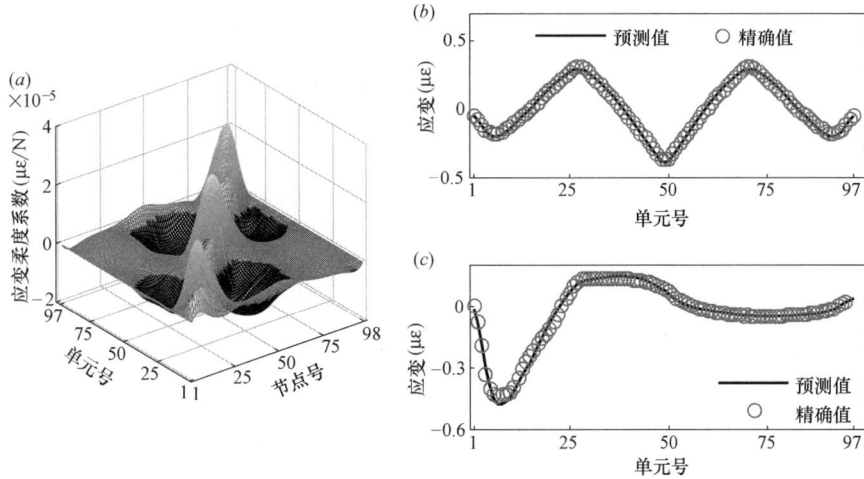

图 6.33　应变响应预测

（a）应变柔度矩阵三维曲面图；（b）应变响应（工况一）；（c）应变响应（工况二）

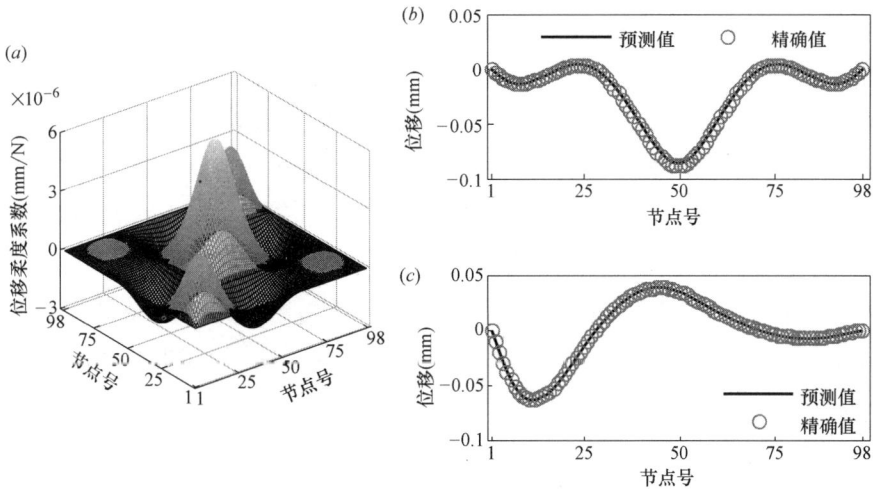

图 6.34　位移响应预测

（a）位移柔度矩阵三维曲面图；（b）位移响应（工况一）；（c）位移响应（工况二）

图 6.35 展示了模态截断效应对静力荷载作用下结构变形预测的影响，从图中可知，对于对称加载的工况一，前 3 阶模态参数足以得到较好的预测结果，而对于非对称加载的工况二，则需要更高阶模态参数参与计算才能够达到符合要求的预测结果。

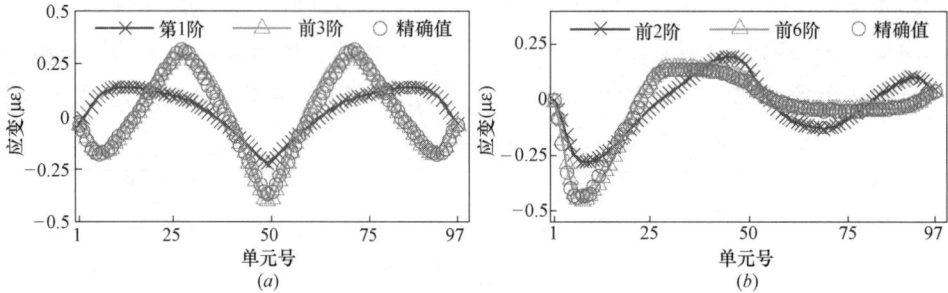

图 6.35 模态截断效应对静力应变预测的影响
(a）工况一；（b）工况二

6.7 结构损伤识别

通过应变模态分析得到的应变柔度矩阵除了可用于预测结构在静载作用下的应变响应和联合计算位移柔度矩阵外，还可用于研究结构的损伤识别。对梁式结构，结构在截面 x 处的应变 $\varepsilon(x)$ 和该截面的抗弯刚度 EI 成反比，即使对于其他复杂结构，应变和刚度虽然没有像前者那样简单的关系，但基本的力学常识告诉我们，当结构发生损伤时刚度会下降，在荷载作用下损伤位置处的应变较位移会显著增大，因此广大学者提出了一系列基于应变参数的损伤识别指标，在一定程度上获得了良好的效果，如文献[194]中的数值模拟实例用应变振型取代传统的位移振型，分别采用模态振型差（Mode Shape Change，MSC）、模态振型曲率差（Mode Shape Curvature Change，MSCC）和模态振型曲率平方差（Mode Shape Curvature Square Change）三种损伤指标成功的识别出了结构的损伤。此外，文献[193]采用应变柔度矩阵做结构损伤识别，但此文中的方法需要质量归一化的位移振型和对应的应变振型用于计算应变柔度矩阵，这对实际的复杂结构显然不可行，因此本节使用自行开发的应变柔度识别法（无需知道结构质量）进行损伤识别。分别计算损伤前后结构的应变柔度矩阵，然后分别计算结构在均布荷载（Uniform Load Surface，ULS）作用下的应变曲线的曲率，取这两条曲率的差进行损伤识别，当然也可以直接使用损伤前后应变柔度矩阵的差作损伤识别。

6.7.1 损伤识别指标概述

本节所采用的损伤识别指标包括：模态振型差、模态振型曲率差、模态振型曲率平方差、柔度矩阵差（Flexibility Matrix Change，FMC）和 ULS 曲率差（Uniform Load Surface Curvature Change，ULSCC），这些损伤识别指标既可以用位移参数也可以用应变参数，如指标 MSC、MSCC 和 MSCSC 可以采用位移振型或应变振型，指标 FMC 可以采用位移柔度矩阵或应变柔度矩阵，指标 ULSCC 可以采用位移 ULS 曲率或应变 ULS 曲率。由于结构发生损伤一般是局部区域的，应变作为结构的局部参数，因此应变将比位移对损伤更为敏感，这在众多文献中已有结论[192,194]。本节采用基于应变参数的指标进行损伤识别，现对这几个损伤指标作简单介绍。

1. 模态振型差

该指标的思想很简单，就是在结构发生损伤前后，取不发生损伤的位置作为参考点对振型归一化，则某阶振型在损伤位置处会发生变化，因此可以根据损伤前后的绝对差值做损伤识别，计算公式如下：

$$MSC_{mr} = |\phi_{mr}^{D} - \phi_{mr}^{U}| \tag{6.51}$$

式中，ϕ_{mr}^{U} 和 ϕ_{mr}^{D} 分别为结构损伤前后节点（位移）或单元（应变）m 的第 r 阶振型系数，MSC_{mr} 为节点或单元 m 的第 r 阶模态的 MSC 指标。

2. 模态振型曲率差

该指标的思想在于，结构发生损伤时，损伤位置处的振型会发生突变，因此振型在损伤位置处的曲率也跟着发生突变，可以计算损伤前后某阶振型曲率的绝对差值进行损伤识别，首先由中心差分法计算振型的曲率：

$$\phi_{mr}'' = \frac{\phi_{(m+1)r} - 2\phi_{mr} + \phi_{(m-1)r}}{l_m^2} \tag{6.52}$$

式中，l_m 为相邻节点或单元间的距离，ϕ_{mr}'' 为节点或单元 m 的第 r 阶振型的曲率。

振型曲率差指标 $MSCC_{mr}$ 定义为

$$MSCC_{mr} = |\phi_{mr}''^{D} - \phi_{mr}''^{U}| \tag{6.53}$$

式中，$\phi_{mr}''^{U}$ 和 $\phi_{mr}''^{D}$ 分别为结构损伤前后节点或单元 m 的第 r 阶振型曲率。

3. 模态振型曲率平方差

MSCSC 指标对 MSCC 指标的改进为计算振型曲率的平方差，该指标的优势在于，在结构未发生损伤的位置，振型曲率的变化很小，平方之后的差值变化也很小，而在发生损伤的位置，振型曲率本身已有变化，因此平方之后的差值变化将更加明显，平方的作用在于对损伤引起的变化进行放大，使得能够识别微小损伤，该指标定义为

$$MSCSC_{mr} = |(\phi_{mr}''^{D})^2 - (\phi_{mr}''^{U})^2| \tag{6.54}$$

4. 柔度矩阵差

前面介绍的三种损伤指标都是采用振型计算的，由于一般结构都有多阶振型，不同阶次的振型代入这三个指标计算时往往并不能得出完全一致的损伤识别结果，有时还会出现损伤位置的漏判，如果损伤正好发生在某阶模态的模态节点处时，损伤前后该节点的这阶振型系数始终为零，导致这三个指标在损伤位置处并不产生变化，由此造成了漏判。

一个合理的想法是利用所识别的所有阶振型参与损伤识别计算，首先想到的方法是将这些振型全部分别代入指标（1）、（2）、（3）中计算，然后融合各阶振型的结果进行损伤识别，然而各阶振型的计算结果并不能简单叠加起来，因为高阶振型往往受噪声干扰导致识别精度有限，简单叠加意味着各阶振型采用平均加权的方法，也就是默认为低阶振型和高阶振型拥有同等的精度，所以有必要采用更可靠的加权方式。基于柔度矩阵的损伤识别

指标就应运而生，不管是位移柔度还是应变柔度的计算公式，模态缩放系数和系统极点正好充当了加权因子的角色，低阶模态参数识别精度高，对柔度矩阵的贡献大，高阶模态参数识别精度低，对柔度矩阵的贡献小，因此可以采用损伤前后的结构柔度矩阵的绝对差值构建指标进行损伤识别，差值矩阵在未损伤位置处的元素应该趋近于零，而在损伤位置处的元素则明显具有较大值。

由于位移频响函数和位移柔度矩阵具有对称性，因此基于位移参数的 FMC 指标也具有对称性，便于准确确定损伤位置，在 6.2.3 节中已经说明，应变频响函数不具有对称性，从而导致应变柔度矩阵也不具有对称性。为了仍能利用 FMC 指标方便地判断损伤位置，作者对该方法进行适当的改进，使得基于应变的 FMC 指标具有对称性。事实上，利用识别的模态参数计算应变柔度矩阵的公式（6.25）中，由于位移振型的存在打破了应变柔度矩阵的对称性，因此在保证其余参数不变的前提下，作者将该公式中的位移振型简单替换为对应的应变振型，得到对称的应变柔度矩阵（Symmetrical Strain Flexibility Matrix，SSFM），计算公式如下所示：

$$\left[F^{\mathrm{s,\varepsilon}}\right] = \sum_{r=1}^{N}\left(\frac{\{\psi_r^\varepsilon\}\{\psi_r^\varepsilon\}\,Q_r}{-\lambda_r} + \frac{\{\psi_r^{\varepsilon*}\}\{\psi_r^{\varepsilon*}\}\,Q_r^*}{-\lambda_r^*}\right) \tag{6.55}$$

式中，$\left[F^{\mathrm{s,\varepsilon}}\right]$ 上标处的 "s" 代表对称性（Symmetry）。

注意对称的应变柔度矩阵没有对应的物理意义，这样处理只是为了保证计算的矩阵具有对称性，便于构造一个对称的损伤指标使其能够方便的确定损伤位置。利用 $\left[F^{\mathrm{s,\varepsilon}}\right]$ 定义基于应变参数的 FMC 指标为：

$$FMC_{ij} = \left| F_{ij}^{\mathrm{D}} - F_{ij}^{\mathrm{U}} \right| \tag{6.56}$$

式中，F_{ij}^{U} 和 F_{ij}^{D} 分别是损伤前后对称的应变柔度矩阵系数。

5. ULS 曲率差

利用识别的应变柔度矩阵，预测结构在均布荷载作用下的响应曲线（位移或应变曲线），该曲线称为 ULS 曲线，当结构发生损伤时，损伤位置处的 ULS 曲线不光滑，导致曲线的曲率产生突变，以结构在损伤前后 ULS 曲线曲率的绝对差值构建如下的损伤识别指标 ULSCC：

$$ULSCC_{\mathrm{m}} = \left| ULSC_{\mathrm{m}}^{\mathrm{D}} - ULSC_{\mathrm{m}}^{\mathrm{U}} \right| \tag{6.57}$$

式中，$ULSC_{\mathrm{m}}^{\mathrm{U}}$ 和 $ULSC_{\mathrm{m}}^{\mathrm{D}}$ 分别是损伤前后节点或单元 m 的 ULS 曲率值，采用中心差分法计算。

6.7.2　IBS 桥研究

美国联邦公路局（FHWA）桥梁长期性能研究组（LTBP）所发起的国际桥梁研究项目（IBS）是研究新型桥梁损伤识别方法的 Benchmark 模型，本书作者曾对该桥部分桥跨采用长标距光纤应变传感器进行过相关测试工作[214]，现使用该桥的有限元模型模拟损伤，采用上一小节的五种损伤指标对该桥进行损伤识别，该桥的模型概况参见

5.4.3 节。

1. 冲击振动测试和应变柔度识别

所建立的有限元模型中有 8 根钢梁，从长度最长的钢梁到最短的钢梁分别依次设为梁 1 到梁 8，取钢梁 1，3，6，8 作为研究对象，假设在这 4 根梁上的每个梁单元均布置有长标距应变传感器，其中传感器的标距长度和梁单元长度相等，每根梁上都有 32 个传感器，长标距单元编号的顺序为：钢梁 1 从左到右依次编号为 1 到 32，剩下的钢梁 3，6，8 上的单元编号规则相同，共 128 个长标距单元；节点编号顺序与单元编号顺序一致，共 132 个节点。分别选取钢梁 1，3，6，8 上的 4 个单元 15，53，75，112 的中点作为冲击节点，依次施加冲击力，然后采集冲击力和单元的应变时程数据，为模拟观测噪声的影响，在冲击力和应变响应中各加入 10% 的高斯白噪声。模拟过程中采集到的典型的冲击力和应变响应信号如图 6.36（a）和（b）所示，然后计算图 6.36（c）所示的典型的应变频响函数。

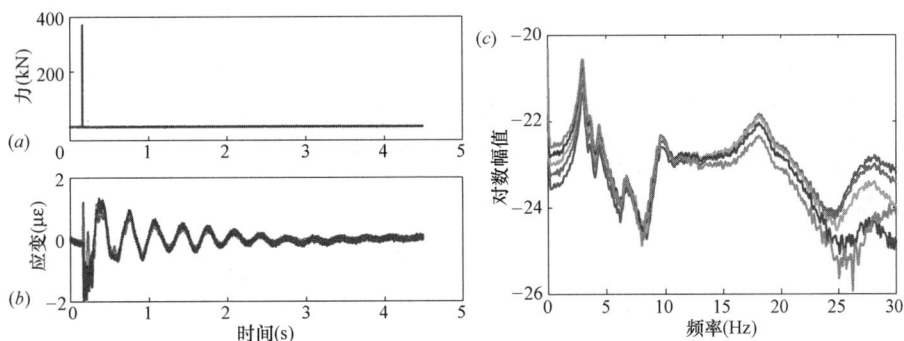

图 6.36 典型的模拟数据

（a）冲击力时程；（b）应变时程；（c）应变频响函数

采用改进的 CMIF 法进一步识别应变柔度矩阵，为直观表示，画出该矩阵的三维曲面图（图 6.37）。由于所研究的每根梁上有 32 个长标距单元，因此 4 根梁组成的应变柔度矩阵维数为 128×128，图中所示的主对角区域的 4 个波峰分别对应于所研究的 4 根简支型钢梁，其中两头的两个主波峰对应梁 1 和梁 8，中间的两个次波峰对应梁 3 和梁 6。由于桥面板的存在，中间位置的钢梁存在横向刚度，因此梁 3 和梁 6 的变形受到桥面板的横向约束，当荷载作用于这两根梁上时，自身梁上的单元应变就小，对应于应变柔度矩阵曲面图上的波峰就小；而位于两侧的梁 1 和梁 8 相比于中间的梁 3 和梁 6 来说，其只受单侧桥面板的横向约束作用，当荷载作用于这两根梁上时，自身梁上的单元应变相对较大，对应于应变柔度矩阵曲面图上的波峰也就大。此外，图中非对角线上的"平坦"区域表明钢梁相互之间的耦合变形较小，即荷载作用于某根梁上时，其余梁上的应变很小，这说明该结构的荷载传递路径是合理的，本跨上的荷载基本由本跨梁承担，不通过横向桥面板向两侧传递。

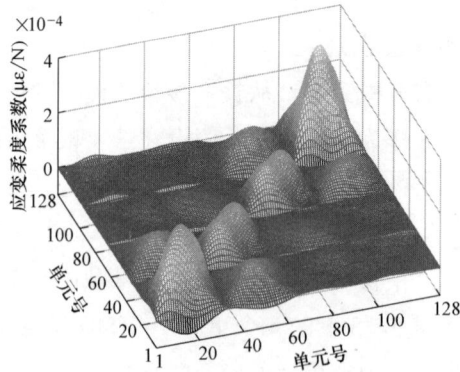

图 6.37　应变柔度矩阵的三维曲面图

2. 损伤工况设计

对 IBS 桥有限元模型采用前述的五种损伤指标作结构损伤识别。记完好结构为状态 D_0，即没有损伤发生。钢梁容易受到腐蚀，当梁跨度较大时，结构在荷载作用下的变形就更明显，因此取所研究的 4 根梁中跨度最大的梁 1 和梁 3，采用减小翼缘宽度的方法模拟钢梁受腐蚀的损伤类型。研究 D_1 和 D_2 两种不同程度和数量的损伤工况，其中工况 D_1 是单根梁内的多损伤，即在钢梁 1 上，将位于跨中的单元 16 和四分之三跨位置的单元 24 的上下翼缘切割掉 0.12ft，这种损伤模式等效为单元刚度下降了 11.67%；工况 D2 是多根梁间的多损伤，即在 D1 基础上，再将梁 3 上位于四分之一跨位置的单元 40 和靠近跨中的单元 52 的上下翼缘切割掉 0.13ft，这时等效为这两个单元的刚度下降了 14.40%，损伤工况模拟图如图 6.38 所示。

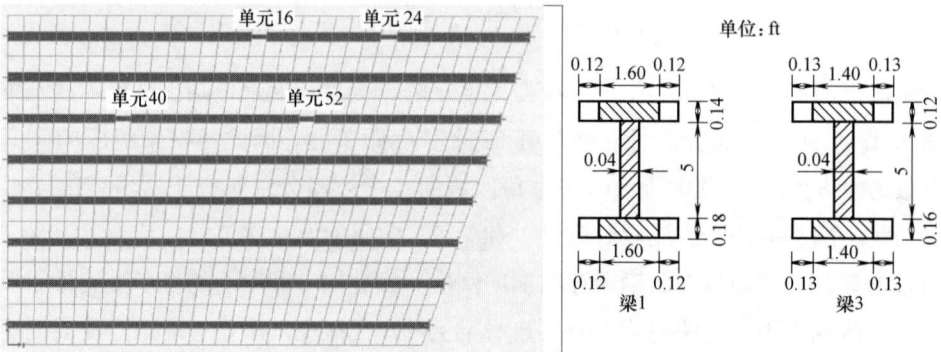

图 6.38　IBS 桥损伤工况模拟图

3. 损伤识别结果

分别对损伤结构 D_1 和 D_2 进行冲击振动测试，采集冲击力数据和动应变数据，同样模拟环境噪声影响，给输入力和输出应变分别加入 10% 的高斯白噪声，然后识别应变模态参数和应变柔度矩阵。由于第 1 阶应变振型通常对损伤比较敏感，因此将梁 1 和梁 3 的第 1 阶应变振型代入损伤指标 MSC、MSCC 和 MSCSC 中识别结构损伤。首先分别画出梁1和梁3在无损伤 D_0，损伤 D_1 和损伤 D_2 工况下的第1阶应变振型图（图6.39），图中显示损伤后的应变振型在损伤位置处有明显突变，这显然有利于利用后续的损伤指标进行损伤识别。

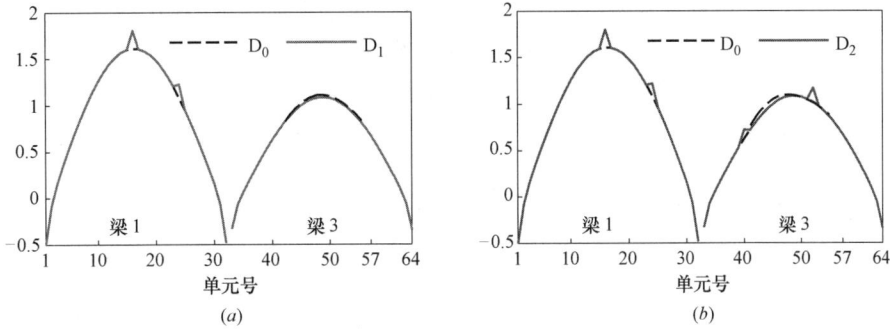

图 6.39　梁1和梁3的第1阶应变振型图

(a) D_0 和 D_1；(b) D_0 和 D_2

（1）应变 MSC 指标结果

将梁1和梁3损伤前后的第1阶应变振型代入式（6.51）中计算指标 MSC，然后画出下图所示的柱状图，D_1 工况图和 D_2 工况图中出现显著峰值的单元均与结构发生损伤的单元（以三角形标注）正好对应，说明即使在 10% 噪声干扰下，MSC 指标仍能明显地识别出结构的损伤位置，所以基于应变振型的 MSC 指标具有良好的抗噪性。

关于基于位移参数的 MSC 指标和基于应变参数的 MSC 指标的抗噪性研究，可参见文献[194]，该文表明基于位移的 MSC 指标在无噪声条件下能够正确识别损伤发生的区域，但是在低噪声干扰下，基于位移的 MSC 指标则失效，而基于应变的 MSC 指标在较高噪声水平干扰下，损伤识别结果和本文研究的 10% 的高噪声水平结果类似，均正确识别出结构损伤发生的位置。从图 6.40 中还可以看出，应变振型在发生损伤的单元附近具有一定的影响范围，在工况 D_2 的 MSC 指标图中，损伤单元 40 和 52 附近的 MSC 指标也有波动，但这两个区域处峰值"柱"的存在精确的指示出了损伤的位置。

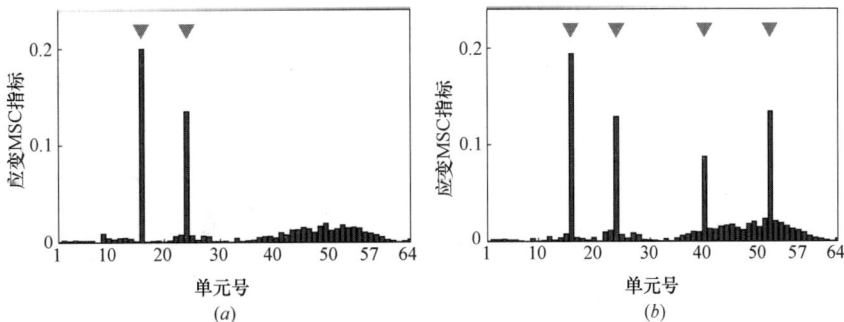

图 6.40　第1阶应变振型的 MSC 指标图

(a) 损伤工况 D_1；(b) 损伤工况 D_2

287

（2）应变 MSCC 指标结果

损伤工况 D_1 和 D_2 的 MSCC 指标图如图 6.41（a）和（b）所示，这两个图均是在 10%噪声条件下计算的，具有与 MSC 指标类似的识别结果，图中均正确的指示出工况 D_1 和 D_2 各自发生损伤单元的位置，只是损伤附近单元的影响也较显著。工况 D_1 的图中，损伤单元 16 两侧的单元 15 和 17、损伤单元 24 两侧的单元 23 和 25 的应变 MSC 指标也较大，但这两个区域中心位置处最显著的峰值"柱"精确的指示出了损伤的位置，工况 D_2 中也有同样的现象存在。

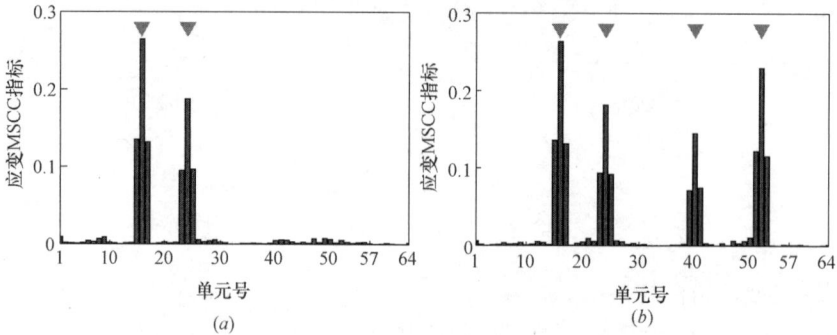

图 6.41　第 1 阶应变振型的 MSCC 指标图

（a）损伤工况 D_1；（b）损伤工况 D_2

（3）应变 MSCSC 指标结果

第三种损伤指标 MSCSC 的结果图如下，同样是在 10%噪声条件下计算的，该指标不但正确识别出了损伤发生的单元，还缩小了损伤影响的范围，使得在实际应用中对损伤位置的判断更为准确。以工况 D_1 为例，MSCSC 指标只有在损伤单元 16 和 24 位置处才明显，附近单元的值都较小，该特性保证了损伤定位的准确性，而前面给出的 MSC 指标和 MSCC 指标在损伤单元 16 和 24 附近一定范围内的值都较显著，很多时候只能指示出损伤发生的大概范围，并不能精确的定位发生损伤的具体单元。因此 MSCSC 指标通过简单的平方计算，能将微小的损伤区域进一步放大，便于识别真正发生损伤的单元，识别结果更

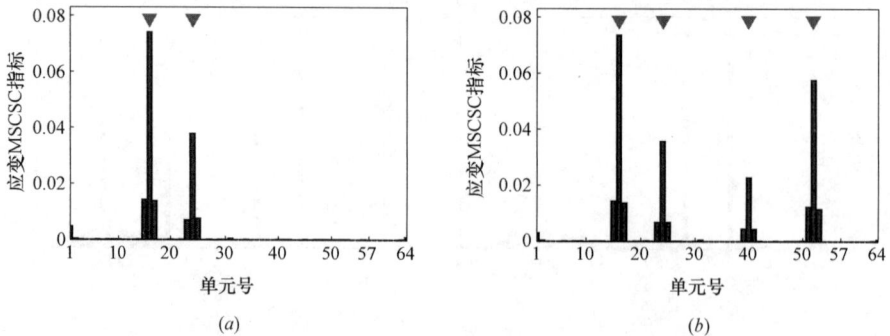

图 6.42　第 1 阶应变振型的 MSCSC 指标图

（a）损伤工况 D_1；（b）损伤工况 D_2

加可靠。

（4）应变 FMC 指标结果

前面采用的 MSC、MSCC 和 MSCSC 指标使用的是结构的第 1 阶应变振型，这里继续采用损伤前后结构的应变 FMC 指标进行损伤识别，只是为了保证基于应变的 FMC 指标具有对称性，先采用式（6.55）分别计算损伤工况 D_1 和 D_2 的对称的应变柔度矩阵，然后联合无损伤工况 D_0 的对称的应变柔度矩阵计算指标 FMC［见式（6.56）］，由于损伤只发生在梁 1 和梁 3 上，这里只给出这两根梁的 FMC 指标的三维柱状图，如图 6.43 所示。

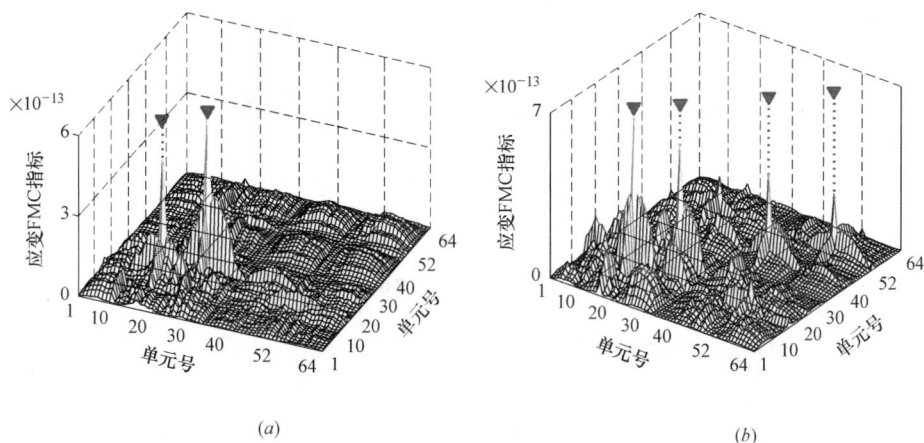

图 6.43　应变柔度 FMC 指标图
（a）损伤工况 D_1；（b）损伤工况 D_2

以 D_1 工况的 FMC 指标图为例，说明损伤识别结果，图中凸起的两根"柱"分别成功地定位出了损伤单元 16 和 24（图中三角形指示），对 D_2 工况的损伤识别也成功定位出了损伤单元，由于识别的应变柔度矩阵采用的是 10％噪声水平的数据，由此证明该损伤指标具有良好的抗噪性。

相较于有些文献中采用的位移柔度曲率方法[215]和基于应变柔度矩阵的损伤识别方法[193]而言，本文的应变柔度 FMC 指标更具有实用价值，因为文献中的方法大多需要用结构的质量矩阵来计算质量归一化的位移振型和相应的应变振型，这显然不适用于实际的大型土木工程结构，而本文识别的应变柔度矩阵不需要知道结构的质量信息，因而具有更广泛的工程实用价值。

（5）应变 ULSCC 指标结果

结构在所有节点作用均布荷载下的应变值称为应变 ULS 曲线，不同损伤状态下结构的应变 ULS 曲线在非损伤位置处基本不变，而在损伤位置处变化明显，所以应变 ULS 曲线对损伤很敏感，利用损伤前后的应变柔度矩阵［采用式（6.25）计算］，可以预测结构的应变 ULS 曲线，然后用其计算损伤前后应变 ULS 曲线的曲率（ULSC 曲线），然后代入式（6.57）中计算损伤指标 ULSCC，达到识别损伤的目的。

在每个单元中点作用 1kN 静力得到的损伤工况 D_1 和 D_2 的 ULSCC 指标如图 6.44 所示，图中柱状位置对应于三角形标记的实际损伤位置，所以该指标的损伤识别结果是正确的，且识别的应变柔度矩阵来自于 10% 噪声水平的输入力和输出应变数据，证明应变 ULSCC 指标也具有良好的抗噪性。

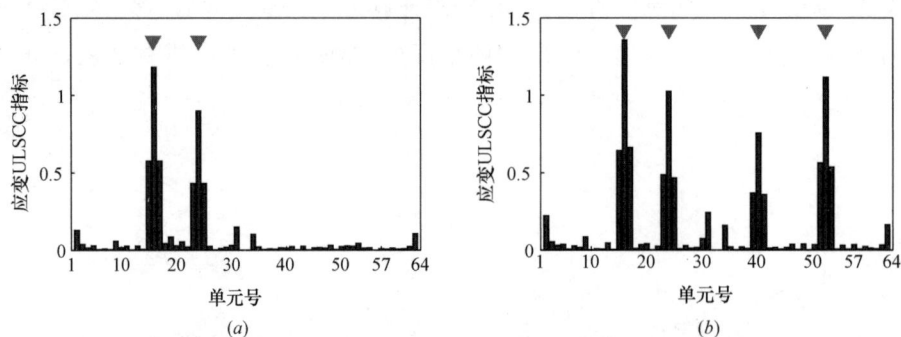

图 6.44　应变 ULSCC 指标图
(a) 损伤工况 D_1；(b) 损伤工况 D_2

结构的损伤识别是一个富有挑战性的课题，开发出一套适用于土木工程实际结构的损伤识别方法的任务还很艰巨，本书阐述的损伤识别方法虽然实现了损伤的定位，但是对更深层次的损伤的定量化识别仍需进一步研究。到目前为止，本章建立了长标距应变模态理论和应变柔度矩阵识别法，并研究了基于应变参数的损伤识别，扩展了应变模态的应用范围。应变柔度也可以像位移柔度那样，采用分块冲击振动测试的方法进行识别，其原理和第五章的位移柔度识别的分块测试方法相同，在此不再赘述。

第7章

基于移动冲击的桥梁快速测试与识别

上述章节介绍了冲击振动理论，相比于环境振动，冲击振动测试同时采集结构的输入与输出信息，不仅能够得到频率、阻尼、振型等基本模态参数，还能识别结构深层次参数如柔度，但是现有的冲击振动方法属于"边停边激振边测试"阶段，仍然不够方便快捷。因此，本章作者提出了一种基于移动冲击的桥梁快速测试与诊断方法，即直接利用移动车辆本身对桥梁结构激振，通过监测车轮先进传感信息识别的车轮竖向力（车桥系统耦合作用力）和桥梁响应来识别结构的深层次参数，切实实现"边移动边激振边测量"的桥梁快速测试。

7.1 基于移动冲击的桥梁快速测试方法与思路

本章提出的基于移动冲击的桥梁快速测试与诊断思路如图7.1所示，它首先通过移动车辆本身激励桥梁并采用先进传感采集轮胎响应反演竖向车轮力，同时通过微波雷达非接触式测量桥梁在冲击振动下的动态位移或采用加速度传感器拾取结构测点的加速度响应，从而实现"边移动边激振边测量"的方便快捷的测试。本章将重点解决上述所提议快速测试与识别方法中的理论问题，包括基于微波技术、相位干涉等理论方法的微波干涉雷达设备研发、基于先进监测技术的车桥耦合作用力的实时反演、移动式连续冲击下桥梁振型缩放与柔度等深层次参数的识别，从而实现方便快速而又结果可靠的桥梁测试与诊断。

本章主要内容包含以下三方面：

（1）基于微波雷达技术、相位干涉等理论方法研发测桥微波干涉雷达设备，以实现远距离、高精度、全天候的非接触桥梁响应监测。同时，针对实际工程测试中存在雷达基点扰动、环境振动等影响因素，提出多参考点消除雷达基点运动方法，以实现车辆正常行驶下桥梁响应的实时测量；

（2）利用先进传感技术监测车辆行驶过程中轮胎运动信息，揭示轮胎监测信号与连续车轮力之间的复杂映射关系，开发移动式冲击振动下连续车轮力的识别理论，实现车辆正

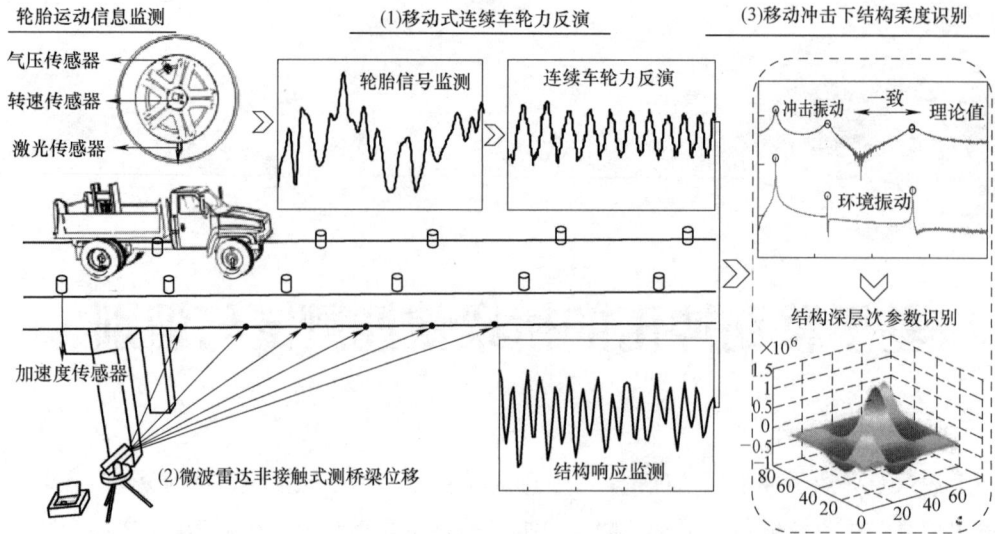

图 7.1 桥梁快速测试与诊断的思路

常行驶下车桥耦合作用力实时测量；

（3）研究移动式冲击与微波雷达非接触测桥梁位移响应（或拾取的结构加速度响应）这一新情况下结构振型缩放以及位移柔度等深层参数识别理论，实现桥梁当前性能状况的可靠识别与诊断，从而切实保障所提议"边走边激振边测量"的桥梁快速测试方法的有效性。

7.2 基于微波干涉雷达的桥梁结构响应测量

针对桥梁非接触测量，本节首先介绍了微波干涉雷达系统组成与工作原理，并针对其测量精度和数据稳定性，采用收发天线隔离技术及频谱能量重心法提高测频精度。然后针对现场测试中雷达基点对测点的影响，提出了多参考点差分法消除雷达基点运动对测试结果的影响。最后，通过一系列的实验与常规的测量装置对比，验证所开发设备的测量精度和可靠性。

7.2.1 微波干涉雷达系统组成与工作原理

桥梁微变形测量微波干涉雷达设备主要包括雷达信号处理机和监控单元两大部分。如图 7.2 所示，其主要组成部件为接收天线、发射天线、发射机、接收机、信号处理机、高精度电子磁罗盘、GPS 模块、激光指示器、激光测距机、显控单元、自检单元以及供电单元。其中，发射接收组件用于产生 F 频段发射信号，工作频率为 $15.85 \sim 16.15$GHz。主要由基带信号产生器、射频源、上变频器、射频滤波器、功率放大器组成。基带信号产生器以 DDS 为核心实现，产生线性调频信号，调制信号为周期 1.5ms 的锯齿波、三角波，调制带宽最大为 300MHz，基带信号的中心频率 250MHz，所以基带信号占用的频谱范围 100MHz～400MHz，该信号与射频源产生的 15.75GHz 信号混频（上变频），经射频滤波后经功率放大得到 1W 的功率信号，经定向耦合器耦合出 7dBm 的信号送接收机作为混频的本振信号，主功率信号送发射天线，雷达系统原理如图 7.3 所示。

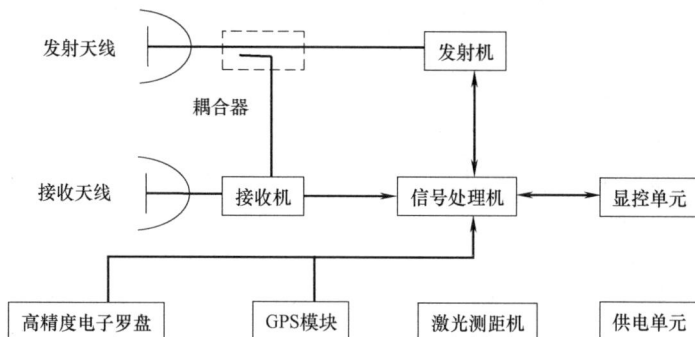

图 7.2　雷达系统组成框图

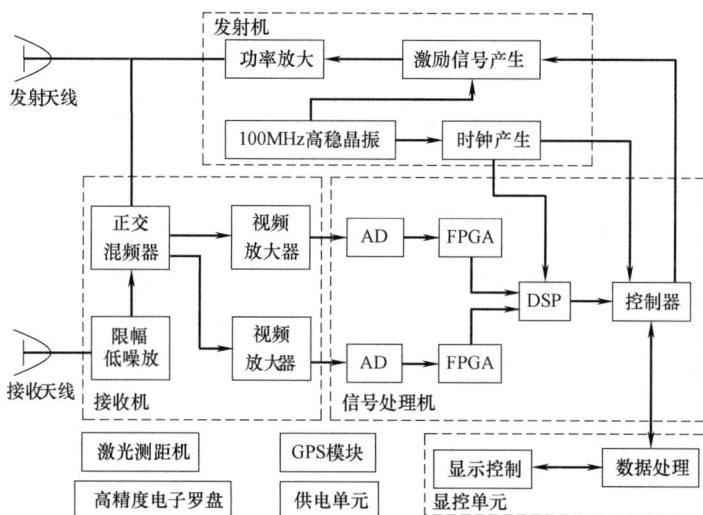

图 7.3　雷达系统原理框图

1. 测距原理

雷达发射机连续产生周期为 1.5ms，起始频率为 15.85GHz、终止频率为 16.15GHz 的锯齿波线性调频信号，经放大通过天线发射出去，当发射的微波信号遇到目标后被目标反射回来，雷达的接收天线接收回波信息，经过接收机混频和滤波处理，获得零中频信号，该信号含有目标距离信息和微变形信息。回波信号混频处理示意图详见图 7.4。

假设雷达发射信号为：

$$s_1(t) = A_1 \mathrm{e}^{j2\pi\left(f_0 t + \frac{kt^2}{2}\right)} \tag{7.1}$$

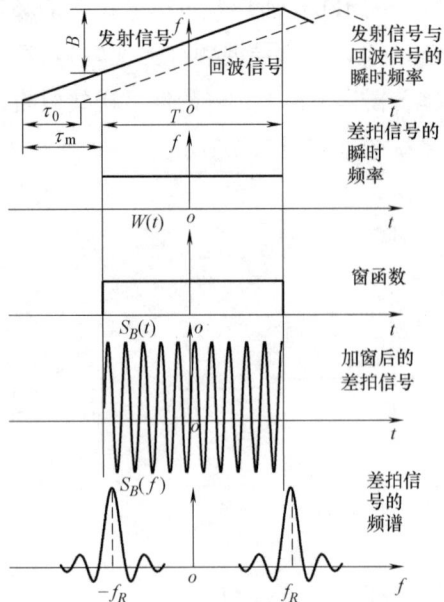

图 7.4　回波信号混频处理示意图

式中，A_1 为发射信号的幅度；$f_0 = 15.85\text{GHz}$ 为发射信号的起始频率；$k=B/T$ 为调制斜率；其中，$B=300\text{MHz}$ 为雷达工作带宽，$T=1.5\text{ms}$ 为雷达发射信号周期。距离雷达 R 处产生回波信号，则该回波抵达雷达后，回波延迟为 τ_0，并且 $\tau_0=2R/c$，（c 为光速），则回波信号可表示为：

$$s_r(t)=A_r e^{j2\pi\left\{f_0(t-\tau_0)+\frac{k(t-\tau_0)^2}{2}\right\}} \tag{7.2}$$

经过混频得到零中频差拍信号：

$$s_\Delta(t)=A_1 A_r e^{j2\pi\left(f_0\tau_0+kt\tau-\frac{kt^2}{2}\right)} \tag{7.3}$$

把相位对时间求微分，可得差拍频率为：

$$f_\Delta=k\tau \tag{7.4}$$

由式（7.4）可知，目标信号时延与差拍频率有关，即目标距离与差拍频率有关。

2. 数字信号处理原理

在接收机内，混频器输出正交双路的零中频信号，经反混叠滤波、放大后送双路 AD 变换器，获得离散的回波数据送信号处理器处理，信号处理器主要由 DSP 和 FPGA 组成。

在信号处理器内对离散回波信号进行 FFT 处理，发射信号的一个扫频周期对应一个采样周期，一个采样周期的数据为一个快拍，对一个快拍数据做 N 点 FFT，可得到不同距离目标的回波相位信息，连续做 M 个快拍的 FFT，把数据排成 M 行 N 列，再对每列数据做 FFT 变换，可得到每个距离门目标的回波相位波动信息，经计算，可得到不同距离目标的微变形数据。

设 $x_a(t)$ 为模拟多普勒信号，在 $nT_s(n=0,1,\cdots,N-1)$ 时刻进行采样，可获得 N 点的数字信号序列（称为一个快拍）为：

$$x(n)=x_a(nT_s) \qquad n=0,1,\cdots,N-1 \tag{7.5}$$

式中，T_s 为采样时间间隔，则采样率为 $f_s=1/T_s$。该序列的 FFT 变换为：

$$X(k)=\sum_{n=0}^{N-1}x(n)w(n)W_N^{nk} \qquad k=0,1,\cdots,N-1 \tag{7.6}$$

式中，$w(n)$ 为窗函数，用来抑制频谱旁瓣，W_N^{nk} 为旋转因子。由 $X(k)$ 可计算出在 N 个频率 $f_k=\dfrac{kf_s}{N}$（$k=0,1,\cdots,N-1$）处的信号功率谱：

$$P(k)=|X(k)|^2 \qquad k=0,1,\cdots,N-1 \tag{7.7}$$

它们等效于信号 $x(n)$ 通过 N 个中心频率为 f_k 的数字滤波器组后的输出。当不同距离目标回波的差拍频率 f_Δ 落在第 m 个滤波器的通带内时，对应的 $P(m)$ 就产生一个峰值，表明差拍频率为：

$$f_\Delta = \frac{m f_s}{N} \tag{7.8}$$

AD 采样后的数字序列进行 FFT 后，是一个快拍的处理的结果，可能搜索到多个谱峰，这些谱峰含有多个静目标，也可能含动目标，该雷达应用于测量静目标的微变形，所以需要对动目标进行抑制，方法为：对多个快拍的数据进行联合处理。即连续做 M 个快拍的 FFT，做二维 FFT 变换，可得到每个距离门目标的回波相位波动信息，进而得到不同距离目标的微变形数据，而动目标的回波相位变化剧烈，容易识别并剔除。

3. 微变形测量原理

微变形的测量基于相位干涉法，将不同时间段所采集的目标信号相位进行相干处理，获得相位的相对变量 $\Delta\varphi$，利用 $\Delta\varphi$ 就能够解算出微动位移 d，相位干涉法测量原理见图 7.5。t_1 和 t_2 时刻所对应的同一个目标的微动位移 d，TX 为发射天线，RX 为接收天线，通过接收机获得目标的回波，通过解算，最终得出 t_1 和 t_2 时刻的相位差为 $\Delta\varphi$，则微动位移 $d = \frac{\lambda}{4\pi} \Delta\varphi$，其中 λ 为发射信号中心频率的波长。通过连续处理采集数据，就能够绘出目标在某一时间段内的微动轨迹。

干涉测量技术能够获得精确的测量精度，但当桥梁变形量比较大，超过半个波长后，存在相位模糊问题，为此需要解相位缠绕，可采取相邻帧数据比较的方法，因为雷达的两帧数据的时间间隔很小，确保桥梁的微动量不会超过半个波长，以此准则进行相位解缠绕，可以还原真实的测量值，通过连续比较相邻帧数据，即可得出桥梁在一定时间内的微变形曲线。

4. 微变形真值计算

如图 7.6 所示，通过比较两次测量信号之间的相位，可以精确得到目标相对雷达径向微小位移，即为图

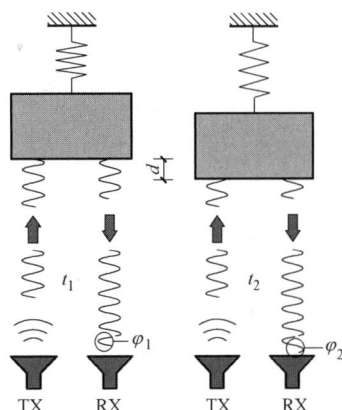

图 7.5　相位干涉法测量原理

中的 d_p，用户关心的是目标垂直向的位移 d_h，由图中的几何关系可以看出：

$$d_h = \frac{d_p}{\sin\alpha} = d_p \frac{R}{h} \tag{7.9}$$

式中，R 为雷达到目标的直线距离；h 为雷达到桥面的垂直距离。

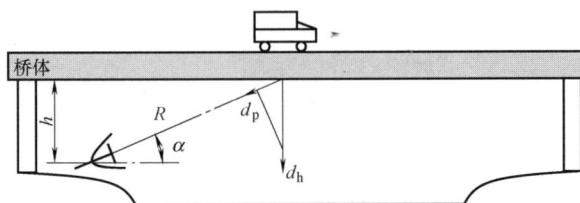

图 7.6　真值计算示意图

7.2.2　消除雷达基点运动的微波干涉雷达桥梁微动快速测试方法

结构变形是桥梁监测的重要内容，在工程实际中拥有广阔的市场空间，但长大跨桥梁微小变形的精确监测是一个挑战性问题。在实际桥梁测试中一般缺乏固定基点导致测量得到的微动位移包括雷达基点的振动信息。因此，为了真正实现远距离（2km）、高精度（0.01mm）雷达快速便捷的测量桥梁微振动，需要考虑如何消除基点振动的影响。

国内外学者针对雷达基点振动的影响开展了一定的研究，其常用方法为在雷达机箱后面放置加速度计进行位移补偿。但是，由于根据加速度积分反演位移存在误差放大的问题，该方法存在一定的局限性，并没有完全解决雷达基点扰动对测试精度的影响。因此，基于微波干涉雷达可实现结构多测点同时测量的优势，作者通过将测试点的位移减去参考点的位移从而消除雷达基点振动的影响，然后基于结构振型的正交性结合结构测量的相对位移和移动冲击力识别桥梁的模态参数与位移柔度，从而可实现桥梁结构的挠度预测和性能评估。但需指出的是，该方法适用于刚度和质量分布相对均匀的桥梁。

如图 7.7 所示，假设雷达基点存在竖向水平耦合振动，雷达实际测量到的某时刻的微位移可以表示为：

$$M_1 = d_1 \cos\alpha_1 + d_{Rx} \sin\alpha_1 + d_{Ry} \cos\alpha_1$$

$$M_2 = d_2 \cos\alpha_2 + d_{Rx} \sin\alpha_2 + d_{Ry} \cos\alpha_2$$

$$\cdots$$

$$M_l = d_l \cos\alpha_l + d_{Rx} \sin\alpha_l + d_{Ry} \cos\alpha_l \tag{7.10}$$

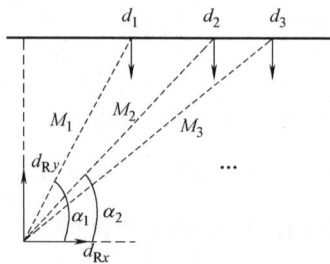

图 7.7　雷达基点竖向水平耦合振动示意图

雷达基点两个方向的振动需要选取两个参考点进行消除，若选取 m，n 点为参考点，通过相减消去 d_{Rx}，d_{Ry} 则有：

$$\frac{\dfrac{M_1}{\cos\alpha_1} - \dfrac{M_n}{\cos\alpha_n}}{\tan\alpha_1 - \tan\alpha_n} - \frac{\dfrac{M_m}{\cos\alpha_m} - \dfrac{M_n}{\cos\alpha_n}}{\tan\alpha_m - \tan\alpha_n} = \frac{d_1 - d_n}{\tan\alpha_1 - \tan\alpha_n} - \frac{d_m - d_n}{\tan\alpha_m - \tan\alpha_n}$$

$$\frac{\dfrac{M_2}{\cos\alpha_2} - \dfrac{M_n}{\cos\alpha_n}}{\tan\alpha_2 - \tan\alpha_n} - \frac{\dfrac{M_m}{\cos\alpha_m} - \dfrac{M_n}{\cos\alpha_n}}{\tan\alpha_m - \tan\alpha_n} = \frac{d_2 - d_n}{\tan\alpha_2 - \tan\alpha_n} - \frac{d_m - d_n}{\tan\alpha_m - \tan\alpha_n}$$

$$\cdots$$

$$\frac{\dfrac{M_l}{\cos\alpha_l}-\dfrac{M_n}{\cos\alpha_n}}{\tan\alpha_l-\tan\alpha_n}-\frac{\dfrac{M_m}{\cos\alpha_m}-\dfrac{M_n}{\cos\alpha_n}}{\tan\alpha_m-\tan\alpha_n}=\frac{d_l-d_n}{\tan\alpha_l-\tan\alpha_n}-\frac{d_m-d_n}{\tan\alpha_m-\tan\alpha_n} \tag{7.11}$$

通过上述相减操作，消除雷达基点振动的影响。再令：

$$\bar{y}=\begin{bmatrix}\dfrac{d_1-d_n}{\tan\alpha_1-\tan\alpha_n}-\dfrac{d_m-d_n}{\tan\alpha_m-\tan\alpha_n}\\[2mm]\dfrac{d_2-d_n}{\tan\alpha_2-\tan\alpha_n}-\dfrac{d_m-d_n}{\tan\alpha_m-\tan\alpha_n}\\[1mm]\vdots\\[1mm]\dfrac{d_l-d_n}{\tan\alpha_l-\tan\alpha_n}-\dfrac{d_m-d_n}{\tan\alpha_m-\tan\alpha_n}\end{bmatrix} \tag{7.12}$$

离散的状态空间方程可重新表示为：

$$x_{k+1}=Ax_k+Bu_k+w_k$$

$$y_k=\left(K_3(C-C^n)-\frac{1}{\tan\alpha_m-\tan\alpha_n}K_1(C^m-C^n)\right)x_k+\upsilon_k \tag{7.13}$$

其中，$C^n\in R^{1\times n}$ 为系统状态矩阵 C 的第 n 行；$K_3=\mathrm{diag}\left(\dfrac{1}{(\tan\alpha_1-\tan\alpha_n)},\dfrac{1}{(\tan\alpha_2-\tan\alpha_n)},\cdots,\right.$

$\left.\dfrac{1}{(\tan\alpha_{n-1}-\tan\alpha_n)},0,\dfrac{1}{(\tan\alpha_{n+1}-\tan\alpha_n)},\cdots,\dfrac{1}{(\tan\alpha_l-\tan\alpha_n)}\right)$，$C^n\in R^{1\times n}$ 为系统状态矩阵 C 的第 n 行。

消除雷达基点振动影响的子空间结构动力特征识别方法，其特征是基于相对位移识别的频率和阻尼与结构真实的频率、阻尼相同，但识别的振型与真实振型存在差异，根据识别振型与真实振型之间的数学关系、真实振型互相之间的振型正交性，还原出真实的结构模态参数。其具体过程为，根据 4.6 章节叙述的 SSI 随机子空间识别法可知，子空间参数识别为，

$$A\Psi=\Psi\Lambda,\Lambda=\mathrm{diag}(\lambda_i)$$

$$\lambda_{ci}=\ln\lambda_i/\Delta t$$

$$\omega_{udi}=\sqrt{\lambda_{ciR}^2+\lambda_{ciI}^2},\xi_i=\frac{|\lambda_{ciR}|}{\sqrt{\lambda_{ciR}^2+\lambda_{ciI}^2}}$$

$$\bar{\phi}=\bar{C}\Psi,i=1,2,\cdots,n \tag{7.14}$$

频率和阻尼与真实值一致，当雷达基点有竖向、水平耦合振动时，求解

$$\left(K_3^{-1}\bar{\phi}_i+\phi_i^n+K_3^{-1}\frac{1}{\tan\alpha_m-\tan\alpha_n}K_1\ (\phi_i^m-\phi_i^n)\right)^{\mathrm{T}}$$

$$\left(K_3^{-1}\bar{\phi}_j+\phi_j^n+K_3^{-1}\frac{1}{\tan\alpha_m-\tan\alpha_n}K_1\ (\phi_j^m-\phi_j^n)\right)=0,\ i\neq j,$$可以还原出丢失了作为参考点

处的振型的值 ϕ_i^m。则结构的振型为：

$$\phi_i=K_3^{-1}\bar{\phi}_i+\phi_i^n+K_3^{-1}\frac{1}{\tan\alpha_m-\tan\alpha_n}K_1(\phi_i^m-\phi_i^n) \tag{7.15}$$

式中，$\bar{\phi}_i$ 为通过子空间识别技术识别的第 i 阶振型；ϕ_i 为相对应的真实的第 i 阶振型；ϕ_i^m

为 ϕ_i 的第 m 行，ϕ_i^n 为 ϕ_i 的第 n 行。利用还原的模态参数与所识别的结构的频响函数结合，计算出结构的模态缩放系数，从而识别出结构的柔度。模态缩放系数采用的公式为：

$$\frac{q_i\phi_i\phi_i^{\mathrm{T}}}{j\omega-\lambda_{ci}}=\frac{\phi_i b_i^{\mathrm{m}}}{z-\lambda_i}, z=\mathrm{e}^{j\omega\Delta t}, i=1,2,\cdots,n \tag{7.16}$$

式中，q_i 是模态缩放系数；ϕ_i 利用阵型的正交性求得；b_i^{m} 是 B^{m} 的第 i^{th} 行，而 $B^{\mathrm{m}}=\Psi^{-1}B$，$A=\Psi\Lambda\Psi^{-1}$；$\lambda_i$ 是对角矩阵 Λ 对角线上第 i 个元素，$\lambda_{ci}=\ln\lambda_i/\Delta t$；$j$ 是虚数符号，Δt 是采样时间间隔。求出模态缩放系数后，结构的柔度 f 可以表示为：

$$f=\sum_{i=1}^{n/2}\left(\frac{q_i\phi_i\phi_i^{\mathrm{T}}}{-\lambda_{ci}}+\frac{q_i{}^*\phi_i{}^*\phi_i{}^{*\mathrm{T}}}{-\lambda_{ci}{}^*}\right) \tag{7.17}$$

7.2.3 方法示例与验证

本章展示了微波雷达测位移设备软硬件的开发和调试工作，所开发设备以 24GHz IVQ-905 雷达天线模块和 Tms320F28335 雷达信号处理平台为基础（如图 7.8（a）所示），其技术核心是调频连续波技术和微波干涉测量技术。高分辨率要求雷达信号具有较大带宽，但是这增加了接收机和发射机的硬件成本。

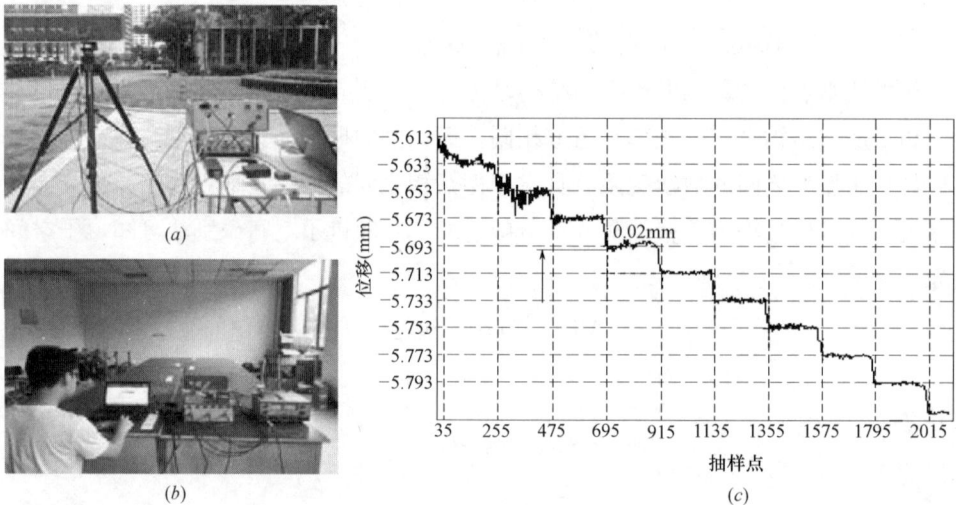

图 7.8　滑台步进 0.02mm 时雷达测量试验与结果

调频连续波技术通过发射一串窄带的变频信号，经过对回波信号进行混频、采样以及逆傅里叶变换后得到具有较大带宽的合成信号，从而能够解决距离分辨率和硬件成本之间的矛盾，实现了测量范围大、距离分辨率高的微变形测量效果。在调频连续波技术基础上，微波干涉测量技术可进一步实现微小变形测量的高精度。雷达在不同时间内发射微波至桥面多目标点进行多次测量后，可以得到多幅雷达图像。对不同时间得出的雷达图像进行干涉处理，可以得到图像上目标点的相位差，由此可精确推算出目标与雷达视线方向的距离变化。基于以上技术与硬件所开发的基于固定基点的雷达测位移设备已通过实验室进行了原理性实验，具体情况如下。为验证雷达设备的精度，前期研究中在实验室进行了雷达测距与高精度（0.02mm）步进电机的对比实验。如图 7.8（c）所示，设置实验工况为在固定时间间隔（0.02s）步进电机推进 0.02mm，通过进行一系列滑台实验和雷达测位移进行对比。研究发现，在信噪比较高的情况下，所开发的雷达设备与步进电机吻合较好，能满足实验测试要求。

　　基于室内试验的测试结果，为验证所开发的测桥微波干涉雷达设备在现场测试中的稳定性，考虑通过与现有桥梁健康监测系统所用的成熟的长标距应变传感器进行对比，首先对扬州北澄子河大桥主跨进行了测试。如图 7.9（a）所示，将雷达放置于主桥底板下面监测环境振动下主桥面板的挠度，并与已有的长标距光纤传感器计算结果进行对比。环境振动下，挠度对比结果详见图 7.9（b），与长标距应变反演的竖向位移相比，雷达测量结果吻合较好，且精度高于长标距应变测量值。

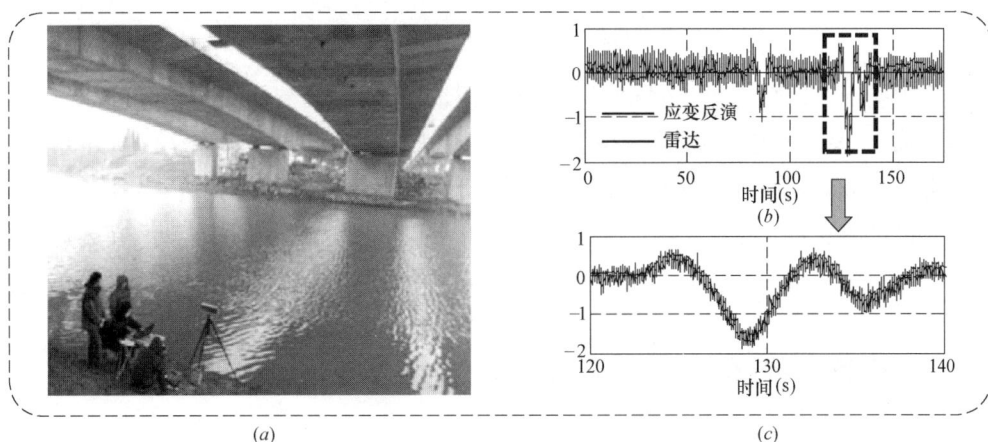

图 7.9　微波雷达现场测试及结果对比
（a）微波雷达实验现场图；（b）挠度对比结果；（c）反演竖向位移对比图

　　为进一步验证微波干涉雷达测桥的精度和稳定性，配合荷载试验进行了苏通长江公路大桥夜间测试（图 7.10）。其位于江苏省东部南通市和苏州市之间，是江苏省"四纵四横"公路主骨架"纵一线"跨越长江的枢纽工程，是我国建桥史上工程规模最大、综合建设条件最复杂的特大型桥梁工程。主桥设计采用双塔双索面钢箱梁斜拉桥，全长 2088m，由七跨组成。其中，主跨跨径为 1088m，是世界第一大跨径斜拉桥。索塔采用倒型设计方案，结构部分包括上塔柱包含上、中塔柱连接段、中塔柱包含中、下塔柱连接段、下塔柱和下横梁。中下塔柱和横梁均为混凝土空心箱梁断面，上塔柱斜拉索锚固区采用钢锚箱—混凝土组合结构。塔柱高 300.4m，塔柱底中心高程 5.6m，其中上塔柱高 91.361m，中塔柱高 155.813m，下塔柱高 53.226m。塔柱采用空心箱形断面，上塔柱为对称单箱单室，中、下塔柱为不对称的单箱单室断面。索塔景观增设结构有装饰性凹槽、塔冠等结构。

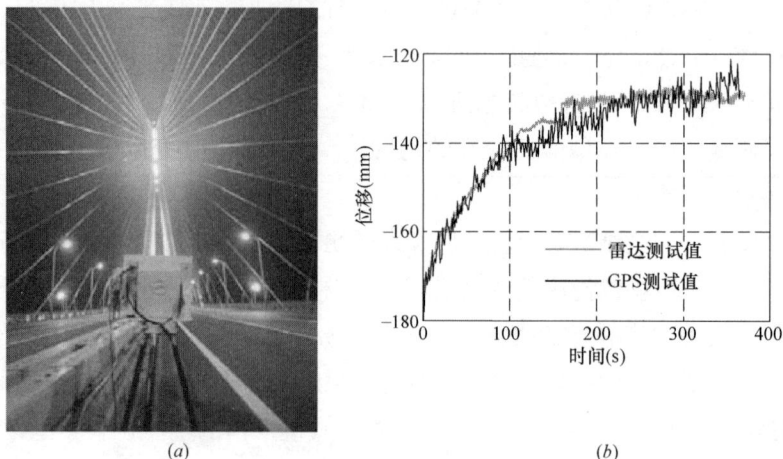

图 7.10　苏通大桥测试图

(a) 现场测试图；(b) 南桥塔顶位移时程图

图 7.10 (a) 展示了雷达夜间测试现场布置图。将雷达布置于主桥边缘外侧，利用激光测距等辅助单元确定塔顶监测目标，显示雷达距离测点位移为 633.5m。图 7.10 (b) 给出了某一荷载时间段内雷达与塔顶 GPS 监测位移对比图。通过与 GPS 数据比对发现，其位移测试结果相近，该结果成功验证了测量设备和测量原理的可重复性。在苏通大桥测试中，还进行了对索多点、多角度、多目标等各类情况进行了验证，在此不再具体叙述。

7.3　基于智能轮胎技术的竖向车轮力测量

轮胎是感受车辆和道路相互作用最直接的机械部件，所有的车辆振动也必须要通过轮胎传递到路面上。因此，基于轮胎响应的车轮力测量技术，也得到了长期的重视。国内外众多学者对车轮力测量进行了大量研究和实践，其主要集中于基于车辆整体响应的竖向车轮力测量技术和基于轮胎响应的竖向车轮力测量技术，且以车辆状态控制为目的的，其所测量的车轮力实质上是车轴力。严格来说，而桥梁快速动力测试中的动态车辆荷载是轮胎与桥梁的接触力，它与车轴力之间有轮胎惯性力的差别。作者考虑移动冲击的需求，首先根据车辆行驶时轮胎胎压的动态变化，基于扩展卡尔曼滤波识别竖向车轮力，并进行了一系列方法示例与验证。

胎压作为轮胎的空气弹簧，与路面的接触力直接相关。此外，在轮胎转动过程中受到的桥面冲击会引起轮胎空腔内部气压的瞬间变化，通过在轮胎气嘴上安装胎压传感器即有希望实现竖向车轮力的监测。相关理论过程如下：

（1）利用理想气体方程得到胎压与轮胎质心竖向变形的关系。将轮胎空腔内部气体假设为理想气体，在密闭常温的情况下，满足：

$$p_0 V_0 = (p_0 + \Delta p)(V_0 - \Delta V) \tag{7.18}$$

式中，p_0 为初始充气压力，Δp 为胎压变化，V_0 为初始轮胎内部空腔体积，ΔV 为空腔体积变化。空腔体积变化又可以表示为：

$$\Delta V = A_0 x \tag{7.19}$$

式中，A_0 为轮胎和地面的接触面积，x 为动载下轮胎质心的竖向变形。考虑到轮胎与地面的接触面积对胎压较为敏感，利用下式进行修正：

$$A = A_0 \times \alpha \times \left(\frac{p_0 + \Delta p}{p_0}\right)^{\gamma} \tag{7.20}$$

式中，A 为修正后的轮胎与地面的接触面积，α 和 γ 是相关修正参数。根据式（7.18）～式（7.20），可得胎压变化与动载下轮胎质心竖向变形的关系：

$$x = \frac{\Delta p \times p_0^{\gamma} \times V_0}{A_0 \times \alpha \times (p_0 + \Delta p)^{\gamma+1}} \tag{7.21}$$

$$\dot{x} = \frac{\Delta \dot{p} \times p_0^{\gamma} \times V_0 \times (p_0 - \Delta p \times \gamma)}{A_0 \times \alpha \times (p_0 + \Delta p)^{\gamma+2}} \tag{7.22}$$

式中，$\Delta \dot{p}$ 为胎压变化 Δp 对时间的一阶微分。

（2）利用轮胎竖向运动模型得到胎压与车轮力的关系。使用单自由度质量-弹簧-阻尼系统描述轮胎竖向运动模型，则竖向车轮力变化为

$$C\dot{x} + Kx = F \tag{7.23}$$

式中，C 为轮胎竖向阻尼比，K 为轮胎竖向刚度，$\dot{x}$ 为动载下轮胎质心变形 x 对时间的一阶微分，F 是竖向车轮力变化。将式（7.22），式（7.23）代入式（7.24）可得到胎压变化和竖向车轮力变化的关系：

$$F = C \times \frac{\Delta \dot{p} \times p_0^{\gamma} \times V_0 \times (p_0 - \Delta p \times \gamma)}{A_0 \times \alpha \times (p_0 + \Delta p)^{\gamma+2}} + K \times \frac{\Delta p \times p_0^{\gamma} \times V_0}{A_0 \times \alpha \times (p_0 + \Delta p)^{\gamma+1}} \tag{7.24}$$

假设式（7.24）中的轮胎物理参数为模型参数 $\theta_1 = \gamma$，$\theta_2 = CV_0/\alpha A_0$，$\theta_3 = K/C$，则上式可以表示为，

$$F = \theta_2 \times p_0^{\theta_1} \times \frac{\Delta \dot{p} \times (p_0 - \Delta p \times \theta_1)}{(p_0 + \Delta p)^{\theta_1+2}} + \theta_2 \times \theta_3 \times \frac{\Delta p}{(p_0 + \Delta p)^{\theta_1+1}} \tag{7.25}$$

（3）使用扩展卡尔曼滤波识别模型参数。基于标定的车轮力和胎压数据，采用扩展卡尔曼滤波方法对式（7.25）中的模型参数 θ_1，θ_2 和 θ_3 进行识别。状态变量为：

$$x = \begin{bmatrix} x_1 \\ x_2 \\ x_3 \\ x_4 \end{bmatrix} = \begin{bmatrix} \Delta p \\ \gamma \\ CV_0/\alpha A_0 \\ K/C \end{bmatrix} = \begin{bmatrix} \Delta p \\ \theta_1 \\ \theta_2 \\ \theta_3 \end{bmatrix} \tag{7.26}$$

状态方程为：

$$f(x, u, p_0) = \begin{bmatrix} \dot{x}_1 \\ \dot{x}_2 \\ \dot{x}_3 \\ \dot{x}_4 \end{bmatrix} = \begin{bmatrix} \Delta \dot{p} \\ 0 \\ 0 \\ 0 \end{bmatrix} + w \tag{7.27}$$

观测方程为：

$$Y = Hx + v = \begin{bmatrix} 1 & 0 & 0 & 0 \end{bmatrix} \begin{bmatrix} x_1 \\ x_2 \\ x_3 \\ x_4 \end{bmatrix} + v \tag{7.28}$$

式中，H 为观测矩阵，w 为方差为 Q 的过程噪声，v 为方差为 R 的观测噪声。基于上述理论，可以由监测胎压变化反演车轮力变化，效果如图 7.11 所示，可看出反演结果与真实的车轮力吻合。

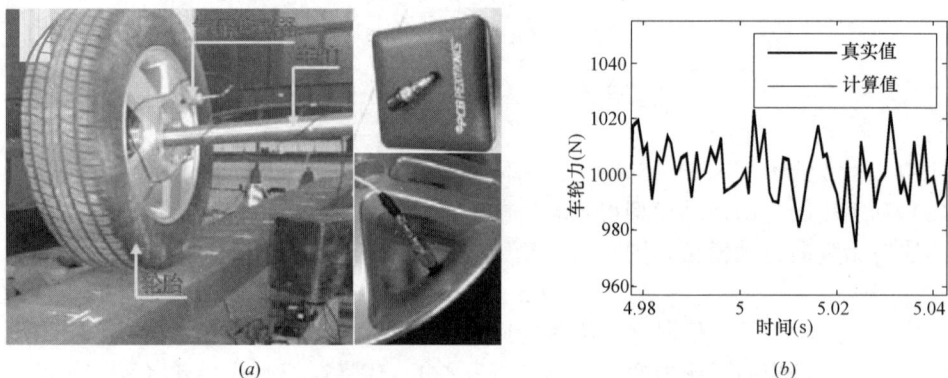

图 7.11　车轮力反演结果

7.4　基于移动冲击的桥梁快速测试理论

基于微波干涉雷达测桥微振动和竖向车轮力识别系统理论的开发，本章所提出的基于移动冲击的桥梁快速测试理论框架如图 7.1 所示。其核心思想为：首先采用微波干涉雷达监测桥梁在车辆作用下的位移响应，然后通过先进传感将胎压变化拟合竖向车轮力，通过荷载分配函数将连续车轮力转化为等效节点力，从而计算桥梁结构的 MIMO 位移频响函数，最后通过奇异值分解和增强频响函数得到结构的固有频率，模态缩放系数，阻尼比以及位移柔度矩阵，从而可以利用柔度矩阵对桥梁进行性能评估。其中，在实际工程中车辆作用在桥梁结构上的连续车轮力可以看作一种无限数目参考点的移动式连续冲击，这不仅给计算带来了困难，更面临一个输入点数目未知的问题，本文通过荷载分配函数将连续车轮力转化为节点等效荷载，将无限数目参考点冲击问题转化为有限数目参考点冲击问题，缩减了桥梁自由度，降低了计算量。

7.4.1　车桥耦合振动理论

根据欧拉-伯努利梁理论，模态叠加方法和达朗贝尔原理，建立图 7.12 所示车桥耦合模型。

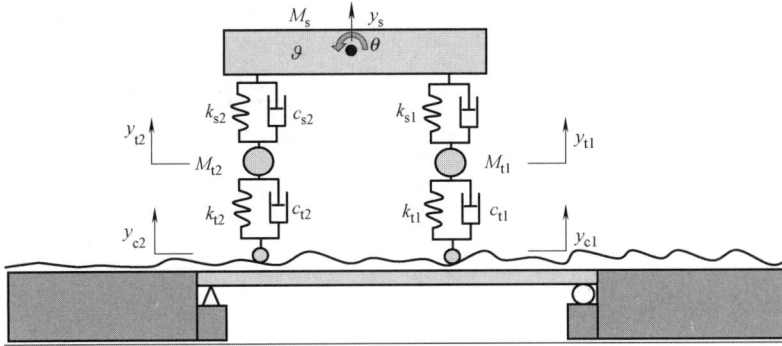

图 7.12　车桥耦合模型

车辆和桥的动力平衡方程可以表示为：

$$[M_V]\{\ddot{y}_v\}+[C_V]\{\dot{y}_v\}+[K_V]\{y_v\}=\{F_{v-b}\}+\{F_G\} \tag{7.29}$$

$$[M_b]\{\ddot{y}_b\}+[C_b]\{\dot{y}_b\}+[K_b]\{y_b\}=\{F_{b-v}\} \tag{7.30}$$

式中，$[M_V]$、$[C_V]$ 和 $[K_V]$ 分别为车辆的质量、阻尼、刚度矩阵；$[M_b]$、$[C_b]$ 和 $[K_b]$ 分别为桥的质量、阻尼、刚度矩阵；$\{y_v\}$ 和 $\{y_b\}$ 分别为车和桥的位移向量；$\{F_{v-b}\}$ 和 $\{F_{b-v}\}$ 分别是作用在车和桥上的车桥耦合力向量；$\{F_G\}$ 是车受到的重力向量。根据动力平衡和位移协调关系可知：

$$\begin{bmatrix} M_v & \\ & M_b \end{bmatrix}\begin{Bmatrix} \ddot{y}_v \\ \ddot{y}_b \end{Bmatrix}+\begin{bmatrix} C_v & C_{v-b} \\ C_{b-v} & C_b+C_{b-b} \end{bmatrix}\begin{Bmatrix} \dot{y}_v \\ \dot{y}_b \end{Bmatrix}+\begin{bmatrix} K_v & K_{v-b} \\ K_{b-v} & K_b+K_{b-b} \end{bmatrix}\begin{Bmatrix} y_v \\ y_b \end{Bmatrix}$$

$$=\begin{Bmatrix} F_{v-b}+F_G \\ F_{b-v} \end{Bmatrix} \tag{7.31}$$

式中，C_{v-b}，C_{b-v}，C_{b-b}，K_{v-b}，K_{b-v}，K_{b-b}，F_{v-b} 和 F_{b-v} 分别是由车桥耦合作用产生的耦合项。我们通过 Newmark-β 方法对上述耦合方程进行求解。

其中，连续车轮力的测量是实际工程中的难点问题，众多国内外的研究学者对移动荷载识别进行了大量研究和工程实践，但是所得的结果与真实值误差过大，不能满足结构柔度识别的要求。在数值模拟中，通过求解车桥耦合方程可以得到车和桥的各个自由度的振动信息，包含位移、速度、加速度，那么可以根据这些信息通过下式计算出移动连续车轮力：

$$F_f=(M_0\frac{a_2}{a_1+a_2}+M_{t1})g+M_{t1}\ddot{y}_{t1}+\frac{a_2}{a_1+a_2}M_0\ddot{y}_0+\frac{1}{a_1+a_2}\Im\ddot{\vartheta}$$

$$F_r=(M_s\frac{a_1}{a_1+a_2}+M_{t2})g+M_{t2}\ddot{y}_{t2}+\frac{a_1}{a_1+a_2}M_s\ddot{y}_s-\frac{1}{a_1+a_2}\Im\ddot{\vartheta} \tag{7.32}$$

式中，F_f 和 F_r 分别为上述模型的前、后车轮力，M_s 为车体的质量，M_{t1} 和 M_{t2} 分别为悬挂系统的质量，a_1 和 a_2 分别为车体重心与前轴和后轴之间的距离，$\Im$ 为车体的转动惯量，$\ddot{\vartheta}$ 为转角的加速度，g 为重力系数。需注意的是，根据式（7.32）计算得到的车轮力是通过车体自由度振动的理想模型得到的。然而在实际工程中，对车体自由度振动的测量是极其复杂的，需要对车辆进行自由度划分，并对车体自由度和悬挂系统自由度运动进行测量。自由度划分的不确定性与传感器的安装，增加了车轮力测量的难度并且使结果容易受到各类不确定性误差的影响。因此，上述7.3章节所提议的基于智能轮胎技术的竖向车轮力识别尤为必要，方便快捷的同时，减少了自由度划分等不确定性对竖向车轮力识别的影响，可切实应用于实际工程。

7.4.2 等效节点荷载分配理论

移动车辆通过连续车轮力实现了对桥梁结构的有效激励，这种连续的车轮力实际上是对桥梁结构进行无限数目参考点移动式连续密集冲击，然而无论是柔度识别理论还是性能评估理论，均是针对结构的已知节点的输入与输出，这种无限数目节点冲击与指定节点冲击之间的矛盾给移动荷载做柔度识别和性能评估带来了新的挑战，如何把无限数目节点冲击问题转化为指定节点冲击问题成为该问题的关键。基于有限元思想，在进行数值模拟计算中，通常采用位移形函数来进行荷载分配，这给实际工程中通过移动荷载进行柔度识别和性能评估提供了可能性，称之为荷载分配函数。在实际工程中利用荷载分配函数将测量的连续车轮力等效为节点荷载，所谓等效节点荷载，是指原非节点荷载按照虚功相等的原则分配到单元节点上的荷载。相关理论推导如下：

由于在车桥耦合振动分析中往往只考虑竖向振动，这里采用平面梁单元建立桥梁方程，其单元位移列向量 $\{d\}^e$ 可表示为：

$$\{d\}^e = [v_i \quad \varphi_i \quad v_j \quad \varphi_j] \tag{7.33}$$

式中，v_i 和 v_j 分别指单元 i 和 j 节点的竖向位移；φ_i 和 φ_j 分别指单元 i 和 j 节点的转角位移。单元力 $\{F\}^e$ 采用列向量可表示为：

$$\{F\}^e = [Q_i \quad M_i \quad Q_j \quad M_j] \tag{7.34}$$

单元节点位移向量与节点力向量的关系为：

$$\{F\} = [K]^e\{d\} \tag{7.35}$$

式中，$[K]^e$ 为单元刚度矩阵。在车桥耦合过程中，移动荷载可能处于单元的非节点处，那么就需要利用插值函数来使其位移达到协调，由于可以从一致单元节点获得单元的 4 个边界条件，故可以假设节点的位移模式为含有 4 个未知参数的三次多项式的形式：

$$v = a_1 + a_2 x + a_3 x^2 + a_4 x^3 \tag{7.36}$$

由微分关系，可得到转角 φ 的位移模式为（以顺时针方向为正）：

$$\varphi = -\frac{\mathrm{d}v}{\mathrm{d}x} = -a_2 - 2a_3 x + 3a_4 x^2 \tag{7.37}$$

由边界条件可得，当 $x=0$ 时，$v=v_i$，$\varphi=\varphi_i$，当 $x=l$ 时，$v=v_j$，$\varphi=\varphi_j$。将以上条件分别代入式（7.36）和式（7.37）中，可以得到四元一次方程组，进行求解可得：

$$a_1 = v_i$$

$$a_2 = -\varphi_i$$

$$a_3 = -\frac{3}{l^2}v_i + \frac{2}{l}\varphi_i + \frac{3}{l^2}v_j + \frac{1}{l}\varphi_j \tag{7.38}$$

$$a_4 = -\frac{2}{l^2}v_i + \frac{1}{l^2}\varphi_i + \frac{2}{l^2}v_j + \frac{1}{l^2}\varphi_j$$

将式（7.38）代入式（7.37）与（7.36）并采用矩阵形式表示：

$$\{f(x)\} = \begin{Bmatrix} v \\ \varphi \end{Bmatrix} = \begin{bmatrix} 1 - \dfrac{3x^2}{l^2} + \dfrac{2x^3}{l^3} & -x + \dfrac{2x^2}{l^2} - \dfrac{x^3}{l^3} & \dfrac{3x^2}{l^2} - \dfrac{2x^3}{l^3} & \dfrac{x^2}{l} - \dfrac{x^3}{l^2} \\ -\dfrac{6x}{l^2} + \dfrac{6x^2}{l^3} & -1 + \dfrac{4x}{l^2} - \dfrac{3x^2}{l^3} & \dfrac{6x}{l^2} - \dfrac{6x^2}{l^3} & \dfrac{2x}{l} - \dfrac{3x^2}{l^2} \end{bmatrix} \begin{Bmatrix} v_i \\ \varphi_i \\ v_j \\ \varphi_j \end{Bmatrix}$$

$$= \begin{bmatrix} N_1 & N_2 & N_3 & N_4 \\ N_1' & N_2' & N_3' & N_4' \end{bmatrix} \{d\}^{\mathrm{e}} = [N]\{d\}^{\mathrm{e}} \tag{7.39}$$

其中，令 $[N_v] = \begin{bmatrix} N_1 & N_2 & N_3 & N_4 \end{bmatrix}$，分布横向力 p_s 的等效节点荷载如图 7.13 和图 7.14 所示。对于作用在杆件上单元上的分布荷载，可以简写为

$$f_s^{\mathrm{e}} = \int_l N_v^{\mathrm{T}} p_s \mathrm{d}x \tag{7.40}$$

式中，p_s 为分布荷载阵列，N_v 是与 p_s 对应的位移型函数矩阵。则可以得到：

$$f_s^{\mathrm{e}} = \begin{Bmatrix} F_i \\ M_i \\ F_j \\ M_j \end{Bmatrix} = \begin{bmatrix} 1 & 0 & -3/l^2 & 2/l^3 \\ 0 & 1 & -2/l & 1/l^2 \\ 0 & 0 & 3/l^2 & -2/l^3 \\ 0 & 0 & -1/l & 1/l^2 \end{bmatrix} \begin{Bmatrix} \int_0^l p(x)\mathrm{d}x \\ \int_0^l p(x)x\mathrm{d}x \\ \int_0^l p(x)x^2\mathrm{d}x \\ \int_0^l p(x)x^3\mathrm{d}x \end{Bmatrix} \tag{7.41}$$

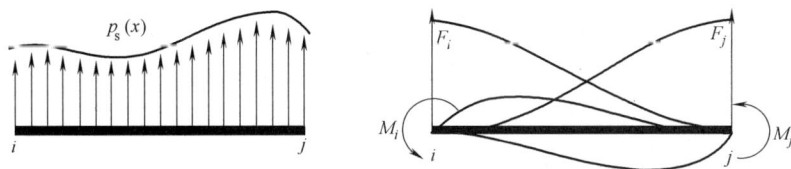

图 7.13 分布横向力 p_s 的等效节点荷载

在移动荷载的作用下，通过微波干涉雷达监测桥梁结构的竖向位移响应，与节点的等效荷载来计算结构的位移 *FRF*，由荷载分配函数可知，节点的等效荷载包含竖向荷载和弯矩荷载，那么每个单元节点存在 2 种信号输入 1 种信号输出，即车桥耦合系统中的桥梁子系统是一个 MIMO 系统，且输入信号的数目 N_i 大于输出信号 N_o，因此可方便地得到

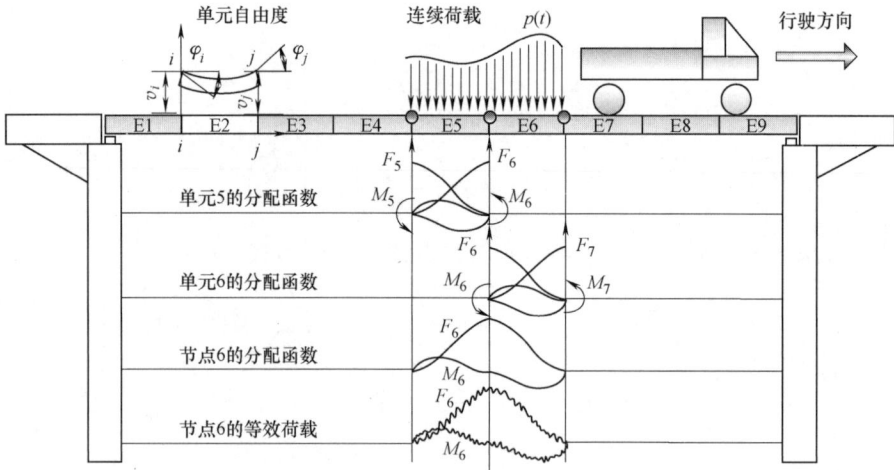

图 7.14　等效荷载分配

该系统的位移 FRF。需要注意的是频响函数矩阵的维数为 $N_o \times N_i$，然而我们关注的是竖向荷载输入与竖向响应的关系，所以在进行结构的柔度识别之前需要提取频响函数矩阵中能够表征这种关系的部分。然后对频响函数矩阵进行奇异值分解，得到左奇异矩阵、奇异值矩阵和右奇异矩阵，通过峰值拾取得到 CMIF 图第一左奇异矩阵（即位移振型）和第一右奇异矩阵，进而得到增强的频响函数，通过增强频响函数得到结构的固有频率，模态缩放系数，阻尼比以及位移柔度矩阵。利用 CMIF 法识别结构柔度矩阵已在 4.5 章节叙述，在此不再赘述。

7.4.3　实施过程

基于上述问题，为基于车桥耦合振动作用下的桥梁快速测试方法，本文开发的理论框架如图 7.15 所示，首先获得测试车辆各个车轮的车轮力，然后通过荷载分配函数将连续车轮力转化为等效节点力，与健康监测系统监测到的加速度响应计算桥梁结构的位移频响函数，最后通过理论方法得到结构的振型缩放系数以及位移柔度矩阵等深层次参数，从而可以利用柔度矩阵对桥梁结构进行性能评估。具体流程如图 7.15 所示。

流程：

（1）解耦车桥耦合振动。利用移动车辆激起桥梁的振动，同时测量车辆所有车轮的车轮力和桥梁的加速度响应。通过监测各个车轮的胎压变化计算车轮力来解耦车桥耦合系统为一个桥梁振动系统和一个车辆振动系统。

（2）等效荷载分配。根据加速度计的布置方案（一般为在桥梁两侧均匀布置）进行等效荷载分配，加速度计的位置作为一个节点，每两个相邻节点之间为一个划分单元，根据各个车轮力在桥面上的时空分布，通过荷载分配函数把车辆的所有车轮力等效为节点的荷载。分配的结果是，每个节点有两种信号的输入，即节点竖向荷载和节点弯矩输入；节点的输出只监测到竖向的加速度响应。因而桥梁振动系统是一个 MIMO 系统。

（3）位移柔度识别。首先计算桥梁系统的 MIMO 加速度频响函数，然后将加速度频响函数转化为位移频响函数，在得到的频响函数矩阵中提取能够表征结构竖向特性的频响函数部分，再将得到的频响函数进行奇异值分解得到左奇异矩阵、奇异值矩阵和右奇异矩阵，通过峰值拾取得到 CMIF 图第一左奇异矩阵（即位移振型）和第一右奇异矩阵，进而得到增强的频响函数，通过增强频响函数得到结构的固有频率，模态缩放系数，阻尼比以及位移柔度矩阵，最终得到的位移柔度矩阵可以用来进行结构在任意静载工况下的变形。

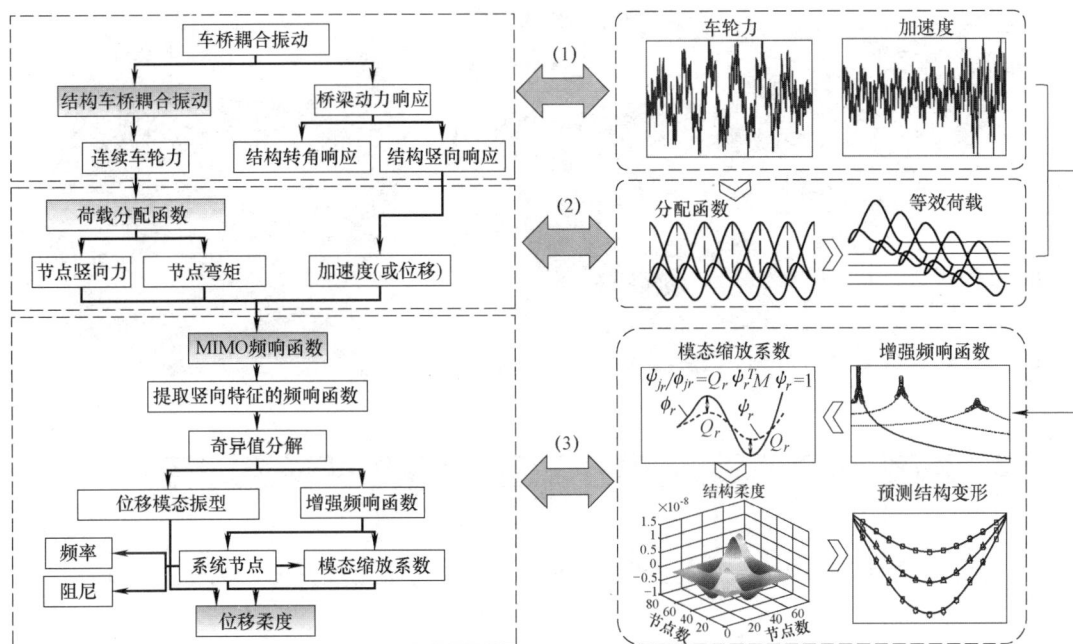

图 7.15 流程实施

7.5 方法示例与验证

7.5.1 简支梁结构移动冲击快速测试

由于实验室空间小，简支梁结构尺寸小，不适合应用远距离（2km）、非接触微波干涉雷达监测结构的竖向位移。本实验通过采集结构的加速度与受到的车轮力计算结构的深层次参数。简支梁模型采用 Q235 槽钢 25a，弹性模量 $E=206$GPa，密度 7854kg/m³，泊松比为 0.3，所选钢梁全长 6.0m。如图 7.16（a）所示，钢梁两端首先支撑于角钢上，角钢的与钢支座之装有力传感器，再用 F 型钢夹将钢梁的两端和刚性支座固定以限制其竖向和水平位移，但两端的转角是自由的，两支点之间的距离为 5.868m，平均划分为 12 个单元，每个单元的长度为 0.489m，在每个节点处分别安装加速度计和拉线位移计，节点编号从左到右依次为 N_1，N_2，$\cdots$，N_{13}，相应的单元编号从左到右依次为 E_1，E_2，$\cdots$，E_{12}，如图 7.16（c）所示。试验采用美国 PCB 公司的加速度计（型号 393B04）拾取结构的动态响应，11 个加速度计和拉线位移计均以 489mm 的间隔从节点 N_2 到 N_{12} 均匀安装于钢梁下表面。通过在钢梁的节点上放置条形强磁铁模拟路面的不平整度，轮胎采用 GitiWingro 165/70R13 型号，在轮胎的两侧轴上分级载重模拟不同荷载。在轮胎气嘴上安装 PCB 公司的气压传感器（型号 ICP106B52）测量轮胎空腔气压变化（图 7.15（6））。通过 NI PXIe-1082 数据采集仪采集加速度计的加速度信号以及胎压信号并储存数据。

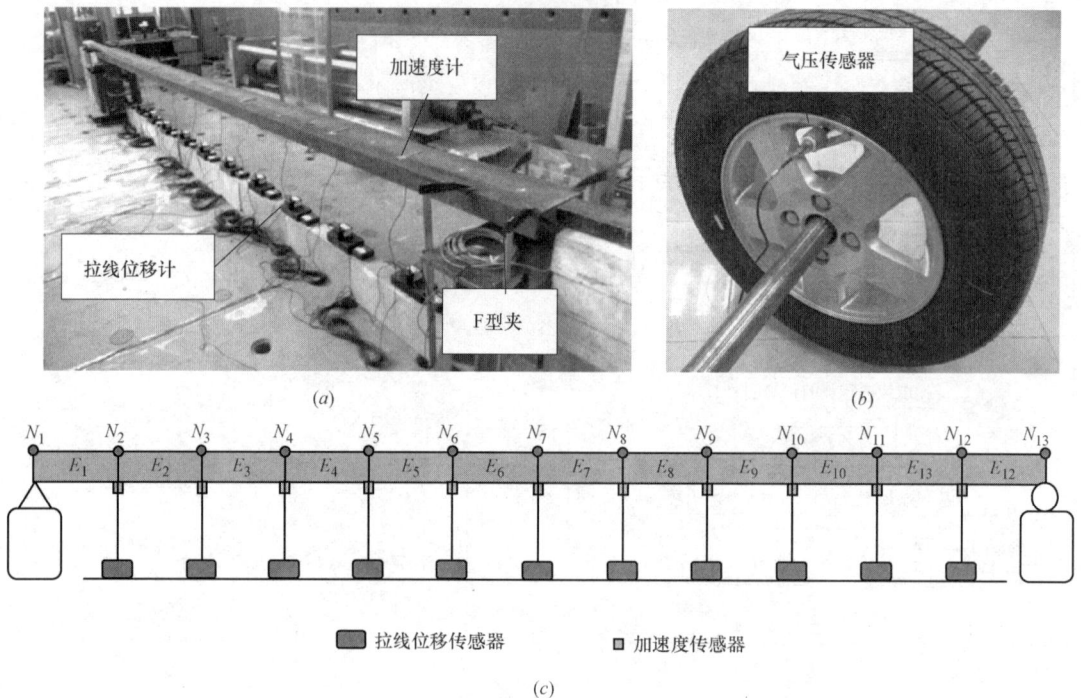

图 7.16　实验布置方案

本试验主要进行了两类试验：

（1）移动荷载试验。针对本文提出的测试方法，试验室采用挂重轮胎匀速通过简支梁结构，采集胎压和加速度数据用以计算结构的动/静态参数。试验中，在节点 N_3、N_5、N_7、N_9、N_{11} 处分别放置一个条形强磁铁来模拟不平整度，通过人工推动单轴轮胎以 0.88m/s 的速度通过简支梁桥，挂载 60kg×2，在气嘴处采集胎压变化，通过胎压变化反演车轮力，得到的力时程曲线和采集到的各个节点加速度时程如图 7.17 所示；

（2）静载测试。为了验证移动荷载试验识别的柔度矩阵的准确性，利用柔度矩阵预测静载工况下的变形并与实际测量结果进行比较。试验中，通过在简支钢梁上指定节点处施加质量块来模拟静载，使用拉线位移计测量结构在静载作用下的挠度值。为了验证识别出的柔度的适用性，静载测试一共测试了以下两种工况：（a）在节点 5 和节点 9 位置分别施

加 $30×3kg$ 的质量块；(b) 在节点 3、4、6、8、11 位置分别施加 $30×2kg$ 质量块。

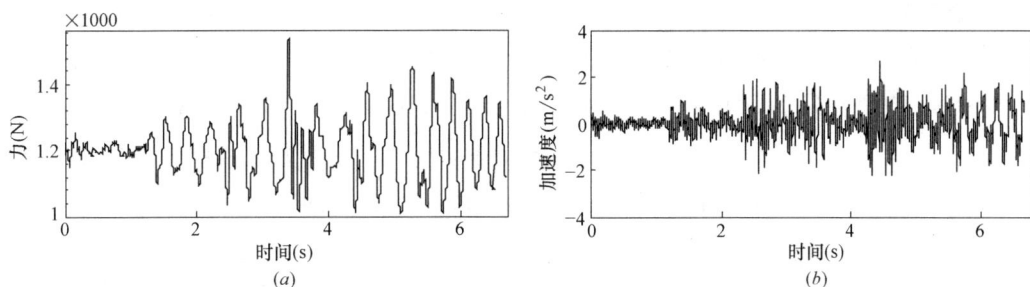

图 7.17 实验数据

(a) 胎压反演竖向车轮力；(b) 加速度

通过上述实验得到连续车轮力和结构的加速度响应后，按照本文提出的理论方法，首先对连续车轮力进行节点的等效荷载分配，然后根据式（7.39）将单元长度 $l=0.498m$ 代入 $[N_v]$ 构建该结构各个单元的位移形函数，进一步根据单元位置和结构长度组合出各个单元的荷载分配函数，最后以节点为目标重组得到结构各个节点的荷载分配函数，通过式（7.41）即用连续车轮力与荷载分配函数相乘即得到各个节点的等效荷载，得到节点所受到的等效竖向荷载和等效弯矩如图 7.18 所示。

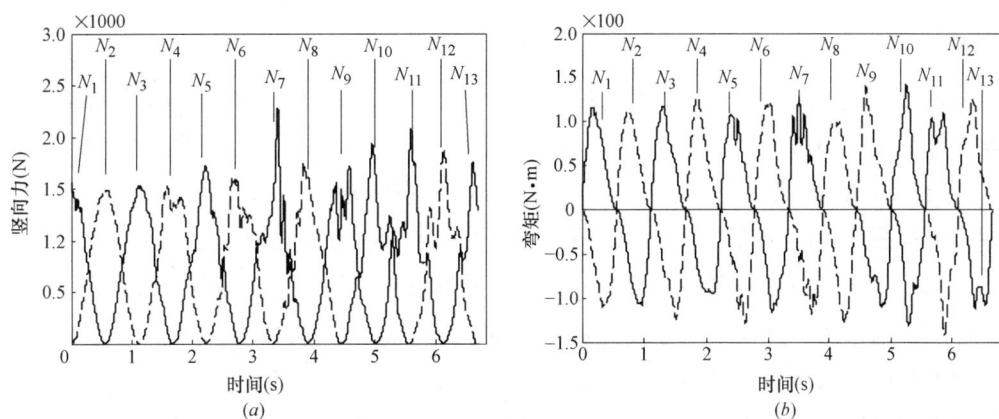

图 7.18 等效节点荷载

利用求解的节点等效荷载与监测的节点加速度时程响应求得位移频响函数（FRF），信号的输入共 26 个，分别包括 N_1 至 N_{13} 节点的 13 个等效竖向荷载和 13 个等效弯矩；输出共 11 个，分别为 N_2 至 N_{12} 节点采集得到的加速度信号。我们把简支梁结构看作是一个 26 输入 11 输出的线性时不变系统，计算结构的多输入多输出（MIMO）频响函数矩阵，矩阵的维数为 $11×26$，由于本文研究的是结构的竖向柔度，所以需要从得到的频响函数矩阵中提取相关行或列，提取得到的是一个维数为 $11×11$ 的关于竖向输入与输出的频响函数矩阵。

将提取得到的相关矩阵通过柔度识别方法计算结构的柔度，画出的奇异值曲线如图

7.18 所示,图中的 11 条曲线分别为系统矩阵的 11 个奇异值曲线,图中最高的蓝色曲线的 6 个峰值分别对应于结构的 6 阶模态(不明显的峰值为虚假模态),拾取这 6 个峰值得到结构的 6 阶固有频率分别为 4.78Hz,18.89Hz,41.49Hz,71.52Hz,106.19Hz,142.18Hz,阻尼比分别为 4.44%,0.05%,0.82%,0.33%,0.34%,0.71%,识别出的结构的振型如图 7.19 所示,将识别出的各阶系统极点、模态缩放系数和位移振型计算得到结构的位移柔度矩阵。用来估算任意静载工况下结构的变形。

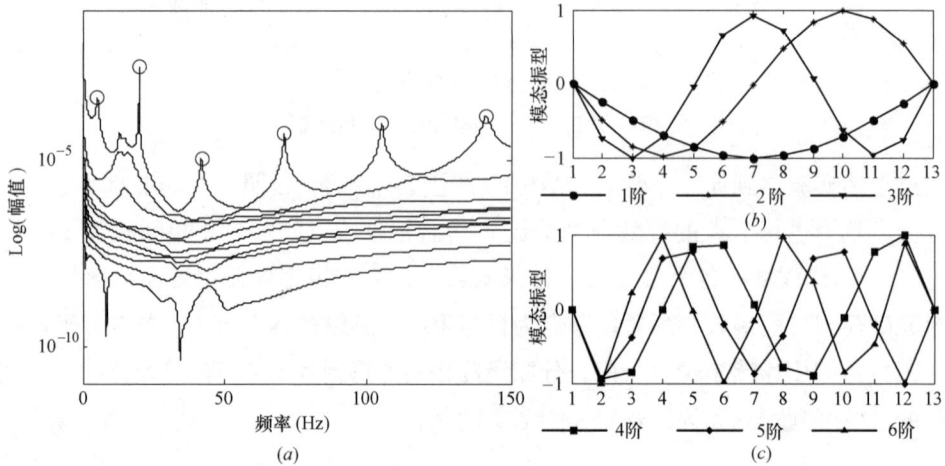

图 7.19　识别结果

通过以上识别的参数重构结构的位移柔度矩阵后,可结合作用于结构上的荷载向量计算此工况下的结构位移。工况 1、2 下的预测结构位移与静载实验下的测量位移比较如图 7.20 所示。由于位移柔度系数等于复模态的多阶模态参数的叠加计算结果,因此本算例考虑了模态截断效应对预测变形的影响。图中展示了分别只考虑前 n 阶频率的柔度识别结果,1 mode 为只考虑前一阶模态,3 modes 为只考虑前三阶模态,其余结果同理可得。工况一作用下的柔度预测变形与静载实验对比如图 7.20(a)所示,从中可以看出,对于简支梁这种简单结构,只需要一阶模态就能得到很好的结果,表明一阶模态的贡献量很大。利用提出方法预测的挠度与静载实验中直接测量挠度一致吻合,表明本文提出的理论方法的可靠性。

7.5.2　简支梁桥数值模拟移动冲击实例

为验证所提议理论方法的有效性,我们采用了如图 7.21 所示的双轴的二维车辆模型和三跨连续梁模型,车辆的四个自由度包括:车体的竖向振动,车体的转动,前轮悬挂系统的竖向振动和后轮悬挂系统的竖向振动;桥梁采用三跨连续双厢室梁结构,并划分为 18 个单元,节点编号依次为 N_1,N_2,$\cdots$,N_{19},每个节点有两个自由度,分别为节点竖向位移和转角位移。车辆和桥梁的具体参数详见表 7.1,考虑了 Rayleigh 阻尼,求解车桥耦合方程采用了 Newmark-β 方法。图 7.21(a)展示了计算得到的前、后车轮力。

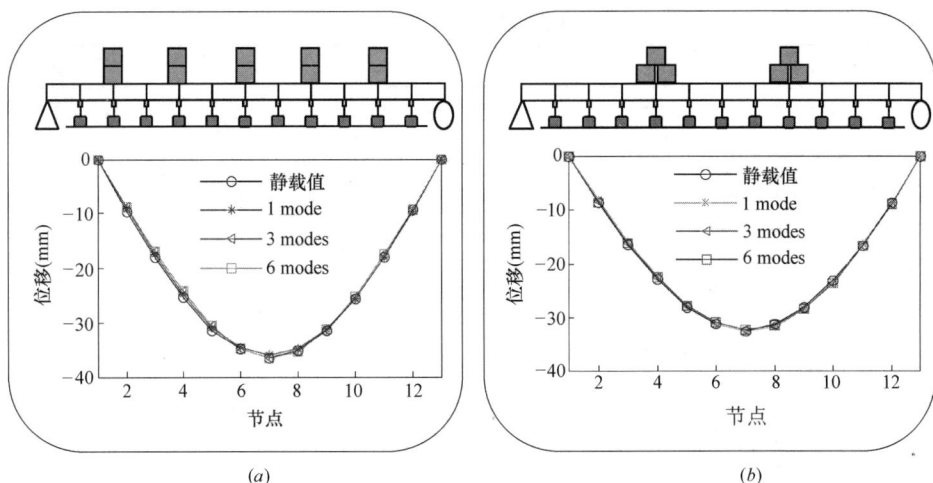

图 7.20 预测变形

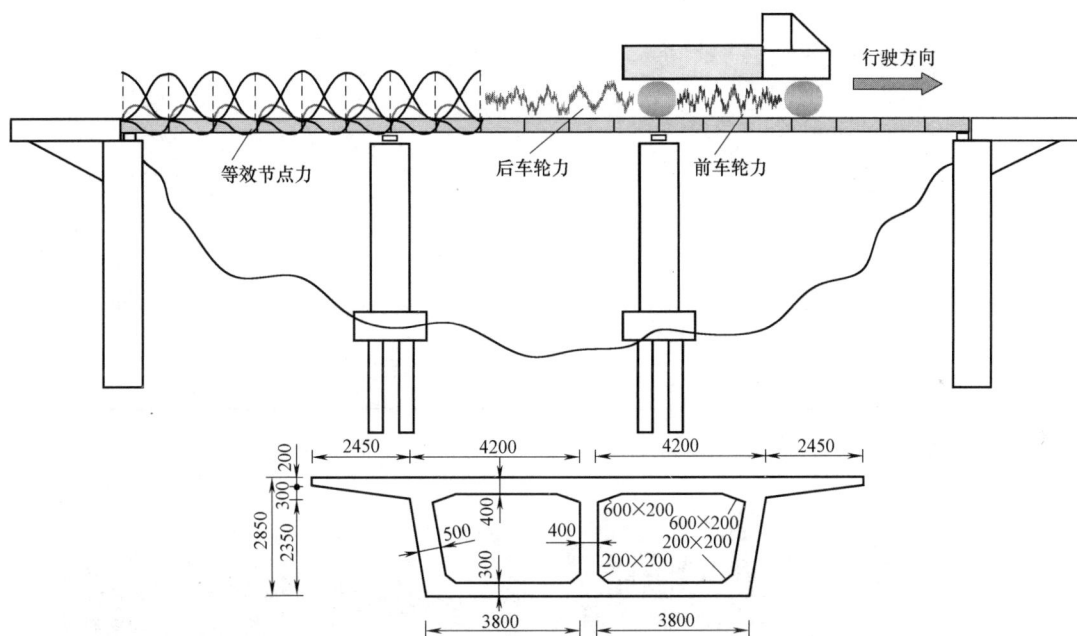

图 7.21 三跨简支梁桥

在本例中,首先通过车桥耦合动力方程得到桥梁结构和车辆的振动响应,由车辆自由度响应计算得到的车轮力如图 7.22(a)所示,桥梁结构的典型加速度响应如图 7.22(b)所示。然后重组各节点荷载分配函数。在本例中,将单元长度为 $l = 3.33$ m 代入到 $[N_v]$ 中即可构建该结构各单元的位移形函数,进一步根据单元位置和结构长度组合出各个单元的荷载分配函数,最后以节点为目标重组得到结构各个节点的荷载分配函数,通过式(7.41)即用连续车轮力与荷载分配函数相乘即得到各节点的等效荷载如图 7.23 所示。

车辆与桥梁结构的参数 表 7.1

	项　目	参　数	值
桥梁结构	弹性模量	E	$3.5\times10^{10}\,Pa$
	截面转动惯量	I	$8.65\,kg\,m^2$
	单元长度的质量	m	$3.6\times10^4\,kg$
	桥长	L	3@20m
	桥宽	W	13.3m
车辆	车体质量	m_s	41750kg
	车体的点头振动惯量	J	$2.08\times10^6\,kg\cdot m^2$
	前轴悬挂系统的质量	m_{t1}	$3.04\times10^3\,kg$
	后轴悬挂系统的质量	m_{t2}	$3.04\times10^3\,kg$
	前轴上部弹簧刚度	k_{s1}	$5.3\times10^5\,N/m$
	后轴上部弹簧刚度	k_{s2}	$5.3\times10^5\,N/m$
	前轴上部阻尼	c_{s1}	$9.02\times10^4\,kg/s$
	后轴上部阻尼	c_{s2}	$9.02\times10^4\,kg/s$
	前轴下部弹簧刚度	k_{t1}	$1.18\times10^6\,N/m$
	后轴下部弹簧刚度	k_{t2}	$1.18\times10^6\,N/m$
	前轴下部阻尼	c_{t1}	$3.92\times10^4\,kg/s$
	后轴下部阻尼	c_{t2}	$3.92\times10^4\,kg/s$
	前轴与车体重心距离	a_1	2.75m
	后轴与车体重心距离	a_2	2.75m
	车体长度	a	5.50m
	车速	V	8.0m/s

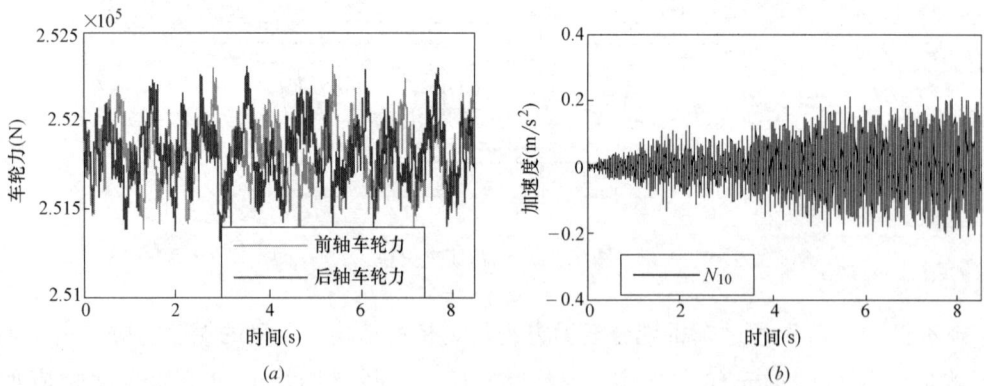

图 7.22　数据采集

(a) 车轮力时程；(b) 结构加速度响应

　　根据上述荷载分配的结果，每一节点有两个输入。将节点加速度响应作为输出，则系统为一 MIMO 系统（38 输入 15 输出），计算 MIMO 的 FRF。考虑实际工程中环境因素的影响，在输入和输出数据中各加入了 5% 的噪声，并根据求解的频响函数矩阵提取竖向

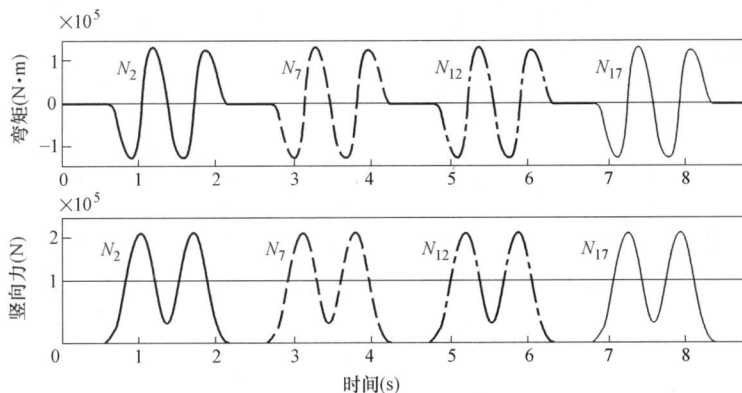

图 7.23 等效节点荷载

荷载与加速度响应间的对应频响函数矩阵，频响函数矩阵的维度为 19×19。首先对频响函数矩阵进行奇异值分解，进而得到增强的频响函数，通过增强频响函数得到结构的固有频率，模态缩放系数，阻尼比以及位移柔度矩阵。从表 7.2 的结果可以看出，识别的结果非常接近于真实值。图 7.24（a）中 MAC 值显示了识别的模态振型与理论振型之间有很好的相似度，最小的 MAC 值为 0.996，说明识别出的模态振型是准确的。

识别结果对比   表 7.2

模态阶数	理论频率（Hz）	识别频率（Hz）	频率误差（%）	理论阻尼比（%）	识别阻尼比（%）	阻尼比误差（%）
1	11.3887	11.3777	0.0960	0.0707	0.0705	0.2046
2	14.5952	14.5722	0.1574	0.0731	0.0729	0.2733
3	21.3141	21.2428	0.3348	0.0856	0.0851	0.5810
4	45.5892	44.9064	1.4978	0.1520	0.1475	2.9015
5	51.9686	50.9651	1.9310	0.1709	0.1645	3.7715
6	63.7907	61.9663	2.8602	0.2066	0.1955	5.4056

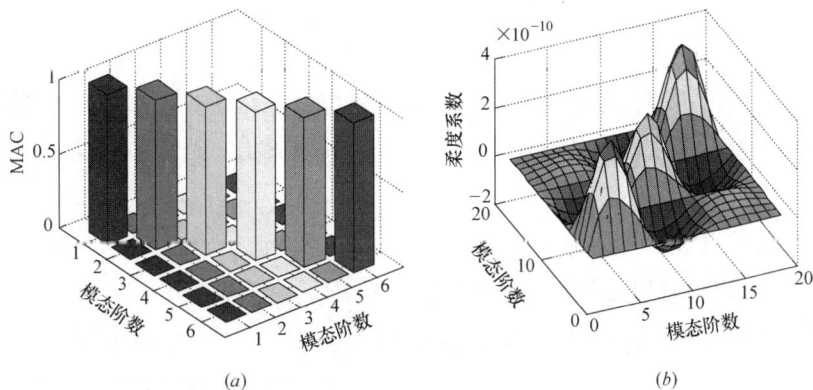

图 7.24 识别结果

（a）MAC 图；（b）结构柔度矩阵

计算可得如图 7.24（b）所示的桥梁结构的柔度矩阵，通过柔度矩阵可以预测桥梁结构在任意静荷载下的变形。图 7.25 展示了三种工况下的结构变形对比结果。其中，当静荷载 50kN，50kN，50 kN 分别作用在 3，8，13 节点时，通过柔度矩阵预测的变形与结构的实际变形一致（图 7.25（a）），图 7.25（b）为静荷载 50kN，50kN 分别作用在 8，10 节点时，通过柔度矩阵预测变形与结构实际变形对比图。图 7.25（c）为静荷载 20kN，50kN，20kN 分别作用在 4，9，16 节点时预测结构的变形，本工况考虑了模态截断效应，"2modes" 表示所得的柔度矩阵是通过截取前 2 阶模态参数叠加，由图 7.25（c）可知，本例中截取前 3 阶模态已经达到了精度要求。

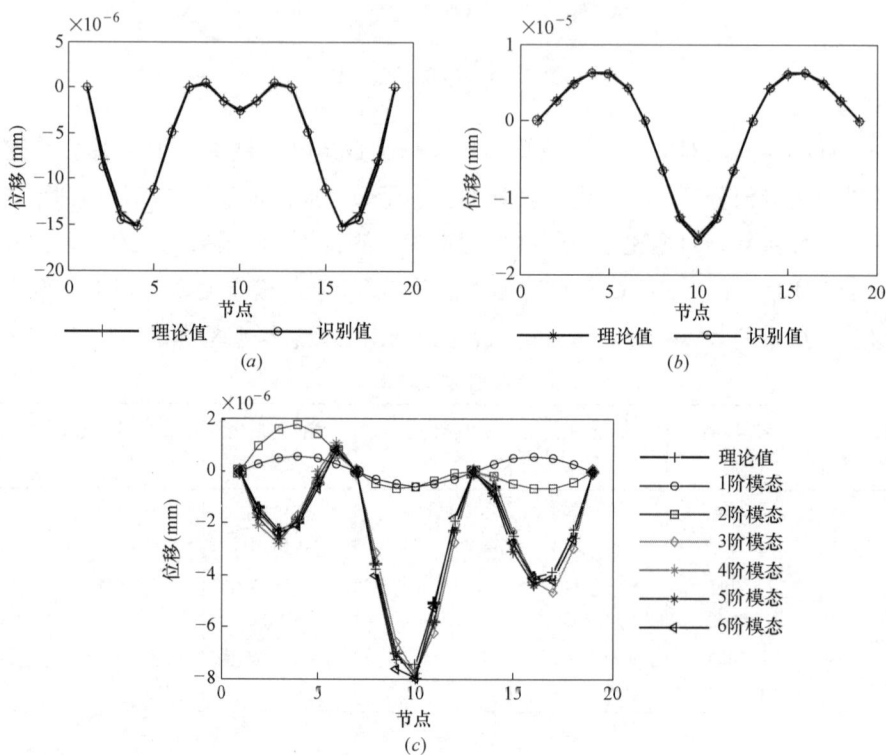

图 7.25　预测变形

本章针对传统冲击测试不够方便快捷的局限性提出了移动荷载作用下的桥梁快速测试方法，本方法通过移动车辆对桥梁进行快速激励，同时采集车轮力和桥梁的加速度响应来识别结构的动/静态参数。本方法主要有以下优势：

（1）方便快捷有效。与传统"停下激振"的冲击振动测试方法不同，本文直接利用移动车辆本身对桥梁结构进行激励，并利用胎压传感器监测车桥耦合系统之间的连续车轮力，在激励过程中实现"边移动边激振边测量"，具有方便快捷的独特优点。

（2）深层次参数识别。由于激励方式的改变，传统的冲击测试理论不再适用，所以开发了与本文测试方法相应的理论。首先通过荷载分配函数对连续车轮力进行等效荷载分配，然后利用等效节点荷载与采集的加速度数据计算结构的 MIMO 位移频响函数，最后通过对 FRF 进行奇异值分解，构建增强频响函数来识别结构的频率、振型、阻尼以及模态缩放系数，进一步通过重构频响函数得到结构的柔度矩阵。

（3）实验测试和数值模拟结果表明，识别结果真实可靠，验证了所提议方法的可靠性，可以进一步应用于实际工程结构，从而可用来反映结构刚度分布信息、结构损伤识别以及承载能力评估。

7.5.3 移动荷载试验影响因素分析

为了保证以上试验结果有效性，以下通过 3 跨连续梁有限元模型分析各种可能因素对实验结果的影响，这些因素包括：路面不平整度、车辆速度、测试噪声、车重。对于被测试的桥梁结构如图。为了验证所得到的柔度的正确性，用静载实验来比较预测的位移和理论位移，静载车辆的位置如图 7.26 所示，多辆卡车分布作用在桥面上。预测的位移用本文得出的柔度来计算，这里的有限元模拟中理论位移用桥梁的理论刚度来计算（在实际工程中可以直接测得）。

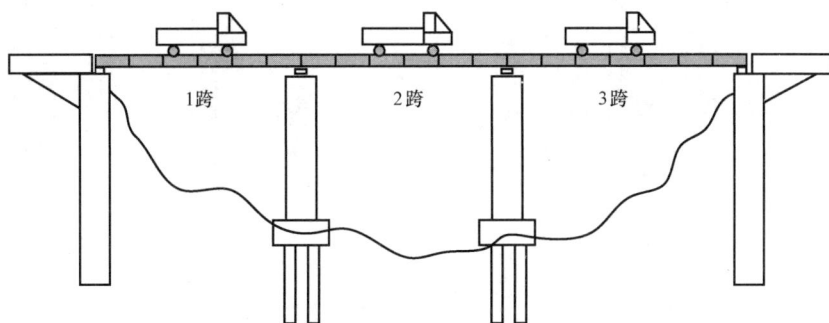

图 7.26 静载实验载重卡车位置分布

为了验证路面不平整度对试验结果的影响，计算过程中将车速设置为 28.8km/h，测试噪声设置为 0，车重设置为 41750kg，路面不平整度分别测试了国家标准中的 A~E 级路面。图 7.27（a）比较了不同路面不平整度条件下预测的桥梁各跨变形与理论变形之间的误差，对不同路面不平整度条件下各跨的变形误差进行分析，预测的变形误差在 0.49% 以内，因此，该算法适合于各种路面，并且路面的不平整度有助于激起车与桥有效振动，对测试结果没有影响。

为了验证车辆速度对结果的影响，计算过程中将里面不平整度设置为 A 级，测试噪声设置为 0，车重设置为 41750kg，分别对 10km/h、20km/h、30km/h、40km/h、50km/h，五种车速工况进行了误差分析，结果如图 7.27（b）所示，比较了不同速度影响下预测的桥梁各跨的变形和理论值之间的误差，对不同速度情况下各跨的位移误差进行分析，预测的变形误差在 0.83% 以内，并且与路面不平整度相比，车辆速度对预测结果的影响更小，这里表明车速对测试结果没有影响。

为了验证算法的抗噪性能，计算过程中将路面不平整度设置为 A 级路面，车速设置为 28.8km/h，车重设置为 41750kg，测试噪声（车轮力噪声和加速度噪声）分别设置为 0、5%、10%、15%、20%。计算结果如图 7.27（c）所示，比较了不同噪声影响下，预测的桥梁各跨的变形和理论值之间的误差，对不同噪声情况下各跨的变形误差进行分析，可知，当测试噪声在 10% 以内时，变形误差小于 3.9%，在工程允许的范围之内，所以本文算法具有一定的抗噪性。

为了验证车重对结果的影响，计算过程中将路面不平整度设置为 A 级路面，车速设置为 28.8km/h，测试噪声 0%，分别测试了车重为 20t、40t、60t、80t、100t，五种测试车重对结果的影响，结果如图 7.27（d）所示，比较了不同车重情况下的预测变形与理论变形误差，对不同车重测试条件下各跨的变形误差进行分析，可知，变形误差在 0.62% 以内，所以车重的变化对本文的算法基本无影响。

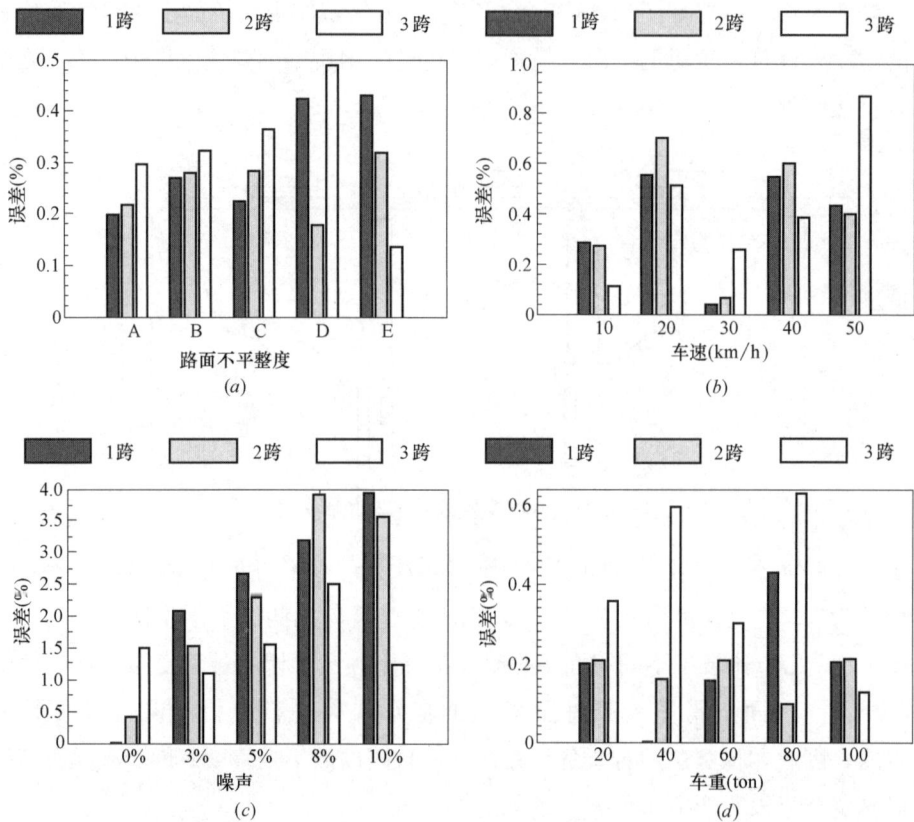

图 7.27　影响因素误差分析

（a）路面不平整度影响误差；（b）车速影响误差；（c）测量噪声影响误差；

（d）车重影响误差

第8章

工程应用技巧与实例

前面章节中介绍了基于冲击振动的桥梁快速测试方法，所需要的硬件系统开发以及基于冲击振动测试数据的多种柔度识别理论方法。本章将首先介绍冲击振动在现场测试时的步骤及技巧；其次，介绍冲击振动测试在两座桥梁上的应用案例，最后，对冲击振动测试快速评估理论的未来发展趋势进行讨论与展望。

8.1 冲击振动测试实战技巧

为了从冲击振动测试数据中获取真实可靠的结果，以便于正确反映桥梁结构的真实状态，需要在实验的各个阶段进行详细设计与操作。本节主要从传感器选择和振动测试方案，传感器安装和现场测试以及振动信号处理三个方面来阐述影响结构识别结果的因素以及相应的解决方法。

8.1.1 传感器选择和振动测试方案

在正式开展冲击振动测试之前，应该首先对测试桥梁所处的位置，桥梁的结构形式，所用材料以及截面形式等桥梁概况进行初步了解；其次，要对结构的动力特性进行初步的了解以确定后续的传感器类型以及传感器方案的布置；最后，确定结构的激励方式以及冲击振动测试方案布置。一般情况下，可以根据所测试桥梁的设计图纸和已有资料，利用有限元软件建立被测桥梁的初步有限元模型，对该有限元模型进行模态分析，初步确定测试桥梁的固有频率和振型。初步得到的结构固有频率将为后面的加速度传感器类型的选择，感兴趣的频带范围和采样频率的设置提供参考，而得到的结构振型将为传感器的布置以及冲击振动测试中冲击点的选择提供依据，具体内容将在后面进行阐述。

1. 传感器类型选择

通常在设计一个实验时，被用来测量结构加速度响应的传感器经常不被重视，然而，不仅传感器类型对测试结果影响很大，而且传感器安装方法和连接传感器的导线也会严重影响传感器的性能，从而影响测试结果的准确性。下面从传感器的类型选择以及传感器应该具有的性能指标两方面进行简单阐述。

首先是传感器类型的选择。根据具体的结构类型和测试要求，确定是要测试结构的竖向，纵向，横向或者是三维特征，如果只是测试结构的单向振动特征，则只需要使用单向加速度传感器，如果需要测试结构的三维振动特征，则需要选择三向加速度传感器。根据测试结构所处的环境条件，选择是采用压电式，压阻式还是电容式加速度传感器，压电式加速度传感器一般用于特殊环境（超低温、超高温环境等）下的测量；压阻式加速度传感器具有直流响应特性（从 0Hz 开始的响应），适用于车辆振动、汽车碰撞试验和爆炸试验等产生的冲击程度测量中；电容式加速度传感器具有频率范围比较宽（0～450Hz），灵敏度高，温度漂移小的特点。

其次是传感器性能指标的选择。根据测试结构在动力荷载下的振动幅值范围和感兴趣的频带范围来选择具体的加速度传感器应该具有的性能指标。加速度传感器的最大量程一般根据测试结构的振动幅值范围来选择，应该确保传感器的最大量程大于冲击荷载下的结构的振动幅值。在冲击振动测试中，冲击点附近的加速度幅值将很大，一般情况下，在这些位置使用的加速度传感器的幅值范围应该至少为 2.5g，并且在每一次冲击之后，应该自动或者手动的检查记录的加速度响应信号，确保冲击力产生的加速度响应没有超过所用传感器的量程。此外，加速度传感器的频率范围要大于测试结构感兴趣的频带范围，典型的高速公路桥进行冲击振动测试时，其频率范围一般在 2～50Hz，需要选择对低频信号敏感的加速度传感器。

最后是在传感器选择时需要考虑传感器安装所处的环境，包括振动、温度敏感性以及传感器和连接导线的耐久性等。

2. 冲击振动测试方案布置

在传感器的类型确定之后，需要根据传感器的数量，测试结构的体量大小确定冲击振动测试方案。具体原则为：如果可利用的传感器数量足够多，可以将传感器一次全部布置在测试桥梁的关键位置，通过一次测量实现结构的整体测试，即整体结构布置方案。如果传感器数量有限，测试桥梁结构体量很大，无法一次布置实现结构的整体测试，有必要对传感器的数目和测点位置进行优化设计，通过有限的传感器来获取最可靠、最全面的桥梁健康状况信息。在这种情况下，通常采用分块移动测试布置传感器的方式，即将所测试桥梁结构人为的划分为几个子结构，依次冲击每个子结构并采集各个子结构在冲击荷载下的加速度响应。根据每个子结构之间的参考点数目将测试方案分为多参考点分块测试、单参考点分块测试和无参考点分块测试三种测试方案，具体分块测试方案见第 5 章。值得注意的是分块测试得到的是各个子结构块的动力响应，在后期的数据处理中需要采用前面章节中提出的模态参数识别算法融合各个子结构的冲击振动测试数据，从而得到桥梁结构的整体振动特性。

3. 传感器方案布置

在冲击振动测试方案确定之后，需要对传感器的具体布置位置进行确定，一般情况下

阶段1 ➡ 传感器选择及振动测试方案

结构固有频率 ← 建立结构有限元模型初步确定结构动力特性 → 结构位移振型

冲击振动测试方案确定

分块移动测试 ←否— 可用传感数量是否大于测量点数? —是→ 全桥整体测试

(1)多参考点分块测试
(2)单参考点分块测试
(3)无参考点分块测试

传感器布置方案确定

激励方式及激励位置选择

阶段2 ➡ 传感器安装及现场测试

根据传感器布置方案放线定点并安装传感器

数据采集参数设置

通道设置　　采样频率($F_s \geq (6 \sim 8) * f_{max}$)　　采样时间

选择其中一个测试点对测试桥梁进行冲击振动测试

采集的数据是否满足测试要求?
(自由衰减,力幅值和频谱特征) ←否

是

存储冲击力时程和结构响应

移动到下一个测试点进行冲击测试

直到所有测试点冲击完成

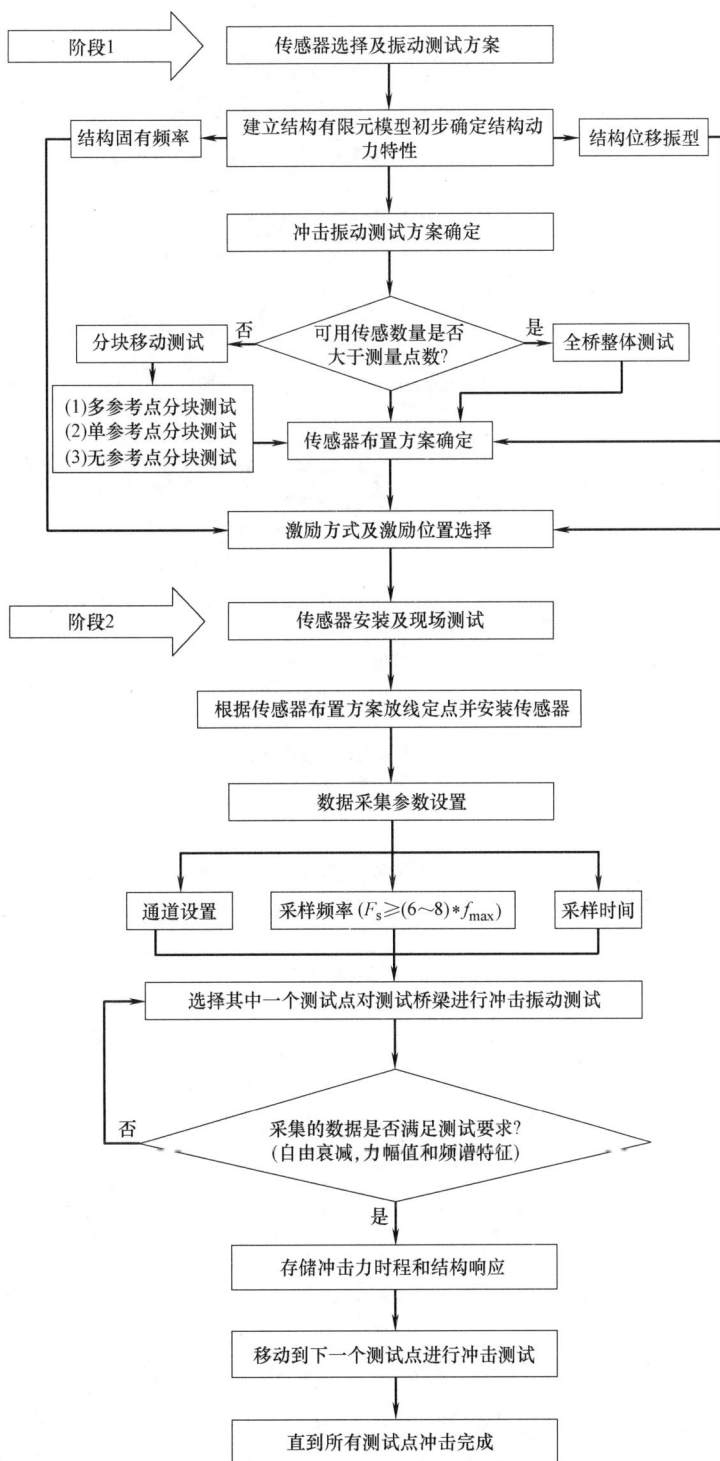

图 8.1　冲击振动现场测试及数据处理流程（一）

阶段3 → 振动信号处理

振动信号预处理

趋势项消除　　带通滤波　　施加窗函数

振动信号后处理

单个冲击点功率谱密度计算(GXX, GXF, GFF, GFX)

对每个冲击点的多次功率谱密度进行平均

输出有噪声(H1方法) ← 是 — 冲击力和结构响应是否包含噪声? — 是 → 输入有噪声(H2方法)

是

输入输出均有噪声(Hv方法)

结构位移/应变频响函数

频响函数的互易性是否满足要求? — 否 → 剔除该组数据

是

剔除该组数据 ← 否 — 输入输出的相干函数是否接近1?

是

结构模态参数识别

系统极点　　固有频率　　位移/应变振型　　阻尼比　　缩放系数

位移/应变柔度矩阵

位移/应变预测　　损伤识别　　长期性能劣化曲线绘制

结合规范对结构的当前性能及长期性能进行评估

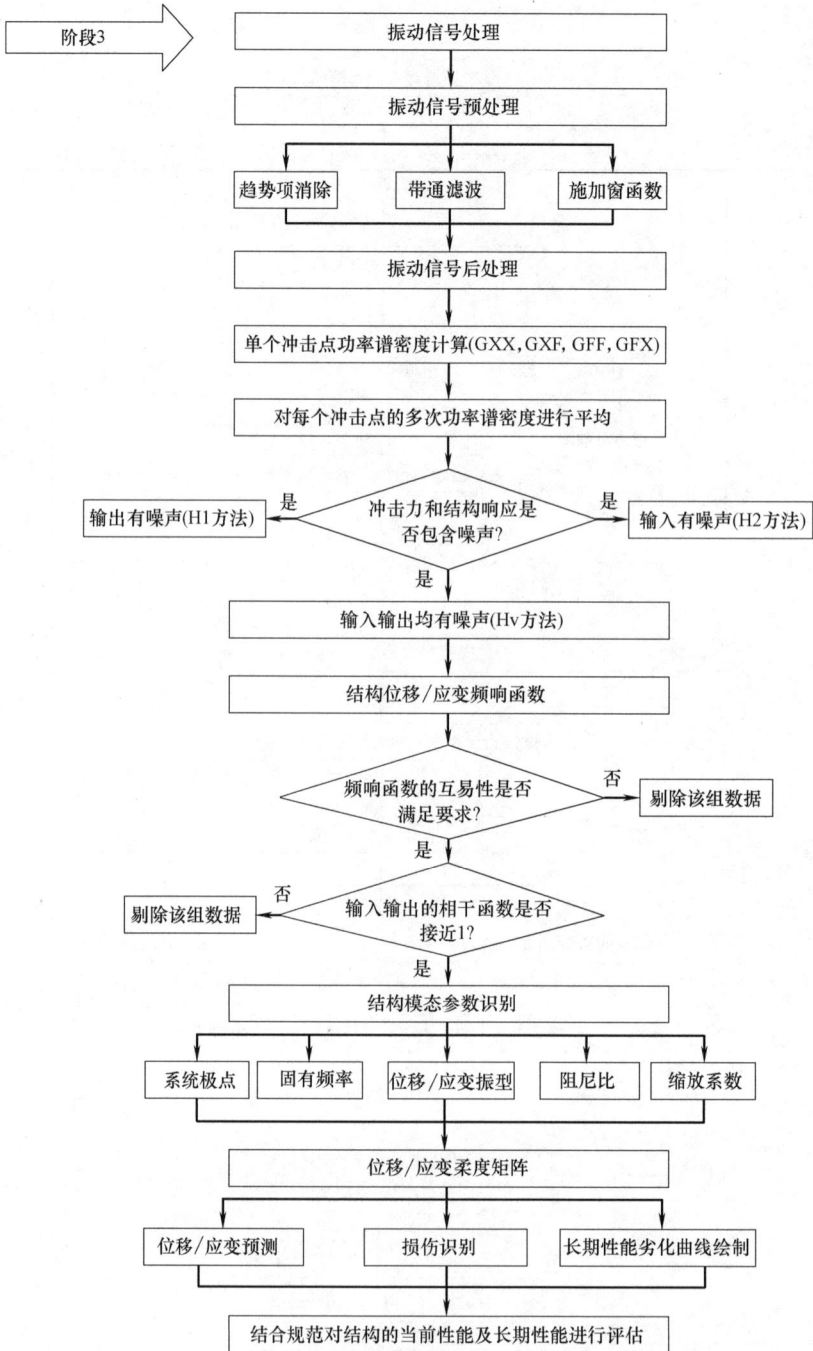

图8.1　冲击振动现场测试及数据处理流程（二）

应考虑到布置测点能充分捕捉到结构的整体信息且不能布置在结构振型的模态节点上。具体来讲，在事先建立的有限元模型基础上，对测试桥梁进行模态分析，得到结构的位移振型，从而确定测试结构各阶振型的模态节点，在传感器布置时应尽量避免将传感器布置于结构的模态节点。这是由于模态节点是模态振型值为零的位置，将传感器布置于模态节点，该传感器将捕捉不到该阶模态的时域响应，在后续的数据处理中将会丢失该阶模态。另外，如果冲击振动测试方案为分块移动冲击测试，则需要考虑是否在各个子结构的边界点上布置传感器。对于多参考点分块测试方案，则需要在每两个相邻的子结构上布置传感器；对于单参考点分块测试方案，除了在各个子结构上布置传感器之外，需要在任意一个子结构额外增加一个测试点，一直采集冲击振动测试信号；对于无参考点分块测试方案，只需要在每个子结构上布置传感器即可，不需要额外的测点。除此之外，在传感器的布置方案确定中还需要考虑传感器的安装方案，传感器电缆，总线以及数据采集装置位置的布置，达到现场测试时采集到的结构信息可靠，时间成本少和速度快的要求。

4. 激励方式及激励位置选择

在冲击振动测试中，常见的激励方式有激振器激励，传统力锤激励以及新型冲击荷载产生装置激励三种。对于激励方式选择的总体原则是激励力的频率范围大于结构感兴趣的频带范围，保证能够激励起结构感兴趣的所有阶模态。

激振器激励根据是否同时采集激励力和结构响应划分为可控可测激励和可控不可测激励两大类。典型的激振器设备包括液压式激振器、惯性式激振器和电磁式激振器三类。液压式激振器适用于土木结构的荷载测试并且在低频和中频之间执行良好，在低频时，液压式激振器适用于在大位移的情况下运作。液压式激振器能够产生许多输入信号，比如：正弦波、随机信号等，但是在高频时，由于液压系统本身存在的高噪声，这些系统不能够精确的显示这些信号的特征。惯性式激振器由质量块的加速度产生的惯性力所表征，在这个分类中，偏心式质量激振器是最常见的。这种类型的激振器利用偏心质量的旋转，使之产生周期变化的离心力，以起激振作用，其缺点是工作频率范围很窄，一般为 $0\sim100\text{Hz}$。电磁式激振器是将电能转换成机械能，并将其传递给试验结构的一种仪器。电磁式激振器的优点是能获得较宽频带（从 $0\sim10000\text{Hz}$）的激振力，即产生激振力的频率范围较宽，而可动部分质量较小，从而对被测物体的附加质量和附加刚度较小，使用也方便。因此，应用比较广泛，但这种激振器的缺点是不能产生太大的激振力。

传统力锤激励可以通过使用不同硬度锤头来改变冲击力的大小。大力锤的优点是成本小（小于 2000 美元）和可移动性，这是由于大力锤整体质量小，便于移动到桥梁的各个测试点。它的缺点也是显而易见的，利用大力锤对结构产生的冲击幅值比较小（一般小于 2267.9kg），不能够充分的激励起感兴趣的频带范围。

新型荷载产生装置通常由一个框架组成，它可以自动提升质量块并且垂直落下激励桥梁表面。该激励装置能够产生大幅值、宽频域（$0\sim200\text{Hz}$）和具有单幅值特征的冲击力，以在不损坏桥梁的前提下充分激励出桥梁的真实动力特性，采集到的结构响应具有较高的信噪比，从而可以得到结构精确可靠的桥梁安全状态评估参数。

在确定好结构激励方式之后，需要确定合适的激振点位置（称为驱动点，Driving Point），并在驱动点处尽可能布置加速度传感器，以方便测量驱动点的加速度响应，计算驱动点位移频响函数，这是因为在一般情况下，驱动点位移频响函数的质量比较好，便于评价某次测试的数据质量，其次是驱动点的频响函数对后续结构的深层次参数（缩放系数，位移柔度等）的识别至关重要。值得注意的是驱动点的选择不应位于测试结构各阶振型的模态节点上，这是由于对某一阶模态节点进行冲击，结构的响应中不包含该阶模态的贡献，从而导致数据分析时丢失该阶模态的信息。

在传感器方案、测试方案以及驱动点的位置确定好之后，应该利用绘图软件绘制传感器的布置方案及测试方案图纸，方便现场测试时定点布置及测试方案的高效执行，避免测试过程中由于时间紧迫而导致漏测和错测。除此之外，应该仔细计划所需要携带的设备，比如：个人电脑、数据采集仪、电缆、发电机、皮尺、粉笔、传感器安装支座等。个人电脑和数据采集仪主要用于现场测试时采集数据，电缆用于传感器与采集仪之间的连接，在现场测试时由于处于偏远地区，由于条件限制，需要利用发电机发电，皮尺主要用于传感器布置点的定位，粉笔用于测量点的标记，便于传感器的精确安装。

8.1.2 传感器安装和现场测试

在现场测试时，根据已定的传感器布置方案，首先利用距离测量设备确定传感器的布置位置，并进行标识；然后，将传感器逐个布置在测量点，进行传感器的安装，并将连接传感器的电缆线连接到数据采集系统和个人电脑；随后，根据传感器的特性和传感器布置测点设置数据采集时的参数，包括：采样频率，传感器的物理通道和传感器编号的设置，传感器的耦合方式等；之后，对设置好的数据采集参数和安装好的传感器进行初步测试，逐个检查所有传感器，确保传感器的参数设置和通道设置正确；最后，对测试桥梁进行正式采集，根据事先确定的冲击振动测试方案对测试桥梁进行冲击，逐个测试，直到所有的测试点完成，结束测试。

1. 传感器安装

根据事先确定的传感器布置方案，在测试点逐个布置所有传感器，但是加速度传感器在结构上的安装方式对测试结果的精度和频率响应有很大的影响。常见的加速度传感器安装方法有螺钉安装，粘结安装，磁座安装，云母片/四氟膜安装等。螺钉安装是在允许打孔的被测物上沿振源轴线方向打孔攻丝，直接使用螺钉安装；粘结安装在被测物体不允许钻孔时，可使用各种胶粘剂进行粘帖，如"502"、环氧树脂胶、双面粘胶带、橡皮泥；磁座安装的优点是不破坏被测物体，移动方便，但是应考虑用磁座测试会使加速度计的使用频率响应有所下降，使用时应先在被测物上安装磁座，再拧上传感器，或者将二者轻轻吸附于被测物上；云母片/四氟膜安装有隔热和绝缘的作用，对高温状态试件，可用厚度小于 0.1mm 的云母片垫置，其加速度计频率响应会略有降低，对试件与加速度计间的绝缘，云母与四氟是最佳材料。

2. 数据采集参数设置

传感器安装完成之后，需要将连接传感器的电缆线连接到数据采集装置，并对数据采集系统的参数进行设置。常见需要设置的参数有：传感器的灵敏度，传感器的物理通道，传感器编号，传感器的耦合方式，采样频率，采样时间长度等。传感器的灵敏度根据传感器说明书直接设置即可，而传感器的物理通道和传感器编号的设置需要根据实际的传感器布置方案来确定，总体原则是保证传感器的物理通道和传感器的编号一一对应，同时传感器的编号一般情况下要与冲击振动测试方案中加速度传感器的布置位置的编号一致，这样做的好处是便于后续的数据处理，不至于引起数据混乱和数据不对应的问题。值得注意的是，传感器的编号和冲击振动测试中加速度传感器的布置位置的编号一般由桥梁测试者自行定义，不同的人定义的方式一般不一致。采样频率和采样时间长度的确定在冲击振动测试方案中至关重要，它们直接决定了频带宽度和频率分辨率，正确的参数设置是确保采集数据的质量和后续数据处理结果的关键。

采样频率的确定基于香农采样定理，又称奈奎斯特采样定理，是信息论，特别是通讯与信号处理学科中的一个重要基本结论。具体表述为：为了不失真地恢复模拟信号，采样频率应该不小于模拟信号频谱中最高频率的 2 倍，即 $f_s \geqslant 2f_{max}$，工程上一般取 $f_s \geqslant (6 \sim 8)f_{max}$，特别是对于冲击振动测试，由于需要捕捉冲击荷载的峰值信息，需要更高的采样频率，但是，会造成大体积的数据，导致计算机运行变慢，需要考虑采集数据质量和计算机的存储性能的平衡。如果采样频率 $f_s < 2f_{max}$，则会造成频率混叠，即高于采样频率一半的频率成分将被重建成低于采样频率一半的信号，这种频谱的重叠导致信号失真。对于数据采集长度的确定主要依赖于结构的动力特性，一般情况下是要保证采集到的结构动力响应完全衰减为零，未衰减完的冲击振动信号会对结构的频谱信号产生影响，从而影响后续的数据处理。

3. 初步测试

对桥梁进行初步测试，检查前面设置参数的正确性，关键是检查传感器的编号与数据采集系统中设置的通道是否对应。在这个阶段，需要了解冲击荷载产生装置产生的冲击力的频谱范围，冲击力的大小和加速度的幅值范围等。冲击荷载产生装置产生的冲击力的频谱范围是能否激励起测试桥梁的感兴趣的频带范围的关键，因此，在初步测试时需要重点检查。其次，检查冲击荷载下的加速度的幅值范围，检查其幅值是否超过加速度传感器的量程；最后，记录各种测试工况和相应的测试开始以及结束的时间，测试期间的环境风速，温度和湿度等环境因素。其具体的测试流程和相应的处理对策为：

（1）选取几个节点进行初步的冲击振动测试，并按照前面置好的参数采集数据，计算冲击力的自谱，观察自谱的频谱范围是否包含了或覆盖了所感兴趣的频带范围，如果没有包含，对于传统的力锤，则需要更换锤头或者增加冲击力的幅值；对于新型的冲击荷载产生装置，则需要增加落锤的重量或者控制落锤下落的高度；

（2）查看每个加速度传感器在冲击荷载下的响应，检查各个加速度传感器是否处于正常工作状态，若某个加速度传感器的测量数据异常，则替换该加速度传感器，若替换后冲击振动测试的加速度传感器测量数据仍然异常，则更换驱动点重新测试；

（3）从离驱动点位置由近到远的顺序依次观察每个传感器的响应是否在量程以内（包

括加速度传感器和力传感器），若加速度的总体响应较小，可考虑是否能增大冲击力的幅值；

（4）查看加速度响应在测试时间长度内是否完全衰减至零，若没有完全衰减，则考虑增加数据采集时间长度使其完全衰减，若时间比较紧迫，此方案不可行，则对未完全衰减的数据加指数窗。值得注意的是，虽然通过加指数窗的方式可以将时间信号完全衰减至零，但是会导致识别的阻尼加大，识别结果不准确，因此，在实桥测试时要尽量保证采样时间长度足够长，使加速度响应自由衰减至零。

4. 正式测试

按照事先确定的冲击振动测试方案，依次对测试桥梁的驱动点进行冲击振动，直到所有冲击点完成。具体来讲，首先确定每个驱动点的平均测试次数，将冲击装置移动至第一个驱动点，在冲击装置对桥梁进行冲击之前 5～10s 开始采集数据，保证精确捕捉冲击力的幅值信息，在结构的响应完全衰减完之后，停止采集数据；其次，对此次采集的数据进行质量检查，具体有冲击力的幅值水平，频域带宽，相干性等，如果初步的质量检查不过关，则重新对该测试点进行冲击，重新采集数据，若仍不过关，则换下一个驱动点重新开始振动测试和数据质量检查。重复执行所需的平均次数内的冲击振动测试，一般平均次数 $N_{avg} \geqslant 3$（主要是减小数据采集过程中的误差），直到达到驱动点处的振动测试次数达到 N_{avg} 为止，然后移动到下一个驱动点继续进行冲击振动测试；最后，将采集到的结构输入力信息和结构输出加速度响应进行存储并表明测试工况，或者将测试数据转换为频响函数存储。

8.1.3　振动信号处理

振动信号处理分为振动信号预处理与后处理两部分，预处理的目的是提高数据的真实性和稳定性，后处理的目的是得到能够反映结构当前状态的参数，在冲击振动测试中，不仅可以得到结构的基本模态参数，如：固有频率、阻尼比和振型等，而且可以得到结构的深层次参数，如：模态质量、位移柔度和应变柔度等。振动信号预处理，是结构健康诊断的首要步骤，它直接决定着后续诊断技术使用效果及精度。由于传感器与传输系统设备故障、接触故障、电磁干扰等问题，常常造成健康监测系统所采集的数据存在大量异常，这些数据不予以识别、剔除或修补而直接应用于后续的分析，必然对评估结果的准确性带来巨大的干扰。在冲击振动测试中，由于测试时间紧迫，不可避免存在一些操作上的失误或者由于各种各样不确定性因素的存在，导致采集到的冲击振动测试数据存在明显的错误，如果不予以消除会造成后续的数据处理结果不可靠，因此，有必要首先检查测试数据有无明显的错误。对于采集的冲击力判断准则比较简单，具体来讲，通过数据处理软件绘制采集数据的冲击力时程曲线，检查每组数据中的冲击力有无二次冲击现象，也就是冲击时程曲线中是否出现两个或者多个峰值，如果存在二次冲击，则将该组测试数据予以剔除。对于采集到的结构响应，根据其出现异常及后续分析的需要，处理方法比较复杂，具体有消除趋势项、滤波以及施加窗函数等。

1. 趋势项的消除

在振动测试过程中，采集到的振动信号数据由于放大器随温度变化产生的零点漂移、传感器频率范围外的低频性能的不稳定以及传感器周围的环境干扰往往会偏离基线，甚至偏离基线的大小还会随时间变化。偏离基线随时间变化的整个过程被称为信号的趋势项。趋势的存在，会使时域中的相关分析和频率中的功率谱分析产生大的误差，甚至使低频谱完全失去真实性。因此测试信号分析中常要消除趋势项，这也是信号预处理中一个重要步骤。常见的趋势项有线性趋势项和非线性趋势项两种，这两种趋势项均可以采用最小二乘法来消除，通过该算法可以获得在最小平方差意义上的测试数据与数学模型的最佳拟合。

2. 滤波器的选择

滤波是将信号中特定波段频率滤除的操作，是抑制和防止干扰的一项重要措施，实现滤波操作的载体称为滤波器，它只允许一定频率范围内的信号成分正常通过，而阻止另一部分频率成分通过。基本原理就是利用电路的频率特性实现对信号中频率成分的选择，根据频率滤波时，是把信号看成是由不同频率正弦波叠加而成的模拟信号，通过选择不同的频率成分来实现信号滤波。常见的滤波器分为低通、高通、带通和带阻四种基本类型，本部分只简单介绍在冲击振动测试信号处理中使用较多的带通滤波器。

带通滤波器是指能通过某一频率范围内的频率分量，但将其他范围的频率分量衰减到极低水平的滤波器。现对带通滤波器的设计规范进行简要的介绍，滤波器的设计规范有线性设计规范和对数设计规范两种。带通滤波器的设计规范有阻带最低截止频率 F_{s1}，通带最低截止频率 F_{p1}，通带最高截止频率 F_{p2}，阻带最高截止频率 F_{s2}，通带波纹 δ_p 和阻带衰减 δ_s 共六个参数。前面四个截止频率的选择依赖于分析所感兴趣的频带范围，可以是任意合理的数值，值得注意的是 $F_{s1} < F_{p1}$ 且 $F_{p2} < F_{s2}$。介于通带和阻带之间的频带 $[F_{s1}, F_{p1}]$ 和 $[F_{p2}, F_{s2}]$ 称为过渡带，过渡带的宽度可以选的足够小，但是对应一个物理可实现的滤波器而言必须是正值。参数 δ_p 被称为通带波纹，是由于通带内的幅度响应通常是震荡的，与之类似，δ_s 称为阻带衰减。这两个参数的选择可以非常小但是不能为零。

前面介绍的滤波器设计规范通常被称为线性规范，因为它们使用的是 $A(f)$ 的实际值，而在冲击振动测试数据处理中，使用较多的是对数设计规范，即将原始滤波器的幅度响应表示为分贝或者 dB 的形式。对于对数设计规范而言，通带波纹系数由 A_p 表示，阻带衰减系数由 A_s 表示，它们均表示为分贝的形式。线性幅度响应与对数幅度响应之间的转换关系为：

$$A(f) = 10 \log_{10}\{|H(f)|^2\} dB \tag{8.1}$$

利用上式，对数规范中可以用线性规范表示如下：

$$\begin{cases} A_p = -20\log_{10}(1-\delta_p) dB \\ A_s = -20\log_{10}(\delta_s) dB \end{cases} \tag{8.2}$$

在利用 MATLAB 软件处理冲击振动测试数据时，需要定义参数除了上面提到的四个截止频率之外，还需要定义式（8.2）中的 A_p 和 A_s，可以根据选择的具体滤波器进行计算，常见的滤波器有巴特沃斯滤波器，切比雪夫Ⅰ型，切比雪夫Ⅱ型和椭圆形滤波器等，具体参见相应的信号处理书籍，为简单起见，这里不再赘述。

3. 施加窗函数

振动信号频域处理是建立在傅里叶变换的基础上，通常意义下的傅里叶变换是针对无限长时间的，但实际上不可能进行无限长时间的信号采样，只有采集有限时间长度的信号数据，这相当于用一个矩形时间窗函数对无限长时间的信号突然截断。这种时域上的截断导致本来集中于某一频率的能量，部分被分散到该频率附近的频域，造成频域分析出现误差，这种现象被称为频谱泄漏。减少振动信号截断造成频谱泄漏的一种方法是加大傅里叶变换的数据长度；另外一种方法则是对要进行傅里叶变换的信号乘上一个函数，使该信号在结束处不是突然截断的，而是逐步衰减平滑过渡到截断处，这样就能减少频谱泄漏，这一类函数统称为窗函数，常用的窗函数为指数窗。指数窗通常定义为一个指数函数的形式，如下式所示：

$$\omega(t) = e^{-t/\tau} \text{ 或者 } \omega(t) = e^{-\beta t} \quad \beta = \frac{1}{\tau} \tag{8.3}$$

在冲击振动测试中，施加指数窗的原因是原始采集数据未完全衰减至零，为了减少在频谱分析中造成的频谱泄漏问题，需要将信号末端的幅值人为进行衰减，因此，指数函数参数的选择对计算结果有不同程度的影响。一般情况下，参数 τ 取的越小，频响函数吻合的比较一致，当 τ 取值比较大的时候，频响函数出现许多毛刺，不光滑，频响函数的互易性差，对后续识别结果有很大的影响。值得注意的是，在指数窗函数的施加过程中，会导致识别的结构阻尼比系数增大，与真实值存在一定的偏差，在指数窗函数的指数选择太大的情况下，应该采用相应的方法将此影响消除。因此，在冲击振动测试数据的预处理中，需要慎重选择指数函数的参数，建议取值为 0.1%～5%。

4. 频响函数计算

本部分主要介绍利用预处理之后的冲击振动测试数据计算结构频响函数的过程。分别对冲击力时程和结构响应做傅立叶变换，根据自功率谱密度函数和互功率谱密度函数的定义分别计算冲击力的自谱，结构响应的自谱，结构响应和冲击力的互谱，同时考虑每个驱动点处所做的多次冲击振动测试，利用测得的 N_{avg} 组数据计算平均功率谱以减少信号噪声的干扰，提高后续频响函数计算的质量，具体计算方法见 3.6.1 节。

利用单点输入作用下的频响函数估计方法计算加速度频响函数，频响函数估计方法有 H1，H2 和 Hv 三种，分别针对输出有噪声，输入有噪声和输入输出均有噪声情况，具体计算公式见 3.6.1 节。如果采集到的结构响应是加速度信号，则需要将计算得到的加速度频响函数转换为位移频响函数；如果采集的结构响应是长标距应变响应，则直接利用前面章节中介绍的应变频响函数估计方法就可以得到结构的应变频响函数。

5. 频响函数互易性检查

利用不同输入输出位置和不同冲击力幅值作用下的频响函数，进一步检验测试数据的质量，即为频响函数的互易性。具体来讲，如果由 i 点激励下点测得的响应计算得到的频响函数与由 j 点激励 i 点测得的响应计算的频响函数完全吻合，即 $H_{ij}=H_{ji}$，则说明频响函数的互易性好，因此测得的数据质量高。另一种深层次数据质量检查方法是画出输入输出数据的相干函数，判断测量的输出响应在多大程度上是由测量的输入激励引起的，相干函数值越接近于 1，说明测量的输出响应由测量的输入激励引起的程度就越大。具体来讲，相干函数曲线基本为 1，说明在该次测试中，测得的响应基本是由自身节点施加的冲击荷载引起的，采集的输入输出数据受到噪声的干扰小，数据是真实可信的。

6. 模态参数识别及柔度识别

基于前面得到的结构频响函数，利用相应的参数识别算法识别结构的动力特征，现有的模态参数识别方法可以分为两类，频域方法和时域方法，使用较多的频域算法有 CMIF 和 PolyMAX 方法等，时域方法为 SSI 方法，值得注意的是若采用时域算法，需要对频响函数进行傅里叶逆变换以得到脉冲响应函数，再利用时域模态参数识别算法识别结构的模态参数。识别得到的基本参数有固有频率，阻尼比，系统极点，位移模态振型，模态缩放系数（或模态参与系数的形式），利用识别的系统极点，位移或者应变振型和模态缩放系数识别结构的深层次参数位移或者应变柔度矩阵，详细内容见第 3～6 章。

利用识别的位移或者应变柔度矩阵乘以静力荷载向量，便可以预测结构在此荷载下的竖向挠度或者应变，从而结合规范对测试桥梁的当前安全状态进行评估。

8.2 工程实例一：某预应力混凝土连续箱形梁桥的冲击振动测试

本节以一座三跨预应力混凝土连续箱形梁桥为例，验证冲击振动测试理论与开发的冲击荷载产生装置应用于实桥测试的可靠性。分别对该桥进行了冲击振动测试和静载测试，在静载测试中，利用长标距应变传感器测试结构在静力荷载下的应变，结合改进的共轭梁方法反演结构在静力荷载下的变形；在冲击振动测试中，利用开发的冲击荷载产生装置对其进行多参考点冲击振动测试，结合前面所述的基于冲击振动测试数据的柔度识别理论，识别结构的位移柔度矩阵并预测结构在指定静力荷载下的变形曲线，与静载实验得到的真实变形值比较，验证所提出测试方法及数据处理方法的有效性。

8.2.1 桥梁概况及传感器布置图

1. 桥梁概况

该三跨预应力混凝土变截面单箱单室连续箱梁主桥上部结构为 53m+85m+53m，如图 8.2 所示，箱梁高度从距跨中 1m 处由 2.4m 至距墩中心 1.5m 处按二次抛物线变化为 5.0m。主桥主墩墩身采用圆头矩形实心墩，长 7.25m，宽 2.5m；主墩承台为矩形，厚 3.0m，平面尺寸为 12.75m×7.6m，基础采用 6 根 ϕ1.8m 的钻孔灌注桩。主桥和引桥之间的墩采用圆柱式墩，横向为双柱式，直径 1.7m，承台为哑铃形，厚 2.5m，基础采用 4

根 1.5m 的钻孔灌注桩。中跨跨中截面的箱型梁截面尺寸如图 8.2（c）所示，箱梁上顶板和下顶板的宽度分别为 17.25m 和 8.75m，腹板厚度为 0.55m，箱梁的悬臂长度为 4.25m。

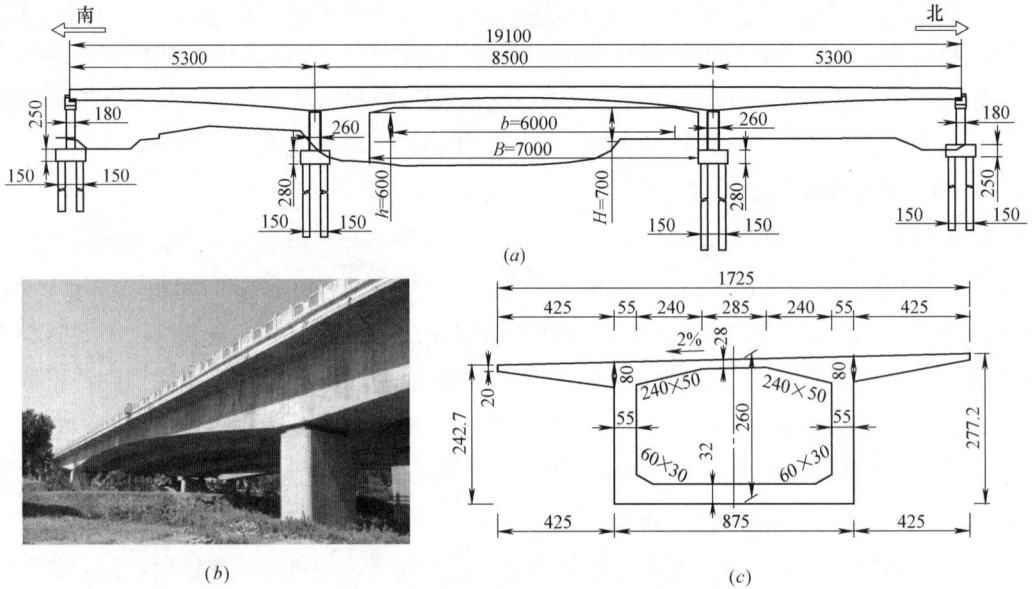

图 8.2　预应力混凝土连续箱形梁桥
(a) 立面图；(b) 实桥照片；(c) 跨中截面断面图

2. 桥梁整体传感器布置

桥梁整体传感器布置如图 8.3 所示，在该桥上布置有长标距应变传感器、加速度传感器两种类型的传感器。长标距应变传感器用来测量结构在静力荷载下的静应变，并用改进的共轭梁法计算在该荷载下的竖向挠度作为测量值，验证基于冲击振动测试方法的可靠性。加速度传感器用来测试结构在冲击荷载下的动力响应。长标距应变传感器的布置图如图 8.3（b）所示，共使用长标距应变传感器共 58 个，分别布置于箱梁的顶板下表面和底板上表面，底板 28 个，顶板 30 个。PCB 393B04 加速度传感器 25 个，分别布置在桥面板的两侧，内侧 13 个，外侧 12 个，等间距分布在边跨的 1/4 截面和中跨的 1/8 截面。

8.2.2　静载测试

桥梁结构静载试验是对桥梁结构工作状态进行直接测试的一种鉴定手段。桥梁静载试验是测量桥梁在各种静力荷载工况下的各个控制截面的应力应变及结构的变形，从而确定结构的实际工作性能与设计期望值是否相符，它是检验结构强度、刚度以及其他性能最直接、最有效的方法。北澄子河大桥的卡车静载实验和荷载分配图如图 8.4 所示，共两种实验工况，工况 1：将一辆总重为 300kN 的大卡车作用在中跨跨中截面的车道 2，纵向和横向荷载分配如图 8.4（a）~（c）所示；工况 2：将总重为 600kN 的两辆大卡车作用在中跨

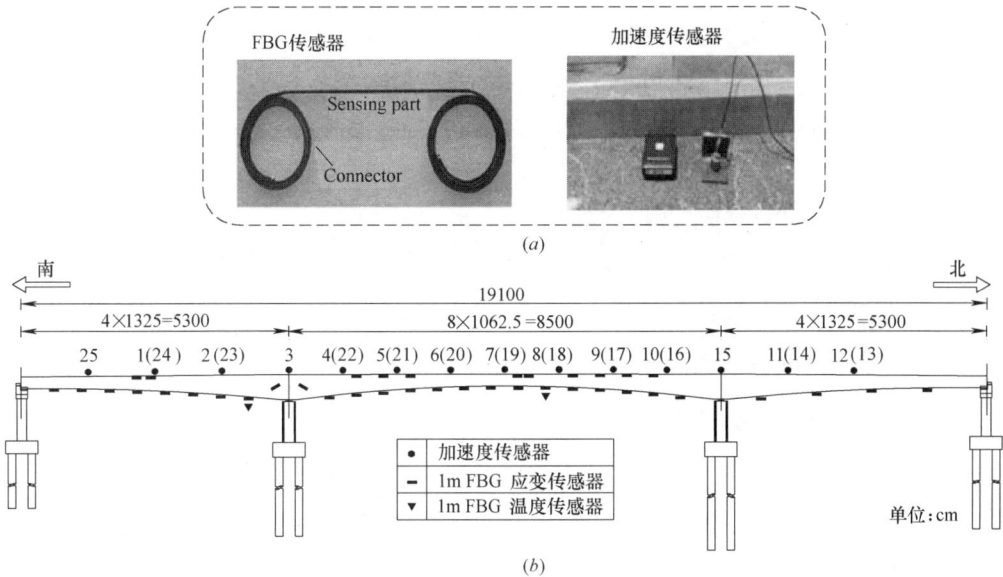

图 8.3 传感器布置图

(a) 照片；(b) 传感器布置图

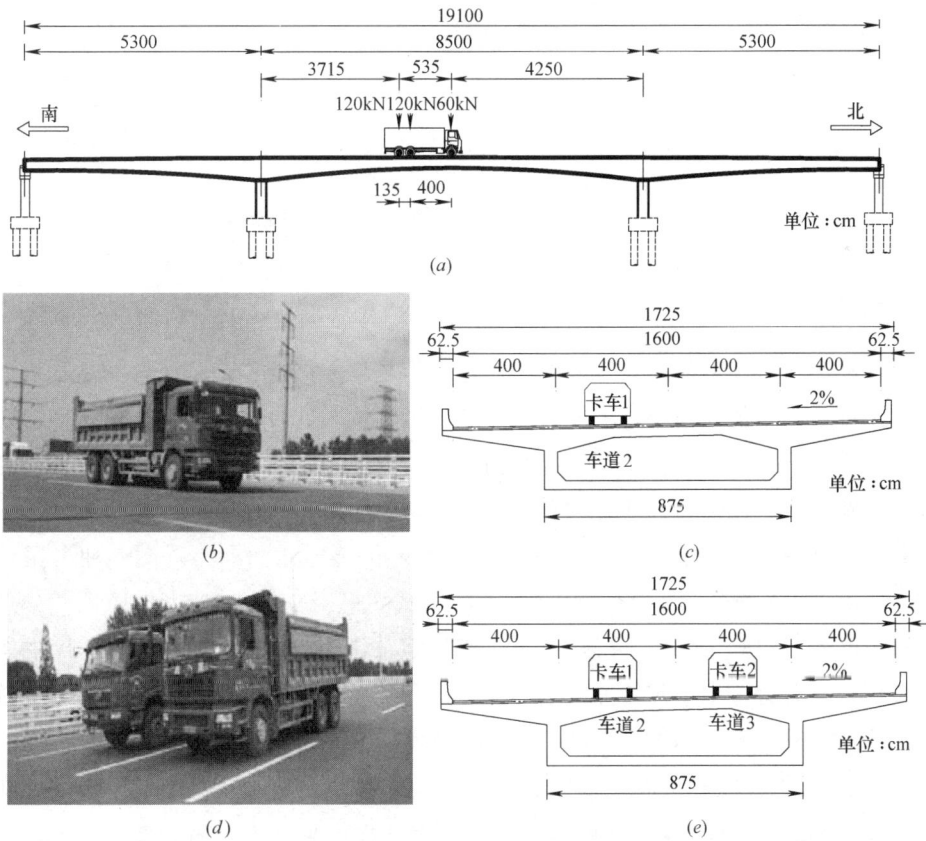

图 8.4 静载实验和荷载分配图

(a) 两种工况下的荷载纵向分配；(b) 工况 1 实桥照片；(c) 工况 1 荷载横向分配；
(d) 工况 2 实桥照片；(e) 工况 2 荷载横向分配

跨中截面的车道 2 和车道 3，每辆车位于车道的中间，荷载分配如图 8.4 (a)、(d) 和 (e) 所示。每辆车的总重为 300kN，前轴为 60kN，中后轴分别为 120kN，前轴与中轴的距离为 4m，中轴与后轴的距离为 1.35m，轮距为 1.8m。

工况 2 作用下的长标距应变反应（图 8.5 (a)），跨最大应变为 11.48$\mu\varepsilon$。由底板的传感器测得的长标距应变除以中和轴与传感器表面的距离作为外荷载作用于共轭梁，计算共轭梁的节点弯矩便可以得到实梁的竖向位移分布（图 8.5 (b)），具体理论见第 6 章。从图 8.5 (b) 中可以看出，两辆大卡车作用下的跨中最大竖向位移为 2.791mm。由前可知，由共轭梁法反演的节点位移与应变成显式的线性关系，在反演过程中不存在误差累计的情况，计算结果真实可靠，其结果将用于后面的从冲击振动测试中预测的位移进行比较，验证基于冲击振动测试数据进行结构位移预测的可靠性。

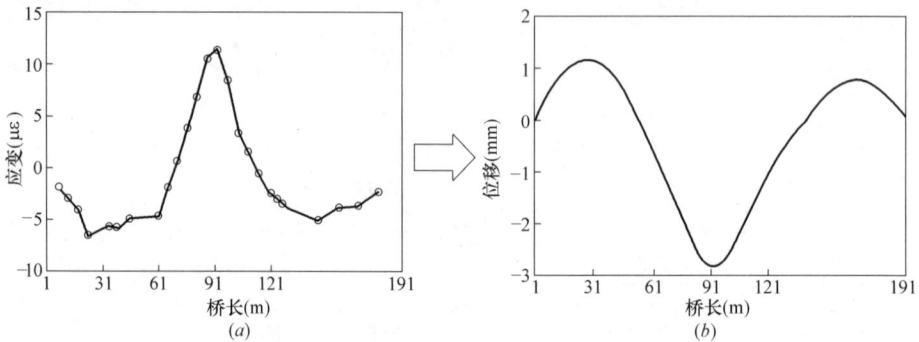

图 8.5　卡车静载实验结果
(a) 测得的长标距应变；(b) 利用共轭梁法反演的竖向挠度

8.2.3　冲击振动测试

冲击振动测试在国内外有一定程度的应用，但是仅采用冲击荷载更好的激励桥梁，激振器所产生冲击力幅值比较小，不能够有效的激励结构，此外，现有激振器笨重，现场测试不方便。基于此，作者开发了新型冲击荷载产生装置（见第 2.3.1 节），该装置可以产生大幅值和宽频域的冲击力，能更加有效的激励桥梁结构。北澄子河大桥进行冲击振动测试的实验方案如图 8.6 所示，图 8.6 (a) 为加速度传感器立面图布置图，冲击振动测试节点编号与测试方案如图 8.6 (b) 所示。本次测试共采用 25 个加速度传感器，分别布置在桥面板的两侧，内侧 13 个，外侧 12 个，等间距布置于边跨的 1/4 截面和中跨的 1/8 截面。未验证开发装置应用于实桥测试的可靠性，分别利用激振器和传统大力锤对该桥进行冲击振动测试，测试方案如图 8.6 (b) 所示。大力锤激励点共 7 个，分别为 7/8/9/18/19/20/21/22；激振器激励点 5 个，分别为节点 18/19/20/21/22，每个节点激励 3 次，每次测试时间大约 50s，具体采集时间以结构响应完全自由衰减为零为标准。冲击振动下的加速度响应由 PCB 公司开发的压电式加速度计 Model 393B04 采集，它具有操作简单、高精度、宽频率范围和低价格的优点。激振器和大力锤激励下的冲击力时程和加速度响应由美国国家仪器有限公司开发的 NI PXIe-1082 数据采集仪采集。

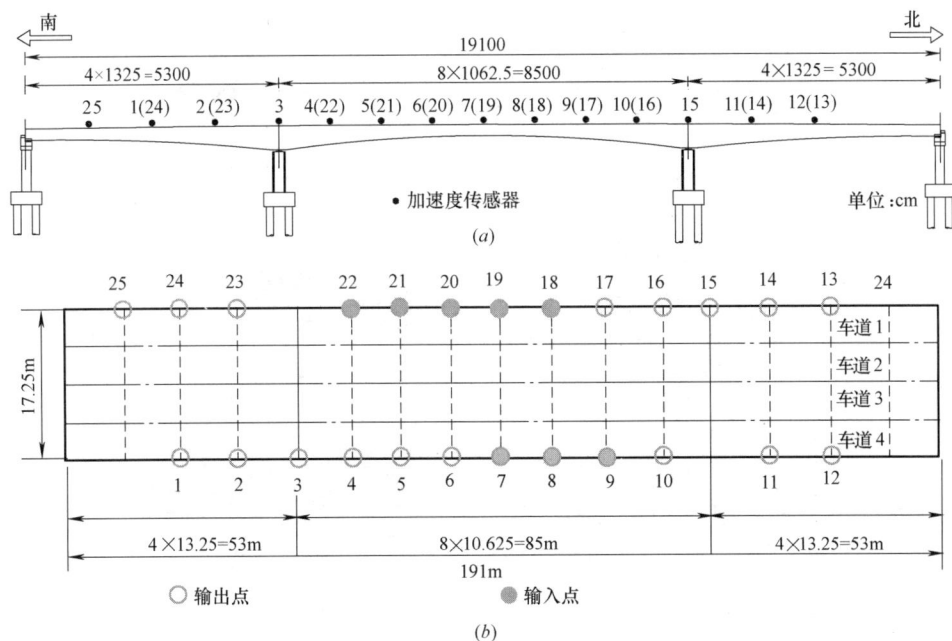

图 8.6　北澄子河大桥冲击振动测试方案

（a）立面布置图；（b）平面布置图

8.2.4　柔度识别结果

1. 基本模态参数

利用激振器激励下的冲击振动测试数据，计算结构的位移频响函数，采用 CMIF 识别结构的前 5 阶频率为 1.59Hz、3.06Hz、3.53Hz、5.40Hz 和 8.15Hz，各阶频率与有限元直接计算频率的误差均在 5% 以下。识别的前 5 阶振型如图 8.7 所示，为便于比较，对测试桥梁建立的有限元模型进行模态分析，将计算的前 5 阶振型绘制在一起，从图中可以看出由开发的冲击荷载装置激励下的冲击力时程和结构响应识别的振型与有限元分析得到的振型形状相似。为了定量研究它们之间的相关性，计算识别振型与有限元振型的 MAC 值，如图 8.8 所示，从图中可以看出，识别振型与有限元振型的相关系数大于 0.95，说明识别结果可靠。

2. 振型质量归一化

对频响函数进行奇异值分解，得到的结构振型是任意缩放的，与质量归一化振型存在一个缩放系数。在冲击振动测试中，由于输入力已知，得到的频响函数为真实的频响函数，频响函数的幅值与理论频响函数的幅值一致，因此可以将未缩放的位移振型转换为质量归一化振型。具体来讲，在 CMIF 中将测试频响函数分解为单模态的频响函数，即增强频响函数，在增强频响函数峰值附近利用最小二乘法可以得到缩放系数 Q_r，而 $Q_r = 1/2j\omega_r M_r$，当模

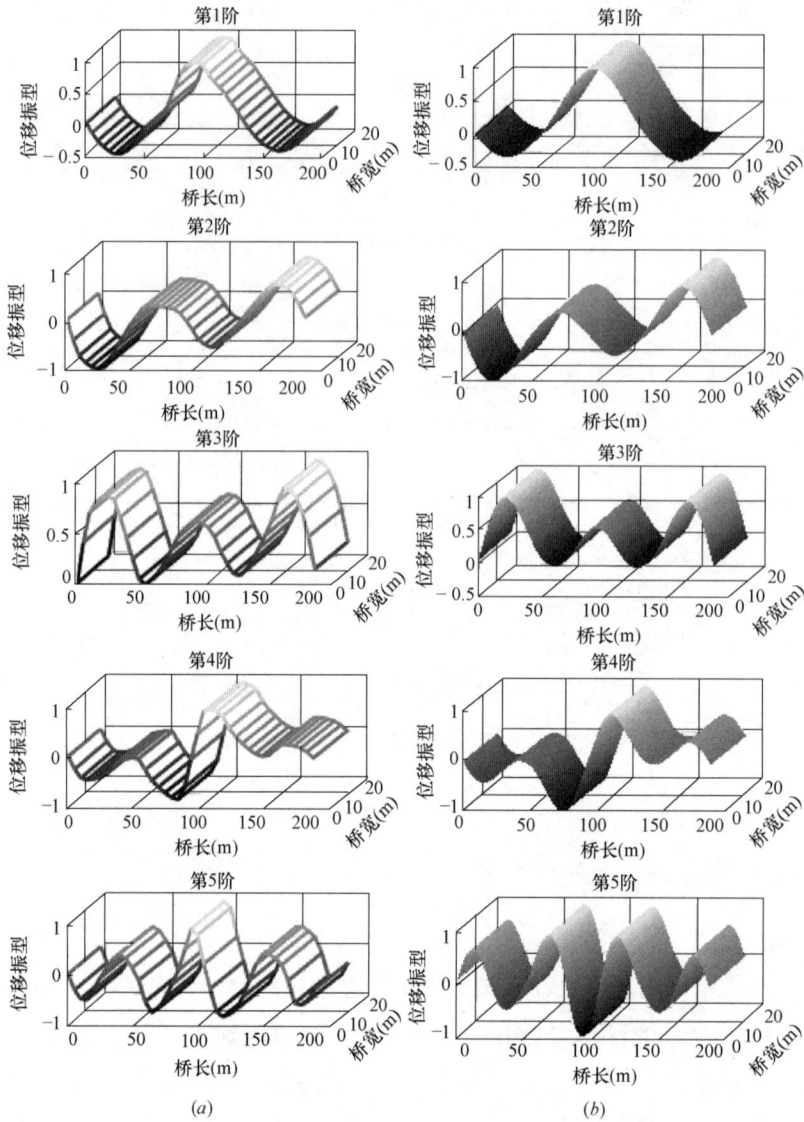

图 8.7　桥梁位移振型对比

(a) 识别结果；(b) 有限元结果

态质量 $M_r=1$ 时便可以得到质量归一化振型，把质量归一化振型与模态质量为 1 时的缩放系数带入频响函数的表达式中，并与由未缩放位移振型表达的频响函数比较，可以得到质量归一化振型与未缩放振型之间的关系式为：$\{\psi_r\}=\alpha_r\{\phi_r\}=\sqrt{2j\omega_r Q_r}\{\phi_r\}$。北澄子河大桥前 5 阶质量归一化振型与未缩放振型的关系如图 8.9 所示，图中实线为质量归一化振型，点画线为未缩放的位移振型，从图中可以看出，质量归一化缩放系数在每一阶是常数，即不依赖于输出节点，但是，对于不同阶的模态缩放系数是不一样的，值得注意的是工程中大多数桥梁采用比例阻尼，缩放系数 Q_r 一般为一个纯虚数，因此，图中所示的质量归一化振型缩放系数 α_r 是一个实数，与结构的圆频率和每阶的缩放系数有关。

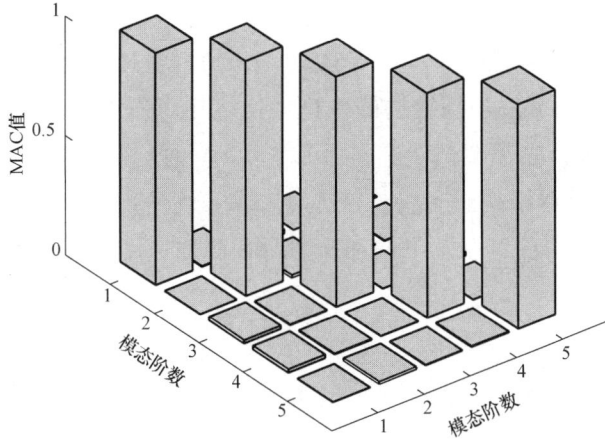

图 8.8　识别位移振型与有限元振型的 MAC 值

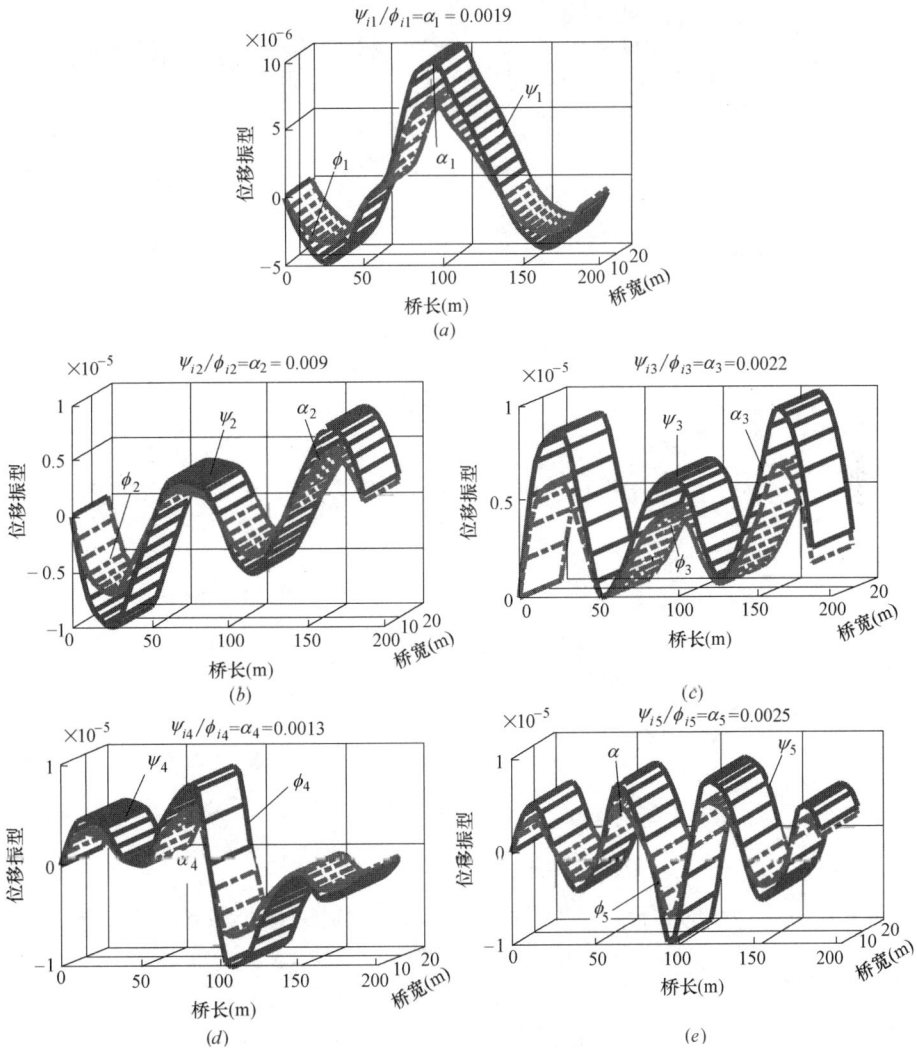

$$\psi_{i1}/\phi_{i1}=\alpha_1 = 0.0019$$

$$\psi_{i2}/\phi_{i2}=\alpha_2 = 0.009$$

$$\psi_{i3}/\phi_{i3}=\alpha_3 = 0.0022$$

$$\psi_{i4}/\phi_{i4}=\alpha_4 = 0.0013$$

$$\psi_{i5}/\phi_{i5}=\alpha_5 = 0.0025$$

图 8.9　模态振型归一化

(a) 第 1 阶；(b) 第 2 阶；(c) 第 3 阶；(d) 第 4 阶；(e) 第 5 阶

3. 位移柔度识别

得到了结构的质量归一化振型，利用公式（3.131）重构结构的真实频响函数，取频响函数在 $\omega=0$ 的值，便可以识别结构的位移柔度矩阵 [公式（4.6）]。为了研究所开发冲击荷载产生装置在实际桥梁测试中应用的可靠性，同时利用传统大力锤对结构进行冲击振动测试。利用大力锤对结构进行冲击振动测试，识别的结构位移柔度矩阵如图 8.10（a）所示，基于开发冲击装置激励下的冲击力时程和加速度时程识别的位移柔度矩阵如图 8.10（b）所示。

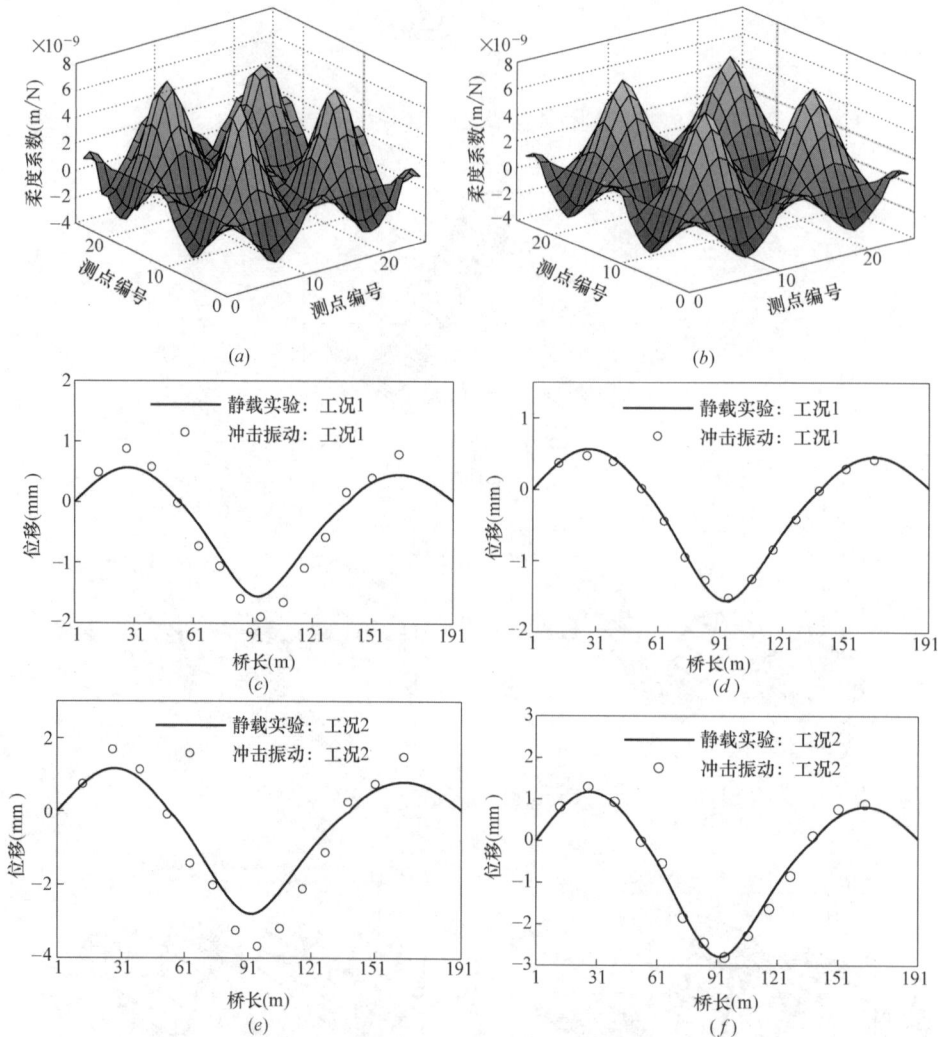

图 8.10　开发的冲击荷载产生装置与传统大力锤识别位移柔度及预测变形比较

（a）大力锤识别柔度；（b）开发的冲击装置识别柔度

（c）~（f）预测变形比较

利用识别的位移柔度矩阵乘以作用在结构上的静力荷载，便可以得到结构在此荷载下的变形。工况 1 作用下的预测变形如图 8.10（c）和（d）所示，图中实线表示测量值，为加载车辆作用于跨中截面时，由长标距应变传感器测得的长标距应变反演得到的竖向位移分布，圆圈为由冲击振动测试下识别的柔度矩阵乘以相应位置的静力荷载分配向量得到的预测位移值。从图 8.10（d）可以看出，由激振器作用下的冲击力和加速度响应识别的位移柔度矩阵预测的位移与卡车静载实验下由长标距应变反演位移十分吻合，相反，大力锤作用下，由冲击力和加速度响应识别的位移柔度矩阵预测的位移与卡车静载实验的位移分布值相差比较大 [图 8.10（c）]，这是由于大力锤所产生的冲击力幅值比较小，由前可知，仅仅为 18kN，导致结构的加速度响应比较小，信噪比低，数据质量不可靠，从而致使预测的结构竖向位移不准确，从图 8.10（e）和（f）中可以得到同样的结论。因此，可以得出自主开发的冲击荷载产生装置测试数据的质量比大力锤测试结果更可靠，预测结果更精确，进一步说明所开发冲击荷载产生装置和柔度识别算法能够应用于中小桥梁的现场测试，具有方便快捷的优点，为结构的状态评估及承载能力评估奠定一定的基础。

4. 模态截断效应

下面以自主开发冲击荷载产生装置作用下的冲击力时程和加速度响应为基础，说明模态截断效应对柔度识别结果的影响，对于传统大力锤有相同的结论。模态截断效应对柔度识别以及预测的任意静力荷载下的变形的影响如图 8.11 所示。

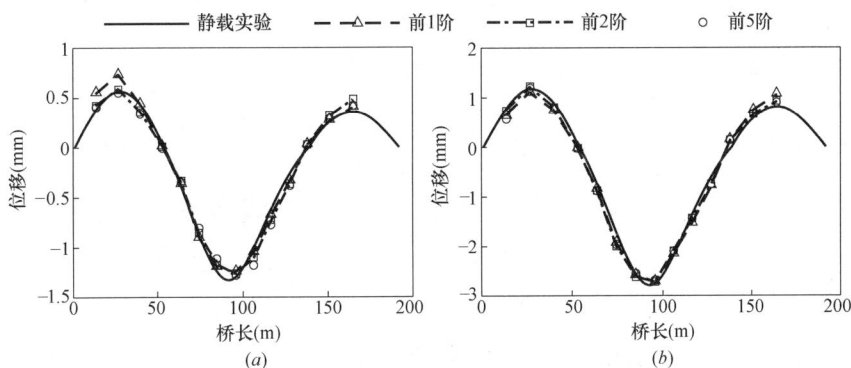

图 8.11　模态截断效应对预测位移的影响

（a）工况 1；（b）工况 2

图中实线为由长标距应变传感器测得的长标距应变反演的节点位移，三角形为由第 1 阶模态识别的位移柔度矩阵预测的静位移，矩形为由前 2 阶模态识别的位移柔度矩阵预测的静位移，圆圈为由前 5 阶模态识别的位移柔度矩阵预测的静位移。从图 8.11 可以看出，对于这种简单的梁式结构，低阶模态对结构柔度的贡献很大，对于该三跨连续梁结构，只利用第一阶模态识别的位移柔度矩阵就可以得到比较精确的预测位移。通过实桥的冲击振动实验，验证了基于冲击振动测试的结构柔度识别理论和开发的冲击荷载装置的有效性，有应用于工程实际的前景。

8.3　工程实例二：某三跨简支钢梁桥的分块冲击振动测试

第 5 章提出了基于分块的桥梁快速冲击振动测试方法并进行了相关的理论研究，实验例子和有限元模拟都证明分块测试方法能达到与传统的整体冲击振动测试方法一致的效果，但分块冲击振动方法能节省测试成本和提高测试效率。本节将该方法应用于一座三跨简支钢梁桥，进一步探究该方法的实用性。本节在第五章提出的无参考点法判断子结构振型方向的基础上进行了适当改进，即仅利用最小势能原理进行子结构参数融合，但通过势能对模态阶数的收敛性来判断低阶振型的正确集成方案，使得该方法能够应用于实际工程结构。

8.3.1　实桥概况

该三跨简支钢梁桥每跨长度约 15.54m，全桥总长 46.62m，桥梁的每个行车方向有四个车道，整个混凝土桥面宽 14.94m，其中两边各有 1.07m 宽的人行道。钢筋混凝土桥面板由七根简支钢梁支撑，相邻两根钢梁的间距为 2.18m。下部结构由钢筋混凝土桥台和锤头型桥墩组成，图纸显示桥台由混凝土桩基支撑，桥墩由木桩支撑。一跨，测试时封闭测试桥跨一侧的两个车道，开放另一侧的两个车道，这两个车道允许车辆通行，试验数据在通车间歇之间采集。

8.3.2　冲击振动测试

为了验证分块冲击振动测试方法的有效性，该桥主要执行无参考点分块振动测试和全结构冲击振动测试，其中全结构测试主要用于对比无参考点分块法的结果。在进行全结构冲击振动测试时，布置了 24 个加速度传感器，冲击节点选为 10，11，14，16，17，20，采集全部 24 个节点的加速度数据，试验中采样频率设置为 3200Hz。在进行无参考点分块振动测试时，采用三种分块方案，如图 8.12 所示。

方案一［图 8.12（a）］将全结构划分为两个子结构 A 和 B，其中子结构 A 包含节点 1，2，3，8，9，10，15，16，17，子结构 B 包含节点 4，5，6，7，11，12，13，14，18，19，20，21。分块测试时，首先对子结构 A 进行冲击振动测试：在子结构 A 上的 9 个输出节点全部安装加速度传感器，分别在节点 10，16，17 施加冲击力，同时采集输入力和 9 个节点的加速度数据；然后将安装在子结构 A 上的加速度传感器全部拆下后安装在子结构 B 的 12 个节点上，对子结构 B 进行冲击振动测试：选取节点 11，14，20 作为冲击节点，同时采集输入力和 12 个节点的加速度数据。分块方案二［图 8.12（b）］和方案三［图 8.12（c）］都是将全结构划分为 3 个子结构，具体的试验过程和方案一相同，三种分块测试方案的采样频率设置成全结构测试的相同。

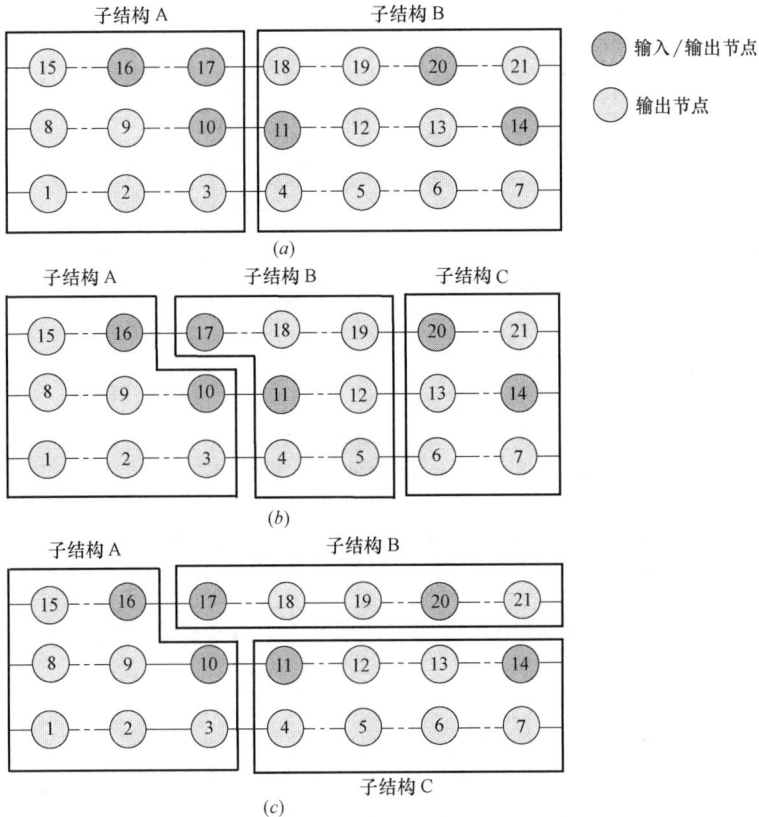

图 8.12 无参考点分块冲击振动测试方案

(a) 方案一；(b) 方案二；(c) 方案三

8.3.3 数据处理

1. 子结构模态参数识别与位移振型缩放

以下内容给出的是分块方案一 [图 8.12 (a)] 的数据处理过程，分块方案二和方案三与方案一的过程相同，本书不再单独列出。首先对采集的数据进行信号处理（加窗和滤波）以消除一些噪声干扰和频谱泄漏，然后用冲击力和加速度数据计算自功率谱和互功率谱密度函数，计算时 fft 的点数取为 32768，采用 Hv 法估算加速度频响函数，再转化为位移频响函数，其中由子结构 A 和子结构 B 计算的频响函数矩阵的维数分别是 $[H^{AA}(\omega)] \in \mathbb{C}^{9 \times 3 \times 32768}$ 和 $[H^{BB}(\omega)] \in \mathbb{C}^{12 \times 3 \times 32768}$，采用全结构测试方法得到的频响函数矩阵的维数是 $[H(\omega)] \in \mathbb{C}^{21 \times 6 \times 32768}$。实验中采集的典型冲击力时程曲线、加速度时程曲线和计算的位移频响函数曲线如图 8.13 所示，从图中可以看出，冲击力为典型的脉冲力，结构的加速度在测量时间内完全衰减，所以高质量的数据保证了频响函数曲线也很光滑。

采用 CMIF 法对全结构的位移频响函数矩阵 $[H(\omega)]$ 和子结构 A、B 的频响函数矩阵 $[H^{AA}(\omega)]$、$[H^{BB}(\omega)]$ 进行模态参数识别，他们的奇异值曲线如图 8.14 所示，由图

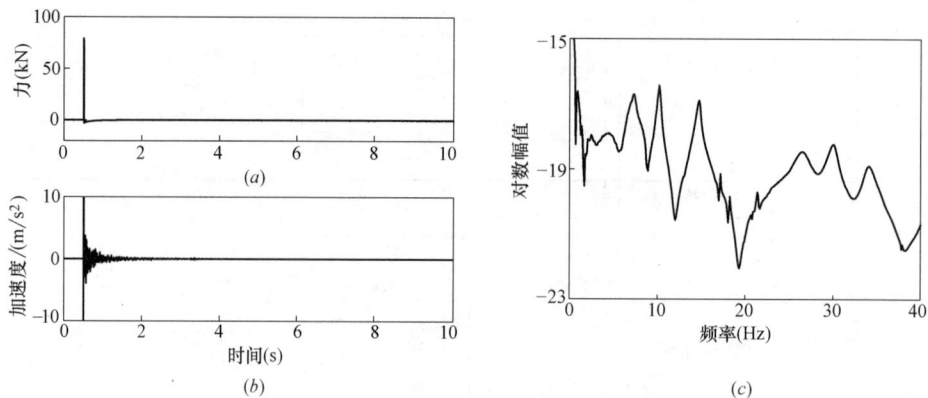

图 8.13　频响函数估计过程

（a）冲击力时程；（b）加速度时程；（c）位移频响函数图

可知，两个子结构的奇异值曲线中的各阶峰值位置与全结构中相应阶次的峰值非常接近，图中都标示出了 10 阶模态，三个结构所分别识别出的 10 阶固有频率和阻尼比见表 8.1，表中显示两个子结构识别的固有频率和阻尼比与整体结构识别的结果非常接近。

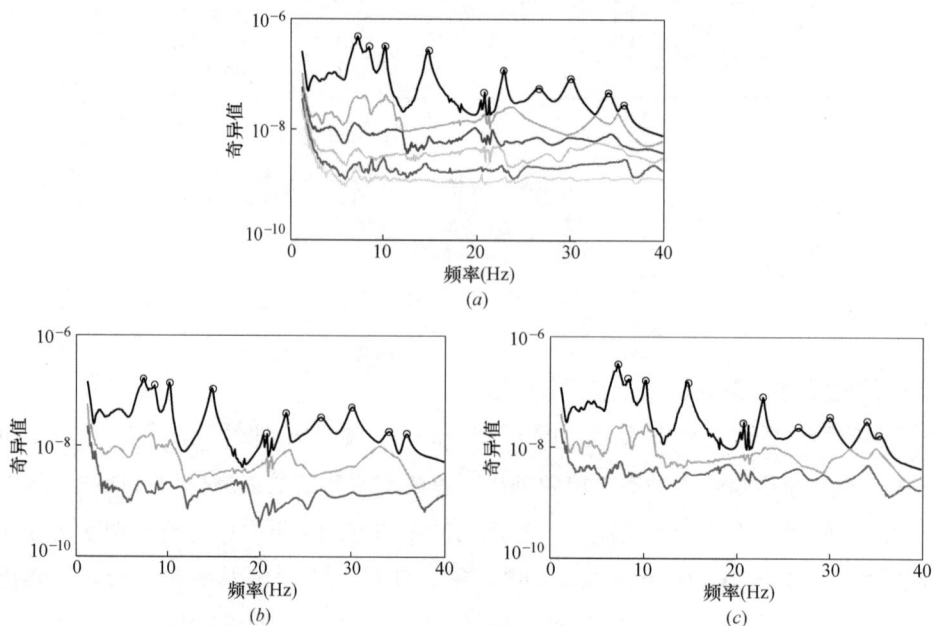

图 8.14　奇异值曲线图（方案一）

（a）全结构；（b）子结构 A；（c）子结构 B

全结构测试法和分块测试法识别的固有频率和阻尼比（方案一）　　　　表 8.1

阶次	全结构		子结构 A		子结构 B	
	频率（Hz）	阻尼比（%）	频率（Hz）	阻尼比（%）	频率（Hz）	阻尼比（%）
1	7.16	6.53	7.25	7.91	7.13	5.71

阶次	全结构		子结构 A		子结构 B	
	频率（Hz）	阻尼比（%）	频率（Hz）	阻尼比（%）	频率（Hz）	阻尼比（%）
2	8.26	5.24	8.25	4.58	8.22	6.20
3	10.14	1.38	10.12	1.38	10.14	1.32
4	14.71	1.76	14.68	1.65	14.70	1.86
5	20.76	0.56	20.57	0.31	20.80	0.66
6	22.85	0.97	22.78	1.08	22.82	0.93
7	26.50	4.04	26.57	3.92	26.64	4.23
8	30.01	2.11	30.07	2.08	29.95	2.33
9	33.99	1.63	33.98	1.84	33.89	1.57
10	35.74	1.53	35.89	1.66	35.43	2.04

执行 CMIF 法识别模态参数的后续步骤，可以识别子结构 A 和 B 以及整体结构的 10 阶模态缩放系数、位移振型和模态参与系数，分别表示为 $(Q_r^A$，$\{\phi_r^A\}$，$\{l_r^A\})$，$(Q_r^B$，$\{\phi_r^B\}$，$\{l_r^B\})$ 和 $(Q_r$，$\{\phi_r\}$，$\{l_r\})$ $(r=1,2,\cdots,10))$，其中 $\{\phi_r^A\} \in \mathbb{R}^{9 \times 10}$，$\{l_r^A\} \in \mathbb{C}^{3 \times 10}$，$\{\phi_r^B\} \in \mathbb{R}^{12 \times 10}$，$\{l_r^B\} \in \mathbb{C}^{3 \times 10}$，$\{\phi_r\} \in \mathbb{R}^{21 \times 10}$，$\{l_r\} \in \mathbb{C}^{6 \times 10}$。

由于子结构 A 和 B 直接识别出来的模态缩放系数不一致，也即这两个子结构的位移振型不处在相同的缩放水平，所以需要采用第 5 章的无参考点法对两个子结构的位移振型进行集成。考虑到子结构 A 中的测点数少于子结构 B，所以取子结构 B 作为目标子结构，将子结构 A 的位移振型调整到与子结构 B 的一致，其中缩放系数 μ_r^A 采用式（5.17）计算（结果见表 8.2），子结构 A 的方向系数 η_r^A 将根据最小势能原理确定。

2. 结构势能计算及全结构位移振型集成

在分块方案一中，整体结构被划分为两个子结构，每个子结构均识别出对应的 10 阶模态参数，则子结构 A 的 10 阶方向系数 $\eta_r^A = \pm 1(r=1,2,\cdots,10)$ 存在 $2^{10 \times (2-1)} = 1024$ 种组合情况，相应地用集成的全结构位移柔度矩阵预测的结构位移和势能也存在 1024 种取值。根据最小势能原理，真实位移将使得结构具有最小的势能，所以这 1024 个势能值中理论上 10 阶方向系数全部正确时所计算的势能为最小，因此采用枚举法计算出这 1024 种情况的位移柔度矩阵，然后在某个荷载工况下计算每种位移柔度矩阵对应的结构位移和势能。

由于在第 5 章中已经说明，为保证每个方向系数都能有效参与运算，作用在每个子结构处的力最好非零，否则方向系数取任何值对势能计算都不会产生影响，所以荷载工况采用在每个节点处作用竖直向下的均布荷载 5kN（ULS=5kN）。将上述荷载工况所计算的 1024 个势能值按从小到大进行排序，画出图

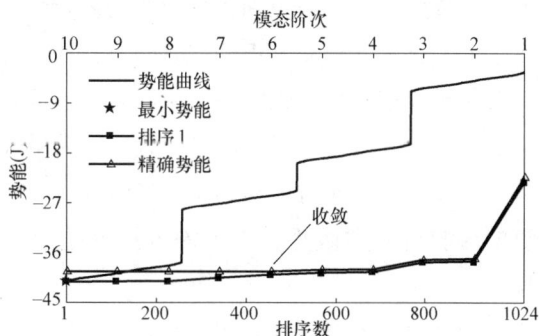

图 8.15 势能曲线（方案一）

8.15 所示的排序后的势能曲线（定义为：势能-排序数曲线），需要注意的是，该曲线在图中的坐标系设置规则为："排序数"轴位于图形下方，"势能"轴位于图形左侧。从该图可以看出，所有 1024 个势能值均小于零，其中最小的势能为 −41.24J，图中已用五角星将其标记出来。

由于在计算势能的同时还计算出了 1024 种情况的位移，为了观察不同情况的方向系数组合所预测结构位移的差异，在图 8.16 中根据势能按从小到大的顺序分别画出了"排序 1""排序 512"和"排序 1024"这三种情况的势能所对应的位移作为代表，并和采用全结构测试方法获得的精确位移值进行对比。从图中可知，"排序 1"的位移曲线和精确位移相当接近，但"排序 512"和"排序 1024"的位移曲线和精确位移相差甚远，尤其是"排序 1024"的位移曲线，结构在完全受竖向荷载作用下，某些节点居然出现了正的位移，这是不符合力学规律

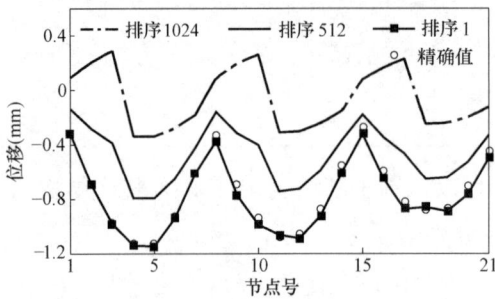

图 8.16　ULS荷载工况对应的挠曲线（方案一）

的。究其原因可知，这两种情况的 10 阶方向系数组合与正确的方向系数组合差别太大，由此导致采用这两种情况的方向系数所计算的结构位移明显错误，同时由这两种情况的方向系数所计算的结构势能也远离最小势能所在区域。根据图 8.16 中所呈现的现象可以推断，即使并未画出其他势能排序情况对应的位移曲线，但随着势能的排序数逐渐接近于 1，他们对应的位移也将相应地接近于全结构测试法计算的精确位移值。

从势能"排序 1"中提取出的子结构 A 的 10 阶振型方向系数分别为 1，1，1，1，1，1，−1，−1，−1，1，为了验证这 10 阶方向系数是否完全正确，将使用这 10 阶方向系数所集成的位移振型和全结构测试法所识别的精确位移振型进行对比，结果显示，其中的前 6 阶方向系数是正确的，后 4 阶方向系数是完全错误的，这个结果似乎违背了最小势能原理。由于实桥测试时只测试了一半的桥面，所布置的测点位置无法保证由这些节点所代表的结构质量矩阵正比于一个单位矩阵，因此不能利用第 5 章提出的正交性指标去判断后 4 阶方向系数的取值。考虑到实际问题的复杂性，这个问题一方面是因为测量噪声对势能计算产生了干扰，导致完全正确的方向系数所计算的势能不一定最小；另一方面由于位移柔度具有关于模态阶数的收敛性，所以势能也应该具有类似的性质，即结构的势能计算通常使用低阶模态参数就已经收敛了，处于高阶的参数部分（比如本例中的第 7 阶到第 10 阶）对势能计算的贡献非常微小，从而导致高阶振型方向系数取 1 或者 −1 对最终的势能叠加计算的影响也非常微小。为了深入探究这个问题，下面将研究势能关于模态阶数的收敛性。

3. 势能关于模态阶数的收敛性

从势能和方向系数的函数关系式（5.38）中可知，结构的势能$\Pi_p(\eta_r)$是各阶模态参

数的叠加运算，随着模态阶数的增加，结构的固有频率会快速增大，导致式（5.38）中参与计算的系统极点 λ_r 也显著增大，其位于分母位置，会使得这阶模态参数对势能产生很微小的贡献，有时候这个贡献可能会被测量噪声给淹没，因此在实际结构应用中，即使是排序 1 的势能也不能保证其对应的高阶振型方向系数是正确的。

采用与研究柔度矩阵关于模态阶数收敛性相类似的方法，在式（5.38）中，对势能排序 1 的各阶方向系数，依次取模态阶数 $m=1$，2，$\cdots$，10 计算出 10 阶势能值，然后可以画出这 10 阶势能值随模态阶次的变化曲线（定义为：势能-模态阶次曲线），为了和"势能-排序数曲线"进行对比，将"势能-模态阶次曲线"同样画在图 8.15 中，见图中以矩形块标记的曲线所示。需要注意的是，"势能-模态阶次曲线"的坐标系在该图中的设置规则为："模态阶次"轴位于图形上方，且阶次从左往右按降序排列，"势能"轴同样位于图形左侧。这样设置的目的是为了保证模态阶次 $m=10$ 所对应的势能值和"势能-排序数曲线"中最小的势能出现在图中的同一点。由于全结构测试法所计算的精确势能同样能研究其模态收敛性，所以图 8.15 中还画出了精确势能随模态阶次的变化曲线，见图中以三角形标记的曲线所示。

从图 8.15 中可知，最小势能随模态阶次的变化曲线和精确势能随模态阶次的变化曲线在前 6 阶部分几乎重合，且到第 6 阶时势能已经收敛，两条曲线在第 7 阶到第 10 阶部分出现细微分叉，表明由最小势能所确定的前 6 阶（收敛阶数）方向系数都是正确的，因此可以通过确定最小势能随模态阶次变化曲线中的收敛阶数来截取出正确的方向系数，进而可用这些正确的方向系数集成全结构的位移柔度。至此，子结构 A 的前 6 阶方向系数就通过势能关于模态阶数的收敛性得以确定，其结果列于表 8.2 中，从该表可知，前 6 阶方向系数全为 1，这是由特殊的子结构划分形式（分块方案一为并列的两个子结构）所造成的，在分块方案三中将可以看到，各个子结构的前 6 阶方向系数将呈不均匀分布。由于第 7 阶到第 10 阶的方向系数对势能的贡献非常微小且由最小势能无法得出完全正确的结果，所以表 8.2 中并未列出第 7 阶到第 10 阶的缩放系数和方向系数。

方案一的缩放系数和方向系数　　　　　　　　　　　　　　　表 8.2

阶次	μ_r^A	η_r^A	MAC 值
1	0.67	1	0.9996
2	0.64	1	0.9992
3	0.65	1	0.9994
4	0.63	1	0.9999
5	0.84	1	0.9856
6	0.72	1	0.9962

为了进一步探究 10 阶方向系数完全正确的情况所计算的势能在排序数轴中具体排在多少位，通过将 1024 种集成的 10 阶振型和全结构测试法识别的 10 阶精确的振型一一对比后可知，正确的势能排在第 94 位，具体数值为 -39.95J，最小的势能（-41.24J）和正确的势能之间的误差为 3.2%，从工程应用角度来说，这个误差在可接受范围之内，因

此采用最小势能原理，通过分析势能关于模态阶数的收敛性来确定子结构振型方向系数的方法是有效的。

利用表 8.2 中的前 6 阶缩放系数和方向系数可以得到对应的子结构 A 的振型方向调整系数 $\alpha_r^A = \eta_r^A \mu_r^A$（$r = 1, 2, \cdots, 6$），为了展示振型方向的调整过程，图 8.17 中画出了前 6 阶振型方向的调整示意图，其中子结构 A 调整前的位移振型用实心圆点标记的曲线表示，调整后的振型用实心圆点标记的虚线表示；子结构 B 作为目标子结构，其位移振型（用矩形块标记的曲线）不需要调整；为了将集成的整体位移振型和全结构测试法识别的精确振型进行对比，图中还给出了用矩形框标记的曲线表示的精确振型。各种线型所表示的意义在第 2 阶振型调整图中有详细注明。图中显示，集成的振型和精确振型一致吻合，由此证明所得到的调整系数是完全正确的。

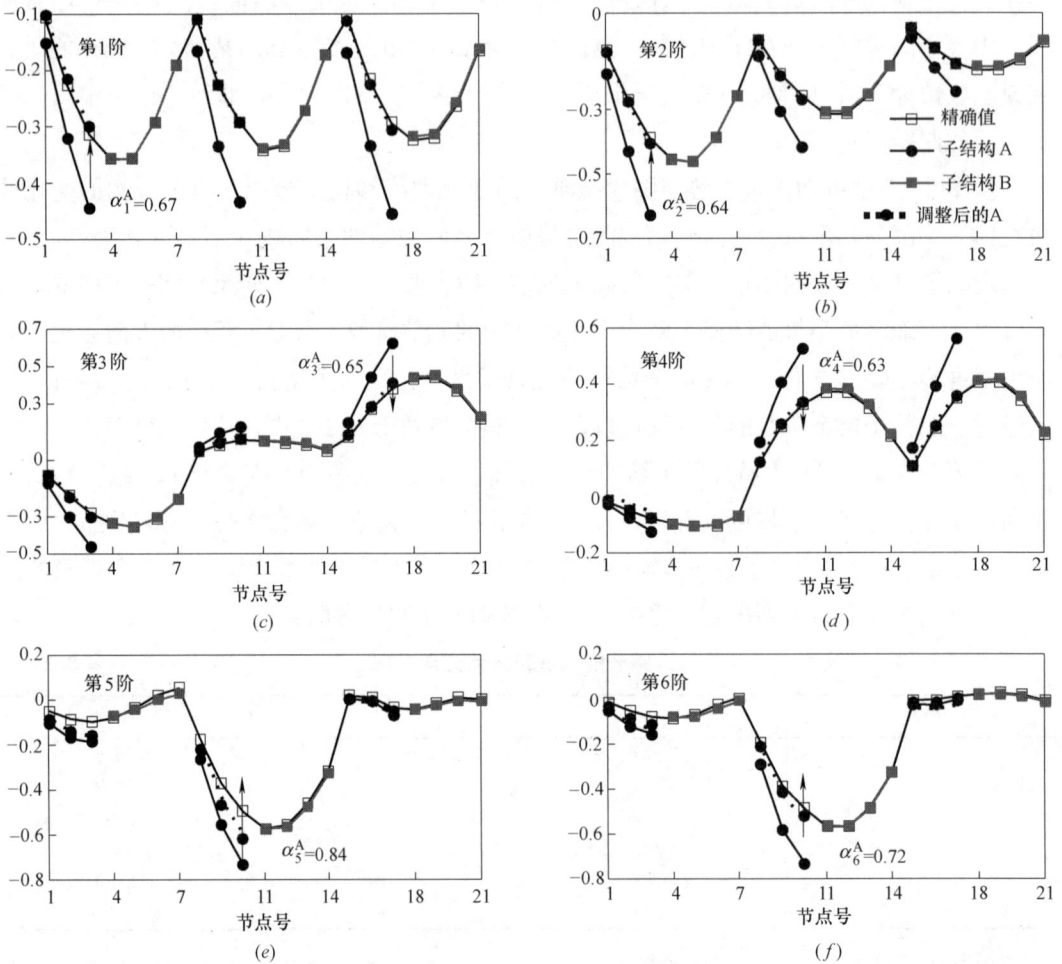

图 8.17 子结构 A 的前 6 阶振型方向调整示意图（方案一）

为便于直观的展示集成后的前 6 阶位移振型的形状，图 8.18 中画出了这 6 阶振型的三维模式图，图中左侧一半是子结构 A 的振型，右侧一半是子结构 B 的振型，浅色曲线是全结构测试法识别的精确振型，从三维图中更能明确得看出，集成的振型和精确的振型几乎重合，以至于其中一条振型曲线被另一条振型曲线所覆盖。集成的振型和精确的振型之间的重合程度还能从他们的 MAC 值中得出，见表 8.2 中的 "MAC 值" 一列，由于这 6 阶振型的 MAC 值均大于 0.95，所以集成的前 6 阶振型是完全正确的。

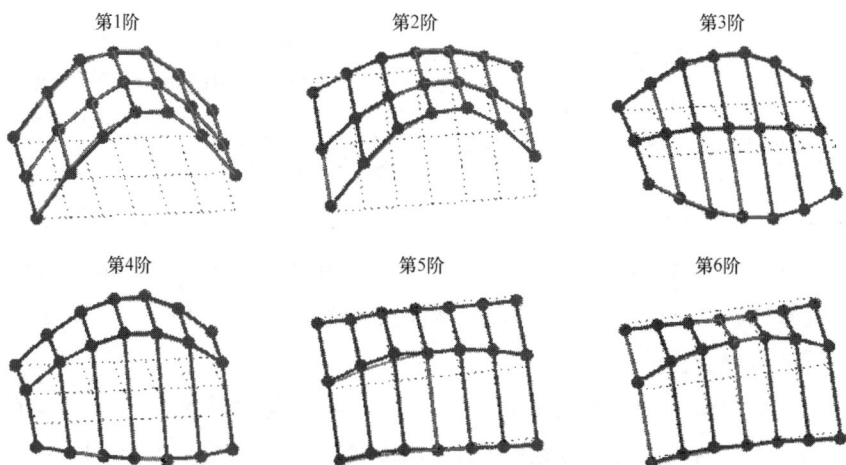

图 8.18　集成的位移振型（方案一）

8.3.4　结构柔度集成和挠度预测

用集成的前 6 阶位移振型和其他模态参数可以计算该桥梁结构的位移柔度矩阵 $[F]$，计算公式采用式（4.6），其中 $[F] \in \mathbb{R}^{21 \times 21}$。为直观的观察柔度矩阵的性质，图 8.19 中画出了该矩阵的三维曲面图，从图中可知，最大的位移柔度系数约为 $F_{55} = 2.1 \times 10^{-8}$ m/N，其和由全结构测试法识别的最大位移柔度系数非常接近。由于 21 个测点分别布置在 3 根梁上，所以柔度矩阵的三维曲面图中呈现出 $3 \times 3 = 9$ 个峰值。

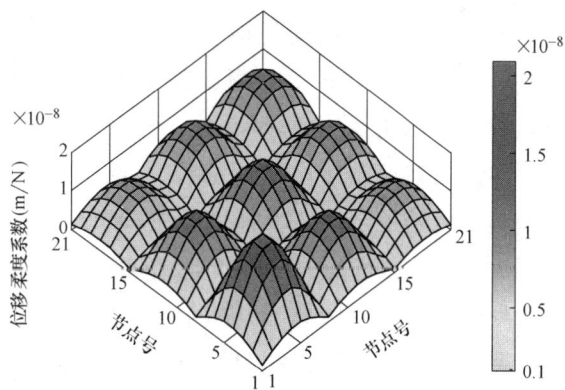

图 8.19　集成的位移柔度矩阵图（方案一）

1. 位移预测的模态截断效应研究

用集成的位移柔度矩阵可以预测该桥梁结构在任意静载下的挠度，因此采用前面计算势能时所使用的 ULS＝5kN 的荷载工况，同时研究位移预测的模态截断效应，依次取模态阶数 m＝1，2，…，6 计算结构的位移，如图 8.20 所示。从图中可知，虽然根据势能关于模态阶数的收敛性从 10 阶集成的振型中只截取出了前 6 阶正确的振型，但是在预测位移时，使用前 4 阶振型所预测的位移

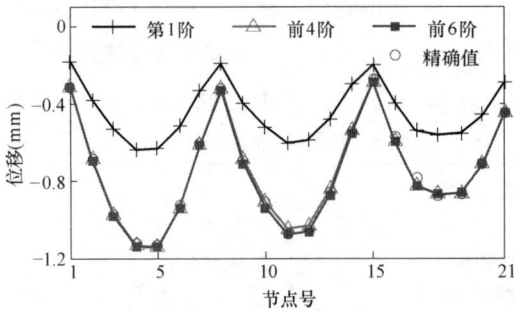

图 8.20　位移预测的模态截断效应图（方案一）

就已经和全结构测试法计算的精确位移几乎重合，这说明位移柔度和位移预测的收敛阶数比势能的收敛阶数要低，因此从 10 阶振型中所截取出的前 6 阶振型是满足工程精度要求的。

2. 目标子结构选取原则验证

在对子结构的位移振型进行集成时，首先要确定目标子结构，以上的计算过程都是基于子结构 B 作为目标子结构所计算的结果，现在选择子结构 A 作为目标子结构，通过和子结构 B 作为目标子结构的结果进行对比用于验证第五章提出的目标子结构选取原则。在比较两种目标子结构选取方案的结果时，可以直接比较两个维数为 21 阶的位移柔度矩阵，但为简洁起见，采用比较他们在同一荷载工况下所预测位移的精度。

为了模拟实桥测试中的卡车静载试验，假设一辆总重 300kN 的卡车停靠在该桥上，这辆卡车的四个车轮通过和桥面接触所产生的作用在桥上的等效荷载为：同时作用于节点 10，12，17，19，每个节点作用 75kN 的力。用该荷载分别乘以由子结构 A、B 作为目标子结构所集成的位移柔度矩阵可得到该桥在卡车静载下的挠度，然后和全结构测试法得到的该桥的精确挠度进行对比，从而检验两种不同的目标子结构选取方案的效果，如图 8.21 所示。

从该图可知，子结构 B 作为目标子结构所预测的挠度和精确的挠度更加吻合，这是因为子结构 B 中的测点数（12 个测点）比子结构 A 中的测点数（9 个测点）多，虽然两个子结构中都有 3 个冲击节点，但是子结构 A 中的 3 个驱动点布局太集中，而子结构 B 中的 3 个驱动点布局较为分散，因此子结构 B 中的

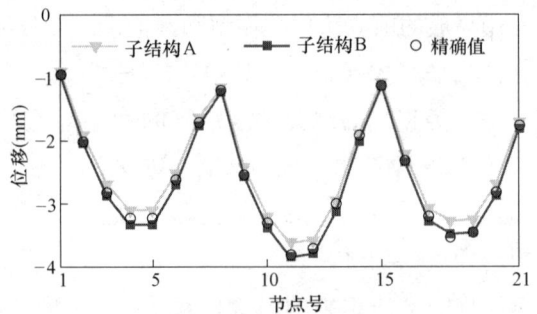

图 8.21　不同目标子结构所预测的位移比较（方案一）

驱动点更为合理，由其作为目标子结构所集成的位移柔度矩阵精度也更高。这个例子验证了第 5 章提出的目标子结构的选取原则，即通常应选择内部测点较多，驱动点最合理的子结构作为目标子结构。

8.3.5　不同分块方案结果对比

第 5 章提出的分块冲击振动测试方法，对子结构分块形式非常灵活，前面叙述的内容都是图 8.12（a）的分块方案一的结果，其为两个子结构的分块方案，本小节简要给出三个子结构的分块方案二［图 8.12（b）］和方案三［图 8.12（c）］的位移柔度集成结果。

遵照方案一的数据处理流程，分别识别方案二和方案三中 3 个子结构的模态参数，其中每个子结构均识别出完全对应的 10 阶模态参数。在方案二中，采用子结构 B 作为目标子结构，在方案三中，采用子结构 A 作为目标子结构。参数识别结果表明，各个子结构所识别的固有频率和阻尼比和全结构测试法识别的精确值一致符合。

1. 子结构振型缩放系数和方向系数计算

由于 3 个子结构均识别出了对应的 10 阶模态参数，所以方案二和方案三中的子结构位移振型方向系数共有 $2^{10\times(3-1)}=1048576$ 种组合情况，分别计算两种分块方案下所有这些情况的方向系数对应的势能值，其中荷载工况采用 ULS＝4.445kN，然后绘制两种方案的"势能-排序数曲线"，如图 8.22 所示，注意该图的坐标系规则与图 8.15 的坐标系规则一致，排序数轴上的 M 表示 Million。从该图可以看出，两种方案所计算的最小势能分别是 $-33.2671J$（方案二）和 $-33.1722J$（方案三），他们非常接近，由此可知结构的最小势能不随分块形式的不同而发生改变。为了独立判断两种分块方案的最小势能关于模态阶次的收敛

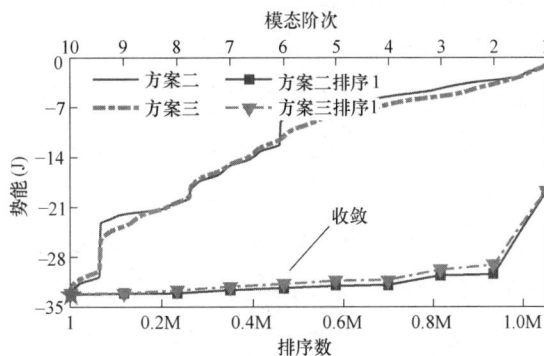

图 8.22　势能曲线（方案二和方案三）

阶数，在图 8.22 中分别绘制这两种方案的"最小势能－模态阶次曲线"，由这两条曲线可以确定，这两种分块方案的模态收敛阶数同样为 6 阶。

根据模态收敛阶数可以截取出两种分块方案前 6 阶正确的缩放系数和方向系数，分别如表 8.3 和表 8.4 所示，其中从表 8.3 可知，子结构 A 和 C 的前 6 阶方向系数均为 1；从表 8.4 可知，子结构 B 的前 6 阶方向系数均为 1，但子结构 C 的第 3，4，6 阶方向系数均为 -1，所以对于分块形式越复杂的方案（比如本例中的方案三），方向系数取 1 或 -1 的个数将变得越均匀。由于总的组合情况数达一百万之多，要想找到 10 阶方向系数完全正确的情况所计算的势能在排序轴中的具体位置，需要将这一百多万种情况的振型和全结构测试法识别的 10 阶精确振型依次对比，但这个工作量过于巨大，而且在实际的分块测试工作中并未测试全结构的振动数据，因此针对方案二和方案三，本书并未给出完全正确的势能在排序轴中的具体位置。

方案二的缩放系数和方向系数　　　　　　　　　　　　表 8.3

阶次	μ_r^A	η_r^A	μ_r^C	η_r^C	MAC 值
1	0.75	1	0.66	1	0.9982
2	0.77	1	0.78	1	0.9946
3	0.53	1	0.64	1	0.9992
4	0.58	1	0.67	1	0.9998
5	1.05	1	1.03	1	0.9452
6	0.86	1	0.76	1	0.9950

方案三的缩放系数和方向系数　　　　　　　　　　　　　表 8.4

阶次	μ_r^B	η_r^B	μ_r^C	η_r^C	MAC 值
1	1.34	1	0.98	1	0.9995
2	1.39	1	0.70	1	0.9856
3	0.99	1	1.79	−1	0.9649
4	1.32	1	1.60	−1	0.9991
5	0.99	1	0.42	1	0.8832
6	1.37	1	1.61	−1	0.5210

　　根据表 8.3 和表 8.4 中的缩放系数和方向系数可以很容易得获得对应的调整系数，然后对各个子结构的振型方向进行调整。方案二中子结构 A 和 C 的振型方向调整过程如图 8.23 所示，为简洁起见，方案三的子结构振型方向调整过程不再给出。在图 8.23 中，全结构测试法识别的精确振型已经首先调整到与目标子结构 B 的振型一致，图中显示调整后的子结构 A 和 C 的振型和精确振型几乎是重合的，从而证明了调整系数的正确性。

　　在图 8.23 中，所有子结构的振型调整过程是一步完成的，这和 5.4.2 节、5.4.3 节的调整步骤不同，在这两个例子中，子结构的振型调整过程是逐步进行的，比如首先将子结构 A 的振型调整到与子结构 B 的一致得到子结构 AB 的振型，然后调整 AB 的振型使其和 C 的振型一致，如此继续下去直到调整到最后一个子结构从而集成得到全结构的振型。

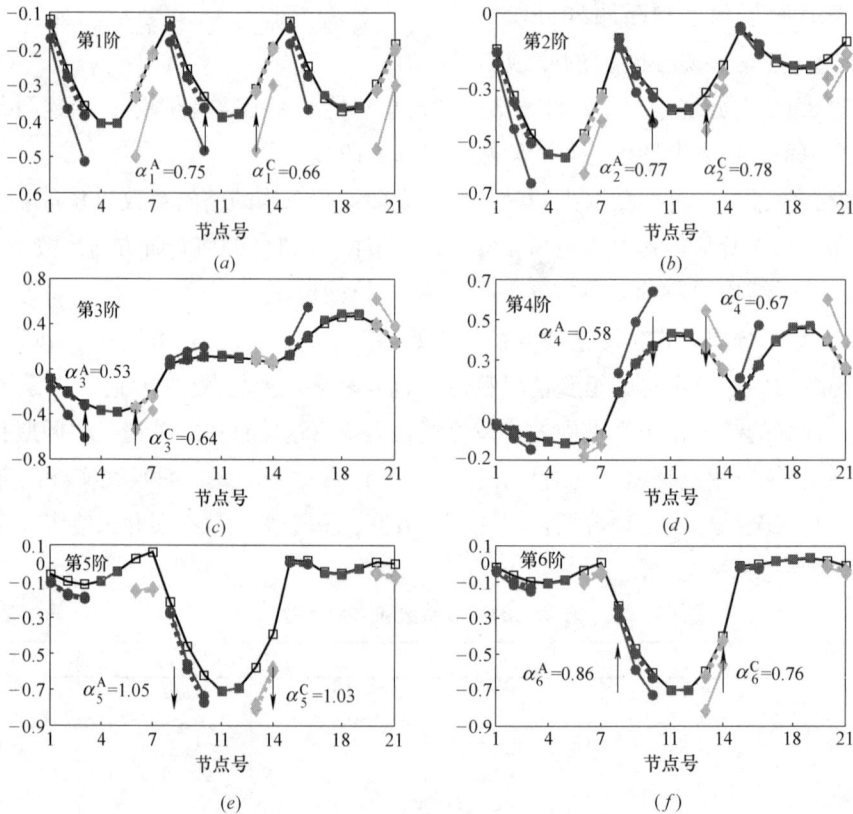

图 8.23　子结构位移振型调整图（方案二）

而从本节的振型调整过程可知，不管整体结构被划分成多少个子结构，均可以一次性的将各个子结构的位移振型调整到目标子结构的振型一致。当子结构数划分较多时，采用本节的方法无疑会显著提高振型集成时的效率。

2. 子结构模态丢失问题讨论

利用集成的位移振型和精确的位移振型可以计算他们的 MAC 值，进一步定量化的评价集成振型与精确振型的匹配程度，方案二和方案三的 MAC 值分别列于表 8.3 和表 8.4 中。从表 8.3 可知，前 6 阶 MAC 值均大于 0.95，表明用方案二所集成的振型能达到和精确振型同样的效果。但是观察表 8.4（方案三）中的 MAC 值可知，其第 5 阶和第 6 阶 MAC 值均小于 0.9，仔细研究发现这是由方案三中子结构 B 的分块模式不合理造成的。方案三中子结构 B 包含的节点为 17，18，19，20，21，而从第 5 阶和第 6 阶精确的位移振型（图 8.17 或图 8.23）可知，节点 17，18，19，20，21 正好都是模态节点，这就导致在方案三中的子结构 B 上对其任何一个节点施加冲击（该子结构上的驱动点为节点 17，20）时，都无法激励起该结构的第 5 阶和第 6 阶模态响应，所以用子结构 B 的振动数据所识别的模态参数和调整系数的精度就无法得到保证，如此这两阶 MAC 值偏小就变得很自然了。

事实上，这种现象属于第 5 章中提及的子结构模态丢失问题，即在某种情况下，会存在某个子结构所识别的某阶模态参数质量很差甚至完全丢失某阶模态的问题，这通常是由这个子结构的驱动点作用到了模态节点上造成的。当子结构内输出加速度的测点不全是某阶模态节点时，可以采用第 5 章提出的处理子结构模态丢失问题的方法解决该问题，但是这个方法对方案三中的子结构 B 并不适用，因为子结构 B 上的节点完全成为第 5 阶和第 6 阶的模态节点。对这种情况只有在进行子结构分块测试之前就合理的划分好子结构，以避免某个子结构内的测点全部成为某阶模态的节点，如在方案三中，可以将节点 12 和 13 划分给子结构 B，如此即使驱动点选为节点 17，20（其为第 5，6 阶的模态节点），仍然可以采用第 5 章处理子结构模态丢失的方法，从而提高子结构 B 的参数识别精度以至于所集成的整体位移振型的精度。

考虑到在方案一中已经验证过位移柔度和位移预测的模态收敛阶数为 4 阶，所以方案三中即使只有前 4 阶的集成位移振型是精确的，但其仍然满足工程精度要求。对于特别复杂的结构，会出现收敛阶数较高的情况，这时需要引入第 5 章的振型正交性条件，同时需要把整体结构划分为多个子结构来分块测试，但由此导致的问题就是总的振型组合情况数过大，不能通过枚举法来找出最小势能对应的方向系数，一个合理的解决方案是将寻找最小势能问题转化为全局优化问题，借助于现代优化算法（如遗传算法、模拟退火算法和粒子群算法等）求解。

3. 模拟卡车静载试验下的挠度预测

同方案一中用集成的位移柔度矩阵模拟实桥测试中的卡车静载试验一样，在方案二和方案三中，同样采用模拟卡车静载试验来预测桥梁的挠度，此时设总重 300kN 的卡车产生的等效荷载为：同时作用于节点 11，13，18，20，每个节点作用 75kN 的力。用该荷载分别乘以由方案二和方案三所集成的位移柔度矩阵以得到该桥在卡车静载下的挠度，两种方案所预测的挠曲线如图 8.24 所示。由该图可知，三个子结构所集成的位移柔度矩阵预测的挠曲线和精确的挠度值是吻合的，该结果充分证明，当子结构数划分更多（方案二或方案三与方案一相比），或同样的分块数但不同的划分形式（方案二和方案三相比）时，本书所开发的基于分块的测试方法能达到和全结构测试方法同样的效果。

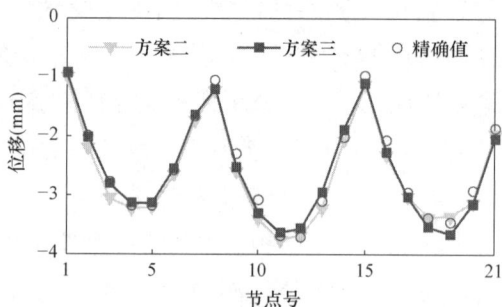

图 8.24　卡车静载下的挠度预测（方案二和方案三）

本节以一座三跨简支钢梁桥来验证无参考点分块振动测试方法的有效性。依据前面章节中所述结构分块振动测试理论，设计了三种不同的桥梁分块振动测试方案，不同测试方案的结果具有一致性，充分验证了无参考点分块振动测试的有效性和灵活性。在数据处理过程中，利用最小势能原理来集成子结构的模态参数，但高阶模态对势能的贡献很小甚至可以忽略，由此也造成仅利用最小势能不能保证其对应的高阶振型完全正确。针对该问题，研究了势能对模态阶数的收敛性，从而判断出有效阶次的振型组合方案，利用集成的振型计算结构的位移柔度，满足精度要求。无参考点分块振动测试方法是在多参考点测试方法和单参考点测试方法上的改进，能更高效地提高测试效率，有更广泛的应用前景。

8.4　工程实例三：基于计算机视觉的某步行桥冲击振动测试

基于冲击振动的桥梁快速测试方法有其独特的优点，可以得到结构的频响函数及位移柔度等深层次参数，但是该方法需要使用冲击装置激励桥梁结构，在一定程度上降低了桥梁快速测试的效率。本节提出了一种基于非接触式光学测量的人行天桥快速冲击振动测试思路。将行人激励作为结构的输入荷载，利用新型的光学测量设备非接触式捕捉人体的运动信息，基于粒子图像测速技术获取其竖向惯性力，从而得到人体跳动作用于结构的竖向动态冲击荷载。提出的测试新思路，一方面，由于采用方法具有非接触式测量以及不需要标志点的优点，可以提高结构的测试效率，另一方面，基于开发的冲击振动识别理论，能够得到结构的位移柔度深层次参数，可以进一步用于结构的挠度预测、损伤识别以及结构的长期性能评估。

8.4.1　人致冲击荷载测量及结构识别方法

1. 整体框架

基于非接触式测量的步行桥快速冲击振动测试思路如图 8.25 所示：将行人激励作为

结构的输入荷载，利用新型的光学测量设备捕捉人体的运动信息，基于粒子图像测速技术获取人体跳跃时的竖向加速度时程曲线，根据牛顿第二定律，便可以得到人体作用于桥梁结构的竖向动态冲击荷载；同时，采集人行天桥在人体冲击荷载下的动态加速度时程曲线。基于结构的输入冲击荷载和输出结构响应，可以进一步计算结构的频响函数矩阵，此频响函数矩阵不仅能够得出与理论频响函数一致的形状，而且能够得出相同的幅值。因此，它能够识别出更为完备的结构信息，比如结构振型缩放系数和位移柔度等深层次参数，基于位移柔度矩阵可以进行挠度预测、损伤识别以及结构状态评估，为结构的安全性能评估奠定基础。该方法不同于传统的冲击振动测试（比如：需要大力锤或者激振器激振），直接利用人体的跳跃荷载作为输入荷载，具有更加方便快捷的优点，可以实现人行天桥等柔性结构的快速测试。

2. 基于图像的加速度测量

人体跳跃产生的竖向冲击荷载可以由其跳跃时产生的加速度时程信号和人体质量相乘得到，其中比较关键的一步就是如何得到人体上下跳跃时的竖向加速度。本部分介绍一种基于粒子图像测速技术的加速度估算方法。粒子图像测速，是一种用多次摄像以记录流场中粒子的位置，并分析摄得的图像，从而测出流动速度的方法。本节采用计算效果较好的最小二乘平方和最小的方法（MQD）[216,217]，其具体算法原理如图 8.25 所示。

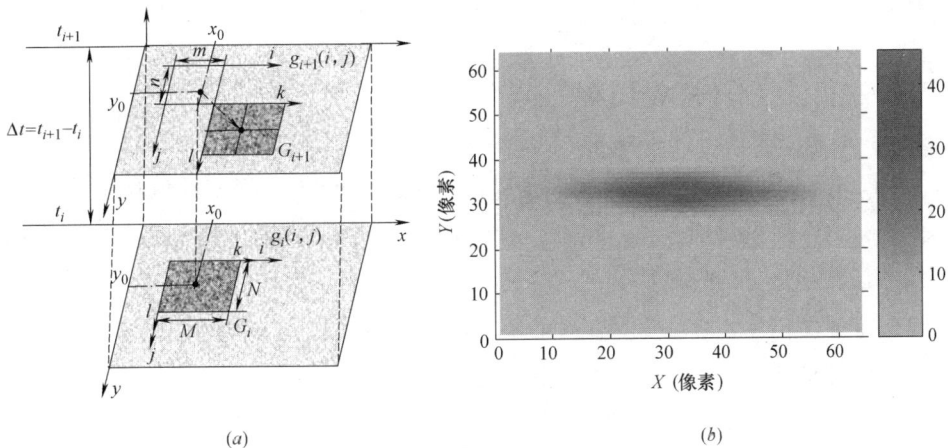

图 8.25 MQD 计算速度原理图

(a) 追踪原理；(b) 典型相关系数示意图

假设拍摄得到 t_i 和 t_{i+1} 时刻的运动图像，分别对 t_i 和 t_{i+1} 拍摄的图像的进行子区划分，取 t_i 时刻的任意一个子区为 G_i，其子区中心为 (x_0, y_0)，t_{i+1} 时刻与之对应的图像子区为 G_{i+1}，对 G_i 和 G_{i+1} 区域的灰度分布信息进行比较，便可以得到 t_{i+1} 时刻相对于 t_i 时刻的位移变化量，结合两张图像之间的时间间隔 $\Delta t = t_{i+1} - t_i$，从而可以得到运动速度。图像子区的平均位移由两个子区的灰度信息误差最小决定。如果 G_i 和 G_{i+1} 是有限的区域，区域大小为 $M \times N$ 个像素，分别由两个矩阵表示，即：

$$G_i = \{G_{k,l}^i\} = \begin{Bmatrix} G_{11}^i & G_{21}^i & \cdots & G_{M1}^i \\ G_{12}^i & G_{22}^i & \cdots & G_{M2}^i \\ \vdots & \vdots & \ddots & \vdots \\ G_{1N}^i & G_{2N}^i & \cdots & G_{MN}^i \end{Bmatrix} \qquad (8.4)$$

$$G_{i+1} = \{G_{k,l}^{i+1}\} = \begin{Bmatrix} G_{11}^{i+1} & G_{21}^{i+1} & \cdots & G_{M1}^{i+1} \\ G_{12}^{i+1} & G_{22}^{i+1} & \cdots & G_{M2}^{i+1} \\ \vdots & \vdots & \ddots & \vdots \\ G_{1N}^{i+1} & G_{2N}^{i+1} & \cdots & G_{MN}^{i+1} \end{Bmatrix} \qquad (8.5)$$

两个矩阵的差值的 2 范数可以表示为：

$$|\boldsymbol{G_i} - \boldsymbol{G_{i+1}}| = \sqrt{\sum_{k=0}^{M-1} \sum_{l=0}^{N-1} (G_{k,l}^i - G_{k,l}^{i+1})^2} = \sqrt{\sum_{i=0}^{M-1} \sum_{j=0}^{N-1} (g_i(i,j) - g_{i+1}(i+m,j+n))^2}$$

$$(8.6)$$

式中：$g_i(i,j)$ 和 $g_{i+1}(i,j)$ 为像素 (i,j) 在时刻 t_{i+1} 和 t_i 的灰度信息；(m,n) 是子区 $\boldsymbol{G_{i+1}}$ 相对于 $\boldsymbol{G_i}$ 的位置。

根据公式（8.6），追踪子区的位移信息可以通过改变 (m,n) 的大小使得公式（7.7）的平方差最小的方法得到，其计算公式如下所示：

$$\Delta D(m,n) = \frac{1}{M \cdot N} \sqrt{\sum_{i=0}^{M-1} \sum_{j=0}^{N-1} (g_i(i,j) - g_{i+1}(i+m,j+n))^2} \qquad (8.7)$$

将公式（8.7）计算的位移量与时间间隔 $\Delta t = t_{i+1} - t_i$ 结合，便可以得到 t_i 的速度信息，即 $v(m,n,t_i) = \Delta D(m,n)/\Delta t$。到目前为止，由 MQD 方法得到的位移变化量的精度的是整像素，为了得到亚像素位移精度，在此算法中使用高斯曲面拟合的方法。在得到亚像素精度的位移变化量信息之后，便可以得到进一步得到速度信息，利用一次差分计算可以最终得到加速度信息。在参考文献中，有各种各样的一次差分算法，本节中采用效果最好的四点差分算法[218]，其计算公式可以表达为：

$$a(m,n,t_i) = [v(m,n,t_{i-2}) - 8v(m,n,t_{i-1}) + 8v(m,n,t_{i+1}) - v(m,n,t_{i+2})]/12\Delta t$$

$$(8.8)$$

3. 人致冲击荷载计算

传统的人致冲击荷载测量方法有直接测量方法和间接计算方法。在直接测量方法中，利用测力板［219］或者测力鞋垫[220,221]直接测量人体跳跃时作用于结构的冲击荷载；对于间接计算方法，在人体各个部位粘贴加速度传感器或者惯性测量单元，测量得到人体跳跃时的加速度时程曲线，然后与人体质量相乘便可以得到人体跳跃时作用于结构的冲击荷载。但是，这两种方法都有各自的缺陷，比如，直接测量方法需要在桥上放置测力装置，不符合快速测试的需求，间接计算方法需要在人身体各个部位粘贴加速度传感器，这在一定程度上也限制了快速测试的需求。针对此问题，本节同样利用间接计算方法得到人体作

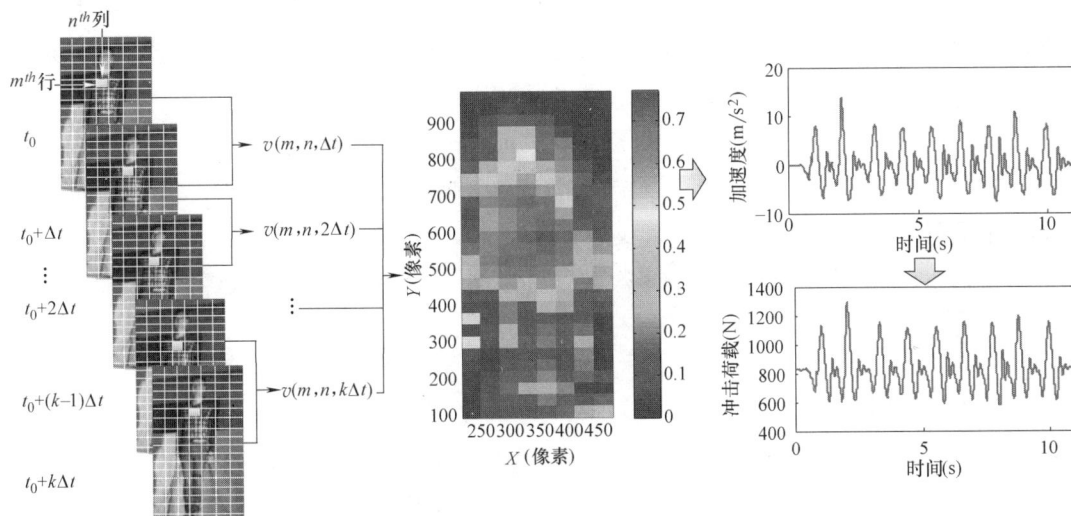

图 8.26 基于光学测量的人体冲击荷载测量流程

用于结构的冲击荷载（图 8.26），但是所得人体加速度信息是由非接触式光学测量设备直接测量得到，非常方便快捷。具体方法详述如下，在（2）部分计算得到各个子区的加速度时程曲线的基础上，乘以人体质量便可以得到人体作用于结构的冲击荷载，但是在实际测试过程中，由于误差的存在或者有栏杆等遮挡，导致部分区域无加速度信息或者加速度信息比较微弱，如果不进行任何处理，直接用来计算冲击荷载便会产生比较大误差。为此，本节将速度变化比较明显的子区选择出来用于后续处理，其具体原则为选择速度 RMS 值比较大的子区，其原则为：

$$a(p,k)=a(m,n) \quad if RMS(m,n) > Threshold \qquad (8.9)$$

式中：$RMS(m,n)=\sum_{i=1}^{t_n} v(m,n,t_i)$，$t_n$ 为总的采样时间；$Threshold$ 为定义的阈值，不同的荷载工况有不同的值；

将符合要求的加速度时程曲线提取出来，与人体质量相乘便可以得到人体作用于结构的动态冲击荷载：

$$F(t)=Mg+\sum_{i-1}^{p \times k} m_i a(p,k,t) \qquad (8.10)$$

式中：M 为人体总质量；m_i 为每个子区对应的质量，可取 $m_i=M/p \times k$；$p \times k$ 为符合要求的子区大小总数。

4. 位移柔度识别

在得到作用于结构的冲击荷载之后，结合结构的动态响应，可以得到结构的基本模态参数和位移柔度矩阵。基于冲击振动测试数据的结构模态参数的方法有很多，比如：复模态指示函数法（CMIF）[222,223]、PolyMAX 法[224]、子空间识别算法[225] 等。对于 CMIF 和 PolyMAX 方法，它们都是频域模态参数识别方法，且只能够适用于标准的单次冲击荷载的情形，即单位脉冲荷载下的参数识别。但是，本节所采集的人致冲击荷载是多次冲击荷载组成的时程曲线，传统的频域模态参数识别方法不再适用。本节采用适用于多次冲击荷载下的结构基本模态参数和位移柔度识别的时域方法：子空间识别方法。其基本算法原理如下所示：由多次冲击荷载与输出结构响应，可以写成状态空间方程的形式，对其进行傅里叶变化，再由频响函数的定义，便可以得到其频响函数为：

$$H(w)=C(zI-A)^{-1}B+D, z=e^{jw\Delta t} \tag{8.11}$$

如果响应数据 y 为位移时，频响函数为位移频响；如果对应的响应数据 y 为加速度时，频响函数为加速度频响。

在加速度响应下的加速度频响函数可以写为式（8.12）的解耦形式：

$$H(w)=C^m[(zI-\Lambda)^{-1}+(\Lambda-I)^{-1}]B^m=\sum_{i=1}^{n}\frac{(z-1)\phi_i b_i^m}{(\lambda_i-1)(z-\lambda_i)}, z=e^{jw\Delta t} \tag{8.12}$$

结构的位移频响函数的一般形式为

$$H_d(w)=\sum_{i=1}^{n/2}\left(\frac{q_i\phi_i\phi_i^T}{jw-\lambda_{ci}}+\frac{\overline{q}_i\overline{\phi}_i\overline{\phi}_i^T}{jw-\overline{\lambda}_{ci}}\right) \tag{8.13}$$

式中：H_d 为结构的位移频响函数，描述了在频率 w 内系统的位移响应与力之间的映射关系。q_i 为第 i 阶模态对应的模态缩放系数，$*$ 代表复共轭。

位移频响函数有一个性质，即当频率等于 0 时的位移频响函数值为结构的柔度矩阵。

$$f=H_d(0)=\sum_{i=1}^{n/2}\left(\frac{q_i\phi_i\phi_i^T}{-\lambda_{ci}}+\frac{\overline{q}_i\overline{\phi}_i\overline{\phi}_i^T}{-\overline{\lambda}_{ci}}\right) \tag{8.14}$$

式（8.13）是经典的对频响函数进行模态分解的公式。利用子空间识别技术，已经得到了结构的阵型 ϕ 和 λ_c，如果能够求得阵型缩放系数，就可以依据式（8.14）求得结构的柔度 f。

8.4.2 实验室简支梁实验验证

1. 实验概况

为了验证基于光学测量的人体冲击荷载测量和深层次参数识别方法的正确性，首先利用实验室简支梁试验进行验证。简支梁试验全景照片如图 8.27 所示，试验梁总长为 3m，两边悬出 0.3m，两个支座之间的距离为 2.4m，等间距布置 7 个加速度传感器和拉线式位移传感器，测点之间的距离为 0.3m。加速度传感器用来采集结构在人致冲击荷载下的加速度响应，拉线式位移传感器用来采集结构在静力荷载下的变形。在简支梁底放置了 4 个荷载传感器 PCB Load & Torque 1203-11A 采集动态支座力数据，通过采集的主梁加速度数据和支座反力数据可以获取真实的人致冲击荷载，用来验证基于光学测量技术的人体竖向荷载的正确性。加速度信号、位移信号和动态荷载信号由数据采集仪 NI PXIe-1082 采集，高速相机拍摄图像由笔记本电脑采集，高速相机像素大小为 512×1204pixel，采样频率均为 1000Hz。

在本次试验中用高速相机拍摄人体在不同跳跃形式下的运动图像，利用粒子图像测速技术计算的人体加速度与加速度传感器直接采集的加速度信号进行比较。其次，利用基于光学测量的加速度信号和人体质量可以获得作用于结构的动态冲击荷载，并与力传感器直接采集信号的比较，验证基于粒子图像测速的人体冲击力计算方法的正确性。在本次试验中共考虑了三种工况：脚尖脚跟不离地多次（Bouncing）、脚尖着地多次（Jumping）和脚尖脚跟同时着地多次。

在验证了基于图像的冲击力测量之后，根据结构的输入冲击荷载和输出结构加速度响应，可以进一步得到结构的频响函数和位移柔度矩阵。在得到结构的位移柔度矩阵之后，便可以预测结构在任意静力荷载下的变形，为了验证其正确性，对此结构进行了静载试验，结构在静力荷载下的变形由拉线式位移计直接测量，如果测量变形与预测变形吻合一致，便可以验证提出方法的正确性。

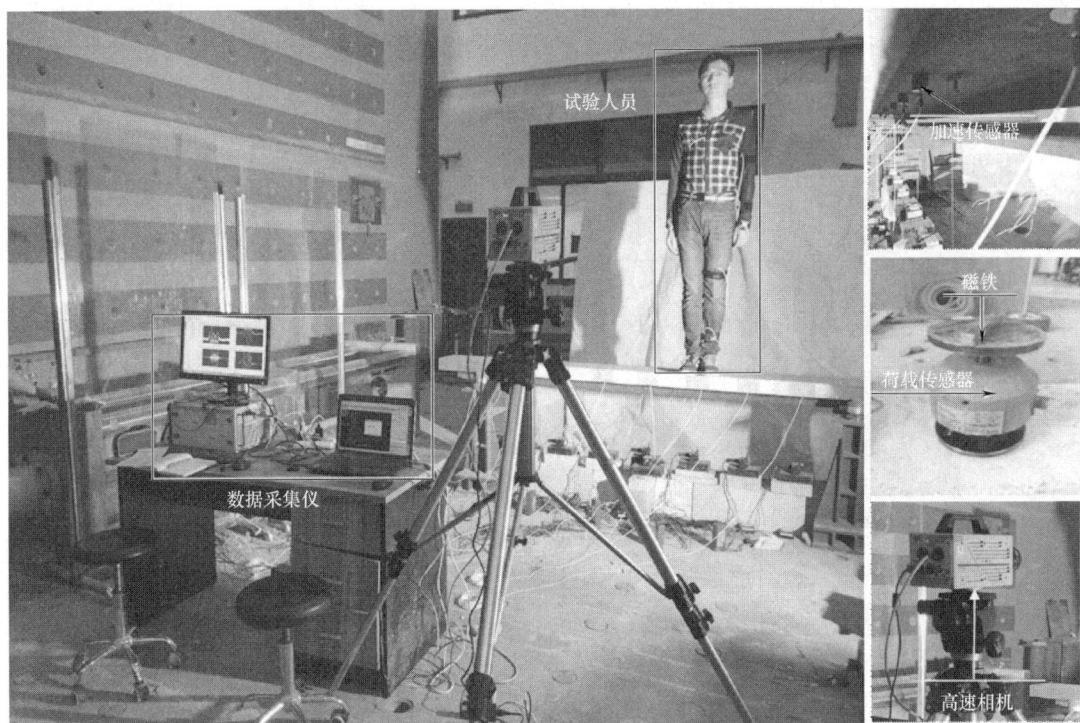

图 8.27 实验室实验照片

2. 人致冲击荷载测量

在本节首先验证基于光学的竖向冲击荷载测量方法的正确性，其计算流程如图 8.28 所示。利用高速相机的人体运动图像如图 8.28（a）所示，首先根据分析需要选择感兴趣的区域，然后将其划分为多个子区，在本算例中，其子区大小为 $64 \times 64 \text{pixel}$，具体计算时以 t_i 和 t_{i+1} 时刻采集的图像进行匹配，相关系数最大的位置便为 t_{i+1} 相对于 t_i 时刻的位移，除以时间间隔 $\Delta t = t_{i+1} - t_i$，便可以得到速度，依次类推，便可以得到人体跳跃时的速度时程曲线。对速度时程曲线进行一次数值微分，便可以得到人体跳跃时的加速度时程曲线，数值微分方法有很多，在这里选择效果较好的四点一次微分公式，其误差为时间间隔的四次方。一般来说，将人体各个区域的加速度曲线与相对应的人体质量相乘，便可以得到人体作用于结构的冲击荷载。但是，在实际情况中，有的区域加速度比较小，如果代入进去进一步处理，便会影响结构的准确性。为此，在本文中选用加速度比较大的区域作为最后冲击荷载的计算，具体是，计算每个子区速度时程曲线的均方根值，将其中均方根值比较大的子区对应的加速度时程曲线选出来。然后，与人体质量相乘，便可以得到人体跳跃时作用于结构的竖向冲击荷载。利用粒子图像测速技术得到的胸口加速度时程曲线与固定于胸口的加速度传感器直接采集的加速度时程曲线的对比如图 8.28（d）所示，从图中可以看出，利用基于光学的方法计算的加速度时程曲线与加速度传感器直接采集的加速度信号吻合一致，相关系数达到了 0.9577。由人体各个部位的加速度时程曲线计算的人体跳跃时产生的竖向冲击荷载如图 8.28（e）所示，从图中可以看出，由 PIV 技术得到的竖向冲击荷载和力传感器直接采集的冲击荷载吻合一致，相关系数为 0.917，验证了基于光学测量的加速度和冲击荷载测量方法的正确性。

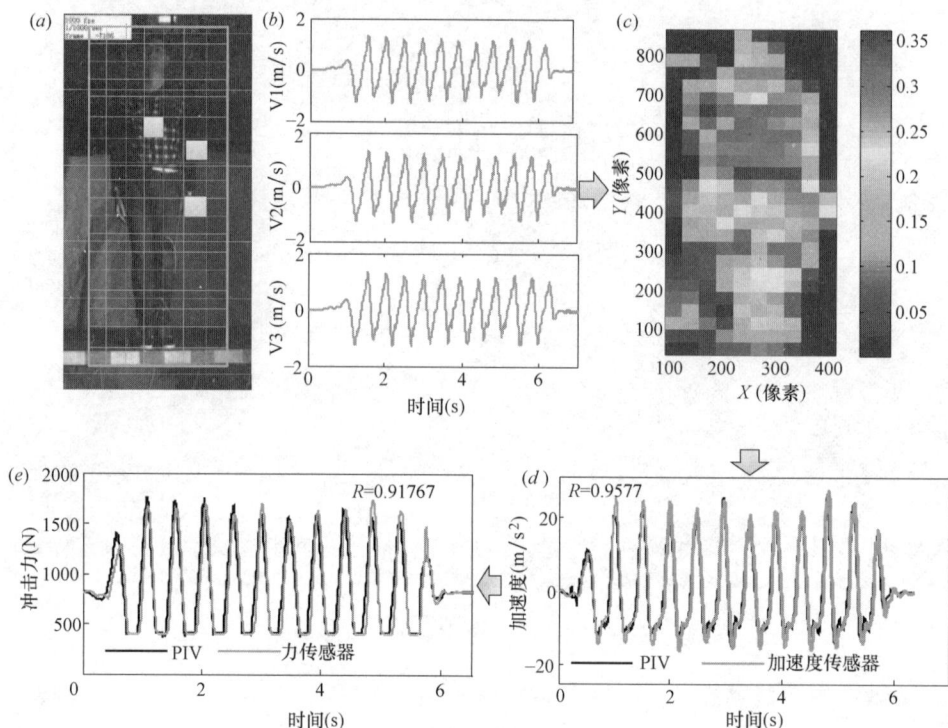

图 8.28　基于光学的人致冲击荷载测量流程

（a）图片采集；（b）速度计算；（c）速度的平方根计算；

（d）加速度时程；（e）人致动态冲击荷载；

为了进一步验证提出方法计算竖向荷载的鲁棒性，对人体不同跳跃形式下的冲击荷载进行了计算，其计算结果如图 8.29 所示。从图中可以看出，不同跳跃形式下由 PIV 技术得到的竖向冲击荷载和力传感器直接采集的力信号吻合较好，相关系数均在 0.93 以上，验证了基于光学测量的冲击荷载计算方法的正确性。

3. 基本模态参数及位移柔度识别

在得到作用于结构的冲击荷载之后，结合加速度传感器采集的加速度时程信号，由输入和输出响应，可以得到结构的静动力特性。由 PIV 技术得到的冲击荷载和加速度响应可以得到结构的频响函数，进而利用模态参数识别算法得到结构的基本动力特性参数，在本文中使用效果较好的 SI 方法。由提出方法识别得到的结构前 3 阶模态振型如图 8.30 (a) 中绿色方框所示，为了验证识别振型的正确性，利用传统力锤对此结构进行了多参考点冲击振动测试，其识别振型如图中青绿色圆圈所示。两种方法识别振型的 MAC 值大于 0.9，从而验证了识别振型的正确性。在得到结构的基本模态参数之后，便可以根据公式（8.13）重构结构的频响函数，取频响函数在频率 $\omega=0$ 时的值，便可以得到结构的位移

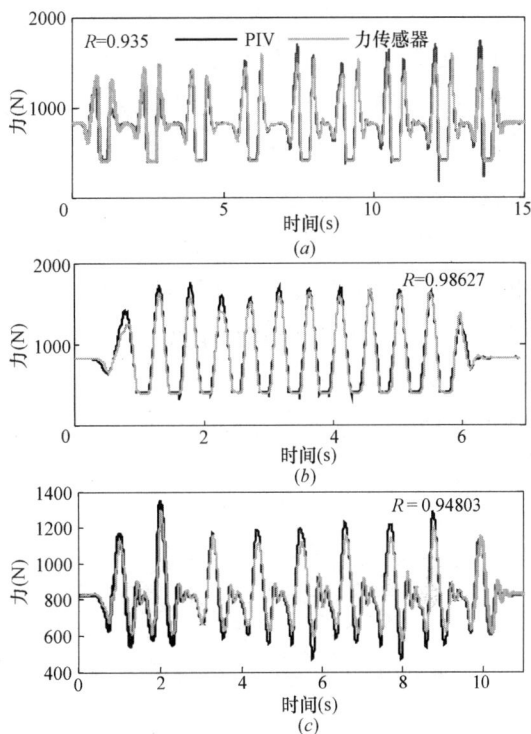

图 8.29 不同跳跃形式下的冲击荷载计算结果

(a) 脚尖脚跟同时着地；(b) 脚尖着地；(c) 脚尖脚跟不离地

柔度矩阵，对于此简支梁结构，其柔度矩阵的三维曲面图如图 8.30（b）所示。

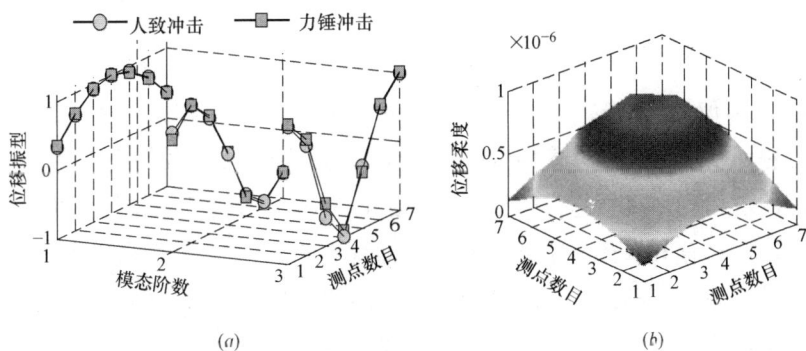

图 8.30 试验室简支梁识别结果

(a) 识别振型比较；(b) 位移柔度矩阵

在得到结构的位移柔度矩阵之后，便可以预测结构在任意静力荷载下的变形。为了验证预测变形的正确性，对其进行了静载试验，静载试验下的变形由拉线式位移传感器采

集。静载试验共五个工况，工况 1：在节点 4 施加 90kg 质量块；工况 2：在节点 4 施加 120kg 质量块；工况 3：在节点 4 施加 150kg 质量块；工况 4：在节点 4 施加 150kg 质量块，同时在节点 3 和节点 5 施加 30kg 质量块；工况 5：在节点 4 施加 150kg 质量块，同时在节点 3 和节点 5 施加 60kg 质量块。将识别的位移柔度矩阵与不同工况下的力向量相乘，便可以得到结构在此荷载下的变形。由提出方法预测的结构在五种工况下的变形与位移计直接测量结果的比较如图 8.31（a）所示，图中绿色方框为由 PIV 技术得到的冲击荷载和结构响应识别位移柔度预测变形，青绿色圆圈为由静载试验直接测量的静力位移，从图中可以看出，两种方法得到的变形曲线吻合一致。为了定量研究预测变形与测量变形的吻合程度，图 8.31（b）给出了两种方法的相对误差，从图中可以看出除了在两端点个别工况下两者误差较大之外，可能是由于测量位移较小和测量误差引起的，其余工况和测点的误差均小于 5%，符合工程测量精度要求，验证了提出方法的正确性。

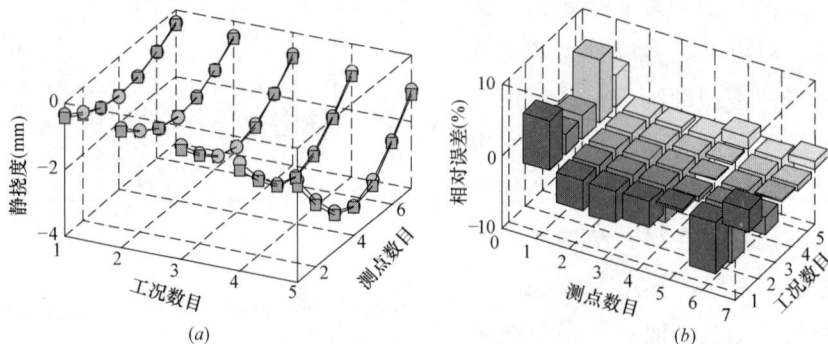

图 8.31　预测变形与静载实验的比较

（a）预测变形；（b）相对误差

8.4.3　步行桥现场测试

1. 桥梁概况与现场测试

在实验室验证了由图像计算人体跳跃作用于结构的冲击力时程的正确性之后，进一步利用人行天桥的现场测试试验进行验证。研究人行天桥为斜拉桥，主桥为桅杆式斜拉桥，桥梁主跨 37.6m，桥面板采用正交异性板，桥面总宽 5m，主墩处桥塔采用直径 0.48m 的圆形钢管截面，桥面以上高度 10m。中间塔杆为圆形钢管截面，高度和截面直径依次变小。斜拉桥主梁形式为双边箱钢梁截面，边箱截面高度为 0.6m，宽度 0.6m。双边箱主梁之间设置横梁和水平斜撑，横梁标准间距 1.9m，采用矩形截面；斜撑为圆形钢管截面。两端拉索与主梁锚固处的下方设置抗拉的锚固墩，锚固墩和主梁之间采用钢拉杆连接，锚固墩采用直径 1.0m 钻孔灌注桩。

为了进一步验证基于光学测量技术的人体跳跃冲击荷载的正确性，对此桥进行了人体跳跃下的冲击振动测试、传统力锤的多参考点冲击振动测试和环境振动测试。在人体跳跃下的冲击振动测试中，在结构输入部分，采用工业相机（像素大小为 2048×2048pixel）拍摄人跳跳跃时的运动图像序列，利用 PIV 技术计算人体作用于结构的竖向冲击荷载；在结构输出部分，在步行桥的东西两边分别等间距布置 7 个 PCB 压电式加速度传感器，采集结构在三种测试工况下的动态响应，其传感器布置方案如图 8.32 所示，传感器之间的间隔为 3m。

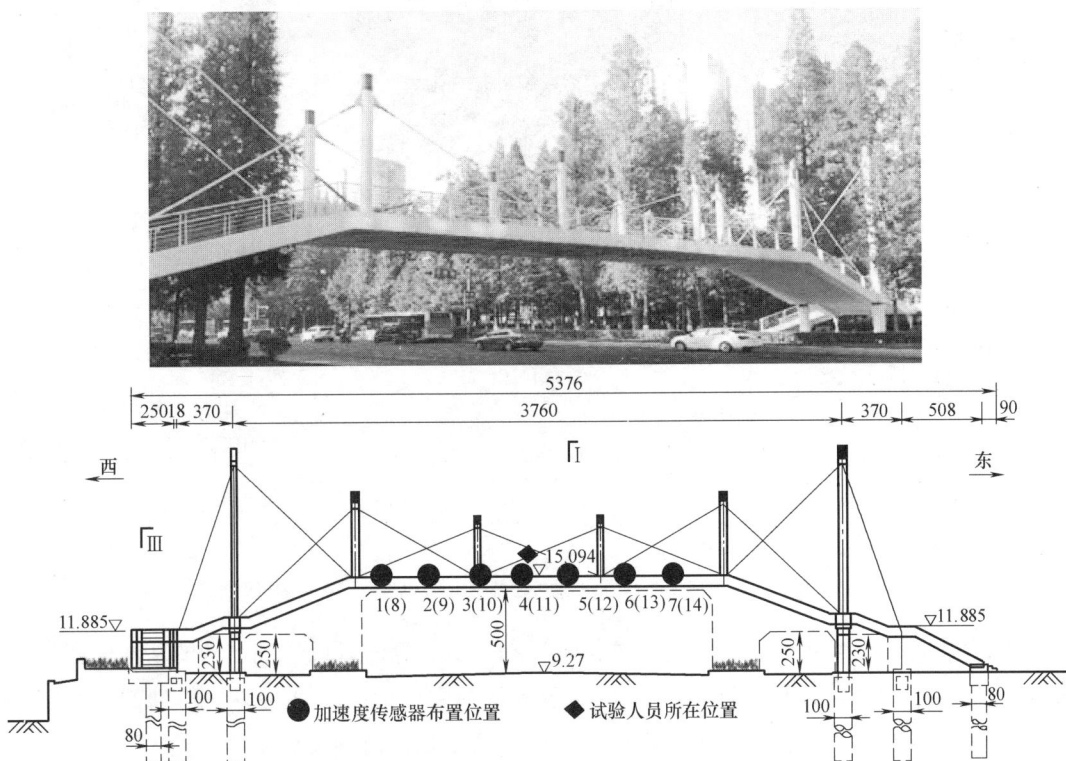

图 8.32 步行桥照片及传感器布置图

2. 识别结果

基于粒子图像测速的加速度计算过程如图 8.33 所示，图 8.33（a）和（b）分别为相机现场实验图和相机拍摄图片；图 8.33（c）为由各个子区大小计算的速度时程曲线计算的速度均方根值，从图中可以看出，只有部分区域的速度均方值比较大，这是由于在视场范围内有人行栏杆遮挡，但是，这不影响后续的人体跳跃加速度和冲击荷载的计算。当加速度传感器放置于人体脖子后面的时候，将此加速度与人体的总质量相乘便可以得到人体作用于结构的冲击荷载。因此，本文取多个部分的加速度时程曲线与人体质量相乘，结果更加可靠。图 8.33（e）为粘贴于胸口稍上部位的加速度传感器直接采集的加速度响应与 PIV 技术得到的加速度响应的比较，可以看出两者吻合很好，可以进一步用来计算人体作用于结构的竖向冲击荷载。

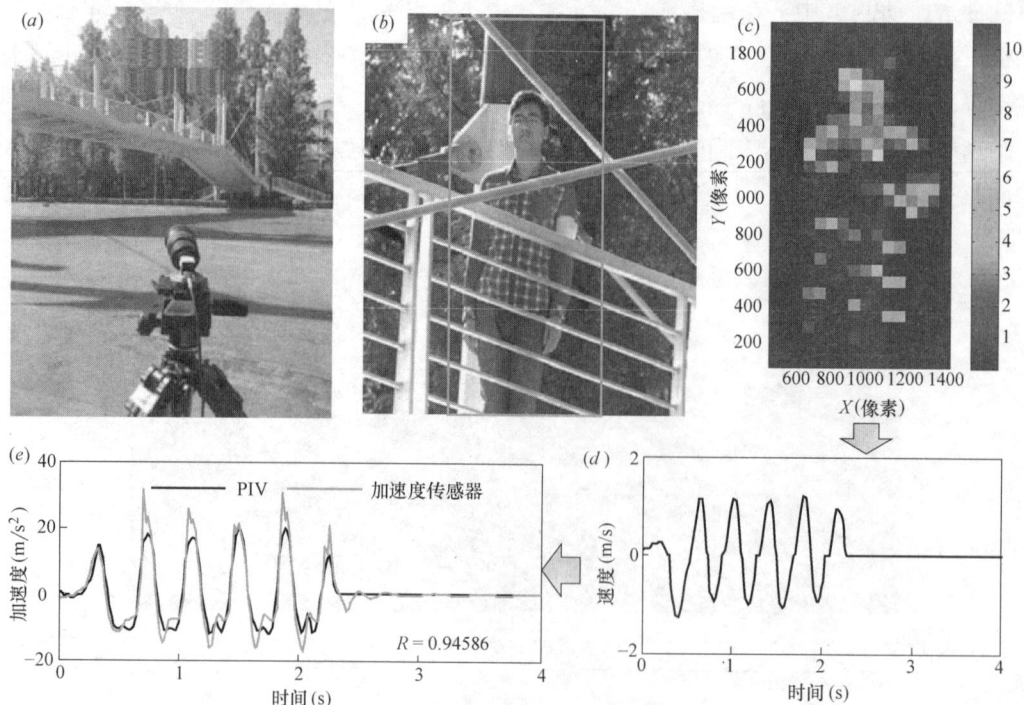

图 8.33　基于光学的加速度测量流程

(a) 相机现场实验图；(b) 相机拍摄图片；(c) 各个子区大小计算的速度时程曲线计算的速度均方根值；

(d) PIV 得到的速度响应；(e) 加速度传感器与 PIV 得到的加速度响应的比较；

结合布置于桥面板的加速度传感器信号，利用 SSI 算法可以得到结构的基本模态参数包括固有频率和振型，其结果如图 8.34 所示，从图中可以看出几种方法得到的结构固有频率和振型比较一致，初步验证了提出方法识别结构基本模态参数的能力。

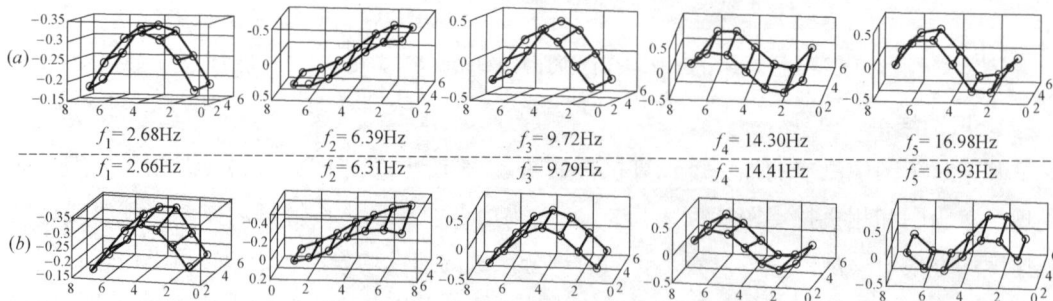

图 8.34　识别基本模态参数比较

(a) 力锤冲击荷载识别振型；(b) 人致冲击荷载识别振型

在得到结构的基本模态参数之后，便可以进一步计算结构的振型缩放系数，进而得到结构的位移柔度矩阵，研究步行桥的位移柔度矩阵的三维曲面图如图 8.35 所示。

为了验证识别位移柔度矩阵的正确性，对此桥进行了传统的多参考点冲击振动测试，力锤敲击点为 2/3/4/8/9/10，每个点敲击 3 次，利用力锤敲击冲击力时程和结构加速度响应同样可以得到结构的位移柔度矩阵，为了简单起见，本节不再列出。两种方法识别位移柔度矩阵在不同静力荷载下的变形比较如图 8.36 所示，图 8.36（a）为识别位移柔度矩阵在每个测点施加 700N 静力荷载时的变形曲线（工况 1），图 8.36（b）为识别位移柔度矩阵在测点 3/4/5 施加 1200N 静力荷载时的变形曲线（工况 2）。从图中可以看出，两种工况下由 PIV 方法计算冲击荷载和结构加速度响应识别的位移柔度预测变形和由传统多参考点冲击振动测试方法得到的静力变形一致吻合，验证了提出方法识别深层次参数的正确性。

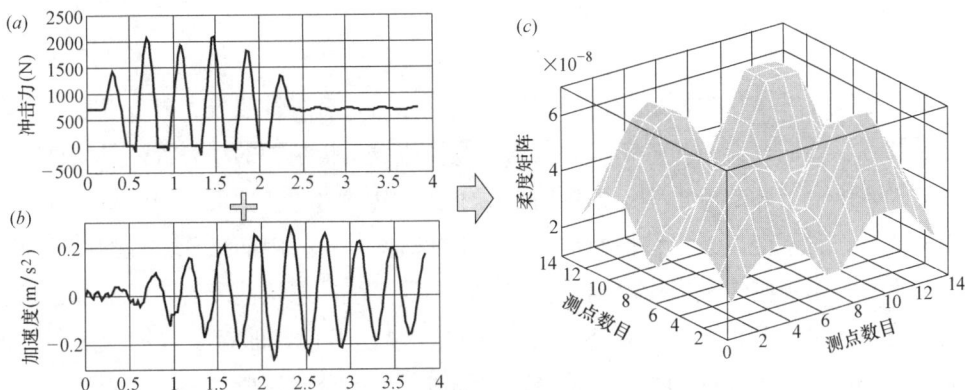

图 8.35 步行桥位移柔度矩阵识别过程

（a）人致冲击荷载；（b）结构加速度响应；（c）位移柔度矩阵

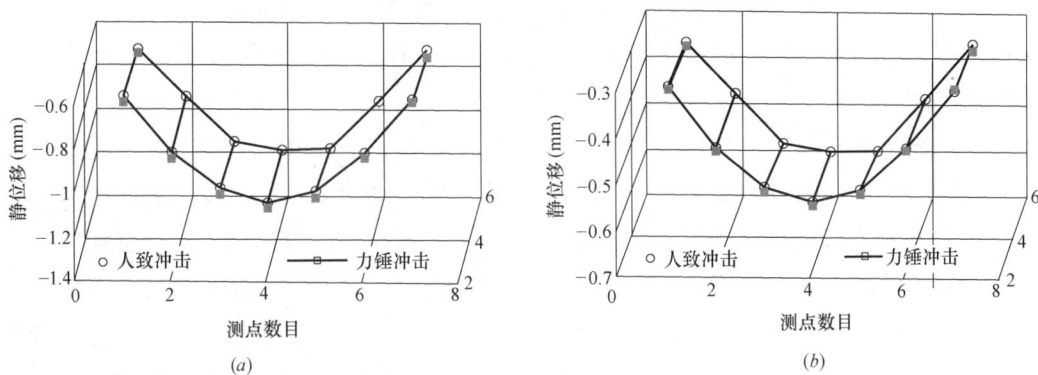

图 8.36 基于光学测量识别的位移柔度预测变形与传统冲击振动测试所得结果的比较

（a）工况 1；（b）工况 2

针对传统的冲击振动测试方法需要使用冲击装置激励桥梁结构，在一定程度上降低了桥梁快速测试的效率。本节提出了一种基于非接触式光学测量的人行天桥快速冲击振动测试思路。提出方法不仅具有快速方便的优点，而且可以得到结构的作用于结构的人致冲击荷载和结构深层次参数，具体结论如下所示：

（1）将行人激励作为结构的输入荷载，利用新型的光学测量设备捕捉人体的运动信息，基于粒子图像测速技术获取其竖向惯性力，从而得到人体跳动作用于结构的竖向动态冲击荷载；

（2）基于结构的输入竖向冲击荷载和输出结构响应，不仅可以得到结构的基本动力特征而且可以得到结构的振型缩放和位移柔度等深层次参数，并用实验室和步行桥的现场测试试验进行了验证；

（3）提出的测试新思路，在提高结构的测试效率的同时；能够得到结构的位移柔度深层次参数，可以进一步用于结构的挠度预测、损伤识别以及结构的长期性能评估。

8.5　讨论与展望

前面所述基于冲击振动测试数据的柔度识别理论需要有线性假设、时不变假设、可观测性假设和互易性假设作为前提条件。结构的线性假设是指结构的动态特性是线性的，就是说任何输入组合引起的输出等于各自输出的组合，其动力学特性可以用一组线性二阶微分方程来描述；时不变性是指结构的动态特性不随时间变化，因而微分方程的系数是与时间无关的常数；可观测性是指用以确定我们所关心的系统动态特性所需要的全部数据都是可以测量的；互易性是指结构应该遵从 Maxwell 互易性原理，即在 q 点输入所引起的 p 点响应，等于在 p 点的相同输入所引起的 q 点响应，此假设使得质量矩阵、刚体矩阵、阻尼矩阵和频响函数都成了对称矩阵。然而，在实际工程中，结构可能处于非线性状态，比如：在静载实验中，通常采用分级加载的方式来研究测试桥梁在静力荷载下的应变、挠度和裂缝，所施加的荷载有时往往会使测试桥梁进入非线性状态。此时，在利用前面的冲击振动下的柔度识别理论进行应变或者挠度的预测，便会存在一定的误差，不能准确的反应结构的真实状态，具有一定局限性。

但是，所提出的基于冲击振动的测试方法具有诸多优点：相比于传统的静载实验来说，其不需要费时费力的布置大量传感器以及封闭交通，其快速、自动化、智能化的桥梁检测方法可以极大降低检测时间、成本以及加快检测效率；相比于环境振动测试来说，其不需要费时费力的布置大量传感器或者说不需要花费巨大成本布设和维护传感器设备，并且冲击振动测试方法可以得到结构的深层次模态参数，其可用于识别桥梁结构的损伤。另外，集成前述的桥梁快速测试系统和相应的理论算法可形成一种全自动化、智能化的桥梁诊断车。桥梁诊断车自身既作为冲击设备又作为传感信号收集设备，其可以方便、快速、准确对众多桥梁尤其是偏远地区的中小桥梁进行安全检测。在花费较小的情况下，其可对整个区域的大部分桥梁进行快速检测和结构性能评估，解决了众多桥梁尤其是偏远地区的中小桥梁无法得到及时检测的问题，可避免出现重大安全隐患。所提议基于冲击振动的桥梁快速测试方法及系统可以实现公路网上广大桥梁的定期承载能力评估以及长期性能评估的目标，具体如下四点所示：

1. 基本健康监测功能

健康监测的基本功能主要是获得桥梁结构实时参数及长期性能数据。目前健康监测系统逐步应用于大跨桥梁（如悬索桥、斜拉桥）并取得有益效果，由于其高额费用、系统与数据高度复杂，以至于还无法普及公路网上广大的中小桥梁。基于冲击振动测试的桥梁智能诊断车行驶于桥面，利用自动测距仪确定冲击点及测点位置，并在测点上布设加速度传感器，之后一体化设备中的集成化中央系统向激振器发出移动指令，当激振器到达冲击点位置后，中央系统向激振器发出冲击指令，同时采集冲击力时程数据与所有测点的加速度时程数据。类似的，利用前面介绍的冲击振动数据处理方法同样可以识别结构的固有频率、阻尼比、位移振型和应变振型等基本模态参数然后，利用位移或者应变振型的改变量，振型曲率的改变量等损伤指标识别结构的损伤，可以初步判断结构的当前损伤状态。

2. 深层次参数识别

除了结构基本动力特性参数识别外，作者提出的基于冲击振动的桥梁快速测试方法具有识别结构深层次参数的独特优点。利用快速测试装置对桥梁结构进行冲击振动测试，同时采集结构的输入冲击荷载和输出结构振动响应，然后对所获得的测试数据进行分析可以计算得出桥梁的位移柔度和应变柔度等深层次参数。利用柔度矩阵与控制截面静载作用下的力向量相乘，便可以得到该控制截面的静挠度和静应变。比照利用卡车静载试验实现桥梁结构性能评估的方法，通过方便快捷的动力测试预测得到的桥梁静挠度和静应变，可以用来评估桥梁的性能状况。若预测值小于计算值，则代表桥梁实际状况好于理论状况，判断桥梁安全，反之，则判断桥梁为疑似病桥需要进行进一步的承载能力评估。值得说明的是，此方法只是适用于桥梁结构处于线弹性阶段的静挠度和应变预测，不能实现结构处于非线性阶段的静态响应预测，因此，利用预测的结构响应只能在一定程度上做到桥梁的性能评估，而不能完全替代传统的静载试验。

3. 损伤识别与性能评估

基于冲击振动测试的桥梁快速测试方法识别的柔度矩阵可以更好实现结构的损伤识别与性能评估。传统的基于结构固有频率的结构损伤指标对损伤不敏感且不能判断结构的损伤位置，基于模态振型的损伤指标存在利用不同阶次的模态振型识别的结构损伤状态不一致的问题，并且有时会出现损伤位置的漏判。相比较于固有频率和模态振型，基于柔度矩阵的损伤识别指标对结构损伤比较敏感，在柔度矩阵的计算表达式中，模态缩放系数和系统极点充当加权因子的角色将所有阶模态振型进行叠加，将所有振型的影响均参与到损伤识别的计算过程中，因此，基于柔度矩阵能够更好识别结构损伤，并进一步进行结构的损伤定位定量分析。另外，基于桥梁结构的位移柔度和应变柔度可以进一步识别结构的静刚度和等效钢筋比，从而结合结构正常使用极限状态的位移、裂缝控制弯矩和承载能力极限状态的强度控制弯矩与实际结构的预测名义配筋率之间的相关关系，实现对钢筋混凝土桥梁结构实际工作状态的定量评估。至此可以看出，开发的快速测试系统不仅具有方便快捷的优点，还能够依据所开发理论识别得出较为详尽的结构参数，从而对结构进行当前状态下的损伤识别与初步的承载能力评估。

4. 结构不确定性分析及长期性能劣化研究

前面所述数据分析方法为基于冲击振动测试数据识别结果的结构当前性能评估。如果能够考虑结构测试和识别过程中存在的各种不确定性，输出所识别结构参数和所预测结构反应的统计特性（如概率分布、置信区间等），将可进行基于概率的结构性能的随机性分析和风险评估，进一步深化所提议中小桥梁快速测试与诊断的结果。土木工程结构漫长而持久的劣化过程包含突发过载造成的损伤与长期累积的损伤交互作用，而其材料、构件结构破坏逐级发展又相互耦合，因此导致错综复杂的结构损伤演化过程难以直接进行正分析。如能通过日常监测或定期测试数据评估结构在一定历史时期内的性能劣化曲线并评估其规律，它将有望从反分析的角度揭示结构在服役过程中的长期性能劣化规律。

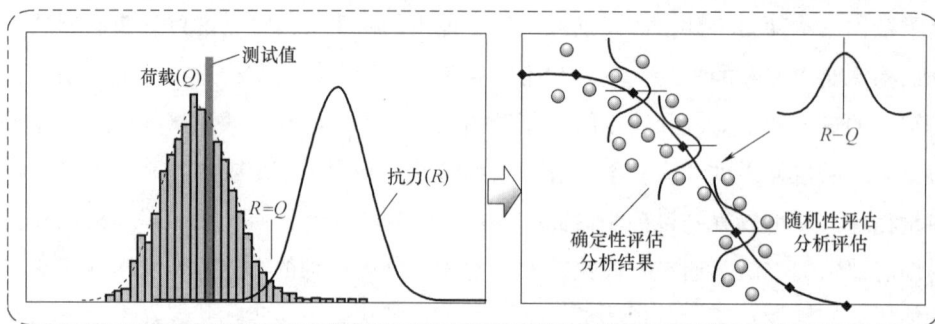

图 8.37　桥梁长期性能劣化曲线的随机评估理论

在这一部分还应该考虑各类型不确定性的桥梁长期性能劣化的随机性评估。因为现场测试、识别和评估过程中存在各种不确定性（例如材料的离散性、测量误差等），基于健康监测数据的确定性分析可能存在较大误差，并且其不能进行以概率统计为基础的结构危险性分析。因此，应该具体研究各类型不确定性在结构识别过程中逐级传递的性能劣化随机性评估方法。其基本思想是，在结构识别的开始，首先确定各种可能存在的不确定性并对其进行定义（例如通过一定的概率密度函数描述测量误差），然后将其引入描述结构动力特征的状态方程，当采用一定算法（例如子空间方法）对状态方程进行求解时，在公式推导求解结构参数的各级步骤中将不确定性逐级传导，直至得出表征不确定性影响结构识别参数的显示方程，从而识别得出结构参数包括其随机性信息（例如识别得出结构位移柔度及其均值和方差与置信区间等统计特征），并能够得出进行每个历史时期内的以概率统计为基础的承载能力随机性评估（如图 8.37 所示的 R-Q 随机评估曲线），最终实现一定历史时期内各时间点的结构性能劣化的随机性描述（图 8.37）。该类型结构性能劣化的随机性评估结果一方面有助于揭示结构性能劣化的规律和对结构的未来服役性能进行预测，另一方面，它输出以概率统计为基础的结构识别和性能评估结果，从而能够为以概率统计数据为基础的结构风险分析和全寿命周期评估提供必要的数据基础。该部分的难点为如何推导各类型不确定性在结构识别过程中的逐级传递。在申请人的前期研究中，已根据该思想成功推导得出了考虑不确定性逐级传递的结构振型识别结果的上下区间，在以后的研究中将进一步推导直至得出考虑不确定性的结构柔度识别结果及其随机特征。

总的来说，将来的研究将结合定期测试数据，进行基于结构深层次识别结果的桥梁长期性能劣化曲线的直接描绘，同时基于各类型不确定性在结构识别过程中的逐级传递分析对结构性能进行随机性评估。它利用所开发测试方法对桥梁进行定期测试，结合结构服役历史与当前状态，尝试主动把握服役期内结构损伤演化过程，特别的是，它不仅输出结构长期性能参数的估计值，还能够输出其概率概率分布和可信区间，因此能够进行以概率统计为基础的结构风险评估结构的未来服役状况预测。除此之外，在单座桥梁的性能评估完成之后，可进一步开发以国家和各省市交通管理部门为客户群的基于物联网的桥梁智能管理与应急保障系统（图 8.38）。在对国家公路网上众多桥梁个体进行检测诊断后，通过物联网技术传递各桥梁诊断结果至远程监控管理中心，实现"统一检测、统一管理、统一标准、统一实施"，为国家和各省市交通管理部门提供辖区内交通管理与应急保障的智能解决方案。

图 8.38 智能桥梁管理及应急保障系统

参 考 文 献

[1] 中华人民共和国交通运输部 . 2014 年交通运输行业发展统计公报 [R]. 北京：中华人民共和国交通运输部，2015.

[2] U. S. Department of Transportation. National transportation statistics 2015——bureau of transportation statistics [R]. Washington, DC：U. S. Department of Transportation，2015.

[3] Ministry of Land, Infrastructure, Transport and Tourism. White paper on land, infrastructure, transport and tourism in Japan [R]. Tokyo, Japan：Ministry of Land, Infrastructure, Transport and Tourism, 2013.

[4] 日本国土交通省. 2014 年国土交通白皮书 [R]. 东京：日本国土交通省，2014.

[5] Kaito K，Yasuda K，Kobayashi K，et al. Optimal maintenance strategies of bridge components with an average cost minimizing principles [J]. Journal of the Japan Society of Civil Engineers，2005，(73)：83-96.

[6] FHWA. Asset Management Primer [R]. U. S. Department of Transportation Federal Highway Administration Office of Asset Management，1999.

[7] AASHTO. AASHTO Transportation Asset Management Guide [R]. U. S. Department of Transportation Federal Highway Administration，2002.

[8] Canadian infrastructure report card [R]. Canada. 2014. http：//cnam. ca/

[9] FHWA. Asset Management Primer [R]. U. S. Department of Transportation Federal Highway Administration Office of Asset Management，1999.

[10] AASHTO. AASHTO Transportation Asset Management Guide [R]. U. S. Department of Transportation Federal Highway Administration，2002.

[11] FHWA. Asset Management overview [R]. U. S. Department of Transportation Federal Highway Administration，2007.

[12] Frangopol D M and Lin K Y. Life-cycle cost design of deteriorating structures [J]. Journal of Structural Engineering，1997，123 (10)：139-140.

[13] Frangopol D M and Kong J S. Evaluation of expected life-cycle maintenance cost of deteriorating structures [J]. Journal of Structural Engineering，2003，129 (5)：682-691.

[14] Kong J S and Frangopol D M. Probabilistic optimization of aging structures considering maintenance and failure costs [J]. Journal of Structural Engineering，2005，131 (4)：600-616.

[15] Liu M and Frangopol D M. Multiobjective Maintenance planning optimization for deteriorating bridges considering condition, safety, and life-cycle cost [J]. Journal of Structural Engineering，2005，131 (5)：833-842.

[16] Okasha N M，Frangopol D M. Lifetime-oriented multi-objective optimization of structural maintenance considering system reliability, redundancy and lifecycle cost using GA [J]. Structural Safety，2009，31 (6)：460-474.

[17] Orshan O. Life cycle cost：a tool for comparing building alternative [J]. Journal of structure Safety，1999，21 (4)：357-372.

[18] Asko S. Integrated life cycle design of structures [M]. London and New York：Spon Press，2002.

[19] Zhang J，Hong W，Tang Y S，et al. Structural health monitoring of a steel stringer bridge with area sensing [J]. Structure and Infrastructure Engineering，2014，10（8）：1049-1058

[20] MAINLINE Project. About MAINLINE Project [EB/OL]. http：//www. mainline-project. eu/，2016.

[21] 吴智深，张建. 结构健康监测先进技术及理论 [M]. 北京：科学出版社，2015.

[22] 欧进萍，关新春. 土木工程智能结构体系的研究与发展 [J]. 地震工程与工程振动，1999，19（2）：21-28.

[23] AASHTO. AASHTOWare™ Bridge Management software [EB/OL]. http：//aashtowarebridge. com/，2016.

[24] Miyamoto A. Development of a Bridge Management System (J-BMS) in Japan [C]. First US/Japan Workshop on Life-Cycle Cost Analysis and Design of Civil Infrastructure Systems，2001：179-221.

[25] 城市桥梁养护技术规范 CJJ 99—2003 [S]. 北京：中国建筑工业出版社，2003.

[26] 公路桥涵养护规范 JTG H11—2004 [S]. 北京：人民交通出版社，2004.

[27] 公路桥梁技术状况评定标准 JTG/T H21—2011 [S]. 北京：人民交通出版社，2011.

[28] 城市桥梁检测与评定技术规范 CJJ/T 233—2015 [S]. 北京：中国建筑工业出版社，2016.

[29] 公路桥梁承载能力检测评定规程 JTG/T J21—2011 [S]. 北京：人民交通出版社，2011.

[30] 公路桥梁荷载试验规程 JTG/T J21-01—2015 [S]. 北京：人民交通出版社，2016.

[31] ブリッジ監視データをベース性能評価指針 [S]. 社団法人土木学会，2006.

[32] DIN 1076，Highway structures—Testing and Inspection [S]. Germany，1999.

[33] Lauridsen J，Lassen B. The Danish bridge management system Danbro [R]. Management of Highway Structures，1999.

[34] BD 21/01，The Assessment of highway bridge and structures [S]. Department for Transport，2001.

[35] 公路桥梁一般目视检测手册 [S]. 交通部国道高速公路局，1996.

[36] ASHHTO. The Manual for Bridge Evaluation [R]. American Association of State Highway and Transportation Officials，2011.

[37] Kim J，Gucunski N，Duong T and Dinh，K. Three-Dimensional Visualization and Presentation of Bridge Deck Condition Based on Multiple NDE Data [J]. J. Infrastruct. Syst.，2016，10. 1061/ (ASCE) IS. 1943-555X. 0000341，B4016012.

[38] Dinh K and Zayed T. GPR-Based Fuzzy Model for Bridge Deck Corrosiveness Index [J]. J. Perform. Constr. Facil.，2015，10. 1061/ (ASCE) CF. 1943-5509，0000815，04015069.

[39] Farrag S，Yehia S，and Qaddoumi N. Investigation of Mix-Variation Effect on Defect-Detection Ability Using Infrared Thermography as a Nondestructive Evaluation Technique [J]. J. Bridge Eng.，2015，10. 1061/ (ASCE) BE. 1943-5592. 0000779，04015055.

[40] Appalla A，ElBatanouny M，Velez W，and Ziehl P. Assessing Corrosion Damage in Posttensioned Concrete Structures Using Acoustic Emission [J]. J. Mater. Civ. Eng.，2015 10. 1061/ (ASCE) MT. 1943-5533. 0001389，04015128.

[41] Beer G. Tunconstruct—a new European initiative [J]. Tunnels and Tunneling International，2006，2（1）：21-23.

[42] Loupos K，Amditis A and Stentoumis C，et al. Robotic intelligent vision and control for tunnel inspection and evaluation-The ROBINSPECT EC project [C]. Robotic and Sensors Environments（ROSE），2014 IEEE International Symposium on IEEE，2014：72-77.

[43] Northeastern University. VOTERS Sensor systems [EB/OL]. www. neu. edu/voters，2016.

[44] 多功能路况快速检测设备 GB/T 26764—2011 [S]. 北京：中国标准出版社，2011.

[45] ARRB Group. Home page [EB/OL]. https：//arrb. com. au/home. aspx，2016.

[46] Lanza D S F，RIZZO P，COCCIA S，et al. Noncontact ultrasonic inspection of rails and signal processing for automatic defect detection classification [J]. Insight-Non-Destructive Testing and Condition Monitoring，2005，47（6）：346-353.

[47] Doctor Yellow：Japan's Legendary Bullet Train [EB/OL].
http：//www. japan-talk. com/jt/new/doctor-yellow-shinkansen-bullet-train，2012.

[48] ENSCO. Track Inspection Technologies [EB/OL].
http：//www. ensco. com/rail/track-inspection-technologies，2016.

[49] FHWA. Long-Term Bridge Performance Program [EB/OL].
http：//www. fhwa. dot. gov/research/tfhrc/programs/infrastructure/structures/ltbp/products. cfm#sec3，2016.

[50] Chen Y C，Yang C E and Kang S C. A lightweight bridge inspection system using a dual-cable suspension mechanism [J]. Automation in Construction，2014，46：52-63.

[51] Yang Y S and Yang C M，Huang C W. Thin crack observation in a reinforced concrete bridge pier test using image processing and analysis [J]. Advances in Engineering Software，2015，83：99-108.

[52] Oh J K，Jang G，Oh S，et al. Bridge inspection robot system with machine vision [J]. Automation in Construction，2009，18（7）：929-941.

[53] Liu Y，Cho S，Spencer B Jr，and Fan J. Concrete Crack Assessment Using Digital Image Processing and 3D Scene Reconstruction [J]. J. Comput. Civ. Eng. ，2014，10. 1061/（ASCE）CP. 1943-5487. 0000446，04014124.

[54] Torok M，Fard M and Kochersberger K. Post-Disaster Robotic Building Assessment：Automated 3D Crack Detection from Image-Based Reconstructions [J]. Computing in Civil Engineering，2012，397-404.

[55] Nassif H，Ertekin A O and Davis J. Evaluation of bridge scour monitoring methods [J]. United States Department of Transportation，Federal Highway Administration，Trenton，2002.

[56] Yankielun N E and Zabilansky L J. Bridge scour detection and monitoring apparatus using time domain reflectometry（TDR）[P]. USA. 6100700，2000-8-8.

[57] Zarafshan A，Iranmanesh A and Ansari F. Vibration-based method and sensor for monitoring of bridge scour [J]. Journal of Bridge Engineering，2011，17（6）：829-838.

[58] Xu Y L，Zhang X H，Zhan S，et al. Testbed for structural health monitoring of long-span suspen-

sion bridges [J]. Journal of Bridge Engineering, 2011, 17 (6): 896-906.

[59] Modares M, Waksmanski N. Overview of structural health monitoring for steel bridges [J]. Practice Periodical on Structural Design and Construction, 2012, 18 (3): 187-191.

[60] Kim S and Frangopol D M. Cost-effective lifetime structural health monitoring based on availability [J]. Journal of Structural Engineering, 2010, 137 (1): 22-33.

[61] Lynch J P, Farrar C R and Michaels J E. Structural health monitoring: technological advances to practical implementations scanning the issue [J]. Proceedings of the IEEE, 2016, 104 (8): 1508-1512.

[62] Aktan A E, Helmicki A J and Hunt V J. Issues in health monitoring for intelligent infrastructure [J]. Smart Materials and Structures, 1998, 7 (5): 674-692.

[63] Seo J, Hu J W and Lee J. Summary review of structural health monitoring applications for highway bridges [J]. Journal of Performance of Constructed Facilities, 2016, 30 (4): 04015072.

[64] Lynch J P and Loh K J. A summary review of wireless sensors and sensor networks for structural health monitoring [J]. Shock and Vibration Digest, 2006, 38 (2): 91-130.

[65] Abdelghaffar A M, Housner G W. Ambient vibration tests of a suspension bridge [J]. Journal of the Engineering Mechanics Division, 1978, 104: 983-999.

[66] Ibrahim S R and Mikulcik E C. Method for the direct identification of vibration parameters from the free response [J]. Shock and Vibration Bulletin, 1977, 4: 183-198.

[67] Juang J N, Pappa R S. An eigensystem realization algorithm for modal parameter identification and model reduction [J]. Journal of Guidance, Control, and Dynamics, 1985, (8) : 620-627.

[68] Peeters B, Van Der Auweraer H, Guillaume P, et al. The PolyMAX frequency-domain method: a new standard for modal parameter estimation [J]. Shock and Vibration, 2004, 11: 395-409.

[69] Brownjohn J M W. Structural health monitoring of civil infrastructure [J]. Philosophical Transactions of the Royal Society of London A: Mathematical, Physical and Engineering Sciences, 2007, 365 (1851): 589-622.

[70] Gul M and Catbas F N. Ambient vibration data analysis for structural identification and global condition assessment [J]. Journal of Engineering Mechanics, 2008, 134 (8): 650-662.

[71] Zhang J, Cheng Y Y, Xia Q, et al. Change localization of a steel-stringer bridge through long-gauge strain measurements [J]. Journal of Bridge Engineering, 2015, 21 (3): 04015057.

[72] Peeters B and De Roeck G. One-year monitoring of the Z 24-Bridge: environmental effects versus damage events [J]. Earthquake engineering & structural dynamics, 2001, 30 (2): 149-171.

[73] Liu C and DeWolf J T. Effect of temperature on modal variability of a curved concrete bridge under ambient loads [J]. Journal of structural engineering, 2007, 133 (12): 1742-1751.

[74] Zuk W. Thermal behavior of composite bridges-insulated and uninsulated [J]. Highway Research Record, 1965, 76: 231-253.

[75] Dilger W H, Ghali A, Chan M, et al. Temperature stresses in composite box girder bridges [J]. Journal of Structural Engineering, 1983, 109 (6): 1460-1478.

[76] Roberts-Wollman C L, Breen J E and Cawrse J. Measurements of thermal gradients and their effects

on segmental concrete bridge [J]. Journal of Bridge Engineering, 2002, 7 (3): 166-174.

[77] Xia Y, Chen B, Zhou X, et al. Field monitoring and numerical analysis of Tsing Ma Suspension Bridge temperature behavior [J]. Structural Control and Health Monitoring, 2013, 20 (4): 560-575.

[78] Zhou L, Xia Y, Brownjohn J M W, et al. Temperature analysis of a long-span suspension bridge based on field monitoring and numerical simulation [J]. Journal of Bridge Engineering, 2015, 21 (1): 04015027.

[79] Ni Y Q, Xia H W, Wong K Y, et al. In-service condition assessment of bridge deck using long-term monitoring data of strain response [J]. Journal of Bridge Engineering, 2011, 17 (6): 876-885.

[80] Yarnold M T and Moon F L. Temperature-based structural health monitoring baseline for long-span bridges [J]. Engineering Structures, 2015, 86: 157-167.

[81] Xia Q, Cheng Y Y, Zhang J, et al. In-Service condition assessment of a long-span suspension bridge using temperature-induced strain data [J]. Journal of Bridge Engineering, 2016: 04016124.

[82] Khuc T, Catbas F N. Vision-Based for bridge structural health monitoring and identification [C]. Third Conference on Smart Monitoring Assessment and Rehabilitation of Civil Structures, 2015.

[83] Huang N E, Shen Z, Long S R, et al. The empirical mode decomposition and the Hilbert spectrum for nonlinear and non-stationary time series analysis [J]. Proceedings of the Royal Society A, 1998, 454: 903-995.

[84] Rumelhart D, Hinton G and Williams R. Learning representations by back-propagating errors [J]. Nature, 1986, 323 (6088): 533-536.

[85] Catbas F N, Zaurin R, Gul M, et al. Sensor networks, computer imaging, and unit influence lines for structural health monitoring: Case study for bridge load rating [J]. Journal of Bridge Engineering, 2011, 17 (4): 662-670.

[86] Chen Z, Li H, Bao Y, et al. Identification of spatio - temporal distribution of vehicle loads on long-span bridges using computer vision technology [J]. Structural Control and Health Monitoring, 2016, 23 (3): 517-534.

[87] ブリッジ監視データをベース性能評価指針 [S]. 社団法人土木学会, 2006.

[88] Mufti A A. Guidelines for structural health monitoring [R]. ISIS Canada, 2001.

[89] 李宏男. 结构健康监测系统设计标准 [S]. 北京: 中国建筑工业出版社, 2012.

[90] 光纤传感式桥隧结构健康监测系统设计、施工及维护规范 DB32/T 2880—2016 [S]. 江苏省质量技术监督局, 2016.

[91] 欧进萍, 张喜刚. 公路桥梁结构安全监测系统技术条件 [R]. 北京: 中华人民共和国交通运输部.

[92] 福建省城市桥梁健康监测系统设计标准 DBJ/T 13-240-2016 [S]. 福建省住房和城乡建设厅, 2016.

[93] Yang Y B, Lin C W and Yau J D. Extracting bridge frequencies from the dynamic response of a passing vehicle [J]. Journal of Sound and Vibration, 2004, 272 (3): 471-493.

[94] Zhang Y, Wang L Q, Xiang Z H. Damage detection by mode shape squares extracted from a passing

vehicle [J]. Journal of Sound and Vibration，2012，331 (2)，291-307.

[95] Zhang Z and Aktan A E. The damage indicates for constructed facilities [C]. Proceeding of 13th International Modal Analysis Conference，1995：1520-1529.

[96] Konrad Bergmeister. Monitoring and Safety Evaluation of Existing Concrete Structures [R]. 2002.

[97] Abdel-Ghaffar A M，Scanlan R. H. Ambient vibration studies of golden gate bridge：I suspended structure [J]. Journal of Engineering Mechanics，1985，111 (4)：463-482.

[98] Reynders E. Fully automated (operational) modal analysis [J]. Mechanical Systems and Signal Processing，2012，29：228-250.

[99] Reynders E. Output-only structural health monitoring in changing environmental conditions by means of nonlinear system identification [J]. Structural Health Monitoring，2014，13 (1)：82-93.

[100] Zhang J，Guo S L，Chen X. Theory of un-scaled flexibility identification from output-only data [J]. Mechanical Systems and Signal Processing，2014，48 (1-2)：232-246.

[101] ASCE. Structural Identification of Constructed Facilities：Approaches，Methods and Technologies for Effective Practice of St-Id. A State-of-the-Art Report，ASCE SEI Committee on Structural I-dentification of Constructed Systems，2012.

[102] 郭国会，易伟建. 基于模态参数进行连续梁损伤诊断的数值研究 [J]. 振动与冲击，2001，20 (1)：72-75.

[103] 荆龙江，项贻强. 基于柔度矩阵法的大跨斜拉桥主梁的损伤识别 [J]. 浙江大学学报（工学版），2008，42 (1)：164-169.

[104] Fan W，Qiao P. Vibration-based Damage Identification Methods：A Review and Comparative Study [J]. Structural Health Monitoring，2011 (10)：83-129.

[105] 赵玲，李爱群. 基于模态柔度矩阵变化指标的结构损伤预警方法 [J]. 东南大学学报（自然科学版），2009，39 (4)：1049-1053.

[106] Brown D L，Witter M C. Review of Recent Developments in Multiple-Reference Impact Testing [J]. Sound and Vibration，2011，45 (1)：8-17.

[107] Zhang J，Moon F L. Novel structural flexibility identification in narrow frequency bands [J]. Smart Materials and Structures，2012，21 (12)：1-10.

[108] Zhang J，Prader J，Grimmelsman K A. Experimental Vibration Analysis for Structural Identification of a Long-Span Suspension Bridge [J]. Journal of Engineering Mechanics (ASCE)，2013，139 (6)：748-759.

[109] Zhang J，Prader J，Grimmelsman K A，et al. Challenges in Experimental Vibration Analysis for Structural Identification and Corresponding Engineering Strategies [J]. The 3rd International Conference of Experimental Vibration Analysis for Civil Engineering Structures，2009.

[110] Catbas F N，Brown D L，Aktan A E. Parameter Estimation for Multiple-Input Multiple-Output Modal Analysis of Large Structures [J]. Journal of Engineering Mechanics，2004，130：921-930.

[111] Zhang J，Moon F N. Novel structural flexibility identification in narrow frequency bands [J]. Smart Materials And Structures，2012，21 (12)：1-10.

[112] Caicedo J M. Practical guidelines for the natural excitation technique (NExT) and the eigensystem realization algorithm (ERA) for modal identification using ambient vibration [J]. Experimental Techniques，2011，35 (4)：52-58.

[113] Han J P. Modal parameter identification based on Hilbert-Huang transform and natural excitation technique [J]. Engineering Mechanics，2010，27 (8)：54-59.

[114] Sim S H. Decentralized random decrement technique for efficient data aggregation and system identification in wireless smart sensor networks [J]. Probabilistic Engineering Mechanics，2011，26 (1)：81-91.

[115] Allemang R J. Vibrations：Experimental modal analysis [Z]. Course Notes (UC-SDRL-CN-20-263-663/664)，Structural DynamicsResearch Laboratory，Univ. of Cincinnati，Cincinnati.

[116] Ingrid Daubechies. Ten lectures on wavelets [M]. USA：Society for Industrial and Applied Mathematics，1992.

[117] Mallat S. Multi-resolution approximation and wavelet orthonormal based of L2 (R) [J]. Transactions of American Mathematics Society，1989，315：69-87.

[118] Huang N E，Shen Z，Long S R，et al. The empirical mode decomposition and the Hilbert spectrum for nonlinear and non-station time series analysis [J]. Proceeding of Royal Society London A，1998，454：903～995.

[119] 王勖成. 有限单元法 [M]. 北京：清华大学出版社，2003.

[120] Andrew Yee-Tak Leung. An accurate method of dynamic condensation in structural analysis [J]. International Journal for Numerical Methods in Enginneering，1978，12 (12)：1705-1715.

[121] Clough R，Penzien J. DYNAMICS OFSTRUCTURES [M]. Computers & Structures，Inc，2003.

[122] 沃德·海伦，斯蒂芬·拉门兹，波尔·萨斯. 模态分析理论与试验 [M]. 北京：北京理工大学出版社，2001.

[123] 王济，胡晓. MATLAB在振动信号处理中的应用 [M]. 北京：中国水利水电出版社，知识产权出版社，2006.

[124] 傅志方，华宏星. 模态分析理论与应用 [M]. 上海：上海交通大学出版社，2000.

[125] Avitabile P. Modal Space-In Our Own Little World [J]. Experimental Techniques，2012，36 (4)：1-2.

[126] James G H，Carne T G，Lauffer J P. The natural excitation technique (NExT) for modal parameter extraction from operating structures [J]. The International Journal of Analytical and Experimental Modal Analysis，1995，10：260-277.

[127] Kagami H，Okada S，Shiono K，Oner M，Dravinski M，Mal A K. Observation of 1- to 5-second microtremors and their application to earthquake engineering. Part Ⅲ. A two-dimensional study of site effects in the San Fernando Valley [J]. Bulletin of the Seismological Society of America，1986，76 (6)：1801-1812.

[128] Nakamura Y. Clear identification of fundamental idea of Nakamura's technique and its applications [C]. Proceedings of the 12th World Conference on Earthquake Engineering，2000.

[129] Nakamura. Y. ON THE H/V SPECTRUM [C]. The 14th World Conference on Earthquake Engineering. Beijing, 2008.

[130] Nakamura Y. Basic Structure of QTS (HVSR) and Examples of Applications [C]. Increasing Seismic Safety by Combining Engineering Technologies and Seismological Data. Springer Netherlands, 2009: 33-51.

[131] Jiao J, Nambu Y, Mina Sugino, et al. Regional Structural Investigation on Preservation Districts, Yuasa and Ine, Japan [J]. Journal of Asian Architecture and Building Engineering, In press.

[132] Ahmed M, Ghaffar A, R. H. Scanlan R H. Ambient Vibration Studies of Golden Gate Bridge: I. Suspended Structure [J]. Journal of Engineering Mechanics, 1985, 111 (4): 463-482.

[133] Levy E C. Complex Curve Fitting [J]. IEEE Transaction on Automatic Control, 1959, 4 (1): 37-44.

[134] Richardson M H, Formenti D L. Parameter Estimation from Frequency Response Measurements using Rational Fraction Polynomials [C]. Proceedings of the 1st International Modal Analysis Conference, 1982: 167-181.

[135] Richardson M H. Global Frequency & Damping Estimates from Frequency Response Measurements [C]. Proceedings of the 4td International Modal Analysis Conference, 1986.

[136] Brincker R, Zhang L M, Andersen P. Modal Identification from Ambient Response using Frequency Domain Decomposition [C]. Proc of the 18th International Modal Analysis Conference, 2000.

[137] Shih C Y, Y. G. Tsuei Y G. Complex Mode Indication Function and its Applications to Spatial Domain Parameter Estimation [C]. Proceedings of the 7th International Modal Analysis Conference, 1989.

[138] Guillaume P, Verboven P, Vanlanduit S. Frequency-Domain Maximum Likelihood Identification of Modal Parameters with Confidence Intervals [C]. Proceeding of ISMA 23, 1998.

[139] Guillaume P, Verboven P, Vanlanduit S, et al. A Poly-Reference Implementation of the Least-Squares Complex Frequency Domain Estimator [C]. Proc of the 21th International Modal Analysis Conference, 2003.

[140] Peeters, Bar, Auweraer V D et al. The PolyMAX frequency-domain method: a new standard for modal parameter estimation [J]. Shock and Vibration, 2004, 11: 395-409.

[141] Pappa R S, Ibrahim S R. A parametric study of the Ibrahim time domain modal identification algorithm [J]. The Shock and Vibration, 1981, 51 (3): 43-57.

[142] Zaghlool S A. Single-station time-domain (SSTD) vibration testing technique: theory and application [J]. Journal of Sound and Vibration, 1980, 72 (2): 205-234.

[143] Mohanty P, Rixen D J. Operational modal analysis in the presenceof harmonic excitation [J]. Journal of Sound and Vibration, 2004, 270 (1-2): 93-109.

[144] James G H, Carne T G, Lauffer J P. The Natural Excitation Technique (NExT) for Modal Parameter Extraction From Operating Wind Turbines [R]. Sandia National Laboratories, 1993.

[145] Juang J N, Pappa R S. An Eigensystem Realization Algorithm (ERA) for modal parameter identification and model reduction [J]. J. of Guidance, Control and Dynamics, 1985, 8 (5): 620-627.

[146] Peeters B, Roeck G D. Reference-based stochastic subspace identification for output-only modal a-nalysis [J]. Mechanical Systems & Signal Processing, 1999, 13 (6): 855-878.

[147] Peeters B. System Identification and Damage Detection in Civil Engineering [D]. Belgium: Katholieke UniversiteitLeuven, 2000.

[148] Ruzzene M, Fasana A, Garibaldi L, et al. Natural frequencies and dampings identification using wavelet transform: application to real data [J]. Mechanical Systems and Signal Processing, 1997, 11 (2): 207-218.

[149] Pinnegar C R, Mansinha L. Time-local Fourier analysis with a scalable, phase-modulated analyzing function: the S-transform with a complex window [J]. Signal Processing, 2004, 84 (7): 1167-1176.

[150] Mcfadden P D, Cook J G, Forster L M. Decomposition of gear vibration signals by the generalized s transform [J]. Mechanical Systems & Signal Processing, 1999, 13 (5): 691-707.

[151] Huang N E, Shen Z, Long S R, et al. The empirical mode decomposition and the Hilbert spectrum for nonlinear non-stationary time series analysis [J]. Proceeding of Royal Society London A, 1998, 454: 903-995.

[152] Mukherjee A, Deshpande J M. Modeling initial design Process using artificial neural network [J]. Journal of Computing in Civil Engineering, 1995, 9 (3): 194-200.

[153] Holland J H. Adaptation in natural and artificial system [M]. Ann Arbor: University of Michi-gan press, 1975: 1-2.

[154] Zhang Z, Aktan A E. Application of Modal Flexibility and Its Derivatives in Structural Identifica-tion [J]. Research in Nondestructive Evaluation, 1998, 10 (1): 43-61.

[155] Zhang J, Xu J C, Cuo S L, Wu Z S. Flexibility-based structural damage detection with unknown mass for IASC-ASCE benchmark studies [J]. Engineering Structures, 2013, 48: 486-496.

[156] Allemang R J. Vibrations: Experimental modal analysis [Z]. Course Notes (UC-SDRL-CN-20-263-663/664), Structural Dynamics Research Laboratory, Univ. of Cincinnati, Cincinnati.

[157] Guillaume P, Verboven P, Vanlanduit S. Frequency-Domain Maximum Likelihood Identification of Modal Parameters with Confidence Intervals [C]. Proceeding of ISMA 23, 1998.

[158] Auweraer H V D, Guillaume P, Vanlanduit S, et al. Application of a Fast-Stabilizing Frequency Domain Parameter Estimation Method [J]. Journal of Dynamic Systems Measurement and Con-trol, 2001, 123 (4): 651-658.

[159] Verboven P, Guillaume P, Cauberghe B, et al. A Comparison of Frequency-domain Transfer Function Model Estimator Formulations for Structural Dynamics Modeling [J]. Journal of Sound and Vibration, 2005, 279: 775-798.

[160] Peeters B, H. Auweraer V D, Guillaume P, et al. The PolyMAX frequency-domain method: a new standard for modal parameter estimation [J]. Shock and Vibration, 2004, 11: 395-409.

[161] Bart CAUBERGHE. Applied Frequency-Domain System Identification In The Field of Experimen-tal And Operational Modal Analysis [D]. Belgium: Vrije Universiteit Brussel, 2004.

[162] Peeters B. System Identification and Damage Detection in Civil Engineering [D]. Belgium:

Katholieke Universiteit Leuven, 2000.

[163] Pintelon R, Schoukens J. Robust Identification of Transfer Functions in the sand Z-Domains [J]. IEEE Transactions on Instrumentation and Measurement, 1990, 39 (4): 565-573.

[164] Pintelon R, Rolain Y, Bultheel A, et al. Numerically robust frequency domain identification of multivariable systems [C]. Proceedings of International Seminar on Modal Analysis (ISMA), Leuven, Belgium, 2002: 1315-1321.

[165] LMS International. LMS Test. Lab Structural Testing Rev7A [EB/OL]. Belgium, www. lmsintl. com, 2007.

[166] Zhang J, Moon F L. Novel structural flexibility identification in narrow frequency bands [J]. Smart Materials & Structures, 2012, 21 (21): 3387-3395.

[167] Phillips A W, Allemang R J, Fladung W A. The Complex Mode Indicator Function (CMIF) as a Parameter Estimation Method [C]. International Modal Analysis Conference, 1998: 705-710.

[168] Catbas F N. Investigation of Global Condition Assessment and Structural Damage Identification of Bridges with Dynamic Testing and Modal Analysis [D]. Univ. of Cincinnati, 1997.

[169] Phillips A W. The Enhanced Frequency Response Function (eFRF): Scaling and Other Issues [C]. International Conference on Noise and Vibration Engineering, Belgium, 1998: 1-8.

[170] Araújo I G, Laier J E. Operational modal analysis using SVD of power spectral density transmissibility matrices [J]. Mechanical Systems and Signal Processing, 2014, 46 (1): 129-145.

[171] Catbas F N, Brown D L, Aktan A E, Parameter Estimation for Multiple-Input Multiple-Output Modal Analysis of Large Structures [J]. Journal of Engineering Mechanics, 2004.

[172] 李德葆, 张元润. 振动测量及试验分析 [M]. 北京: 机械工业出版社, 1992.

[173] 李德葆, 陆秋海. 工程振动试验分析 [M]. 北京: 清华大学出版社, 2004.

[174] Chopra A K. 结构动力学理论及其在地震工程中的应用 (第2版). [M]. 中国: 高等教育出版社, 2005: 256-259.

[175] Reynders E, DeRoeck G. Reference-based combined deterministic-stochastic subspace identification for experimental and operational modal analysis [J]. MechanicalSystems and Signal Processing, 2006, 22 (22): 617-637.

[176] Peeters B, DeRoeck G. Stochastic system identification for operational modal analysis: a review [J]. Journal of Dynamic Systems, Measurement, and Control, 2001, 123 (4): 659-667.

[177] Gandino E, Garibaldi L, Marchesiello S. Covariance-driven subspace identification: A complete input-output approach [J]. Journal of Sound and Vibration, 2013, 332: 7000-7017.

[178] Van Overschee P, De Moor B L. Subspace identification for linear systems: Theory Implementation Applications [M]. Springer Science and Business Media, 2012.

[179] Jansson M, Wahlberg B. A linear regression approach to state-space subspace system identification [J]. Signal Processing, 1996, 52: 103-129.

[180] Viberg M, Wahlberg B, Ottersten B. Analysis of state space system identification methods based on instrumental variables and subspace fitting [J]. Automatica, 1997, 33: 1603-1616.

[181] Chou C T, Verhaegen M. Subspace algorithms for the identification of multivariable dynamic er-

rors-in-variables models [J]. Automatica，1997，33：1857-1869.

[182] Gustafsson T. Subspace identification using instrumental variable techniques [J]. Automatica，2001，37：2005-2010.

[183] Reynders E，Pintelon R，DeRoeck G. Uncertainty bounds on modal parameters obtained from stochastic subspace identification [J]. Mechanical Systems and Signal Processing，2008，22：948-969.

[184] Guyader A，Mevel L. Covariance driven subspace methods：input/output vs output-only [C]. Proceedings of the 21st International Modal Analysis Conference，Kissimmee，2003.

[185] Mevel L，Benveniste A，Basseville M，Goursat M，et al. Input/output versus output data processing for structural identification-application to in-flight data analysis [J]. Journal of Sound and Vibration，2006，295：531-552.

[186] Zhang J，Moon F L. A New Impact Testing Method for Efficient Structural Flexibility Identification. Smart Materials and Structures，2012，21（5）.

[187] Zhang J. Guo S L，Zhang QQ. Mobile Impact Test Data Integrating for Flexibility Identification with only a Single Reference. Computer-Aided Civil and Infrastructure Engineering，2014.

[188] Sohn, H.，Worden, K.，and Farrar, C. R. Statistical damage classification under changing environmental and operational conditions [J]. J. Intell. Mater. Syst. Struct.，2002，13（9），561-574.

[189] 王勖成. 有限单元法 [M]. 北京：清华大学出版社，2003.

[190] Vanlanduit, S.，Parloo, E.，Cauberghe, B.，Guillaume, P.，and Verboven, P. A robust singular value decomposition for damage detection under changing operating conditions and structural uncertainties [J]. J. Sound Vib.，2005，284（3-5），1033-1050.

[191] 公路旧桥承载能力鉴定方法（试行）[Z]. 北京：人民交通出版社，1988.

[192] Zhang J，Guo S L，Wu Z S，et al. Structural identification and damage detection through long-gauge strain measurements [J]. Engineering Structures，2015，99：173-183.

[193] Adewuyi A P，Wu Z S. Modal macro - strain flexibility methods for damage localization in flexural structures using long-gage FBG sensors [J]. Structural Control and Health Monitoring，2011，18（3）：341-360.

[194] Adewuyi A P，Wu Z S，Serker N H M K. Assessment of vibration-based damage identification methods using displacement and distributed strain measurements [J]. Structural Health Monitoring，2009，8（6）：443-461.

[195] Catbas F N，Gokce H B，Gul M. Nonparametric analysis of structural health monitoring data for identification and localization of changes：Concept，lab，and real-life studies [J]. Structural Health Monitoring，2012：1475921712451955.

[196] 吴智深，张建. 结构健康监测先进技术及理论 [M]. 北京：科学出版社，2015.

[197] Farrar C R，Baker W E，Bell T M，et al. Dynamic characterization and damage detection in the I-40 bridge over the Rio Grande [R]. Los Alamos National Lab.，NM（United States），1994.

[198] Liu C，DeWolf J T. Effect of temperature on modal variability of a curved concrete bridge under

ambient loads [J]. Journal of structural engineering, 2007, 133 (12): 1742-1751.

[199] Chopra A K. Dynamics of Structures (4th Edition) [M]. Prentice Hall, 2011.

[200] Döhler M, Hille F, Mevel L, et al. Structural health monitoring with statistical methods during progressive damage test of S101 Bridge [J]. Engineering Structures, 2014, 69: 183-193.

[201] Siringoringo D M, Fujino Y, Nagayama T. Dynamic characteristics of an overpass bridge in a full-scale destructive test [J]. Journal of Engineering Mechanics, 2011, 139 (6): 691-701.

[202] Li S Z, Wu Z S. Development of distributed long-gage fiber optic sensing system for structural health monitoring [J]. Structural Health Monitoring, 2007, 6 (6): 133-143.

[203] Wu Z S, Zhang J. Advancement of long-gauge fiber optic sensors towards structural health monitoring [C]. The 6th International Workshop on Advanced Smart Materials and Smart Structures Technology (ANCRiSST2011), 2011: 25-26.

[204] Shen S, Wu Z S, Yang C Q, et al. An improved conjugated beam method for deformation monitoring with a distributed sensitive fiber optic sensor [J]. Structural Health Monitoring, 2010, 9 (4): 361-378.

[205] Zhang J, Tian Y D, Yang C Q, et al. Vibration and deformation monitoring of a long-span rigid-frame bridge with distributed long-gauge sensors [J]. Journal of Aerospace Engineering, 2016: B4016014.

[206] 陆秋海，李德葆. 模态理论的进展 [J]. 力学学报, 1996, 26 (4): 464-472.

[207] 李德葆，诸葛鸿程，王波. 实验应变模态分析原理和方法 [J]. 清华大学学报, 1990, 30 (2): 105-112.

[208] 李德葆，张元润，罗京. 动态应变应力场分析的模态法 [J]. 振动与冲击, 1992 (4): 15-22.

[209] Guo S L, Zhang J. Structural identification by processing dynamic macro strain measurements [J]. Advances in Structural Engineering, 2014, 17 (8): 1117-1128.

[210] Zhang J, Xia Q, Cheng Y Y, et al. Strain flexibility identification of bridges from long-gauge strain measurements [J]. Mechanical Systems and Signal Processing, 2015, 62: 272-283.

[211] Zhang J, Zhang Q Q, Guo S L, et al. Structural identification of short/middle span bridges by rapid impact testing: theory and verification [J]. Smart Materials and Structures, 2015, 24 (6): 065020.

[212] Li P J, Xia Q, Zhang J. Subspace flexibility identification adapting to the input force type [J]. Structural Control and Health Monitoring, 2016.

[213] Reynders E, De Roeck G. Reference-based combined deterministic-stochastic subspace identification for experimental and operational modal analysis [J]. Mechanical Systems and Signal Processing, 2008, 22 (3): 617-637.

[214] Zhang J, Wu Z S, et al. Structural health monitoring of a steel stringer bridge with area sensing [J]. Structure and Infrastructure Engineering, 2013, 10 (8): 1049-1058.

[215] Yan W J, Ren W X. Closed-form modal flexibility sensitivity and its application to structural damage detection without modal truncation error [J]. Journal of Vibration and Control, 2014, 20 (12): 1816-1830.

[216] Gui L，Merzkirch W. A comparative study of the MQD method and several correlation-based PIV evaluation algorithms [J]. Experiments in Fluids，2000，28（1）：36-44.

[217] Bartilson D T，Wieghaus K T，Hurlebaus S. Target-less computer vision for traffic signal structure vibration studies [J]. Mechanical Systems & Signal Processing，2015，s 60-61：571-582.

[218] Brownjohn J，Racic V，Chen J. Universal response spectrum procedure for predicting walking-induced floor vibration [J]. Mechanical Systems & Signal Processing，2015，s 70-71：741-755.

[219] Ruotian X U，Chen J，Ting Y E，et al. Acceleration response spectrum for predicting floor vibration due to occupant walking [J]. Journal of Building Structures，2015，333（15）：3564-3579.

[220] Chen J，Wang L，Racic V，et al. Acceleration response spectrum for prediction of structural vibration due to individual bouncing [J]. Mechanical Systems & Signal Processing，2016，s 76-77：394-408.

[221] Tian Y，Zhang J，Xia Q，et al. Flexibility identification and deflection prediction of a three-span concrete box girder bridge using impacting test data [J]. Engineering Structures，2017，146：158-169.

[222] J. Zhang，J. Prader，K. A. Grimmelsman，F. L. Moon，A. E. Aktan，A. Shama. Experimental Vibration Analysis for Structural Identification of a Long-Span Suspension Bridge. J. Eng. Mech. 139. 6（2013）：748-759.

[223] Zhang J，Moon F L. Novel structural flexibility identification in narrow frequency bands [J]. Smart Materials & Structures，2012，21（12）：125020.

[224] Zhang J，Tian Y，Yang C，et al. Vibration and Deformation Monitoring of a Long-Span Rigid-Frame Bridge with Distributed Long-Gauge Sensors [J]. Journal of Aerospace Engineering，2017，30（2）：B4016014.

[225] Xia Q，Cheng Y Y，Zhang J，et al. In-Service Condition Assessment of a Long-Span Suspension Bridge Using Temperature-Induced Strain Data [J]. Journal of Bridge Engineering，2016，22（3）：04016124.

[226] Brownjohn J M W，Bocian M，Hester D，et al. Footbridge system identification using wireless inertial measurement units for force and response measurements [J]. Journal of Sound & Vibration，2016，384：339-355.

[227] Yang Y B，Lin C W. Vehicle-bridge interaction dynamics and potential applications [J]. Journal of Sound & Vibration，2005，284（1）：205-226.

[228] 戴晓玮. 敲击扫描式桥梁损伤检测系统的相关研究 [D]. 北京：清华大学，2010.

[229] Catbas F N，Brown D L，Aktan A E. Use of Modal Flexibility for Damage Detection and Condition Assessment：Case Studies and Demonstrations on Large Structures. J. Struct. Eng.，2006，132（11）：1699-1712.

[230] Chang K C，Kim C W，Borjigin S. Variability in bridge frequency induced by a parked vehicle [J]. Smart Structures & Systems，2014，13（5）：755-773.

[231] Malekjafarian A，Obrien E J. Identification of bridge mode shapes using Short Time Frequency Domain Decomposition of the responses measured in a passing vehicle [J]. Engineering Structures，

2014，81：386-397.

[232] Kong X，Cai C S，Kong B. Numerically Extracting Bridge Modal Properties from Dynamic Responses of Moving Vehicles [J]. Journal of Engineering Mechanics，2016，142 (6)：04016025.

[233] Dragomiretskiy K，Zosso D. Variational Mode Decomposition [J]. IEEE Transactions on Signal Processing，2014，62 (3)：531-544.

[234] A. G. Poulimenos，S. D. Fassois. Output-only stochastic identification of a time-varying structure via functional series TARMA models. Mech. Syst. Signal Pr. 23 (4) (2009) 1180-1204.

[235] Ma Z S，Liu L，Zhou S D，et al. Parametric output-only identification of time-varying structures using a kernel recursive extended least squares TARMA approach [J]. Mechanical Systems & Signal Processing，2018，98：684-701.

[236] C. S. Huang，S. L. Hung，W. C. Su，et al, Identification of time-variant modal parameters using time-varying autoregressive with exogenous input and loworder polynomial function, Comput. -Aided Civ. Inf. 24 (7) (2009) 470-491.

[237] Lecun Y，Bengio Y，Hinton G. Deep learning [J]. Nature，2015，521 (7553)：436-444.

[238] Goodfellow I，Bengio Y，Courville A，et al. Deep learning [M]. Cambridge：MIT press，2016.

英汉名词对照表

英　　文	中　　文
Acoustic Emission，AE	声发射
American Association of State Highway and Transportation Officials，AASHTO	美国国有公路运输管理员协会
Amplitude	幅值
Artificial Neural Network，ANN	人工神经网络
Asian Infrastructure Investment Bank	亚洲基础设施投资银行
Asset Management Guide	资产管理指南
Asset Management Primer	资产管理初级读本
Auto Power Spectra Density Function	自功率谱密度函数
Auto Regressive Moving Average，ARMA	自回归滑动平均法
Automatic Crack Detection	路面裂缝自动检测系统
Back Propagation，BP	BP 网络
Breakdown Maintenance，BM	事后性维护
Bridge Management System，BMS	桥梁管理系统
Coherence Function	相干函数
Complex Mode Indicator Function，CMIF	复模态指示函数
Comprehensive Inspection Train	全面铁轨检测车
Comprehensive Track Inspection Vehcle	是典型的高速铁路检测卡车
Continuous Fourier Transform，CFT	连续傅里叶变换
Continuous Wavelet Transform，CWT	连续小波变换
Cross Power Spectra Density Function	互功率谱密度函数
Damping Ratio	阻尼比
Diagnostic test	诊断试验
Digital Image Correlation，DIC	数字图像相关性解析
Digital Imaging System	数字成像系统
Digital Laser Profiler	数字激光断面仪
Discrete Fourier Transform，DFT	离散傅里叶变换
Displacement Flexibility Matrix	位移柔度矩阵
Displacement Mode Shape	位移振型
Driving Points	驱动点
Duhamel Integration	杜哈曼积分
Eigensystem Realization Algorithm，ERA	特征系统实现算法
Empirical Mode Decomposition，EMD	经验模态分解
Enhanced Frequency Response Function，EFRF	增强频响函数
Fast Fourier Transform，FFT	快速傅里叶变换算法

续表

英　文	中　文
Federal Highway Administration,FHWA	美国联邦高速公路管理局
Fiber Bragg Grating, FBG	光纤布拉格光栅传感技术
Fixing America's Surface Transportation Act	《修复美国地面交通法案》
Flexibility Matrix Change, FMC	柔度矩阵差
Forced Vibration	强迫振动
Fourier Transform,FT	傅里叶变换
Free Vibration	自由振动
Frequency Domain Decomposition, FDD	频域分解法
Frequency Response Function,FRF	频率响应函数
Genetic Algorithm, GA	遗传算法
Geographical Information System,GIS	地理信息系统
Gigahertz Electro-magnetic Array Roaming Sensors	千兆赫兹电磁阵列漫游传感器
Ground Penetrating Radar,GPR	探地雷达
Hilbert Spectrum Analysis, HSA	希尔伯特谱分析
Hilbert-Huang Transform, HHT	希尔伯特-黄变换
Ibrahim Time Domain, ITD	Ibrahim 时域法
Imaginary Part	虚部
Impact-Echo,IE	冲击回波
Impulse Response Function,IRF	脉冲响应函数
Infrared Temperature,IRT	红外热像
Infrastructure Asset Management,IAM	基础设施资产管理
Intrinsic Mode Function, IMF	特征模态函数
Inventory Rating	库存评级
Laplace Transform, LF	拉普拉斯变换
Least Squares Complex Exponential, LSCE	最小二乘复指数法
Least Squares Complex Frequency, LSCF	最小二乘复频域法
Life Cycle Cost,LCC	全寿命周期成本
Light Detecting and Ranging	光检测和测距系统
Little Benthic Vehicle	多功能运动车
Load Identification, LI	荷载识别
Long Term Performance,LTP	长期性能
Long-gauge Strain	长标距应变
Long-Term Bridge Performance,LTBP	桥梁长期性能研究
Mainline Project	主线计划
Mass Normalized Mode Shape	质量归一化的位移振型
Modal Assurance Criterion，MAC	模态保证准则

英　　文	中　　文
Modal Decomposition Method	模态分解法
Modal Mass	模态质量
Modal Participation Factor	模态参与系数
Modal Scaling Factor	模态缩放系数
Modal Stiffness	模态刚度
Mode Shape Change，MSC	模态振型差
Mode Shape Curvature Change，MSCC	模态振型曲率差
Mode Shape Curvature Square Change，MSCSC	模态振型曲率平方差
Multiple Input Multiple Output，MIMO	多输入多输出
Multiple Input Single Output，MISO	多输入单输出
Multi-Reference Impact Testing，MRIT	多参考点冲击振动测试
Multi-Resolution Analysis，MRA	多分辨率分析
Natural Excitation Technique，NExT	自然激励技术
Natural Frequency	固有频率
Network Survey Vehicle	路网检测车
Non-Destructive Testing	无损检测
Numerical Integration Method	数值积分方法
Nyquist Frequency	奈奎斯特频率
Operating Rating	运营评级
Orthogonal Rational Fraction Polynomials，ORFP	正交多项式
Peak Picking，PP	峰值拾取法
Phase	相位
Poly Reference Least Squares Complex Exponential，PRLSCE	多参考点最小二乘复指数法
Poly Reference Least Squares Complex Frequency，PolyLSCF	多参考点最小二乘复频域法
Predictive Maintenance，PM	预知性维护
Preventive Maintenance，PM	预防性维护
Proof test	验证试验
Random Decrement Technique，RDT	随机减量法
Real Part	实部
Reference Point	参考点
Remotely Operated Vehicles，ROV	水下遥控机器人
Residue Matrix	留数矩阵
Sample Frequency	采样频率
Short-Time Fourier Transform，STFT	短时傅立叶变换
Single Degree of Freedom ，SDOF	单自由度
Single Input Multiple Output，SIMO	单输入多输出
Single Input Single Output，SISO	单输入单输出
Singular Value Decomposition，SVD	奇异值分解

续表

英 文	中 文
Sonic Fathometers	声呐测探仪
Stochastic Subspace Identification，SSI	随机子空间方法
Strain Flexibility Matrix	应变柔度矩阵
Strain Frequency Response Function，SFRF	应变频响函数
Strain Mode Shape	应变振型
Structural Health Monitoring，SHM	结构健康监测
Structural Identification，St-Id	结构识别
Structural Response Analysis，SRA	结构响应分析
Surface Looking Millimeter-wave Radar	表面观察毫米波雷达
Symmetrical Strain Flexibility Matrix，SSFM	对称的应变柔度矩阵
System Identification，SI	系统识别
System Poles	系统极点
Tire Excited Acoustic Sensor	胎压激振声传感器
Transfer Function，TF	传递函数
Uniform Load Surface Curvature Change，ULSCC	ULS 曲率差
Uniform Load Surface，ULS	均布荷载
Vehicle/Track Interaction Monitor	全自动化无人铁轨检测车
Visual Inspection	目视检查
Wavelet Transform，WT	小波变换
WMATA Track Geometry Vehicle	铁轨检测车